7년 연속  전체 수석  합격자 배출

지오 감정평가이론

2차 | 기출문제집

지오 편저

동영상강의 www.pmg.co.kr

브랜드만족 1위 박문각

근거자료 후면표기

제8판

박문각

박문각 감정평가사

감정평가사 시험과목 중 가장 불확실성이 높고 공부하기 어려운 과목은 감정평가이론이라고 생각합니다. 왜냐하면 감정평가이론은 그 출제범위가 광범위하고 모호하며, 시중에는 너무나도 다양한 부동산 및 감정평가이론 기본서, 서브, 논문 등이 넘쳐나므로, 교재 한 권으로 시험에 대비할 수 없기 때문입니다.

따라서 이러한 문제를 해결하기 위한 가장 좋은 방법은 기출문제를 중심으로 학습하는 방법이라고 생각합니다. 즉, 감정평가이론의 서술형 시험은 과거 공인감정사, 토지감정사 시절부터 시작되었기 때문에, 기출문제와 관련하여 방대한 자료가 있으므로 이를 적극적으로 활용할 필요가 있습니다.

또한 기출문제를 통하여 기본이론을 반복하고, 응용·변형문제에 대비해 질문의 유형을 파악하고 향후 예상문제를 예측하는 것이 가장 중요합니다.

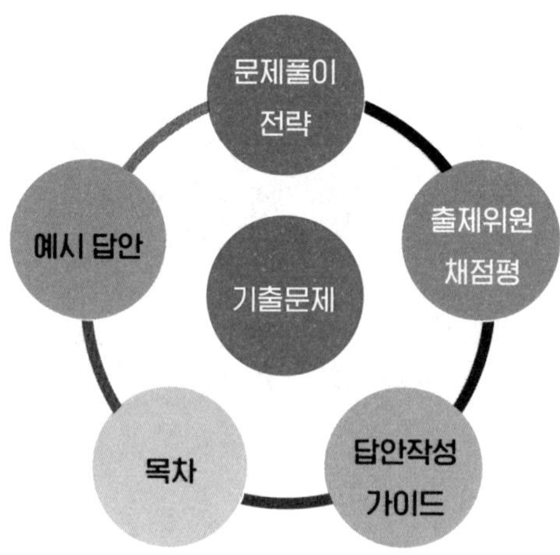

본 교재는 2024년 제35회부터 1990년 제1회 감정평가사 2차 시험의 감정평가이론 기출문제를 분석한 기출문제집입니다. 기출문제에 대한 평가사 본인의 생각을 나름대로 정리하여, 상세한 예시와 함께 문제풀이 전략, 출제위원 채점평, 답안작성 가이드, 예시 답안 등으로 구성하였습니다.

끝으로 본 교재를 통하여 감정평가이론이 어려운 과목이 아닌 합격을 결정하는 고득점 과목이 될 수 있기를 기원합니다.

감정평가사 지오

감정평가사란?

감정평가란 토지 등의 경제적 가치를 판정하여 그 결과를 가액으로 표시하는 것을 말한다. 감정평가사(Certified Appraiser)는 부동산・동산을 포함하여 토지, 건물 등의 유무형의 재산에 대한 경제적 가치를 판정하여 그 결과를 가액으로 표시하는 전문직업인으로 국토교통부에서 주관, 산업인력관리공단에서 시행하는 감정평가사시험에 합격한 사람으로 일정기간의 수습과정을 거친 후 공인되는 직업이다.

시험과목 및 시험시간

가. 시험과목(**감정평가 및 감정평가사에 관한 법률 시행령 제9조)**

시험구분	시험과목
제1차 시험	❶ 「민법」 중 총칙, 물권에 관한 규정 ❷ 경제학원론 ❸ 부동산학원론 ❹ 감정평가관계법규(「국토의 계획 및 이용에 관한 법률」, 「건축법」, 「공간정보의 구축 및 관리 등에 관한 법률」 중 지적에 관한 규정, 「국유재산법」, 「도시 및 주거환경정비법」, 「부동산등기법」, 「감정평가 및 감정평가사에 관한 법률」, 「부동산 가격공시에 관한 법률」 및 「동산・채권 등의 담보에 관한 법률」) ❺ 회계학 ❻ 영어(영어시험성적 제출로 대체)
제2차 시험	❶ 감정평가실무 ❷ 감정평가이론 ❸ 감정평가 및 보상법규(「감정평가 및 감정평가사에 관한 법률」, 「공익사업을 위한 토지 등의 취득 및 보상에 관한 법률」, 「부동산 가격공시에 관한 법률」)

나. 과목별 시험시간

시험구분	교시	시험과목	입실완료	시험시간	시험방법
제1차 시험	1교시	❶ 민법(총칙, 물권) ❷ 경제학원론 ❸ 부동산학원론	09:00	09:30~11:30(120분)	객관식 5지 택일형
	2교시	❹ 감정평가관계법규 ❺ 회계학	11:50	12:00~13:20(80분)	

제2차 시험	1교시	❶ 감정평가실무	09:00	09:30~11:10(100분)	과목별 4문항 (주관식)
	중식시간 11:10 ~ 12:10(60분)				
	2교시	❷ 감정평가이론	12:10	12:30~14:10(100분)	
	휴식시간 14:10 ~ 14:30(20분)				
	3교시	❸ 감정평가 및 보상법규	14:30	14:40~16:20(100분)	

※ 시험과 관련하여 법률·회계처리기준 등을 적용하여 정답을 구하여야 하는 문제는 시험시행일 현재 시행 중인 법률·회계처리기준 등을 적용하여 그 정답을 구하여야 함

※ 회계학 과목의 경우 한국채택국제회계기준(K-IFRS)만 적용하여 출제

다. 출제영역 : 큐넷 감정평가사 홈페이지(www.Q-net.or.kr/site/value) 자료실 게재

응시자격 및 결격사유

가. 응시자격 : 없음

※ 단, 최종 합격자 발표일 기준, 감정평가 및 감정평가사에 관한 법률 제12조의 결격사유에 해당하는 사람 또는 같은 법 제16조 제1항에 따른 처분을 받은 날부터 5년이 지나지 아니한 사람은 시험에 응시할 수 없음

나. 결격사유(감정평가 및 감정평가사에 관한 법률 제12조, 2023. 8. 10. 시행)

다음 각 호의 어느 하나에 해당하는 사람

1. 파산선고를 받은 사람으로서 복권되지 아니한 사람
2. 금고 이상의 실형을 선고받고 그 집행이 종료(집행이 종료된 것으로 보는 경우를 포함한다)되거나 그 집행이 면제된 날부터 3년이 지나지 아니한 사람
3. 금고 이상의 형의 집행유예를 받고 그 유예기간이 만료된 날부터 1년이 지나지 아니한 사람
4. 금고 이상의 형의 선고유예를 받고 그 선고유예기간 중에 있는 사람
5. 제13조에 따라 감정평가사 자격이 취소된 후 3년이 지나지 아니한 사람. 다만 제6호에 해당하는 사람은 제외한다.
6. 제39조 제1항 제11호 및 제12호에 따라 자격이 취소된 후 5년이 지나지 아니한 사람

합격자 결정

가. 합격자 결정(감정평가 및 감정평가사에 관한 법률 시행령 제10조)

- 제1차 시험
  영어 과목을 제외한 나머지 시험과목에서 과목당 100점을 만점으로 하여 모든 과목 40점 이상이고, 전 과목 평균 60점 이상인 사람
- 제2차 시험
  - 과목당 100점을 만점으로 하여 모든 과목 40점 이상, 전 과목 평균 60점 이상을 득점한 사람
  - 최소합격인원에 미달하는 경우 최소합격인원의 범위에서 모든 과목 40점 이상을 득점한 사람 중에서 전 과목 평균점수가 높은 순으로 합격자를 결정

  ※ 동점자로 인하여 최소합격인원을 초과하는 경우에는 동점자 모두를 합격자로 결정. 이 경우 동점자의 점수는 소수점 이하 둘째 자리까지만 계산하며, 반올림은 하지 아니함

나. 제2차 시험 최소합격인원 결정(감정평가 및 감정평가사에 관한 법률 시행령 제10조)

공인어학성적

가. 제1차 시험 영어 과목은 영어시험성적으로 대체

- 기준점수(감정평가 및 감정평가사에 관한 법률 시행령 별표 2)

시험명	토플		토익	텝스	지텔프	플렉스	토셀	아이엘츠
	PBT	IBT						
일반응시자	530	71	700	340	65 (level-2)	625	640 (Advanced)	4.5 (Overall Band Score)
청각장애인	352	-	350	204	43 (level-2)	375	145 (Advanced)	-

- 제1차 시험 응시원서 접수마감일부터 역산하여 2년이 되는 날 이후에 실시된 시험으로, 제1차 시험 원서 접수 마감일까지 성적발표 및 성적표가 교부된 경우에 한해 인정함

※ 이하 생략(공고문 참조)

CONTENTS
이 책의 차례

PREFACE GUIDE

2024 ~ 1990 감정평가이론 기출문제

부록

감정평가이론
기출문제

제35회(2024)~
제1회(1990)

Chapter 01

2024년 제35회 기출문제

01

원가법에 대한 다음 물음에 답하시오. 40점

1) 비용성의 원리에 기초한 원가법은 비용과 가치 간의 상관관계를 파악하는 것으로 가치의 본질을 원가의 집합으로 보고 있다. 이에 맞춰 재조달원가를 정의하고, 재생산원가 측면에서 재조달원가의 구성요소 및 산정방법에 대하여 설명하시오. 15점

2) 평가목적의 감가수정과 회계목적의 감가상각을 비교하여 설명하시오. 10점

3) 건물은 취득 또는 준공으로부터 시간의 경과나 사용 등에 따라 경제적 가치와 유용성이 감소된다. 이에 대한 감가요인을 설명하시오. 15점

02

감정평가와 관련된 다음 자료를 참고하여 물음에 답하시오. 30점

1. 본건은 토지와 건물로 구성된 부동산으로 「집합건물의 소유 및 관리에 관한 법률」 시행 이전에 소유권이전등기가 되어, 현재 '건물'은 각 호수별로 등기되어 있고, '토지'의 경우도 별도로 등기되어 있음
2. 본건 부동산은 1층(101호, 102호, 103호, 104호, 105호)과 2층(201호, 202호, 203호, 204호, 205호)이 각각 5개호로 구성된 상가로, 현재 건물소유자는 교회 A(101호~204호)와 개인 B[205호(교회에 임대됨)]임
3. 상가 전체가 교회로 이용 중이며, 이 중 202호, 203호, 204호는 교회의 부속 시설로 소예배실, 성경공부방, 교회휴게실로 이용 중이고, 용도상 불가분의 관계가 있을 수 있음
4. 202호는 5년 전에, 203호는 3년 전에, 204호는 1년 전에 교회 앞으로 각각 소유권이전등기가 되었고, 건물과 함께 토지 역시 일정 지분이 동시에 교회 앞으로 소유권이전등기됨
5. 건물은 각 호별로 구조상 독립성과 이용상 독립성이 유지되고 있음
6. 토지는 각 호별 면적에 비례하여 적정한 지분으로 각 건물소유자들이 공유하고 있음
7. 평가대상 물건은 202호, 203호, 204호이며, 평가목적은 시가참고용임

1) 감정평가사 甲은 평가 대상물건을 개별로 감정평가하기로 결정하였다. 주어진 자료에 근거하여 감정평가사 甲이 개별평가로 결정한 이유를 설명하시오. 10점

2) 반면, 감정평가사 乙은 평가 대상물건을 일괄로 감정평가하기로 결정하였다. 주어진 자료에 근거하여 감정평가사 乙이 일괄평가로 결정한 이유를 설명하시오. 10점

3) 개별평가와 일괄평가의 관점에서 대상물건에 부합하는 평가방법을 설명하시오. 10점

03

탁상자문과 관련한 다음 물음에 답하시오. 20점

1) 탁상자문의 개념 및 방식에 대하여 설명하시오. 10점

2) 탁상자문과 정식 감정평가와의 차이를 설명하시오. 10점

04

최근 투자의사결정과 관련된 판단기준 중 지속가능한 성장을 판단하는 종합적 개념으로 ESG가 있으며, 부동산가치의 평가에도 영향을 미치고 있다. ESG는 환경(Environment)요인, 사회(Social)요인 및 지배구조(Governance)의 약칭이다. ESG의 각각에 해당하는 구성요소를 설명하고, 친환경 인증을 받은 건축물의 감정평가 시 고려해야 할 내용을 설명하시오. 10점

해설 및 예시 답안

01 **원가법에 대한 다음 물음에 답하시오.** 40점

1) 비용성의 원리에 기초한 원가법은 비용과 가치 간의 상관관계를 파악하는 것으로 가치의 본질을 원가의 집합으로 보고 있다. 이에 맞춰 재조달원가를 정의하고, 재생산원가 측면에서 재조달원가의 구성요소 및 산정방법에 대하여 설명하시오. 15점

2) 평가목적의 감가수정과 회계목적의 감가상각을 비교하여 설명하시오. 10점

3) 건물은 취득 또는 준공으로부터 시간의 경과나 사용 등에 따라 경제적 가치와 유용성이 감소된다. 이에 대한 감가요인을 설명하시오. 15점

1 답안작성 가이드

비용성의 원리에 따른 원가방식 중 원가법에 대한 기본적인 내용을 출제한 문제입니다.

(소물음 1) 재조달원가를 정의하고 재생산원가 측면에서 재조달원가의 구성요소 및 산정방법에 대하여 설명하여야 합니다. 먼저 재조달원가의 정의는 개념과 유형으로서 재생산원가와 재취득원가에 대하여 설명하여야 하며 재조달원가의 구성요소는 표준적인 건설비와 도급인이 별도로 부담하는 통상의 부대비용, 개발이윤을 설명하여야 합니다.

그리고 산정방법은 직접법과 간접법으로 설명하거나 구체적인 산정방법(총량조사법 등)으로 설명하여야 합니다.

(소물음 2) 평가목적의 감가수정과 회계목적의 감정평가를 비교 설명하여야 합니다. 비교 설명이므로 유사점과 차이점 또는 ~측면의 비교로 설명할 수 있으나 후자로 설명하는 게 보다 득점에 유리하며, 구체적으로 개념, 목적과 기준 등으로 다양하게 설명할 수 있습니다.

(소물음 3) 감가요인에 대하여 설명하여야 합니다. 따라서 감가요인으로서 물리적, 기능적, 경제적 감가요인을 개념, 발생원인, 유의사항으로 설명하여야 합니다. 특히 추가목차로 감가요인의 상호관련성, 복합성 등을 언급할 수 있습니다.

2 목차

Ⅰ. 서(4)

Ⅱ. 재조달원가, 재조달원가의 구성요소 및 산정방법(12)

1. 재조달원가

   1) 개념

   2) 유형(재생산원가와 재취득원가)

2. 재조달원가의 구성요소

1) 표준적인 건설비

2) 도급인이 별도로 부담하는 통상의 부대비용

3) 개발이윤

3. 재조달원가의 산정방법

1) 직접법

2) 간접법

Ⅲ. 평가목적의 감가수정과 회계목적의 감가상각 비교(8)

1. 개념

2. 목적과 기준 측면

3. 방법 측면

4. 물건존재 여부와 감가요인 측면

Ⅳ. 감가요인(12)

1. 물리적 감가요인

1) 개념과 발생원인

2) 유의사항

2. 기능적 감가요인

1) 개념과 발생원인

2) 유의사항

3. 경제적 감가요인

1) 개념과 발생원인

2) 유의사항

Ⅴ. 결(4)

---

3 예시 답안

Ⅰ. 서(4)

감정평가의 3방식이란 대상물건의 가치를 측정한 경우 전통적으로 사용되고 있는 비용성에 기초한 원가방식, 시장성에 기초한 비교방식, 수익성에 기초한 수익방식을 말한다. 그 중에서도 원가방식은 대상물건이 어느 정도의 비용이 투입되어야 만들 수 있는가라는 비용성에 근거하며 공급측면에서 비용과 가치의 상호관계를 파악하여 대상물건의 가치를 산정하는 방식이다. 특히 원가법이란 대상물건의 재조달원가에 감가수정을 하여 대상물건의 가액을 산정하는 감정평가방법을 말한다. 이하 원가법에 대한 다음 물음에 답하고자 한다.

Ⅱ. 재조달원가, 재조달원가의 구성요소 및 산정방법(12)

1. 재조달원가

1) 개념

재조달원가란 대상물건을 기준시점에 재생산하거나 재취득하는 데 필요한 적정원가의 총액을 말한다. 이러한 재조달원가는 생산 개념에 입각한 재생산원가와 취득 개념에 입각한 재취득원가로 구분된다.

2) 유형(재생산원가와 재취득원가)

재생산원가는 건축물과 같이 생산(건축)이 가능한 경우에 적용되는 반면, 재취득원가의 경우는 도입기계 등과 현실적으로 직접 생산이 불가능한 경우에 구매하여 취득하는 경우에 적용될 수 있다.

2. 재조달원가의 구성요소

1) 표준적인 건설비

개량물의 건축에 사용되는 노동과 원자재에 대한 지출경비뿐만 아니라 하청회사의 간접비용과 이윤도 포함되는데, 이것들은 하청업자와의 계약액에 이미 포함되어 있기 때문이다.

2) 도급인이 별도로 부담하는 통상의 부대비용

노동과 원자재 이외의 항목에 대한 지출경비로 행정비용, 수수료, 세금, 마케팅비용 등 일반적으로 표준적인 건설비의 일정비율로 표시된다. 종류에는 일반간접비용, 관리간접비용, 비품에 대한 감가상각비 등이 있다.

3) 개발이윤

개발이윤은 생산의 4요소인 경영의 대가로 보아 포함시켜야 한다. 왜냐하면 시장위험으로 인한 손실발생 시에도 타 방식과 일치를 위해 이를 포함시켜야 하기 때문이다. 여기서 개발이윤은 완성된 부동산의 가치에서 개발비용을 뺀 차액을 말한다.

3. 재조달원가의 산정방법

1) 직접법

직접법은 대상물건의 구성부분별 또는 전체에 대한 사용자재의 종별, 품등, 수량 및 소요노동의 종별, 시간 등을 조사하여 대상물건이 소재하는 지역의 기준시점에 있어서의 단위를 기초로 직접공사비를 적산하고, 여기에 간접공사비 및 수급인의 적정이윤을 가산하여 표준적 건설비를 구한 다음, 도급인이 부담해야 할 일반적인 부대비용을 가산하여 재조달원가를 구하는 방법이다.

2) 간접법

간접법이란 대상물건의 인근지역 또는 유사지역 즉, 동일수급권 내에 소재하고 있는 동일성·유사성이 있는 부동산의 재조달원가를 대상부동산과 비교하여 재조달원가를 간접적으로 구하는 방법이다.

Ⅲ. 평가목적의 감가수정과 회계목적의 감가상각 비교(8)

1. 개념

감가수정이란 대상물건에 대한 재조달원가를 감액하여야 할 요인이 있는 경우에 물리적 감가, 기능적 감가 또는 경제적 감가 등을 고려하여 그에 해당하는 금액을 재조달원가에서 공제하여 기준시점에 있어서의 대상물건의 가액을 적정화하는 작업을 말한다.

2. 목적과 기준 측면

감가수정의 목적은 기준시점에서의 현존가치 평가에 있다. 반면, 감가상각의 목적은 원가의 체계적인 배분으로 합리적인 손익 계산에 있다. 또한 감가수정의 기준은 재조달원가이다. 반면, 감가상각의 기준은 취득가격이다.

3. 방법 측면

감가수정의 방법은 실제 가치손실을 반영할 수 있는 방법은 모두 가능하므로 관찰감가법도 가능하다. 반면, 감가상각의 방법은 직선법과 같이 법적으로 허용되는 방법만 가능하므로 관찰감가법은 불가능하다.

4. 물건존재 여부와 감가요인 측면

감가수정의 물건은 현존하는 물건만 대상으로 한다. 반면, 감가상각의 물건은 자산으로 계산될 경우 멸실된 물건도 대상으로 한다. 또한 감가수정의 감가요인은 물리적, 기능적, 경제적 감가요인이 있다. 반면, 감가상각의 감가요인은 물리적, 기능적 감가요인만 있다.

Ⅳ. 감가요인(12)

1. 물리적 감가요인

1) 개념과 발생원인

물리적 감가요인은 대상물건의 물리적 상태 변화에 따른 감가요인이다. 물리적 감가요인에는 시간의 경과, 사용으로 인한 마모 또는 파손, 재해 등 우발적 사고로 인한 손상, 기타 물리적인 하자 등이 있다.

2) 유의사항

상각자산에만 발생하므로 영속성이 있는 토지에는 발생하지 않는다. 그리고 물건의 개별성에 따라 감가의 형태가 다양하게 나타나므로 체계적인 조사가 필요하다. 또한 치유가능 여부에 대한 판단이 선행되어야 하며 이때 물리적 가능성과 경제적 타당성을 바탕으로 분석하여야 한다.

2. 기능적 감가요인

1) 개념과 발생원인

기능적 감가요인은 대상물건의 기능적 효용 변화에 따른 감가요인이다. 기능적 감가요인에는 형식의 구식화, 설비의 부족, 설계의 불량, 능률의 저하, 기타 기능적인 하자 등이 있다.

2) 유의사항

물리적 감가와 마찬가지로 상각자산에만 발생한다. 그리고 기능적 감가를 파악함에 있어 구체적인 기준은 시장을 통해서 파악해야 한다. 한편 재조달원가를 대체원가로 적용한 경우는 이미 기능적 감가가 반영되어 있기에 별도의 감가대상이 되지 않을 수도 있다.

3. 경제적 감가요인

1) 개념과 발생원인

경제적 감가요인은 대상물건의 가치에 영향을 미치는 경제적 요소들의 변화에 따른 감가요인이다. 경제적 감가요인에는 주위환경과의 부적합, 인근지역의 쇠퇴, 시장성의 감퇴, 기타 경제적인 하자 등이 있다.

2) 유의사항

상각자산뿐만 아니라 토지에도 발생한다. 그러나 개별평가(원가방식)에서는 토지, 건물 등은 별도로 평가하기 때문에 이미 경제적 감가가 고려된 토지가치가 산정되므로 토지에 있어서는 경제적 감가를 고려할 필요가 없다.

Ⅴ. 결(4)

원가법은 본래 기업회계에 있어서 상각자산의 취득가격을 감가상각하는 사고방식에서 도입된 방법으로 비용성의 원리와 대체의 원칙에 근거하고 있다. 따라서 건물 등 가치의 감가가 이루어지는 자산평가에 유용하고, 신축건물의 경우 정확한 평가액의 도출이 가능하고 설득력이 높은 장점이 있다. 원가법은 상대적으로 단순한 논리구조를 가지고 있지만 실무상 제대로 적용하기 위해서는 재조달원가의 개념과 정확한 산정 그리고 감가의 유형에 대하여 정확히 파악해야 한다.

02

감정평가와 관련된 다음 자료를 참고하여 물음에 답하시오. 30점

1) 감정평가사 甲은 평가 대상물건을 개별로 감정평가하기로 결정하였다. 주어진 자료에 근거하여 감정평가사 甲이 개별평가로 결정한 이유를 설명하시오. 10점

2) 반면, 감정평가사 乙은 평가 대상물건을 일괄로 감정평가하기로 결정하였다. 주어진 자료에 근거하여 감정평가사 乙이 일괄평가로 결정한 이유를 설명하시오. 10점

3) 개별평가와 일괄평가의 관점에서 대상물건에 부합하는 평가방법을 설명하시오. 10점

1 답안작성 가이드

한국감정평가사협회 법원감정인 직무교육 책자에 실린 2020다226490 판결을 활용하여 출제된 문제입니다. 특히 여기서 개별평가와 일괄평가는 "202호~204호를 각 호수별로 개별평가하느냐" 아니면 "202~204호를 하나로 보고 일괄평가하느냐"가 출제의도입니다.

(소물음 1) 각 호수별로 평가하는 개별평가로 결정한 이유를 주어진 자료에 근거하여 설명하여야 합니다.

따라서 개별평가의 개념과 개별평가가 갖는 여러 가지 논거(개별 거래, 법과 제도 등)와 문제에서 주어진 자료(개별 소유권이전등기 등)를 관련시켜 설명하여야 합니다.

(소물음 2) 하나로 보고 평가하는 일괄평가로 결정한 이유를 주어진 자료에 근거하여 설명하여야 합니다.

따라서 일괄평가의 개념과 일괄평가가 갖는 여러 가지 논거(일체 거래 관행, 용도상 불가분의 관계 등)와 문제에서 주어진 자료(교회의 부속시설로 이용 등)를 관련시켜 설명하여야 합니다.

(소물음 3) 개별평가와 일괄평가의 관점에서 대상물건에 부합하는 평가방법을 설명하여야 합니다. 먼저 개별평가와 일괄평가 중 사안의 경우 (판례에 따라) 개별평가가 보다 적절함을 설명한 후 대상물건에 부합하는 평가방법을 설명하여야 합니다.

한편 대상물건이 구분소유 부동산이므로 감칙 제16조에 근거하여 거래사례비교법을 원칙적인 평가방법으로 설명하여야 합니다. 그리고 합리성 검토 방법으로 수익환원법과 원가법에 대하여 설명하여야 합니다.

---

2 목차

Ⅰ. 서(3)

Ⅱ. 감정평가사 甲이 개별평가로 결정한 이유(8)

1. 개별평가의 개념
2. 개별 거래와 구조상, 이용상 독립성 측면
3. 법과 제도 측면
4. 개별 효용 측면

Ⅲ. 감정평가사 乙이 일괄평가로 결정한 이유(8)

1. 일괄평가의 개념
2. 일체 거래 관행 측면
3. 용도상 불가분의 관계 측면
4. 일체 효용과 가치형성 측면

Ⅳ. 대상물건에 부합하는 평가방법

1. 감칙 제16조와 감정평가 실무기준
2. 대상물건에 부합하는 평가방법
   1) 거래사례비교법
   2) 원가법
   3) 수익환원법

Ⅴ. 결(3)

---

3 예시 답안

Ⅰ. 서(3)

감정평가에서 개별평가가 원칙이나, 대상물건의 성격, 감정평가조건, 거래관행 등에 따라 개별로 평가하는 것이 불합리한 경우에는 일괄평가, 구분평가 또는 부분평가를 행할 수 있도록 하고 있다. 사안의 경우 평가대상 물건은 202호, 203호, 204호이며, 평가목적은 시가참고용으로서 각 호수별로 평가하는 개별평가와 하나로 평가하는 일괄평가와 관련하여 물음에 답하고자 한다.

Ⅱ. 감정평가사 甲이 개별평가로 결정한 이유(8)

1. 개별평가의 개념

개별평가는 대상물건을 각각 독립된 개별 물건으로 취급하고 이에 대한 경제적 가치를 평가하는 것을 말한다(감칙(감정평가에 관한 규칙) 제7조 제1항).

2. 개별 거래와 구조상, 이용상 독립성 측면

독립된 개별 물건은 부동산시장에서 개별 거래의 대상이 된다. 사안의 경우 202호는 5년 전에, 203호는 3년 전에, 204호는 1년 전에 교회 앞으로 거래가 개별적으로 이루어졌다는 점과 각 호별로 구조상 독립성과 이용상 독립성이 유지되고 있다는 점에서 개별평가가 적절하다.

3. 법과 제도 측면

우리나라 법, 제도에서 감정평가대상은 위치적·물리적으로 구분될 뿐만 아니라 소유권도 물건별로 설정이 가능하다. 사안의 경우 202호는 5년 전에, 203호는 3년 전에, 204호는 1년 전에 교회 앞으로 각각 소유권이전등기가 되어 개별 호수로 등기되었다는 점에서 개별평가가 적절하다.

4. 개별 효용 측면

물건의 효용은 이용에 따라 개별적으로 다를 수 있다. 사안의 경우 202호, 203호, 204호는 교회의 부속 시설로 소예배실, 성경공부방, 교회휴게실로 이용 중이므로 개별 효용이 다르다는 점에서 개별평가가 적절하다.

Ⅲ. 감정평가사 乙이 일괄평가로 결정한 이유(8)

1. 일괄평가의 개념

일괄평가는 둘 이상의 대상물건이 일체로 거래되거나 대상물건 상호 간에 용도상 불가분의 관계가 있는 경우에는 일괄하여 평가하는 것을 말한다(감칙 제7조 제2항).

2. 일체 거래 관행 측면

물건은 부동산시장에서 거래관행이 일체로 되는 경우가 있다. 사안의 경우 202호, 203호, 204호는 교회의 부속 시설로 소예배실, 성경공부방, 교회휴게실로 이용 중이므로 일체로 거래될 가능성이 높다는 점에서 일괄평가가 적절하다.

3. 용도상 불가분의 관계 측면

용도상 불가분의 관계는 사회적, 경제적, 행정적 측면에서 합리적이고 그 토지의 가치 형성적 측면에서 타당하다고 인정되는 관계를 말한다. 사안의 경우 202호, 203호, 204호는 교회의 부속 시설로 소예배실, 성경공부방, 교회휴게실로 이용 중이고, 용도상 불가분의 관계가 있으므로 일괄평가가 적절하다.

4. 일체 효용과 가치형성 측면

부동산시장에서 부동산은 일체의 이용을 통한 효용과 가치를 창출할 수 있다. 사안의 경우 202호, 203호, 204호는 교회의 부속 시설로 소예배실, 성경공부방, 교회휴게실로 이용 중으로 일체로서 효용을 발휘하고 가치를 형성한다는 점에서 일괄평가가 적절하다.

Ⅳ. 대상물건에 부합하는 평가방법

1. 감칙 제16조와 감정평가 실무기준

본 건은 구분소유 부동산이다. 따라서 202~204호를 각각 호수별로 개별평가하든 하나로 일괄평가하든 감칙 제16조에 따라 건물과 대지사용권을 일체로 한 거래사례비교법을 적용하여야 한다. 특히 본 건은 일체로 거래되거나 용도상 불가분의 관계에 있다고 단정하기 어려우므로 개별평가에 따라 평가방법을 설명하고자 한다.

2. 대상물건에 부합하는 평가방법

1) 거래사례비교법

거래사례비교법을 적용하는 경우 대상물건과 동일성 또는 유사성이 있는 거래사례와 비교하여 기준시점의 대상물건의 현황에 맞게 사정보정, 시점수정 등을 통하여 대상물건의 감정평가액을 구한다. 특히 각 호별 면적에 유의하여야 한다.

2) 원가법

원가법을 적용하는 경우 전체 1동의 토지 및 건물 부분의 가액을 구하고, 층별・위치별 효용비율을 적용하여 대상물건의 감정평가액을 구한다.

3) 수익환원법

수익환원법을 적용하는 경우 대상물건이 장래 산출할 것으로 기대되는 순수익이나 미래의 현금흐름을 환원하거나 할인하여 대상물건의 감정평가액을 구한다. 이때 순수익 등을 전체를 기준으로 한 경우 층별・위치별 효용비율을 적용하여야 한다.

Ⅴ. 결(3)

본 건 부동산은 토지와 건물이 아니라, 실질적인 구분소유 부동산이다. 즉, 대상 부동산은 실질적인 구분소유 부동산으로서 구조상과 이용상 독립성이 유지되고 있을 뿐 아니라, 소유자가 순차적으로 각각의 소유권을 취득하였던 것처럼 개별적으로 거래대상이 된다고 판단된다. 나아가 대상 부동산을 교회의 부속시설로 이용하고 있다는 등의 사정만으로 일체로 거래되거나 용도상 불가분의 관계에 있다고 단정하기는 어렵다고 판단된다.

03 탁상자문과 관련한 다음 물음에 답하시오. 20점

1) 탁상자문의 개념 및 방식에 대하여 설명하시오. 10점

2) 탁상자문과 정식 감정평가와의 차이를 설명하시오. 10점

1 답안작성 가이드

문서 탁상자문을 금지한 한국감정평가사협회와 공정거래위원회 간의 다툼에 따라 감정평가 업계 이슈로 출제된 문제입니다.

(소물음 1) 탁상자문의 개념 및 방식에 대하여 설명하여야 합니다. 따라서 탁상자문의 개념을 설명하고 배점을 고려하여 구별개념으로서 감정평가, 자동가치산정모형을 활용하여 추가 설명할 수 있습니다. 또한 방식은 문서(서면) 탁상자문과 구두 탁상자문에 대하여 설명하여야 합니다. 양 방식의 구체적인 예를 들어 설명하는 게 좋습니다.

(소물음 2) 탁상자문과 감정평가와의 차이를 설명하여야 합니다. 따라서 감정평가를 기준으로 감정평가의 행위, 과정(절차), 결과 측면을 활용하여 양자 간의 차이를 설명할 수 있습니다.

2 목차

Ⅰ. 서(2)

Ⅱ. 탁상자문의 개념 및 방식(8)

1. 탁상자문의 개념
   1) 개념
   2) 구별개념
2. 탁상자문의 방식
   1) 구두 탁상자문
   2) 문서 탁상자문

Ⅲ. 탁상자문과 정식 감정평가와의 차이(8)

1. 행위 측면
2. 과정 측면
3. 결과 측면
4. 수행자와 서명, 날인 여부 측면

Ⅳ. 결(2)

3 예시 답안

Ⅰ. 서(2)

담보대출을 원하는 차주들이 금융기관에 방문해서 담보물의 가액이 어느 정도인지를 물을 때 금융기관이 자체적으로 판단하기 어렵다. 따라서 감정평가법인 등에 의한 탁상자문은 금융기관에게 매우 중요하다. 이하 탁상자문과 관련하여 물음에 답하고자 한다.

Ⅱ. 탁상자문의 개념 및 방식(8)

1. 탁상자문의 개념

1) 개념

탁상자문은 활용 가능한 정보를 이용하여 대상자산에 대한 경제적 가치를 (현장조사 없이) 개략적으로 추정하여 수요자에게 제공하는 행위이다. 즉, 의뢰인의 감정평가 의뢰 여부 판단을 돕는 의뢰, 계약 절차상의 상담 등 행위를 말한다.

2) 구별개념

감정평가란 토지 등의 경제적 가치를 판정하여 그 결과를 가액으로 표시하는 것을 말한다. 즉, 감정평가의 대상은 토지 등이고 감정평가를 하여 구하고자 하는 가치는 경제적 가치이며, 그 결과를 일정요건에 맞추어 가액으로 표시하는 것에 이르러야 효력이 있는 감정평가라 할 수 있다.

2. 탁상자문의 방식

1) 구두 탁상자문

의뢰인의 요청에 따라 현장조사 없이 전례 및 인근 시세 등을 토대로 토지 등의 개략적인 추정가액을 구두로 제공하는 것을 지칭한다. 예를 들어 구두(전화)상으로 일정범위에서 추정치를 제시하는 방식이다.

2) 문서 탁상자문

의뢰인의 요청에 따라 현장조사 없이 전례 및 인근 시세 등을 토대로 토지 등의 개략적인 추정가액을 간략히 문서를 통해 제공하는 것을 지칭한다. 예를 들어 이메일, 팩스, 문자메시지 등으로 추정치를 제시하는 방식이다.

Ⅲ. 탁상자문과 정식 감정평가와의 차이(8)

1. 행위 측면

탁상자문은 의뢰인의 감정평가 의뢰 여부를 판단하는 기초자료의 기능을 하며 실제 감정평가를 위한 부수적 행위로서 선행행위로 이루어진다. 반면, 감정평가는 그 자체로는 독립된 용역의 제공으로서 후행행위로 이루어진다.

2. 과정 측면

탁상자문은 기본적 사항의 확정, 감정평가방법의 선정 및 적용, 초안 작성을 통한 가액 추정으로 이루어진다. 반면, 감정평가는 감칙 제8조의 절차에 따라 기본적 사항의 확정부터 감정평가액의 결정 및 표시절차로 이루어진다. 특히 실지조사가 반드시 수반된다.

3. 결과 측면

탁상자문의 결과는 감정평가액이 아니며 추정치에 불과하다. 따라서 결과물의 명칭도 탁상자문, 의견서 등이다. 반면, 감정평가의 결과는 감정평가액이다. 따라서 결과물의 명칭은 감칙 제13조에 따라 감정평가서이다.

4. 수행자와 서명, 날인 여부 측면

탁상자문은 감정평가사, 직원에 의하여 수행되며 감정평가사의 서명 날인이 없다. 반면, 감정평가는 감정평가사에 의하여 수행되며 감정평가사 및 감정평가법 제7조 제1항에 따른 적정성 심사를 통한 심사자 서명 날인이 있다.

Ⅳ. 결(2)

탁상자문은 담보물의 가치에 대해 사전에 서류 검토만으로 대략적인 가치를 예측하여 미리 설명해주는 무상 서비스로서 대출업무의 효율성 제고를 위해 자연발생적으로 시작되었다. 다만, 이러한 탁상자문에 대하여 문서탁상 제공 관련 논란이 있으며 감정평가와의 차이에 대한 의견도 분분한 실정인바 이에 대한 정립이 필요하다.

04 **최근 투자의사결정과 관련된 판단기준 중 지속가능한 성장을 판단하는 종합적 개념으로 ESG가 있으며, 부동산가치의 평가에도 영향을 미치고 있다. ESG는 환경(Environment)요인, 사회(Social)요인 및 지배구조(Governance)의 약칭이다. ESG의 각각에 해당하는 구성요소를 설명하고, 친환경 인증을 받은 건축물의 감정평가 시 고려해야 할 내용을 설명하시오.** 10점

1 답안작성 가이드

포스트 코로나 시대 조직 운영의 새로운 패러다임 등장, 환경, 사회적 책임, 지배구조 등과 관련한 ESG(Environment, Social, Governance) 투자 요구가 증가하고 있고 감정평가사의 전문성을 활용하여 ESG 경영을 지원할 수 있는 역할 모색이 필요하다는 부동산시장 이슈로 출제된 문제입니다.

먼저 ESG의 각 구성요소인 환경요인, 사회요인 및 지배구조의 개념을 설명하여야 합니다. 위 세 가지는 기업의 지속적인 성장 및 생존과 직결되는 핵심가치들로, ESG를 구성하는 세부 요소입니다.

한편 친환경 인증을 받은 건축물의 감정평가 시 고려해야 할 내용은 감칙 제8조의 절차에 따라 전반적인 내용을 설명하여야 합니다. 따라서 감정평가방법은 원칙적인 방법인 감칙 제15조에 따른 원가법을 중점적으로 설명하고 친환경 인증등급을 받은 건축물(대상물건)인지에 대한 기본적 사항의 확정, 친환경 인증등급 관련 확인자료, 요인자료의 수집, 가치형성요인의 분석, 감정평가방법의 선정 및 적용을 균형 있게 설명하여야 합니다.

2 목차

Ⅰ. 개설(1)

Ⅱ. ESG의 각각에 해당하는 구성요소(3)

1. 환경요인
2. 사회요인 및 지배구조

Ⅲ. 친환경 인증을 받은 건축물의 감정평가 시 고려해야 할 내용(6)

1. 자료의 수집 및 정리
2. 가치형성요인의 분석
3. 감정평가방법의 선정 및 적용

---

3 예시 답안

Ⅰ. 개설(1)

감정평가 실무기준은 에너지 효율을 높여 온실가스 배출을 최소화하는 등 국가 온실가스 절감 목표달성에 기여하고 있는 녹색건축물(친환경 인증을 받은 건축물)의 감정평가에 대하여 규정하고 있다. 이하 다음 물음에 답하고자 한다.

Ⅱ. ESG의 각각에 해당하는 구성요소(3)

1. 환경요인

환경요인은 기후변화 자원고갈, 물, 공해, 삼림파괴 등을 말한다. 현재 환경에서 가장 핵심적인 사안은 기후변화와 탄소배출 관련 이슈이다.

2. 사회요인 및 지배구조

사회요인은 인권, 현대 노예, 아동 근로, 근로조건, 근로자 관계 등을 말한다. 지배구조는 뇌물 및 부패, 경영진 보상, 이사회 다양성 및 구조, 정치적 로비 및 기부, 조세 전략 등을 말한다.

Ⅲ. 친환경 인증을 받은 건축물의 감정평가 시 고려해야 할 내용(6)

1. 자료의 수집 및 정리

친환경 건축물은 건축물 에너지효율등급의 세부 인증등급, 친환경건축인증 등을 확인하여야 한다. 따라서 대상물건의 확인에 필요한 자료인 건축물대장과 같은 확인자료 수집 시 이를 고려하여야 한다.

2. 가치형성요인의 분석

친환경 건축물은 온실가스 배출량 감축설비, 신·재생에너지 활용설비 등 친환경 설비 및 에너지효율화 설비라는 가치형성요인을 갖는다. 따라서 부동산의 개별적, 구체적 가격 파악을 위한 가치형성요인 분석 시 이를 고려하여야 한다.

3. 감정평가방법의 선정 및 적용

① 원가법의 경우 재조달원가 산정 시 온실가스 배출량 감축설비 등 에너지효율 설비 등에 대해 보정과 감가수정 시 건물의 전체내용연수 또는 잔존내용연수 결정에 이를 고려하여야 한다. ② 거래사례비교법의 경우 거래사례 선택 시 녹색건축물 등급이 유사한 사례 선택에 이를 고려하여야 한다. ③ 수익환원법의 경우 현금흐름 또는 순수익 산정 시 수익증가 등과 임차수요 증가에 따른 리스크 감소로 환원율 하향 조정에 이를 고려하여야 한다.

Chapter 02

2023년 제34회 기출문제

01

수익환원법에는 직접환원법과 할인현금흐름분석법(DCF법)이 있다. 다음 물음에 답하시오. 40점

1) 직접환원법과 할인현금흐름분석법의 개념 및 가정에 대하여 비교 · 설명하시오. 15점

2) 직접환원법과 할인현금흐름분석법의 투하자본 회수의 인식 및 처리방법에 대하여 비교 · 설명하시오. 15점

3) 할인현금흐름분석법의 한계에 대하여 설명하고, 이를 극복하는 측면에서 확률적 할인현금흐름분석법에 대하여 설명하시오. 10점

02

감정평가와 관련한 다음 물음에 답하시오. 30점

1) 기준가치의 중요성에 대하여 설명하고, 택지비 목적의 감정평가서에 기재할 기준가치에 대하여 논하시오. 15점

2) 감정평가사 甲은 한국감정평가사협회가 설치 · 운영하는 감정평가심사위원회의 심사위원으로서 택지비 목적의 감정평가서를 심사하고 있다. 감정평가서에 기재된 공시지가기준법상 그 밖의 요인 보정에 관한 내용은 다음의 표와 같으며, 甲은 심사결과 감정평가서의 보완이 필요하다고 판단하고 있다. 甲의 입장에서 공시지가기준법상 그 밖의 요인 보정에 있어 '지역요인 비교 내용의 적정성'에 대하여 세부 심사의견을 기술하시오. 15점

1) 그 밖의 요인 보정치 산정 방법: 인근지역 또는 동일수급권 내 유사지역의 가치형성요인이 유사한 감정평가사례 중 적정한 비교사례를 선정하여 비교사례기준 비교표준지의 감정평가액과 비교표준지 공시지가에 시점수정을 한 가액의 비율을 기준으로 산정함

2) 인근지역 또는 동일수급권 내 유사지역의 택지비 감정평가사례

기호	소재지 및 지번	용도지역	이용상황	도로조건	면적(㎡)	감정평가단가(원/㎡)	기준시점
㉮	서울특별시 A구 ㄱ동 65	제3종 일반주거	아파트	광대소각	234,000	18,900,000	2022.08.20.
㉯	서울특별시 B구 ㄹ동 10	제3종 일반주거	아파트	광대소각	150,000	21,000,000	2022.09.20.

3) 비교사례의 선정: 감정평가사례 중 비교표준지(A구 ㄱ동 5)와 지리적으로 근접하고(A구와 B구는 서로 인접함), 토지이용계획 및 감정평가목적이 동일하거나 유사하여 비교 가능성이 높은 기호 ㉯를 비교사례로 선정하였음

4) 시점수정치의 산정: (감정평가서에 기재되어 있으나 생략함)

5) 지역요인의 비교

<table>
<tr><th rowspan="2">조건</th><th rowspan="2">항목</th><th rowspan="2">세항목</th><th colspan="2">격차율</th><th rowspan="2">비교 내용</th></tr>
<tr><th>사례</th><th>표준지</th></tr>
<tr><td rowspan="2">가로조건</td><td rowspan="2">가로의 폭, 구조 등의 상태</td><td>폭, 포장, 보도</td><td rowspan="2">1.00</td><td rowspan="2">1.00</td><td rowspan="2">유사함</td></tr>
<tr><td>계통 및 연속성</td></tr>
<tr><td rowspan="3">접근조건</td><td>도심과의 거리 및 교통시설의 상태</td><td>인근교통시설의 편의성, 인근교통시설의 도시중심 접근성</td><td rowspan="3">1.00</td><td rowspan="3">1.20</td><td rowspan="3">표준지는 사례대비 도시철도와의 거리 및 편익설치 배치 상태에서 우세함</td></tr>
<tr><td>상가의 배치상태</td><td>인근상가의 편의성, 인근상가의 품격</td></tr>
<tr><td>공공 및 편익시설의 배치상태</td><td>학교, 공원, 병원, 관공서 등</td></tr>
<tr><td rowspan="6">환경조건</td><td>기상조건, 자연환경</td><td>일조, 온도, 조망, 지반, 지질 등</td><td rowspan="6">1.00</td><td rowspan="6">1.20</td><td rowspan="6">표준지는 사례대비 조망 및 획지의 상태에서 우세함</td></tr>
<tr><td>사회환경</td><td>거주자의 직업, 학군 등</td></tr>
<tr><td>획지의 상태</td><td>획지의 표준적인 면적, 획지의 정연성, 주변의 이용 상황 등</td></tr>
<tr><td>공급 및 처리시설의 상태</td><td>상수도, 하수도, 도시가스 등</td></tr>
<tr><td>위험 및 혐오시설</td><td>변전소 등의 유무, 특별고압선 등의 통과 유무</td></tr>
<tr><td>재해발생 위험성, 공해발생의 정도</td><td>홍수, 절벽붕괴, 소음, 대기오염 등</td></tr>
<tr><td rowspan="2">행정적 조건</td><td rowspan="2">행정상의 규제정도</td><td>용도지역, 지구, 구역 등</td><td rowspan="2">1.00</td><td rowspan="2">1.00</td><td rowspan="2">유사함</td></tr>
<tr><td>기타규제</td></tr>
<tr><td>기타조건</td><td>기타</td><td>장래의 동향, 기타</td><td>1.00</td><td>1.00</td><td>유사함</td></tr>
<tr><td colspan="3">합계</td><td>1.00</td><td>1.44</td><td></td></tr>
</table>

6) 개별요인의 비교: (감정평가서에 기재되어 있으나 생략함)

7) 그 밖의 요인 보정치의 산정: (감정평가서에 기재되어 있으나 생략함)

03 담보평가와 관련한 다음 물음에 답하시오. 20점

1) 담보평가를 수행함에 있어 감정평가의 기능과 관련하여 감정평가의 공정성과 독립성이 필요한 이유를 설명하고, 감정평가의 공정성과 독립성을 확보할 수 있는 수단 3개를 제시하시오. 10점

2) 감정평가법인이 담보목적의 감정평가서를 심사함에 있어 심사하는 감정평가사의 역할에 대하여 설명하시오. 10점

04 다세대주택을 거래사례비교법으로 감정평가하기 위하여 거래사례를 수집하는 경우 거래사례의 요건과 각 요건별 고려사항에 대하여 약술하시오. 10점

해설 및 예시 답안

01 **수익환원법에는 직접환원법과 할인현금흐름분석법(DCF법)이 있다. 다음 물음에 답하시오.** 40점

1) **직접환원법과 할인현금흐름분석법의 개념 및 가정에 대하여 비교 · 설명하시오.** 15점
2) **직접환원법과 할인현금흐름분석법의 투하자본 회수의 인식 및 처리방법에 대하여 비교 · 설명하시오.** 15점
3) **할인현금흐름분석법의 한계에 대하여 설명하고, 이를 극복하는 측면에서 확률적 할인현금흐름분석법에 대하여 설명하시오.** 10점

1 답안작성 가이드

우리나라 감정평가 실무기준 상 수익환원법으로서 직접환원법과 할인현금흐름분석법에 대하여 묻고 있는 문제입니다.

(소물음 1) 직접환원법과 할인현금흐름분석법의 개념 및 가정에 대하여 비교・설명하라고 하였으므로 'A와 B의 비교・설명하시오' 문제입니다. 다만, 유사점과 차이점으로 설명할 수도 있을 것이나, 차이점이 보다 중요하다고 판단되므로 이를 중심으로 비교하면 됩니다. 특히 가정으로서 보유기간, 저당, 부동산가치변화 등이 반드시 포함되어야 합니다.

(소물음 2) 직접환원법과 할인현금흐름분석법의 투하자본 인식 및 처리방법에 대하여 비교・설명하라고 하였으므로 'A와 B의 비교・설명하시오' 문제입니다. 다만, 유사점과 차이점으로 설명할 수도 있을 것이나, 큰 틀에서는 양 방법의 전반적인 차이점이 보다 중요하다고 판단됩니다. 특히 투하자본의 회수는 부동산이 감가상각자산이기 때문이라는 점이 명확하게 언급되어야 하며, 인식은 경제적 내용연수 동안 자본환원율로, 또는 처분에 따른 기말 복귀가액으로 인식한다는 점과 구체적인 방법들을 설명하여야 합니다.

(소물음 3) 할인현금흐름분석법의 한계는 이후 질문인 확률적 할인현금흐름분석법, 즉 동적 할인현금흐름분석법의 유용성에 대비하여 갖는 한계를 설명하여야 합니다. 한편 확률적 할인현금흐름분석법은 개념, 적용분야, 유용성 등을 중심으로 설명하여야 합니다.

2 목차

Ⅰ. 서(4)

Ⅱ. 직접환원법과 할인현금흐름분석법의 개념 및 가정 비교(12)

1. 직접환원법과 할인현금흐름분석법의 개념 비교
   1) 직접환원법
   2) 할인현금흐름분석법

2. 직접환원법과 할인현금흐름분석법의 가정 비교

1) 보유기간과 환원대상 소득 측면

2) 구성요소와 저당 측면

3) 부동산가치 변화 측면

Ⅲ. 직접환원법과 할인현금흐름분석법의 투하자본 회수의 인식 및 처리방법에 대하여 비교(12)

1. 직접환원법과 할인현금흐름분석법의 투하자본 회수

2. 직접환원법과 할인현금흐름분석법의 투하자본 회수의 인식 비교

1) 직접환원법

2) 할인현금흐름분석법

3. 직접환원법과 할인현금흐름분석법의 투하자본 회수의 처리방법 비교

1) 직접환원법

2) 할인현금흐름분석법

Ⅳ. 할인현금흐름분석법의 한계, 확률적 할인현금흐름분석법(8)

1. 할인현금흐름분석법의 한계

1) 확실성 하의 방법

2) 이중의 문제

2. 확률적 할인현금흐름분석법

1) 개념

2) 적용분야

3) 유용성

Ⅴ. 결(4)

---

3 예시 답안

Ⅰ. 서(4)

감정평가방법 중 수익성의 원리로 협의의 부동산가치를 구하는 방법이 수익환원법이다. 여기서 수익환원법은 장래 얻어질 것으로 기대되는 순수익이나 미래의 현금흐름을 환원하거나 할인하는 감정평가방법이다. 수익환원법을 적용하기 위해서는 먼저 직접환원법과 할인현금흐름분석법 중 하나의 환원방법을 결정해야 한다. 이후 순수익과 미래의 현금흐름을 산정하고 환원율과 할인율을 추정하여 수익가액을 산정하게 된다. 따라서 수익가액의 적정성은 순수익과 미래의 현금흐름, 환원율과 할인율 등의 정확성에 의해 담보된다. 이하 물음에 답하고자 한다.

Ⅱ. 직접환원법과 할인현금흐름분석법의 개념 및 가정 비교(12)

1. 직접환원법과 할인현금흐름분석법의 개념 비교

1) 직접환원법

직접환원법은 단일기간의 순수익을 적절한 환원율로 환원하는 방법으로 전통적인 소득접근법과 잔여환원법으로 구분한다. 전통적인 직접환원법은 직접법, 직선법, 상환기금법, 연금법으로 세분되며, 잔여환원법은 토지잔여법, 건물잔여법, 부동산잔여법 등으로 세분된다.

2) 할인현금흐름분석법

할인현금흐름분석법(DCF법)은 미래의 현금흐름과 보유기간 말의 복귀가액에 적절한 할인율을 적용하여 현재가치로 할인한 후 대상물건의 수익가액을 산정하는 방법이다.

2. 직접환원법과 할인현금흐름분석법의 가정 비교

1) 보유기간과 환원대상 소득 측면

직접환원법은 건물의 경제적 내용연수 동안 보유하고 순영업소득을 대상으로 한다. 반면, 할인현금흐름분석법은 전형적인 기간 동안 보유하고 주로 세전현금흐름, 세후현금흐름을 대상으로 한다.

2) 구성요소와 저당 측면

직접환원법은 토지와 건물을 구성요소로 하고 저당을 고려하지 않는다. 반면, 할인현금흐름분석법은 지분소득, 원금 상환으로 인한 지분형성분, 부동산가치변화를 구성요소로 하고 저당을 고려한다.

3) 부동산가치 변화 측면

직접환원법은 건물가치는 기간 말에 0이 되고, 토지가치는 불변이므로 부동산가치는 항상 하락한다고 가정한다. 반면, 할인현금흐름분석법은 부동산가치는 시간의 흐름에 따라 하락하는 것이 아니라, 사회·경제적 상황에 따라 상승 또는 하락할 수 있다고 가정한다.

Ⅲ. 직접환원법과 할인현금흐름분석법의 투하자본 회수의 인식 및 처리방법에 대하여 비교(12)

1. 직접환원법과 할인현금흐름분석법의 투하자본 회수

부동산과 같이 감가상각이 되는 자산에 대한 투자는 투하자본 회수의 문제를 고려하여야 한다. 그리고 이러한 투하자본 회수의 인식과 처리방법은 직접환원법과 할인현금흐름분석법의 가정에 따라 상이하다.

2. 직접환원법과 할인현금흐름분석법의 투하자본 회수의 인식 비교

1) 직접환원법

직접환원법은 토지가치는 불변이지만, 건물가치는 시간이 지남에 따라 하락한다고 가정하고 있다. 따라서 매 기간의 순영업소득은 건물가치에 대한 자본회수분을 포함하고 있어야 한다. 이때 순영업소득에서 감가상각분을 공제 또는 감가상각률을 포함한 자본환원율로 투하자본 회수를 인식할 수 있으나 일반적으로 후자를 따른다.

2) 할인현금흐름분석법

할인현금흐름분석법은 투자자들의 대부분이 일반적으로 대상 부동산을 경제적 수명까지 보유하지 않으며 순영업소득의 일정부분을 자본회수분으로 적립하지도 않는다고 가정한다. 즉, 대상 부동산을 일정기간 보유하다가 그것을 되팖으로써 투하자본 회수를 인식한다.

3. 직접환원법과 할인현금흐름분석법의 투하자본 회수의 처리방법 비교

1) 직접환원법

자본환원율로 투하자본 회수를 인식하며 처리방법에는 직선법, 연금법, 상환기금법이 있다. 직선법은 경제적 수명 동안 매년 동일한 액수만큼을 자본회수한다. 그리고 상환기금법은 자본회수분을 감채기금계수로 처리하고, 연금법은 '자본회수분+자본수익분'을 저당상수로 처리한다.

2) 할인현금흐름분석법

기말 복귀가액으로 투하자본 회수를 인식하며 처리방법에는 내부추계법과 외부추계법이 있다. 내부추계법은 기본적으로 보유기간 경과 후 초년도의 순수익을 추정하여 최종환원율로 환원한 후 매도비용을 공제하여 처리한다. 그리고 외부추계법은 가치와 여러 변수의 관계, 과거의 가치성장률 등을 고려하여 처리한다.

Ⅳ. 할인현금흐름분석법의 한계, 확률적 할인현금흐름분석법(8)

1. 할인현금흐름분석법의 한계

1) 확실성 하의 방법

일반적으로 할인현금흐름분석법은 미래 현금흐름을 현재가치로 평가하는 방식으로 순현재가치나 내부수익률 등의 개념이 중요시되나 불확실성에 의한 현금흐름의 변동위험에 관하여는 충분히 반영하지 못한다.

2) 이중의 문제

할인현금흐름분석법은 순수익을 어떻게 예측할 것인가 하는 문제와 거기에 대응하는 할인율에 리스크 프리미엄을 어떻게 할 것인가 하는 이중의 문제가 있다.

2. 확률적 할인현금흐름분석법

1) 개념

확률적 할인현금흐름분석법은 동적 할인현금흐름분석법이라고 하며 미래환경의 변동성을 변수로 감안하여 투자결정 또는 가치평가를 하는 방법을 말한다. 즉, 상업용부동산 같은 임대용부동산의 가치를 산정하는 동적 모형에서, 미래 임대료는 불확실하며, 확률과정으로 설명할 수 있다는 것이다.

2) 적용분야

확률적 할인현금흐름분석법은 부동산평가나 부동산개발, 부동산 투자에 여러 형태로 적용이 가능하다. 즉, 부동산의 최유효이용이나 투자타이밍의 선정 등에 있어서의 미래의 불확실성이나 상황변화 및 성숙도 등을 고려한 의사결정에서 적용된다.

3) 유용성

확률적 할인현금흐름분석법은 현재가치를 산정하는 과정의 변수를 확률변수로 인식하고 이를 몬테카를로 시뮬레이션 등의 기법을 활용하여 현금흐름상의 불확실성을 고려한다. 또한 불확정요소를 모두 순수익 예측에 반영시키므로 할인율에는 무위험이자율을 채택하여 할인현금흐름분석법과 같은 이중의 문제가 발생하지 않는다.

Ⅴ. 결(4)

부동산시장 전면개방에 따른 외국자본의 국내 부동산투자, 월세시장의 확대 등 부동산시장의 환경변화로 수익방식의 중요성이 커지고 있다. 한편 수익환원법 중 일반적으로 DCF법은 미래현금흐름을 현재가치로 평가하는 방식으로 불확실성에 의한 현금흐름의 변동위험에 관하여는 충분히 반영하지 못하는 취약성이 있다. 이에 반하여 확률적 DCF법은 현재가치를 산정하는 과정의 변수를 확률변수로 인식하고 현금흐름상의 불확실성을 고려하는 방법이다. 그러나 우리나라의 감정평가기준에는 확률적 DCF법에 관한 규정이 존재하지 않으며, 실무상으로도 아직 성숙되지 않은 상황이다. 따라서 향후 위 방법에 대한 제도적 정비 등이 요구된다 할 것이다.

02 **감정평가와 관련한 다음 물음에 답하시오.** 30점

1) 기준가치의 중요성에 대하여 설명하고, 택지비 목적의 감정평가서에 기재할 기준가치에 대하여 논하시오. 15점

2) 감정평가사 甲은 한국감정평가사협회가 설치・운영하는 감정평가심사위원회의 심사위원으로서 택지비 목적의 감정평가서를 심사하고 있다. 감정평가서에 기재된 공시지가기준법상 그 밖의 요인 보정에 관한 내용은 다음의 표와 같으며, 甲은 심사결과 감정평가서의 보완이 필요하다고 판단하고 있다. 甲의 입장에서 공시지가기준법상 그 밖의 요인 보정에 있어 '지역요인 비교 내용의 적정성'에 대하여 세부 심사의견을 기술하시오. 15점

1 답안작성 가이드

택지비 감정평가와 관련하여 묻고 있는 문제입니다.

(소물음 1) 기준가치의 중요성에 대하여 설명하고 택지비 목적 감정평가의 기준가치에 대하여 논하여야 합니다. 기준가치의 중요성은 기준가치의 개념에 대하여 설명한 후 감정평가의 목표로서 경제적 가치, 가치다원론, 감정평가 절차 중 기본적 사항의 확정에서 기준가치의 확정 절차를 규정한 취지, 기준가치와 감정평가액의 관계 등을 활용하여 설명하여야 합니다.

한편 택지비 평가의 기준가치를 논하시오이므로 감칙 제5조에 따라 시장가치, 시장가치 외의 가치로 각 견해를 논한 후 본인의 의견을 논하여야 합니다. 이때 논거로서 시장가치의 개념요소인 통상적인 시장, 택지비 감정평가의 목적(분양가 통제적 성격), 주된 방법의 적용, 합리성 검토를 통한 시산가액의 조정 등을 활용하여 논할 수 있습니다.

(소물음 2) 지역요인 비교 내용의 적정성에 대하여 세부 심사의견을 기술하여야 합니다. 따라서 공시지가기준법, 그 밖의 요인 보정, 지역요인의 비교에 대하여 기술하여야 합니다. 그리고 세부 심사의견은 지역요인 비교 내용이 있는 접근 조건과 환경 조건을 중심으로 보다 구체적이고 객관적인 산출과정 설명 누락 등에 대하여 기술하면 됩니다.

2 목차

Ⅰ. 서(3)

Ⅱ. 기준가치의 중요성과 택지비 목적 감정평가의 기준가치(12)

1. 기준가치의 중요성
   1) 기준가치
   2) 가치다원론과 기준가치의 확정
   3) 감정평가액의 결정
2. 택지비 목적 감정평가의 기준가치
   1) 시장가치라는 견해
   2) 시장가치 외의 가치라는 견해
   3) 소결

Ⅲ. '지역요인 비교 내용의 적정성'에 대하여 세부 심사의견(12)

1. 공시지가기준법과 그 밖의 요인 보정
   1) 공시지가기준법
   2) 그 밖의 요인 보정
2. 지역요인 비교 내용의 적정성
   1) 지역요인 비교
   2) 접근조건
   3) 환경조건

Ⅳ. 결(3)

3 예시 답안

Ⅰ. 서(3)

택지비 목적의 감정평가는 신규 분양 공동주택의 분양가 인하와 분양가의 투명한 책정을 통하여 주택가격을 안정시키기 위하여 의뢰되는 감정평가이다. 최근 건축비 상승 등으로 인하여 분양가 상한제도 개편이 이슈화되고 있으며 공동주택 분양가 산정에 있어 택지비 목적의 감정평가에 대한 중요성이 강조되고 있다. 한편 감정평가사 甲은 한국감정평가사협회가 설치・운영하는 감정평가심사위원회의 심사위원으로서 택지비 목적의 감정평가서를 심사하고 있다. 이하 물음에 답하고자 한다.

Ⅱ. 기준가치의 중요성과 택지비 목적 감정평가의 기준가치(12)

1. 기준가치의 중요성

1) 기준가치

기준가치는 감정평가의 기준이 되는 가치로서 감칙과 감정평가 실무기준에서는 기준가치를 시장가치로 함을 원칙(감칙 제5조)으로 하고 있으나, 일정한 경우 시장가치 외의 가치로 할 수 있도록 규정하고 있다.

2) 가치다원론과 기준가치의 확정

가치는 시장가치 하나만 존재하는 것이 아니라 평가의 목적이나 조건, 대상물건의 특성 등에 따라 무수히 많은 기준가치가 존재할 수 있다는 가치다원화 개념이 널리 인정되고 있다. 따라서 감칙 제9조에서 의뢰인과 협의하여 사전에 확정해야 하는 절차인 기준가치의 확정 절차를 규정하고 있다는 점에서 기준가치는 중요하다.

3) 감정평가액의 결정

기준가치는 시장가치와 시장가치 외의 가치로서 투자가치, 청산가치, 특수가치 등으로 다양하게 구분할 수 있으며 기준가치에 따라 최종적인 감정평가액이 달라질 수 있다. 따라서 최종적인 감정평가액 결정에 있어 중요한 변수로 영향을 미친다는 점에서 기준가치는 중요하다.

2. 택지비 목적 감정평가의 기준가치

1) 시장가치라는 견해

택지비 감정평가 시 기준가치를 시장가치로 보는 경우는 시가주의 측면에 있다. 즉, 택지의 원가보다는 시장에서의 가치에 중점을 두고 평가를 하게 된다는 것이다. 이는 택지의 조성이 일반 부동산시장의 상황에 의존하여 전개되는 부동산의 경우에 강조된다. 따라서 주된 방법으로서 공시지가기준법에 의하여 감정평가액을 결정하는 경우에는 기준가치를 시장가치로 볼 수 있을 것이다.

2) 시장가치 외의 가치라는 견해

택지비 감정평가 시 기준가치를 시장가치 외의 가치로 보는 경우는 원가주의 측면에 있다. 즉, 원가주의는 투입된 비용을 합산하는 논리(공급가격+가산비용)로서 조성원가의 개념과 유사하다고 할 수 있다. 따라서 원가법에 따른 시산가액의 합리성 검토 결과에 따라 조정하여 감정평가액을 결정하는 경우에는 기준가치를 시장가치 외의 가치로 볼 수 있을 것이다.

3) 소결

택지비 감정평가의 기준가치를 일률적으로 규정하기는 어렵다고 본다. 즉, 주된 방법인 공시지가기준법에 따라 감정평가액을 결정하는 경우에는 시장가치로 보면 되고, 분양가를 낮추기 위한 정책적 목적 등으로 인해 원가법에 따른 시산가액 조정으로 감정평가액을 결정하는 경우에는 시장가치 외의 가치로 보면 될 것이다.

Ⅲ. '지역요인 비교 내용의 적정성'에 대하여 세부 심사의견(12)

1. 공시지가기준법과 그 밖의 요인 보정

1) 공시지가기준법

감정평가법 제3조 제1항 본문에 따라 감정평가의 대상이 된 토지와 가치형성요인이 같거나 비슷하여 유사한 이용가치를 지닌다고 인정되는 표준지의 공시지가를 기준으로 대상토지의 현황에 맞게 시점수정, 지역요인 및 개별요인 비교, 그 밖의 요인의 보정을 거쳐 대상토지의 가액을 산정하는 감정평가방법을 말한다.

2) 그 밖의 요인 보정

그 밖의 요인이란 시점수정, 지역요인 및 개별요인의 비교 외에 대상토지의 가치에 영향을 미치는 요인이다. 공시지가기준법에 의한 감정평가액이 시점수정, 개별요인 및 지역요인 비교를 거쳤음에도 불구하고 기준가치에 도달하지 못하는 경우가 발생할 수 있다. 그 밖의 요인의 보정은 일반적으로 이러한 격차를 보완하기 위하여 실무적으로 행하는 절차이다.

2. 지역요인 비교 내용의 적정성

1) 지역요인 비교

지역요인 비교는 공시지가기준법 적용 시 비교표준지가 속한 지역과 대상토지가 속한 지역적 차이에 따른 가치수준의 격차를 보정하는 중요한 절차이다. 여기서 지역요인이란 대상물건이 속한 지역의 가격수준 형성에 영향을 미치는 자연적·사회적·경제적·행정적 요인을 말한다.

2) 접근조건

표준지가 사례 대비 도시철도와의 거리 및 편익시설 배치 상태에서 우세하다는 비교 내용과 함께 격차율을 1.20으로 기재하였으나, 구체적으로 어떻게 결정한 것인지 산정과정이 누락되었다. 예를 들어 도시철도와의 거리가 사례와 표준지 각각 얼마 정도인지, 그리고 거리의 차이에 따른 격차율 산정의 차이를 알 수 있는 다양한 가격정보가 필요하다.

3) 환경조건

표준지는 사례 대비 조망 및 획지의 상태에서 우세하다는 비교 내용과 함께 격차율을 1.20으로 기재하였으나, 구체적으로 어떻게 결정한 것인지 산정과정이 누락되었다. 예를 들어 획지의 상태에는 획지의 표준적인 면적, 획지의 정연성, 주변의 이용상황 등이 있으므로 어떤 상세 항목에서 차이가 나는지, 그리고 획지의 상태 차이에 따른 격차율 산정의 차이를 알 수 있는 다양한 가격정보가 필요하다.

Ⅳ. 결(3)

최근 분양가의 합리적 책정을 위해 건축비 인상에 대한 개선방안이 발표되었다. 다만, 근본적으로는 택지비 가격이 분양가에서 가장 큰 비중을 차지하는 만큼 이에 대한 개선도 필요하다. 또한 감정평가업계는 택지비 목적의 감정평가에서의 기준가치에 대한 정립이 필요하다. 한편 감정평가심사위원회에 의한 심사제도는 한국감정평가사협회에서 운영되고 있는 제도이다. 감정평가사 甲은 심사 과정에서 세부 의견을 제시하여 부실감정평가를 차단하고 감정평가의 객관성, 공정성 제고에 기여하여야 한다.

03 담보평가와 관련한 다음 물음에 답하시오. 20점

1) 담보평가를 수행함에 있어 감정평가의 기능과 관련하여 감정평가의 공정성과 독립성이 필요한 이유를 설명하고, 감정평가의 공정성과 독립성을 확보할 수 있는 수단 3개를 제시하시오. 10점

2) 감정평가법인이 담보목적의 감정평가서를 심사함에 있어 심사하는 감정평가사의 역할에 대하여 설명하시오. 10점

1 답안작성 가이드

담보평가와 관련하여 묻고 있는 문제입니다.

(소물음 1) 담보평가 수행 시 감정평가의 공정성과 독립성이 필요한 이유를 감정평가의 기능과 관련하여 설명하여야 합니다. 즉, A를 설명하되 B와 관련하여 설명하라는 문제이므로 감정평가의 기능 중 일반, 경제적 기능(담보평가는 사적 평가의 영역)을 중심으로 설명하여야 합니다. 또한 공정성과 독립성을 확보할 수 있는 수단은 외부적인 강요 없이 내부적으로 공정성과 독립성을 확보할 수 있는 적정성 심사, 적정성 검토, 복수평가 등의 수단에 대하여 설명하여야 합니다.

(소물음 2) 담보목적의 감정평가서를 심사함에 있어 심사하는 감정평가사의 역할에 대하여 설명하여야 합니다. 따라서 담보평가서의 적정성을 심사하는 것이므로 담보목적 평가의 주안점, 부동산관계법규, 협약 준수여부, 절차 준수여부, 구체적인 내용, 평가서 형식 등을 전반적으로 심사하는 역할에 대하여 설명하여야 합니다.

2 목차

Ⅰ. 서(2)

Ⅱ. 감정평가의 공정성과 독립성이 필요한 이유, 감정평가의 공정성과 독립성을 확보할 수 있는 수단 3개(8)

1. 감정평가의 공정성과 독립성이 필요한 이유
   1) 부동산 의사결정의 판단기준 제시
   2) 거래질서의 확립과 유지
2. 감정평가의 공정성과 독립성을 확보할 수 있는 수단
   1) 복수평가
   2) 적정성 심사와 적정성 검토
   3) 윤리규정과 금융기관과의 협약 준수

Ⅲ. 감정평가서를 심사하는 감정평가사의 역할(8)

1. 법령 측면
2. 내용 측면

3. 형식 측면

4. 공정성과 객관성 측면

Ⅳ. 결(2)

---

3 예시 답안

Ⅰ. 서(2)

담보평가는 금융기관 등이 대출에 대한 담보물의 취득을 목적으로 담보물건의 상태나 사실관계를 조사·확인하여 그 진위·선악·적부 등을 판정하고 대상물건의 경제적 가치를 판단하는 것을 말한다. 이러한 담보평가는 채무자의 재산권을 인정함과 동시에 채권자의 안정적인 채권 확보를 가능케 함으로써, 건전한 금융환경을 조성하여 국민경제를 원활하게 하는 역할을 하는 매우 중요한 분야이다. 이하 물음에 답하고자 한다.

Ⅱ. 감정평가의 공정성과 독립성이 필요한 이유, 감정평가의 공정성과 독립성을 확보할 수 있는 수단 3개(8)

1. 감정평가의 공정성과 독립성이 필요한 이유

1) 부동산 의사결정의 판단기준 제시

감정평가 결과는 개발사업에 있어 타당성분석의 기준으로 유용하게 활용되고, 부동산 거래나 투자결정 등 다양한 의사결정에 있어서 판단기준으로서의 역할을 수행한다. 특히 담보평가와 관련하여 대출기관의 대출실행 여부에 대한 합리적 의사결정의 판단기준을 제시하여야 하므로 감정평가의 공정성과 독립성이 필요하다.

2) 거래질서의 확립과 유지

감정평가활동은 부동산의 공정하고 객관적인 가격을 제시함으로 매매, 경매 등 부동산활동을 합리적이고 능률적으로 수행하도록 하여 거래질서 확립과 유지에 기여한다. 특히 담보평가와 관련하여 개인과 기관 간의 거래질서 확립과 유지에 기여하여야 하므로 감정평가의 공정성과 독립성이 필요하다.

2. 감정평가의 공정성과 독립성을 확보할 수 있는 수단

1) 복수평가

복수평가는 둘 이상의 감정평가법인 등이 평가의 주체가 되어 수행하는 평가이다. 복수평가는 주로 보상평가업무 등과 같이 사회·경제적으로 큰 영향을 미치고 첨예한 이해관계가 대립되는 분야에서 활용된다. 이러한 복수평가는 담보평가 시 감정평가의 공정성과 독립성을 확보할 수 있는 수단이 된다.

2) 적정성 심사와 적정성 검토

적정성 심사는 감정평가서를 발급하기 전에 같은 법인 소속의 다른 감정평가사에게 심사하게 하는 제도이다. 또한 적정성 검토는 의뢰인 등이 해당 감정평가서를 발급한 감정평가법인 등을 제외한 감정평가법인 등에게 의뢰하고, 검토 의뢰를 받은 감정평가법인 등이 검토업무를 수행하는 제도이다. 이러한 적정성 심사와 적정성 검토는 담보평가 시 감정평가의 공정성과 독립성을 확보할 수 있는 수단이 된다.

3) 윤리규정과 금융기관과의 협약 준수

감정평가법, 감정평가에 관한 규칙, 감정평가 실무기준(기본윤리, 업무윤리) 등의 윤리규정과 금융기관과의 업무협약 준수는 담보평가 시 감정평가의 공정성과 독립성을 확보할 수 있는 수단이 된다.

Ⅲ. 감정평가서를 심사하는 감정평가사의 역할(8)

1. 법령 측면

감정평가사는 감정평가서가 감정평가관계법규, 금융기관과의 협약에 따라 적정하게 작성되었는지를 심사하는 역할을 수행한다. 즉, 감정평가법, 감정평가에 관한 규칙 등 관계 법령 및 규칙에서 정하는 원칙과 절차, 업무협약에 따라 안정성과 환가성을 고려하여 작성되었는지 심사한다.

2. 내용 측면

감정평가사는 감정평가서의 평가목적, 평가조건, 기준시점, 감정평가 대상 등에 따라 적절하게 평가를 하였는지를 심사하는 역할을 수행한다. 또한 제시된 자료 및 산출과정이 적절한지에 대하여 심사한다.

3. 형식 측면

감정평가사는 형식상 감정평가서의 오기, 오산 등이 있는지 등을 심사하는 역할을 수행한다. 다만, 단순 오기, 오산 등의 사소한 오류를 지나치게 강조해서는 안 된다.

4. 공정성과 객관성 측면

감정평가사는 의뢰인의 이익을 위해서는 물론이고, 심사자 자신의 개인적 이익을 위해서도 심사해서는 안 된다. 즉, 평가대상물건에 대해 현재, 미래에 어떠한 이해관계를 가지지도 않고 공정하고 객관적으로 심사하는 역할을 수행한다.

Ⅳ. 결(2)

상기와 같이 담보평가의 중요성에도 불구하고 금융기관은 업무를 수행하는 감정평가기관에 대한 선정권을 향유하여 감정평가기관에 대한 과도한 서비스를 요구함과 동시에 비용 절감을 이유로 자체평가를 확대 중이다. 이는 국민의 재산권 보호 측면 등에서 문제가 있으므로 전문가에 의한 공정하고 독립적인 감정평가를 통하여 부동산시장의 안정화를 기하여야 할 것이다.

04 다세대주택을 거래사례비교법으로 감정평가하기 위하여 거래사례를 수집하는 경우 거래사례의 요건과 각 요건별 고려사항에 대하여 약술하시오. 10점

1 답안작성 가이드

다세대주택(구분소유부동산)을 감칙 제16조에 따라 거래사례비교법으로 평가하는 경우에 대하여 묻고 있는 문제입니다. 거래사례를 수집하는 경우 거래사례의 요건은 감정평가 실무기준거래사례비교법 편 거래사례의 수집 및 선택 규정이 존재하므로 이에 근거하여 약술하여야 합니다. 또한 각 요건별 고려사항은 다세대주택의 거래사정(경기변동 등 시장상황), 시점수정(시점수정 방법 등), 가치형성요인 비교(구체적인 요인들)에 대하여 약술하여야 합니다.

2 목차

Ⅰ. 거래사례비교법(1)

Ⅱ. 거래사례의 요건(5)

1. 거래사정이 정상이라고 인정되거나 정상적인 것으로 보정이 가능한 사례
2. 기준시점으로 시점수정이 가능한 사례
3. 위치적 유사성이나 물적 유사성이 있어 가치형성요인의 비교가 가능한 사례

Ⅲ. 각 요건별 고려사항(4)

1. 거래사정 및 시점수정
2. 가치형성요인의 비교

3 예시 답안

Ⅰ. 거래사례비교법(1)

거래사례비교법이란 대상물건과 가치형성요인이 같거나 비슷한 물건의 거래사례와 비교하여 대상물건의 현황에 맞게 사정보정, 시점수정, 가치형성요인 비교 등의 과정을 거쳐 대상물건의 가액을 산정하는 감정평가방법을 말한다.

Ⅱ. 거래사례의 요건(5)

1. 거래사정이 정상이라고 인정되거나 정상적인 것으로 보정이 가능한 사례

거래사정이 정상이라고 인정되는 다세대주택 거래사례나 정상적인 것으로 보정이 가능한 다세대주택 거래사례를 수집하여야 한다. 즉, 사정보정이 필요 없거나 사정보정이 필요한 경우라도 보정이 가능한 거래사례를 말한다.

2. 기준시점으로 시점수정이 가능한 사례

거래사례의 거래시점이 분명하여야 하며, 기준시점으로부터 거래시점까지의 가격변동이 있다면 그 차이를 보정할 수 있는 다세대주택 거래사례를 수집하여야 한다.

3. 위치적 유사성이나 물적 유사성이 있어 가치형성요인의 비교가 가능한 사례

인근지역 또는 동일수급권 내의 유사지역에서 거래되어 위치적 유사성이 인정되는 다세대주택 거래사례를 수집하여야 한다. 또한 대상과 물적 유사성이 인정되어 비교 가능한 다세대주택 거래사례를 수집하여야 한다.

Ⅲ. 각 요건별 고려사항(4)

1. 거래사정 및 시점수정

최근과 같이 급격한 경기변동으로 인하여 다세대주택 거래사례에 사정이 개입된 경우 이를 고려하여야 한다. 또한 다세대주택의 가격변동에 관한 자료로서 지역별, 월별 매매가격지수를 활용하여야 한다. 이때 거래시점이 너무 오래 되지 않아야 하며 대상 다세대주택의 가격변동이 지역의 가격변동과 상이할 수 있음도 고려하여야 한다.

2. 가치형성요인의 비교

다세대주택의 단지외부요인으로서 대중교통의 편의성, 교육시설 등의 배치, 도심지 및 상업, 업무시설과의 접근성 등을 고려하여야 한다. 또한 다세대주택의 단지내부요인으로서 건물의 구조 및 마감상태, 경과연수에 따른 노후도, 단지 내 면적구성 등과 호별요인으로서 층별 효용, 호별 효용, 위치별 효용 등을 고려하여야 한다.

Chapter 03

2022년 제33회 기출문제

01 최근 지식재산권에 대한 관심이 높아지면서 지식재산권에 대한 감정평가 수요도 증가하고 있다. 지식재산권 감정평가와 관련하여 다음 물음에 답하시오. 40점

1) 감정평가 실무기준상 지식재산권의 개념 및 종류, 가격자료에 대해 설명하시오. 10점

2) 감정평가 3방식의 성립 근거와 각 방식 간의 관계에 대해 설명하시오. 10점

3) 감정평가 실무기준상 감정평가 3방식에 따른 지식재산권의 평가방법을 설명하고, 각 방식 적용 시 유의사항에 대해 설명하시오. 20점

02 소득접근법에서 자본환원율을 결정하는 방법이다. 다음 물음에 답하시오. 30점

1) 투자결합법(brand of investment method)의 2가지 유형을 구분하여 쓰고, 엘우드(Ellwood)법을 비교 설명하시오. 20점

2) 자본환원율(capitalization rate)의 조정이 필요한 이유와 조정 방법을 설명하시오. 10점

03 다음 자료를 참고하여 물음에 답하시오. 20점

> 법원감정인인 감정평가사 甲은 손해배상(기) 사건에서 원고가 주장하는 손해액을 구하고 있다. 본 사건 부동산(제2종일반주거지역〈건폐율 60%, 용적률 200%〉) 매매 당시 매수자인 원고는 부지 내에 차량 2대의 주차가 가능하다는 피고의 주장을 믿고 소유권이전을 완료하였으나, 부지 내의 공간(공지) 부족으로 현실적으로는 주차가 불가능함을 알게 되었다.
> 현장조사 결과 당시 대상 건물(연와조)의 외벽과 인접부동산 담장 사이에 공간이 일부 있으나 협소하여 주차가 불가능한 것으로 나타났다.
> 기준시점 현재 대상 건물은 용적률 110%로 신축 후 50년이 경과하였으나 5년 전 단독주택에서 근린생활시설(사무소)로 용도변경 허가를 받은 후 수선을 하여 경제적 잔존내용연수는 10년인 것으로 판단되었다.
> 대상 부동산의 인근지역은 기존주택지역에서 소규모 사무실로 변화하는 특성을 보이고 있고 현재 건물의 용도(이용상황)에 비추어 차량 2대의 주차공간 확보가 최유효이용에 해당한다고 조사되었다.

1) 이 사안에서 시장자료(market data)를 통하여 손해액을 구하기 위한 감정평가방법과 해당 감정평가방법의 유용성 및 한계점에 대하여 설명하시오. 10점

2) 만일 물음 1)에서 시장자료(market data)를 구할 수 없는 경우, 적용 가능한 다른 감정평가방법들에 대하여 설명하고 이러한 접근방식을 따르는 경우 손해액의 상한은 어떻게 판단하는 것이 합리적인지 설명하시오. 10점

04 초과토지(excess land)와 잉여토지(surplus land)의 개념을 쓰고, 판정 시 유의사항에 대하여 설명하시오. 10점

해설 및 예시 답안

01 **최근 지식재산권에 대한 관심이 높아지면서 지식재산권에 대한 감정평가 수요도 증가하고 있다. 지식재산권 감정평가와 관련하여 다음 물음에 답하시오.** 40점

1) 감정평가 실무기준상 지식재산권의 개념 및 종류, 가격자료에 대해 설명하시오. 10점

2) 감정평가 3방식의 성립 근거와 각 방식 간의 관계에 대해 설명하시오. 10점

3) 감정평가 실무기준상 감정평가 3방식에 따른 지식재산권의 평가방법을 설명하고, 각 방식 적용 시 유의사항에 대해 설명하시오. 20점

1 답안작성 가이드

소물음 1번은 감정평가 실무기준상의 지식재산권 개념, 지식재산권의 종류 5가지, 가격자료를 설명해야 한다.

소물음 2번은 소물음 3번에서 지식재산권의 감정평가 3방식을 물었다는 점에서 감정평가 3방식의 성립근거 중 가장 핵심인 "비용성, 시장성, 수익성"과 "3방식" 간의 관계에 대해서 설명해야 한다. 다만, 문제의 해석에 따라 ① 성립근거 설명과 ② 각 방식 간의 관계 설명으로 구분하여 설명할 수도 있다.

소물음 3번은 감정평가 실무기준상의 수익환원법(원칙), 거래사례비교법과 원가법을 정확하게 설명해야 한다. 또한 각 방식 적용 시 유의사항은 적용절차별로 설명하면 된다. 즉, 수익환원법은 적정한 현금흐름 예상, 기술기여도의 산정, 할인율의 추정으로, 거래사례비교법은 거래사례, 가치형성요인의 비교, 실시료율 산정으로, 원가법에서 재조달원가는 복제원가인지, 대체원가인지 등으로 설명하면 된다.

2 목차

Ⅰ. 서(4)

Ⅱ. 지식재산권의 개념 및 종류, 가격자료(8)

1. 지식재산권의 개념
2. 지식재산권의 종류
   1) 특허권, 실용신안권, 디자인권
   2) 상표권, 저작권
3. 가격자료
   1) 거래사례, 비용자료
   2) 수익자료, 시장자료

Ⅲ. 감정평가 3방식의 성립 근거와 각 방식 간의 관계(8)

1. 감정평가 3방식(감칙 제11조)
2. 감정평가 3방식의 성립 근거와 각 방식 간의 관계
   1) 비용성과 원가방식
   2) 시장성과 비교방식
   3) 수익성과 수익방식

Ⅳ. 지식재산권의 감정평가방법과 각 방식 적용 시 유의사항(16)

1. 지식재산권의 평가방법
   1) 감칙 제23조와 감정평가 실무기준
   2) 수익환원법
   3) 거래사례비교법
   4) 원가법
2. 각 방식 적용 시 유의사항
   1) 수익환원법 적용 시 유의사항
   2) 거래사례비교법 적용 시 유의사항
   3) 원가법 적용 시 유의사항

Ⅴ. 결(4)

---

3 예시 답안

Ⅰ. 서(4)

현대 시대에는 종래의 유형자산 이외에도 다양한 무형의 권리가 존재한다. 특히 최근에는 산업사회에서 지식사회로 탈바꿈하면서 무형자산의 중요성이 부각되고 있다. 특히 정보화로 대표되는 IT 기술 등의 발달로 특허에 관한 독점적 권리를 주장하게 되며, 분쟁도 점차 증대되는 추세이다. 이에 따라 감정평가 실무기준에서는 지식재산권의 감정평가를 규정함으로써 산업사회 발전에 따른 감정평가 업무 영역의 확장과 업무 표준화를 이루고자 한다. 이하 물음에 답하고자 한다.

Ⅱ. 지식재산권의 개념 및 종류, 가격자료(8)

1. 지식재산권의 개념

   통상 발명·상표·디자인 등의 산업재산권과 문학·음악·미술 작품 등에 관한 저작권을 총칭하는 개념으로, 이를 지적재산권 또는 지적소유권이라 칭하기도 한다. 다만, 「실무기준」에서는 특허권, 실용신안권, 디자인권, 상표권, 저작권과 이에 준하는 권리를 지식재산권으로 규정한다.

2. 지식재산권의 종류

1) 특허권, 실용신안권, 디자인권

① 특허권은 「특허법」에 따라 발명 등에 관하여 독점적으로 이용할 수 있는 권리이다. ② 실용신안권은 공업소유권의 일종으로 실용신안을 등록한 자가 독점적으로 가지는 지배권이다. ③ 디자인권은 디자인을 창작한 자 또는 그 승계인이 「디자인보호법」에 따라 디자인등록을 받을 수 있는 권리이다.

2) 상표권, 저작권

① 상표권은 등록상표를 지정상표에 독점적으로 이용할 수 있는 권리이다. ② 저작권은 「저작권법」에 따라 저작권자가 가지는 권리를 말하며, 이는 인간의 사상이나 감정 등을 표현한 창작물에 대한 독점적인 권리이다.

3. 가격자료

1) 거래사례, 비용자료

거래사례는 특허권, 상표권, 저작권 등의 거래가격 등이 있으며 비용자료는 특허권, 상표권, 저작권 등의 취득을 위해 드는 비용 등에 관한 자료가 있다.

2) 수익자료, 시장자료

수익자료는 저작권, 상표권 등의 사용수익, 수익력 추정자료, 수익률, 라이센스계약에 따른 수익 및 실시료율, 재무제표 등이 있으며 시장자료는 경제성장률, 물가상승률, 금리, 환율 등에 관한 자료가 있다.

Ⅲ. 감정평가 3방식의 성립 근거와 각 방식 간의 관계(8)

1. 감정평가 3방식(감칙 제11조)

감정평가 3방식이란 대상물건의 가치를 측정할 경우 전통적으로 사용되고 있는 비용성에 기초한 원가방식, 시장성에 기초한 비교방식, 수익성에 기초한 수익방식을 말한다.

2. 감정평가 3방식의 성립 근거와 각 방식 간의 관계

1) 비용성과 원가방식

원가방식은 대상물건이 어느 정도의 비용이 투입되어야 만들 수 있는가라는 비용성을 성립근거로 하는 방식이다. 이 방식은 공급 측면에서 비용과 가치의 상호관계를 파악하여 대상물건의 가치를 산정한다는 점에서 비용성과 관계된다.

2) 시장성과 비교방식

비교방식은 대상 물건이 어느 정도 가격으로 시장에서 거래되고 있는가라는 시장성을 성립근거로 하는 방식이다. 이 방식은 시장에서 거래되는 가격과 가치의 상호관계를 파악하여 대상물건의 가치를 산정한다는 점에서 시장성과 관계된다.

3) 수익성과 수익방식

수익방식은 대상물건을 이용함으로써 어느 정도 수익을 얻을 수 있는가라는 수익성을 성립근거로 하는 방식이다. 이 방식은 투자 측면에서 수익과 가치의 상호관계를 파악하여 대상물건의 가치를 산정한다는 점에서 수익성과 관계된다.

Ⅳ. 지식재산권의 감정평가방법과 각 방식 적용 시 유의사항(16)

1. 지식재산권의 평가방법

1) 감칙 제23조와 감정평가 실무기준

지식재산권을 감정평가할때에는 수익환원법을 적용하여야 한다. 다만, 수익환원법으로 감정평가하는 것이 곤란하거나 적절하지 아니한 경우에는 거래사례비교법이나 원가법으로 감정평가할 수 있다.

2) 수익환원법

지식재산권을 수익환원법으로 감정평가할 때에는 해당 지식재산권으로 인한 현금흐름을 현재가치로 할인하거나 환원하여 산정하는 방법과 기업전체에 대한 영업가치에 해당 지식재산권의 기술기여도를 곱하여 산정하는 방법이 있다.

3) 거래사례비교법

지식재산권을 거래사례비교법으로 감정평가할 때에는 비슷한 지식재산권의 거래사례와 비교하는 방법과 매출액이나 영업이익 등에 시장에서 형성되고 있는 실시료율을 곱하여 산정된 현금흐름을 할인하거나 환원하여 산정하는 방법이 있다.

4) 원가법

지식재산권을 원가법으로 감정평가할 때에는 기준시점에서 새로 취득하기 위해 필요한 예상비용에서 감가요인을 파악하고 그에 해당하는 금액을 공제하는 방법과 대상 지식재산권을 제작하거나 취득하는 데 들어간 비용을 물가변동률 등에 따라 기준시점으로 수정하는 방법이 있다.

2. 각 방식 적용 시 유의사항

1) 수익환원법 적용 시 유의사항

전체 현금흐름 중 지식재산권이 창출하는 현금흐름만을 분리해서 파악해야 하고 장래 창출할 것으로 기대되는 현금흐름을 예측하는데 유의하여야 한다. 또한 위험수준을 반영한 적절한 할인율을 결정하여야 함에 유의하여야 한다.

2) 거래사례비교법 적용 시 유의사항

최근에 거래된 유사한 지식재산권의 거래사례를 찾아야 하고 특수한 사정이 개입된 경우 이를 보정하여야 함에 유의하여야 한다. 또한 실시료율 산정 시 지식재산권의 개발비, 특성, 예상수익에 대한 기여도, 실시의 난이도 등에 유의하여야 한다.

3) 원가법 적용 시 유의사항

지식재산권의 경우에도 시간이 경과함에 따라 진부화하고 언젠가는 그 가치를 상실할 가능성이 있으므로 감가수정을 해야 한다는 점에 유의하여야 한다. 또한 과거의 취득비용에서 물가상승률을 반영할 경우, 지식재산권의 가격 변동이 경기변동과 반드시 일치하지 않아 가격산정에 왜곡이 있을 수 있으므로 유의하여야 한다.

Ⅴ. 결(4)

전세계적으로 지식재산권 등 무형자산이 기업자산 중에서 차지하는 경제적 비중은 날로 커지고 있다. 이에 따라 이들에 대한 가치평가 수요도 폭증하고 있다. 일반적으로 무형자산은 가치 변동성이 크고 자산고유의 위험도가 높은 자산이므로 그 경제적 가치를 평가함에 있어서 측정방법의 객관성에 합리성이 있어야 하며, 국제적 보편성도 요구된다. 재화의 가치는 그 재화의 비용성, 시장성, 수익성 등 3가지 측면에서 측정될 수 있다. 따라서 무형자산을 평가하는데도 그대로 적용이 가능하다. 다만, 각 무형자산이나 지식재산권의 성격이나 평가목적 등에 따라 일정한 전제조건이나 가정, 다양한 평가방법의 응용이 필요할 수 있다.

02

소득접근법에서 자본환원율을 결정하는 방법이다. 다음 물음에 답하시오. 30점

1) **투자결합법(brand of investment method)의 2가지 유형을 구분하여 쓰고, 엘우드(Ellwood)법을 비교 설명하시오.** 20점

2) **자본환원율(capitalization rate)의 조정이 필요한 이유와 조정 방법을 설명하시오.** 10점

1 답안작성 가이드

소물음 1번의 투자결합법에는 물리적 투자결합법과 금융적 투자결합법(Ross와 kazdin)이라는 2가지 유형이 있으므로 개념, 산식 등을 중심으로 구분하여 설명한다. 또한 엘우드법에 대하여도 개념을 설명하고 양자의 비교 시에는 가정과 산식 등으로부터 유사점과 차이점을 도출하면 된다. 소물음 2번과 관련하여 소득접근법에서 순영업소득의 추계와 자본환원율의 조정은 정확한 시장가치의 추계에 있다. 특히 대상 부동산의 자본환원율의 경우 전반적인 시장상황뿐만 아니라 부동산의 종류, 위치, 연수, 소득흐름 등 여러 가지 요인에 의하여 영향을 받고 있기 때문에 자본환원율을 몇몇 상황에서 조정할 필요가 있다. 그리고 조정 방법에는 자본환원율을 가감하여 조정하는 방법 등이 있다.

2 목차

Ⅰ. 서(3)

Ⅱ. 투자결합법의 2가지 유형 등(16)

1. 투자결합법의 2가지 유형
   1) 물리적 투자결합법
      (1) 개념
      (2) 내용
   2) 금융적 투자결합법
      (1) 개념
      (2) 내용

2. 엘우드법과 비교

1) 엘우드법의 개념

2) 양자의 유사점

(1) 저당대부

(2) 세금

3) 양자의 차이점

(1) 부동산의 가치변화

(2) 보유기간

Ⅲ. 자본환원율의 조정이 필요한 이유와 조정 방법(8)

1. 자본환원율의 조정이 필요한 이유

1) 소득증감

2) 위험

3) 인플레이션

2. 조정 방법

1) 자본환원율을 가감하여 조정하는 방법

2) J계수나 K계수로 조정하는 방법

Ⅳ. 결(3)

---

3 예시 답안

Ⅰ. 서(3)

소득접근법으로 대상부동산의 시장가치를 추계하는 논리는 간단하다. 즉, 소득을 많이 창출하는 부동산일수록 가치가 크고, 그렇지 못한 부동산일수록 가치가 작다는 것이다. 부동산의 가치 차이는 그 부동산이 창출하는 소득 차이로 나타낼 수 있다는 것이다. 이러한 소득접근법에 의한 시장가치 추계 시에는 순영업소득을 정확하게 구하는 것도 중요하지만, 자본환원율의 결정에 따라 수익가액이 크게 달라질 수 있다. 이하 자본환원율의 결정방법으로서 투자결합법, 엘우드법과 조정이 필요한 이유 등에 대하여 설명하고자 한다.

Ⅱ. 투자결합법의 2가지 유형 등(16)

1. 투자결합법의 2가지 유형

1) 물리적 투자결합법

(1) 개념

물리적 투자결합법은 소득을 창출하는 부동산의 능력이 토지와 건물이 서로 다르며, 이것은 분리될 수 있다는 가정에 근거하고 있다. 이 방법은 토지와 건물의 구성비율에 각각 토지환원율과 건물환원율을 곱하고 이를 서로 합산하여 자본환원율을 구한다.

(2) 내용

종합환원율 = (토지비율 × 토지환원율) + (건물비율 × 건물환원율)로서 건물환원율에는 건물투자분에 대한 자본회수를 고려하고 있으므로 구해진 결과는 종합환원율이 된다. 상기 산식에서 토지와 건물의 구성비율, 토지환원율과 건물환원율은 지역사회의 유사부동산으로부터 구한다.

2) 금융적 투자결합법

(1) 개념

금융적 투자결합법은 저당투자자의 요구수익률과 지분투자자의 요구수익률이 서로 다르다는 것에 착안하여 투자자본을 금융적 측면에서 구분하는 방법이다.

(2) 내용

Ross에 의한 투자결합법은 종합환원율 = (저당비율 × 저당이자율) + (지분비율 × 지분환원율)로서 저당대부에 대한 이자만을 고려하기 때문에 저당투자자의 자본회수는 고려하지 않고 있다. 반면, Kazdin에 의한 투자결합법은 종합환원율 = (저당비율 × 저당상수) + (지분비율 × 지분환원율)로서 매기간마다의 원금상환분과 이자지급분을 포함하고 있다.

2. 엘우드법과 비교

1) 엘우드법의 개념

엘우드법은 매 기간 동안의 현금흐름, 보유기간 동안의 부동산의 가치상승 또는 하락, 보유기간 동안의 지분형성분이 미치는 영향으로 종합환원율을 구한다.

2) 양자의 유사점

(1) 저당대부

금융적 투자결합법과 엘우드법은 저당대부의 금융조건이 자본환원율에 미치는 영향을 고려하고 있다는 점에서 유사점이 있다. 두 방법은 현실적인 시장행태에 근거를 둔 것으로서 부동산을 매수, 매도, 임대하고 저당대부를 설정하는 투자자들의 행태와 일치할 뿐만 아니라 투자자들이 대상 부동산의 가치를 추론하는 과정과도 일치한다.

(2) 세금

투자결합법과 엘우드법은 세금이 미치는 영향은 고려하지 못하고 있다는 점에서 유사점이 있다. 그러나 현재의 법제도하에서 세금은 부동산투자에 있어서 무시할 수 없는 중요한 요소로 작용하고 있다. 세금효과는 부동산의 수요와 공급에 많은 영향을 미치고 있기 때문에 부동산의 가치를 실질적으로 변화시키고 있다.

3) 양자의 차이점

(1) 부동산의 가치변화

투자결합법은 부동산의 가치변화가 미치는 영향을 고려하고 있지 않다. 반면, 엘우드법은 대부분의 투자자는 기간 말 부동산의 가치변화를 고려하여 부동산가격을 결정한다고 보았다는 점에서 차이점이 있다.

(2) 보유기간

투자결합법은 대상 부동산을 잔존 경제적 수명 동안 보유하는 것으로 가정한다. 반면, 엘우드법은 대상 부동산의 전형적인 보유기간 동안 보유하는 것으로 가정한다는 점에서 차이점이 있다. 보유기간은 길어도 10년을 넘지 않는 것이 보통이며 비교적 짧은 기간이다.

Ⅲ. 자본환원율의 조정이 필요한 이유와 조정 방법(8)

1. 자본환원율의 조정이 필요한 이유

1) 소득증감

순영업소득의 추계치가 동일하다고 하더라도 앞으로 대상 부동산의 수익이 어떻게 될 것인가에 따라 매수자들이 기꺼이 지불하려는 가격은 달라진다. 매수자들은 기대소득이 증가할 가능성이 많은 부동산에 대해서는 기꺼이 높은 가격을 지불하려고 하겠지만, 그렇지 못한 부동산에 대해서는 그러하지 않을 것이다. 따라서 향후 소득증감에 따라 자본환원율의 조정이 필요하다.

2) 위험

투자자들은 안정된 소득이 확실하게 보장될 가능성이 많을 경우에는 상대적으로 높은 가격을 지불하지만 그렇지 않을 경우에는 상대적으로 낮은 가격을 지불한다. 따라서 위험의 정도에 따라 자본환원율의 조정이 필요하다.

3) 인플레이션

미래소득을 예측할 경우 반드시 고려해야 할 요소로는 인플레이션이 있다. 만약 인플레이션을 고려하지 않고 미래소득을 추계하면 대부분의 부동산은 매년 소득이 증가하는 것으로 잘못 해석될 수 있다. 인플레이션은 투자자의 요구수익률을 높이는 경향이 있다. 따라서 인플레이션에 따라 자본환원율의 조정이 필요하다.

2. 조정 방법

1) 자본환원율을 가감하여 조정하는 방법

순영업소득의 추계치가 일정할 경우 그것이 앞으로 증가할 가능성이 많거나 위험이 낮은 부동산에는 환원율을 낮게, 그렇지 않은 부동산은 상대적으로 환원율을 높게 조정하는 방법이다.

2) J계수, K계수를 활용하여 조정하는 방법

순영업소득이 1기부터 감채기금 형식으로 매 기간 일정액씩 누적적으로 증감할 경우 J계수로 조정한다. J계수는 순영업소득이 감채기금 형식으로 매 기간 일정액씩 누적적으로 증가 또는 감소할 것으로 예상될 경우 자본환원율을 조정하는 계수를 말한다. 반면, 순영업소득이 매 기간 일정한 비율로 증감할 경우에는 K계수로 조정한다. K계수란 순영업소득이 매 기간 일정비율씩 증가 또는 감소할 것으로 예상될 경우 자본환원율을 조정하는 계수를 말한다.

Ⅳ. 결(3)

안정화된 한 해의 순영업소득으로 자본환원하는 전통적 소득접근법의 부정확성이나, 엘우드법에 의하여 산정된 환원율을 적용하는 저당지분환원법은 세금의 효과를 간과하는 한계가 있다. 따라서 세후현금흐름모형으로서 DCF법이 가장 이론적인 방법이며 시장에서의 투자행태에 부합하고 오차도 상대적으로 작으므로 투자분석에도 유용하다. 특히 세금효과를 고려하므로 투자자의 관심과 행태를 잘 반영한다.

03 다음 자료를 참고하여 물음에 답하시오. 20점

법원감정인인 감정평가사 甲은 손해배상(기) 사건에서 원고가 주장하는 손해액을 구하고 있다. 본 사건 부동산(제2종일반주거지역〈건폐율 60%, 용적률 200%〉) 매매 당시 매수자인 원고는 부지 내에 차량 2대의 주차가 가능하다는 피고의 주장을 믿고 소유권이전을 완료하였으나, 부지 내의 공간(공지) 부족으로 현실적으로는 주차가 불가능함을 알게 되었다.
현장조사 결과 당시 대상 건물(연와조)의 외벽과 인접부동산 담장 사이에 공간이 일부 있으나 협소하여 주차가 불가능한 것으로 나타났다.
기준시점 현재 대상 건물은 용적률 110%로 신축 후 50년이 경과하였으나 5년 전 단독주택에서 근린생활시설(사무소)로 용도변경 허가를 받은 후 수선을 하여 경제적 잔존내용연수는 10년인 것으로 판단되었다.
대상 부동산의 인근지역은 기존주택지역에서 소규모 사무실로 변화하는 특성을 보이고 있고 현재 건물의 용도(이용상황)에 비추어 차량 2대의 주차공간 확보가 최유효이용에 해당한다고 조사되었다.

1) 이 사안에서 시장자료(market data)를 통하여 손해액을 구하기 위한 감정평가방법과 해당 감정평가방법의 유용성 및 한계점에 대하여 설명하시오. 10점

2) 만일 물음 1)에서 시장자료(market data)를 구할 수 없는 경우, 적용 가능한 다른 감정평가방법들에 대하여 설명하고 이러한 접근방식을 따르는 경우 손해액의 상한은 어떻게 판단하는 것이 합리적인지 설명하시오. 10점

1 답안작성 가이드

소물음 1번은 시장자료가 무엇을 의미하는지에 대한 해석이 중요하다. 시장자료의 의미에 따라 손해액(인근의 소규모 사무실 용도 부동산의 경우 차량 2대 이상의 주차공간이 확보되는 것이 최유효이용이지만 본 건의 경우 주차 불가함에 따른 최유효이용 미달이 손해액을 의미함)을 구하기 위한 감정평가방법이 달라질 수 있다. 따라서 이에 대한 명확한 정의가 우선 필요하다. 참고로 한국부동산원의 부동산감정평가이론 번역서에서 설명하고 있는 감정평가 시 수집해야 할 자료는 세 가지이다. 먼저 시장지역 자료는 지역, 도시, 인근지역의 일반 특성들을 의미한다. 그리고 대상 부동산

자료와 시장 내 비교사례부동산 자료(거래사례, 방매자료, 사례의 공실자료, 비용과 감가상각, 수입과 지출, 환원율 등)도 있다. 결국 이는 시장지역에 대한 자료와 대상부동산과 부지 자체에 대한 자료라고 볼 수 있다. 따라서 이 문제에서 시장자료라 함은 시장으로부터 수집할 수 있는 자료를 의미하고 본건의 경우와 같이 손실액을 구하기 위한 시장자료가 시장지역에 있어 이를 통해 감정평가 할 수 있는 방법을 설명하면 된다.

소물음 2번은 시장자료가 없는 경우 대상 부동산에 2대의 차량 주차공간을 확보하기 위해 직접적으로 발생하는 비용의 합산을 통해서 구하는 원가법과, 대상부동산에 주차공간이 없음으로 인해 하락한 임대료 손실을 환원해서 구하는 수익환원법이 있을 것이다. 다만, 손해액의 상한은 본건이 수익성 부동산인 점을 감안하여 임대료 수익의 차이를 현가한 손실액의 범위 내에서 결정되어야 한다.

---

2 목차

Ⅰ. 서(2)

Ⅱ. 시장자료를 통하여 손해액을 구하기 위한 감정평가방법 등(8)

1. 시장자료가 있는 경우
2. 감정평가방법
3. 유용성
4. 한계점

Ⅲ. 시장자료를 구할 수 없는 경우 적용 가능한 다른 감정평가방법들 등(8)

1. 시장자료가 없는 경우
2. 적용 가능한 다른 감정평가방법들
   1) 원가법
   2) 수익환원법
3. 손해액의 상한

Ⅳ. 결(2)

---

3 예시 답안

Ⅰ. 서(2)

현재 대상 건물은 용적률 110%로 신축 후 50년이 경과하였으나 근린생활시설로 용도변경 허가를 받은 후 수선을 하여 경제적 잔존내용연수는 10년인 것으로 판단되며 주차가 불가능한 것으로 나타났다. 또한 인근지역은 기존주택지역에서 소규모 사무실로 변화하는 특성을 보이고 있고 현재 건물의 용도에 비추어 차량 2대의 주차공간 확보가 최유효이용에 해당한다. 이하 손해액을 구하기 위하여 의뢰된 감정평가와 관련하여 물음에 답하고자 한다.

Ⅱ. 시장자료를 통하여 손해액을 구하기 위한 감정평가방법 등(8)

1. 시장자료가 있는 경우

시장자료라고 함은 부동산시장으로부터 수집할 수 있는 자료를 의미하고 본건의 경우와 같이 손실액을 구하기 위한 시장자료가 시장지역에 존재하고 있는 경우이다.

2. 감정평가방법

시장성에 근거한 접근방법으로 2대의 주차장이 있는 정상적인 부동산의 가격과 주차장이 없음으로 인해 가치가 하락한 부동산의 가격 차이를 활용하여 대상 부동산의 손해액을 산정하는 방법이다.

3. 유용성

주차장이 없음으로 인한 가치 감소분에 인근지역의 특성, 즉 시장성이 반영되어 있어 설득력이 높다고 볼 수 있다. 또한 주차장이 없는 부동산과 2대의 주차장이 있는 부동산의 매매사례를 서로 비교하여 손해액을 구하는 방식이므로 매우 간편하고 용이하게 산정할 수 있다는 유용성이 있다.

4. 한계점

다양한 사례 중에서 비교 가능한 유사성 있는 부동산을 선택하는 것이 중요하나 시장에서 유사한 매매사례가 없는 경우 적용이 곤란하다. 또한 필요에 따라 사정보정 및 시점수정을 하고 적정한 개별요인 비교를 하여야 하는데 주관이 개입될 여지가 있다.

Ⅲ. 시장자료를 구할 수 없는 경우 적용 가능한 다른 감정평가방법들 등(8)

1. 시장자료가 없는 경우

주차장이 없음으로 인한 손실액의 평가는 일반적인 부동산 가격산정 방식인 비교방식, 원가방식, 수익방식의 세 가지 방식을 모두 적용할 수 있는데, 시장자료가 없는 경우에는 원가방식과 수익방식이 적용 가능한 다른 감정평가방법들이 될 수 있다.

2. 적용 가능한 다른 감정평가방법들

1) 원가법

비용성에 근거한 접근방법으로 현재시점에서 주차장 2대를 새로 확보하는데 소요되는 비용으로 손해액을 산정하는 것이다. 그러나 시장상황을 충분히 반영하고 있지 못할 뿐만 아니라 그의 근거가 되는 자료의 부족으로 객관적이고 실증적인 손해액과는 괴리가 발생할 수가 있다.

2) 수익환원법

수익성에 근거한 접근방법으로 주차가 불가능함이 부동산에서 발생하는 수익에 영향을 미친다는 측면에서 접근하고 있다. 따라서 임대료가 발생하거나 임대료의 파악이 가능한 경우에는 2대의 주차장이 있는 경우의 정상적인 부동산의 임대료와 주차장이 없음으로 인하여 하락한 부동산의 임대료 차이를 현가화하여 산정할 수 있다.

3. 손해액의 상한

손해액은 2대의 주차공간이 확보되어 있는 부동산 대비 주차장이 없음으로 인한 최유효이용 미달분에 해당한다. 그리고 이러한 손해액은 본건 부동산이 근린생활시설로서 수익성 부동산인 점을 감안하여 임대료 차이를 현가화하여 산정한 손실액을 상한으로 볼 수 있다.

Ⅳ. 결(2)

본건과 같이 주차가 불가능함에 따른 손해액 산정을 위한 감정평가는 수익방식에 의한 접근으로 구한 손해액을 비교방식에 의한 접근을 통하여 검증할 수 있을 것이다. 또한 주차가 불가능함에 따른 손해액의 산정은 대상 부동산의 특성 및 산정방법의 장·단점, 전문적 지식을 고려하여 적용하는 것이 타당하다고 판단된다.

04 초과토지(excess land)와 잉여토지(surplus land)의 개념을 쓰고, 판정 시 유의사항에 대하여 설명하시오. 10점

1 답안작성 가이드

초과토지와 잉여토지의 경우 기본교재에서 다루고 있으며(경응수 감정평가론에서는 규모가 과대한 토지로서 초과토지와 잉여토지를 구분하여 설명하고 있다) 특히 판정 시 유의사항의 경우 초과토지와 잉여토지로 구분한 후 적정면적에 대한 판단, 지역분석, 인근지역 표준적 이용상황, 건폐율, 도로 진입 가능여부, 합병이익 발생여부 등에 대하여 설명하면 된다.

2 목차

Ⅰ. 최유효이용과 판정기준(1)

Ⅱ. 초과토지와 잉여토지의 개념(3)

1. 초과토지의 개념
2. 잉여토지의 개념

Ⅲ. 판정 시 유의사항(6)

1. 초과토지의 경우
   1) 초과토지 여부 판정
   2) 오피스빌딩의 주차장 등
2. 잉여토지의 경우
   1) 잉여토지 여부 판정
   2) 합병 가능성

3 예시 답안

Ⅰ. 최유효이용과 판정기준(1)

최유효이용이란 객관적으로 보아 양식과 통상의 이용능력을 가진 사람이 대상 부동산을 합법적이고 합리적이며 최고, 최선의 방법으로 이용하는 것을 말한다. 최유효이용은 대상 부동산의 이용과 가치형성에 영향을 미치는 물리적, 법적, 경제적 내용들을 검토하여 최종적으로 가장 높은 수익을 창출하는 부동산의 유형과 이용방법을 기준으로 판정하여야 한다.

Ⅱ. 초과토지와 잉여토지의 개념(3)

1. 초과토지의 개념

현존 지상개량물에 필요한 적정면적 이상의 토지를 말하며, 건부지와 다른 용도로 분리되어 독립적으로 사용될 수 있으므로 건부지와는 별도로 평가되어야 한다.

2. 잉여토지의 개념

기존 개량물부지와 독립적으로 분리되어 사용될 수 없고, 별도의 최유효이용 용도에 사용할 수 없는 토지를 말한다. 비록 대상부지가 필요 이상으로 크다 하더라도 그것이 특정한 용도로 분리되어 사용될 수 있는 경우 잉여토지가 아니라 초과토지로 간주된다.

Ⅲ. 판정 시 유의사항(6)

1. 초과토지의 경우

1) 초과토지 여부 판정

건부지에 정상적으로 필요한 면적은 대상 부동산의 최유효이용에 해당되는 만큼의 토지면적이므로 초과토지 부분의 최유효이용은 건부지의 적정면적 부분과는 다를 수도 있다. 따라서 초과토지 여부는 지역분석을 통한 표준적이용과 유사용도 부동산의 시장자료를 토대로 판정된다.

2) 오피스빌딩의 주차장 등

오피스빌딩의 주차장이나 학교운동장과 같이 비록 저밀도이더라도 건부지의 주목적에 적합하게 할당되고 있을 때에는 초과토지에 해당되지 않는다.

2. 잉여토지의 경우

1) 잉여토지 여부 판정

어느 정도의 면적이 초과토지인지, 잉여토지인지는 인근 유사토지의 표준적인 이용상황이나 건폐율 그리고 도로진입 가능 여부 등에 따라 달리 판정될 수 있으므로 유의하여야 한다. 예를 들어 대상 부지가 필요 이상으로 크다 하더라도 별도 진입로가 없다면 이 토지는 잉여토지라 할 수 있다.

2) 합병 가능성

잉여토지의 경우 정상적 토지보다 낮게 평가되는 것이 당연하나, 인접토지와의 합병이 가능한 경우에는 오히려 효용증가로 인한 합병가치가 생길 수 있음에 유의하여야 한다.

Chapter 04

2021년 제32회 기출문제

01 최근 부동산시장에서 경제적, 행정적 환경변화가 나타나고 있다. 다음 물음에 답하시오. 40점

1) 부동산시장을 공간시장(space market)과 자산시장(asset market)으로 구분할 때 두 시장의 관계를 설명하고, 부동산시장의 다른 조건이 동일할 때 시중은행 주택담보대출 이자율의 상승이 주택시장의 공간시장과 자산시장에 미치는 영향을 설명하시오. 20점

2) 양도소득세의 상승이 부동산시장에 미치는 영향에 대해 설명하시오. 10점

3) 3방식에 따른 감정평가를 할 때 부동산 경기변동에 따른 유의사항에 대해 설명하시오. 10점

02 감정평가법인등은 감정평가관계법규 및 감정평가 실무기준에서 정하는 감정평가의 절차 및 윤리규정을 준수하여 업무를 행하여야 한다. 다음 물음에 답하시오. 30점

1) 감정평가 실무기준상 감정평가의 절차를 설명하시오. 10점

2) 감정평가 실무기준상 감정평가법인등의 윤리를 기본윤리와 업무윤리로 구분하고, 각각의 세부내용에 대해 설명하시오. 20점

03 광평수(廣坪數) 토지란 해당 토지가 속해 있는 시장지역에서 일반적으로 사용하는 표준적 규모보다 훨씬 더 크다고 인식되는 토지로서, 최근에 대단위 아파트 단지개발 및 복합용도개발 등으로 인해 광평수 토지에 대한 감정평가가 증가하고 있다. 이와 관련한 다음 물음에 답하시오. 20점

1) 광평수 토지면적이 해당 토지의 가치에 미치는 영향을 감가(減價)와 증가(增價)로 나누어 설명하시오. 10점

2) 광평수 토지의 최유효이용이 단독이용(single use)인 경우 감정평가방법에 대해 설명하시오. 10점

04 '감정평가심사'와 '감정평가검토'에 대해 비교 · 설명하시오. 10점

해설 및 예시 답안

01 **최근 부동산시장에서 경제적, 행정적 환경변화가 나타나고 있다. 다음 물음에 답하시오.** 40점

1) **부동산시장을 공간시장(space market)과 자산시장(asset market)으로 구분할 때 두 시장의 관계를 설명하고, 부동산시장의 다른 조건이 동일할 때 시중은행 주택담보대출 이자율의 상승이 주택시장의 공간시장과 자산시장에 미치는 영향을 설명하시오.** 20점

2) **양도소득세의 상승이 부동산시장에 미치는 영향에 대해 설명하시오.** 10점

3) **3방식에 따른 감정평가를 할 때 부동산 경기변동에 따른 유의사항에 대해 설명하시오.** 10점

1 답안작성 가이드

최근 부동산시장에 영향을 미치는 가치형성요인들이 상당히 많다. 대표적으로 행정적 요인인 양도소득세와 같은 세금, 경제적 요인인 코로나바이러스19로 인한 경기침체 그리고 물가상승 억제, 부동산시장과 부동산가격 안정화를 위한 한국은행의 기준금리 인상이다(여기서 기준금리의 인상은 필연적으로 주택담보대출 이자율의 상승을 가져온다). 결국 전반적으로 감정평가에 있어서 가치형성요인분석의 중요성을 강조하는 문제라고 할 수 있다. 특히 부동산시장을 자산시장과 공간시장으로 구분하고 있다는 점에서 소물음 1번의 경우 4사분면모형을 활용하여야 한다. 따라서 소물음 2번의 양도소득세 상승은 중복된 서술을 피하기 위하여 4사분면모형이 아닌 부동산시장의 분류에 따라 장단기 영향에 초점을 두고 설명하는 게 좋다. 마지막으로 경기변동과 감정평가 시 유의사항은 기출된 바 있으며 문제에서 주어진 3방식을 관련시켜 설명하되, 협의의 가격에 대한 평가방식을 중심으로 설명하면 된다. 특히 확장국면과 수축국면을 균형 있게 다룰 필요도 있다.

2 목차

Ⅰ. 서(4)

Ⅱ. 자산시장과 공간시장의 관계 등(16)

1. 자산시장과 공간시장의 개념
2. 양자의 관계
   1) 4사분면모형
   2) 1사분면, 2사분면
   3) 3사분면, 4사분면
3. 시중은행 주택담보대출 이자율의 상승이 주택시장의 공간시장과 자산시장에 미치는 영향
   1) 주택담보대출 이자율과 주택시장
   2) 공간시장에 미치는 영향
   3) 자산시장에 미치는 영향

Ⅲ. 양도소득세의 상승이 부동산시장에 미치는 영향(8)

1. 양도소득세의 개념
2. 양도소득세의 효과
3. 양도소득세의 상승이 부동산시장에 미치는 영향
   1) 매매, 임대차시장
   2) 단기, 장기시장

Ⅳ. 부동산 경기변동에 따른 유의사항(8)

1. 3방식과 부동산 경기변동
2. 비교방식
3. 원가방식
4. 수익방식

Ⅴ. 결(4)

---

3 예시 답안

Ⅰ. 서(4)

부동산시장이란 부동산권리의 교환, 가격결정, 경쟁적 이용에 따른 공간배분, 토지와 공간이용의 유형 결정 및 수요·공급의 조절을 돕기 위하여 의도된 상업활동을 하는 곳이다. 이러한 부동산시장은 공간시장과 자산시장으로 구분된다. 한편 부동산시장은 최근 경제적, 행정적 환경변화가 나타나고 있다. 대표적으로 기준금리의 인상에 따른 주택담보대출 이자율의 상승, 정부의 거래규제에 따른 양도소득세의 상승, 그리고 코로나바이러스19에 따른 경기변동이다. 이하 이러한 요인들이 부동산시장에 미치는 영향과 감정평가 3방식 적용 시 유의사항에 대하여 물음에 답하고자 한다.

Ⅱ. 자산시장과 공간시장의 관계 등(16)

1. 자산시장과 공간시장의 개념

   부동산 자산시장이란 부동산과 관련된 자산의 현금흐름과 관련된 시장이며 부동산 공간시장이란 토지 및 건물 등과 같이 공간사용을 목적으로 하는 시장을 의미한다.

2. 양자의 관계

   1) 4사분면모형

   4사분면모형은 부동산시장을 자산시장과 공간시장으로 구분하고 이를 다시 단기시장과 장기시장으로 나누어 전체 부동산시장의 작동을 설명하는 모형이다. 즉, 4사분면모형은 공간시장과 자산시장이 각각 어떻게 작동하며, 이 두 시장의 상호관계에 의하여 장기균형이 어떻게 이루어지는가를 설명하여 준다.

2) 1사분면, 2사분면

1사분면은 단기적으로 공간시장에서 결정되는 임대료를 설명해 준다. 횡축은 부동산공간의 물리적 재고량을 말하고 종축은 단위면적당 연간 임대료이다. 여기서 수요곡선은 경제이론에 근거하면 시장의 균형가격과 균형거래량을 설명하는 것으로 공간이용에 대한 수요가 임대료나 주어진 경제상황에 의해 어떻게 결정되는가를 설명해 준다. 2사분면은 1사분면에서 정해진 임대료와 자산시장에서의 부동산가격과의 관계를 설명할 수 있다. 여기서 그래프의 기울기는 자본환원율을 나타내며, 부동산 자산을 보유하기 위해 요구하는 기대수익률이다.

3) 3사분면, 4사분면

3사분면은 건설산업부문에서 신규 부동산을 추가 공급할지 여부를 결정하는 자산시장이다. 그래프는 주어진 부동산의 가격수준과 신규건설뿐만 아니라 재건축과 재개발을 포함한 부동산의 신규건설량과의 관계를 나타낸다. 4사분면은 공간시장에서 이용 가능한 부동산공간의 총량과 신규로 개발되는 건설량을 연계시키므로 공간시장과 자산시장의 장기적 통합이 달성된다.

3. 시중은행 주택담보대출 이자율의 상승이 주택시장의 공간시장과 자산시장에 미치는 영향

1) 주택담보대출 이자율과 주택시장

주택담보대출 이자율이란 주택을 담보로 금융기관으로부터 대출을 받을 경우 적용되는 이자율을 말하며, 주택시장이란 거주를 목적으로 하며 쾌적성과 편의성을 효용으로 하는 단독주택 및 공동주택시장을 말한다.

2) 공간시장에 미치는 영향

주택담보대출 이자율이 상승하면 2사분면의 기울기가 우상향으로 회전 이동하여 공간시장에서는 신규건설량 감소에 따라 총재고량이 감소하고 임대료는 상승하게 된다.

3) 자산시장에 미치는 영향

주택담보대출 이자율이 상승하면 자금을 이용하기 위한 부담이 증가하므로 주택구매에 대한 수요 감소로 자본환원율 상승의 원인이 된다. 즉, 자본환원율의 상승으로 4사분면모형의 2사분면 기울기가 우상향으로 회전 이동하여 부동산가격이 하락하고 신규건설량이 감소한다.

Ⅲ. 양도소득세의 상승이 부동산시장에 미치는 영향(8)

1. 양도소득세의 개념

양도소득세는 이전 단계에서 발생하는 양도소득에 대해 부과되는 세금이다. 양도소득세는 양도소득이 존재할 때에만 부과되며 양도소득은 거래가격에 의해 좌우되기 때문에 타인에게 전가될 수 있다.

2. 양도소득세의 효과

양도소득세의 경제적 효과는 부동산공급에 대한 동결효과의 유무와 정도에 따라 거래량, 가격 및 조세의 전가·귀착여부가 달라진다. 여기서 동결효과란 부동산소유자가 양도소득세를 납부하지 않기 위해 부동산의 처분을 기피함으로써 부동산공급이 감소하는 효과를 말한다.

3. 양도소득세의 상승이 부동산시장에 미치는 영향

1) 매매, 임대차시장

양도소득세가 상승하면 투자자들이 부동산을 보유하기 위하여 요구하는 수익률이 높아지므로 매매시장에서의 수요가 감소하고 부동산가격이 하락하게 된다. 반면 매매시장에서의 수요가 임대시장으로 이동하게 되므로 임대시장에서 임대료는 상승하게 된다.

2) 단기, 장기시장

부동산시장에서 양도소득세가 상승할 경우 단기적으로 수요 감소로 부동산가격이 하락하며 안정될 수 있으나 장기적으로 매도자가 거래를 회피하는 경향이 나타나 공급이 감소하는 동결효과가 발생하며, 그로 인해 부동산가격이 상승하게 된다.

Ⅳ. 부동산 경기변동에 따른 유의사항(8)

1. 3방식과 부동산 경기변동

3방식이란 시장성의 원리에 따른 비교방식, 비용성의 원리에 따른 원가방식, 그리고 수익성의 원리에 따른 수익방식을 말한다. 한편 부동산 경기변동이란 부동산도 경제재의 하나로서 일반경기변동과 마찬가지로 일정기간을 주기로 하여 호황과 불황을 반복하면서 변화하는 것을 말한다.

2. 비교방식

① 사례자료는 경기변동 국면에 따라 의미가 다르므로 기준시점에서 가장 최근의 사례를 수집해야 한다. 그리고 이러한 거래사례는 거래가 한산한 하향시장, 후퇴시장에서는 사례수집이 어렵다는 점에 유의하여야 한다. ② 경기변동의 각 국면마다 어떠한 사정과 동기가 개입될 수 있는지를 파악하여야 한다. 특히 회복시장에서는 투기적 성향이 있기에 투기가격 배제에 유의하여야 한다.

3. 원가방식

① 재조달원가 산정 시 경기변동 국면에 따라 영향을 받으므로 각 국면에 따라 건축비지수 변동 등을 참고하여 원가를 보정하여야 한다. ② 각 국면에 따라 기능적, 경제적 감가를 적절하게 파악하여야 한다. 또한 감가수정방법에 있어서도 관찰감가법 등을 병용하여야 한다는 점에 유의하여야 한다.

4. 수익방식

① 경기변동 국면이 현재 어떤 국면이고 장래에 어떻게 변동될 것인가를 예측하여 순수익을 예측하여야 한다. ② 자본환원율과 지가등락은 역상관관계에 있으므로 각 국면에 따라 적절하게 조정하여야 한다. 즉, 하향시장이나 후퇴시장에서는 자본환원율을 상향 조정하고, 회복시장과 상향시장에서는 하향 조정한다.

Ⅴ. 결(4)

최근 부동산시장은 다양한 경제적, 행정적 환경변화의 영향을 받고 있다. 따라서 감정평가 시 가치형성요인분석을 통하여 주택담보대출 이자율의 상승, 양도소득세의 상승, 경기변동 등 복잡하고 다양한 가치형성요인들이 부동산시장에 미치는 구체적인 영향을 파악할 필요가 있다. 나아가 감정평가 3방식 적용 시에도 유의하여야 한다. 특히 가치형성요인들은 시간의 흐름에 따라 지속적으로 변화하고 상호 관련성을 가지고 있는바 감정평가과정에서 반드시 이를 고려하여야 할 것이다.

02

감정평가법인등은 감정평가관계법규 및 감정평가 실무기준에서 정하는 감정평가의 절차 및 윤리규정을 준수하여 업무를 행하여야 한다. 다음 물음에 답하시오. 30점

1) 감정평가 실무기준상 감정평가의 절차를 설명하시오. 10점

2) 감정평가 실무기준상 감정평가법인등의 윤리를 기본윤리와 업무윤리로 구분하고, 각각의 세부내용에 대해 설명하시오. 20점

1 답안작성 가이드

감정평가관계법규로서 감정평가에 관한 규칙에 의하여 위임받은 감정평가 실무기준에는 감정평가의 절차와 기본윤리, 업무윤리에 대하여 상세하게 규정되어 있다. 따라서 감정평가 실무기준에 규정된 내용을 얼마나 정확하게 설명하는가가 중요하다.

2 목차

Ⅰ. 서(3)

Ⅱ. 감정평가의 절차(8)

1. 기본적 사항의 확정과 처리계획의 수립
2. 대상물건의 확인과 자료수집 및 정리
3. 자료검토 및 가치형성요인의 분석
4. 감정평가방법의 선정 및 적용과 감정평가액의 결정 및 표시

Ⅲ. 기본윤리와 업무윤리(16)

1. 개설
2. 기본윤리
   1) 품위유지
   2) 신의성실

3) 청렴
4) 보수기준 준수

3. 업무윤리
1) 의뢰인에 대한 설명 등
2) 불공정한 감정평가 회피
3) 비밀준수 등 타인의 권리 보호

Ⅳ. 결(3)

---

3 예시 답안

Ⅰ. 서(3)

감정평가의 절차는 문제를 인식하고, 자료를 수집하여 분류 및 분석하고 해석하는 과정을 통하여 최종적인 감정평가액 도출에 이르는 과정이다. 이는 감정평가의 논리성과 일관성을 유지하고, 의뢰인 등의 이해를 돕고자 하는 데에 취지가 있다. 또한 윤리는 감정평가법인 등이 사회성과 공공성을 가진 감정평가업무를 행하는 당사자로서 감정평가 제도를 충분히 이해하고, 전문인으로서의 소임을 인식하여 자율적으로 행동을 규율해야 함을 천명하는 데에 규정의 취지가 있다. 이하 물음에 답하고자 한다.

Ⅱ. 감정평가의 절차(8)

1. 기본적 사항의 확정과 처리계획의 수립

기본적 사항의 확정은 감정평가의 기초가 되는 제반 사항을 결정하는 것으로서 확실한 자료 및 실지조사 결과에 기초하며, 의뢰인의 합법적이고 객관적인 요구에 따라 이행하여야 한다. 한편 감정평가업무의 효율적인 수행을 위해서는 경험과 지식 및 기술 등을 바탕으로 하여 대상물건의 성격 및 종류 등에 따라 위치 확인, 자료수집 범위 및 방법, 일정 등의 구체적인 처리계획을 수립한 후 업무에 착수하여야 한다.

2. 대상물건의 확인과 자료수집 및 정리

대상물건의 확인은 기본적 사항의 확정에서 정해진 대상물건을 조사하여 그 존재여부, 동일성 여부, 물건의 상태 및 권리관계 등을 조사하는 과정으로, 물적사항의 확인과 권리관계의 확인 두 가지로 분류할 수 있다. 한편 자료수집 및 정리는 감정평가에 필요한 자료를 수집하고 체계적으로 정리하는 단계이다. 감정평가 결과의 근거가 되는 자료를 수집하는 과정이므로 신뢰성 있는 자료를 수집하고, 체계적으로 분류하는 과정이 중요하다.

3. 자료검토 및 가치형성요인의 분석

자료검토는 수집된 각종 자료가 대상물건의 감정평가 과정에서 필요·충분한 자료인가 또는 감정평가목적이나 감정평가조건에 충족되는 자료인가를 판단하는 과정이다. 한편 가치형성요인의 분석은 수집된 자료를 검토·검증·분석하여 감정평가 근거로 활용할 것인지를 결정하고, 대상물건의 일반요인, 지역요인, 개별요인을 분석하여 대상물건의 경제적 위치를 파악하는 단계이므로 실질적인 가치판단 과정이다.

4. 감정평가방법의 선정 및 적용과 감정평가액의 결정 및 표시

감정평가방법의 선정 및 적용은 감정평가 3방식 중 하나 이상의 감정평가방법을 선정하고 대상물건의 시산가액을 도출하는 과정이다. 한편 감정평가액의 결정 및 표시는 감정평가 3방식으로 도출된 시산가액을 조정하고 감정평가액을 결정한 후 시산가액 조정 과정에서 도출된 감정평가액을 감정평가서에 표시하는 과정이다.

Ⅲ. 기본윤리와 업무윤리(16)

1. 개설

현행 감정평가법 제25조에서도 행위규범을 규정하고 있으나, 사회적으로 전문직업인에 대해 고도의 윤리성 및 구체적인 윤리규정을 필요로 하고 있었던 점 등을 반영하여 감정평가 실무기준에서는 윤리규정을 새롭게 구성하고 세분화·구체화하고 있다.

2. 기본윤리

1) 품위유지

감정평가법인 등은 전문자격사로서 개인의 행동이 국가나 사회 전체에 미치는 영향을 고려하여 전문자격사로서의 인격에 합당한 언행과 품위를 유지하여야 함을 강조하는 것이다.

2) 신의성실

감정평가법인 등은 감정평가를 할 때 의뢰인과의 신뢰관계가 유지되도록 성실한 자세로 업무에 임하여야 한다. 또한 어떠한 고의나 중대한 과실이 있어서는 안 된다는 것을 강조하는 것이다.

3) 청렴

감정평가법인 등은 부당한 압력이나 금전적 대가 등에서 자유로워야 감정평가의 독립성과 공정성을 유지할 수 있으므로, 정당한 보수 외에 어떠한 대가를 받는 것을 금지하여야 함을 강조하는 것이다.

4) 보수기준 준수

감정평가법인 등은 수수료 요율 및 실비 기준을 준수함으로써 과도한 경쟁에서 발생하는 수수료 할인이나 특수 물건 등에 대한 할증을 억제하여 감정평가법인 등 간 지켜야 할 직업윤리를 확보하여야 함을 강조하는 것이다.

3. 업무윤리

1) 의뢰인에 대한 설명 등

사회 각 분야에서 전문가에 대한 의존도가 높아짐에 따라 의뢰인은 감정평가 내용이 합리적인지를 판단하고 있으며, 그 내용에 대한 충분한 근거가 없을 경우 감정평가법인 등은 불신을 받게 된다. 따라서 감정평가 내용을 의뢰인에게 설명하도록 하여 추후에 발생가능한 분쟁을 예방하여야 함을 강조하는 것이다.

2) 불공정한 감정평가 회피

감정평가는 공정성이 중요한 업무이다. 따라서 불공정한 감정평가를 하거나, 불공정한 감정평가가 이루어질 수 있는 환경에서는 감정평가를 하지 않도록 하여 감정평가의 공정성과 신뢰성을 유지하여야 함을 강조하는 것이다.

3) 비밀준수 등 타인의 권리 보호
감정평가법인 등은 업무를 수행하면서 알게 된 의뢰인과 제3자의 정보를 보호하고, 비밀을 엄수함으로써 타인의 권리를 보호하여야 함을 강조하는 것이다.

Ⅳ. 결(3)

감정평가업계는 감칙 제정 이후 감정평가이론과 기법의 발전, 부동산시장 개방, 부동산 증권화, 국제평가기준 제정, GIS를 비롯한 정보통신기술의 발달 등 감정평가시장 환경이 크게 변화하고 있음에도 이를 반영하지 못하고 기존 틀을 계속 유지해왔다. 이로 인해 실무적용상의 한계가 발생함에 따라 2014년부터 감정평가 실무기준을 제정하여 감정평가의 구체적인 기준을 마련하였다. 감정평가 실무기준은 감정평가법인 등이 감정평가를 수행할 때 준수하여야 하는 구체적 기준으로서 앞서 감정평가의 절차와 윤리규정을 통해 감정평가의 공정성과 신뢰성을 높이고 있다.

03

광평수(廣坪數) 토지란 해당 토지가 속해 있는 시장지역에서 일반적으로 사용하는 표준적 규모보다 훨씬 더 크다고 인식되는 토지로서, 최근에 대단위 아파트 단지개발 및 복합용도개발 등으로 인해 광평수 토지에 대한 감정평가가 증가하고 있다. 이와 관련한 다음 물음에 답하시오. 20점

1) **광평수 토지면적이 해당 토지의 가치에 미치는 영향을 감가(減價)와 증가(增價)로 나누어 설명하시오.** 10점

2) **광평수 토지의 최유효이용이 단독이용(single use)인 경우 감정평가방법에 대해 설명하시오.** 10점

1 답안작성 가이드

소물음 1번에서 토지의 가치와 면적의 관계는 감정평가 실무기준해설서에서도 설명하고 있다. 즉, 토지는 최유효이용 면적이어야 시장성이나 효용성이 가장 높은 표준물건이 된다는 것이다. 다만, 면적이 과대한 광평수 토지라 하더라도 시장분석과 최유효이용분석의 결과에 따라 토지가치의 증가 또는 감가가 있을 수 있다.

소물음 2번에서 광평수 토지는 단독으로 이용하거나 분할로 이용하게 되는데 감정평가 실무기준상 규모가 과대한 토지의 평가 규정에 따라 공시지가기준법, 거래사례비교법을 설명하되, 개발법 역시 광평수 토지에 주로 적용하는 평가방법이다. 마지막에 현행 감정평가 실무기준의 문제점에 대해서 간략하게 언급하면 금상첨화일 것이다.

2 목차

Ⅰ. 서(2)

Ⅱ. 광평수 토지면적이 해당 토지의 가치에 미치는 영향(8)

1. 토지의 가치와 규모(면적)의 관계
2. 해당 토지의 가치 감가
3. 해당 토지의 가치 증가

Ⅲ. 광평수 토지의 최유효이용이 단독이용인 경우 감정평가방법(8)

1. 광평수 토지의 단독이용
2. 광평수 토지의 감정평가방법
   1) 원칙
   2) 예외
   3) 기타

Ⅳ. 결(현행 감정평가 실무기준의 문제점)(2)

3 예시 답안

Ⅰ. 서(2)

과거에는 광평수 토지를 표준적인 규모의 토지보다 저렴하게 평가하는 것이 일반적이었으나 최근에는 대단위 아파트 단지나 복합용도개발의 등장으로 넓은 토지의 희소가치가 높아져 광평수 토지 수요가 증가하고 있다. 따라서 광평수 토지는 광평수라는 토지면적이 감가요인으로 작용할 수도 있고 증가요인으로 작용할 수도 있다는 점에 유의하여야 한다. 이하 물음에 답하고자 한다.

Ⅱ. 광평수 토지면적이 해당 토지의 가치에 미치는 영향(8)

1. 토지의 가치와 규모(면적)의 관계

토지는 최유효이용 면적이어야 시장성이나 효용성이 가장 높은 표준물건이 된다. 나지라고 해서 면적의 과대, 과소에 구애 없이 공히 표준물건으로서 효용성이나 시장성이 가장 높고 고가로 매매되는 것은 아니고 적정한 면적이어야 한다. 따라서 이를 판단하기 위해서는 인근 건부지의 표준적인 면적상황, 도시계획지역, 지구제의 지정내용, 건축허가가능면적 등을 조사하여야 한다.

2. 해당 토지의 가치 감가

규모가 과대한 토지는 표준적인 규모의 토지보다 거래하기 쉽지 않다. 따라서 이러한 토지를 거래하기 위하여 주변의 이용방법과 유사한 규모로 분할하는 것을 고려하여 이에 해당되는 감보율 및 분할비용 등으로 토지가치가 감가되기도 한다.

3. 해당 토지의 가치 증가

표준적 규모보다 현저히 큰 대규모 토지가 인근지역의 지가수준과 무관하게 거래되는 사례도 있을 수 있다. 경제발전에 따라 상업형태의 고도화・다양화가 이루어지고, 대규모 이용형태를 갖는 상업용지의 상대적 희소성이 증가되어 이를 취득하기 위한 수요의 강도가 증대되어 토지가치가 증가되기도 한다.

Ⅲ. 광평수 토지의 최유효이용이 단독이용인 경우 감정평가방법(8)

1. 광평수 토지의 단독이용

광평수 토지를 단독으로 이용하는 것이 최유효이용일 가능성이 존재한다. 이러한 관점에서 소규모 토지를 다수 매수하여 광평수 토지로 합병할 경우 개별 소규모 토지의 시장가격보다 더 높은 가격에 매수해야 할 위험과 추가비용의 존재 가능성 때문에 토지 규모 수준의 광평수 토지에 증가요인이 존재할 수 있다.

2. 광평수 토지의 감정평가방법

1) 원칙

토지의 면적이 최유효이용 규모에 초과하거나 미달하는 토지는 대상물건의 면적과 비슷한 규모의 표준지공시지가를 기준으로 감정평가한다.

2) 예외

표준지공시지가가 없는 경우에는 규모가 과대하거나 과소한 것에 따른 불리한 정도를 개별요인 비교 시 고려하여 감정평가한다. 즉, 가격자료가 없거나 불충분할 경우에는 채택한 가격자료의 최유효이용 단위를 기준하여 정상적으로 예상되는 감보율 및 추가소요비용 등을 감안하여 감정평가한다.

3) 기타

공시지가기준법 외에도 인근의 유사한 광평수 토지의 거래사례를 기준으로 감정평가할 수 있다. 또한 대상획지를 개발하였을 때 예상되는 분양대금에서 개발비용을 제외한 나머지를 대상획지의 시장가치로 평가하는 개발법으로 감정평가할 수 있다.

Ⅳ. 결(현행 감정평가 실무기준의 문제점)(2)

현행 감정평가 실무기준은 토지면적이 최유효이용 규모 초과 또는 미달이라고 하여 과대한 토지가 단독으로 특이한 용도에 할당되어 최유효이용에 할당되는 경우를 배제하고 있으며, 최유효이용 규모의 토지보다 불리한 경우만 상정하고 있기 때문에 향후 개선할 필요가 있다.

04 '감정평가심사'와 '감정평가검토'에 대해 비교 · 설명하시오. 10점

1 답안작성 가이드

비교의 질문유형이므로 "유사점과 차이점"으로 목차 구성할 수도 있고 "~측면"에서로 목차 구성할 수도 있기 때문에 보다 잘 설명할 수 있는 방법을 선택한다.

2 목차

Ⅰ. 개설(1)

Ⅱ. 감정평가심사와 감정평가검토의 개념(4)

1. 감정평가심사의 개념
2. 감정평가검토의 개념

Ⅲ. 양자의 비교(5)

1. 유사점
2. 차이점

3 예시 답안

Ⅰ. 개설(1)

감정평가의 공정성과 객관성을 위하여 감정평가서 발급 전 또는 발급 후 감정평가심사, 타당성 조사 등 다양한 제도를 통해 감정평가서를 검증 · 조사하고 있다. 이하 감정평가심사와 감정평가검토에 대하여 비교하여 설명하고자 한다.

Ⅱ. 감정평가심사와 감정평가검토의 개념(4)

1. 감정평가심사의 개념
   소속 감정평가사가 작성한 감정평가서의 적정성을 법인 소속의 다른 감정평가사에게 심사하게 하여, 감정평가서에 그 심사사실을 표시하고 서명과 날인을 하도록 하는 것을 말한다.

2. 감정평가검토의 개념
   감정평가검토란 다른 감정평가사가 작성한 감정평가서를 비판적으로 연구하는 행위 또는 과정으로 감정평가서의 타당성을 검증하여 감정평가의 품질을 제고하기 위한 것이다.

Ⅲ. 양자의 비교(5)

1. 유사점

타인이 작성한 감정평가서를 조사·분석하여 평가결론에 적용된 사실자료나 추론과정, 각종 법규나 기준에 부합되는가를 확인하고 의견을 제시한다는 점에서 양자는 유사하다. 또한 감정평가서의 적정성 제고라는 기능을 수행하는 제도라는 점에서 양자는 유사하다.

2. 차이점

감정평가검토는 감정평가서가 발급된 이후에 외부 독립된 기관에 의하여 사후검토가 이루어진다. 반면, 감정평가심사는 감정평가서가 발급되기 전에 해당 감정평가법인에 소속된 다른 평가사에 의하여 사전검토가 이루어진다는 점에서 양자는 다르다.

Chapter

05 2020년 제31회 기출문제

01 감정평가와 관련한 다음의 물음에 답하시오. 40점

1) 감정평가의 개념을 구체적으로 설명하고, 감정평가의 개념에 근거하여 기준가치 확정과 복수(複數) 감정평가의 필요성에 관하여 각각 논하시오. 20점

2) 시장가치와 시장가격(거래가격)의 개념을 비교하여 설명하고, 다양한 제도를 통해 시장가격(거래가격)을 수집 · 분석할 수 있음에도 불구하고 감정평가가 필요한 이유에 관하여 논하시오. 20점

02 토지소유자 甲은 공익사업에 토지가 편입되어 보상액 통지를 받았다. 보상액이 낮다고 느낀 甲은 보상액 산정의 기준이 된 감정평가서 내용에 의문이 있어, 보상감정평가를 수행한 감정평가사 乙에게 다음과 같은 질의를 하였다. 이에 관하여 감정평가사 乙의 입장에서 답변을 논하시오. 30점

1) 감정평가서에는 공시지가기준법을 주방식으로 적용하여 대상 토지를 감정평가하였다고 기재되어 있다. 甲은 대상 토지의 개별공시지가가 비교표준지 공시지가보다 높음에도 불구하고 개별공시지가를 기준으로 감정평가하지 않은 이유에 관하여 질의하였다. 15점

2) 甲은 비교표준지 공시지가가 시장가격(거래가격)과 비교하여 낮은 수준임을 자료로 제시하면서, 거래사례비교법을 주방식으로 적용하지 않은 이유에 관하여 질의하였다. 15점

03 A 토지는 OO재개발사업구역에 소재하고 있다. A 토지에 대하여 재개발사업의 절차상 종전자산의 감정평가를 하는 경우와 손실보상(현금청산)을 위한 감정평가를 하는 경우에 다음의 물음에 답하시오. 20점

1) 각각의 감정평가에 있어 기준시점, 감정평가액의 성격 및 감정평가액 결정 시 고려할 점에 관하여 설명하시오. 10점

2) 각각의 감정평가에 있어 재개발사업으로 인한 개발이익의 반영 여부에 관하여 설명하시오. 10점

04 「감정평가에 관한 규칙」에는 현황기준 원칙과 그 예외를 규정하고 있다. 예외규정의 내용을 설명하고, 사례를 3개 제시하시오. 10점

해설 및 예시 답안

01 **감정평가와 관련한 다음의 물음에 답하시오.** 40점

1) **감정평가의 개념을 구체적으로 설명하고, 감정평가의 개념에 근거하여 기준가치 확정과 복수(複數) 감정평가의 필요성에 관하여 각각 논하시오.** 20점

2) **시장가치와 시장가격(거래가격)의 개념을 비교하여 설명하고, 다양한 제도를 통해 시장가격(거래가격)을 수집 · 분석할 수 있음에도 불구하고 감정평가가 필요한 이유에 관하여 논하시오.** 20점

1 답안작성 가이드

소물음 1번에서 감정평가의 구체적 개념, 기준가치 확정, 복수감정평가의 필요성만 각각 생각한다면 답안을 작성하는 것이 그다지 어렵지 않다. 다만, 본 문제는 감정평가의 구체적 개념을 근거로 하여 기준가치 확정과 복수감정평가의 필요성을 물었기 때문에 반드시 이를 연관하여 답안을 작성하여야 함에 유의하여야 한다. 또한 소물음 2번의 경우 시장가치와 시장가격의 논의이고 시장가격을 수집 · 분석할 수 있음에도 감정평가가 필요한 이유를 논하라고 한 점에서 감정평가의 구체적 개념은 결국 '가치'를 판정하는 것에 있다고 판단된다. 즉, 소물음 1번만 보면 출제의도를 찾기가 어려울 수 있으나 소물음 2번을 연관하여 살펴보면 출제의도가 눈에 보일 것이다.

2 목차

Ⅰ. 서(4)

Ⅱ. 감정평가의 구체적 개념 등(16)

1. 감정평가의 구체적 개념
   1) 감정평가의 개념
   2) 경제적 가치의 판정
2. 기준가치의 확정
   1) 기준가치
   2) 가치다원론
3. 복수감정평가의 필요성
   1) 복수감정평가
   2) 감정평가의 사회적 · 경제적 영향
   3) 감정평가의 객관성과 정확성 제고

Ⅲ. 시장가치와 시장가격의 개념 비교 등(16)

1. 시장가치와 시장가격의 개념 비교
   1) 시장가격
   2) 가치와 가격 측면
   3) 통상적 시장, 출품기간의 합리성 등의 요건 측면
   4) 성립과정 측면
2. 감정평가가 필요한 이유
   1) 거래시장의 부재
   2) 불완전경쟁시장
   3) 비주거용 부동산
   4) 정상화 절차의 부재

Ⅳ. 결(4)

---

3 예시 답안

Ⅰ. 서(4)

감정평가는 다양한 사회·경제활동 속에서 중립적이고 객관적인 가치의견을 제시하여 합리적인 의사결정을 통한 경제 질서의 확립에 기여하고 있다. 이러한 감정평가는 재산적 가치를 지니는 부동산이라는 재화의 경제적 가치를 구체적으로 판정하는 것으로 신뢰성과 전문성이 요구된다. 이하 감정평가의 구체적 개념과 이에 근거한 기준가치의 확정, 복수감정평가의 필요성에 대하여 논하고 시장가격과 시장가치의 개념을 비교함으로써 시장가격을 수집·분석할 수 있음에도 불구하고 감정평가가 필요할 수밖에 없는 이유에 대하여 논하고자 한다.

Ⅱ. 감정평가의 구체적 개념 등(16)

1. 감정평가의 구체적 개념

1) 감정평가의 개념

감정평가법 제2조에 의하면 감정평가란 토지 등의 경제적 가치를 판정하여 그 결과를 가액으로 표시하는 것이다. 여기서 토지 등이란 토지 및 그 정착물, 동산 그 밖에 대통령령이 정하는 재산과 이들에 관한 소유권 외의 권리를 말한다.

2) 경제적 가치의 판정

감정평가법인 등이 추구해야 하는 궁극적인 목적은 가격이 아닌 가치로서 USPAP에서도 가격과 가치를 명확히 구분하고 있다. 즉, 감정평가의 대상은 토지 등이고 감정평가를 하여 구하고자 하는 가치는 경제적 가치이며 감정평가는 토지 등의 경제적 가치를 판단하는 행위로서 그 결과를 일정요건에 맞추어 가액으로 표시하는 것에 이르러야 효력이 있는 감정평가라 할 수 있을 것이다.

2. 기준가치의 확정

1) 기준가치

기준가치는 감정평가액의 기준이 되는 가치를 말한다. 기준가치는 국제평가기준의 가치의 기준이라는 용어를 번역한 것으로 감정평가의 기본측정가정에 관한 표현을 의미한다.

2) 가치다원론

가치는 시장가치 하나만 존재하는 것이 아니라 평가의 목적이나 조건, 대상물건의 특성 등에 따라 무수히 많은 기준가치가 존재할 수 있다는 가치다원화 개념이 널리 인정되고 있으므로 적절한 기준가치를 확정하여야 한다. 따라서 감칙 제9조에 따라 의뢰인과 협의하여 사전에 확정해야 하는 절차가 기준가치의 확정이다.

3. 복수감정평가의 필요성

1) 복수감정평가

복수감정평가는 둘 이상의 감정평가법인 등이 평가의 주체가 되어 수행하는 평가이다. 둘 이상의 감정평가법인 등이 대등한 지위에서 행하므로 독립된 2개의 감정평가서와 평가결과가 성립한다. 이러한 복수평가는 주로 보상평가업무, 부동산가격공시업무 등과 같이 사회·경제적으로 큰 영향을 미치고 첨예한 이해관계가 대립되는 분야에서 활용된다.

2) 감정평가의 사회적·경제적 영향

감정평가에 의하여 도출된 표준지공시지가는 지가정보를 제공해주고 일반토지거래의 지표가 되며, 개별적으로 토지를 감정평가하는 경우 기준이 되는 등 종국적으로 일반국민의 경제활동에 지대한 영향을 미친다. 따라서 경제적 가치를 판정하는 감정평가 시에는 사회적·경제적 영향을 고려할 수 있도록 복수감정평가를 할 필요성이 있다.

3) 감정평가의 객관성과 정확성 제고

감정평가는 근본적으로 감정평가사의 주관적 판단이므로 객관성이 떨어질 수 있다. 따라서 경제적 가치를 판정하는 감정평가 시에는 합의과정을 통해 평가의 과정과 결과를 서로 비교할 수 있도록 함으로써 실수나 착오를 줄이고, 평가의 객관성과 정확성을 제고할 수 있도록 복수감정평가를 할 필요성이 있다.

Ⅲ. 시장가치와 시장가격의 개념 비교 등(16)

1. 시장가치와 시장가격의 개념 비교

1) 시장가격

시장가격(거래가격)이란 교환거래에서 매수자와 매도자가 상호 합의한 가격을 말한다. 이는 「부동산 거래신고 등에 관한 법률」에 따라 신고된 실제 거래가격이라고 볼 수 있다.

2) 가치와 가격 측면

시장가격은 시장에서 실제 지불된 금액으로 과거의 값이지만, 시장가치는 장래 기대되는 편익까지 고려한 현재의 값이다. 또한 시장가격에 오차를 반영하면 시장가치가 된다. 즉, 부동산시장은 다른 재화시장과는 달리 여러 가지 불완전한 요소를 많이 가지고 있다.

3) 통상적 시장, 출품기간의 합리성 등의 요건 측면

시장가격은 결과로서의 일반적인 거래가격 또는 거래가격 수준을 의미하는 반면 시장가치는 일정한 요건의 충족을 전제로 하는 규범적 의미를 가지는 의견이다. 즉, 시장가치는 출품기간의 합리성, 당사자의 정통성, 거래의 자발성 등의 요건을 구비한 가치인 반면, 시장가격은 이러한 요건과 관계없이 현실 그대로의 가격이다.

4) 성립과정 측면

시장가격은 법령에서 정한 절차 없이 계약자유의 원칙에 따라 거래가 이루어지며 부동산시장에서 수요와 공급에 의하여 성립된다. 반면, 시장가치는 감정평가사에 의하여 가치의 3면성을 고려한 비교방식, 원가방식, 수익방식을 적용하여 성립된다.

2. 감정평가가 필요한 이유

1) 거래시장의 부재

공통적으로 사용하고 있는 시장가격 데이터 자체에 문제가 있다. 예를 들어 부동산거래는 가격이 오르는 지역에서 집중적으로 발생하는데 거래가 없는 지역의 경우 문제가 된다. 특히 주거용에서 비주거용, 비주거용에서 토지 쪽으로 가면 갈수록 거래빈도가 급격하게 감소하므로 감정평가가 필요하다.

2) 불완전경쟁시장

대표적인 불완전경쟁시장인 부동산거래시장에서 당사자 간의 여러 정황이 개입된 시장가격을 그대로 활용한다면 그 결과는 왜곡될 수 있다. 그로 인한 피해가 국민에게 전가될 수 있고, 국가경제에 악영향을 줄 수도 있다. 특히 광범위하게 존재하는 부실·허위신고 역시 어떻게 제외하는지에 대한 문제도 마찬가지이므로 감정평가가 필요하다.

3) 비주거용 부동산

부동산가치는 평가대상의 성격에 따라 3방식에 대한 접근이 요구된다. 특히 비주거용 부동산의 경우에는 시장가격을 이용한 거래사례비교법으로 해당 부동산 자산의 가치를 구할 수 없다. 비주거용 부동산은 대다수 수익성 부동산이므로 수익환원법을 사용해야 하는데, 시장가격을 기초로 한 것만으로는 적정한 가치를 산출할 수 없으므로 감정평가가 필요하다.

4) 정상화 절차의 부재

감정평가방법 중에는 거래사례비교법이 있다. 이 방법은 유사한 시장가격과 비교하여 대상물건의 현황에 맞게 사정보정, 시점수정, 가치형성요인 비교의 과정을 거쳐 대상 물건의 가액을 평가하는 감정평가방법이다. 특이한 점은 반드시 사정보정단계를 거치도록 하는 것인데 이는 사정이 개입된 시장가격을 적정한 가치수준으로 보정하는 과정으로서 감정평가가 필요하다.

Ⅳ. 결(4)

토지 등의 경제적 가치를 판정하는 감정평가 시에는 감정평가의 기준이 되는 가치인 시장가치 외에도 공정성과 객관성을 마련하기 위해 감정평가절차로서 기준가치의 확정, 감정평가의 분류로서 복수감정평가 등이 있다. 이는 부동산시장의 불완전성과 대상 물건의 특성 등으로 인한 것이다. 특히 2006년 이후 실거래가자료의 축적과 이를 활용한 프롭테크(Prop Tech)의 성장으로 유사감정행위가 증가하고 있으나, 이는 명백하게 감정평가법을 위반하는 것이다. 즉, 시장가격이 갖는 한계로 인하여 감정평가가 반드시 필요하다.

02 **토지소유자 甲은 공익사업에 토지가 편입되어 보상액 통지를 받았다. 보상액이 낮다고 느낀 甲은 보상액 산정의 기준이 된 감정평가서 내용에 의문이 있어, 보상감정평가를 수행한 감정평가사 乙에게 다음과 같은 질의를 하였다. 이에 관하여 감정평가사 乙의 입장에서 답변을 논하시오.** 30점

1) 감정평가서에는 공시지가기준법을 주방식으로 적용하여 대상 토지를 감정평가하였다고 기재되어 있다. 甲은 대상 토지의 개별공시지가가 비교표준지 공시지가보다 높음에도 불구하고 개별공시지가를 기준으로 감정평가하지 않은 이유에 관하여 질의하였다. 15점

2) 甲은 비교표준지 공시지가가 시장가격(거래가격)과 비교하여 낮은 수준임을 자료로 제시하면서, 거래사례비교법을 주방식으로 적용하지 않은 이유에 관하여 질의하였다. 15점

1 답안작성 가이드

손실보상은 적법한 행정행위에 의하여 부득이하게 가해진 사유재산에 대한 특별한 희생에 대한 보상과 공평부담의 차원에서 실행되는 재산적 보전을 말한다. 그리고 「헌법」 제23조 제3항에 근거하여 공공필요에 의한 재산권의 수용·사용 또는 제한 및 그에 대한 보상은 법률로서 하되, 정당한 보상을 지급하여야 한다. 따라서 이를 실현하기 위하여 「토지보상법」 제70조 제1항에 따라 취득하는 토지의 보상평가 시에는 공시지가를 기준으로 하여 보상하도록 하고 있다. 감정평가사 乙의 입장에서는 이러한 보상평가의 성격과 공시지가로서 비교표준지 공시지가와 개별공시지가, 감정평가 방법으로서 공시지가기준법과 거래사례비교법의 차이 등을 통하여 보상감정평가액의 타당성에 대하여 토지소유자 甲에게 답변하여야 한다.

2 목차

Ⅰ. 서(3)

Ⅱ. 개별공시지가를 기준으로 감정평가하지 않은 이유(12)

1. 비교표준지 공시지가와 개별공시지가
   1) 비교표준지 공시지가
   2) 개별공시지가
2. 개별공시지가를 기준으로 감정평가하지 않은 이유
   1) 평가와 산정의 주체
   2) 평가와 산정의 방법
   3) 공시가격의 효력
   4) 공시가격의 관계

Ⅲ. 거래사례비교법을 주방식으로 적용하지 않은 이유(12)

1. 공시지가기준법과 거래사례비교법
   1) 공시지가기준법
   2) 거래사례비교법

2. 거래사례비교법을 주방식으로 적용하지 않은 이유
   1) 토지보상법 제70조와 시행규칙 제22조
   2) 거래가격 부족과 토지만의 거래가격 산정
   3) 사정개입 가능성
   4) 개발이익 배제

Ⅳ. 결(3)

---

3 예시 답안

Ⅰ. 서(3)

보상감정평가란 토지보상법에 따라 공익사업을 목적으로 취득하는 토지 등에 대한 손실보상을 위한 감정평가이다. 동 사안에서 토지소유자 甲은 공익사업에 토지가 편입되어 보상액 통지를 받았다. 그리고 보상액이 낮다고 느낀 甲은 보상액 산정의 기준이 된 감정평가서 내용에 의문이 들어, 보상감정평가를 수행한 감정평가사 乙에게 개별공시지가를 기준으로 감정평가하지 않은 이유와 거래사례비교법을 주방식으로 적용하지 않은 이유에 대해서 물었다. 이하 감정평가사 乙의 입장에서 답변을 논하고자 한다.

Ⅱ. 개별공시지가를 기준으로 감정평가하지 않은 이유(12)

1. 비교표준지 공시지가와 개별공시지가

1) 비교표준지 공시지가

토지이용상황이나 주변 환경, 그 밖의 자연적・사회적 조건이 일반적으로 유사하다고 인정되는 일단의 토지 중에서 선정한 표준지에 대하여 공시기준일을 기준으로 감정평가사가 적정가격을 조사・평가하고 국토교통부장관이 결정・공시하는 표준지의 단위면적당 적정가격을 말한다.

2) 개별공시지가

시장・군수・구청장이 개별토지의 특성을 조사하여 표준지공시지가를 기준으로 국토교통부장관이 작성・제공한 표준지와 산정 대상 개별 토지의 가격형성요인에 관한 표준적인 비교표를 활용하여 산정한 매년 공시기준일 현재 개별토지의 단위면적당 가격을 말한다.

2. 개별공시지가를 기준으로 감정평가하지 않은 이유

1) 평가와 산정의 주체

공시지가는 크게 비교표준지 공시지가와 개별공시지가로 나눈다. 전자는 전국 50만 필지를 대상으로 하여 전문가인 감정평가사가 조사・평가한다. 반면, 후자는 비교표준지 공시지가를 기준으로 하여 비전문가인 시・군・구 공무원이 산정한다. 따라서 이러한 평가와 산정의 주체 차이로 인하여 개별공시지가를 기준으로 감정평가하지 않는다.

2) 평가와 산정의 방법

비교표준지 공시지가는 표준지공시지가조사・평가기준에 따라 적정가격 기준, 실제용도 기준, 나지상정 기준 등으로 평가한다. 또한 거래사례비교법, 원가법 또는 수익환원법 중에서 해당 표준지의 특성에 가장 적합한 평가방식 하나를 선택하되 다른 평가방식에 따라 산정한 가격과 비교하여 그 적정 여부를 검토한 후 평가가격을 결정한다. 반면, 개별공시지가는 비교표준지 공시지가를 기준으로 개별토지와 비교를 통하여, 즉 토지가격비준표를 적용하여 대량으로 산정한다. 따라서 개별공시지가를 기준으로 감정평가하지 않는다.

3) 공시가격의 효력

비교표준지 공시지가는 사인 간에 일반적인 토지거래에 있어서 토지가격 결정의 지표가 되고 감정평가법인 등이 타인의 의뢰를 받아 토지를 개별적으로 감정평가하는 경우 그 기준이 된다. 반면, 개별공시지가는 국세・지방세 등 각종 세금의 부과, 그 밖의 다른 법령에서 정하는 목적을 위한 지가산정에 사용된다. 따라서 개별공시지가를 기준으로 감정평가하지 않는다.

4) 공시가격의 관계

공시가격은 국가・지방자치단체의 지가형성행위이고 그 결정과정에 감정평가사가 관여하는 점에서 같으나 결정 및 공시주체, 평가 또는 산정절차 및 방법, 효력 및 적용범위, 결정과정에서의 경제적 가치판단 유무 등에 따라 차이가 있다. 특히 비교표준지 공시지가는 개별공시지가를 산정하는 데 기준이 되므로 개별공시지가를 기준으로 감정평가하지 않는다.

Ⅲ. 거래사례비교법을 주방식으로 적용하지 않은 이유(12)

1. 공시지가기준법과 거래사례비교법

1) 공시지가기준법

공시지가기준법이란 감정평가의 대상이 된 토지와 가치형성요인이 같거나 비슷하여 유사한 이용가치를 지닌다고 인정되는 표준지의 공시지가를 기준으로 대상 토지의 현황에 맞게 시점수정, 지역요인 및 개별요인 비교, 그 밖의 요인의 보정을 거쳐 대상 토지의 가액을 산정하는 감정평가방법을 말한다.

2) 거래사례비교법

거래사례비교법이란 대상 물건과 가치형성요인이 같거나 비슷한 물건의 거래사례와 비교하여 대상 물건의 현황에 맞게 사정보정, 시점수정, 가치형성요인 비교 등의 과정을 거쳐 대상 물건의 가액을 산정하는 감정평가방법을 말한다.

2. 거래사례비교법을 주방식으로 적용하지 않은 이유

1) 토지보상법 제70조와 시행규칙 제22조

토지보상법 제70조와 시행규칙 제22조에서는 취득하는 토지의 보상에 대해서 표준지공시지가를 기준으로 보상하도록 하고 있다. 이는 보상평가 시 정당보상이 공정하고 객관적이며 합리적인 측면에서 이루어지도록 하기 위함이다. 따라서 거래사례비교법을 주방식으로 적용하지 않는다.

2) 거래가격 부족과 토지만의 거래가격 산정

거래가격 중에는 토지만의 거래가격과 복합부동산의 거래가격이 있다. 대도시에는 토지만의 거래가 빈번하지 않으며 복합부동산의 경우 전체 거래가격에서 토지만의 거래가격을 구분하여 산정하는 것이 어려운 경우가 많다. 따라서 거래사례비교법을 주방식으로 적용하지 않는다.

3) 사정개입 가능성

거래가격은 개별적 동기에 의한 사정이 개입되어 있는 경우가 많다. 즉, 감정평가법인 등에 의하여 조사·평가된 표준지공시지가는 사정을 배제한 적정한 가격인 반면, 거래가격은 그렇지 못하므로 거래사례비교법을 주방식으로 적용하지 않는다.

4) 개발이익 배제

해당 공익사업으로 인한 개발이익을 배제하기 위해서는 공익사업의 계획 또는 시행의 공고일 또는 고시일 이후의 시계열적으로 적용 가능한 유사 거래가격이 있어야 하나 이러한 자료가 부족하여 개발이익을 배제하기 어렵다. 또한 공고·고시일 이전에 거래가격이 세금문제로 실제 거래가격보다 낮게 등기되는 경우가 있어 이를 기준으로 가격의 변동 여부를 판단할 수 있는지도 문제가 된다. 따라서 거래사례비교법을 주방식으로 적용하지 않는다.

Ⅳ. 결(3)

토지보상법상의 보상감정평가는 정당보상 실현과 개발이익을 배제하는 것이 무엇보다도 중요하다. 따라서 동 법에 근거한 감정평가가 반드시 이루어져야 한다. 그러므로 토지소유자 甲이 주장한 개별공시지가를 기준으로 감정평가를 하거나, 거래사례비교법을 주방식으로 적용하도록 하는 것은 타당하지 않다고 생각된다. 물론 적정가격으로서 표준지공시지가는 시장가치와 일부 괴리가 있지만 그 밖의 요인 보정 절차를 통해 이를 해소하고 있다.

03 **A 토지는 OO재개발사업구역에 소재하고 있다. A 토지에 대하여 재개발사업의 절차상 종전자산의 감정평가를 하는 경우와 손실보상(현금청산)을 위한 감정평가를 하는 경우에 다음의 물음에 답하시오.** 20점

1) 각각의 감정평가에 있어 기준시점, 감정평가액의 성격 및 감정평가액 결정 시 고려할 점에 관하여 설명하시오. 10점

2) 각각의 감정평가에 있어 재개발사업으로 인한 개발이익의 반영 여부에 관하여 설명하시오. 10점

1 답안작성 가이드

재개발사업에서의 종전자산의 감정평가는 보상에서 출발하였지만 이제는 보상으로서의 성격보다는 보상이 아닌 조합원들의 현물출자 자산의 지분비율 결정이라는 성격이 더 강하게 작용한다고 볼 수 있다. 다만, 양자의 성격은 여전히 혼재되어 있지 어느 하나의 측면만을 가지고 규정하기는 어려운 상태라고 보아야 한다. 즉, 보상평가기준이 준용되지만 상당한 정도로 변형된 상태에서 적용되는 것으로 보아야 한다. 특히 개발이익과 관련하여 기준시점 당시까지 실현된 적정 개발이익은 반영해야 한다는 점에서 손실보상(현금청산)을 위한 감정평가와 관련하여 설명 시 이를 언급하여야 한다.

2 목차

Ⅰ. 서(2)

Ⅱ. 종전자산, 현금청산을 위한 감정평가의 기준시점 등(8)

1. 종전자산의 감정평가와 (손실보상)현금청산의 감정평가
2. 기준시점
3. 감정평가액의 성격
4. 감정평가액 결정 시 고려할 점

Ⅲ. 종전자산, 현금청산을 위한 감정평가의 개발이익의 반영 여부(8)

1. 개발이익
2. 종전자산의 감정평가 시 개발이익의 반영 여부
3. (손실보상)현금청산의 감정평가 시 개발이익의 반영 여부
4. 소결

Ⅳ. 결(2)

3 예시 답안

Ⅰ. 서(2)

재개발사업은 정비기반시설이 열악하고 노후・불량건축물이 밀집한 지역에서 주거환경을 개선하거나 상업지역・공업지역 등에서 도시기능의 회복 및 상권 활성화 등을 위하여 도시환경을 개선하기 위한 사업을 의미한다. 그리고 이러한 사업단계에서 종전자산의 감정평가와 현금청산의 감정평가가 이루어지는바 다음 물음에 답하고자 한다.

Ⅱ. 종전자산평가, 현금청산을 위한 감정평가의 기준시점 등(8)

1. 종전자산의 감정평가와 (손실보상)현금청산의 감정평가
   ① 종전자산의 감정평가는 분양대상자별 종전의 토지 또는 건축물에 대한 감정평가이다.
   ② 현금청산의 감정평가는 정비사업의 시행을 위해 사업에 참여하지 않는 정비구역 내 토지 등 소유자 소유의 토지 및 건축물의 권원 확보를 위한 감정평가이다.

2. 기준시점
   종전자산의 감정평가는 사업시행계획인가고시일을 기준으로 한다. 반면, 현금청산의 감정평가는 협의의 경우 계약체결일, 재결의 경우 수용재결일을 기준으로 한다.

3. 감정평가액의 성격
   종전자산의 감정평가는 관리처분계획을 수립하기 위하여 조합원들 사이에 분배의 기준이 되는 권리가액을 산정하는 데 주된 목적이 있고, 「토지보상법」이 준용되는 현금청산의 감정평가는 공익사업 시행 시 보상가액을 정하기 위한 것으로 정당한 보상액을 정하는 데 주된 목적

이 있다. 따라서 종전자산의 감정평가액은 관리처분시 조합원이 납부해야 하는 분담금 산정의 기준이 되므로 절대적 가격보다 상대적 가격, 즉 조합원 간의 형평성과 적정한 가격균형 유지가 중요하다.

4. 감정평가액 결정 시 고려할 점

종전자산의 감정평가는 토지, 건축물을 대상으로 공부 면적을 기준으로 평가한다. 반면, 현금청산의 감정평가는 토지, 지장물 일체를 대상으로 실제 면적을 기준으로 평가한다. 또한 종전자산의 감정평가는 토지보상법 제70조 제5항을 미적용하며 주거용 건축물 보상특례를 미적용하여 평가한다. 반면, 현금청산의 감정평가는 토지보상법 제70조 제5항을 적용하며 주거용 건축물 보상특례를 적용하여 평가한다.

Ⅲ. 종전자산, 현금청산을 위한 감정평가의 개발이익의 반영 여부(8)

1. 개발이익

정비사업은 토지의 고도이용을 촉진하는 사업으로 사업진행에 따라 부동산가격이 상당하게 상승하는 개발이익이 발생하게 된다. 여기서 개발이익이란 개발사업의 시행, 토지이용계획의 변경, 그 밖에 사회적·경제적 요인에 따라 정상적인 지가상승분을 초과하여 개발사업을 시행하는 자나 토지소유자에게 귀속되는 토지가액의 증가분을 말한다.

2. 종전자산의 감정평가 시 개발이익의 반영 여부

정비사업은 토지 등 소유자 또는 조합이 시행하는 사업이므로 이로 인한 개발이익은 사업시행자인 토지소유자 또는 조합이 향유하여야 한다는 점에서 헌법이 정당보상 목적으로 하는 보상평가와 달리, 상대적 가치비율의 합리적 산정을 목적으로 하는 종전자산의 감정평가에서는 개발이익을 반영하여 평가할 수 있다.

3. (손실보상)현금청산의 감정평가 시 개발이익의 반영 여부

재개발사업에서의 현금청산의 감정평가는 보상평가법리를 준용·적용하게 되므로, 해당 정비사업으로 인한 (그 실현 여부를 떠나) 일체의 가격변동을 배제한 가격으로 평가하게 된다.

4. 소결

재개발사업의 경우 해당 정비사업으로 인한 가격변동분 중 미실현분을 배제하고 가격균형이 유지되는 선에서 현실화·구체화된 부분을 반영하는 종전자산 평가가격과 현금청산 평가가격이 상이할 수 있다. 따라서 양 평가의 기준시점이 동일하고 대상 물건의 면적사정 기준이 동일하다고 하면 종전자산의 평가가격이 현금청산의 평가가격보다 더 높을 수 있을 것이다.

Ⅳ. 결(2)

도시정비사업에서는 사업추진단계에 따라 다양한 목적과 용도의 감정평가가 필요하다. 특히 도시정비사업과 관련된 감정평가는 조합원 간 이해관계의 조정 및 원활한 사업추진에 중요한 역할을 하고 그 결과가 도시정비사업의 사업성 등에 미치는 영향이 매우 크다. 따라서 상기 살펴본 바와 같이 재개발사업에서 종전자산의 감정평가와 현금청산을 위한 감정평가의 구체적인 차이점을 숙지하여야 할 것이다.

04 「감정평가에 관한 규칙」에는 현황기준 원칙과 그 예외를 규정하고 있다. 예외규정의 내용을 설명하고, 사례를 3개 제시하시오. 10점

1 답안작성 가이드

현황기준 원칙에 대한 예외규정의 내용을 설명하라고 하였으므로 「감정평가에 관한 규칙」 제6조 제1항 불법적 이용·일시적인 이용과 제6조 제2항~제4항의 조건부평가에 대하여 설명하여야 한다. 또한 사례의 경우에는 각 호에 부합하는 대표적인 사례를 감정평가 실무기준해설서를 참고하여 제시하면 된다.

2 목차

Ⅰ. 개설(1)

Ⅱ. 예외규정의 내용(3)

1. 불법적·일시적인 이용
2. 조건부평가

Ⅲ. 사례 3가지(6)

1. 불법적 이용
2. 일시적인 이용
3. 조건부평가

3 예시 답안

Ⅰ. 개설(1)

「감정평가에 관한 규칙」 제6조는 현황기준 원칙과 예외규정을 통하여 현황대로 감정평가하지 않은 경우 감정평가서에 관련 사항을 기재하도록 하여 혼란과 분쟁의 소지를 최소화하고자 하고 있다.

Ⅱ. 예외규정의 내용(3)

1. 불법적·일시적인 이용

대상물건이 불법적인 이용인 경우와 이용 상황이 일시적으로 최유효이용에 미달하는 경우에는 현황기준 원칙의 예외에 해당하는 경우로 본다.

2. 조건부평가

현황기준 원칙에도 불구하고 기준시점의 가치형성요인 등을 실제와 다르게 가정하거나 특수한 경우로 한정하는 조건을 붙여 감정평가할 수 있는 경우를 조건부평가라고 한다.

Ⅲ. 사례 3가지(6)

1. 불법적 이용

국토계획법 등 관련 법령에 의하여 허가를 받거나 신고를 하고 형질변경을 하여야 할 토지에 대하여 허가를 받거나 신고를 하지 아니하고 형질변경하여 이용 중인 토지의 경우가 불법적 이용의 사례이다.

2. 일시적인 이용

대지로 이용할 수 있는 토지를 방치하여 잡풀이 우거지거나 쓰레기 등으로 오염이 된 토지와 같이 최유효이용으로 전환하기 위하여 비용이 소요되는 경우가 일시적인 이용의 사례이다.

3. 조건부평가

「토지보상법」 제70조에서 개발이익 배제 등을 목적으로 규정하고 있는 공시지가 선정의 방법에 따라 감정평가를 해야 하는 경우, 도시계획의 실시 여부, 택지조성 및 수면매립의 전제, 국・공유지 처분평가에서 지목 및 이용상황이 구거 또는 도로부지인 토지를 인접 토지소유자 등에게 매각할 때, 용도폐지를 전제로 하는 경우가 조건부평가의 사례이다.

Chapter 06

2019년 제30회 기출문제

01

공기업 A는 소지를 신규취득하고 직접 조성비용을 투입하여 택지를 조성한 후, 선분양방식에 의해 주택공급을 진행하려고 하였다. 그러나 「주택 공급에 관한 규칙」의 변경에 따라 후분양방식으로 주택을 공급하려고 한다. 다음의 물음에 답하시오. 40점

1) 선분양방식으로 진행하려는 시점에서 A사가 조성한 택지의 감정평가방법을 설명하시오. 10점

2) 상기 개발사업을 후분양방식으로 진행하면서 택지에 대한 감정평가를 실시한다고 할 경우, 최유효이용의 관점에서 감정평가방법을 제안하시오. 10점

3) '예상되는 분양대금에서 개발비용을 공제하여 대상획지의 가치를 평가'하는 방법에서 분양대금의 현재가치 산정과 개발비용의 현재가치 산정 시 고려할 점을 설명하시오. 20점

02

시장가치에 대하여 다음의 물음에 답하시오. 30점

1) '성립될 가능성이 가장 많은 가격(the most probable price)'이라는 시장가치의 정의가 있다. 이에 대해 설명하시오. 10점

2) 부동산거래에 있어 '최고가격(highest price)'과 '성립될 가능성이 가장 많은 가격'을 비교·설명하시오. 10점

3) 가치이론과 가치추계이론의 관계에 대해 각 학파의 주장내용과 이에 관련된 감정평가방법별 특징을 설명하시오. 10점

03 「감정평가에 관한 규칙」에서 감정평가 시 시장가치기준을 원칙으로 하되, 예외적인 경우 '시장가치 외의 가치'를 인정하고 있다. 그러나 현행 「감정평가에 관한 규칙」에서는 '시장가치 외의 가치'에 대한 유형 등의 구체적인 설명이 없어 이를 보완할 필요성이 있다. 감정평가 시 적용할 수 있는 구체적인 '시장가치 외의 가치'에 대해 설명하시오. 20점

04 부동산 가격공시와 관련한 '조사 · 평가'와 '조사 · 산정'에 대해 비교 · 설명하시오. 10점

해설 및 예시 답안

01 **공기업 A는 소지를 신규취득하고 직접 조성비용을 투입하여 택지를 조성한 후, 선분양방식에 의해 주택공급을 진행하려고 하였다. 그러나 「주택 공급에 관한 규칙」의 변경에 따라 후분양방식으로 주택을 공급하려고 한다. 다음의 물음에 답하시오.** 40점

1) **선분양방식으로 진행하려는 시점에서 A사가 조성한 택지의 감정평가방법을 설명하시오.** 10점
2) **상기 개발사업을 후분양방식으로 진행하면서 택지에 대한 감정평가를 실시한다고 할 경우, 최유효이용의 관점에서 감정평가방법을 제안하시오.** 10점
3) **'예상되는 분양대금에서 개발비용을 공제하여 대상획지의 가치를 평가'하는 방법에서 분양대금의 현재가치 산정과 개발비용의 현재가치 산정 시 고려할 점을 설명하시오.** 20점

1 출제위원 채점평

본 문제는 후분양제 도입이 논의되는 사회적 이슈를 다루면서도 주어진 정보와 최유효이용의 관점을 고려하여 감정평가사가 객관적이고 과학적이며 논리적으로도 타당하게 토지의 가치를 평가하는 자세와 태도를 가져야 함을 강조하는 문제입니다. 따라서 소지, 조성된 택지, 건축공사가 진행되는 사업부지 등 토지에 집중하여 문제가 요구하는 논점을 충분히 파악하고 핵심적인 내용을 논리적으로 정리하여 설명하는 기술이 요구됩니다. 일부 수험생들은 주택분양방식 자체를 설명하는 데 지나치게 많은 답안분량을 할애한 점은 다소 아쉬움으로 남습니다.

2 답안작성 가이드

소물음 1번과 관련하여 선분양시점에서 택지의 감정평가방법은 조성이 완료된 상태로서의 가격이 형성되어 있는 경우에는 감칙 제12조, 제14조, 감정평가 실무기준에 따라 공시지가기준법, 거래사례비교법 그리고 가산방식, 개발법 등을 적용할 수 있다. 다만, 개발법의 경우 소물음 2번과의 연계성을 고려하여 제외한다.

소물음 2번과 관련하여 최유효이용의 관점에서 감정평가방법을 제안하도록 요구하고 있는바 다양한 감정평가방법 중 가장 합리적인 감정평가방법을 선택하고 이유를 제시하여야 한다. 이때는 최유효이용의 개념, 판정기준, 유형별 분석방법과 택지의 감정평가방법 간에 연계성 고려가 중요하며, 특히 공제방식과 개발법 중 최대수익성, 대규모 공동주택분양이라는 점에서 개발법을 제안해야 할 것이다.

소물음 3번과 관련하여 개발법 적용 시 분양대금과 개발비용의 현재가치 산정 시 고려할 점은 개발법의 산식을 활용하여 설명하면 된다.

3 목차

I. 서(4)

II. 선분양방식에서 A사가 조성한 택지의 감정평가방법(8)

1. A사가 조성한 택지의 감정평가방법
2. 공시지가기준법
3. 거래사례비교법
4. 원가법(가산방식)

III. 후분양방식에서 택지의 감정평가방법(8)

1. 최유효이용의 개관
   1) 개념과 판단기준
   2) 유형별(토지)의 최유효이용 분석
2. 감정평가방법의 제안
   1) 개발법과 공제방식
   2) 양 방법의 차이점
   3) 최유효이용의 관점에서 제안

IV. 분양대금의 현재가치 산정과 개발비용의 현재가치 산정 시 고려할 점(16)

1. 분양대금의 현재가치 산정 시 고려할 점
   1) 총분양대금의 산정
   2) 단위당 획지의 가격
   3) 흡수율분석
   4) 상호관련성에 주목
2. 개발비용의 현재가치 산정 시 고려할 점
   1) 개발비용의 산정
   2) 수급인의 적정이윤 포함
   3) 이자비용과 개발업자의 적정이윤 개발비용에 미포함
   4) 시장할인율의 결정

V. 결(4)

4 예시 답안

Ⅰ. 서(4)

위 사안의 경우 공기업 A는 주택공급에 관한 규칙의 변경에 따라 후분양방식으로 주택을 공급하려고 하고 있다. 이와 관련하여 선분양방식이란 주택이 완공되지 않은 상대에서 분양자로부터 자금조달을 하는 방식을 의미한다. 반면, 후분양방식은 주택을 일정 수준까지 건설한 후에 분양하는 방식으로 통상 공정률이 80% 정도 도달할 때 분양을 시작하는 방식을 의미한다. 이하 선분양시점에서 조성택지의 감정평가방법과 후분양시점에서 최유효이용 관점에서의 감정평가방법의 제안 그리고 개발법 적용 시 분양대금과 개발비용 산정 시 고려할 점에 대하여 설명하고자 한다.

Ⅱ. 선분양방식에서 A사가 조성한 택지의 감정평가방법(8)

1. A사가 조성한 택지의 감정평가방법

선분양시점에서 토지는 택지로 조성이 완료된 상태이므로 감칙 제14조 제1항 및 제12조 제1항에 따라 공시지가기준법을 주된 방법으로 적용하고 감칙 제12조 제2항 등에 따라 거래사례비교법, 원가법, 수익환원법에 의하여 합리성을 검토한 후 시산가액을 조정한다.

2. 공시지가기준법

대를 기준으로 하여 평가하며 비교표준지 선정 시 본건과 지역요인, 개별요인 등이 유사한 인근지역 내 표준지를 선정한다. 특히 그 밖의 요인 보정 시 선택하는 거래사례 등과 비교표준지에 개발이익이 포함되어 있는지 여부 및 본 건에 얼마나 반영할지 여부 등에 대하여 유의하여야 한다.

3. 거래사례비교법

조성이 완료된 상태로서 택지의 거래사례가 있다면 이를 비준하여 거래사례비교법을 적용할 수 있다. 이 경우 수집된 거래사례의 분양 당시와 분양 후 매매된 거래가격 등을 고려하여야 하며 해당 거래가격에 개발이익이 포함되어 있는지 여부 및 본 건에 얼마나 반영할지 여부 등에 대하여 유의하여야 한다.

4. 원가법(가산방식)

조성시점을 기준으로 소지의 취득가액을 구한 다음에 조성공사비 및 개발업자의 부대비용을 구하고 필요한 경우에는 각각에 대하여 사정보정 및 시점수정을 행하여 조성완료시점에 있어서의 표준적인 가액을 구한 후 이들을 합산한 가액을 유효택지면적으로 나누어 조성완료 시점의 조성택지의 가액을 구한다.

Ⅲ. 후분양방식에서 택지의 감정평가방법(8)

1. 최유효이용의 개관

1) 개념과 판단기준

최유효이용이란 객관적으로 보아 양식과 통상의 이용능력을 가진 사람이 대상 부동산을 합법적이고 합리적이며 최고, 최선의 방법으로 이용하는 것을 말한다. 최유효이용은 대상 부동산의 이용과 가치형성에 영향을 미치는 물리적, 법적, 경제적 내용들을 검토하여 최종적으로 가장 높은 수익을 창출하는 부동산의 유형과 이용방법을 기준으로 판정하여야 한다.

2) 유형별(토지) 최유효이용 분석

최유효이용 분석을 하기 전에 대상 토지를 개발할지 그대로 두어야 할지 결정해야 한다. 만약 개발한다고 결정하면 개발 후 복합부동산의 시장가치에서 건축비용과 개발업자의 수수료를 포함한 개발비용을 공제한 토지가치를 산정하여 가장 높은 토지가치를 실현하는 이용이 최유효이용이다.

2. 감정평가방법의 제안

1) 개발법과 공제방식

개발법은 대상 토지를 개발했을 경우 예상되는 총 매매(분양)가격의 현재가치에서 개발비용의 현재가치를 공제한 값을 토지가치로 평가하는 방법이다. 반면, 공제방식은 분양예정가격에서 개발비용을 뺌으로써 토지가치를 평가하는 방법이다.

2) 양 방법의 차이점

공제방식은 화폐의 시간가치를 고려하지 않지만 개발법은 화폐의 시간가치를 고려한다. 또한 공제방식에서는 개발업자의 적정이윤을 명시적으로 고려하지만 개발법에서는 별도항목으로 처리하지 않고 이윤을 고려한 투자수익률을 기초로 한 복리현가율로 처리한다. 마지막으로 공제방식은 개발사업을 즉시 착수할 수 없는 경우에 개략적으로 가치를 구하는 방법인 데 비해, 개발법은 즉시 사업을 실시할 수 있는 충분히 성숙된 토지를 대상으로 가치를 구하는 방법이다.

3) 최유효이용의 관점에서 제안

개발법은 아파트 신축개발과 같이 획지면적이 인근지역의 표준적인 토지면적에 비하여 큰 경우에 해당 토지를 평가하기 위해서 적용하는 방법으로 대상 토지의 법적, 재무적 타당성을 지닌 합리적 개발을 상정한다. 따라서 최유효이용의 관점에서 가장 적합하다고 판단되는 개발법을 감정평가방법으로 제안한다.

Ⅳ. 분양대금의 현재가치 산정과 개발비용의 현재가치 산정 시 고려할 점(16)

1. 분양대금의 현재가치 산정 시 고려할 점

1) 총분양대금의 산정

분양대금은 구획된 단위당 획지의 가격에 획지수를 곱하거나 구분소유권 등의 단위가격에 구분소유권 수에 의해 산정한다. 여기서 구획된 단위당 획지의 가격은 비준가액, 토지잔여법에 의한 수익가액, 간접법에 의한 적산가액을 관련시켜 구한다.

2) 단위당 획지의 가격

단위당 획지의 가격, 단위당 구분소유권 등의 가격은 분양가격이 결정되는 시점(분양계약 체결 개시시점 또는 분양공고시점)에서 결정되는 것이므로 단위당 가격을 평가할 때에는 시점수정을 분양대금 결정시점으로 하여야 하는 것이다.

3) 흡수율분석

단위당 분양가격이 결정되었다 하더라도 실제적으로 분양계약이 어느 시점에서 체결되었고 또한 분양대금이 언제 입금되느냐에 따라 분양대금의 현재가치는 달라지게 된다. 분양계약이 실제적으로 체결되는 시점에서의 예측은 흡수율분석을 통해서 이루어진다.

4) 상호관련성에 주목

앞서 단위당 분양가격, 흡수율, 분양대금 입금 스케줄 등은 상호 밀접한 관련성이 있으므로 그 상호 관련성에 주목하여야 한다. 예를 들어 단위당 분양가격이 높으면 흡수율이 낮게 되고 따라서 분양대금 입금 스케줄을 늦춰야 할 것이다.

2. 개발비용의 현재가치 산정 시 고려할 점

1) 개발비용의 산정

개발비용이란 대상 획지의 일체이용을 상정하는 경우에 통상의 건물건축비상당액, 발주자가 직접 부담해야 할 통상의 부대비용을 말하고 대상 획지의 분할이용을 상정하는 경우에는 통상의 조성비 상당액, 발주자가 직접 부담해야 할 통상의 부대비용을 일컫는다.

2) 수급인의 적정이윤 포함

수급인(도급업자) 적정이윤을 개발비용에 반드시 포함시켜야 한다. 즉, 조성공사, 건축공사는 실제의 방법(자기 공사의 경우 포함) 여하에 불구하고 도급방식을 상정하여 산정하여야 한다.

3) 이자비용과 개발업자의 적정이윤 개발비용에 미포함

분양대금에서 부가된 부가가치 총액을 제거하여 소지가격을 구하기 위해서는 이자비용과 개발업자 적정이윤을 개발비용에 포함시켜야 하나 개발법에서는 분양대금 및 개발비용을 시장할인율로 할인함으로써 이자비용과 개발업자의 적정이윤을 개발비용에 포함시키는 것과 동일한 결과를 얻는다.

4) 시장할인율의 결정

시장할인율은 분양대금 및 개발비용의 현재가치 산정 시 적용되는바 동일한 위험을 가진 대체투자 안으로부터 시장에서 기대되는 보수율로서 무위험률에 위험할증률을 가산한다.

Ⅴ. 결(4)

상기와 같이 A공사가 후분양방식으로 주택공급 시 택지의 감정평가방법은 최유효이용의 관점에서 개발법의 적용이 보다 합리적으로 판단된다. 특히 개발법의 일반식(총분양대금−개발비용)에서 소지의 기준시점에서의 가격을 산정하기 위해서는 분양대금, 개발비용 역시 소지의 기준시점과 동일한 시점에서의 분양대금, 개발비용이어야 한다. 즉, 분양대금, 개발비용은 소지의 기준시점 이후에 발생되는 현금수입, 현금지출이므로 이를 기준시점으로 할인하여야 한다는 점을 고려하여야 한다.

02 시장가치에 대하여 다음의 물음에 답하시오. 30점

1) '성립될 가능성이 가장 많은 가격(the most probable price)'이라는 시장가치의 정의가 있다. 이에 대해 설명하시오. 10점

2) 부동산거래에 있어 '최고가격(highest price)'과 '성립될 가능성이 가장 많은 가격'을 비교 · 설명하시오. 10점

3) 가치이론과 가치추계이론의 관계에 대해 각 학파의 주장내용과 이에 관련된 감정평가방법별 특징을 설명하시오. 10점

1 출제위원 채점평

본 문제는 기승전결에 입각하여 시장가치에 대한 문제를 이해하고 답안을 작성하는 구성입니다. 물음 1)에 대한 조건에 대하여 대다수가 잘 기술하였으나 물음 2)는 최고가격과의 비교 시 물음 1과 중복적으로 답안을 구성한 경우가 많았으며 물음 3)은 가치발생의 논의 배경과 학파 간 가치추계방식의 구분이 올바르지 않게 답안을 구성한 경우가 많았습니다.

2 답안작성 가이드

본 문제는 안정근 교수님의 부동산평가이론 중 가치이론과 가치추계이론과의 관계, 시장가치에 대한 논란(시장가치 정의 자체에 관한 문제), 시장가치 개념의 변천과정에 대한 내용을 그대로 문제로 옮긴 듯하다. 다만, 소물음 1번과 관련하여 성립될 가능성이 가장 많은 가격의 의미를 안정근 교수님은 감정평가 실무기준해설서, 실무연수교재에서 설명하고 있는 최빈치와 다르게 반드시 최빈치를 의미하는 것이 아니고 중위가격이나 평균가격도 될 수 있다고 설명하고 있어 논란의 소지가 있다. 또한 소물음 3번과 관련하여 안정근 교수님의 부동산평가이론에서는 한계효용학파의 경우 비교방식, 수익방식 둘 다와 밀접하며 신고전학파는 수익방식과 밀접하다고 설명하고 있는 점을 참고하여야 한다.

※ 다만, 소물음 2번과 관련하여 최고가격과 성립될 가능성이 가장 많은 가격은 안정근 교수님 부동산평가이론의 내용을 그대로 차용하였습니다.

3 목차

Ⅰ. 서(3)

Ⅱ. 성립될 가능성이 가장 많은 가격(8)

1. 시장가치의 개념
2. 성립될 가능성이 가장 많은 가격
   1) 개설
   2) 중심경향
   3) 성립될 가능성이 가장 많은 가격

Ⅲ. 최고가격과 성립될 가능성이 가장 많은 가격의 비교(8)

1. 시장가치 개념의 변천과정
2. 양자의 비교
   1) 최고가격
   2) 유사점
   3) 차이점

Ⅳ. 가치이론과 가치추계이론의 관계(8)

1. 가치이론과 가치추계이론의 관계
2. 각 학파의 주장 내용
3. 이와 관련된 감정평가방법별 특징
   1) 고전학파와 원가방식
   2) 한계효용학파와 수익방식
   3) 신고전학파와 비교방식

Ⅴ. 결(3)

4 예시 답안

Ⅰ. 서(3)

부동산평가의 가장 핵심적 사항은 대상 부동산의 가치를 추계하는 일이다. 따라서 평가이론은 가치추계이론을 중심으로 발달하여 왔다. 가치추계이론은 경제학의 가치이론과 밀접한 관계에 있다. 오늘날 일반적인 감정평가방법으로 비교방식, 원가방식, 수익방식의 세 가지가 널리 쓰이게 된 것은 가치의 본질이 무엇이냐에 대한 경제학자들의 가치이론을 반영한 것이다. 한편 시장가치의 개념은 과거로부터 학자들 간에 많은 논란이 되어 왔다. 이 같은 논란은 이미 해결된 것도 있지만 특정 부분에 대해서는 현재에도 계속되고 있다. 이하 물음에 답하고자 한다.

Ⅱ. 성립될 가능성이 가장 많은 가격(8)

1. 시장가치의 개념

시장가치는 토지 등이 통상적인 시장에서 충분한 기간 동안 거래를 위하여 공개된 후 그 대상 물건의 내용에 정통한 당사자 사이에 신중하고 자발적인 거래가 있을 경우 성립될 가능성이 가장 높다고 인정되는 대상 물건의 가액을 말한다. 반면, 미국의 경우 시장가치는 일정한 조건이 충족된 상황에서 대상 부동산의 특정 권익에 대해 성립될 가능성이 가장 많은 가격을 말한다.

2. 성립될 가능성이 가장 많은 가격

1) 개설

성립될 가능성이 가장 많은 가격이 무엇인지가 문제가 된다. 이와 관련하여 통계학에서 사용하는 중심경향을 통해 그 의미를 파악할 수 있다. 중심경향이란 확률분포에 있어서 사상들이 분포의 중앙에 모이게 되는 현상을 말하는데 중심경향을 나타내는 지표에는 산술평균, 중위치, 최빈치가 있다.

2) 중심경향

① 산술평균은 모든 관측치의 값을 합한 후 그 값을 표본의 수로 나누어 계산한 값이다. ② 중위치는 데이터를 가장 낮은 수에서 가장 높은 수로 배열했을 때 그 중간에 위치한 값을 말한다. ③ 최빈치는 모든 데이터에서 가장 빈번하게 발생하는 관측치를 말한다.

3) 성립될 가능성이 가장 많은 가격

성립될 가능성이 가장 많은 가격은 최빈치, 중위치, 산술평균이 될 수도 있다. 다만, 매매사례자료를 통계학적으로 분석할 때는 산술평균이, 통상적인 감정평가 실무에서는 중위치와 최빈치가 성립될 가능성이 가장 많은 가격으로 빈번하게 사용된다.

Ⅲ. 최고가격과 성립될 가능성이 가장 많은 가격의 비교(8)

1. 시장가치 개념의 변천과정

부동산평가의 대부분은 시장가치 추계로부터 시작된다. 이때 시장가치는 부동산평가에서 가장 중요한 개념 중의 하나이다. 그리고 이러한 시장가치의 개념은 부동산평가이론의 발달과 사회적 변화에 따라 변천되어 왔으며 과거 최고가격에서 현재 성립될 가능성이 가장 많은 가격으로 변천되어 왔다. 특히 학자들은 시장가치가 어떻게 최고가격이 될 수 있느냐면서 많은 이의를 제기하여 왔다.

2. 양자의 비교

1) 최고가격

매도자와 매수자는 충분한 지식을 가지고 사려 깊게 행동하고 가격이 어떤 부당한 자극에 의해 영향받지 아니한 것으로 가정되는, 공정한 매매가 성립되기 위한 필수적인 모든 조건이 충족된 공개된 경쟁시장에서, 어떤 부동산이 형성할 가장 높은 가격을 말한다.

2) 유사점

충분한 정보와 지식을 가지고 있는 전형적인 가능매수자는 대상 부동산의 시장가치에 적합한 가격을 제시하지 무조건 높은 가격을 제시하지 않는다. 따라서 전형적인 매수자들이 제시하는 가격은 대상 부동산에 성립될 가능성이 가장 높은 가격을 의미한다. 즉, 최고가격은 가능성이 가장 높은 가격의 의미이지 유사매매사례 중 가장 높은 가격을 의미하는 것이 아니라는 점에서 양자는 유사하다.

3) 차이점

부동산의 가치란 장래 기대되는 편익을 현재가치로 환원한 값이다. 성립될 가능성이 가장 많은 가격이 시장가치의 중요한 개념으로 자리잡게 된 것도 바로 여기에 연유한다. 즉, 미래란 불확실한 것이고 평가가치란 것도 결국은 불확실한 미래사건에 대한 추계치이므로 이것은 바로 통계학적 확률 개념에 해당된다는 점에서 양자는 다르다.

Ⅳ. 가치이론과 가치추계이론의 관계(8)

1. 가치이론과 가치추계이론의 관계

경제학자들은 재화가 가치를 가지는 이유는 무엇이며 가치의 본질을 구성하고 있는 것은 무엇이냐에 많은 관심을 가져 왔고 이를 가치이론이라고 한다. 또한 가치추계이론이란 대상 부동산의 가치를 추계하는 원리나 방법을 의미한다. 이러한 가치추계이론은 가치이론을 바탕으로 하고 있다. 즉, 가치가 무엇에 의해 결정되느냐 하는 이론적 근거가 달라짐에 따라 그것을 실제적으로 추계하는 가치추계이론의 본질이 달라지는 관계에 있다.

2. 각 학파의 주장 내용

① A. Smith를 비롯한 대부분 고전학파 경제학자들은 재화의 가치는 재화의 생산에 투입된 생산요소의 대가로 보고, 가치는 생산비에 의해 결정된다고 보았다. ② 한계효용학파는 한번 사용된 비용은 영원히 사라진 것이라 하여 생산비가치설을 부정하고, 그 재화의 한계효용에 의해 재화의 가치가 결정된다는 한계효용가치설을 주장하였다. ③ 신고전학파는 공급의 비용 측면의 고전학파이론과 수요와 가격 측면의 한계효용학파이론을 결합하였다.

3. 이와 관련된 감정평가방법별 특징

1) 고전학파와 원가방식

원가방식은 비용과 가치와의 상관관계를 파악하는 것으로 비용에서 재화의 가치를 파악한 고전학파의 생산비가치설과 관련을 지을 수 있다. 특히 이 방식은 생산비가 많이 투입된 재화일수록 그만큼 시장에서 더 많은 가치와 교환할 수 있다는 것을 반영한 재조달원가로부터 감가수정하여 가치를 추계한다는 특징을 갖는다.

2) 한계효용학파와 수익방식

수익방식은 효용과 가치와의 상관관계를 파악하는 것으로 재화의 가치는 수요자의 주관적 효용에 의하여 결정된다는 한계효용학파의 한계효용가치설과 관련을 지을 수 있다. 특히 이 방식은 수요를 중시하며 장래 기대편익의 현재가치의 합을 반영하여 순수익 또는 미래의 현금흐름을 환원하거나 할인하여 가치를 추계한다는 특징을 갖는다.

3) 신고전학파와 비교방식

비교방식은 수요와 공급의 상호작용에 따른 재화의 가치를 파악한 신고전학파의 수요・공급이론과 관련을 지을 수 있다. 특히 이 방식은 토지시장에서의 수요・공급 논리를 반영한 유사 거래사례로부터 사정보정, 가치형성요인 비교 등을 통하여 가치를 추계한다는 특징을 갖는다.

Ⅴ. 결(3)

시장가치의 개념은 순수경쟁이 지배하는 이상적인 상황에서의 가치를 의미하는 것이지, 실제시장에서 매도자와 매수자 사이에서 형성되는 시장가격을 의미하는 것은 아니다. 즉, 시장가치와 시장가격은 개념이 서로 다르다. 부동산 평가사는 시장가치에 대한 전문가이지 시장가격에 대한 전문가는 아니다. 시장가격은 실제 거래를 담당하고 있는 중개사가 오히려 더 정확하게 평가할 수 있다. 따라서 평가사가 시장가치를 평가할 때에는 이상적인 상황을 구축하고 여기서부터 가설적인 가치를 도출한다. 이런 의미에서 시장가치는 추정적 가치라 할 수 있다.

03

「감정평가에 관한 규칙」에서 감정평가 시 시장가치기준을 원칙으로 하되, 예외적인 경우 '시장가치 외의 가치'를 인정하고 있다. 그러나 현행 「감정평가에 관한 규칙」에서는 '시장가치 외의 가치'에 대한 유형 등의 구체적인 설명이 없어 이를 보완할 필요성이 있다. 감정평가 시 적용할 수 있는 구체적인 '시장가치 외의 가치'에 대해 설명하시오. 20점

1 출제위원 채점평

본 문제는 감정평가 시 예외적인 경우, 시장가치 외의 가치를 적용해야 할 3가지 경우의 설명과 함께 가치유형의 명확한 용어 기술과 설명 그리고 국가별로 논의가 이루어지고 있는 가치유형별 구분이 제시되어야 합니다. 대부분의 수험생들이 예외적인 3가지 경우는 잘 제시하였으나 가치유형의 용어기술과 국가별 설명이 부족하게 답안을 구성하였습니다.

2 답안작성 가이드

감정평가 시 적용할 수 있는 시장가치 외의 가치 유형으로는 과세가치, 공정가치, 투자가치, 보상가치 등, 일본 부동산감정평가기준 상의 한정가격, 특정가격, 특수가격, USPAP의 계속기업가치, 사용가치 등, 국제평가기준의 청산가치, 잔존가치 등을 언급할 수 있다.

3 목차

Ⅰ. 서(2)

Ⅱ. 시장가치기준 원칙과 예외로서 시장가치 외의 가치(4)

1. 시장가치
2. 시장가치 외의 가치
   1) 개념과 요건
   2) 검토사항

Ⅲ. 시장가치 외의 가치(12)

1. 법령에 다른 규정이 있는 경우
   1) 과세가치
   2) 공정가치
2. 의뢰인이 요청하는 경우
   1) 투자가치
   2) 담보가치
3. 사회통념상 필요한 경우
   1) 특정가치
   2) 특수가치

Ⅳ. 결(2)

4 예시 답안

Ⅰ. 서(2)

감칙 제5조와 감정평가 실무기준에서는 기준가치를 시장가치와 시장가치 외의 가치로 구분하고 있으며 원칙적으로 시장가치를 기준가치로 결정하도록 하고 있다. 다만, 감정평가업무가 다양해지고 전문화되어 감정평가사의 업무분야도 점점 세분화됨에 따라 시장가치 외의 가치 개념의 중요성이 부각되고 있다. 이하에서는 구체적인 시장가치 외의 가치에 대하여 설명하고자 한다.

Ⅱ. 시장가치기준 원칙과 예외로서 시장가치 외의 가치(4)

1. 시장가치

토지 등이 통상적인 시장에서 충분한 기간 동안 거래를 위하여 공개된 후 그 대상 물건의 내용에 정통한 당사자 사이에 신중하고 자발적인 거래가 있을 경우 성립될 가능성이 가장 높다고 인정되는 대상 물건의 가액을 말한다(감칙 제2조).

2. 시장가치 외의 가치

1) 개념과 요건

시장가치의 요건을 충족하지 못하는 경우의 가치로 해석할 수 있다. 감칙에서는 법령에 다른 규정이 있는 경우, 의뢰인이 요청하는 경우, 감정평가의 목적이나 대상 물건의 특성에 비추어 사회통념상 필요하다고 인정되는 경우로 규정하고 있다.

2) 검토사항

감정평가법인 등은 시장가치 외의 가치를 기준으로 감정평가할 때에는 해당 시장가치 외의 가치의 성격과 특징, 시장가치 외의 가치를 기준으로 하는 감정평가의 합리성 및 적법성을 검토하여야 한다.

Ⅲ. 시장가치 외의 가치(12)

1. 법령에 다른 규정이 있는 경우

1) 과세가치

과세가치는 과세대장에 기재된 부동산의 가치로 대표적인 사례가 부동산공시법에서 규정하고 있는 표준지공시지가가 있다. 과세가치는 정부의 조세 정의 실현, 토지유형에 따른 공평 과세 부과 등의 측면에서 정책적 목적의 성격이 강하므로 평가 의뢰인의 목적에 강요되지 않는 시장가치와 다르다.

2) 공정가치

공정가치는 외감법에 근거하여 기업의 재무보고 목적으로 평가되는 가치이다. 공정가치는 특정한 당사자 사이에만 발생하는 시너지 효과가 반영된다면 특정 당사자 사이에서만 가치가 부과된다는 특수성이 있다. 따라서 시너지 효과가 반영된 공정가치는 시장가치와 다르다.

2. 의뢰인이 요청하는 경우

1) 투자가치

투자가치는 대상 부동산이 특정한 투자자에게 부여하는 주관적 가치이다. 투자가치는 특정 의뢰인과 투자 안 사이의 주관적 관계를 반영한 것이기 때문에 감정평가 의뢰인의 특정한 목적에 강요되지 않는 시장가치와 다르다.

2) 담보가치

담보가치는 금융기관이 실행하는 대출금에 대한 담보가액을 산정하기 위해 담보물건을 평가하는 가치이다. 담보가치는 담보물건의 환가성과 안정성 등을 부가적으로 고려해야 하기 때문에 시장가치와 다르다.

3. 사회통념상 필요한 가치

1) 특정가치

특정가치는 특정매수자에게만 부동산의 특별한 특성이 반영된 가치이거나 한정된 시장에서 특정 거래당사자 간에만 경제적 합리성이 인정되는 가치이다. 특정가치는 한정된 시장을 전제로 하기 때문에 시장가치와 다르다.

2) 특수가치

특수가치는 문화재, 공공시설 등과 같이 일반적으로 시장성이 없는 부동산의 이용 상황을 전제로 경제적 가치를 가상적으로 표시하는 가치이다. 특수가치는 일반적으로 시장성이 없다는 것이 전제되기 때문에 시장가치와 다르다.

Ⅳ. 결(2)

「감정평가에 관한 규칙」은 시장가치 외의 가치의 유형과 그 정의를 예시하지 않고 있다는 문제점이 있다. 따라서 향후에도 감칙에서 이를 보완하는 것이 곤란하다면 감정평가 실무기준에서라도 이를 고려할 수 있도록 해야 할 것이다. 그리고 이를 통하여 감정평가업무의 다양성이 높아지고 새로운 업무영역 확대 효과도 기대할 수 있을 것이다.

04 부동산 가격공시와 관련한 '조사 · 평가'와 '조사 · 산정'에 대해 비교 · 설명하시오. 10점

1 출제위원 채점평

본 문제는 조사 · 평가와 조사 · 산정을 비교하여 양자 간의 유사점과 차이점을 기술하고 나아가 전문성 판단기준이나 검증 등의 이슈까지 파악하고 있음을 보여줄 것을 요구하는 문제였습니다. 비교적 다루기 쉬운 문제임에도 시간적 배분이 안 되어 놓치거나 급히 답안을 작성한 수험생들이 일부 있었습니다.

2 답안작성 가이드

여러 측면에서의 비교로 목차를 구성하거나 유사점(적정가격 기준, 사법상제한 배제, 거래가격 · 임대료 · 비용추정액 등의 참작, 공시기준일 등)과 차이점(주체로서 감정평가법인등, 한국부동산원, 나지상정 여부, 대상으로서 토지와 주택 등)으로 구성하면 된다. 특히 답안 작성 시 서술할 내용은 부동산공시법을 활용하는 것이 가장 용이하다.

3 목차

Ⅰ. 개설(1)

Ⅱ. 조사 · 평가와 조사 · 산정의 개념(3)

1. 조사 · 평가
2. 조사 · 산정

Ⅲ. 양자의 비교(6)

1. 평가 · 산정 주체 측면
2. 평가 · 산정 대상 측면
3. 평가 · 산정 기준 측면

---

4 예시 답안

Ⅰ. 개설(1)

부동산가격공시제도는 토지공개념을 지원하기 위해 도입된 공시지가제도를 시작으로 주택가격공시제도가 추가되었고 비주거용 부동산가격공시제도로 확대되었다. 이하 표준지공시지가의 조사 · 평가와 표준 · 공동주택가격 등의 조사 · 산정에 대하여 비교하여 설명하고자 한다.

Ⅱ. 조사 · 평가와 조사 · 산정의 개념(3)

1. 조사 · 평가

부동산공시법에서는 표준지공시지가의 경우에만 조사 · 평가하도록 규정하고 있으며 감정평가법인 등에 의하여 표준지공시지가 조사 · 평가기준에 따라 감정평가 3방식으로 공시가격을 결정한다.

2. 조사 · 산정

부동산공시법에서는 표준주택가격, 공동주택가격, 비주거용 표준부동산가격, 비주거용 집합부동산가격의 경우 조사 · 산정하도록 규정하고 있으며 한국부동산원에 의하여 표준 · 공동주택 조사 · 산정기준 등에 따라 거래가격 · 임대료 · 비용추정액으로 공시가격을 결정한다.

Ⅲ. 양자의 비교(6)

1. 평가 · 산정 주체 측면

국토교통부장관이 표준지공시지가를 조사 · 평가할 때에는 업무실적, 신인도 등을 고려하여 둘 이상의 감정평가법에 따른 감정평가법인 등에게 이를 의뢰하여야 한다. 반면, 국토교통부장관이 표준 · 공동주택가격 등을 조사 · 산정할 때에는 한국부동산원법에 따른 한국부동산원에 의뢰한다.

2. 평가 · 산정 대상 측면

조사 · 평가의 대상이 되는 물건은 토지에 한한다. 반면, 조사 · 산정의 대상이 되는 물건은 주택(단독주택, 공동주택), 비주거용부동산이다.

3. 평가 · 산정 기준 측면

표준지에 건물 또는 그 밖의 정착물이 있거나 지상권 또는 그 밖의 토지의 사용, 수익을 제한하는 권리가 설정되어 있을 때에는 그 정착물 또는 권리가 존재하지 아니하는 것으로 보고 평가하여야 한다. 반면, 표준 · 공동주택에 전세권 또는 그 밖에 단독 · 공동주택의 사용, 수익을 제한하는 권리가 설정되어 있을 때에는 그 권리가 존재하지 아니하는 것으로 보고 산정하여야 한다.

Chapter 07

2018년 제29회 기출문제

01 다음을 설명하고, 각각의 상호관련성에 대하여 논하시오. 40점

1) 부동산가치 발생요인과 부동산가격 결정요인 10점

2) 부동산가격 결정과정(메커니즘)과 부동산가치의 3면성 10점

3) 부동산가치의 3면성과 감정평가 3방식 6방법 20점

02 다음의 제시된 자료를 참고하여 물음에 답하시오. 30점

> 인구 1,000만의 대도시인 A시와 약 40분 거리에 있는 인구 30만 규모의 기성도시인 B도시를 연결하는 전철이 개통되었다. 전철의 개통은 B도시의 광역접근성 개선효과를 가져와 부동산시장 및 부동산가격에 변화를 줄 것으로 예상된다.

1) B도시에 새롭게 신설된 전철역세권의 지역분석에 대하여 설명하시오. 15점

2) 전철개통으로 인한 접근성의 개선이 B도시의 유형별 부동산시장에 미치는 긍정적 효과 · 부정적 효과에 대하여 설명하시오. 15점

03 최근 토지의 공정가치 평가가 회계에 관한 감정에 해당하는지 여부에 대한 논란이 있었다. 이와 관련하여 다음 물음에 답하시오. 20점

1) 감정평가의 개념과 회계에 관한 감정의 개념 차이를 설명하시오. 5점

2) 공정가치(fair value), 시장가치(market value) 및 회계상 가치(book value)를 비교 · 설명하시오. 15점

04 감정평가의 공정성과 감정평가행위의 독립 필요성을 감정평가이론에 근거하여 설명하시오. 10점

해설 및 예시 답안

01 **다음을 설명하고, 각각의 상호관련성에 대하여 논하시오.** 40점

1) 부동산가치 발생요인과 부동산가격 결정요인 10점

2) 부동산가격 결정과정(메커니즘)과 부동산가치의 3면성 10점

3) 부동산가치의 3면성과 감정평가 3방식 6방법 20점

1 출제위원 채점평

부동산가치 발생요인에서부터 가치를 구하기 위한 감정평가의 3가지 접근방식과 6방법에 이르는 각 개념과 상호연관성에 대한 이해의 정도를 묻는 문제다. 이 과정을 3단계로 나누어 각 질문내용에 대하여 구체적인 설명과 단계별 상호관련성에 대한 논점의 정리가 필요하다. 부동산가치 발생요인과 부동산가격 결정요인에 대한 설명이 부족하거나, 부동산가격 결정요인을 부동산가격 형성요인으로 기술하는 등 부동산가치 발생요인과의 상호관련성에 대한 이해와 연결이 부족한 수험생들이 많았다. 또한, 부동산가격 결정과정과 부동산가치의 3면성에 대한 물음에 대해서 의외로 부동산가격의 개별화, 구체화 과정이나 가격형성요인과 3방식을 무리하게 연관을 지으려고 한 경우가 있었다. 부동산가치의 3면성과 감정평가 3방식 6방법의 상호관계, 3방식 6방법에 대한 연관성이나 각 방식의 장단점 등 구체적인 설명이 부족한 경우가 있었다.

2 답안작성 가이드

부동산가격 결정요인을 수요과 공급 측면에서 가격을 결정하는 요인으로 설명한다면 부동산가치 발생요인 설명 시에도 수요 측면인 효용과 유효수요, 공급 측면인 상대적 희소성으로 구분하여 논하면 된다. 한편 부동산가격 결정요인을 수요와 공급 측면에서 요인으로 설명하였기 때문에 부동산가격 결정과정도 부동산에 대한 수요와 공급의 특성을 고려하여 시간적 측면에 따라 단기(부증성으로 인하여 수요 중심으로 결정)와 장기(공급이 가능하여 공급 중심으로 결정)로 가격이 결정되는 메커니즘을 논하는 게 논리상 적합하다. 또한 부동산가치의 3면성인 시장성, 비용성, 수익성 그리고 감정평가 3방식 6방법도 수요와 공급 측면과 밀접한 관련성을 가지고 있다.

3 목차

Ⅰ. 서(4)

Ⅱ. 부동산가치 발생요인과 부동산가격 결정요인의 상호관련성(8)

1. 부동산가치 발생요인
   1) 효용, 유효수요
   2) 상대적 희소성

2. 부동산가격 결정요인

3. 양자의 상호관련성

Ⅲ. 부동산가격 결정과정과 부동산가치의 3면성의 상호관련성(8)

1. 부동산가격 결정과정
   1) 단기에서의 결정과정(수요)
   2) 장기에서의 결정과정(공급)

2. 부동산가치의 3면성

3. 양자의 상호관련성

Ⅳ. 부동산가치의 3면성과 감정평가 3방식 6방법의 상호관련성(16)

1. 감정평가 3방식 6방법
   1) 감정평가 3방식(감칙 제11조)
   2) 비교방식
   3) 원가방식
   4) 수익방식

2. 양자의 상호관련성
   1) 시장성과 비교방식
   2) 비용성과 원가방식
   3) 수익성과 수익방식
   4) 소결

Ⅴ. 결(4)

---

4 예시 답안

Ⅰ. 서(4)

부동산가격은 부동산의 자연적, 인문적 특성으로 인하여 부동산가치 발생요인의 상호유기적인 작용을 통하여 발생한다. 그리고 이러한 부동산가격은 부동산시장에서 수요와 공급 측면에서의 부동산가격 결정요인에 의하여 결정되며 그 결정과정에서 부동산가치의 3면성이 상호관련 된다. 더 나아가 부동산가치의 3면성에 기초하여 감정평가 3방식 6방법이 성립하게 된다. 이하 부동산가치 발생요인, 부동산가격 결정요인, 부동산가격 결정과정, 부동산가치의 3면성, 감정평가 3방식 6방법에 대하여 논하고자 한다.

Ⅱ. 부동산가치 발생요인과 부동산 가격결정요인의 상호관련성(8)

1. 부동산가치 발생요인

1) 효용, 유효수요

효용은 인간의 욕구나 필요를 만족시킬 수 있는 재화의 능력이며 유효수요는 실질적인 구매능력을 의미하는 것으로 살 의사(Willing to Buy)와 지불능력(Ability to Pay)을 갖춘 수요를 말한다. 상기 두 가지 요인은 수요 측면에 영향을 미치는 부동산가치 발생요인이다.

2) 상대적 희소성

희소성이란 인간의 욕구에 비해 그 수나 양이 부족한 상태를 말하는 것이다. 그리고 상대적이라는 의미는 부동산의 물리적 측면이 아닌 지역적, 용도적 측면에서 부족하다는 의미와 수요에 비하여 공급이 상대적으로 부족하다는 의미이다. 이는 공급 측면에 영향을 미치는 부동산가치 발생요인이다.

2. 부동산가격 결정요인

부동산가격을 결정하는 요인은 수요와 공급 측면으로 구분할 수 있다. ① 부동산 수요를 결정하는 요인에는 해당 부동산의 가격변화, 관련 재화의 가격변화, 소득의 변화, 기호 및 선호도 변화, 해당 부동산의 가격예상 등이 있다. 이외에도 이자율, 신용의 유용성, 부의 크기, 인플레이션, 광고 등 요인이 있다. ② 부동산 공급을 결정하는 요인에는 해당 부동산의 가격변화, 관련 재화의 가격변화, 생산요소의 가격변화, 기술수준 등의 부동산 자체 요인들과 이자비용, 인플레이션, 세금, 정부정책 등 외부적 요인들이 있다.

3. 양자의 상호관련성

효용, 상대적 희소성, 유효수요는 부동산가치 발생요인으로서 이들은 수요와 공급 측면에서의 부동산가격 결정요인과 상호관련된다. 즉, 부동산가치 발생요인으로서 효용과 유효수요는 부동산가격 결정요인의 수요 측면 요인과, 상대적 희소성은 공급 측면 요인과 가치를 발생시키고 가격을 결정하는 상호관련성을 갖는다.

Ⅲ. 부동산가격 결정과정과 부동산가치의 3면성의 상호관련성(8)

1. 부동산가격 결정과정

1) 단기에서의 결정과정(수요)

단기에서 부동산가격은 매수자들이 기꺼이 지불하려고 하는 가격에 의해 좌우되는 경향이 강하다. 즉, 단기에는 공급이 상대적으로 고정되어 있으므로 수요가 가격을 결정하는 주요 요인으로 작용한다.

2) 장기에서의 결정과정(공급)

장기에서는 비용과 가치가 일치되는 경향이 있다. 즉, 재화의 가치는 단기적으로는 수요의 함수이지만 장기적으로는 공급의 함수가 된다. 부동산의 시장가격이 생산비에도 미치지 못하면 장기적으로는 공급 감소 및 시장가격 상승이 나타난다. 그리고 시장가격이 상승하면 공급이 다시 증가하고 시장가격과 생산비가 일치하는 선까지 이루어진다.

2. 부동산가치의 3면성

① 시장성은 가치접근방향에 있어서 대상 부동산은 어느 정도의 가격수준으로 시장에서 거래되고 있는 물건인가로 측정하는 것이다. ② 비용성은 가치접근방향에 있어서 대상 부동산은 어느 정도의 비용이 투입되어 만들어질 수 있는 물건인가로 측정하는 것이다. ③ 수익성은 가치접근방향에 있어서 대상 부동산은 어느 정도의 수익 또는 효용을 올릴 수 있는 물건인가로 측정하는 것이다.

3. 양자의 상호관련성

부동산가치를 평가할 때 감정평가사는 대상 부동산의 시장성, 비용성, 수익성이라는 세 가지 측면에서 접근할 수 있다. 이러한 부동산가치의 3면성은 수요와 공급 측면에서 부동산가격 결정과정과 상호관련 된다. 즉, 시장성은 수요와 공급을 함께 고려한 균형 측면, 비용성은 공급 측면, 수익성은 수요 측면이라는 점에서 수요와 공급으로 가격이 결정되는 부동산가격 결정과정과 상호관련성을 갖는다.

Ⅳ. 부동산가치의 3면성과 감정평가 3방식 6방법의 상호관련성(16)

1. 감정평가 3방식 6방법

1) 감정평가 3방식(감칙 제11조)

감정평가 3방식이란 대상물건의 가치를 측정할 경우 전통적으로 사용되고 있는 비용성에 기초한 원가방식, 시장성에 기초한 비교방식, 수익성에 기초한 수익방식을 말한다. 다만, 감정평가 3방식 6방법이란 이론적 평가방법을 말하는 것으로 법적 평가방법인 공시지가기준법은 제외한다.

2) 비교방식

거래사례비교법이란 대상 물건과 가치형성요인이 같거나 비슷한 물건의 거래사례와 비교하여 대상 물건의 현황에 맞게 사정보정, 시점수정, 가치형성요인 비교 등의 과정을 거쳐 대상 물건의 가액을 산정하는 감정평가방법을 말한다. 임대사례비교법이란 대상 물건과 가치형성요인이 같거나 비슷한 물건의 임대사례와 비교하여 대상 물건의 현황에 맞게 사정보정, 시점수정, 가치형성요인 비교 등의 과정을 거쳐 대상 물건의 임대료를 산정하는 감정평가방법을 말한다.

3) 원가방식

원가법이란 대상 물건의 재조달원가에 감가수정을 하여 대상 물건의 가액을 산정하는 감정평가방법을 말한다. 적산법이란 대상 물건의 기초가액에 기대이율을 곱하여 산정된 기대수익에 대상 물건을 계속하여 임대하는 데에 필요한 경비를 더하는 방식으로 대상 물건의 임대료를 산정하는 감정평가방법을 말한다.

4) 수익방식

수익환원법이란 대상 물건이 장래 산출할 것으로 기대되는 순수익이나 미래의 현금흐름을 환원하거나 할인하여 대상 물건의 가액을 산정하는 감정평가방법을 말한다. 수익분석법이란 일반기업경영에 의하여 산출된 총수익을 분석하여 대상 물건이 일정한 기간에 산출할 것으로 기대되는 순수익에 대상 물건을 계속하여 임대하는 데에 필요한 경비를 더하여 대상 물건의 임대료를 산정하는 감정평가방법을 말한다.

2. 양자의 상호관련성

1) 시장성과 비교방식

재화의 가치는 시장에서 거래당사자들의 대상 부동산에 대한 효용 판단과 협상에 의하여 결정된다는 사고를 바탕으로 하는 시장성은 균형 측 접근이다. 따라서 가치에 대한 측정 시 비교방식으로 추계해야 한다는 점에서 이론적 근거가 되는바 양자는 상호관련성을 갖는다.

2) 비용성과 원가방식

재화의 가치는 생산비에 의하여 결정된다는 사고를 바탕으로 하는 비용성은 공급 측 접근이다. 따라서 가치에 대한 측정 시 원가방식으로 추계해야 한다는 점에서 이론적 근거가 되는바 양자는 상호관련성을 갖는다.

3) 수익성과 수익방식

재화의 가치는 한계효용에 의하여 결정된다는 사고를 바탕으로 하는 수익성은 수요 측 접근이다. 따라서 가치에 대한 측정 시 수익방식으로 추계해야 한다는 점에서 이론적 근거가 되는바 양자는 상호관련성을 갖는다.

4) 소결

부동산가치의 3면성과 감정평가 3방식 6방법의 상호관련성은 다음과 같이 요약할 수 있다. 즉, 수요와 공급에 의하여 결정되는 균형가격은 공급량과 만나는 균형점에서 안정적인 균형가치가 형성됨으로써 수익방식에 의한 수익가액과 원가방식에 의한 적산가액 그리고 비교방식에 의한 비준가액이 등가가 될 수 있음을 설명한다.

Ⅴ. 결(4)

감정평가사는 부동산가치 발생요인, 부동산 가격결정요인, 부동산가격 결정과정, 부동산가치의 3면성, 감정평가 3방식 6방법이라는 감정평가이론에 대하여 각각의 개념을 숙지하여야 한다. 그리고 수요와 공급 측면에서의 상호관련성에 대하여도 정확하게 이해하여야 한다. 최종적으로는 감정평가목적 및 부동산의 특성에 맞는 적정한 감정평가 3방식 6방법을 적용하여 객관적이고 설득력 있는 감정평가가 이루어질 수 있도록 하여야 한다.

02 다음의 제시된 자료를 참고하여 물음에 답하시오. 30점

> 인구 1,000만의 대도시인 A시와 약 40분 거리에 있는 인구 30만 규모의 기성도시인 B도시를 연결하는 전철이 개통되었다. 전철의 개통은 B도시의 광역접근성 개선효과를 가져와 부동산시장 및 부동산가격에 변화를 줄 것으로 예상된다.

1) B도시에 새롭게 신설된 전철역세권의 지역분석에 대하여 설명하시오. 15점
2) 전철개통으로 인한 접근성의 개선이 B도시의 유형별 부동산시장에 미치는 긍정적 효과 · 부정적 효과에 대하여 설명하시오. 15점

1 출제위원 채점평

제시된 자료를 참고하여 신설된 전철역세권의 지역분석과 접근성의 개선이 유형별 부동산시장에 미치는 영향에 대해 묻는 문제로서, 실제로 감정평가 업무수행에서 발생할 수 있는 케이스이다. 수험생들의 대부분은 지역분석의 일반적 내용을 잘 기술하였으나, 물음과 관련하여 신설된 전철역세권과 접근성의 개선을 답안에 충분히 기술한 경우는 드물었다. 문제의 배점과 답안분량을 고려하여 핵심사항을 중심으로 기술하는 것이 필요하다.

2 답안작성 가이드

사례형 문제로서 신분당선 개통, 9호선 연장 등으로 광역접근성이 향상된 기성 B도시에 대한 지역분석을 설명하라는 것이다. 따라서 지역분석의 일반론이라 할 수 있는 지역분석의 개념, 목적, 절차, 유의사항 중에 관련이 되는 내용을 중심으로 설명하여야 한다. 즉, 지하철의 개통은 가치형성요인으로서 자연적 요인(환경적 요인)임을 언급하고 이와 관련하여 지역분석의 인근지역의 범위 판정, 지역요인의 분석, 표준적 이용과 가격수준의 변화, 지역의 변화에 따른 동태적 분석의 필요성 등에 대하여 설명하여야 한다. 한편 유형별 부동산시장은 주거용, 상업용, 업무용 등 용도별 시장 내 구체적인 이용형태에 따른 시장분류이나 여기서는 용도별 시장을 말한다. 용도별 시장으로서 주거용 부동산시장은 단독주택과 공동주택, 비주거용 부동산시장은 상가와 오피스텔이 대표적인바 이를 중심으로 긍정적 효과와 부정적 효과를 설명하여야 한다. 특히 어떤 부동산의 접근성 또는 경계의 판단은 그 부동산의 용도에 따라 필요한 요소가 무엇인가가 중요하고 용도별로 접근성의 높낮이에 따라 가치가 달라진다는 점에 유의하여야 한다.

3 목차

Ⅰ. 서(3)

Ⅱ. 전철역세권의 지역분석(12)

1. 지역분석의 개념과 목적
2. 본건 전철역세권 지역분석의 절차
   1) 인근지역의 획정
   2) 지역요인의 분석
   3) 표준적 이용과 가격수준 파악
3. 본건 지역분석 시 유의사항
   1) 지역의 변화에 따른 동태적 분석
   2) 인근지역의 명확한 경계설정

Ⅲ. 접근성 개선이 유형별 부동산시장에 미치는 긍정적 · 부정적 효과(12)

1. 접근성과 부동산의 용도
2. 부동산시장의 개념과 유형별 부동산시장
   1) 개념
   2) 유형별 부동산시장
3. 주거용 부동산시장
   1) 긍정적 효과
   2) 부정적 효과
4. 상업용 부동산시장
   1) 긍정적 효과
   2) 부정적 효과

Ⅳ. 결(3)

4 예시 답안

Ⅰ. 서(3)

최근 신분당선 개통, 9호선 연장 등으로 대도시에 대한 광역접근성이 지속적으로 향상되고 있으며 이에 따라 기성도시 내 부동산시장과 부동산가격에 많은 변화가 나타나고 있다. 위 사안의 경우에도 대도시인 A도시와 기성도시인 B도시를 연결하는 지하철이 개통됨에 따라 B도시의 광역접근성이 개선된 상황이다. 이하에서 B도시에 대한 전철 역세권의 지역분석과 유형별 부동산시장에 대한 긍정적, 부정적 효과를 설명하고자 한다.

Ⅱ. 전철역세권의 지역분석(12)

1. 지역분석의 개념과 목적

지역분석은 지역의 지가수준에 전반적인 영향을 미치는 가치형성요인을 일정한 지역범위로 조사, 분석함으로써 지역 내 토지의 표준적 이용과 지가수준 및 그 변동추이를 판정하는 것이다. 지역은 고정되어 있는 것이 아니라 자연적, 사회적, 경제석, 행정적 요인의 변화에 따라 항상 변화해가기 때문에 인근지역에 대한 분석을 시계열적인 측면에서 지속적으로 할 필요가 있으며 이를 통해 인근지역의 장래동향을 파악해 볼 수도 있다.

2. 본건 전철역세권 지역분석의 절차

1) 인근지역의 획정

대상 부동산의 가치형성에 직접 영향을 미치는 용도적, 기능적 동질성을 지닌 인근지역을 획정해야 한다. 이러한 인근지역은 부동산 종류마다 일단의 지역을 이루는 범위가 달라지며 지하철의 개통으로 인하여 B도시의 인근지역 범위 판정 시 지하철 역세권을 추가적으로 고려하여야 한다.

2) 지역요인의 분석

지역요인은 용도지대별로 그 의미가 다르므로 사회적, 경제적, 행정적 관점에서 정확한 용도지대의 판단과 그에 따른 요인의 분석이 필요하다. 특히 지하철 개통은 지역요인으로서 접근조건, 교통수단 및 공공시설과의 접근성 항목에 해당한다.

3) 표준적 이용과 가격수준 파악

표준적 이용이란 인근지역에 속한 개개의 부동산의 최유효이용의 집약적, 평균적 이용 방법이며 가격수준이란 지역의 표준적 이용에 따른 지역의 표준적, 평균적 가격의 범위를 말한다. 지하철의 개통으로 인하여 B도시의 부동산시장과 부동산가격에 변화가 생기는바 이러한 영향에서 표준적 이용을 판정하고 가격수준을 파악하여야 한다.

3. 본건 지역분석 시 유의사항

1) 지역의 변화에 따른 동태적 분석

지역요인은 고정되어 있는 것이 아니라 변화하기 때문에 지하철의 개통으로 인한 B도시의 광역접근성 개선을 고려하여 동태적으로 지역분석을 하여야 한다.

2) 인근지역의 명확한 경계설정

부동산 종류에 따라 인근지역의 범위는 다르다. 따라서 자료의 수집정리, 현장답사 등을 통해 인근지역의 범위를 명확하게 해야 한다. 이때 인근지역의 범위를 너무 좁게 잡으면 사례선정이 어렵고 너무 넓게 잡으면 가격수준의 파악이 어렵다.

Ⅲ. 접근성 개선이 유형별 부동산시장에 미치는 긍정적 · 부정적 효과(12)

1. 접근성과 부동산의 용도

접근성이란 대상 부동산이 위치하는 장소에서 다른 장소에 도달하는 데 소요되는 시간, 경비, 노력 등으로 측정되는 상대적 비용이다. 이러한 접근성에 따른 부동산 가치의 변화는 부동산의 용도에 따라 그 중요성과 평가기준이 달라진다.

2. 부동산시장의 개념과 유형별 부동산시장

1) 개념

부동산시장은 부동산의 고정성이라는 자연적 특징을 가지고 있기에 일반재화시장과는 달리 지리적 공간을 수반한다. 따라서 부동산시장은 질, 양, 위치 등 여러 가지 측면에서 유사한 부동산에 대해 가치가 균등해지는 경향이 있는 지리적 구역이라고 정의될 수 있다.

2) 유형별 부동산시장

부동산시장은 부동산의 용도에 따라 주거용 시장(아파트, 연립, 다세대, 단독주택), 상업용 시장(상업용, 업무용, 오피스텔), 공업용 시장(순수공업용, 물류센터), 농업용 시장(전, 답), 임업용 시장 등으로 구분할 수 있다. 이하에서는 주거용 시장과 상업용 시장을 중심으로 설명한다.

3. 주거용 부동산시장

1) 긍정적 효과

A도시 내 직장으로 출퇴근이 용이하게 되고 직주근접에 따른 효용 증가로 B도시 주거용 부동산가격이 상승하고 거래가 활발해지는 긍정적인 효과가 나타날 수 있다.

2) 부정적 효과

B도시의 역세권 주변 주거용 부동산시장을 중심으로 투기자금 등이 급격하게 유입됨에 따라 부동산가격이 단기간에 상승함으로써 부동산시장을 불안정하게 하는 부정적인 효과가 나타날 수 있다.

4. 상업용 부동산시장

1) 긍정적 효과

지하철 역세권을 중심으로 상권 및 배후지의 크기가 확대되어 잠재적 수요가 증가하고 그에 따라 수익이 증가함으로써 긍정적인 효과가 나타날 수 있다.

2) 부정적 효과

B도시 내 상가보다는 대도시인 A도시의 상가로 접근성이 향상되어 수요가 일부 이동할 수 있고 상대적 희소성이 완화되어 B도시 내 상가에게는 부정적인 효과가 나타날 수 있다. 세부적으로는 흡인력이나 독점력이 강한 시설은 접근성이 크게 중시되지는 않으므로 영향이 미미하나 소매상은 그 반대로 접근성이 중시되므로 그 효과가 크게 나타날 수 있다.

Ⅳ. 결(3)

부동산은 다양한 가치형성요인에 의하여 영향을 받으며 이로 인하여 부동산시장과 부동산가격에 변화가 나타난다. 특히 최근에는 지하철의 개통과 같은 광역접근성의 개선에 따른 파급효과가 상당하다. 따라서 지역분석 시 이러한 점에 유의하여야 하며 지역분석에 의해 파악된 표준적이용과 가격수준은 개별 부동산의 최유효이용 및 개별적・구체적 가격에 영향을 미치게 되기 때문에 지역분석의 결과를 적절하게 개별분석에 활용하여야 한다.

03 **최근 토지의 공정가치 평가가 회계에 관한 감정에 해당하는지 여부에 대한 논란이 있었다. 이와 관련하여 다음 물음에 답하시오.** 20점

1) 감정평가의 개념과 회계에 관한 감정의 개념 차이를 설명하시오. 5점

2) 공정가치(fair value), 시장가치(market value) 및 회계상 가치(book value)를 비교 · 설명하시오. 15점

1 출제위원 채점평

감정평가의 기본 개념 등에 대한 문제로서, 전문자격자는 관련 이론 및 업무에 관한 기본 개념을 정확하게 숙지할 필요가 있다. 수험생들의 답안 일부는 감정평가의 개념과 회계에 관한 감정을 유사하게 표현하거나, 명확하게 비교하지 못한 경우가 있었다. 또한 공정가치, 시장가치 및 회계상 가치를 비교 · 설명하는 문제에 있어서 많은 수험생들이 비교의 필요성과 배경에 대한 이해가 부족하였다.

2 답안작성 가이드

공인회계사법 제2조에 의한 회계에 관한 감정은 회계처리의 대상이 실제로 존재하는지 여부에 대한 진위, 회계처리의 적부를 판정하는 것(회계 장부 등의 진위 판정업무)으로 평가 대상 자산에 대한 경제적 가치를 판정하는 감정평가와는 전혀 다른 개념이다. 따라서 감정평가법상 감정평가와 공인회계사법 감정이라는 개념의 차이점을 수행주체, 목적, 방법, 법적근거와 성격 등 다양한 측면에서 설명하여야 한다. 또한 감칙 제5조에 의하여 감정평가의 기준이 되는 가치인 시장가치와 공정가치 및 회계상 가치가 갖는 공통점과 차이점을 비교 설명하면 된다.

3 목차

Ⅰ. 서(2)

Ⅱ. 감정평가와 회계에 관한 감정의 개념 차이(4)

1. 감정평가와 회계에 관한 감정의 개념
2. 내용 측면
3. 법적근거, 수행주체 측면

Ⅲ. 공정가치, 시장가치, 회계상 가치의 비교(12)

1. 세 가지 가치의 개념
   1) 공정가치
   2) 시장가치
   3) 회계상 가치
2. 공정가치와 시장가치의 비교

3. 시장가치와 회계상 가치의 비교

4. 회계상 가치와 공정가치의 비교

Ⅳ. 결(2)

---

4 예시 답안

Ⅰ. 서(2)

감정평가법인 등이 아닌 공인회계사는 회계처리 목적이라도 토지의 감정평가를 할 수 없다는 대법원 판결이 나왔다. 즉, 한국채택국제회계기준 도입 이후 기업 자산감정을 놓고 벌어진 공인회계사와 감정평가법인 등의 직종 간 영역 다툼에서 법원이 감정평가업계의 손을 들어준 것이다. 이하 감정평가와 회계에 관한 감정의 개념 차이 및 공정가치, 시장가치, 회계상 가치에 대하여 비교하여 설명하고자 한다.

Ⅱ. 감정평가와 회계에 관한 감정의 개념 차이(4)

1. 감정평가와 회계에 관한 감정의 개념

감정평가란 토지 등의 경제적 가치를 판정하여 그 결과를 가액으로 표시하는 것을 말한다. 반면, 회계에 관한 감정은 회계처리의 대상이 실제로 존재하는지 여부에 대한 진위, 회계처리의 적부를 판정하는 것으로서 회계 장부 등의 진위 판정업무를 말한다.

2. 내용 측면

회계에 대한 감정은 기업의 경제적 활동을 측정하여 기록한 재무재표 요소를 화폐로 계량화하는 것을 내용으로 한다. 반면, 감정평가는 타인의 의뢰를 받아 부동산에 대한 경제적 가치를 판정하는 것을 내용으로 한다는 차이가 있다.

3. 법적근거, 수행주체 측면

감정평가는 감정평가법을, 회계에 관한 감정은 공인회계사법을 법적근거로 한다는 점에서 양자는 법적근거 상 차이가 있다. 또한 토지 등의 경제적 가치를 판정하는 감정평가는 감정평가법인 등에 의하여, 자산의 장부가액이 믿을 수 있는 자료에 따른 것인지 여부에 대한 의견을 내는 회계에 관한 감정은 회계사에 의하여 수행된다는 차이가 있다.

Ⅲ. 공정가치, 시장가치, 회계상 가치의 비교(12)

1. 세 가지 가치의 개념

1) 공정가치

외감법에 근거하여 합리적인 판단력과 거래의사가 있는 독립된 당사자 사이의 거래에서 자산이 교환되거나 부채가 결제될 수 있는 금액을 의미한다.

2) 시장가치

토지 등이 통상적인 시장에서 충분한 기간 동안 거래를 위하여 공개된 후 그 대상 물건의 내용에 정통한 당사자 사이에 신중하고 자발적인 거래가 있을 경우 성립될 가능성이 가장 높다고 인정되는 대상 물건의 가액을 말한다.

3) 회계상 가치

어떤 항목이 표시되는 금액을 뜻하는 것으로서 이 금액은 그 항목의 표시에 관련된 회계준칙에 준거하여 표시되어야 한다. 따라서 회계상 가치는 재무상태표 가치로서 회계단위에 대한 원가액을 의미한다.

2. 공정가치와 시장가치의 비교

재무보고평가의 기준가치인 공정가치는 감정평가의 기준가치인 시장가치와 기본적으로 유사하다. 다만, 시장가치는 특수가치(또는 결합가치)의 요소를 배제한다는 점에서 공정가치와 다를 수 있다. 예를 들어 특정한 당사자 사이에서만 발생하는 특수한 증분가치는 해당 당사자 간에는 공정한 가치로 인정될 수 있으나 시장가치에서는 이와 같은 특정 당사자 사이에서 거래되는 가치의 요소를 배제한다.

3. 시장가치와 회계상 가치의 비교

시장가치와 회계상 가치는 재무제표 상 자산의 가치를 평가, 측정하기 위하여 이를 기본적으로 분석한다는 점에서 유사할 수 있다. 다만, 시장가치는 거래조건, 시장조건 등 다양한 개념요소를 내포하고 있으며 재무제표 상 자산의 가치에 대한 경제적 효용을 판단하여 평가하지만 회계상 가치는 단순히 역사적 원가의 성격을 내포하고 있으며 양적인 측면만을 고려하여 측정한다는 점에서 다르다.

4. 회계상 가치와 공정가치의 비교

회계상 가치의 측정 시 재무제표 상 자산의 가치를 경제적 효용 측면에서 충분하게 반영할 경우 공정가치와 유사할 수 있다. 다만, 회계상 가치는 대부분 역사적 원가의 성격으로 장부가격을 기초로 하므로 양자는 다르다.

Ⅳ. 결(2)

토지에 대한 감정평가는 회계서류에 대한 전문적인 지식이나 경험과 관계없어 공인회계사법 직무범위인 회계에 관한 감정에 해당한다고 볼 수 없다. 따라서 지난 수십 년 간 다양한 분야에서 토지 등의 가치평가 업무를 수행해온 감정평가법인 등은 가치평가와 관련된 전문가이기 때문에 기업의 자산평가와 관련된 가치평가 업무에서도 그 역할을 수행해야 할 당위성이 있다.

04 감정평가의 공정성과 감정평가행위의 독립 필요성을 감정평가이론에 근거하여 설명하시오. 10점

1 출제위원 채점평

이 문제에서는 감정평가의 필수 덕목인 공정성과 감정평가행위의 독립 필요성을 감정평가이론과 결부해 물었으나, 내용을 제대로 기술하지 못하거나 논거 없이 당위성만을 서술하는 경우가 있었다. 또한, 감정평가이론보다 감정평가의 기능이나 감정평가사로서의 역할에만 치우쳐 서술한 답안이 많았다.

2 답안작성 가이드

공정성이란 공평하고 올바른 성질을 의미하는 것으로 토지 등의 경제적 가치를 판정하는 감정평가 자체에 공정성이란 개념이 내포될 수밖에 없음을 감정평가이론(부동산의 개념, 부동산시장, 부동산 가격 등)을 근거로 설명하여야 합니다. 즉, '~ 때문에 감정평가의 공정성이 요구된다'라는 식으로 설명하라는 것입니다.

감정평가행위의 독립 필요성은 감정평가의 공정성을 바탕으로 하여 구체적으로 평가사가 어디에 고용되어 업무를 처리하거나 일시적으로 업무를 수행하는 게 아니라 독립적으로 수행할 수밖에 없는 이유를 설명하여야 합니다. 즉, '~ 때문에 감정평가의 공정성이 요구되고 감정평가행위의 독립성이 필요하다'라는 식으로 설명하라는 것입니다.

3 목차

Ⅰ. 개설(1)

Ⅱ. 감정평가의 개념

Ⅲ. 감정평가의 공정성과 감정평가행위의 독립 필요성(8)

1. 부동산 개념 측면
2. 부동산 특성 측면
3. 부동산시장 측면
4. 부동산가치 측면

4 예시 답안

Ⅰ. 개설(1)

부동산의 사회성, 공공성으로 인하여 부동산(토지 등)에 대한 경제적 가치를 판정하는 감정평가 시에는 공정성이 무엇보다 요구된다. 아울러 이러한 사유로 인하여 감정평가행위에는 외부로부터 자주적인 독립성이 필요하게 된다.

Ⅱ. 감정평가의 개념

감정평가란 토지등의 경제적 가치를 판정하여 그 결과를 가액으로 표시하는 것을 말한다. 즉, 감정평가의 대상은 토지등이고 감정평가를 하여 구하고자 하는 가치는 경제적 가치이며, 감정평가는 토지등의 경제적 가치를 판단하는 행위로서 그 결과를 일정요건에 맞추어 가액으로 표시하는 것에 이르러야 효력이 있는 감정평가라 할 수 있다.

Ⅲ. 감정평가의 공정성과 감정평가행위의 독립 필요성(8)

1. 부동산 개념 측면

부동산은 사회재, 공공재의 성격을 지닌다. 사회재란 사회구성원 모두가 부동산에 의지하고 살아가기 때문에 공평하게 배분되어야 하는 재화임을 말하고, 공공재라는 것은 인위적으로 재생산이 불가능하기 때문에 전체 이익을 위해 합리적으로 배분되어야 하는 재화를 말한다. 따라서 부동산 개념 측면에서 감정평가의 공정성과 감정평가행위의 독립 필요성이 요구된다.

2. 부동산 특성 측면

부동산은 일반재화와는 다른 자연적, 인문적 특성을 갖는다. 그리고 이러한 특성으로 인하여 다양한 부동산현상들이 나타나고, 복잡하고 어려운 부동산문제가 발생한다. 따라서 부동산 특성 측면에서 감정평가의 공정성과 감정평가행위의 독립 필요성이 요구된다.

3. 부동산시장 측면

부동산시장은 부동산의 일반재화와는 다른 여러 가지 특성으로 인하여 보편적이고 합리적인 시장이 결여된 불완전경쟁시장으로서의 성격을 갖는다. 따라서 부동산시장 측면에서 감정평가의 공정성과 감정평가행위의 독립 필요성이 요구된다.

4. 부동산가치 측면

부동산가치는 본질적으로 시장에서의 수요와 공급의 논리에 의해 적정한 가치의 성립이 어렵고 이는 곧 가치의 본질적인 기능인 시장참가자의 행동지표로서의 기능을 수행할 수 없게 만든다. 따라서 부동산가치 측면에서 감정평가의 공정성과 감정평가행위의 독립 필요성이 요구된다.

2017년 제28회 기출문제

01 제시된 자료를 참고하여 다음 물음에 답하시오. 40점

> 감정평가사 甲은 감정평가사 乙이 작성한 일반상업지역 내 업무용 부동산(대지면적 : 3,000m², 건물 : 30년 경과된 철근콘크리트조 6층)에 대한 감정평가서를 심사하고 있다. 동 감정평가서에 따르면, 인근지역은 일반적으로 대지면적 200m² ~ 500m² 내외 2층 규모의 상업용으로 이용되고 있으며, 최근 본건 부동산 인근에 본건과 대지면적이 유사한 토지에 20층 규모의 주거 및 상업 복합용도 부동산이 신축되어 입주(점) 중에 있는 것으로 조사되어 있다. 검토결과 원가방식(면적 400m² 상업용 나대지의 최근 매매사례 단가를 적용한 토지가치에 물리적 감가수정만을 행한 건물가치 합산)에 의한 시산가치가 수익방식(현재 본건 계약임대료기준)에 의한 시산가치보다 높게 산출되어 있다.

1) 심사 감정평가사 甲은 감정평가사 乙에게 추가적으로 최유효이용 분석을 요청하였는바, 최유효이용 판단 기준을 설명하고 구체적인 최유효이용 분석방법을 설명하시오. 20점

2) 최유효이용에 대한 두 가지 분석유형(방법)에 따른 결과가 다르다면, 그 이유와 그것이 의미하는 바를 설명하시오. 10점

3) 원가방식에 의한 시산가치가 수익방식에 의한 시산가치보다 높게 산출된 것이 타당한 것인지 감정평가 원리(원칙)를 기준으로 설명하고, 올바른 원가방식 적용방법에 관하여 설명하시오. 10점

02 시산가액 조정에 관한 다음 물음에 답하시오. 30점

1) 시산가액 조정의 법적 근거에 관하여 설명하시오. 5점

2) 시산가액 조정의 전제와 「감정평가에 관한 규칙」상 물건별 감정평가방법의 규정방식과의 관련성을 논하시오. 15점

3) 시산가액 조정 과정에서 도출된 감정평가액을 표시하는 이론적 방법에 관하여 설명하시오. 10점

03

정비사업의 관리처분계획을 수립하기 위한 종후자산 감정평가에 대한 다음 물음에 답하시오. 20점

1) 종후자산 감정평가의 기준가치에 관하여 설명하시오. 10점

2) 종후자산 감정평가의 성격을 감정평가방식과 관련하여 설명하시오. 10점

04

영업권과 상가권리금을 비교 설명하시오. 10점

해설 및 예시 답안

01 제시된 자료를 참고하여 다음 물음에 답하시오. 40점

감정평가사 甲은 감정평가사 乙이 작성한 일반상업지역 내 업무용 부동산(대지면적 : 3,000m^2, 건물 : 30년 경과된 철근콘크리트조 6층)에 대한 감정평가서를 심사하고 있다. 동 감정평가서에 따르면, 인근지역은 일반적으로 대지면적 200m^2 ~ 500m^2 내외 2층 규모의 상업용으로 이용되고 있으며, 최근 본건 부동산 인근에 본건과 대지면적이 유사한 토지에 20층 규모의 주거 및 상업 복합용도 부동산이 신축되어 입주(점) 중에 있는 것으로 조사되어 있다. 검토결과 원가방식(면적 400m^2 상업용 나대지의 최근 매매사례 단가를 적용한 토지가치에 물리적 감가수정만을 행한 건물가치 합산)에 의한 시산가치가 수익방식(현재 본건 계약임대료기준)에 의한 시산가치보다 높게 산출되어 있다.

1) 심사 감정평가사 甲은 감정평가사 乙에게 추가적으로 최유효이용 분석을 요청하였는바, 최유효이용 판단 기준을 설명하고 구체적인 최유효이용 분석방법을 설명하시오. 20점

2) 최유효이용에 대한 두 가지 분석유형(방법)에 따른 결과가 다르다면, 그 이유와 그것이 의미하는 바를 설명하시오. 10점

3) 원가방식에 의한 시산가치가 수익방식에 의한 시산가치보다 높게 산출된 것이 타당한 것인지 감정평가 원리(원칙)를 기준으로 설명하고, 올바른 원가방식 적용방법에 관하여 설명하시오. 10점

1 출제위원 채점평

이 문제는 기승전결에 입각해서 문제를 이해하고, 답안을 작성해야 한다. 이 문제의 답안을 구성하기 위해서는 답안작성을 위한 도입부문의 방향성, 이론적 근거의 제시, 제시된 사례와 이론과의 관련성을 지적하고, 물음에서 요구하고 있는 판단준거의 제시와 답안의 명료성, 결론부의 종결성을 갖추어야 한다. 많은 수험생들이 기승전결의 틀을 갖추고자 노력한 점은 보이나, 위에서 제시한 기승전결에 입각해서 언급하면, 이론적인 내용만을 기술한 형태가 많았고, 제시된 사례와 이론과의 관련성을 언급하면서 기술한 답안의 비율은 그다지 높지 않았다. 일반적인 이론만을 기술해서는 안 되고, 논점을 정확하게 파악하여 기술해야 하며, 답안의 내용이 물음에서 요구하는 내용에 가능한 한 맞도록 기술해야 한다. 또한, 답안작성에 적합한 용어의 선택도 필요하다. 마지막으로 주어진 사실관계에 입각해서 기술해야 하며, 수험생 나름대로의 예측이나 추론은 오류를 범할 수 있기 때문에 유의해야 한다.

2 답안작성 가이드

소물음 1번의 경우 네 가지 판단 기준을 설명하고 구체적인 최유효이용 분석방법은 개량된 부동산과 토지(나지 상정)에 대한 최유효이용 분석방법을 함께 설명해주어야 한다. 소물음 2번의 경우 나지를 상정한 토지에 대한 최유효이용 분석과 개량된 부동산의 최유효이용 분석결과가 상이할 수

있다는 중도적 이용의 개념을 설명해야 한다. 소물음 3번의 경우 감정평가 원리, 즉 시장가치 기준 원칙과 가치판정의 이론적 근거가 되는 가격제원칙을 활용하여 원가방식에 의한 시산가치가 수익방식에 의한 시산가치보다 높게 산출된 것의 타당성 여부를 설명하여야 한다. 마지막으로 올바른 원가방식의 적용방법은 토지, 건물 평가 시 추가로 유의할 사항을 설명하면 된다.

---

3 목차

Ⅰ. 서(4)

Ⅱ. 최유효이용의 판단 기준과 구체적인 분석방법(16)

1. 최유효이용의 개념
2. 판단 기준
   1) 물리적 채택가능성과 합법적 이용
   2) 합리적 이용과 최대 수익성
3. 토지(나지 상정)의 최유효이용 분석방법
   1) 개설
   2) 단독 이용을 상정한 분석방법
   3) 분할 이용을 상정한 분석방법
4. 개량된 부동산의 최유효이용 분석방법

Ⅲ. 두 가지 분석방법에 따른 결과가 다른 경우 그 이유와 그것이 의미하는 바(8)

1. 개설
2. 본건 두 가지 분석방법에 따른 결과가 다른 경우 그 이유
3. 그것이 의미하는 바

Ⅳ. 감정평가 원리를 통한 검토와 올바른 원가방식의 적용방법(8)

1. 감정평가 원리로서 적합의 원리와 균형의 원리의 개념
2. 감정평가 원리를 통한 타당성 검토
   1) 적합의 원리를 통한 검토
   2) 균형의 원리를 통한 검토
3. 올바른 원가방식의 적용방법
   1) 토지의 평가
   2) 건물의 평가

Ⅴ. 결(4)

4 예시 답안

Ⅰ. 서(4)

본건 복합부동산의 경우 일반상업지역 내 업무용 부동산으로서 인근지역 부동산의 표준적인 이용 상황, 대지면적, 규모 등에 부합하지 않아 나지 상정과 개량된 부동산이라는 두 가지 측면의 최유효이용 분석이 검토되어야 한다. 특히 양 분석의 결과가 다른 경우가 있을 수 있으므로 유의하여야 한다. 또한 이를 바탕으로 감정평가 원리를 고려하여야 하고 토지와 건물을 개별로 평가하여 합산하는 원가방식의 적용 시 올바르게 적용하여야 할 것이다. 이하 다음 물음에 답하고자 한다.

Ⅱ. 최유효이용의 판단 기준과 구체적인 분석방법(16)

1. 최유효이용의 개념

최유효이용이란 객관적으로 보아 양식과 통상의 이용능력을 가진 사람이 대상 부동산을 합법적이고 합리적이며 최고, 최선의 방법으로 이용하는 것이다.

2. 판단 기준

1) 물리적 채택가능성과 합법적 이용

물리적 채택가능성이란 대상 부동산은 토양의 하중이나 지지력, 지형, 지세 등에 적합한 이용이어야 한다는 판단 기준이다. 합법적 이용이란 대상 부동산은 지역지구제뿐만 아니라 여러 가지 환경기준 등 개발에 대한 각종 법적 규제에 적합한 이용이어야 한다는 판단 기준이다.

2) 합리적 이용과 최대 수익성

합리적 이용이란 대상 부동산은 경제적으로 타당한 이용으로서 해당 용도에 대한 소득이나 가치가 총개발비용보다는 커야 한다는 판단 기준이다. 최대 수익성이란 대상 부동산이 앞서 설명한 3가지 조건을 충족하는 잠재적 용도 중에서 최고의 수익을 창출하여야 한다는 판단 기준이다.

3. 토지(나지 상정)의 최유효이용 분석방법

1) 개설

토지가치는 일반적으로 나지 상정 시 결정된다. 토지가 이미 나지인 경우에 평가사는 토지의 현 상태 그대로 가치를 평가한다. 하지만, 토지가 나지가 아닌 경우 개량물의 부동산가치 기여는 그것이 어떻게 사용될 것인지에 따라 달라진다. 그러므로 나지 상정 시 최유효이용은 그것의 기존 용도와 모든 가능성이 있는 용도를 고려해야 한다.

2) 단독 이용을 상정한 분석방법

인근지역에 최근 신축되어 입점 중인 주상 복합용도 부동산을 고려컨대 합병토지의 규모 정도의 광평수토지를 단독으로 이용하는 것이 최유효이용이라고 판단되는 경우이다. 이러한 관점에서는 소규모 토지를 다수 매수하여 광평수토지로 합병할 경우 개별 소규모 토지의 시장가격보다 더 높은 가격에 매수해야 할 위험과 추가비용의 존재 가능성 때문에 토지 규모 수준의 광평수토지에 증가요인이 존재한다고 할 수 있다.

3) 분할 이용을 상정한 분석방법

토지규모가 표준적 이용보다 커서 전체 토지의 단위당 시장가치가 전체 토지를 여러 소규모 획지로 분할하여 이용할 때의 개별 획지의 단위당 시장가치보다 작을 때 토지의 분필가능성을 고려해야 한다. 즉, 광평수토지를 획지분할로 개발하는 것이 최유효이용이라고 판단되는 경우이다.

4. 개량된 부동산의 최유효이용 분석방법

개량된 부동산의 최유효이용은 기존 개량물의 이용과 나지 상정한 최유효이용 분석의 결과를 감안한 개량물의 이용이다. 따라서 기존 개량물의 철거와 부지 재개발, 기존 용도의 지속, 기존 용도의 변경을 고려해야 한다.

Ⅲ. 두 가지 분석방법에 따른 결과가 다른 경우 그 이유와 그것이 의미하는 바(8)

1. 개설

두 가지 분석방법은 전혀 다른 최유효이용의 결과를 도출할 수 있으므로 개량된 부동산의 경우에는 앞서 두 가지 분석방법을 병용하여 판정해야 한다.

2. 본건 두 가지 분석방법에 따른 결과가 다른 경우 그 이유

본건의 경우와 같은 개량된 부동산의 최유효이용 분석에는 기존 개량물에 대한 철거비용, 신축비용, 건설기간 동안의 임대료 손실 등이 포함되기 때문에 토지(나지 상정)의 최유효이용 분석결과와 상이할 수 있다.

3. 그것이 의미하는 바

이는 곧 현재의 개량물이 토지의 최유효이용과 부합하지 않지만, 그렇다고 분석된 토지의 최유효이용으로의 전환이 곧 수익성을 극대화하지는 못한다는 것을 의미한다. 이때 현재의 이용은 중도적 이용으로서 당분간 지속될 것이다. 구체적으로 현재의 시장가치가 철거비 및 신축 공사비를 고려한 잠재적 용도의 시장가치에서 전환비용을 공제한 값을 상회할 때까지 지속될 것이다.

Ⅳ. 감정평가 원리를 통한 검토와 올바른 원가방식의 적용방법(8)

1. 감정평가 원리로서 적합의 원리와 균형의 원리의 개념

감칙 제5조에서는 시장가치를 기준으로 평가하는 것을 원칙으로 하고 있는바 그 타당성을 부동산평가원리인 적합의 원리와 균형의 원리로 검토한다. 여기서 적합의 원리란 부동산의 이용이나 특성이 주위환경이나 시장수요와 일치할 때 최고의 가치가 된다는 원리이다. 또한 균형의 원리란 부동산가치는 부동산을 구성하고 있는 생산요소 간의 결합비율이 적정한 균형을 이룰 때 최고가 된다는 원리이다.

2. 감정평가 원리를 통한 타당성 검토

1) 적합의 원리를 통한 검토

토지의 가치와 규모는 밀접한 관계를 가지고 있는바, 최유효이용 면적일 때 시장성이나 효용성이 가장 높은 표준물건이 된다. 인근지역은 일반적으로 대지면적 200m²~500m² 내외 2층 규모의 상업용으로 이용 중으로 이를 적정한 면적으로 볼 수 있다. 본건은 업무용 부동산으로서 대지면적이 3,000m²인바 표준적 이용의 면적에 벗어나고 있다. 따라서 400m²

상업용 나대지의 최근 매매사례를 적용한 토지 평가로 인하여 일괄수익방식에 의한 시산가치보다 높게 산출된 것은 타당하지 않다.

2) 균형의 원리를 통한 검토

인근지역에 본건과 대지면적이 유사한 토지에 20층 규모의 주거 및 상업 복합용도 부동산이 신축되어 입주(점) 중에 있는 것으로 확인된다. 본건은 대지면적이 신축된 인근 부동산과 유사함에도 건물은 6층에 불과하고 30년이 경과하여 토지와 건물 간에 적정한 균형을 이루고 있지 않다. 따라서 물리적 감가만 고려한 건물 평가로 인하여 일괄수익방식에 의한 시산가치보다 높게 산출된 것은 타당하지 않다.

3. 올바른 원가방식의 적용방법

1) 토지의 평가

규모가 과대한 토지의 평가 시에는 비슷한 규모의 사례를 적용하여야 하나 위와 같이 400m^2 상업용 나대지의 단가를 적용할 경우에는 불리한 정도를 개별요인의 비교 시 고려하여 감정평가한다. 또한 향후 건물을 철거하여 토지만 매각하려고 할 경우 표준적인 규모의 토지보다 거래되기가 쉽지 않기 때문에 이러한 토지를 거래하기 위해서는 주변의 이용방법과 유사한 규모로 분할하는 것을 고려하여 이에 해당하는 감보율 및 분할비용에 상당하는 감가를 할 수 있다.

2) 건물의 평가

건물의 경우에는 물리적 감가 뿐만 아니라 대상 물건의 기능적 효용 변화에 따른 기능적 감가와 인근지역의 시장상황 등 경제적 요소들의 변화에 따른 경제적 감가를 추가로 반영하여야 한다.

Ⅴ. 결(4)

본건 일반상업지역 내 업무용 부동산의 감정평가서 심사 시에는 대상 토지의 규모가 인근지역의 표준적 이용보다 과다한 광평수토지라는 점, 건물의 경과연수가 30년에 상당하여 노후화되었다는 점, 주변의 신축건물 층수에 비하여 과소하다는 점 등을 종합적으로 고려하여야 한다. 이를 위하여 우선적으로 개량된 부동산과 토지(나지 상정)의 최유효이용에 대한 판단과 분석과정이 중요하며 감정평가 원리를 활용하여 일괄수익방식에 의한 시산가치보다 투입된 비용을 중심으로 하는 원가방식에 의한 시산가치가 높게 산정된 것이 타당한지를 판단하여야 할 것이다.

02 시산가액 조정에 관한 다음 물음에 답하시오. 30점

1) 시산가액 조정의 법적 근거에 관하여 설명하시오. 5점

2) 시산가액 조정의 전제와 「감정평가에 관한 규칙」상 물건별 감정평가방법의 규정방식과의 관련성을 논하시오. 15점

3) 시산가액 조정과정에서 도출된 감정평가액을 표시하는 이론적 방법에 관하여 설명하시오. 10점

1 출제위원 채점평

이 문제는 시산가액 조정과 관련하여 법적 근거, 감정평가에 관한 규칙상 물건별 평가방법의 규정방식과 조정의 전제 등의 해석, 최종적으로 시산가액의 결과로 도출된 감정평가가액을 표시하는 방법 등에 대하여 물었다. 대부분의 수험생은 규칙 및 실무기준 등에 기초하여 시산가액 조정의 정의는 대체로 잘 기술하였다. 마지막으로 살펴보면 전반적으로 문제에 대한 종합적이고 논리적인 접근보다는 암기사항을 기술하는 데에 그친 수험생들이 있어 아쉬움이 있다.

2 답안작성 가이드

소물음 1번과 소물음 3번은 시산가액 조정과 관련된 기본적인 내용이다. 관건은 소물음 2번의 시산가액 조정의 전제와 감칙 상 물건별 감정평가방법의 규정방식과의 관련성에 대한 답안 작성이다. 특히 시산가액 조정의 전제는 다양한 평가방식의 인정과 그에 따른 시산가액 간의 차이에 대한 조정인데 감칙은 물건별 주방식 위주의 감정평가방식 적용을 원칙으로 규정하고 있다는 점을 고려하여야 한다.

3 목차

Ⅰ. 서(3)

Ⅱ. 시산가액 조정의 법적 근거(4)

1. 시산가액 조정의 개념
2. 시산가액 조정의 법적 근거
   1) 감칙 제12조와 감정평가 실무기준
   2) 토지보상법 시행규칙 제18조

Ⅲ. 시산가액 조정의 전제와 감칙 상 물건별 감정평가방법의 규정방식과의 관련성(12)

1. 시산가액 조정의 전제
   1) 가치의 3면성과 3면 등가의 불성립
   2) 감정평가 3방식의 병용

2. 시산가액 조정의 전제와 감칙 상 물건별 감정평가방법의 규정방식과의 관련성

1) 물건별 감정평가방법의 규정

2) 시산가액 조정의 전제와 토지의 감정평가방법

3) 시산가액 조정의 전제와 토지 외 물건의 감정평가방법

Ⅳ. 감정평가액을 표시하는 이론적 방법(8)

1. 개설

2. 점추정치

3. 구간추정치

4. 관계가치

Ⅴ. 결(3)

---

4 예시 답안

Ⅰ. 서(3)

부동산시장과 자본시장의 통합화, 부동산 금융의 발전 등 감정평가시장의 환경변화로 인해 종래의 비교방식이나 원가방식만으로 감정평가하는 데 한계가 있다. 또한 시장수요자의 다양한 요구와 국제평가기준과의 정합성 등을 고려할 때 단일방식보다는 다양한 감정평가방식의 적용이 필요하다. 이러한 이유로 감칙과 감정평가 실무기준에서는 가장 적정한 감정평가방식을 적용하되 다른 감정평가방식을 통한 시산가액으로 합리성을 검토하도록 함으로써 원칙적으로 대상 물건의 감정평가에 다양한 방식의 적용이 가능하도록 명문화하였다. 이하 다음 물음에 답하고자 한다.

Ⅱ. 시산가액 조정의 법적 근거(4)

1. 시산가액 조정의 개념

시산가액이란 대상 물건의 최종적인 감정평가액을 결정하기 위해 각각의 감정평가방식에 따라 산정된 금액을 말하며 시산가액 조정이란 각 시산가액을 비교, 분석하여 그들 사이에 존재하는 유사점과 차이점을 찾아내어 통일적이고 일관된 가액이 도출될 수 있도록 조화시키는 작업이라 할 수 있다.

2. 시산가액 조정의 법적 근거

1) 감칙 제12조와 감정평가 실무기준

감칙 제12조의 제1항에 따라 어느 하나의 감정평가방법을 적용하여 산정한 시산가액은 제2항에 따라 감정평가 3방식 중 다른 감정평가방식에 속하는 하나 이상의 감정평가방법으로 산정한 시산가액과 비교하여 합리성을 검토하여야 한다. 또한 제2항에 따른 검토 결과 제1항에 따라 산정한 시산가액의 합리성이 없다고 판단되는 경우에는 주된 방법 및 다른 감정평가방법으로 산정한 시산가액을 조정하여 감정평가액을 결정할 수 있다.

2) 토지보상법 시행규칙 제18조

대상 물건의 평가는 이 규칙에서 정하는 방법에 의하되, 그 방법으로 구한 가격 또는 사용료를 다른 방법으로 구한 가격 등과 비교하여 그 합리성을 검토하여야 한다.

Ⅲ. 시산가액 조정의 전제와 감칙 상 물건별 감정평가방법의 규정방식과의 관련성(12)

1. 시산가액 조정의 전제

1) 가치의 3면성과 3면 등가의 불성립

A. Marshall의 3면 등가성은 완전경쟁시장하에서 성립한다고 하였으나 부동산시장은 불완전한 데다 가치형성요인이 항상 변화할 가능성이 있는 동적 시장으로서 현실적으로 일치할 수 없기 때문에 3면 등가의 법칙이 적용되지 않는다.

2) 감정평가 3방식의 병용

각 평가방식은 시장성, 원가성, 수익성이라는 서로 다른 사고를 기초로 하고 있어 각 방식의 한계와 적용대상의 구분이 있고 경우에 따라서는 특정방법의 적용 시 주관이 많이 개입될 소지가 있기 때문에 특정방법에 의한 가격편의 현상을 막기 위해 3방식 병용이 긍정된다.

2. 시산가액 조정의 전제와 감칙 상 물건별 감정평가방법의 규정방식과의 관련성

1) 물건별 감정평가방법의 규정

감칙 제14조 토지의 감정평가, 제15조 건물의 감정평가 등에서부터 제25조 소음 등으로 인한 대상 물건의 가치하락분에 대한 감정평가, 제26조 그 밖의 물건의 감정평가까지 물건별 감정평가방법을 규정하고 있다.

2) 시산가액 조정의 전제와 토지의 감정평가방법

토지의 감정평가 시 감칙 제14조의 제1항에 따라 원칙은 공시지가기준법이나 제3항에 따라 적정한 실거래가를 기준으로 한 거래사례비교법과 제4항에 따라 해당 토지의 임대료, 조성비용 등을 고려하여 감정평가할 수 있다. 따라서 토지의 감정평가방법 규정은 시산가액 조정의 전제와 밀접하게 관련되어 규정되었다.

3) 시산가액 조정의 전제와 토지 외 물건의 감정평가방법

토지 외 물건의 감정평가 시 대체적으로 주된 방법만을 규정(감칙 제15조에 의해 건물의 감정평가는 원가법만 규정)하고 있다. 즉, 시산가액 조정의 전제를 고려할 경우 상당히 소극적이고 제한적인 규정 형태이다. 따라서 다양한 평가방법을 적용하고 시산가액 조정을 통하여 감정평가액을 결정할 수 있도록 규정 개선이 필요하다.

Ⅳ. 감정평가액을 표시하는 이론적 방법(8)

1. 개설

시산가액 조정과정을 통해 최종 감정평가액을 도출한다는 것은 반드시 하나의 수치로 결정하는 것이라고 볼 수는 없다. 따라서 감정평가보고서에 최종가치를 표시하는 방법은 이론적으로 하나의 수치나 일정한 범위 그리고 기준금액의 상하관계로 표시할 수 있다.

2. 점추정치

최종가치를 하나의 수치로 표시한 것을 점추정치라 하며, 이는 전통적으로 감정평가에서 사용되어 왔다. 주로 담보, 보상, 과세가치 감정평가액 등이 해당한다. 점추정치 감정평가액은 가급적 반올림을 하여 적정한 유효숫자까지만 표시하고 정확성의 한계를 밝히는 것이 바람직하다.

3. 구간추정치

평가액의 산출에 있어 경우에 따라서는 구간으로 추정할 수도 있다. 범위로 평가액을 산출할 경우 평가액의 범위를 상한과 하한의 범위로 산정한다. 범위가 클수록 평가의뢰인에게 의미 없는 정보를 주게 되고 범위가 작을수록 가격의 정밀도가 커지는 위험이 있음을 유의하여야 한다.

4. 관계가치

기준금액의 상하관계로 표시한 것을 관계가치라 한다. 즉, 가격은 10억 원 이상이라고 하거나 또는 가격은 10억 원 이하라고 표현하는 것을 관계가치라고 한다.

Ⅴ. 결(3)

평가대상과 평가수요가 다양해지고 복잡해지면서 감정평가 3방식 등 다양한 평가방식의 병용과 시산가액 조정의 중요성이 더욱 강조되고 있다. 따라서 전문성의 함양과 신뢰성의 제고를 위해 시산가액 조정이 실질적으로 이루어질 수 있도록 적극적인 논의가 이루어져야 한다. 또한 현행 감칙은 미국, 일본 등이 감정평가 3방식을 모두 적용하고 그에 따른 시산가액을 조정하여 최종 감정평가액을 결정함을 원칙으로 규정하고 있는 것에 비하여 일부 한계가 있어 제도적 보완도 필요하다.

03

정비사업의 관리처분계획을 수립하기 위한 종후자산 감정평가에 대한 다음 물음에 답하시오. 20점

1) 종후자산 감정평가의 기준가치에 관하여 설명하시오. 10점

2) 종후자산 감정평가의 성격을 감정평가방식과 관련하여 설명하시오. 10점

1 출제위원 채점평

종후자산의 기준가치와 감정평가의 성격을 평가방식과 관련해 묻는 문제이다. 최근에 이슈가 되고 있는 분야인 만큼 대부분의 수험생들은 그 내용을 빠짐없이 잘 기술한 편이었다.

2 답안작성 가이드

소물음 1번의 경우 시장가치의 개념요소와 시장가치 외의 가치의 요건을 활용하여 기준가치가 무엇인지에 대하여 설명하여야 한다. 여기서 시장가치와 시장가치 외의 가치 중 어떤 걸 선택하더라도 문제되지 않으나 답안은 조합원분양가로서 원가적 성격에 주목하여 시장가치 외의 가치로 작성하였으며 소물음 2번의 종후자산 감정평가의 성격과 감정평가방식은 소물음 1번의 기준가치와도 밀접하게 관련되므로 이를 고려하여야 할 것이다. 또한 소물음 2번의 경우 종후자산 감정평가의 성격을 감정평가 실무기준해설서의 내용을 중심으로 설명하고 특히 조합원분양가 결정과 원가배분이라는 측면에서 감정평가 3방식과의 관련성을 설명하는 것이 관건인바 성격에 따라 적합한 감정평가방식을 설명해야 할 것이다.

3 목차

4 예시 답안

Ⅰ. 서(2)

도시정비사업과 관련한 감정평가, 즉 도시정비평가는 정비사업의 유형 및 감정평가단계에 따라 감정평가의 기준과 방법이 상이하고 복잡하다. 이하 종후자산의 감정평가 시 기준가치와 분양공동주택의 주된 평가방식의 논란에 대하여 종후자산 감정평가의 성격을 고려하여 설명하고자 한다.

Ⅱ. 종후자산 감정평가의 기준가치(8)

1. 개설

종후자산 감정평가는 조합원분양가를 감정평가하는 것으로 2012년 감칙 전부개정으로 새롭게 기준가치 개념이 도입됨에 따라 종후자산 감정평가의 기준가치를 무엇으로 보아야 하는지에 대한 논란이 있다.

2. 시장가치 기준원칙과 시장가치 외의 가치의 예외

감칙은 감정평가서의 필수적 기재사항의 하나로 기준가치를 규정하고 있으며 원칙적으로 대상 물건에 대한 감정평가액은 시장가치를 기준으로 결정한다고 규정하고 있다. 시장가치 외의 가치를 기준으로 감정평가액을 결정하는 경우에는 시장가치 외의 가치의 성격과 특징, 시장가치 외의 가치를 기준으로 하는 감정평가의 합리성과 적법성을 검토하여 감정평가서에 그 내용을 기재하여야 한다(감칙 제5조).

3. 시장가치의 개념요소

시장가치의 개념요소는 ① 통상적인 시장에서, ② 충분한 기간 거래를 위하여 공개된 후, ③ 그 대상 물건의 내용에 정통한 당사자 사이에, ④ 신중하고 자발적인 거래가 있을 경우, ⑤ 성립될 가능성이 가장 높다고 인정되는 가액을 말한다.

4. 종후자산 감정평가의 기준가치

종후자산 감정평가액은 해당 정비사업에 동의하고 최종적으로 해당 정비사업의 분양대상자가 됨을 전제로 하는 이른바 조합원분양가로서의 의미를 가지는 것으로서 감칙 제2조 제1호의 시장가치 요건 중에서 통상적 시장 요건과 부합하지 않는다. 또한 분양예정인 대지 또는 건축물에 대한 종후자산의 감정평가 또는 종전자산 감정평가액과 함께 관리처분을 위한 기준가격으로서의 의미를 갖게 되므로 상대적인 가격균형의 유지가 무엇보다도 중요하기 때문에 시장가치 외의 가치라고 할 수 있다.

Ⅲ. 종후자산 감정평가의 성격(8)

1. 종후자산 감정평가의 성격

1) 조합원분양가 결정을 위한 감정평가

주택공급을 주목적으로 하는 정비사업의 특성상 종후자산은 조합원분양분과 일반분양분으로 구분되며 일반분양분은 추후 분양가상한제라는 별도의 분양가격 결정절차가 예정되어 있다. 여기서 관리처분계획 수립을 목적으로 하는 종후자산 감정평가액이 조합원분양가라는 것은 관리처분계획 자체의 성격에 기인하는 것이다.

2) 원가배분 성격의 감정평가

현재 종후자산 감정평가와 관련하여 가장 논란이 많은 부분은 바로 종후자산 감정평가의 주방식이 원가방식인지 여부이다. 이에 대해서는 여러 다양한 견해가 대립되고 있는바 이하에서 종후자산 감정평가의 성격과 감정평가방식을 관련하여 설명하기로 한다.

2. 종후자산 감정평가의 성격과 감정평가방식

1) 원가방식 적용

택지비(종전자산 평가총액) + 정비사업비 − 보조금이라는 절차를 통해 종후자산 평가총액을 구한 후 개별 세대의 평가액은 층별, 위치별 가중치, 효용지수를 적용하여 구한다. 이는 종후자산 감정평가액의 성격이 조합원분양가를 의미한다는 것이며 조합원분양가는 원가로서 시가나 일반분양가보다 낮은 것이 일반적이므로 원가방식을 적용하여야 한다.

2) 비교방식 적용

종후자산의 대부분을 차지하는 분양공동주택은 감칙 제16조에 의하여 일괄거래사례비교법으로 감정평가하여야 하며 종후자산 감정평가액의 성격은 시가로 이해하여야 한다. 또한 시장성에 근거한 비준가액 역시 원가적인 측면을 완전히 배제하고 있는 것은 아니라는 점, 과거 원가산출 근거에 따른다는 규정을 반드시 원가법 평가로 이해할 이유는 없다는 점에서 비교방식을 적용하여야 한다.

Ⅳ. 결(2)

종후자산 감정평가의 기준가치가 무엇인지에 대한 논란은 조합원분양이라는 조건이 과연 통상적 시장이라는 시장가치의 개념요소에 반하는 것인지 현재로서는 다소 불분명하다는 점에서 일률적으로 시장가치 또는 시장가치 외의 가치로 정하는 것은 어렵다고 보인다. 나아가 시장가치이건 시장가치 외의 가치이건 조합원분양가 결정이라는 감정평가목적에 충실하다면 기준가치의 차이가 문제되는 것은 아니라고 본다.

04 영업권과 상가권리금을 비교 설명하시오. 10점

1 출제위원 채점평

영업권과 상가권리금의 개념과 상호비교 및 평가방법상의 차이를 묻는 문제이다. 우선, 개념은 명확하고 정확하게 기술해야 한다. 영업권의 개념과 '상가권리금은 무엇이다.'라는 개념이 명확해야 한다. 둘째, 상호관련성의 비교인바, 영업권과 상가권리금이 유사하면서도 서로 다른 특징을 가지고 있기 때문에 이에 대한 설명이 요구된다. 마지막으로 영업권과 상가권리금의 평가방법과 평가상의 한계나 어려운 점에 대한 구체적인 설명이 요구된다.

또한 많은 수험생들이 정확한 개념의 설명보다는 상식적인 수준에서의 개념적 설명이 많았고, 영업권과 상가권리금의 상호관계에 대한 비교에 있어서 제대로 기술하지 못하는 경우도 있었다.

2 답안작성 가이드

무형자산으로서 영업권과 상가권리금은 유사하지만 그 내용, 성격 등이 분명하게 다르다. 따라서 비교 설명하라고 한 문제의 취지에 따라 유사점과 차이점 관련 내용을 균형 있게 설명해 주어야 할 것이다.

3 목차

Ⅰ. 개설(1)

Ⅱ. 영업권과 상가권리금의 개념(3)

1. 영업권의 개념
2. 상가권리금의 개념

Ⅲ. 양자의 비교(6)

1. 발생원인 측면
2. 발생시기와 임대차 조건 측면
3. 장소, 무형과 유형의 구분 등 측면

4 예시 답안

Ⅰ. 개설(1)

영업권은 특허권, 실용신안권 등 이외의 무형자산으로서 동종 유사규모 기업의 통상이윤을 넘어서는 초과이익이 발생원인이다. 이하 상가권리금과 비교하여 설명하고자 한다.

Ⅱ. 영업권과 상가권리금의 개념(3)

1. 영업권의 개념

영업권이란 대상 기업이 경영상의 유리한 관계 등 배타적 영리기회를 보유하여 같은 업종의 다른 기업들에 비하여 초과수익을 확보할 수 있는 능력으로서 경제적 가치가 있다고 인정되는 권리를 말한다.

2. 상가권리금의 개념

임대차 목적물인 상가건물에서 영업을 하는 자 또는 영업을 하려는 자가 영업시설, 비품, 거래처, 신용, 영업상의 노하우, 상가건물의 위치에 따른 영업상의 이점 등 유형·무형의 재산적 가치의 양도 또는 이용대가로서 임대인, 임차인에게 보증금과 차임 이외에 지급하는 금전 등의 대가를 말한다.

Ⅲ. 양자의 비교(6)

1. 발생원인 측면

신규임차인이 신규장소에서 사업을 영위함에 있어서 기존임차인이 기존에 형성한 유형·무형의 재산을 활용하여 초기 정착에 필요한 시간 및 비용을 절감함으로써 얻게 되는 이익이 권리금 발생원인이다. 반면, 영업권은 사업 양수자가 사업 양도자로부터 양수한 사업에서 발생할 이익 중 업계의 평균이익률을 초과하는 이익의 총합적 가치를 말한다.

2. 발생시기와 임대차 조건 측면

권리금은 임대차를 변경하는 시기에서 발생하며, 영업권은 사업체를 양도하는 과정에서 발생한다고 볼 수 있다. 즉, 영업권은 사업체를 양도하는 과정에서 발생하기 때문에 대상 사업체가 자가건물에서 사업을 하든 임차건물에서 사업을 하든 심지어는 사업장 없이 온라인에서 사업을 하든 관계없다.

3. 장소, 무형과 유형의 구분 등 측면

① 권리금은 반드시 장소를 전제로 하고, 영업권은 장소를 전제로 하지 않는다. ② 권리금은 유형재산과 무형재산의 가치를 포함하며, 영업권은 무형의 재산적 가치만을 의미한다. ③ 권리금은 상가건물임대차보호법에 의해서 보호를 받으나 영업권은 법률적 보호규정이 없다.

Chapter 09

2016년 제27회 기출문제

01 지식정보사회로의 이행 등에 따라 기업가치 중 무형자산의 비중(Portion)이 상대적으로 증가하고 있다. 「감정평가실무기준」에 규정하고 있는 계속기업가치(going concern value)의 감정평가와 관련하여 다음 물음에 답하시오. 40점

1) 기업가치의 구성요소를 설명하고, 기업가치의 감정평가 시 유의사항을 설명하시오. 10점

2) 기업가치의 감정평가에 관한 이론적 배경과 감정평가방법을 설명하고, 각 감정평가방법 적용 시 유의사항 및 장단점을 설명하시오. 20점

3) 기업가치의 감정평가에 있어서 시산가액 조정에 대하여 설명하고, 조정된 기업가치에 대한 구성요소별 배분방법에 관해 설명하시오. 10점

02 감정평가사 甲은 乙 주식회사가 소유한 △△동 1번지 소재 업무용 빌딩과 △△동 1-1번지 나지상태의 토지에 대하여 재무보고목적의 감정평가를 진행하려 한다. 다음 물음에 답하시오. 30점

1) 본건 감정평가의 기준가치는 무엇인지 그 개념에 관해 설명하고, 시장가치기준원칙과의 관계에 관해 설명하시오. 10점

2) 甲은 △△동 1번지 소재 업무용 빌딩에 대하여 할인현금흐름분석법(discounted cash flow method)을 적용하려 한다. 이때 적용할 할인율(discount rate)과 최종환원율(terminal capitalization rate)을 설명하고, 업무용 부동산시장의 경기변동과 관련하여 양자의 관계를 설명하시오. 15점

3) △△동 1-1번지 토지에 대하여 공시지가기준법을 적용하여 시점수정, 지역요인 및 개별요인의 비교 과정을 거쳐 산정된 가액이 기준가치에 도달하지 못하였다고 가정할 경우 공시지가기준법에 따라 甲이 실무적으로 보정할 수 있는 방법에 관해 설명하시오. 5점

03 사회가 발전하면서 부동산의 가치가 주위의 여러 요인에 따라 변동하게 되었는바, 소음 · 환경오염 등으로 인한 토지 등의 가치하락분에 대한 감정평가와 관련하여 다음 물음에 답하시오. 20점

1) 가치하락분 산정의 일반적인 원리와 가치하락분의 제외요인 및 포함요인에 관해 설명하고, 부동산가격 제 원칙과의 연관성에 관해 논하시오. 15점

2) 스티그마(STIGMA) 효과의 개념 및 특징에 관해 설명하시오. 5점

04 한국은행 기준금리가 지속적으로 인하되었다. 금리인하가 부동산시장에 미치는 영향에 관해 설명하시오. 10점

해설 및 예시 답안

01

지식정보사회로의 이행 등에 따라 기업가치 중 무형자산의 비중(Portion)이 상대적으로 증가하고 있다. 「감정평가실무기준」에 규정하고 있는 계속기업가치(going concern value)의 감정평가와 관련하여 다음 물음에 답하시오. 40점

1) **기업가치의 구성요소를 설명하고, 기업가치의 감정평가 시 유의사항을 설명하시오.** 10점
2) **기업가치의 감정평가에 관한 이론적 배경과 감정평가방법을 설명하고, 각 감정평가방법 적용 시 유의사항 및 장단점을 설명하시오.** 20점
3) **기업가치의 감정평가에 있어서 시산가액 조정에 대하여 설명하고, 조정된 기업가치에 대한 구성요소별 배분방법에 관해 설명하시오.** 10점

1 출제위원 채점평

본 문제는 지식정보사회로의 이행에 따라 기업가치 중 무형자산가치의 비중이 커지고 있음에 따라 이에 대한 개념과 이론적 배경, 실무상 적용근거 등에 대하여 묻고 있다.

기업가치는 B/S상 자산과 이에 대응하는 자본 및 부채로 구성되어 있고, 자산은 유형 및 무형자산으로 나누어 볼 수 있다. 이러한 기본적인 기업가치의 구성요소의 이해 정도와 기업가치의 평가 시 유의사항에 대한 질문이 있었는데 구체적이고 명확히 논지를 이해한 답안은 많지 않았다. 또한 기업가치의 감정평가에 관한 이론적 배경과 감정평가방법을 설명하고, 각 감정평가방법 적용 시 유의사항 및 장단점을 설명하라는 문제와 관련하여서는, 기업가치도 가치의 3면성에 입각하고 있음과 기업가치를 평가하는 각 방법을 유의사항과 함께 설명해야 하는데 부동산 감정평가 3방법을 그대로 기술하는 등 문제를 잘 이해하지 못한 답안도 상당수 있었다. 아울러 기업가치의 감정평가에 있어서 시산가액 조정 및 배분방법에 대한 질문에 대해서는 대체로 답안 구성이 심도 있는 논점보다는 일반적인 기술이 많아 아쉬웠다.

전반적으로 문제가 요구하고 있는 논점을 차분히 파악하고 핵심적인 내용을 논리적으로 잘 정리하여 설명하는 기술이 필요하다.

2 답안작성 가이드

기본적으로 기업가치 평가 시 B/S상 왼쪽과 오른쪽으로 평가하는 두 가지 방법이 있음을 적시해야 하며 무형자산을 언급한 점에서 자산합계법을 중심으로 설명하는 것이 보다 타당하다. 또한 이론적 배경의 경우 모호하지만 그 다음 질문이 감정평가방법이라는 점에서 가치의 3면성을 설명하되 기업가치의 감정평가방법에서는 수익환원법을 부각하여야 한다. 마지막으로 시산가액 조정 시에는 문제에서 언급된 무형자산에 대한 배분에 초점을 두어야 할 것이다.

3 목차

Ⅰ. 서(4)

Ⅱ. 기업가치의 구성요소와 기업가치 감정평가 시 유의사항(8)

1. 기업가치의 구성요소
   1) 유형자산과 무형자산
   2) 자기자본과 타인자본
2. 기업가치 감정평가 시 유의사항
   1) 전문가적 능력 함양
   2) 객관성 유지
   3) 정보보호에 유의

Ⅲ. 기업가치 감정평가의 이론적 배경과 감정평가방법 등(16)

1. 기업가치 감정평가의 이론적 배경과 감정평가방법
   1) 이론적 배경
   2) 수익환원법
   3) 원가법
   4) 거래사례비교법
2. 각 방법 적용 유의사항과 장단점
   1) 수익환원법
   2) 원가법
   3) 거래사례비교법

Ⅳ. 시산가액 조정과 구성요소별 배분방법(8)

1. 시산가액 조정
   1) 감칙 제12조 기준 원칙
   2) 가중치 기준
2. 구성요소별 배분방법
   1) 공제법
   2) 비율법

Ⅴ. 결(4)

4 예시 답안

Ⅰ. 서(4)

기업가치는 해당 기업이 소유하고 있는 총자산의 측면에서 본다면 유·무형 자산의 가치 총합계로 볼 수 있다. 따라서 기업가치 평가는 유·무형의 가치를 포함하는 기업 전체의 일괄가치를 구하는 일련의 감정평가과정이다. 최근에는 기업들의 무형자산에 대한 중요성이 증가함에 따라 기업가치 평가는 점차 복잡해지고 고려해야 할 사항들이 늘어나고 있다. 따라서 기업가치 평가를 수행할 때 기업의 가치를 구성하는 요소, 유의사항, 감정평가방법별 장단점 등을 적절하게 이해하고 적용하여 최종가액 가액을 결정하는 것이 필요하다. 이하 다음 물음에 답하고자 한다.

Ⅱ. 기업가치의 구성요소와 감정평가 시 유의사항(8)

1. 기업가치의 구성요소

1) 유형자산과 무형자산

기업가치를 감정평가할 때 재무상태표의 왼쪽 항목을 기준으로 평가할 수 있으며 이를 자산합계법이라 한다. 이때 유형자산(토지, 건물, 설비)과 무형자산(영업권, 지식재산권)으로 구성된다.

2) 자기자본과 타인자본

기업가치를 감정평가할 때 재무상태표의 오른쪽 항목을 기준으로 평가할 수 있으며 이를 주식부채기법이라 한다. 이때 채권 등의 일정한 이자를 발생시키는 부채와 주식과 같이 기업에 투자된 자본으로 구성된다.

2. 기업가치 감정평가 시 유의사항

1) 전문가적 능력 함양

기업가치를 평가할 때에는 가치평가원칙과 이론에 대한 일정수준의 지식, 자료를 파악·수집·분석할 수 있는 능력, 적절한 가치평가방법론 및 평가방법론을 적용할 수 있는 기술, 가치 결정에 대한 전문적 판단 능력 등을 갖추고 있어야 한다.

2) 객관성 유지

감정평가를 할 때에는 공정한 자세를 유지해야 한다. 타인의 재산권 가치 판정 결과에는 항상 이해관계인이 존재한다. 때문에 불측의 손해가 발생하고 이로 인한 감정평가 결과의 신뢰성 저하 및 수반되는 법적 분쟁 등을 방지하기 위해서는 객관적인 자세를 유지해야 한다. 즉, 편파적이지 않고 이해관계에서 중립적이어야 하며 정당한 주의의무를 가지고 성실하게 업무에 임해야 한다.

3) 정보보호에 유의

가치평가업무 수행과정에서 획득한 정보와 평가결과를 정당한 사유 없이 누설하거나 의뢰받은 목적 이외에 사용하여서는 아니 되며 성공보수 조건의 감정평가업무 수임은 금지되어야 한다.

Ⅲ. 기업가치 감정평가의 이론적 배경과 감정평가방법 등(16)

1. 기업가치 감정평가의 이론적 배경과 감정평가방법

1) 이론적 배경

일반적으로 재화의 가치를 측정하기 위해서는 수익기준, 비용기준, 시장기준 등 세 가지 측면에서 접근할 수 있다. 즉, 미래에 발생할 기대수익으로부터 가치를 측정하는 방법, 투입된 비용으로부터 가치를 측정하는 방법 및 시장에서 거래되는 비교사례로부터 가치를 측정하는 방법 등이다. 따라서 기업의 가치를 측정하는 경우에도 기본적으로 이와 같은 가치의 3면성 측면에서 접근할 수 있다.

2) 수익환원법

감칙 제24조 제3항에서는 기업가치의 주된 평가방법으로 수익환원법을 규정하고 있다. 구체적으로는 대상 기업의 현금흐름을 기준으로 한 단계별 예측기간의 영업가치와 예측기간 후의 영구영업가치를 합산하여 전제 영업가치를 산정한 후 비영업용 자산가치를 더하여 기업가치를 산정하는 할인현금흐름분석법 등이 있다.

3) 원가법

대상 기업의 유・무형의 개별자산의 가치를 합산하여 평가하는 방법이다. 이때 모든 자산은 기준시점에서의 공정가치로 측정되어야 한다. 만약 매각을 전제로 한 감정평가인 경우에는 매각과 관련된 비용이 고려되어야 한다.

4) 거래사례비교법

시장에서 대상 기업과 비슷한 기업들의 주가, 지분거래가격 등으로부터 평가하는 방법이다. 구체적으로 대상기업과 비슷한 상장기업들의 주가를 기초로 산정된 시장배수를 이용하여 대상기업의 가치를 감정평가하는 유사기업이용법 등이 있다.

2. 각 방법 적용 유의사항과 장단점

1) 수익환원법

현금흐름을 추정할 때 예측기간은 5년 이상 충분히 길게 하여야 하며 환원율이나 할인율은 감정평가에 사용되는 이익 또는 현금흐름의 정의와 일관성이 있어야 한다는 점에 유의하여야 한다. 이 방법은 기업의 본질적인 가치를 기업이 향후 창출할 수 있는 미래현금흐름의 현재가치라는 측면에서 기업가치를 감정평가하는 이론적인 장점이 있다. 그러나 기업가치를 결정하는 요소인 미래현금흐름, 자본환원율에 따라 기업가치가 크게 달라질 수 있다는 단점이 있다.

2) 원가법

대상기업이 영업활동을 수행하지 않고 부동산이나 타 회사의 지분을 보유함으로써 이익을 얻는 지주회사이거나 청산을 전제로 한 기업인 경우에 적절한 평가방법이라는 점에 유의하여야 한다. 이 방법은 이해하기 쉽고 평가방법도 상대적으로 간단하다는 장점이 있다. 그러나 기업의 청산을 전제하고 있으며 기업은 자산과 부채 및 수익 등이 유기체로서 살아움직이는 생명체처럼 부단히 변하고 있다는 점을 간과하고 있다는 단점이 있다.

3) 거래사례비교법

비교기준의 역할을 충실히 할 수 있는 비교대상의 선정이 가장 핵심이다. 따라서 유사기업의 선정과정에서 사업 특성상의 정성적・정량적 유사성, 유사기업에 대하여 입수 가능한 자료의 양과 검증 가능성 등에 대하여 유의하여야 한다. 이 방법은 실증적이며 시장관행을 반영할 수도 있으므로 설득력도 높고 비교적 객관적일 수도 있다는 장점이 있다. 그러나 비상장기업이라면 공개시장을 통해 가치가 형성되기 어려울 수 있다는 점, 비교 기업을 선정하는 기준이나 요인비교 항목 설정 등에 따라 기업가치가 달라진다는 단점이 있다.

Ⅳ. 시산가액 조정과 구성요소별 배분방법(8)

1. 시산가액 조정

1) 감칙 제12조 기준 원칙

원칙적으로 감정평가에 의할 경우 감칙 제12조에 따라 주된 방법인 수익환원법(감칙 제23조 제3항)에 따른 가액을 다른 방법에 의한 가액과 비교하여 합리성을 검토하고, 그렇지 못한 경우 조정하여 결정하여야 한다.

2) 가중치 기준

자산별 결정가중치에 대한 구체적인 기준은 없다. 다만, 무형자산의 수익창출 기여도가 높은 경우라면 수익환원법에 높은 비중을 두고 장치산업이나 대규모 유형자산이 투입되는 자본재 기업이거나 부동산 등을 대규모로 보유하는 기업이라면 원가법에 높은 비중을 두는 것이 합리적일 것이다.

2. 구성요소별 배분

1) 공제법

유형자산의 가치를 구하는 것이 상대적으로 용이한 경우 전체 기업가치에서 유형자산가치를 공제하고 나면 무형자산 가치가 된다. 또한 무형자산 가치의 경우 식별 불가능한 영업권과 식별 가능한 지식재산권 등으로 배분할 수 있다.

2) 비율법

대상 기업과 업종, 특성 등이 유사한 유사기업의 전체가치에서 유형・무형자산의 가치가 차지하고 있는 전형적이고 합리적인 배분비율을 적용하여 배분할 수 있다.

Ⅴ. 결(4)

기업가치를 감정평가할 경우 어느 한가지의 감정평가방법에 의존하는 것은 바람직하지 않다. 기업가치를 감정평가할 때 특별한 이유가 없는 한 수익환원법, 원가법, 거래사례비교법의 3가지 방법을 모두 고려하여야 적정한 기업가치를 산출할 수 있다. 따라서 수익환원법을 주된 방법으로 하되, 다른 방법을 병용하고 합리성의 검토 과정이라는 전문가적인 판단을 사용하여야 한다. 최종적으로는 대상기업의 특성을 고려하여 가장 적합하다고 판단되는 하나 또는 둘 이상의 평가방법을 사용하여 적정한 기업가치를 산출하여야 할 것이다.

02 **감정평가사 甲은 乙 주식회사가 소유한 △△동 1번지 소재 업무용 빌딩과 △△동 1-1번지 나지상태의 토지에 대하여 재무보고목적의 감정평가를 진행하려 한다. 다음 물음에 답하시오.** 30점

1) **본건 감정평가의 기준가치는 무엇인지 그 개념에 관해 설명하고, 시장가치 기준원칙과의 관계에 관해 설명하시오.** 10점

2) **甲은 △△동 1번지 소재 업무용 빌딩에 대하여 할인현금흐름분석법(discounted cash flow method)을 적용하려 한다. 이때 적용할 할인율(discount rate)과 최종환원율(terminal capitalization rate)을 설명하고, 업무용 부동산시장의 경기변동과 관련하여 양자의 관계를 설명하시오.** 15점

3) **△△동 1-1번지 토지에 대하여 공시지가기준법을 적용하여 시점수정, 지역요인 및 개별요인의 비교 과정을 거쳐 산정된 가액이 기준가치에 도달하지 못하였다고 가정할 경우 공시지가기준법에 따라 甲이 실무적으로 보정할 수 있는 방법에 관해 설명하시오.** 5점

1 출제위원 채점평

본 문제에서는 기준가치가 공정가치인 경우에 시장가치기준원칙과의 관계, 할인현금흐름분석법 적용 시 경기변동과 관련한 할인율과 최종환원율과의 관계, 공시지가기준법 적용 시 그 밖의 요인 보정 및 다른 방법으로의 합리성의 검토 등에 대하여 물었다.

대부분의 수험생은 관계 법령 및 실무기준, 감정평가이론 등에 기초하여 각각의 용어 정의는 대체로 잘 기술하였으나, 이들을 관계 지어 설명하는 데에는 혼동과 어려움을 겪은 수험생들이 다수 있었다.

문제 1에서는 공정가치와 시장가치의 개념에 대한 숙지가 부족한 듯 양자의 관계에 대한 논리적인 설명보다는 용어 정의에만 치우친 차이 분석이나 단순히 결과적으로는 동일하다는 식의 단편적인 설명이 많아 아쉬웠다. 문제 2에서도 경기변동에 따른 할인율과 최종환원율 변화의 인과관계를 논리적으로 설명하지 못한 수험생들이 많아 아쉬웠다. 문제 3에서는 대부분의 수험생들은 그 밖의 요인 보정 방법에 대해서는 잘 기술한 편이었으나, 일부 수험생들만이 거래사례비교법 등 다른 평가방법과의 합리성 검토를 통한 시산가액 조정까지 설명하였다. 전체적으로 개념에 대한 종합적이고 논리적인 설명보다는 단순 암기사항을 기술하는 데에 그친 수험생들이 많아 대부분의 답안이 대동소이한 점은 크게 아쉬웠다.

2 답안작성 가이드

재무보고목적의 감정평가와 관련된 문제로서 기준가치는 공정가치이나, 주어진 물건이 유형자산으로만 구성되어 있어 시장가치기준원칙과의 관계를 살펴볼 필요가 있다. 특히 관계라고 하여 무조건적으로 양자의 유사점, 차이점으로만 쓸 것이 아님에 유의하여야 한다. 또한 할인율과 최종환원율은 기본적인 감정평가이론의 내용을 적시하고 경기의 변동에 따라 양자가 상대적으로 어떠한 변화를 보이는지 부동산가치의 상승과 하락이라는 관점에서 작성하여야 한다. 마지막으로 평가방법으로서 공시지가기준법을 언급하였는바 시가와의 괴리를 보정하는 절차로서 그 밖의 요인 보정 방법에 대하여 설명하면 된다.

3 목차

Ⅰ. 서(3)

Ⅱ. 본건 감정평가 시 기준가치의 개념과 시장가치 기준원칙과의 관계(8)

1. 공정가치
   1) 개념
   2) 내용
2. 시장가치 기준원칙과의 관계
   1) 시장가치 기준원칙
   2) 시장가치 기준원칙과의 관계
   3) 본건 평가의 경우

Ⅲ. 할인율과 최종환원율 등(12)

1. 할인현금흐름분석법의 개념
2. 할인율과 최종환원율
   1) 할인율
   2) 최종환원율
3. 업무용 부동산시장의 경기변동과 할인율, 최종환원율의 관계
   1) 업무용 부동산시장과 경기변동
   2) 할인율과 최종환원율의 관계
   3) 경기변동에 따른 할인율과 최종환원율의 관계

Ⅳ. 실무적으로 보정할 수 있는 방법(4)

1. 그 밖의 요인 보정의 개념
2. 보정 방법
   1) 대상토지기준 산출방법
   2) 비교표준지기준 산출방법

Ⅴ. 결(3)

4 예시답안

Ⅰ. 서(3)

감칙 상 기준가치는 시장가치이다. 그러나 감정평가 실무기준에서는 재무보고평가 시 공정가치를 기준으로 하도록 규정하고 있다. 따라서 감칙과 감정평가 실무기준 상 두 개념이 혼동을 줄 수 있으므로 양자를 구분할 실익이 있다. 한편, 대상 물건 중 업무용 빌딩은 할인현금흐름분석법을 적용하는데, 이때 적용하는 할인율과 최종환원율의 관계가 중요한바 양자의 관계를 검토할

필요가 있다. 또한 토지는 공시지가기준법을 적용하되 기준가치에 미달하는 공시지가를 보정하기 위해 그 밖의 요인 보정이 중요하다. 이하 다음 물음에 답하고자 한다.

Ⅱ. 본건 감정평가 시 기준가치의 개념과 시장가치 기준원칙과의 관계(8)

1. 공정가치

1) 개념

공정가치란 합리적인 판단력과 거래의사가 있는 독립된 당사자 사이의 거래에서 자산이 교환되거나 부채가 결제될 수 있는 금액으로서 감정평가 실무기준은 재무보고평가의 기준가치로 공정가치를 규정하고 있다.

2) 내용

공정가치는 자산의 교환을 하고자 하는 특정한 양 당사자 간에 합리적으로 합의하여 결정된 가격을 말한다. 따라서 합의된 가격은 일반적인 시장에서 보다는 관련 당사자가 보유한 권리에 대한 특정 이익(혹은 손실)을 반영한 결과가 된다. 회계기준에서 사용하는 공정가치 개념은 일반적으로 감정평가분야에서 사용하는 시장가치와 유사한 개념이지만 시장가치보다 광범위한 개념이다.

2. 시장가치 기준원칙과의 관계

1) 시장가치 기준원칙

감칙에서는 대상 물건에 대한 감정평가액은 시장가치를 기준으로 결정하도록 규정하고 있다. 여기서 시장가치는 대상 물건이 통상적인 시장에서 충분한 기간 동안 공개된 후 대상 물건의 내용에 정통한 당사자 사이에 신중하고 자발적인 거래가 있을 경우 성립될 가능성이 가장 높다고 인정되는 대상 물건의 가액을 말한다(감칙 제5조 제1항).

2) 시장가치 기준원칙과의 관계

예외로서 ① 다른 법령에 규정이 있거나 ② 의뢰인의 요청이 있거나 ③ 평가목적 또는 대상 물건의 특성에 비추어 사회통념상 필요하다고 인정되는 경우 시장가치 외의 가치를 기준으로 평가할 수 있다. 재무보고평가는 외감법 제5조 제3항에 따라 다른 법령의 규정에 근거하여 시장가치 외의 가치인 공정가치로 평가할 수 있다고 판단되는바 양자는 원칙과 예외의 관계에 있다.

3) 본건 평가의 경우

본건 감정평가의 대상은 토지와 건물로서 유형자산에 해당하며 자산재평가 시 유형자산의 공정가치는 일반적으로 감정평가에 의한 시장가치이므로 이 경우에는 공정가치와 시장가치가 거의 유사할 수 있다.

Ⅲ. 할인율과 최종환원율 등(12)

1. 할인현금흐름분석법의 개념

할인현금흐름분석법이란 대상 물건이 산출할 것으로 기대되는 미래의 현금흐름을 할인하여 대상 물건의 가액을 산정하는 감정평가방법을 말한다. 할인현금흐름분석법 적용 시 순수익은 운영수익과 매각수익으로 나눌 수 있으며 매기의 운영수익 또는 매각수익을 적정한 할인율로 할인하여 현재가치를 산정한다.

2. 할인율과 최종환원율

1) 할인율

할인율은 미래 여러 기간의 현금흐름을 현재가치로 환산하여 현재 부동산의 가치를 구하는 데 사용되는 율을 말한다. 그리고 이러한 할인율은 감정평가 실무기준에 따라 투자자조사법, 투자결합법, 시장에서 발표되는 방법을 통해 산정할 수 있나.

2) 최종환원율

최종환원율이란 기말복귀가액을 산정하는 데 사용하는 율인데 기출환원율이라고도 한다. 이때 기말복귀가액은 보유기간 경과 후 초년도의 순수익을 최종환원율로 환원한 재매도가치에서 매도비용을 공제하여 산정한다. 최종환원율은 보유기간 중의 순수익에 적용되는 통상적인 환원율에 비해 높게 형성되는데 환원율에 장기위험프리미엄, 성장률, 소비자물가상승률을 고려하여 산정한다.

3. 업무용 부동산시장의 경기변동과 할인율, 최종환원율의 관계

1) 업무용 부동산시장과 경기변동

업무의 효율성이 중요시되는 업무용 부동산시장은 산업경기와 밀접한 관련을 갖고 있다. 따라서 금리, 환율 등과 같은 일반 금융지표뿐만 아니라 소비, 투자, 고용 등과 같은 일반 산업지표의 변동에 영향을 받는다. 부동산 경기변동이란 부동산도 경제재의 하나로서 일반 경기변동과 마찬가지로 일정기간을 주기로 하여 호황과 불황을 반복하면서 변화하는 것으로 업무용 부동산시장의 경기변동은 일반경기와 동행하는 경향이 있다.

2) 할인율과 최종환원율의 관계

최종환원율은 환원율로서 장래 수익에 영향을 미치는 요인의 변동에 따른 수익예측과 예측에 수반되는 불확실성을 포함한다. 그러나 할인율은 환원율에 포함되는 변동예측 및 예측의 불확실성 중 수익예상에서 고려된 연속하는 복수기간에 발생하는 순수익과 복귀가액의 변동예측에 관계된 것은 제외된다. 또한 환원율은 할인율에 자본회수율 또는 (−)부동산가치증가율을 합한 것과 같다.

3) 경기변동에 따른 할인율과 최종환원율의 관계

할인율과 (최종)환원율의 관계는 보유기간 동안의 대상 부동산 가치변동에 따라 달라진다. 즉, 업무용 부동산시장의 경기가 활성화될 경우 업무용 부동산에 대한 수요가 증가하여 부동산가격이 상승하는바 최종환원율 < 할인율이 될 것이며, 업무용 부동산시장의 경기가 위축될 경우 부동산가격이 하락하여 최종환원율 > 할인율이 될 것이다.

Ⅳ. 실무적으로 보정할 수 있는 방법(4)

1. 그 밖의 요인 보정의 개념

그 밖의 요인 보정은 토지를 평가함에 있어 지가변동률, 생산자물가상승률, 지역요인 및 개별요인 이외에 지가변동에 영향을 미치는 요인이 있을 때 보정하는 것을 말한다.

2. 보정 방법

1) 대상토지기준 산출방법

대상토지기준 산출방법은 대상 토지를 기준으로 보상선례와 비교표준지를 각각 보정한 후 보정치를 추계하는 방법으로서 보상선례 등과 대상 토지를 비교할 수 있는 자료가 있는 경우에 사용할 수 있다.

2) 비교표준지기준 산출방법

비교표준지기준 산출방법은 보상선례와 비교표준지를 직접 비교하여 보정치를 추계하는 방법으로서 보상선례 등과 보상선례 등의 토지를 표준지공시지가로 평가할 수 있는 자료가 있을 경우에 사용할 수 있다.

Ⅴ. 결(3)

감정평가 시 시장가치가 원칙적인 기준가치이나 재무보고평가 시에는 공정가치를 기준가치로 한다. 이러한 공정가치는 시장가치와 유사한 개념이나 시장가치보다 광범위한 개념임에 유의하여야 한다. 또한 업무용 부동산 평가 시 할인현금흐름분석법을 적용할 경우 할인율, 최종환원율의 관계가 중요하다. 특히 할인율과 최종환원율은 경기변동과 역의 관계에 있음에 유의하여야 하며 재매도가격의 변동에 따라 양자의 관계가 달라질 수 있다. 마지막으로 토지 평가 시 공시지가기준법을 적용할 경우 그 밖의 요인 보정 절차를 통하여 기준가치에 미달하는 부분을 실무적으로 보정할 수 있다.

03

사회가 발전하면서 부동산의 가치가 주위의 여러 요인에 따라 변동하게 되었는바, 소음 · 환경오염 등으로 인한 토지 등의 가치하락분에 대한 감정평가와 관련하여 다음 물음에 답하시오. 20점

1) 가치하락분 산정의 일반적인 원리와 가치하락분의 제외요인 및 포함요인에 관해 설명하고, 부동산가격 제 원칙과의 연관성에 관해 논하시오. 15점

2) 스티그마(STIGMA) 효과의 개념 및 특징에 관해 설명하시오. 5점

1 출제위원 채점평

본 문제에서는 소음 등으로 인한 토지 등의 가치하락분과 관련한 내용과 스티그마 효과에 대하여 물었다. 최근 큰 이슈가 되고 있는 분야인 만큼 대부분의 수험생들은 그 내용들을 빠짐없이 잘 기술한 편이었다.

다만, 본 문제의 내용이 감정평가실무기준 해설서나 수험서적 등에서 다루고 있는 내용이었던 만큼, 대부분의 수험생들은 암기한 내용을 기억해 내어 쓰고자 하는 노력이 강했던 것으로 여겨진다. 상대적으로 좋은 점수를 얻기 위해서는 논리적이고 차별화된 답안의 구성이 필요할 것으로 보인다.

2 답안작성 가이드

본 문제는 감정평가 실무기준해설서의 소음 등으로 인한 토지 등의 가치하락분에 대한 감정평가를 정리하였다면 고득점을 할 수 있다. 따라서 감정평가 실무기준해설서의 내용을 바탕으로 작성하면 될 것이다.

3 목차

Ⅰ. 서(2)

Ⅱ. 가치하락분 산정의 일반적인 원리 등(12)

1. 가치하락분 산정의 일반적인 원리
2. 가치하락분의 제외요인 및 포함요인
3. 부동산가격 제 원칙과의 연관성
   1) 부동산가격 제 원칙의 개념
   2) 토대가 되는 원칙과 연관성
   3) 내부측면의 원칙과 연관성
   4) 외부측면의 원칙과 연관성

Ⅲ. 스티그마효과의 개념 및 특징(4)

1. 스티그마효과의 개념
   1) 개념
   2) 내용
2. 스티그마효과의 특징

Ⅳ. 결(2)

4 예시 답안

Ⅰ. 서(2)

산업화와 더불어 환경권의 신장은 관련된 분쟁을 증가시켰으며 이는 침해받는 권리를 경제적 가치로 산출하는 감정평가 수요로 이어졌다. 이에 감칙에서 소음 등으로 인한 대상물건의 가치하락분에 대한 평가를 규정하고 감정평가 실무기준에서는 이를 보다 구체화하였는바 물음에 답하고자 한다.

Ⅱ. 가치하락분 산정의 일반적인 원리 등(12)

1. 가치하락분 산정의 일반적인 원리

가치하락분은 결국 소음 등이 발생하기 이전과 이후의 차이를 의미하므로 소음 등이 발생하기 전 대상 물건의 가치에서 소음 등이 발생한 후 대상 물건의 가치를 차감하여 산정한다. 즉,

소음 등으로 인한 토지 등의 가치하락분 = 소음 등이 발생하기 전 대상 물건의 가치 − 소음 등이 발생한 후 대상 물건의 가치를 말한다.

2. 가치하락분의 제외요인 및 포함요인

가치하락분은 객관적인 가치하락분을 대상으로 한다. 즉, 관련 법령 등에 따른 허용사항 및 원상회복에 소요되는 비용과 스티그마 효과가 해당된다. 다만, 일시적이거나 정신적인 피해 등 주관적인 가치하락은 가치하락분에 포함되지 않는다. 그러나 소음 등으로 인하여 가축이나 생명체에 발생한 피해는 가치하락분에 포함할 수 있다.

3. 부동산가격 제 원칙과의 연관성

1) 부동산가격 제 원칙의 개념

부동산가격 제 원칙이란 부동산의 가격이 어떻게 형성되고 유지되는가에 관한 법칙성을 추출하여 부동산평가활동의 지침으로 삼으려는 하나의 행위기준이다.

2) 토대가 되는 원칙과 연관성

소음·환경오염 등으로 인한 토지 등은 본래의 기능을 회복하기까지 불확실한 요소가 많다. 또한 예측을 하더라도 실제와 벗어날 가능성도 높다. 따라서 예측의 원칙과 변동의 원칙 측면에서 장래 이용에 대한 예측과 변화를 고려하여야 한다.

3) 내부측면의 원칙과 연관성

소음·환경오염 등으로 인한 토지 등은 내부요소 간 적절한 균형이 유지되기 어렵고 오염된 부분의 기여도가 떨어진다. 따라서 균형의 원칙, 기여의 원칙 등 측면에서 불균형성과 낮은 기여도를 고려하여야 한다.

4) 외부측면의 원칙과 연관성

소음·환경오염 등으로 인한 토지 등은 인근 토지에 비하여 효용이 떨어진다. 따라서 수요와 공급의 원칙, 대체의 원칙, 경쟁의 원칙 등 측면에서 낮은 수요와 대체성, 경쟁성을 고려하여야 한다.

Ⅲ. 스티그마효과의 개념 및 특징(4)

1. 스티그마효과의 개념

1) 개념

일반적으로 스티그마는 환경오염의 영향을 받는 부동산에 대해 일반인들이 갖는 무형의 또는 양을 잴 수 없는 불리한 인식을 말한다. 즉, 스티그마는 환경오염으로 인해 증가되는 위험을 시장참여자들이 인식함으로 인하여 부동산의 가치가 하락하게 되는 부정적인 효과를 의미한다.

2) 내용

스티그마는 무형적이고 심리적 측면이 강하며 언제 나타날지 모르는 건강상의 부가적인 위험요소에 대한 대중의 염려, 공포에서부터 현재로서는 기술적 한계 등으로 인하여 알려지지 않은 오염피해에 대한 우려까지 부동산의 가치에 영향을 주는 모든 무형의 요인들을 포함한다.

2. 스티그마효과의 특징

스티그마를 정성적으로 간주하여 감가의 정도를 검토한 연구결과에 따르면 스티그마는 다음과 같은 특징이 있다. 첫째, 오염 정화 전의 스티그마 감가는 정화 후의 스티그마보다 크다. 둘째, 주거, 상업, 공업용지의 스티그마 감가는 주거용지에서 가장 크고, 공업용지에서 가장 작다. 셋째, 스티그마 감가는 오염원으로부터 멀어짐에 따라 감소한다. 넷째, 오염 정화 후 남게 되는 스티그마는 시간이 경과함에 따라 감소하고 소멸한다.

Ⅳ. 결(2)

감정평가 시 소음 등으로 인한 가치하락분에 관련된 자료는 소음 등으로 인하여 가치가 하락된 대상 물건이 무엇인지에 따라 수집한다. 이때 가치하락분을 산정해야 하므로 소음 등이 발생하기 전후의 자료를 모두 수집하여 준비할 필요가 있다. 특히 스티그마효과를 측정하기 위하여 HPM이나 CVM에 대한 연구가 지속되어야 한다.

---

04 **한국은행 기준금리가 지속적으로 인하되었다. 금리인하가 부동산시장에 미치는 영향에 관해 설명하시오.** 10점

---

1 출제위원 채점평

금리인하가 부동산에 미치는 영향을 설명하는 문제는, 금리인하가 환원율의 변화를 통해 부동산가치에 미치는 영향 등과 함께 부동산의 수요와 공급에 미치는 영향 등을 보다 논리적으로 접근하는 것이 필요한데 논리적 접근에 다소 무리가 있는 경우가 있었다.

---

2 답안작성 가이드

기준금리, 가치형성요인(경제적 요인), 부동산시장 등 순으로 가치형성요인인 기준금리의 인하가 부동산시장에 미치는 영향을 부동산시장의 분류에 따라 설명한다. 다만, 이하 답안에서는 4사분면 모형을 활용하여 작성하였다.

---

3 목차

Ⅰ. 개설(1)

Ⅱ. 금리인하가 부동산시장에 미치는 영향(9)

1. 금리인하와 부동산시장의 개념
2. 금리인하가 부동산시장에 미치는 영향
   1) 4사분면 모형의 개념

2) 자산시장에 미치는 영향

3) 공간시장에 미치는 영향

---

4 예시 답안

Ⅰ. 개설(1)

가치발생요인에 의해 발생한 부동산가치는 가치형성요인의 영향을 받아 부단히 변동한다. 금리는 가치형성요인 중 경제적 요인으로서 이의 변화는 부동산시장의 수요・공급, 부동산가격의 변화를 야기하는바 이에 대한 분석이 중요하다.

Ⅱ. 금리인하가 부동산시장에 미치는 영향(9)

1. 금리인하와 부동산시장의 개념

금리는 자본이나 자금의 원본에 대한 이자의 비율을 의미한다. 그리고 이러한 금리인하는 자본에 대한 수요가 감소하거나 공급이 증가함을 의미한다. 한편 부동산시장은 부동산의 교환 및 가격 결정이 이루어지는 공간을 말한다.

2. 금리인하가 부동산시장에 미치는 영향

1) 4사분면 모형의 개념

4사분면 모형은 부동산시장을 자산시장과 공간시장으로 구분하고 이를 다시 단기시장과 장기시장으로 나누어 전체 부동산시장의 작동을 설명하는 모형이다. 이 모형은 임대료, 자산가격, 신규건설, 공간재고 등의 4개 변수가 내생적으로 어떻게 결정되는지를 보여주는데 기하학적으로 4사분면 그래프를 통해 쉽게 설명할 수 있다.

2) 자산시장에 미치는 영향

금리인하는 자본환원율의 하락을 가져오는데 이는 2사분면의 그래프에서 기울기가 시계반대방향으로 회전하는 것으로 나타난다. 이 경우 주어진 임대료에서 자산가격은 높아진다. 이렇게 자산가격이 상승하면 신규 공급량이 증가하게 된다.

3) 공간시장에 미치는 영향

신규 공급량이 증가하면 균형 공간 재고가 증가하면서 임대료는 하락하게 된다. 따라서 새로운 균형을 최초 균형과 비교해보면 임대료는 낮아지고 자산가격, 신규공급량, 공간재고는 모두 높은 수준으로 결정됨을 알 수 있다.

2015년 제26회 기출문제

01 A법인은 토지 200㎡ 및 위 지상에 건축된 연면적 100㎡ 1층 업무용 건물(집합건물이 아님)을 소유하고 있다. 건물은 101호 및 102호로 구획되어 있으며, 101호는 A 법인이 사무실로 사용하고 있고 102호는 B에게 임대하고 있다. 다음 물음에 답하시오. 40점

1) A법인이 소유한 위 부동산(토지 및 건물)을 감정평가할 경우 감정평가규칙에 따른 원칙적인 감정평가방법 및 근거, 해당 방법의 적정성을 논하시오. 15점

2) 임차인 C가 101호를 전세로 임차하기로 하였다. C는 전세금액 및 전세권 설정에 참고하기 위하여 101호 건물 50㎡만을 감정평가 의뢰하였다. 본건 평가의 타당성에 관해 설명하시오. 10점

3) A법인은 토지에 저당권을 설정한 이후 건물을 신축하였으나 건물에 대해서는 저당권을 설정하지 않았다. A법인이 이자지급을 연체하자 저당권자가 본건 토지의 임의경매를 신청하였다. 이 경우 토지의 감정평가 방법에 관해 설명하시오. 5점

4) 해당 토지의 용적률은 50%이나 주변 토지의 용적률은 100%이다. A법인이 용적률 100%를 조건으로 하는 감정평가를 의뢰하였다. 조건부평가에 관해 설명하고 본건의 평가 가능 여부를 검토하시오. 10점

02 감정평가목적에 따라 감정평가금액의 격차가 큰 경우가 있다. 다음 물음에 답하시오. 30점

1) 보상평가, 경매평가, 담보평가의 목적별 평가방법을 약술하고, 동일한 물건이 감정평가목적에 따라 감정평가금액의 격차가 큰 사례 5가지를 제시하고 그 이유를 설명하시오. 20점

2) 주거용 건물을 신축하기 위해 건축허가를 득하여 도로를 개설하고 입목을 벌채 중인 임야를 평가하고자 한다. 개발 중인 토지의 평가방식에는 공제방식과 가산방식이 있다. 공제방식은 개발 후 대지가격에서 개발에 소요되는 제반비용을 공제하는 방식이고, 가산방식은 소지가격에 개발에 소요되는 비용을 가산하여 평가하는 방식이다. 두 가지 방식에 따른 감정평가금액의 격차가 클 경우 보상평가, 경매평가, 담보평가에서 각각 어떻게 평가하는 것이 더 적절한지 설명하시오. 10점

03 토지가 국공유화되어 있는 국가에서 토지의 장기사용권이 거래되는 경우, 토지의 장기사용권 가치 산정방법을 감정평가 3방식을 이용해 설명하시오. 20점

04 부동산 보유세율의 상승이 부동산시장에 미치는 영향을 설명하시오. 10점

해설 및 예시 답안

01 A법인은 토지 200㎡ 및 위 지상에 건축된 연면적 100㎡ 1층 업무용 건물(집합건물이 아님)을 소유하고 있다. 건물은 101호 및 102호로 구획되어 있으며, 101호는 A법인이 사무실로 사용하고 있고 102호는 B에게 임대하고 있다. 다음 물음에 답하시오. 40점

1) A법인이 소유한 위 부동산(토지 및 건물)을 감정평가할 경우 감정평가규칙에 따른 원칙적인 감정평가방법 및 근거, 해당 방법의 적정성을 논하시오. 15점

2) 임차인 C가 101호를 전세로 임차하기로 하였다. C는 전세금액 및 전세권 설정에 참고하기 위하여 101호 건물 50㎡만을 감정평가 의뢰하였다. 본건 평가의 타당성에 관해 설명하시오. 10점

3) A법인은 토지에 저당권을 설정한 이후 건물을 신축하였으나 건물에 대해서는 저당권을 설정하지 않았다. A법인이 이자지급을 연체하자 저당권자가 본건 토지의 임의경매를 신청하였다. 이 경우 토지의 감정평가방법에 관해 설명하시오. 5점

4) 해당 토지의 용적률은 50%이나 주변 토지의 용적률은 100%이다. A법인이 용적률 100%를 조건으로 하는 감정평가를 의뢰하였다. 조건부평가에 관해 설명하고 본건의 평가 가능 여부를 검토하시오. 10점

1 출제위원 채점평

본 문제는 토지와 건물을 별개의 부동산으로 취급하고 있는 우리나라의 법제도하에서 토지와 건물로 구성된 부동산의 평가와 관련된 기본적인 문제들을 묻고 있다. 우선 집합건물이 아닌 토지 및 건물로 구성된 부동산의 평가와 관련하여 감정평가에 관한 규칙에서 규정하고 있는 원칙적인 평가방법, 근거 및 그 정당성에 대해서 묻고 있다. 원칙적인 평가방법에 대해서는 대다수 수험생들이 제대로 썼지만, 그 근거 및 정당성에 대해서는 제대로 논하지 않은 수험생들이 많았다. 전세금 설정을 위한 부분평가에 대해서도 부분평가개념을 제시하지 못한 수험생들이 많았고, 특정 감정방법을 채택할 경우 발생할 수 있는 문제에 대해서 검토하지 못하는 수험생들이 많았다. 토지에 대한 조건부평가 및 해당 사항의 판단과 관련하여 조건부평가에 대한 이론적 내용은 대다수 수험생들이 기술하였다. 그러나 해당 사안을 구체적으로 판단하는 것과 관련해서는 제대로 판단하지 못한 경우가 많았다. 결과적으로 보았을 때 수험생들이 교과서나 수험서의 내용을 그대로 외워 적는 것에는 익숙하지만 해당 제도의 목적이나 취지에 대한 깊은 이해는 부족하다고 판단된다.

2 답안작성 가이드

본 사례형 문제는 현재 주어진 대상 물건(복합부동산)의 물적, 법적 상태 등에 대하여 제시하고 대상 물건에 대한 다양한 상황별 감정평가(개별평가, 부분평가, 조건부평가)와 관련된 물음에 충실하게 답하여야 한다. 따라서 대상 물건의 개요를 작성하여 개별적인 물음들에 답하면 될 것이며 특히 감칙 및 감정평가 실무기준 상의 감정평가 원칙과 예외들을 고려하여 설명하면 된다.

3 목차

Ⅰ. 서(4)

Ⅱ. 원칙적인 감정평가방법 및 근거, 해당 방법의 적정성(12)

1. 감칙에 따른 원칙적인 감정평가방법 및 근거
   1) 감칙 제7조 및 감정평가 실무기준
   2) 토지의 감정평가
   3) 건물의 감정평가
2. 해당 방법의 적정성
   1) 제도적 측면
   2) 토지와 건물의 속성 측면
   3) 일괄평가의 적용 가능성 측면

Ⅲ. 본건 평가의 타당성(8)

1. 감칙 제7조와 관련 규정의 취지
2. 부분평가
   1) 개념
   2) 사례
3. 일부 전세권 설정에 따른 부분평가의 타당성

Ⅳ. 토지의 감정평가방법(4)

1. 제시 외 건물 등의 개념
2. 제시 외 건물 등이 있는 토지의 감정평가방법

Ⅴ. 조건부평가와 본건 평가 가능 여부(8)

1. 조건부평가
   1) 개념 및 취지
   2) 주요 효과
2. 본건 평가 가능 여부
   1) 조건의 부가요건
   2) 부가요건 해당 시 검토사항
   3) 본건 평가 가능 여부

Ⅵ. 결(4)

4 예시 답안

Ⅰ. 서(4)

감정평가의 분류는 제도상 분류, 평가목적에 따른 분류, 업무기술상의 분류 등으로 나누어진다. 이렇게 감정평가를 체계적으로 분류하는 이유는 이론구성과 제도 발전에 대한 지침 제공, 감정평가활동의 능률화를 통한 감정평가의 신뢰성 향상 및 대상 부동산의 확정 때문이다. 특히 감칙에서는 감정평가의 원칙과 예외로서 시장가치기준 원칙, 현황기준 원칙 등 이론과 실무에서 확립된 원칙을 명확히 규정하고 있다. 또한 예외의 경우 합리성, 적법성 등을 검토하고 감정평가서에 반드시 기재하도록 하였다. 본건의 경우는 이러한 감정평가의 원칙과 예외에 관련된 물음으로서 이하 답하고자 한다.

Ⅱ. 원칙적인 감정평가방법 및 근거, 해당 방법의 적정성(12)

1. 감칙에 따른 원칙적인 감정평가방법 및 근거

1) 감칙 제7조 및 감정평가실무기준

감칙 제7조 제1항에서는 감정평가는 대상 물건마다 개별로 하여야 한다고 규정하고 있다. 또한 감정평가 실무기준에서도 복합부동산의 감정평가 시 이를 따르도록 규정하고 있다. 여기서 복합부동산이란 토지와 건물이 결합되어 있는 부동산을 뜻한다.

2) 토지의 감정평가

토지의 감정평가는 감칙 제14조 제1항에서 표준지공시지가를 기준으로 토지를 감정평가하도록 규정하고 있다. 또한 제3항에서 적정한 실거래가를 기준으로 한 거래사례비교법의 적용도 가능함을 규정하고 있다.

3) 건물의 감정평가

건물의 감정평가는 감칙 제15조에서 원가법을 적용하여 건물을 감정평가하도록 규정하고 있다. 다만, 원가법을 적용하는 것이 곤란하거나 부적절한 경우에는 다른 감정평가방법을 적용할 수 있다.

2. 해당 방법의 적정성

1) 제도적 측면

우리나라 민법 제99조 제1항에서는 '토지 및 그 정착물은 부동산이다'라고 하여 토지와 건물을 개별 부동산으로 간주하고 있다. 따라서 제도적으로 토지와 건물은 분리되어 존재하는 부동산이기 때문에 특별한 경우가 아닌 이상 개별평가하는 것이 적정하다.

2) 토지와 건물의 속성 측면

토지는 영속적이고 위치가 고정되어 있고 각 물건마다 개별성이 있다. 또한 원칙적으로 부증성이 있어 생산비법칙이 적용되지 않는다. 반면, 건물은 토지와 달리 동일한 물건의 생산이 가능하고 생산비법칙이 적용된다. 따라서 양자의 속성을 반영하여 개별평가하는 것이 적정하다.

3) 일괄평가의 적용 가능성 측면

일괄평가를 하기 위해서는 둘 이상의 물건이 일체로 거래되거나 용도상 불가분의 관계에 있어야 한다. 본건과 같은 복합부동산은 실제 부동산시장에서 일체로 거래되는 관행이 있고 전체 중 일부를 임대하여 수익이 발생하고 있으므로 일괄평가의 타당성도 있다. 따라서 개별평가를 원칙적으로 적용하고 일괄평가로 합리성을 검토할 수 있을 것이다.

Ⅲ. 본건 평가의 타당성(8)

1. 감칙 제7조와 관련 규정의 취지

대상 물건은 개별로 감정평가하는 것을 원칙으로 규정하고 있다. 다만, 개별평가하는 것이 불합리하거나 특수한 목적 또는 합리적인 이유가 있는 경우에는 개별평가 이외에 일괄평가, 구분평가 및 부분평가할 수 있도록 명시하고 있다. 이는 감칙 제7조의 개별물건기준 원칙 등에 규정된 내용을 명확하게 표현하여 감정평가의 공정성과 객관성을 확보하는 데 그 취지가 있다.

2. 부분평가

1) 개념

부분평가는 본래 대상 물건의 일부만을 감정평가하는 것을 말한다. 부분평가를 하지 않는 것이 원칙이지만 특수한 목적 또는 합리적 이유가 있어 부분평가의 필요성이 인정되는 경우 대상 물건의 일부만을 감정평가할 수 있다.

2) 사례

토지의 일부 편입 시 감가요인이 발생하나 전체 토지가격을 적용하여 편입부분의 가격 평가, 잔여지의 매수 또는 수용평가, 지상건물이 있는 상태에서 토지만의 평가에 적용된다.

3. 일부 전세권설정에 따른 부분평가의 타당성

전세권은 건물 일부를 목적으로도 설정이 가능하고 해당 부분에 대한 우선변제권도 가진다. 그러나 다가구주택의 경우 해당 부분을 구분등기 후 경매신청을 할 수 있으며 건물 전체를 경매에 붙일 수 없다. 한편 구분등기가 불가하면 전세금반환청구 소송을 제기하여 판결문을 받은 뒤 건물 전체에 대한 강제경매를 신청하여야 한다. 따라서 구분등기가 가능하다면 건물의 일부에 대한 경매신청도 진행할 수 있기 때문에 건물의 일부에 대한 부분평가는 타당하다.

Ⅳ. 토지의 감정평가방법(4)

1. 제시 외 건물 등의 개념

은행이 임의경매를 진행하는 대상은 목록상 토지이므로 지상의 건물은 제시 외 건물에 해당한다. 제시 외 건물이란 종물과 부합물을 제외하고 의뢰인이 제시하지 않은 지상 정착물을 뜻한다. 제시 외 건물 등이란 토지만 의뢰되었을 경우 그 지상건물, 구축물 등을 의미하고 토지와 건물이 함께 의뢰되었을 경우에는 대상 물건의 종물이나 부합물이 아닌 것으로서 독립성이 강한 물건을 말한다.

2. 제시 외 건물 등이 있는 토지의 감정평가방법

의뢰인이 제시하지 않은 지상 정착물이 있는 토지의 경우에는 소유자의 동일성 여부에 관계없이 지상 정착물과 소유자가 다른 토지 기준을 준용하여 감정평가한다. 즉, 제시 외 건물의 소재로 인하여 토지이용에 제한을 받는 점을 고려하여 평가한다. 다만, 경매평가 시에는 토지상에 제시 외 건물이 없는 상태로의 가격을 감정평가하며 제시 외 건물이 경매 대상에서 제외되어 그 대지가 소유권 행사에 제한을 받는 경우 그 가액도 감정평가하여야 한다.

Ⅴ. 조건부평가와 본건 평가 가능 여부(8)

1. 조건부평가

1) 개념 및 취지

감칙 제6조에 의하여 현황평가가 원칙이나 기준시점의 가치형성요인 등을 실제와 다르게 가정하거나 특수한 경우로 한정하는 조건을 붙여 감정평가할 수 있다. 이는 감정평가의 업무영역을 확대할 수 있다는 데 규정의 취지가 있다.

2) 주요 효과

감정평가조건이 활용된다면 현실 수요에 대응하고 불확실한 상황에 대한 내용을 알려 의사결정에 도움을 줄 수 있을 것이다. 또한 감정평가조건이 명확하게 기재된 감정평가결과는 추후 분쟁에서도 책임소재를 분명히 하는 효과가 있다.

2. 본건 평가 가능 여부

1) 조건의 부가요건

① 토지보상법 제70조에서 개발이익배제 등을 목적으로 하는 평가와 같이 법령에 규정하고 있는 경우, ② 택지조성 및 수면매립의 전제 등과 같이 의뢰인이 요청하는 경우, ③ 감정평가목적과 관련하여 국공유지 처분 평가의 경우에 인접 토지소유자 등에게 매각할 때 용도폐지를 전제로 하는 경우가 있다.

2) 부가요건 해당 시 검토사항

조건부가 시 사회적 타당성이 요청되며 조건자체가 타당성이 인정되어도 현실적인 자료의 수집 등이 곤란해서는 안 된다. 특히 합리성과 적법성을 갖추어야 하며 공・사법을 불문하고 법률상 내용에 위배되지 않고 아울러 사회통념상 합리성을 갖추어야 한다. 또한 사회적, 경제적, 물리적 관점에서 실현가능성이 검토되어야 한다.

3) 본건 평가 가능 여부

용적률 100%로 상향하여 증축하는 경우에 들어가는 비용보다 가치 증가분이 커서 합리성이 인정되는 경우 그리고 국토계획법상, 시도조례상 정해진 용적률 범위 내이거나 용적률이 100%로 완화될 것이 확실한 경우 적법성・실현가능성이 인정되어 조건부감정평가가 가능할 수 있다.

Ⅵ. 결(4)

감칙 제6조, 제7조에서는 원칙과 예외로서 현황평가와 조건부평가, 개별평가와 일괄・구분・부분평가를 규정하여 다양한 사회적 평가수요에 탄력적으로 대응할 수 있도록 하고 있다. 이에 따라 위 A법인이 소유한 부동산과 같이 복합부동산임에도 불구하고 개별평가대상인지 일괄평가대상인지 판단이 필요한 경우도 있다. 또한 전체 부동산 중 일부만의 평가나 용적률의 상향을 전제한 조건부평가 의뢰 시 종합적인 검토를 통하여 감정평가활동의 정확성을 기할 수 있을 것이다.

02 **감정평가목적에 따라 감정평가금액의 격차가 큰 경우가 있다. 다음 물음에 답하시오.** 30점

1) **보상평가, 경매평가, 담보평가의 목적별 평가방법을 약술하고, 동일한 물건이 감정평가목적에 따라 감정평가금액의 격차가 큰 사례 5가지를 제시하고 그 이유를 설명하시오.** 20점

2) **주거용 건물을 신축하기 위해 건축허가를 득하여 도로를 개설하고 입목을 벌채 중인 임야를 평가하고자 한다. 개발 중인 토지의 평가방식에는 공제방식과 가산방식이 있다. 공제방식은 개발 후 대지가격에서 개발에 소요되는 제반비용을 공제하는 방식이고, 가산방식은 소지가격에 개발에 소요되는 비용을 가산하여 평가하는 방식이다. 두 가지 방식에 따른 감정평가금액의 격차가 클 경우 보상평가, 경매평가, 담보평가에서 각각 어떻게 평가하는 것이 더 적절한지 설명하시오.** 10점

1 출제위원 채점평

감정평가목적에 따라 감정평가 대상에 대해 고려해야 할 것과 가격 격차가 클 경우의 평가방법에 대해 물었다. 대다수의 수험생들이 보상평가, 경매평가, 담보평가의 내용을 잘 숙지하고 이를 잘 기술하였으나 일부는 단순한 암기 항목을 나열하거나, 동일한 대상에 대한 감정평가금액의 격차와 감정평가목적에 따라 그 대상 자체가 달라지는 것에 대해 혼동하는 경우도 다수 있었다.

2 답안작성 가이드

본 문제는 감정평가목적에 따라 감정평가금액의 격차가 크게 날 수도 있음을 전제로 하고 있다. 따라서 문제에서 요구하는 바에 따라 보상, 경매, 담보 목적에 따라 감정평가금액의 차이가 크게 날 수 있는 사례와 그 이유를 제시하고 주어진 상황에 적절한 평가방식을 각 평가목적이 갖는 특성 등을 고려하여 설명하면 된다.

3 목차

Ⅰ. 서(3)

Ⅱ. 목적별 평가방법, 감정평가목적에 따라 감정평가금액의 격차가 큰 사례 5가지와 그 이유(16)

1. 감정평가목적별 평가방법
   1) 감정평가목적
   2) 보상평가방법
   3) 경매평가방법
   4) 담보평가방법

2. 감정평가금액의 격차가 큰 사례
   1) 현황도로
   2) 제시 외 건물
   3) 대상 토지 중 타인 점유부분

4) 도시계획시설에 저촉된 토지

5) 기계

Ⅲ. 어떻게 평가하는 것이 더 적절한지(8)

1. 개설

2. 보상평가

3. 경매평가

4. 담보평가

Ⅳ. 결(3)

---

4 예시 답안

Ⅰ. 서(3)

감정평가실무기준에서는 물건별 평가기준과 별도로 감정평가 목적에 따른 구체적인 기준을 제시함으로써 감정평가의 전문성을 제고하였다. 특히 가치의 다원화 개념에 따라 부동산가격은 하나만 존재하는 것이 아니라 평가목적, 대상 물건의 특성 등에 따라 다양한 가격이 존재함을 설명해준다. 이하에서 보상, 경매, 담보평가방법과 목적에 따른 감정평가액의 격차가 큰 사례를 제시하고, 개발 중인 토지의 평가방식 중 보상, 경매, 담보평가별로 어떠한 방식이 더 적절한지 설명하고자 한다.

Ⅱ. 목적별 평가방법, 감정평가목적에 따라 감정평가금액의 격차가 큰 사례 5가지와 그 이유(16)

1. 감정평가목적별 평가방법

1) 감정평가목적

감정평가에 있어 평가목적이란 보고된 감정평가가액이 사용되는 용도를 말하는 것으로서 흔히 보상, 담보, 경매, 매매 등의 용어로 표현된다.

2) 보상평가방법

보상평가는 토지보상법 등 법령에 따라 공익사업을 목적으로 취득하는 토지 등의 손실보상을 위한 감정평가이다. 보상평가 시 기준가치는 적정가격이며 토지보상법 등 법령에 따라 평가하는 법정평가이다. 또한 구체적인 평가기준은 객관적, 현실적 이용상황, 건축물 등이 없는 상태 상정, 개발이익배제 기준 등이다.

3) 경매평가방법

경매평가는 해당 집행법원이 경매의 대상이 되는 물건의 경매에서 최저매각가격을 결정하기 위해 의뢰하는 감정평가이다. 감정인은 부동산의 위치, 형상, 주위상황, 건물의 구조, 자재 등 제반 사정을 참작하여 객관적으로 공정하게 감정평가법 및 감칙에 따라 평가한다.

4) 담보평가방법

담보평가는 담보를 제공받고 대출 등을 하는 은행・보험회사・신탁회사・일반기업체 등이 대출을 하거나 채무자가 대출을 받기 위하여 의뢰하는 담보물건에 대한 감정평가이다. 담보평가 시 기준가치는 시장가치가 원칙이나 그 성격을 고려하여 미실현 개발이익 등의 반영 등에 주의하고 다소 안정적인 가액 결정이 필요하다.

2. 감정평가금액의 격차가 큰 사례

1) 현황도로

보상평가 시에는 사실상 사도인지, 사도법상 사도인지 등에 따라 인근토지 평가액의 일정 비율로 평가한다. 경매평가 시에는 인접토지소유자와의 관계, 용도의 제한 등을 고려하여 평가하고 담보평가 시에는 평가하지 않는다.

2) 제시 외 건물

보상평가 시에는 사업인정고시일 이전은 보상대상이므로 평가한다. 경매평가 시에는 법원 명령에 따라 제시 외 건물도 반드시 평가하고 담보평가 시에는 평가하지 않는다.

3) 대상 토지 중 타인 점유부분

보상평가 시에는 건축물 등이 없는 상태를 상정하여 평가하므로 저촉을 고려하지 않은 상태로 평가한다. 경매평가 시에는 저촉된 점을 고려하여 평가하고 담보평가 시에는 평가하지 않는다.

4) 도시계획시설에 저촉된 토지

보상평가 시에는 도시계획시설저촉이 개별적 제한에 해당하므로 저촉되지 않는 경우로 보아 평가한다. 경매평가와 담보평가 시에는 저촉되는 부분을 구분하여 이를 감안하여 평가한다. 특히 담보평가 시에는 평가하지 않는 경우도 있다.

5) 기계 등

보상평가 시에는 이전비로 평가함을 원칙으로 하고 있다. 경매평가와 담보평가 시에는 원가법을 적용하여 평가한다. 다만, 담보평가 시에는 리스기계나 소유권유보부기계의 평가가치가 희박한 경우, 환가성이 매우 낮은 경우에는 평가하지 않는다.

Ⅲ. 어떻게 평가하는 것이 더 적절한지(8)

1. 개설

본건은 택지 등으로 조성 중인 토지에 대한 평가로서 공제방식과 가산방식이 있는바 평가목적에 따라 적절한 방식의 선택이 중요하다.

2. 보상평가

보상평가의 경우 관련 법령에 의거 현황평가 및 개발이익배제가 원칙이며 객관적인 가치형성요인을 반영하여 평가해야 한다. 따라서 법령의 취지상 구체적으로 실현되지 않은 개발이익은 반영하기 곤란하다고 판단되므로 가산방식이 적절하다.

3. 경매평가

경매평가의 경우 건축허가를 득한 토지라는 점과 낙찰자는 주택으로 이용하고자 하는 합리적인 판단에 의해 매입의사를 결정한다는 점에서 개발이익이 충분히 반영되는 공제방식이 적절하다.

4. 담보평가

담보평가의 경우 채권자의 안전한 채권회수를 위하여 안정성, 환가성 등이 중요시되는바 비용성의 원리를 고려하고 있고 다소 보수적으로 결정할 수 있는 가산방식이 적절하다.

Ⅳ. 결(3)

감정평가목적에 따라 감정평가금액이 달라질 수 있는 가치다원론은 감정평가의 기능에서 비롯된다. 즉, 가치다원론 개념은 사적시장인 담보, 경매, 일반거래 시장 등과 공적시장인 보상, 공시지가, 국공유지 시장 등에 따라 감정평가의 기능이 경제적 기능과 정책적 기능으로 분화되면서 더욱 세분화된다고 볼 수 있다. 따라서 동일한 부동산이라 하더라도 감정평가목적이 무엇이냐에 따라 상이한 평가기준과 평가방법의 선택 등이 적용되어 다양한 감정평가금액이 산정될 수 있다는 점을 인식하여야 할 것이다.

03 토지가 국공유화되어 있는 국가에서 토지의 장기사용권이 거래되는 경우, 토지의 장기사용권 가치 산정방법을 감정평가 3방식을 이용해 설명하시오. 20점

1 출제위원 채점평

토지가 국공유화되어 있는 국가에 진출하고 있는 우리 기업들과 관련된 문제로 토지의 소유권이 아닌 장기사용권의 가치를 산정하는 방법에 대해 물었다. 가액의 산정과 임대료의 산정을 혼동하는 수험생도 다수 있었으나, 권리에 대한 가치 평가를 3방식에 따라 설명하고 규정과 업무영역의 확대에 대해 이해도 높은 제안을 해준 수험생들과 토지와 인간과의 관계에 대해 깊은 이해와 이를 표현해준 일부 수험생들에게 고마운 인사를 드린다.

2 답안작성 가이드

최근 우리나라 기업들이 중국, 베트남 등 사회주의 국가들로 진출이 활성화되면서 토지의 장기사용권에 대한 평가수요가 증가함에 따라 가치평가방법을 묻고 있는 문제이다. 특히 일반적인 소유권과는 달리 처분권이 없는 사용권이라는 점, 기간이 장기이지만 제한적이라는 점 등을 고려하여 감정평가3방식을 중심으로 설명하면 된다.

3 목차

Ⅰ. 서(2)

Ⅱ. 장기사용권의 가치산정방법(16)

1. 개설
2. 비교방식
   1) 개념
   2) 산정방법

3. 원가방식

1) 개념

2) 산정방법

4. 수익방식

1) 개념

2) 산정방법

Ⅲ. 결(2)

---

4 예시 답안

Ⅰ. 서(2)

최근 우리나라 기업들이 중국, 베트남 등 사회주의 국가들로 진출이 활성화됨에 따라 해당 국가의 토지사용권 가치평가에 대한 수요가 증가하고 있다. 그러나 현재 토지사용권에 대한 개념, 가치평가방법 등에 대한 기준이 명확하지 않다. 이하 토지의 장기사용권 가치산정방법을 감정평가 3방식을 이용하여 설명하고자 한다.

Ⅱ. 장기사용권의 가치산정방법(16)

1. 개설

일반적으로 토지의 소유권은 사용・수익・처분이 가능한 영구적인 권리인 반면 토지의 장기사용권은 일정기간이 있는 소유권으로 해석될 수 있을 것인바 이를 고려하여 가치산정방법을 설명한다.

2. 비교방식

1) 개념

대상 물건과 가치형성요인이 같거나 비슷한 물건의 거래사례와 비교하여 대상 물건의 현황에 맞게 사정보정, 시점수정, 가치형성요인 비교 등의 과정을 거쳐 대상 물건의 가액을 산정하는 감정평가방법을 말한다.

2) 산정방법

대상과 유사한 장기사용권의 거래사례가 있는 경우 이를 대상과 비교하여 가치를 구할 수 있다. 이때 거래사례에 개별적 사정이 개입되어 있는 경우 이를 보정해야 한다. 또한 토지사용계약 내용의 차이와 잔존사용연한의 차이를 가치형성요인 비교 시에 고려해야 한다. 이러한 방법은 장기사용권 거래시장의 활성화 정도 등에 의해 가치의 신뢰성이 결정될 것이다.

3. 원가방식

1) 개념

대상 물건의 재조달원가에 감가수정을 하여 대상 물건의 가액을 산정하는 감정평가방법을 말한다.

2) 산정방법

양도인이 토지사용권을 취득하기 위해 지불한 임대료 일시금에 투입한 토지개발비를 가산한다. 이때 임대료 일시금은 남아 있는 사용기간을 고려하여야 하고 토지개발 후 감가가 발생한 경우 이를 차감해야 한다. 이 방법은 기업의 토지출자 시나 보험금의 평가 시 많이 활용된다.

4. 수익방식

1) 개념

대상 물건이 장래 산출할 것으로 기대되는 순수익이나 미래의 현금흐름을 환원하거나 할인하여 대상 물건의 가액을 산정하는 감정평가방법을 말한다.

2) 산정방법

토지에서 발생하는 총수익에서 각종 운영경비를 제외한 순수익을 잔여임대기간 동안 현가합하여 토지사용권의 가치를 구할 수 있다. 이때 공제하는 운영경비에는 유지관리비, 보험료, 세금 등이 있다. 이 방법은 순수익과 자본환원율의 파악이 어려운 경우 적용이 곤란하고 주관성 개입 여지가 높아 현실적으로 활용되는 경우는 많지 않다.

Ⅲ. 결(2)

부동산시장의 지속적인 국제화로 국제평가기준에 부합하기 위하여 시장가치 개념이 도입되고, 수익환원법이 강화되는 등 감정평가업계가 변화하고 있다. 또한 최근에는 중국, 개성공단 등 토지를 국유화하고 있는 국가로의 국내기업 진출로 인한 평가수요가 증가하고 있는바 새로운 평가시장을 개척하기 위해서 다양한 평가기법의 개발이 필요할 것이다.

04 부동산 보유세율의 상승이 부동산시장에 미치는 영향을 설명하시오. 10점

1 출제위원 채점평

보유세의 인상이 부동산시장에 미치는 영향을 묻는 문제이다. 매매 및 임대시장에 미치는 영향에 대해서 논리적인 설명을 요구하고 있다. 결과 및 그 결과가 도출되는 인과관계를 정확히 설명하는 것이 본 문제의 핵심이다. 많은 수험생들이 수험서에 나오는 특정한 내용이나 도표를 그대로 기술하거나 그렸다. 그렇지만 인과관계를 제대로 이해하지 못하는 수험생들이 많았다. 기본적인 내용을 이해하고 이것을 스스로 논리적으로 설명할 수 있어야 하겠다.

2 답안작성 가이드

보유세는 부동산거래규제방법 중 간접적 수단 중 하나이며 가치형성요인이다. 따라서 이러한 행정적 요인이 부동산시장에 어떠한 영향을 미치는지를 부동산시장의 다양한 분류에 따라 설명하면 된다.

3 목차

---

4 예시 답안

Ⅰ. 개설(1)

시장실패를 치유하기 위해 정부는 다양한 방법으로 시장에 개입하게 되는바 보유세율의 조정은 대표적인 간접적 규제수단이다. 이하 부동산 보유세율의 상승이 부동산시장에 미치는 영향을 설명하고자 한다.

Ⅱ. 보유세율의 상승이 부동산시장에 미치는 영향(8)

1. 보유세와 부동산시장의 관련성

부동산세제에는 취득단계에 부과되는 거래세, 보유단계에 부과되는 보유세, 그리고 이전단계에 부과되는 양도소득세 등이 있다. 이 중 보유세라 함은 재산세와 종합부동산세를 말한다. 부동산시장이란 부동산의 교환 및 가격결정이 이루어지는 공간을 말하며 보유세율은 부동산시장의 수요와 공급에 영향을 미친다.

2. 부동산시장에 미치는 영향

1) 지역시장에 미치는 영향

보유세율의 상승은 모든 지역에 동일한 비율로 부과되느냐 일부지역에만 부과되느냐에 따라 지역별 수요와 공급에 차이가 날 것이다. 특히 재산세 중 종합부동산세 부과대상이 상대적으로 많은 수도권 투기지역이 지방이나 수도권 변두리지역보다 수요에 대한 영향력이 크게 나타날 것이다.

2) 고가, 저가시장에 미치는 영향

재산세는 부동산의 금액에 상관없이 부과되나 종합부동산세는 공시가격 11억원 이상(공동명의의 경우 12억원)의 고가부동산에 대하여 추가로 부과되는 세금이다. 따라서 보유세율의 상승 시 고가시장에 대한 수요가 보다 위축되고 가격하락 폭이 더 클 것이다.

3) 매매, 임대시장에 미치는 영향

보유세율의 상승은 부동산 소유자에 대한 비용부담의 증가와 같은바 매매시장은 수요 감소로 부동산가격이 하락하는 반면 임대시장에 대한 수요가 증가할 것이다. 특히 장기적으로 임대시장에서는 소유자의 세금전가로 인하여 임대료가 상승할 것이다.

Ⅲ. 감정평가 시 유의사항(1)

부동산 보유세율의 조정은 다양한 가치형성요인 중 행정적 요인으로서 부동산시장에 영향을 미치는바 감정평가 시 이러한 영향을 분석하여 정확한 가치판정이 이루어질 수 있도록 하여야 한다.

2014년 제25회 기출문제

01 최근 부동산시장 환경변화로 부동산 감정평가에서 고려할 사항이 늘고 있다. 감정평가 원리 및 방식에 대한 다음 물음에 답하시오. 40점

1) 리모델링된 부동산에 대해 감정평가 3방식을 적용하여 감정평가할 때 유의할 사항을 설명하시오. 10점

2) 토양오염이 의심되는 토지에 대한 감정평가안건의 처리방법을 설명하시오. 15점

3) 공익사업을 위해 수용될 지구에 포함되어 장기 미사용 중이던 토지가 해당 공익사업의 중단으로 지구지정이 해제되었을 때, 해당 토지 및 주변부 토지에서 초래될 수 있는 경제적 손실을 부동산평가원리에 근거하여 설명하시오. 15점

02 근린형 쇼핑센터 내 구분점포(「집합건물의 소유 및 관리에 관한 법률」에 의한 상가건물의 구분소유 부분)의 시장가치를 감정평가하려 한다. 인근에 경쟁적인 초대형 쇼핑센터가 입지하여, 대상점포가 소재한 근린형 쇼핑센터의 고객흡인력이 급격히 감소하고 상권이 위축되어 구분점포 거래가 감소하게 된 시장동향을 고려하여 다음 물음에 답하시오. 35점

1) 대상 구분점포의 감정평가에 거래사례비교법을 적용할 경우 감정평가방법의 개요, 적용상 한계 및 수집된 거래사례의 거래조건보정(Transactional Adjustments)에 대하여 설명하고, 그 밖에 적용 가능한 다른 감정평가방법의 개요 및 적용 시 유의할 사항에 대하여 설명하시오. 25점

2) 적용된 각 감정평가방법에 의한 시산가액 간에 괴리가 발생되었을 경우 시산가액 조정의 의미, 기준 및 재검토할 사항에 대하여 설명하시오. 10점

03 감정평가서의 정확성을 점검하고 부실감정평가 등의 도덕적 위험을 예방하기 위하여 평가검토(Appraisal review)가 필요할 수 있다. 평가검토에 대해 설명하시오. 15점

04 정부에서 추진 중인 상가권리금 보호방안이 제도화될 경우 권리금 감정평가업무에 변화가 나타날 것으로 예상된다. 이에 관한 상가권리금에 대해 설명하시오. 10점

해설 및 예시 답안

01 **최근 부동산시장 환경변화로 부동산 감정평가에서 고려할 사항이 늘고 있다. 감정평가 원리 및 방식에 대한 다음 물음에 답하시오.** 40점

1) 리모델링된 부동산에 대해 감정평가 3방식을 적용하여 감정평가할 때 유의할 사항을 설명하시오. 10점

2) 토양오염이 의심되는 토지에 대한 감정평가안건의 처리방법을 설명하시오. 15점

3) 공익사업을 위해 수용될 지구에 포함되어 장기 미사용 중이던 토지가 해당 공익사업의 중단으로 지구지정이 해제되었을 때, 해당 토지 및 주변부 토지에서 초래될 수 있는 경제적 손실을 부동산평가원리에 근거하여 설명하시오. 15점

1 출제위원 채점평

문제 1은 최근 부동산시장의 환경변화를 반영하여 감정평가사의 역할이 커지는 상황을 이해하고 감정평가 시에 유의해야 할 사항들을 답하도록 구성하여 출제된 문제였다. 단순한 암기사항 정리에 국한하지 않고 자신의 생각을 논리적으로 전개하는 능력의 평가에 중점을 두었으며 감정평가원리와 감정평가조건 설정 등을 충실히 반영하여 기술하는 것을 요구하였다.

부동산 리모델링의 경우 리모델링의 개념을 명확히 알고 유의사항도 3방식별로 핵심적인 내용을 파악하여 기술하는 것이 필요하였는데 대다수 수험생들이 비교적 무난하게 답한 것으로 보인다. 하지만, 일부 수험생들은 단순히 3방식만을 열거하고 리모델링과는 연결시키지 못한 채 일반적인 내용의 기술에 그친 경우도 있었다.

오염된 토지에 대한 평가 관련 지문은 전문가의 조언, 감정평가조건의 설정, 그리고 객관적 추정 등을 논리적으로 전개하는 것이 필요한데 다수의 수험생들이 체계를 잡지 못하고 단순히 추정방법만을 기술하는 데 그치고 있었다.

공익사업이 중단된 토지의 평가에 대한 부분도 공익사업의 수용권과 사업 중단에 따른 피해에 대한 이해가 기본이 되어 부동산평가원리를 적용하여 해당 토지와 주변 토지에서 발생하는 경제적 손실을 체계적으로 정리하는 것을 요구하는 지문이었다. 그러나 상당수의 답안을 보면 사업의 피해와 손실에 대한 이해가 깊지 못하고 부동산평가원리를 충실히 적용하지 못한 면이 있었다.

2 답안작성 가이드

최근 부동산시장의 환경변화에 대한 언급으로 시작하고 감정평가 원리 및 방식의 적용 시 이에 대한 고려가 필요함을 강조하여야 한다. 특히 리모델링된 부동산, 토양오염이 의심되는 토지 등의 감정평가 시 특별한 고려가 필요하므로 이를 설명하여야 한다. 또한 부동산평가원리(=가격제원칙)는 공익사업지구지정 해제 시 가치 판정에 있어서 해당 토지와 주변부 토지의 경제적 손실을 설명할 수 있는 이론적 근거가 된다.

3 목차

Ⅰ. 서(4)

Ⅱ. 리모델링된 부동산의 감정평가 3방식 적용 시 유의사항(8)

1. 리모델링된 부동산
2. 원가법 적용 시 유의사항
3. 수익환원법 적용 시 유의사항
4. 거래사례비교법 적용 시 유의사항

Ⅲ. 토양오염이 의심되는 토지에 대한 평가안건의 처리방법(12)

1. 토양오염이 의심되는 토지
2. 가치하락분의 제외요인 및 포함요인
3. 기본적 사항의 확정과 대상 물건의 확인
4. 가치형성요인의 분석
   1) 지역분석
   2) 개별분석
5. 감정평가방법의 선정 및 적용

Ⅳ. 공익사업의 중단에 따른 해당 토지 및 주변부 토지의 경제적 손실(12)

1. 해당 토지 및 주변부 토지의 경제적 손실
   1) 해당 토지
   2) 주변부 토지
2. 부동산평가원리
3. 해당 토지에서 초래될 수 있는 경제적 손실
   1) 최고최선이용의 원리
   2) 예측의 원리
4. 주변부 토지에서 초래될 수 있는 경제적 손실
   1) 기회비용의 원리
   2) 외부성의 원리

Ⅴ. 결(4)

4 예시 답안

Ⅰ. 서(4)

최근 부동산시장 환경변화로 감정평가에서 고려할 사항이 지속적으로 증가하고 있다. 특히 공동주택 리모델링의 활성화, 환경가치에 대한 관심 고조로 인한 오염토지의 평가수요 증가 그리고 공익사업의 중단으로 인한 지구지정 해제가 가져오는 경제적 손실 발생과 같은 상황들이다. 이러한 부동산의 감정평가 시 부동산 감정평가의 이론적 논리인 감정평가 원리와 방식을 어떻게 반영할 것인가와 관련하여 이하 물음에 답하고자 한다.

Ⅱ. 리모델링된 부동산의 감정평가 3방식 적용 시 유의사항(8)

1. 리모델링된 부동산

리모델링이란 건물의 기능과 성능을 고도화하는 대규모의 개보수 공사를 의미하며, 리모델링한 부동산이란 건축법상의 개축, 증축한 건물을 지칭한다. 본래 건물의 경제적 내용연수가 소진한 경우 재개발이나 재건축으로 최유효이용 달성을 꾀함이 이론상 타당하나, 비용과대, 철거의 난이성, 장기성 등의 현실적 어려움으로 리모델링이 활용되고 있다.

2. 원가법 적용 시 유의사항

재조달원가는 복제원가보다 효용 측면에서의 대체원가로 산정하여야 한다. 또한 감가수정은 대상 부동산의 경제적 내용연수를 유효연수법, 미래수명법을 활용하여 조정하거나 관찰감가법을 적용하여야 한다. 아울러 증축 시 증축부분은 기존부분의 장래보존연수 범위 내에서 존재 가능함에 유의하여야 한다.

3. 수익환원법 적용 시 유의사항

순수익은 유효총수익에서 운영경비를 제외한 것으로서 이때의 운영경비는 부동산의 운영과 직접 관계가 있는 지출을 의미한다. 따라서 부동산의 가치수명을 증진시키는 시설(부가물과 증치물)의 비용은 자본적 지출에 해당되어 운영경비에서 제외되어야 한다. 반면, 부동산의 효용이나 가치를 유지시키는 데 소요되는 비용은 수익적 지출에 해당되어 유지수선비로서 운영경비에 포함된다는 것에 유의하여야 한다.

4. 거래사례비교법 적용 시 유의사항

사례선택 시 대상과 유사한 인근지역 내 소재하는 최근의 리모델링된 부동산 거래사례를 선택하여야 한다. 또한 사례와의 잔가율 비교 시 물리적 내용연수가 아닌 유효연수법, 미래수명법에 의하여 조정한 경제적 내용연수로 비교해야 함에 유의한다.

Ⅲ. 토양오염이 의심되는 토지에 대한 평가안건의 처리방법(12)

1. 토양오염이 의심되는 토지

토양오염은 오염된 토지 자체의 가치를 떨어뜨릴 뿐만 아니라 오염된 토지 위에 존재하는 건물의 가치에도 영향을 미친다. 따라서 이러한 가치하락분을 대상 부동산의 가치에 반영하여야 하기 때문에 평가안건의 처리방법은 매우 중요하다.

2. 가치하락분의 제외요인 및 포함요인

가치하락분은 객관적인 가치하락분을 대상으로 한다. 즉, 관련 법령 등에 따른 허용사항 및 원상회복에 소요되는 비용과 스티그마 효과가 해당된다. 다만, 일시적이거나 정신적인 피해 등 주관적인 가치하락은 가치하락분에 포함되지 않고, 소음 등으로 인하여 가축이나 생명체에 발생한 피해는 가치하락분에 포함할 수 있다.

3. 기본적 사항의 확정과 대상 물건의 확인

토양오염이 의심되는 토지의 경우 평가목적, 기준가치, 조건 부가의 가능성, 기준시점 등을 명확히 확정할 필요가 있다. 특히 토양오염 정도에 따른 가치하락의 정도는 향후 감정평가보고서의 책임범위와 직결되므로 필요한 경우 복구비용 등과 관련된 전문가 자문 등을 거쳐 평가에 임해야 할 것이다.

4. 가치형성요인의 분석

1) 지역분석

인근지역 내 토지의 이용 상황, 오염 여부 및 정도 등을 파악하여 지역의 전반적인 오염정도를 분석하여야 한다. 그리고 지역 내 오염의 영향을 고려하여 해당 부동산의 표준적 이용과 가격수준을 파악하여야 한다.

2) 개별분석

대상 토지가 실제로 오염되었는지 여부 및 그 정도를 구체적으로 분석하여야 한다. 이는 대상 부동산의 현재 이용 상황과 과거 이용 상황 등을 조사함으로써 파악할 수 있다. 또한 오염이 된 경우 회복가능성, 정화비용 등을 고려하여 개별적·구체적 가격을 파악하여야 한다.

5. 감정평가방법의 선정 및 적용

해당 토지는 감칙 제25조 및 감정평가 실무기준에 의거 평가하는 것이 타당하다. 이 경우 소음 등으로 인한 토지 등 가치하락분은 오염 등의 발생 전과 발생 후의 상태를 기준으로 각각의 토지 등의 객관적 가치를 판정하여 그 차액을 토지 등의 가치하락분으로 산정한다. 특히 스티그마효과 추정을 위해 조건부가치평가법, 헤도닉모형에 의한 방법 등이 중요한 평가방법이 될 것이다.

Ⅳ. 공익사업의 중단에 따른 해당 토지 및 주변부 토지의 경제적 손실(12)

1. 해당 토지 및 주변부 토지의 경제적 손실

1) 해당 토지

해당 토지는 행위제한으로 인한 개발 손실, 보상금 미수령에 따른 손실, 장래 기대이익 상실에 따른 손실, 이주대책 상실로 인한 손실 등이 발생한다.

2) 주변부 토지

주변부 토지의 경우 장래 기대이익의 상실, 외부불경제로 인한 손실, 대체토지 수요 감소로 인한 손실 등이 발생한다.

2. 부동산평가원리

부동산의 가치가 어떻게 결정되는가를 알면 반대로 대상 부동산의 시장가치를 평가할 때 어떠한 원리를 적용해야 하는가를 알 수 있다. 부동산평가원리란 부동산의 가치가 시장에서 결정되는 논리를 부동산의 가치추계에 적용한 것이다.

3. 해당 토지에서 초래될 수 있는 경제적 손실

1) 최고최선이용의 원리

공익사업지구 내 해당 토지는 공익사업 중단으로 인하여 장기간 행위제한이 있었기 때문에 최유효이용에 미달하여 부동산가치에 부정적인 영향이 있다. 따라서 최고최선이용의 원리는 이러한 해당 토지의 경제적 손실을 설명하는 이론적 근거가 된다.

2) 예측의 원리

공익사업지구 내 해당 토지는 공익사업 중단이라는 행정적 요인의 변화로 장래 기대되는 이익이 상실되어 부동산가치에 부정적인 영향이 있다. 따라서 예측의 원리는 이러한 해당 토지의 경제적 손실을 설명하는 이론적 근거가 된다.

4. 주변부 토지에서 초래될 수 있는 경제적 손실

1) 기회비용의 원리

공익사업지구 내 주변부 토지는 공익사업 중단으로 인하여 다른 대체, 경쟁 자산이 아닌 지구로 지정된 해당 토지의 주변부 토지에 투자한 기회비용을 상실시키므로 부동산가치에 부정적인 영향이 있다. 따라서 기회비용의 원리는 이러한 주변부 토지의 경제적 손실을 설명하는 이론적 근거가 된다.

2) 외부성의 원리

공익사업지구 내 주변부 토지는 공익사업 중단으로 인하여 대토수요, 이주수요 등이 감소하고 해당 토지에 대한 부정적인 시장상황이 부의 외부효과를 발생시켜 부동산가치에 부정적인 영향이 있다. 따라서 외부성의 원리는 이러한 주변부 토지의 경제적 손실을 설명하는 이론적 근거가 된다.

Ⅴ. 결(4)

리모델링된 부동산의 감정평가 3방식 적용 시 유의할 사항, 토양오염이 의심되는 토지의 감정평가안건 처리방법 그리고 공익사업지구 지정 이후 공익사업의 중단으로 인하여 해당 토지 및 주변부 토지에 발생하는 경제적 손실의 근거를 감정평가의 원리, 방식을 통하여 설명하였다. 이렇게 부동산시장의 환경변화로 인하여 감정평가의 대상도 다양해지고 있으며 감정평가 시 고려하여야 할 사항도 지속적으로 증가하고 있다. 따라서 향후 이러한 부동산시장과 관련한 다양한 현상들에 대하여 감정평가업계의 지속적인 관심과 연구가 필요할 것이다.

02 **근린형 쇼핑센터 내 구분점포(「집합건물의 소유 및 관리에 관한 법률」에 의한 상가건물의 구분소유 부분)의 시장가치를 감정평가하려 한다. 인근에 경쟁적인 초대형 쇼핑센터가 입지하여, 대상점포가 소재한 근린형 쇼핑센터의 고객흡인력이 급격히 감소하고 상권이 위축되어 구분점포 거래가 감소하게 된 시장동향을 고려하여 다음 물음에 답하시오.** 35점

1) **대상 구분점포의 감정평가에 거래사례비교법을 적용할 경우 감정평가방법의 개요, 적용상 한계 및 수집된 거래사례의 거래조건보정(Transactional Adjustments)에 대하여 설명하고, 그 밖에 적용 가능한 다른 감정평가방법의 개요 및 적용 시 유의할 사항에 대하여 설명하시오.** 25점

2) **적용된 각 감정평가방법에 의한 시산가액 간에 괴리가 발생되었을 경우 시산가액 조정의 의미, 기준 및 재검토할 사항에 대하여 설명하시오.** 10점

---

1 출제위원 채점평

구분점포의 감정평가에 대한 기본적인 이해와 각 시산가액에 괴리가 생겼을 때 재검토해야 할 사항에 대해 물었다. 시장동향의 변화로 거래가 희소해졌기 때문에 이론적으로 가치를 판단하는 감정평가사의 존재가 주목받고 있다. 촉박한 시간에도 구분점포에 대한 감정평가업무를 수행하듯 고민 어린 깊은 이야기를 들려 준 수험생들에게 감사드린다.

---

2 답안작성 가이드

본 문제의 경우 실무적으로 구분점포의 시장가치를 감정평가한다는 사고로 접근한다면 좋은 답안이 나올 수 있다. 그러나 주어진 대상 물건의 성격과 시장상황을 전혀 고려하지 않고 감정평가의 일반적인 내용만을 설명하려고 한다면 한계가 있을 수밖에 없다. 특히 거래조건보정은 우리나라의 사정보정 절차와 유사한 면이 있으나 시점수정도 포함하므로 각기 다르다고 볼 수 있다.

---

3 목차

Ⅰ. 서(3.5)

Ⅱ. 대상 구분점포의 감정평가방법의 개요 등(20)

1. 구분점포의 개념
2. 거래사례비교법의 개요
3. 적용상 한계
   1) 사례선정 시 한계
   2) 시점수정 시 한계
   3) 가치형성요인 비교 시 한계
4. 수집된 거래사례의 거래조건보정
   1) 매매조건
   2) 시장상황

5. 그 밖의 적용 가능한 다른 감정평가방법
   1) 그 밖의 적용 가능한 다른 방법의 개요
   2) 적용 시 유의사항

Ⅲ. 시산가액 조정의 의미 등(8)

1. 시산가액 조정의 의미
   1) 시산가액 조정의 개념
   2) 시산가액 조정의 의미
2. 시산가액 조정의 기준
3. 시산가액의 재검토할 사항

Ⅳ. 결(3.5)

---

4 예시 답안

Ⅰ. 서(3.5)

근린형 쇼핑센터 내 구분점포는 수익성 부동산으로서 상권, 배후지 등의 규모와 시장상황 변화에 매우 민감한 부동산유형이다. 특히 건물과 대지사용권이 용도상 불가분의 관계에 있는 구분소유권의 대상이라는 점에서 대상의 확정, 층별·위치별 효용 차이에 유의하여야 한다. 특히 수익성 부동산의 성격, 인근 초대형 쇼핑센터의 입지에 따른 시장동향을 고려한 감정평가방법의 적용 및 시산가액의 조정이 중요하다. 이하 다음 물음에 답하고자 한다.

Ⅱ. 대상 구분점포의 감정평가방법의 개요 등(20)

1. 구분점포의 개념

구분소유권이란 1동의 건물에 구조상 구분되는 2개 이상의 부분이 있어서 그것들이 독립하여 주거·점포·사무실 등으로 사용되는 경우에 그 부분을 각각 다른 사람의 소유로 사용할 수 있을 때 이러한 전용부분에 대한 권리를 말한다. 구분점포란 집합건물법 제1조의2에서 규정하고 있는 구조상으로는 독립성이 인정되지 않으나, 이용상으로는 독립성이 인정되는 오픈상가를 의미한다.

2. 거래사례비교법의 개요

구분소유부동산은 감칙 제16조에 의하여 일괄 거래사례비교법을 적용하는 것이 원칙이다. 위 방법은 전유, 공용부분 및 대지사용권의 가격을 일체로 한 유사사례를 대상 부동산의 현황에 맞게 보정하고 비교하여 구분소유권 가치를 구하는 방법으로 사례의 층별, 위치별 효용이 다른 경우에는 이를 반드시 고려해야 한다.

3. 적용상 한계

1) 사례선정 시 한계

구분점포는 상가의 수익성이 악화될 경우 거래가 급격히 감소하는 경향이 있다. 따라서 인근 상가와의 비교가 어려워 해당 상가건물 내의 거래사례를 포착하여 비준가액을 산정하여야 하나 거래가 희박하여 사례의 포착이 어려운 한계가 있다.

2) 시점수정 시 한계

시점수정은 지역, 용도, 규모에 따른 평균적인 변동률로서 대상 물건이 소재한 근린 쇼핑센터의 개별성이 반영되지 않아 적정한 시점수정치 산정이 어려운 한계가 있다.

3) 가치형성요인 비교 시 한계

구분점포의 가치형성요인 비교 시 그 건물의 규모와 층, 위치 등에 따라 수익성의 차이가 매우 크고 이를 객관적으로 보정하기 어려운 한계가 있다.

4. 수집된 거래사례의 거래조건보정

1) 매매조건

보통 매수자 또는 매도자 중 거래를 끝내기 위한 강요를 받고 있는 어느 한 쪽의 동기를 반영한다. 이렇게 전형적이지 않은 방식으로 동기가 부여된 매매는 정상적인 거래로 고려되지 않는다. 따라서 본 건의 경우에도 대상 점포가 속한 근린센터 내의 사례는 급매로 인하여 시장가격 이하에서 거래될 가능성이 있으므로 보정하여야 한다.

2) 시장상황

평가시점에 대상 부동산의 시장상황과 다른 시장상황에서 이루어진 거래사례들은 가치에 영향을 주는 차이점에 관하여 보정되어야 한다. 즉, 거래시점 이후 부동산가치가 상승하거나 하락한 경우 시장상황에 대한 보정이 행해진다. 따라서 대상 점포가 속한 근린센터의 현재와 과거는 시장상황이 다르므로 이를 보정하여야 한다.

5. 그 밖의 적용 가능한 다른 감정평가방법

1) 그 밖의 적용 가능한 다른 방법의 개요

구분점포는 원가법, 수익환원법을 적용하여 평가하는 것이 가능하다. 다만, 구분점포의 건물과 대지사용권은 용도상 불가분의 관계에 있고 수익성의 원리가 중요하므로 수익환원법이 적용 가능한 감정평가방법이 된다. 여기서 수익환원법이란 순수익 또는 미래의 현금흐름을 환원 또는 할인하여 수익가액을 산정하는 방법이다.

2) 적용 시 유의사항

구분점포를 수익환원법을 적용하여 평가할 경우 임대수입 산정 시 임대사례의 계약시점, 공실률 및 대손충당금은 최근 임대상황을 반영하여야 한다는 점에 유의하여야 한다. 또한 대상 점포의 수익성이 감퇴되고 있는 시장상황을 충분히 반영하여 자본환원율을 적용해야 할 것이다.

Ⅲ. 시산가액 조정의 의미 등(8)

1. 시산가액 조정의 의미

1) 시산가액 조정의 개념

시산가액 조정이란 각 방식에 의한 시산가액을 비교 검토하여 최종 평가액을 산출하기 위해 조정하는 과정을 의미한다(감칙 제12조). 보다 구체적으로 모든 감정평가의 전 과정에 소급하여 그 작업내용을 객관적, 비판적으로 재검토하고 재검토 후에도 시산가액 간에 차이가 있는 경우에 행하는 수정작업을 말한다.

2) 시산가액 조정의 의미

이 작업은 ① 각 단계의 진행과정에 정당성, 객관성을 부여하고 ② 비판적으로 재음미하여 시산가액의 차이가 생긴 이유를 명백히 하고 ③ 감정평가액에 객관성, 논리성을 부여하는 중요한 의미를 갖는다. 특히 위와 같이 주방식인 거래사례비교법에 의한 합리성이 인정되지 않는 경우 수익환원법에 의한 시산가액 조정이 필요하다.

2. 시산가액 조정의 기준

시산가액을 조정함에 있어 어떤 시산가액에 더 큰 비중을 두어야 할지에 대한 조정기준이 필요하다. 우리나라의 경우 감정평가 실무기준상 시산가액의 조정기준으로 평가목적, 대상 물건의 성격, 시장상황, 자료의 신뢰성 등을 규정하고 있다. 따라서 위 문제의 경우 가중치 결정 시 구분점포로서 수익성 부동산이라는 점, 인근에 초대형 쇼핑센터의 입지로 대상이 속한 쇼핑센터의 경쟁력이 감소하고 있다는 점 등을 고려하여야 한다.

3. 시산가액의 재검토할 사항

시산가액을 조정하기 전에 평가자는 전체 평가과정을 재검토해야 한다. 즉, 자료의 유용성, 분석기법의 적절성, 각 평가기법의 적용 시 평가판단의 논리성 등을 재차 확인해야 한다. 평가자는 평가 방법에 의한 시산가액의 차이를 조사하고 각 방법이 의미하는 바를 다시 검토한다. 감정평가 3방식에 의한 시산가액의 차이가 클 경우 이 중 특정방법은 대상 부동산의 평가에 적용하기 곤란할 수 있다. 특히 위 문제의 경우 거래사례비교법을 적용할 경우 일정한 한계가 있는바 다른 방법으로 검토하는 과정이 중요하다.

Ⅳ. 결(3.5)

구분점포의 경우 건물과 대지사용권이 용도상 불가분의 관계에 있어 일체로 평가해야 한다. 구체적으로는 거래사례비교법과 수익환원법에 의한 시산가액을 기준으로 평가해야 하며 각 평가방법을 적용할 경우 거래조건보정 등 유의하여야 할 사항을 숙지하여야 한다. 특히 사안과 같이 상권의 축소로 인하여 거래가 희소하고 고객흡인력이 급격히 감소하고 있는 구분점포의 경우 시산가액 차이의 이유를 명백히 하고 평가목적 등을 고려하여 적정한 평가결론을 도출해야 할 것이다.

03 감정평가서의 정확성을 점검하고 부실감정평가 등의 도덕적 위험을 예방하기 위하여 평가검토(Appraisal review)가 필요할 수 있다. 평가검토에 대해 설명하시오. 15점

1 출제위원 채점평

수험생의 답안은 개념, 목적, 현행 제도와 비교, 유의사항, 정책적 제안 및 윤리 측면의 강조까지 정말 나무랄 데 없는 논문 한 편의 요약을 보는 듯했다. 대다수 수험생의 바람 또는 제안처럼 평가업계의 양적, 질적 성숙도를 고려할 때, 평가검토업무의 본격적 도입을 위한 관련 법령 및 규정 등 체계정비를 시작해야 할 때라고 생각한다.

2 답안작성 가이드

평가검토의 일반적인 내용을 설명하되 출제의도대로 필요성을 충분히 강조하여야 하고 마지막으로 제도화, 명문화를 결에서 반드시 언급하여야 한다.

※현행 감정평가법 제7조 제3항의 적정성 검토를 평가검토로 볼 수 있다.

3 목차

Ⅰ. 서(1.5)

Ⅱ. 평가검토(12)

1. 개념
2. 목적
   1) 일관성과 정확성 제고
   2) 의사결정의 근거 제시
3. 내용
   1) 확인사항과 검토사항
   2) 기타 확인사항
4. 유의사항
   1) 평가시점 당시의 관점과 시장상황에 근거
   2) 평가전제 존중과 평가내용 임의변경 금지

Ⅲ. 결(1.5)

4 예시 답안

Ⅰ. 서(1.5)

감정평가의 결과로서 평가주체는 감정평가서를 의뢰인에게 제시하는 데 감정평가서의 정확성과 논리적인 합리성을 점검하고 도덕적 위험의 예방을 위하여 검토절차를 거치게 된다. 이하 평가검토에 대하여 설명하고자 한다.

Ⅱ. 평가검토(12)

1. 개념

평가검토란 다른 평가사가 작성한 보고서를 비판적으로 연구하는 행위 또는 과정으로 평가보고서가 특정한 요구사항이나 지침에 부합되고 합리적이고 일관성이 있으며 정확한지를 확인하기 위해 완성된 평가보고서를 분석하는 것이다.

2. 목적

1) 일관성과 정확성 제고

평가방법이나 기법들이 해당 과제에 적절한지를 판단하고 보고서 내용의 논리적 일관성과 수학적 정확성을 체크함으로써 평가보고서의 합리성을 검증하여 이를 의뢰인이나 사용자에게 제공한다.

2) 의사결정의 근거 제시

평가보고서가 모든 유관 경제지표와 비교요소들을 고려하고 있는지, 사용된 평가기법이 해당 과제에 적합한지를 판단하여 이를 준거로 의뢰인은 투자 사업에 대한 의사결정을 한다.

3. 내용

1) 확인사항과 검토사항

확인사항으로서 ① 평가서상의 감정평가법인 등, 의뢰인, 평가목적, ② 검토시점, 평가서의 평가시점, ③ 평가서의 대상 물건, ④ 평가검토의 작업범위가 있다. 검토사항으로서는 ① 평가 시 이용한 자료의 적합성 및 적용의 타당성, ② 평가 시 사용한 평가방식의 적합성, ③ 감정평가업자의 의견 또는 결론의 적합성 및 타당성이 있다.

2) 기타 확인사항

평가보고서의 기술적 세부사항으로서 대상 부동산의 바닥면적, 건폐율, 지적도면, 날짜, 거리, 측정단위 등이 기술적으로 정확한지, 대상 물건에 대한 평가절차나 작성절차가 일정한 실무기준에 따르고 있는지를 검토한다. 또한 채택될 수 있는 평가논리에 따라 가치결론이 도출되었는지 합리성을 검토한다.

4. 유의사항

1) 평가시점 당시의 관점과 시장상황에 근거

평가검토는 평가시점 당시의 관점과 시장상황에 근거하여야 하며 결코 과거나 미래의 상황을 평가검토의 잣대로 사용해서는 안 된다. 특히 평가시점 당시 발생이 확실시되었던 것이 아닌 이상 추후에 발생한 기준으로 평가보고서를 논박해서는 안 된다.

2) 평가전제 존중과 평가내용 임의변경 금지

평가보고서의 제한조건이나 특별한 가정, 진술된 문제의 정의 등을 임의로 무시하거나 변경해서는 안 된다. 만약 임의로 변경 시 원평가사와 동등한 책임이 있음에 유의하여야 한다.

Ⅲ. 결(1.5)

감정평가업무가 하나의 가치를 결정하던 시대에서, 다양한 가치와 그 가치에 대한 검토 및 컨설팅에 대한 수요를 충족시켜야 하는 시대로 변화하고 있다. 따라서 감칙에도 이러한 사회적 상황을 고려하여 감정평가 검토에 대한 규정화가 제도화되어야 할 것이다.

04 정부에서 추진 중인 상가권리금 보호방안이 제도화될 경우 권리금 감정평가업무에 변화가 나타날 것으로 예상된다. 이에 관한 상가권리금에 대해 설명하시오. 10점

❶ 출제위원 채점평

문제 4는 최근 공론화되고 있는 상가권리금에 대한 충분한 이해를 바탕으로 향후 법제화를 상정하여 감정평가영역에 미칠 영향을 기술하는 것이 요구되는 문제였다. 하지만 대부분의 수험생들이 권리금의 정의와 종류의 기술에 그치는 경우가 많았으며, 권리금에 대한 이해도 깊지 못한 것으로 평가된다. 업무영역의 확대나 새로운 감정평가기법의 도입 등을 충실하게 기술한 답안은 매우 적었다.

❷ 답안작성 가이드

상가권리금의 일반적인 내용을 작성하되 출제의도인 권리금 감정평가업무의 변화를 고려하여 구체적인 평가방법, 권리금에 대한 적정성을 판단하기 위하여 필요한 컨설팅 등 감정평가업무를 설명하는 것이 반드시 필요하다.

❸ 목차

Ⅰ. 개설(1)

Ⅱ. 권리금에 대한 개관(4)

1. 권리금의 개념
2. 권리금의 유형

Ⅲ. 권리금의 감정평가업무(5)

1. 개별감정평가
   1) 유형재산 감정평가
   2) 무형재산 감정평가
2. 일괄감정평가

❹ 예시 답안

Ⅰ. 개설(1)

정부에서 추진하는 상가권리금 보호방안이 제도화될 경우를 대비하여 철저한 준비를 하여야 한다. 즉, 권리금의 유형, 권리금의 가치가 어떻게 발생하고 형성되는지에 대한 이해와 평가방법들을 연구해야 한다. 이하 상가권리금에 대하여 설명하고자 한다.

Ⅱ. 권리금에 대한 개관(4)

1. 권리금의 개념

권리금이란 임대차 목적물인 상가건물에서 영업을 하는 자 또는 영업을 하려는 자가 영업시설, 비품, 거래처, 신용 등 유형, 무형의 재산적 가치의 양도 또는 이용대가로서 임대인, 임차인에게 보증금과 차임 이외에 지급하는 금전 등의 대가를 말한다. 여기서 유형재산과 무형재산의 구분은 물리적, 구체적 형태를 갖춘 재산인지 여부에 따른 구분이다.

2. 권리금의 유형

권리금은 이론상 시설권리금, 지역권리금, 영업권리금으로 구분된다. 시설권리금은 영업을 위하여 건물의 구조변경, 인테리어, 집기 및 비품에 대한 대가를 말하고 지역권리금은 영업장소가 위치한 장소적 이점에 대한 대가를 말한다. 영업권리금이란 영업을 영위하며 발생하는 대가로서 장기간 영업을 하면서 확보된 고객 수, 광고나 평판 등으로 쌓은 명성 등 영업상의 이점에 대한 대가를 말한다.

Ⅲ. 권리금의 감정평가업무(5)

1. 개별감정평가

1) 유형재산 감정평가

유형재산은 통상 시간경과에 따라 그 가치가 일정 정도 하락하는 물건이고 상가의 개별성에 따라 맞춤형으로 제작, 설치하는 경우가 많으며 신품가격조사가 용이한 점을 고려하여 원가법 적용을 원칙으로 한다. 다만, 원가법을 적용하는 것이 곤란하거나 부적절한 경우 등에는 동일 또는 유사 중고품의 가격수준 등을 참작하여 거래사례비교법으로 감정평가할 수 있다.

2) 무형재산 감정평가

감정평가대상 상가가 정상영업 중인 경우 무형재산의 가치는 해당 상가의 과거 매출 자료 등을 기준으로 무형재산으로 인하여 장래 발생할 것으로 예상되는 합리적인 장래기대 영업이익 등을 산정한 후 이를 현재가치로 할인 또는 환원하여 산정한다.

2. 일괄감정평가

일괄감정평가 시 수익환원법을 주된 감정평가방식으로 하되 거래사례비교법 또는 원가법 등으로 감정평가할 수 있다. 즉, 거래사례비교법 적용 시 거래사례와 감정평가 대상상가와의 유・무형재산의 구성비율 비교 및 유・무형재산의 지역・개별요인 비교항목에 대한 비교 등을 하여야 하며 원가법 적용 시에도 유・무형재산의 특성을 반영하여야 한다.

Chapter 12

2013년 제24회 기출문제

01 부동산 감정평가에서 최유효이용에 대한 다음의 물음에 답하시오. 40점

1) 부동산 감정평가에서 최유효이용의 개념과 성립요건을 설명하시오. 5점
2) 부동산가격 판단 시 최유효이용을 전제로 판단해야 하는 이유를 설명하시오. 10점
3) 최유효이용의 원칙과 다른 원칙들간의 상호관련성을 설명하시오. 10점
4) 부동산시장이 침체국면일 때 최유효이용의 판단 시 유의사항을 설명하시오. 15점

02 시장분석(market analysis)과 지역분석(regional analysis)에 대한 다음의 물음에 답하시오. 30점

1) 시장분석(market analysis)의 의의 및 필요성을 설명하고, 시장분석 6단계를 단계별로 설명하시오. 20점
2) 부동산 감정평가에서 행하는 지역분석(regional analysis)을 설명하고, 시장분석과의 관계를 설명하시오. 10점

03 감정평가이론상 토지평가 방법에는 감정평가 3방식이 있으나, 감정평가 관련 법령은 토지의 경우 표준지공시지가를 기준으로 평가하도록 규정하고 있다. 다음의 물음에 답하시오. 20점

1) 토지평가 시 감정평가 3방식을 적용하여 평가한 가격과 표준지공시지가를 기준으로 평가한 가격과의 관계를 설명하시오. 10점
2) 표준지공시지가가 시장가치를 반영하지 못하는 경우, 표준지공시지가를 기준으로 해야 하는 감정평가에서 발생가능한 문제와 대책을 기술하시오. 10점

04 부동산업을 법인형태로 영위하는 경우, 해당 법인의 주식가치 평가방법을 설명하시오. 10점

해설 및 예시 답안

01 **부동산 감정평가에서 최유효이용에 대한 다음의 물음에 답하시오.** 40점

1) 부동산 감정평가에서 최유효이용의 개념과 성립요건을 설명하시오. 5점

2) 부동산가격 판단 시 최유효이용을 전제로 판단해야 하는 이유를 설명하시오. 10점

3) 최유효이용의 원칙과 다른 원칙들간의 상호관련성을 설명하시오. 10점

4) 부동산시장이 침체국면일 때 최유효이용의 판단 시 유의사항을 설명하시오. 15점

1 출제위원 채점평

문제 1은 최유효사용에 대한 전반적인 이해와 상호관련성을 묻고, 부동산시장이 침체국면일 때 최유효사용의 판단 시 유의해야 할 사항에 대해 설명하는 것으로 구성・출제되었다. 정확한 개념의 설명과 일관된 논리의 전개, 원칙 간 상호관계의 분석이 왜 필요한지, 그러한 관계 속에서 어떻게 최유효사용의 판단이 이루어지는가에 대한 기술이 필요하다. 하지만 대부분의 수험생들이 교과서에 있는 내용을 옮겨 놓은 듯한 형태의 답안이 많았고, 개론책 등에서 나오는 너무나 일반적인 내용을 기술한 답안도 많았다. 출제자가 문제에서 제시한 상황을 잘 해석하고, 최종적으로 묻고자 하는 것이 무엇인가에 집중해야 한다. 이론적이지만 교재에 있는 내용을 가지고 그 상황을 설명하기 위한 나름대로의 논리적인 답안 구성이 필요하다.

2 답안작성 가이드

부동산은 일반재화와는 다른 용도의 다양성이 있으므로 여러 용도 간 대체, 경쟁의 관계가 발생한다. 그리고 부동산은 이러한 대체, 경쟁의 관계를 통하여 최대 수익을 얻을 수 있는 용도로 이용되며 이를 최유효이용이라고 한다. 따라서 최유효이용과 관련된 전반적인 내용을 질문에 따라 설명하고 특히 최유효이용 판단 시 유의사항은 부동산시장이 침체국면이라는 상황과 앞서 물음들을 고려하여 설명할 수 있도록 해야 한다.

3 목차

Ⅰ. 서(4)

Ⅱ. 최유효이용의 개념과 성립요건(4)

1. 최유효이용의 개념
2. 최유효이용의 성립요건

Ⅲ. 부동산가격 판단 시 최유효이용을 전제로 판단해야 하는 이유(8)

1. 부동산가격 판단

2. 최유효이용을 전제로 판단해야 하는 이유
   1) 인간의 합리성 추구
   2) 토지할당
   3) 최유효이용의 강제

Ⅳ. 최유효이용과 다른 원칙들 간의 상호관련성(8)

1. 최유효이용의 원칙과 다른 원칙들

2. 토대가 되는 원칙들과 상호관련성

3. 내부측면의 원칙들과 상호관련성

4. 외부측면의 원칙들과 상호관련성

Ⅴ. 부동산시장이 침체국면일 때 최유효이용의 판단 시 유의사항(12)

1. 침체국면의 특징

2. 최유효이용 판단 시 유의사항
   1) 최유효이용의 성립요건 측면
   2) 가격 제 원칙 측면
   3) 특수상황의 최유효이용 측면
   4) 동태적 분석과 수요분석 측면

Ⅵ. 결(4)

---

4 예시 답안

Ⅰ. 서(4)

최유효이용은 부동산가격과 부동산시장에 있어서 전제가 되는 개념으로서 기본적인 가정이 포함되어 있다. 여기서 기본적인 가정이라 함은 매수자가 기꺼이 지불하고자 하는 가격은 대상 부동산의 여러 대안 중 가장 수익성이 높은 이용에 할당할 것이라는 것이다. 이러한 최유효이용은 기존의 사용에 국한된 것이 아니며 부동산의 사회적, 경제적, 행정적 위치 가변성으로 현재의 시장상황, 장래 시장변화의 추세 등에 따라 끊임없이 변화한다. 따라서 부동산시장이 침체국면일 때 최유효이용 판단 시 유의하여야 한다. 이하 다음 물음에 답하고자 한다.

Ⅱ. 최유효이용의 개념과 성립요건(4)

1. 최유효이용의 개념

최유효이용이란 객관적으로 보아 양식과 통상의 이용능력을 가진 사람이 대상 부동산을 합법적이고 합리적이며 최고, 최선의 방법으로 이용하는 것을 말한다.

2. 최유효이용의 성립요건

물리적 채택가능성이란 대상 부동산은 토양의 하중이나 지지력, 지형, 지세 등에 적합한 이용이어야 한다는 성립요건이다. 합법적 이용이란 대상 부동산은 지역지구제뿐만 아니라 여러 가지 환경기준 등 개발에 대한 각종 법적 규제에 적합한 이용이어야 한다는 성립요건이다. 합리적 이용이란 대상 부동산은 경제적으로 타당한 이용으로서 해당 용도에 대한 소득이나 가치가 총개발비용보다는 커야 한다는 성립요건이다. 최대 수익성이란 대상 부동산이 앞서 설명한 3가지 조건을 충족하는 잠재적 용도 중에서 최고의 수익을 창출하여야 한다는 성립요건이다.

Ⅲ. 부동산가격 판단 시 최유효이용을 전제로 판단해야 하는 이유(8)

1. 부동산가격 판단

부동산가격 판단 시에는 반드시 최유효이용을 전제로 하여야 한다. 이를 감정평가이론에서는 가격 제 원칙 중 최상위의 원칙인 최유효이용의 원칙이라고 한다. 최유효이용의 원칙은 부동산의 경우 다양한 이용대안 중에서 최고의 가치를 창출하는 이용을 전제로 가격을 판단해야 한다는 원칙을 말한다.

2. 최유효이용을 전제로 판단해야 하는 이유

1) 인간의 합리성 추구

토지는 고정적, 경직적인 자연적 특성이 있으나, 인문적 특성으로서 용도의 다양성에 의거하여 다양한 용도로 이용이 가능한 물건이므로 경제주체들의 합리성 추구로 인해 결국 토지의 이용은 최유효이용으로 귀착된다.

2) 토지할당

토지는 용도의 다양성이 있기 때문에 제반 환경의 변화에 따라 이용의 주체, 방법, 규모에 있어 대체, 경쟁의 관계가 발생한다. 이러한 대체, 경쟁과정을 통해 최유효이용에 토지가 할당된다.

3) 최유효이용의 강제

부동산의 경우 한번 잘못 이용되면 악화되기 쉽고(악화성향), 지속적으로 유지되며(지속성), 원상회복이 어렵다(비가역성). 이것은 대상 부동산뿐만 아니라 주변의 다른 부동산에도 부정적인 영향을 미치게 된다. 따라서 국가나 사회는 부동산의 사회성, 공공성이 제대로 발휘될 수 있도록 각종 규제를 통해 최유효이용을 강제하는 것이다.

Ⅳ. 최유효이용의 원칙과 다른 원칙들 간의 상호관련성(8)

1. 최유효이용의 원칙과 다른 원칙들

가격 제 원칙은 최유효이용원칙을 비롯해 총 13가지가 있는데, 이들은 상호 유기적인 관련성을 가지고 하나의 체계를 이룬다. 체계의 중심에는 최유효이용원칙이 있고 다른 원칙들은 최유효이용원칙을 지원하는 형식으로 구성되어 있다. 즉, 최유효이용원칙을 기준으로 토대가 되는 원칙, 내부 측면의 원칙, 외부 측면의 원칙으로 구분할 수 있다.

2. 토대가 되는 원칙들과 상호관련성

부동산은 영속성과 사회적, 경제적, 행정적 위치의 가변성 등의 특성을 지니고 있어 부동산의 가격은 과거로부터 장래에 걸친 장기적인 고려하에서 형성되고 항상 변화의 과정을 거치게 된다. 즉, 예측과 변동을 기반으로 해서 최유효이용과 부동산가격이 결정된다는 측면에서 예측과 변동의 원칙은 최유효이용의 원칙의 토대가 되는 원칙으로서 상호관련된다.

3. 내부측면의 원칙들과 상호관련성

부동산의 최유효이용 여부 및 그에 따른 부동산가격에 대한 내부적인 판단기준이 된다는 측면에서 관련되며 기여의 원칙, 수익배분의 원칙, 균형의 원칙 등으로 구성되어 있다. 구체적으로 내부적인 측면에서 최유효이용이 되고 그에 적합한 가격이 형성되기 위해서는 각 구성부분의 기여가 합리적으로 반영되어야 하며 부동산에 귀속되는 잔여수익이 최대가 되어야 하고 구성요소 간의 균형이 이루어져야 한다는 것이다.

4. 외부측면의 원칙들과 상호관련성

부동산의 최유효이용 여부 및 그에 따른 부동산가격에 대한 외부적인 판단기준이 된다는 측면에서 관련되며 적합의 원칙, 외부성의 원칙, 수요・공급의 원칙 등이 있다. 구체적으로 외부적인 측면에서 최유효이용이 되고 그에 적합한 가격이 형성되기 위해서는 먼저 부동산의 용도가 주위환경에 적합하여야 하며 그러한 용도 및 그에 따른 가격은 외부적인 요인에 의해 영향을 받아 수요와 공급의 상호작용에 의해 결정된다는 것이다.

Ⅴ. 부동산시장이 침체국면일 때 최유효이용 판단 시 유의사항(12)

1. 침체국면의 특징

일반적으로 부동산가격이 하락하고, 부동산거래도 한산해지며 전반적인 부동산활동이 침체되는 국면이다. 이러한 국면에서는 공실률이 증가하고 매수자 우위시장이며 단기간 내에 경기가 하강하는 곳에서는 부동산거래활동 자체가 중단되기도 한다.

2. 최유효이용 판단 시 유의사항

1) 최유효이용의 성립요건 측면

부동산시장이 침체국면일 경우 경기활성화를 위해 정부개입의 가능성이 큰바 거래규제완화의 가능성을 고려하여야 할 것이다. 예를 들어 정부의 재건축・재개발에 있어서 안전진단 기준, 건폐율, 용적률의 완화 등이다. 또한 합리적 이용의 판단이 어려울 수 있다. 즉, MR, MC분석에 있어서 예측 비중이 커지는 만큼 오류가능성이 커진다. 따라서 기대수익 예측 시 보수적으로 접근할 필요가 있다.

2) 가격 제 원칙 측면

부동산시장은 시간의 흐름에 따라 다양한 요인들의 복합적인 작용에 따라 끊임없이 변화하므로 현재의 시장이 어디에 위치하고 있는지를 합리적이고 정확하게 판단하기 위해서는 변동의 원칙과 예측의 원칙에 유의하여야 한다. 특히 침체국면인 경우에는 급매 등 일시적이고 비정상적인요소를 배제하고 가까운 장래에 확실하게 실현될 범위 내에서 객관성, 현실성, 논리성에 입각해야 한다.

3) 특수상황의 최유효이용 측면

부동산시장이 침체국면일 경우 개발사업이나 개량활동이 감소되면서 최유효이용이 잠정적으로 연기되는 중도적 이용이 증가할 것이다. 따라서 다른 이용으로의 전환보다 현재 이용이 최유효이용이 될 가능성이 높다는 점을 인식하고 특수상황의 최유효이용 판정에 유의하여야 한다.

4) 동태적 분석과 수요분석 측면

부동산시장이 침체국면일 경우 최유효이용을 기준시점으로만 파악하면 오류를 범하기 쉽다. 부동산은 사회적, 경제적, 행정적, 환경적 조건의 변화에 따라 계속적으로 변화하는 것이므로 동태적 관점에서 분석해야 한다. 또한 유효수요가 감소하므로 해당 용도에 대한 충분한 수요가 있는지 여부를 확인하기 위한 수요분석, 시장성분석 등에 유의하여야 한다.

Ⅵ. 결(4)

감정평가에 있어서 최유효이용의 개념은 가치전제로서 그 의미가 크다. 특히 부동산시장이 침체국면인 경우 최유효이용의 판단 시에는 평소보다 많은 주의가 요구된다. 따라서 침체국면에서 감정평가 시에는 시장 거래가격의 판단 기준이 되는 이용상황, 대상 부동산의 현황, 장래의 변화 가능성 등에 대한 다양한 분석과정이 중요하다. 또한 최유효이용의 성립요건과 다른 가격원칙들 간의 상호관련성도 고려할 필요가 있다.

02 시장분석(market analysis)과 지역분석(regional analysis)에 대한 다음의 물음에 답하시오. 30점

1) 시장분석(market analysis)의 의의 및 필요성을 설명하고, 시장분석 6단계를 단계별로 설명하시오. 20점

2) 부동산 감정평가에서 행하는 지역분석(regional analysis)을 설명하고, 시장분석과의 관계를 설명하시오. 10점

1 출제위원 채점평

문제 2는 시장분석과 지역분석에 대한 물음으로서 시장분석의 6단계에 대한 이해와 지역분석과의 관계에 대한 내용이다. 시장분석과 지역분석에 대한 기본적인 지식이 있으면 답할 수 있는 문제로서 시장분석의 각 단계별 분석내용에 대한 이해와 시장분석과 관련한 분석지표로서의 과거자료의 한계 등에 대한 설명이 필요하다. 지역분석에 대해 이해하고 시장분석과의 관계를 알고 있다면 어렵지 않은 문제라 할 수 있다.

2 답안작성 가이드

감정평가와 관련하여 시장분석과 시장성분석, 지역분석, 개별분석 등은 대상 부동산에 대한 감정평가 3방식 적용 전에 이루어져야 하는 중요한 과정이다. 본 문제는 미국식 시장분석과 일본식 지역분석의 개념이 혼용되고 있는 가운데 양자가 어떠한 개념을 가지고 있는지 또한 어떠한 관계를 이루고 있는지 설명하여야 한다.

3 목차

Ⅰ. 서(3)

Ⅱ. 시장분석의 의의 및 필요성과 시장분석 6단계(16)

1. 시장분석의 의의
2. 시장분석의 필요성
3. 시장분석 6단계
   1) 개설
   2) 생산성분석
   3) 시장획정
   4) 수요・공급분석
   5) 균형분석
   6) 포착률의 추계

Ⅲ. 지역분석, 시장분석과의 관계(8)

1. 지역분석의 의의
   1) 개념
   2) 지역분석의 필요성
2. 시장분석과의 관계
   1) 분석대상과 분석범위 측면
   2) 분석목적 측면
   3) 분석내용 측면

Ⅳ. 결(3)

4 예시 답안

Ⅰ. 서(3)

부동산시장의 환경변화, 예컨대 부동산시장과 자본시장의 통합화, 부동산 간접투자 활성화, 글로벌화 등에 따라 시장분석의 중요성은 가치추계업무뿐만 아니라 컨설팅 등의 비가치추계업무에서도 점차 커지고 있다. 한편 일본과 국내 감정평가절차상의 가치형성요인에 대한 분석인 지역분석이 규정되어 있는바 지역분석의 의의와 시장분석과의 관계도 파악할 필요가 있다. 이하 다음 물음에 답하고자 한다.

Ⅱ. 시장분석의 의의 및 필요성과 시장분석 6단계(16)

1. 시장분석의 의의

시장분석이란 특정 부동산에 대한 시장의 수요와 공급 상황을 분석하는 것으로 그 속성상 지리적 범위를 지니는바 먼저 시장지역을 획정하여야 한다.

2. 시장분석의 필요성

감정평가사가 시장분석을 하는 것은 대상 부동산의 최유효이용을 확인하고 시장가치를 추산하기 위함이다. 즉, 시장분석은 감정평가 3방식을 적용함에 있어서 필요한 기초적인 정보를 제공한다. 또한 컨설팅분야에서의 시장분석은 보다 세부적인 결과를 도출하여 의뢰인의 의사결정을 지원한다.

3. 시장분석 6단계

1) 개설

감정평가에 있어서 시장분석은 구체적으로 생산성분석, 시장획정, 수요분석, 공급분석, 균형분석, 포착률의 추계, 타당성분석의 단계를 거쳐 수행하게 된다. 여기서 타당성분석은 개발예정된 부동산의 경우에 한정되어 사용된다는 점에서 이하 설명에서는 생략한다.

2) 생산성분석

생산성분석이란 대상 부동산과 경쟁 부동산들의 법적, 물리적, 입지적 특성들에 대한 예비조사를 통하여 상품으로서의 부동산제품을 차별화하고 대상 부동산이 공급할 수 있는 입지적 효용이나 서비스능력을 조사, 연구하는 것이다.

3) 시장획정

앞서 생산성분석을 통해 부동산제품을 차별화했으면 다음 단계는 대상 제품에 대한 시장을 획정하는 것이다. 시장획정이란 부동산의 유형이나 용도, 지리적 위치 등에 따라 별도의 세분시장으로 구분하여 연구하는 단계이다.

4) 수요·공급분석

수요분석은 전 단계에서 확정된 세분시장별로 대상 부동산의 잠재적 가능 수요자를 확인하는 것이다. 공급분석은 시장지역 내에 공급된 기존 경쟁 부동산의 재고는 물론 경쟁적 공급이 가능한 신규 부동산의 건축 프로젝트까지도 조사에 포함하여 예측되어야 한다.

5) 균형분석

균형분석은 부동산시장 내 수요와 공급의 상호작용을 분석하고 공급이나 수요가 초과할 경우 어느 시기에 균형점에 도달할 수 있는가를 분석하는 것이다.

6) 포착률의 추계

포착률의 추계는 마지막 단계로서 대상 부동산이 주어진 시장조건 하에서 특정유형 부동산의 전체가능시장에서 차지할 것으로 예상되는 시장점유율을 분석하는 것이다.

Ⅲ. 지역분석, 시장분석과의 관계(8)

1. 지역분석의 의의

1) 개념

지역분석이란 그 대상 부동산이 어떤 지역에 있는가, 그 지역은 어떠한 특성을 갖고 있는가, 그리고 대상 부동산이 속한 시장은 어떠한 특성을 갖고 있는가, 그러한 특성은 그 지역 내의 부동산 이용형태와 가치형성요인에 전반적으로 어떤 영향력을 갖고 있는가를 분석하고 판정하는 것을 말한다.

2) 지역분석의 필요성

부동산에는 지역성이 있고, 그 지역은 다른 지역과 다른 특성을 가진다. 그러므로 가격형성이나 기능발휘가 다른 부동산과 함께 어떤 지역을 구성하며 그 지역 내의 구성분자로서 다른 부동산과 상호관계를 통하여 지역마다 다른 지역적 특성을 형성하게 된다. 이는 해당 부동산의 가격수준에 전반적인 영향을 주는 일반요인과 지역요인을 바탕으로 한다. 따라서 지역분석이란 어떤 지역을 구성하는 부동산의 가격형성에 전반적인 영향을 미치는 지역요인에 대한 분석을 행하는 것이 목적이므로 이를 통하여 가격수준을 판정하는 것이다.

2. 시장분석과의 관계

1) 분석대상과 분석범위 측면

경제학에서의 시장분석은 부동산뿐만 아니라 일반재화를 모두 대상으로 한다. 반면, 지역분석은 부동산으로 한정된다. 또한 시장분석은 대상 재화에 따라 분석의 범위가 다양하나 지역분석은 대상 부동산의 용도, 지리적 위치에 따라 인근지역, 유사지역, 동일수급권으로 한정된다는 관계에 있다.

2) 분석목적 측면

시장분석은 특정부동산에 대한 시장의 수요와 공급상황, 포착률의 예측 등이 분석목적이다. 반면, 지역분석은 지역요인의 영향과 시장참가자의 특성 등을 조사하여 표준적 이용과 가격수준을 판정하는 데 분석목적이 있는 관계에 있다.

3) 분석내용 측면

시장분석은 흡수율과 가능시장임료 예측을 위한 각 용도별 수요와 공급의 분석을 내용으로 한다. 반면, 지역분석은 지역분포, 지역특성(경제, 사회, 행정, 환경), 지역 간의 관계 등을 분석내용으로 하는 관계에 있다.

Ⅳ. 결(3)

시장분석단계에서 자료의 수집과 분석단계는 가장 중요한 부분이라고 할 수 있다. 그러나 미래에 대한 정확한 예측을 위해서 이용되는 과거의 통계자료가 단지 과거의 현상만을 설명하거나 분석보고서에 사용된 자료 중 해당 프로젝트와 관련이 없는 자료가 활용되는 경우도 있다. 이와 함께 분석과정에서 중요한 현상에 대하여 충분한 고려를 하지 않는 경우도 발생한다. 따라서 향후에는 이러한 시장분석의 한계에 대한 연구도 지속적으로 필요할 것이다.

03 감정평가이론상 토지평가 방법에는 감정평가 3방식이 있으나, 감정평가 관련 법령은 토지의 경우 표준지공시지가를 기준으로 평가하도록 규정하고 있다. 다음의 물음에 답하시오. 20점

1) 토지평가 시 감정평가 3방식을 적용하여 평가한 가격과 표준지공시지가를 기준으로 평가한 가격과의 관계를 설명하시오. 10점

2) 표준지공시지가가 시장가치를 반영하지 못하는 경우, 표준지공시지가를 기준으로 해야 하는 감정평가에서 발생가능한 문제와 대책을 기술하시오. 10점

1 출제위원 채점평

이론적으로 감정평가 3방식에 의한 시산가액과 공시지가를 기준으로 한 감정평가액의 본질적인 관계에 대한 이해가 필요한 문제이다. 또한 시장가치를 적정하게 반영하지 못하는 표준지공시지가를 기준으로 한 감정평가의 문제점에 대한 이해와 함께 표준지공시지가를 기준으로 한 토지의 평가에 대한 한계를 묻는 문제이다. 또한 감정평가이론에 의한 감정평가 3방식을 적용하는 감정평가 등에 대한 언급이 필요한 문제로서 공시지가기준으로 한 감정평가에 대한 기본적인 이해와 고찰이 있다면 어렵지 않은 문제이다.

2 답안작성 가이드

토지의 평가와 관련된 문제로서 표준지공시지가를 기준으로 한 방법과 이론적인 감정평가 3방식의 개념, 논리, 절차, 관련된 법규정 등을 간략하게 설명한다. 그리고 공시지가기준법이 가진 근본적인 문제로 인하여 시장가치와 괴리가 발생하고 이를 해소하기 위하여 그 밖의 요인 보정 작업이 이루어진다는 점 그리고 이러한 절차의 불명확성 등으로 여전히 논란이 지속되고 있다는 점을 밝혀야 한다.

3 목차

Ⅰ. 서(2)

Ⅱ. 감정평가 3방식에 의한 평가가격과 표준지공시지가를 기준한 평가가격과의 관계(8)

1. 감정평가 3방식에 의한 평가가격의 개념 및 성격
2. 표준지공시지가를 기준한 평가가격의 개념 및 성격
3. 두 평가가격의 관계
   1) 주방식과 부방식에 의하여 도출된 관계
   2) 이론적 평가방법과 법적 평가방법에 의하여 도출된 관계
   3) 그 밖의 요인 보정과의 관계

Ⅲ. 표준지공시지가를 기준으로 해야 하는 감정평가에서 발생가능한 문제와 대책(8)

1. 개설
2. 감정평가에서 발생 가능한 문제
   1) 그 밖의 요인 보정
   2) 감정평가의 신뢰성
3. 대책
   1) 그 밖의 요인 보정
   2) 공시지가의 현실화

Ⅳ. 결(2)

4 예시 답안

Ⅰ. 서(2)

토지의 평가에 있어서 감정평가 관련 법령은 표준지공시지가를 기준한 방법을 규정하고 있으며 이론적인 평가방법으로 감정평가 3방식을 규정하고 있다. 한편 공시지가기준법은 표준지공시지가가 시장가치를 반영하지 못하여 실무적으로 이를 해결하기 위하여 그 밖의 요인 보정 절차를 마련하고 있다. 이하 물음에 답하고자 한다.

Ⅱ. 감정평가 3방식에 의한 평가가격과 표준지공시지가를 기준한 평가가격과의 관계(8)

1. 감정평가 3방식에 의한 평가가격의 개념 및 성격

① 감정평가 3방식에 의한 가격이란 거래사례비교법, 원가법, 수익환원법 등 3방식을 적용하여 평가한 후 시산가액 조정을 통해 최종적으로 결정된 가격을 의미한다. ② 이 경우 결정된 가격의 성격은 시장가치로서 현실가격, 존재가격의 성격을 갖는다.

2. 표준지공시지가를 기준한 평가가격의 개념 및 성격

① 표준지공시지가를 기준한 가격이란 표준지공시지가에 시점수정, 지역요인, 개별요인 비교, 그 밖의 요인 보정을 통해 결정된 가격을 의미한다. ② 이 경우 결정된 가격의 성격은 이론상 정책적, 당위가격으로서 적정가격인 공시지가를 기준으로 하지만 실무상으로 그 밖의 요인 보정을 통해 시장가치가 된다.

3. 두 평가가격의 관계

1) 주방식과 부방식에 의하여 도출된 관계

감칙 제12조 시산가액 조정의 제1항에서는 주방식을 규정하고 있고 제2항에서는 다른 방식을 통해 합리성을 검토하도록 규정하고 있다. 따라서 토지의 평가 시에는 감칙 제14조 제1항에 근거하여 표준지공시지가를 기준으로 하는 방법이 주방식이고 나머지 방식이 부방식이 된다. 즉, 양자는 주방식과 부방식에 의하여 도출된 평가가격이라는 관계에 있다.

2) 이론적 평가방법과 법적 평가방법에 의하여 도출된 관계

감정평가 3방식에 의한 가격은 전통적 감정평가이론 기법에 의거한 이론적 평가방법이므로 구체적인 절차나 과정은 실무기준에 이를 규정하고 있다. 반면, 표준지공시지가를 기준으로 한 방법은 감정평가법 제3조 제1항 본문 등 감정평가 관련 법령에서 특수하게 규율하고 있는 법적 평가방법으로서 세부절차를 감칙에 규정하고 있다. 따라서 양자는 이론적 평가방법과 법적 평가방법에 의하여 도출된 평가가격이라는 관계에 있다.

3) 그 밖의 요인 보정과의 관계

이론상 3방식에 의한 가격이 존재가격이며 시장가치에 가깝다면 표준지공시지가에 의한 가격은 당위가격인바 이론상으로 양자의 관계는 시장가치와 적정가격과의 관계와 같다. 다만, 실무상으로는 적정가격인 표준지공시지가의 시가반영비율이 낮으므로 그 밖의 요인 보정 절차를 통해 보정함으로써 시장가치가 되는 관계에 있다.

Ⅲ. 표준지공시지가를 기준으로 해야 하는 감정평가에서 발생가능한 문제와 대책(8)

1. 개설

표준지공시지가가 시장가치를 반영하지 못한다는 의미는 공시지가 현실화율이 시장가치와 격차가 있음을 의미한다. 그리고 이를 해결하기 위한 그 밖의 요인 보정이란 토지를 평가함에 있어 지가변동률, 생산자물가상승률, 지역요인 및 개별요인 이외에 지가변동에 영향을 미치는 요인이 있을 때 보정하는 것을 말한다.

2. 감정평가에서 발생 가능한 문제

1) 그 밖의 요인 보정

적정가격 성격의 표준지공시지가와 시장가치의 괴리를 줄이기 위해 그 밖의 요인 보정 절차가 토지의 평가 시 필수적으로 발생하게 된다. 그러나 적용에 있어서 감정평가법인 등 간에 발생하는 차이와 감칙 제14조 제2항 제5호에 따른 시가와의 격차를 보정하기 위한 절차임을 명확히 하는 정의가 누락된 것이 문제된다.

2) 감정평가의 신뢰성

적정가격으로서 표준지공시지가를 기준으로 한 감정평가액은 그 밖의 요인 보정을 거쳤다고 하더라도 여전히 시장가치와 괴리되는바 보상평가 등에 있어서 감정평가의 신뢰성이 문제된다.

3. 대책

1) 그 밖의 요인 보정

그 밖의 요인 보정 적용에 있어 상・하한을 설정하여 감정평가법인 등 간에 차이를 줄이고 감칙 제14조 제2항 제5호에 따른 시가와의 격차를 보정하기 위한 절차임을 명확하게 정의하여야 한다.

2) 공시지가의 현실화

그 밖의 요인 보정의 적정성을 검토하는 방안도 대책이 될 수 있으나 근본 원인은 공시지가기준법을 강제하고 있는 제도상 문제와 표준지공시지가의 현실화율에 있다. 따라서 공시지가의 현실화율을 제고하는 것이 필요하다.

Ⅳ. 결(2)

표준지공시지가가 시가에 미달할 경우 공시지가를 활용하는 분야에서는 그 가격에 대한 신뢰성의 문제가 생길 수 있다. 특히 과세, 보상 등과 같이 형평성이 강조되는 분야에서는 더욱 심화될 것이므로 이를 해결하기 위한 근본적인 방안으로 공시지가의 현실화율을 높일 필요가 있을 것이다. 다만, 현재는 그 밖의 요인 보정을 통하여 이를 수행하고 있는바 객관적인 방법 등에 대한 규정을 통하여 주관성에 의한 한계를 극복해야 할 것이다.

04 부동산업을 법인형태로 영위하는 경우, 해당 법인의 주식가치 평가방법을 설명하시오. 10점

1 출제위원 채점평

주식가치 평가방법 중 부동산업을 법인 형태로 영위하는 경우의 평가방법 설명에 대한 제시로서. 준비 부족이거나 간과하여 설명하지 못한 수험생이 있고, 감정평가에 관한 규칙 규정의 내용으로 대신하는 경우가 있어 아쉬움이 있다.

2 답안작성 가이드

일반적인 주식가치의 감정평가방법을 설명할 것이 아니라 부동산업을 법인형태로 영위한다는 점에 초점을 두어 이러한 법인의 특징을 고려하여 평가방법을 설명하여야 할 것이다.

3 목차

Ⅰ. **개설(1)**

Ⅱ. **부동산업을 법인형태로 운영하는 경우(2)**

Ⅲ. **해당 법인의 주식가치 평가방법(7)**

1. 상장주식일 경우 감정평가방법(감칙 제24조 제1항 및 감정평가실무기준)
2. 비상장주식일 경우 감정평가방법
   1) 자기자본가치(순자산가치)법
   2) 주당가치를 직접 산정할 수 있는 경우
   3) 기업가치의 감정평가

4 예시 답안

Ⅰ. 개설(1)

부동산업을 법인형태로 영위하는 법인이란 부동산 관련 유형자산, 무형자산을 보유하며 부동산 매매, 개발, 중개업 등을 운영하는 법인을 말한다. 이하 부동산업을 법인형태로 영위하는 경우 주식가치의 평가방법을 감칙 및 감정평가 실무기준에 따라 설명하고자 한다.

Ⅱ. 부동산업을 법인형태로 운영하는 경우(2)

부동산업을 법인형태로 운영하는 기업의 경우 타 기업에 비해 부동산시장의 변동성에 따라 위험이 높을 수 있으므로 이를 충분히 수익이나 할인율 결정에 반영할 수 있어야 할 것이다. 이러한 주식가치의 이론적 평가방법으로는 배당할인모형, EVA모형, 상대가치평가모형, 자산가치평가모형 등이 있다. 또한 상속세 및 증여세법, 유가증권세칙, 국유재산법, 감칙 및 감정평가 실무기준에서 규정한 법적 평가방법이 있다.

Ⅲ. 해당 법인의 주식가치 평가방법(7)

1. 상장주식일 경우 감정평가방법(감칙 제24조 제1항 및 감정평가 실무기준)

원칙적으로 거래사례비교법을 적용하는바 대상 상장주식의 기준시점 이전 30일간 실제거래가액의 합계액을 30일간 실제 총 거래량으로 나누는 방법에 의한다. 다만, 예외적으로 상장주식 중 거래소에서 매매가 이루어지지 않거나 특정한 이유로 인하여 매매가 정지되어 있는 경우에는 비상장주식의 감정평가방법에 따라 감정평가한다.

2. 비상장주식일 경우 감정평가방법

1) 자기자본가치(순자산가치)법

해당 회사의 자산, 부채 및 자본항목을 기준시점 현재의 가액으로 평가하여 수정재무상태표를 작성한 후 자산총계에서 부채총계를 공제한 기업체의 자기자본가치(순자산가치)를 발행주식수로 나누어 비상장주식의 주당가액을 평가하는 방법이다.

2) 주당가치를 직접 산정할 수 있는 경우

대상 주식의 거래가격이나 시세 또는 시장배수 등을 파악할 수 있는 경우에는 기업가치의 산정 과정을 거치지 않고 비상장주식의 가치를 직접 산정할 수 있다.

3) 기업가치의 감정평가

실무적으로 비상장주식을 감정평가할 때 자기자본가치(순자산가치)법을 적용하는 경우가 대부분이다. 따라서 비상장주식의 감정평가 시 적정한 기업가치의 감정평가는 매우 중요한 과정에 해당한다. 기업가치를 감정평가하는 방법으로는 수익환원법, 거래사례비교법, 원가법 등이 있다. 특히 해당 법인의 업태가 부동산개발업인지, 부동산임대업인지, 부동산서비스업인지 등에 따라 적절한 평가방법을 적용하여야 한다.

Chapter 13

2012년 제23회 기출문제

01 시장가치(Market Value)에 관한 다음의 물음에 답하시오. 40점

1) 시장가치 개념의 변천과정을 설명하시오. 20점

2) 최근 시장가치 정의의 통계학적 의미를 최종평가가치의 표현방법과 관련하여 설명하시오. 20점

02 최근 수익성 부동산의 임대차시장에서는 보증부월세가 주된 임대차계약 형태로 자리 잡고 있다. 이 수익성 부동산을 수익환원법으로 평가하고자 할 때, 다음의 사항에 대하여 답하시오. 30점

1) 이 수익성 부동산의 평가절차에 대해서 설명하시오. 10점

2) 보증금의 처리 방법과 문제점에 대해서 논하시오. 20점

03 다음 사항을 설명하시오. 20점

1) 실물옵션 10점

2) 재건축정비사업에 있어서 매도청구소송목적의 감정평가 10점

04 국토교통부의 부동산 실거래가 자료축적의 의의와 한계극복을 위한 감정평가사의 역할에 대해서 설명하시오. 10점

해설 및 예시 답안

01 **시장가치(Market Value)에 관한 다음의 물음에 답하시오.** 40점

1) 시장가치 개념의 변천과정을 설명하시오. 20점

2) 최근 시장가치 정의의 통계학적 의미를 최종평가가치의 표현방법과 관련하여 설명하시오. 20점

1 출제위원 채점평

감정평가이론 1번 문제는 배점기준이 가장 높은 40점 만점 문항으로서 시장가치에 대한 질문이다. 질문에 대한 답변으로 시장가치의 변천과정과 시장가치 정의의 통계학적 의미를 시장가치의 표현방법과 관련하여 설명하는 것으로 구성・출제되었다. 정확한 답변을 위해서는 시장가치에 대한 명확한 정의를 바탕으로 서술되어야 한다. 아울러 시장가치의 변천과정에 대한 기술이 포함되어야 한다. 하지만 아쉽게도 많은 수험자가 이러한 원칙적인 서술에 비중을 적게 두다 보니, 시장가치 정의의 통계학적 의미를 시장가치의 표현방법과 관련한 설명에 있어서 매우 미흡하게 답변하거나 질문을 이해하지 못했던 답안도 다수 있었다고 판단된다. 질문에 대한 정확한 의도를 파악하는 것이 매우 중요하다는 것을 보여주는 문제가 감정평가이론 1번으로서, 배점기준이 가장 높은 문항이었다.

2 답안작성 가이드

2013년 감칙 전면 개정으로 인한 이슈를 묻는 문제로서 (현재) 시장가치와 (과거) 정상가격의 개념, 그리고 (현재) 시장가치로의 변천과정을 구체적으로 설명하면 된다. 또한 시장가치 정의의 통계학적 의미를 최종가치의 표현방법과 관련하여 설명하기 위해서는 통계학적 의미가 무엇인지부터 먼저 다루어야 할 것이다.

3 목차

Ⅰ. 서(4)

Ⅱ. 시장가치 개념의 변천과정(16)

1. 정상가격의 개념

2. 시장가치로의 변천취지와 개념요소
   1) 시장가치의 개념
   2) 변천취지
   3) 통상적인 시장 및 충분한 기간 동안 거래를 위하여 공개된 후
   4) 신중하고 자발적인 거래 및 당사자의 정통성
   5) 성립될 가능성이 가장 높은 가액

3. 정상가격에서 시장가치로의 변천과정
   1) 시장노출시간의 구체화
   2) 거래조건의 구체화
   3) 성립될 가능성이 가장 높은 가액

Ⅲ. 최근 시장가치 정의의 통계학적 의미(16)

1. 통계학적 의미
   1) 개설
   2) 산술평균
   3) 중위치
   4) 최빈치

2. 최종평가가치의 표현방법
   1) 점추정치
   2) 구간추정치
   3) 관계가치

3. 시장가치 정의의 통계학적 의미
   1) 확률의 개념 고려
   2) 통계학적 의미와 최종평가가치의 표현방법

Ⅳ. 결(4)

---

4 예시 답안

Ⅰ. 서(4)

감칙의 전면 개정으로 인하여 정상가격에서 시장가치로 용어가 변경되었다. 따라서 시장가치 개념의 변천과정과 관련하여서는 (구)감칙상 정상가격과 (현)감칙상 시장가치의 개념을 중심으로 설명하고자 한다. 또한 현재 감정평가보고서상 감정평가가액은 일반적으로 하나의 금액으로 표현하도록 하고 있다. 이러한 최종평가가치를 표현하는 방법과 관련하여서는 시장가치의 개념요소 중 통계학적 의미를 지니고 있는 성립될 가능성이 가장 높다고 인정되는 가액을 중심으로 설명하고자 한다.

Ⅱ. 시장가치 개념의 변천과정(16)

1. 정상가격의 개념

   (구)감칙 상 정상가격이라 함은 평가 대상 토지 등이 통상적인 시장에서 충분한 기간 거래된 후에 그 대상 물건의 내용에 정통한 거래당사자 간에 통상 성립한다고 인정되는 적정가격을 말한다.

2. 시장가치로의 변천취지와 개념요소

1) 시장가치의 개념

(현)감칙 상 시장가치란 토지 등이 통상적인 시장에서 충분한 기간 거래를 위하여 공개된 후 그 대상 물건의 내용에 정통한 당사자 사이에 신중하고 자발적인 거래가 있을 경우 성립될 가능성이 가장 높다고 인정되는 대상 물건의 가액이라 한다.

2) 변천취지

규범적인 성격을 갖고 있는 정상가격이란 용어 대신에 시장가치로 평가용어를 정의하는 것이 국제적 평가기준과 부합한다. 이러한 이유로 감정평가에서 구하는 원칙적인 가치기준을 외국의 감정평가기준 및 회계, 금융, 세무, 컨설팅 등 타 분야에서 표준으로 사용하고 있는 시장가치로 규정하고 시장가치의 개념 요소를 국제기준에 맞추어 구체화하였다.

3) 통상적인 시장 및 충분한 기간 동안 거래를 위하여 공개된 후

① 일반재화가 거래되는 시장과는 특성이 다르나 시장가치의 제반 조건을 만족하는 상정된 시장이지만 현실에 존재하지 아니하는 시장이 아니고 통상적인 부동산거래가 이루어질 수 있는 시장을 지칭한다. ② 기준시점 이전 대상 부동산을 시장에 출품하되 충분하고 합리적인 기간 동안 매도자의 적정 마케팅 활동이 수반되어야 한다.

4) 신중하고 자발적인 거래 및 당사자의 정통성

① 특별한 제약이나 거래동기를 갖지 않고 신중하고 자발적인 의사에 의해 거래가 이루어지는 행태를 상정하고 있다. ② 공개시장에 다수의 매수자와 매도자가 존재하고 매수자나 매도자 쌍방이 시장의 사정에 충분히 정통하고 자기의 이익을 위해 사려 깊게 거래활동을 한다고 보고 있다.

5) 성립될 가능성이 가장 높은 가액

미국 AI의 Most Probable Price에서 Most Probable은 거래가능가격의 평균을 의미하는 것이 아니다. 거래가능가격 중에서 가장 일어날 수 있는 빈도수가 높은 거래가능가격을 의미한다고 보면 '가장 성립될 가능성이 높은'이란 문구의 타당성은 있다.

3. 정상가격에서 시장가치로의 변천과정

1) 시장노출시간의 구체화

(현)감칙에서는 통상적인 시장에서 충분한 기간 거래를 위하여 공개된 후라는 표현을 사용하여 시장조건의 하나인 시장노출시간을 구체화하고 있다. 따라서 과거에 사용했던 충분한 기간 거래된 후라는 표현은 그 의미가 불분명하였으나 현재는 거래를 위하여 충분한 기간 동안 시장에 노출된 후를 의미한다는 것이 분명해졌다.

2) 거래조건의 구체화

(구)감칙에서는 대상 물건의 내용에 정통한 거래당사자 간이라는 표현밖에 없었으나 (현)감칙에서는 여기에 신중하고 자발적인 거래라는 표현을 부가하여 거래조건도 보다 구체화하고 있다. 이것이 의미하는 바는 ① 거래당사자들은 각자 대상 물건에 대해 충분한 지식을 가지고 ② 자신들의 최선의 이익을 고려하여 사려 깊게 행동하고 있으며, ③ 전형적으로 동기화되어 기꺼이 사고팔려고 하며, ④ 매매가격은 어떠한 부당한 자극에 의해 영향 받지 아니했다는 것이다.

3) 성립될 가능성이 가장 높은 가액

(현)감칙에서는 통상 성립한다고 인정되는 적정가격을 성립될 가능성이 가장 높다고 인정되는 대상 물건의 가액이라고 변경했다. 즉, 적정가격이 바로 부동산평가에서 말하는 일반적인 시장가치의 개념, 즉 성립될 가능성이 가장 높은 가액에 해당된다는 것이다.

Ⅲ. 최근 시장가치 정의의 통계학적 의미(16)

1. 통계학적 의미

1) 개설

시장가치의 정의에서 성립될 가능성이 가장 많은 가격이 무엇인지가 문제된다. 이와 관련하여 통계학에서 사용하고 있는 중심경향을 통해 그 의미를 구체적으로 파악할 수 있을 것이다. 여기서 중심경향이란 확률분포에 있어 사상들이 분포의 중앙에 모이게 되는 현상을 말한다.

2) 산술평균

산술평균은 모든 관측치의 값을 합한 후 그 값을 표본의 수로 나누어 계산한 값을 의미하는데 가장 일반적으로 사용되는 지표이다. 산술평균은 계산하기 쉽고 간단하게 이용할 수 있다는 장점이 있지만 극단적인 값에 의해 영향을 받아서 중심경향에 대한 측정치가 왜곡될 수 있다는 단점이 있다.

3) 중위치

중위치는 데이터를 가장 낮은 수에서 가장 높은 수로 배열하거나 가장 높은 수에서 가장 낮은 수로 배열했을 때 그 중간에 위치한 값을 말하는데 한 집단에 속하는 사람들의 전형적인 소득을 기술할 때 주로 사용된다. 중위치는 데이터의 극단적인 값에 영향을 받지 않는다는 장점이 있지만 데이터의 순서 정보만 활용되고 구체적인 값은 무시됨으로 인해서 정보의 손실이 발생할 수 있다는 단점이 있다.

4) 최빈치

최빈치는 모든 데이터에서 가장 빈번하게 발생하는 관측치를 말한다. 최빈치는 중위치와 마찬가지로 극단적인 값에 영향을 받지 않고 분포의 경향을 쉽게 파악할 수 있다는 장점이 있지만 어떻게 자료를 묶느냐에 따라 값의 변화가 커서 중심경향치 중에서 가장 안정성이 낮다는 단점이 있다.

2. 최종평가가치의 표현방법

1) 점추정치

최종가치를 하나의 수치로 표시한 것을 점추정치라 하며, 이는 전통적으로 감정평가에서 사용되어 왔다. 주로 담보, 보상, 과세가치 감정평가액 등이 해당한다. 점추정치 감정평가액은 가급적 반올림을 하여 적정한 유효숫자까지만 표시하고 정확성의 한계를 밝히는 것이 바람직하다.

2) 구간추정치

평가액의 산출에 있어 경우에 따라서는 구간으로 추정할 수도 있다. 범위로 평가액을 산출할 경우 평가액의 범위를 상한과 하한의 범위로 산정한다. 범위가 클수록 평가의뢰인에게 의미 없는 정보를 주게 되고 범위가 작을수록 가격의 정밀도가 커지는 위험이 있음을 유의하여야 한다.

3) 관계가치

기준금액의 상하관계로 표시한 것을 관계가치라 한다. 즉, 가격은 10억 원 이상이라고 하거나 또는 가격은 10억 원 이하라고 표현하는 것을 관계가치라고 한다.

3. 시장가치 정의의 통계학적 의미

1) 확률의 개념 고려

부동산의 장래 기대되는 편익의 현재가치인 시장가치의 정의는 통계학적 관점에서 보면 성립의 가능성을 기준으로 한 확률의 개념을 포함하고 있다. 여기서 확률이란 특정사건이 발생할 가능성을 수치로 표현한 것이다.

2) 통계학적 의미와 최종평가가치의 표현방법

최종평가가치의 표현방법으로 점추정은 평가목적에 맞는 특정 값을 지정한다는 장점이 있는 반면 평가액의 신뢰도가 약할 수 있다는 단점이 있다. 반대로 구간추정은 추정치의 신뢰도가 크다는 장점이 있는 반면 구간이 클 경우 무의미한 정보에 불과하다는 단점이 있다. 따라서 이러한 장단점을 고려하여 평가목적 등에 따라 시장가치 정의의 통계학적 의미를 보다 잘 전달할 수 있는 표현방법을 선택할 필요가 있다.

Ⅳ. 결(4)

시장가치 개념의 변천과정과 최종평가가치의 표현방법과 관련하여 시장가치의 정의가 내포하고 있는 통계학적 의미에 대해 살펴보았다. 시장가치의 정의는 다양한 견해가 대립될 수 있으나 이론적인 관점과 외국의 감정평가규정들을 살펴보면 시장참여자들의 전체적인 가치판단이라는 것에는 일반적으로 의견이 일치되고 있다는 점을 보여준다. 그러므로 시장가치는 시장참가자의 집단적 행동이나 활동에 대한 객관적인 조사와 분석에 근거해야 한다. 그리고 보다 적절하게 시장가치의 정의를 표현할 수 있도록 최종평가가치의 표현방법에 대한 지속적인 고민도 필요하다.

02

최근 수익성 부동산의 임대차시장에서는 보증부월세가 주된 임대차계약 형태로 자리 잡고 있다. 이 수익성 부동산을 수익환원법으로 평가하고자 할 때, 다음 물음에 답하시오. 30점

1) 이 수익성 부동산의 평가절차에 대해서 설명하시오. 10점

2) 보증금의 처리 방법과 문제점에 대해서 논하시오. 20점

1 출제위원 채점평

현재 부동산시장의 주요 변화 중의 하나인 전세에서 보증부 월세로의 임대 방식의 변화를 통하여 수익성 부동산의 일반적인 평가방법을 이해하고 있는지, 또 우리나라 부동산시장의 특성이라고 할 수 있는 보증금에 대한 이론적, 실무적 성격 및 처리방법 등을 알고 있는지를 파악하기 위한 것이다.

(물음 1) 수익성 부동산의 평가절차에 대한 질문으로 그 핵심은 수익성 부동산 평가의 일반적인 과정인 순수익의 파악, 환원율의 결정 및 환원방법의 선정에 대해서 기본적인 사항을 알고 있나 하는 것이다. 그런데 다수의 수험생이 일반적인 평가절차의 문제와 혼동하고 있었다. 즉, 감정평가에 관

한 규칙에서 규정하고 있는 일반적인 감정평가절차에 대해서 주로 서술하고 부차적으로 수익성 부동산의 평가에 대해서 서술하는 수험생이 다수 있었다.

(물음 2) 우리나라 부동산시장의 특성인 보증금을 수익성 부동산 평가 시에 어떻게 처리해야 하는가 하는 문제이다. 이는 실무적으로는 일반적인 처리 방법이 있지만 학술적으로는 그 성격 등에 대해서 아직 논의가 진행 중인 사안이다. 다수의 수험생이 일반적인 처리 방법인 보증금운용이율을 적용한다는 데에 대해 잘 알고 서술하였지만 그 외의 다른 처리방법이 있을 수도 있다는 점은 다소 간과하고 있었다.

전체적으로는 다수의 수험생이 원론적인 수익성 부동산의 평가방법 및 절차에 대해서는 잘 알고 있었지만, 이를 구체적인 현실에 적용했을 때 보다 다양한 방법으로 이해하는 점에서는 다소 부족했던 것으로 판단된다.

---

2 답안작성 가이드

본 문제는 최근 부동산시장에서 이슈가 되고 있는 논점임을 파악하여야 하고 수익성 부동산의 임대차시장에서 보증부월세가 주된 임대차계약인 경우 수익환원법 적용이 쟁점임을 이해하여야 한다. 따라서 수익환원법으로서 직접환원법과 할인현금흐름분석법의 적용절차와 보증부월세의 경우 보증금의 처리 방법, 문제점에 대하여 논하는 것이 중요하다.

---

3 목차

Ⅰ. 서(3)

Ⅱ. 수익성 부동산의 평가절차(8)

1. 수익환원법의 개념
2. 직접환원법에 의한 수익성 부동산의 평가절차
   1) 직접환원법의 가정
   2) 직접환원법에 의한 평가절차
3. 할인현금흐름분석법에 의한 수익성 부동산의 평가절차
   1) 할인현금흐름분석법의 가정
   2) 할인현금흐름분석법에 의한 평가절차

Ⅲ. 보증금의 처리 방법과 문제점(16)

1. 보증금의 개념
2. 우리나라의 경우
   1) 보증금운용이율의 적용
   2) 구체적인 적용방법

3. 일본 부동산감정평가기준의 경우

1) 보증금 전액을 반환준비금으로 상정하고 운용익의 발생 시 계상하는 방법

2) 보증금 전액을 수수 시의 수입과 지출로 계상하는 방법

4. 보증금의 처리 방법에 따른 문제점

1) 보증금운용이율 결정의 문제점

2) 운용익 또는 전액 계상방법의 문제점

Ⅳ. 결(3)

---

4 예시 답안

Ⅰ. 서(3)

최근 베이비붐세대의 은퇴, 저금리 등으로 인한 부동산시장의 변화로 전세에서 보증부월세로 전환이 증가하면서 수익형 부동산에 대한 사회적 관심이 높다. 수익성 부동산의 평가는 직접환원법 또는 DCF법을 적용하여 시장가치를 구한다. 이때 보증금을 어떤 성격의 자금으로 보느냐에 따라 그 운용익과 수익가액이 달라지므로 처리방법에 대한 검토가 필요하다. 이하 다음 물음에 답하고자 한다.

Ⅱ. 수익성 부동산의 평가절차(8)

1. 수익환원법의 개념

수익환원법이란 대상물건이 장래 산출할 것으로 기대되는 순수익이나 미래의 현금흐름을 환원하거나 할인하여 대상물건의 가액을 산정하는 감정평가방법을 말한다. 따라서 수익환원법을 직접환원법과 할인현금흐름분석법으로 구분하고 있다.

2. 직접환원법에 의한 수익성 부동산의 평가절차

1) 직접환원법의 가정

직접환원법은 단일기간의 순수익을 적절한 환원율로 환원하는 방법으로 전통적인 직접환원법과 잔여환원법으로 구분한다. 전통적 직접환원법은 직접법, 직선법, 연금법, 상환기금법으로 세분되며 잔여환원법은 토지잔여법, 건물잔여법, 부동산잔여법 등으로 세분된다. 특히 전통적 직접환원법으로서 직접법은 일정한 순수익이 영구적으로 발생하거나 투하자본에 대한 회수가 불필요할 것을 가정한다.

2) 직접환원법에 의한 평가절차

직접환원법의 평가절차는 단일연도의 순수익 추계, 시장추출법 등에 의한 환원율의 산정으로 이루어진다. 따라서 순수익을 환원율에 의하여 환원함으로써 수익성 부동산의 시장가치를 산정한다.

3. 할인현금흐름분석법에 의한 수익성 부동산의 평가절차

1) 할인현금흐름분석법의 가정

할인현금흐름분석법은 미래의 현금흐름과 보유기간말의 복귀가액에 적절한 할인율을 적용하여 현재가치로 할인한 후 대상물건의 가액을 산정하는 방법이다. 이 방법은 투자자들의

경우 전형적인 기간 동안 보유하고 저당을 지분과 혼합하여 지렛대효과를 추구한다는 것 등을 가정한다.

2) 할인현금흐름분석법에 의한 평가절차

할인현금흐름분석법의 평가절차는 적정한 투자기간, 보유기간의 상정, 매기 현금흐름의 예측, 설정기간에 대한 적정한 할인율 선택, 보유기간 말 재매도가격의 산정으로 이루어진다. 따라서 보유기간 동안 현금흐름과 기말 복귀가액의 합을 통하여 수익성 부동산의 시장가치를 산정한다.

Ⅲ. 보증금의 처리 방법과 문제점(16)

1. 보증금의 개념

보증금이란 임차인이 임대인에게 지불하는 지불임대료 이외에 임대차계약기간 종료 시 되돌려 받을 것을 조건으로 일시에 지급하는 금액을 의미한다.

2. 우리나라의 경우

1) 보증금운용이율의 적용

보증금을 가능총수익으로 처리하는 방법은 보증금운용이율을 적용하여 보증금운용이익을 산정한 후 이를 가능총수익에 가산하는 것이다. 이때 보증금운용이율의 적용과 관련하여서는 다양한 의견이 있다.

2) 구체적인 적용방법

보증금은 임대차기간 만료 시 임차인에게 반환하여야 할 반환채무이므로 적극적인 운용이 곤란하기 때문에 국공채수익률이나 정기예금이자율을 적용해야 한다는 견해가 있다. 또한 요구수익률, 환원율 등을 적용해야 한다는 견해가 있다. 따라서 수익환원법 적용 시 보증금운용이율은 투자의 수익률, 전환율, 금리 등을 종합적으로 고려하여 결정해야 한다.

3. 일본 부동산감정평가기준의 경우

1) 보증금 전액을 반환준비금으로 상정하고 운용익의 발생 시 계상하는 방법

보증금은 만기에 반환해야 하기 때문에 그 운용익만 계상하는 방법이다. ① 직접환원법의 경우 해당 기간에 발생할 것으로 예측되는 운용익이나 장기에 걸친 운용익을 표준화한 운용익을 총수익에 계상한다. ② 할인현금흐름분석법의 경우 각기에 발생할 것으로 예측되는 운용익을 해당 발생기간에 계상한다.

2) 보증금 전액을 수수 시의 수입과 지출로 계상하는 방법

① 직접환원법의 경우 운용이율을 할인율로서 계산한 운용익을 계상한다. ② 할인현금흐름분석법의 경우 보증금 등이 입금되는 시기에 해당 입금액을 총수익으로 계상하고 지급되는 시기에 지급액을 총비용으로 계상한다. 따라서 매기 보증금 운용이익이 계상되지는 않으나 보증금 유입 시의 현금유입의 현가액과 보증금 반환 시의 현금유출의 현가액의 차이가 결국 보증금을 할인율로 운용한 것과 동등한 결과를 발생시킨다.

4. 보증금의 처리 방법에 따른 문제점

1) 보증금운용이율 결정의 문제점

① 대상 부동산의 사업자금에 충당한다는 시각은 대출금리가 차입자의 대출신분에 따라 차이가 발생한다는 점에서 문제가 있다. ② 금융상품 등 포트폴리오로 운용한다는 시각은 투자금융상품의 성격에 따라 수익률이 달라지므로 문제가 있다. ③ 원금보장형으로 운용한다는 시각은 합리적인 투자자라면 최대수익을 추구한다는 투자행태에 부합하지 않는 문제가 있다.

2) 운용익 또는 전액 계상방법의 문제점

운용익을 계상하는 방법과 전액을 계상하는 방법은 상이한 운용이율이 적용되기 때문에 운용익의 차이가 발생하고, 수익가액이 다르게 된다. 따라서 어느 방법을 선택할지는 대상 부동산에 관련된 개별적인 사정과 시장관행을 감안하면서 표준적이라고 생각되는 적절한 방법을 선택하여야 한다.

Ⅳ. 결(3)

부동산의 다양한 임대차계약에 대한 이해는 부동산의 순수익 산정 시 반드시 고려되어야 할 사항이다. 최근 수익성 부동산의 임대차계약 형태가 전세보다는 보증부월세로 자리매김함에 따라, 보증금운용이익의 산정이 수익가액 결정에 큰 쟁점이 되고 있다. 향후 이에 대한 해결을 위해서는 시장에서 결정되는 보증금의 결정 논리와 월세와 보증금 간의 관계 그리고 보증금의 명확한 성격 규명이 선행되어야 할 것이다.

03 **다음 사항을 설명하시오.** 20점

1) 실물옵션 10점

2) 재건축정비사업에 있어서 매도청구소송목적의 감정평가 10점

1 출제위원 채점평

소문항 1번은 실물옵션에 대한 문제이다. 이는 재무관리이론이 감정평가에 적용된 것으로 문제의 취지는 재무관리이론으로서의 옵션에 대해서 묻는 것이 아니라 옵션이론이 부동산과 결합하였을 때 어떻게 적용되느냐 하는 것이다. 그런데 다수의 수험생이 일반 옵션이론에 대해서는 잘 이해하여 서술하였지만, 이를 부동산평가와 접목시키는 데는 다소 부족해 보인다. 즉, 부동산투자와 관련한 옵션의 정의 및 평가방법 또는 유의사항 등이 주요 내용인데, 부차적인 내용으로 대부분의 지면을 채운 답안이 다수 있었다.

소문항 2번은 주택재건축정비사업에 있어서 매도청구소송목적의 감정평가에 대한 문제이다. 이는 도시정비사업의 일종인 재건축정비사업 및 그 과정에서 발생하는 여러 평가 중 매도청구소송목적의 감정평가에 대한 이해도를 묻는 문제이다. 이 문제 역시 수험생들이 문제의 핵심보다는 일반적인 정비사업 및 재건축사업에 대해 서술하는 경우가 많았다. 주어진 배점에 따른 제한된 지면을 고려하여 문제의 핵심이 어디에 있는지를 파악하여 답안을 서술하는 것이 필요한데, 부차적인 문제에 집

중하여 논점을 놓쳐버리는 경우가 많았다. 하지만 다수의 수험생은 전체적인 맥락에서 해당 문제의 논점을 대체적으로 파악하고 있었다고 보인다. 다만, 좀 더 정확한 개념 해설과 용어 선택이 필요해 보인다.

---

2 답안작성 가이드

본 문제는 재건축사업에서의 매도청구소송목적의 감정평가와 재무이론에서의 실물옵션을 함께 묻고 있다. 다만, 각 문제가 별개가 아니므로 실물옵션 설명 시 부동산감정평가와 관련하여 설명할 필요가 있다. 즉, 재건축사업에서의 매도청구소송목적의 감정평가 시 실물옵션을 평가방법의 하나로서 활용할 수 있음을 언급하여야 한다.

---

3 목차

Ⅰ. 개설(2)

Ⅱ. 실물옵션(8)

1. 실물옵션의 개념
2. 부동산평가에 실물옵션의 적용가능성
3. 실물옵션의 유형
4. 평가모형

Ⅲ. 재건축정비사업에 있어서 매도청구소송목적의 감정평가(8)

1. 매도청구소송목적에 따른 감정평가
2. 기준시점
3. 시가의 의미 및 감정평가방법
   1) 판례의 입장
   2) 시가 감정평가 시 유의할 점
4. 실물옵션과의 관련성

Ⅳ. 결(2)

---

4 예시 답안

Ⅰ. 개설(2)

도시정비법상 재건축사업은 정비기반시설은 양호하나 노후·불량건축물이 밀집한 지역에서 주거환경을 개선하기 위하여 시행하는 사업이다. 이는 주거환경개선을 목적으로 수행하는 민간주택사업으로서 단계별로 다양한 감정평가가 이루어진다. 그 중에 매도청구소송목적의 감정평가는 조합설립 미동의자에 대한 시가평가로서 실물옵션을 활용할 수 있다. 이하 다음 물음에 답하고자 한다.

Ⅱ. 실물옵션(8)

1. 실물옵션의 개념

실물옵션은 미래 실현가능한 가치를 추정한 후 이를 얻기 위한 대가인 투자비용을 지불하고 각각의 의사결정단계에서 발생 가능한 환경변화에 따라 투자를 지속하거나 종료하는 옵션을 택함으로써 당초보다 더 높은 이익을 실현할 수 있는 권리를 의미한다.

2. 부동산평가에 실물옵션의 적용가능성

부동산 분야 특히, 개발사업의 경우 개발 이후의 수요 및 가격변동성으로 인하여 개발사업 자체에 일정한 수준 이상의 불확실성이 나타난다. 또한 자본집약적인 특성을 가진 부동산에서는 초기에 막대한 자금 투입과 높은 자본비용이 소요된다. 그리고 부동산과 관련해서는 계약에 의하든 내재적 특성에 의하든 연기, 확대, 축소 등 전략적 선택을 할 수 있는 다양한 유연성이 존재한다. 따라서 부동산평가에 실물옵션을 적용할 수 있다.

3. 실물옵션의 유형

① 확장옵션이란 투자규모를 확대하는 것이며, ② 축소옵션은 시장상황이 위축되는 경우 원래 기준으로 삼았던 가동률보다 낮추거나 시설의 일부를 매각하는 옵션을 말한다. ③ 연기옵션은 시장상황이 불리할 때 사업을 즉시 시작하지 않고 다음 시기에 착수할 수 있는 권리를 말하며, ④ 포기옵션은 투자의 현금흐름이 기대에 미치지 못한 때 그 투자 안을 포기할 수 있는 옵션을 말한다.

4. 평가모형

일반적으로 두 가지 모형을 이용하는바 먼저 이항모형은 기초자산의 가격이 이산적으로 변하며 이때의 가격변동은 상승과 하락이라는 두 가지 경우로 가정하고 위험중립의 가치평가원리에 따라 옵션가치를 계산한다. 반면, 블랙숄즈모형은 연속시간접근에 기반하여 주가의 변동이 연속적으로 일어나고 만기까지 거래횟수가 무한하다는 가정에 바탕을 두고 있다.

Ⅲ. 재건축정비사업에 있어서 매도청구소송목적의 감정평가(8)

1. 매도청구소송목적에 따른 감정평가

매도청구는 재건축사업을 시행할 때 조합설립 미동의자 등에 대해 그 소유 토지 등을 시가에 매도할 것을 청구하는 것이다. 또한 매도청구권은 재건축에 참가하는 토지 등 소유자가 재건축에 불참한 토지 등 소유자에 대하여 일정한 절차를 거쳐 토지, 건물의 매도를 청구하는 권리를 말한다.

2. 기준시점

매도청구 소송감정의 기준시점은 매매계약 체결 의제일인바 감정평가실무상으로 법원의 감정평가명령서에 제시된 일자를 기준으로 하면 될 것이다. 매도청구권은 적법한 의사표시가 상대방에게 도달한 때에는 상대방의 승낙을 기다리지 않고 바로 목적물에 대한 시가에 의한 매매계약이 성립되는 것으로 보는 형성권이라는 데 이의가 없는 점에 비추어 매도청구의 의사표시가 상대방에게 도달한 시점이 매매계약 체결시점이 된다.

3. 시가의 의미 및 감정평가방법

1) 판례의 입장

대판 1996.1.23, 95다38172 판결 이후 매도청구소송에서의 시가개념이 해당 재건축사업으로 인해 발생할 것으로 예상되는 개발이익을 포함해야 한다는 점을 일관되게 유지하고 있다.

2) 시가 감정평가 시 유의할 점

판례에서 말하는 재건축사업으로 인해 발생할 것으로 예상되는 개발이익이 포함된 시가라는 것은 철거예정에 있는 노후화된 건물의 감가를 모두 인정하고 토지자산에 준하는 상태의 가격, 즉 '노후되어 철거될 상태를 전제로 한 가격'이 아님을 강조하기 위한 것으로서 토지, 건물 일체로 거래되는 가격, 즉 재건축결의 및 조합설립인가에 따라 시장에서 형성, 반영되고 있는 개발이익 모두를 반영하라는 의미로 해석되어야 한다. 그렇지만 재건축사업의 주체로서의 조합원이 지는 리스크나 향후 현실화, 구체화되지 아니한 개발이익까지 개발이익으로 기준시점 당시에 반영하라는 의미로 해석할 수는 없다.

4. 실물옵션과의 관련성

상기와 같이 시가는 재건축으로 인하여 발생할 것으로 예상되는 개발이익이 포함된 가격을 말하는바 이러한 개발이익을 재건축으로 인한 프리미엄의 가치로 판단하고 실물옵션의 개념을 활용하여 평가할 수도 있을 것이다.

Ⅳ. 결(2)

재건축사업은 다른 정비사업과 달리 민간 주체에 의해서 자율적으로 시행되는 도시정비사업이다. 그러므로 사업에 동의하는 조합원과 미동의자 사이의 분쟁을 조정하는 데 있어서 공익사업의 토지수용의 논리와는 다른 시각에서 감정평가가 이루어져야 한다. 특히 재건축에서의 시가개념과 관련하여 실물옵션을 평가에 활용할 수도 있을 것이다.

04 국토교통부의 부동산 실거래가 자료축적의 의의와 한계극복을 위한 감정평가사의 역할에 대해서 설명하시오. 10점

1 출제위원 채점평

감정평가이론 4번 문제는 배점기준이 10점 만점인 문항으로서 국토교통부의 부동산 실거래가 자료축적의 의의와 한계극복을 위한 감정평가사의 역할을 묻고 있다. 이 문제는 비교적 실무적이면서도 수험자의 답안 작성에 용이한 구성으로 만들어진 질문으로, 부동산 실거래가의 의의 및 자료축적의 과정과 현재의 현황 그리고 부동산 실거래가제도의 향후 발전가능성과 감정평가사의 역할 등을 중점으로 비교적 우수하게 작성된 답안이 타 문항에 비해 다수 있었다.

2 답안작성 가이드

2006년 실거래가제도가 시행된 이후 많은 실거래가 자료가 축적되고 있다. 이러한 실거래가제도는 부동산시장의 투명화를 목적으로 시행되었으나 신고금액의 구체적인 사정을 알 수 없어 일정한 한계가 존재하고 그에 따라 감정평가사의 역할이 강조된다는 점을 중심으로 설명하면 된다.

3 목차

Ⅰ. 개설(1)

Ⅱ. 부동산 실거래가 자료축적의 의의와 한계(5)

1. 실거래가격의 개념
2. 실거래가 자료축적의 의의
3. 실거래가 자료축적의 한계

Ⅲ. 한계극복을 위한 감정평가사의 역할(4)

1. 실거래가 신고금액의 적정성 검증
2. 실거래가의 객관성 향상과 신뢰성 제고

4 예시 답안

Ⅰ. 개설(1)

2006년 실거래가 신고제도의 도입 이후 전국적 단위의 부동산 실거래가 자료가 축적되고 있다. 이러한 실거래가 축적의 의의와 한계를 살펴보고 그에 따른 감정평가사의 역할에 대하여 설명하고자 한다.

Ⅱ. 부동산 실거래가 자료축적의 의의와 한계(5)

1. 실거래가격의 개념

실거래가격이란 거래당사자가 대상 물건에 대해 매매계약의 체결을 통해 결정한 실제 매매가격을 말한다. 거래당사자는 부동산 거래신고에 관한 법률에 따라 일정한 기간 내에 실거래가격 및 거래관련 사항을 관할 등록관청에 신고하여야 한다.

2. 실거래가 자료축적의 의의

그동안 부동산의 개별성, 고가성 등으로 인하여 거래정보의 공개가 제한적이었으며 이는 부동산시장의 효율성을 저해하여 왔다. 그러나 부동산 실거래가의 자료 축적을 통해 부동산시장의 투명성과 효율성을 제고할 수 있게 되었다.

3. 실거래가 자료축적의 한계

실거래가 신고의 개별적 거래유형과 불합리한 거래관행에 한계가 있다. 따라서 실거래신고가 제대로 이루어지고 있는지에 대한 실질적인 검증 없이 이를 활용하여 정보를 얻는 것은 매우 왜곡된 정보를 양산할 수 있다는 한계가 있다.

Ⅲ. 한계극복을 위한 감정평가사의 역할(4)

1. 실거래가 신고금액의 적정성 검증

미국은 실거래가조정제도가 있으나 우리나라에는 없다. 따라서 이와 유사한 검증 역할을 감정평가사가 해주어야 한다. 그리고 이러한 실거래가 조정을 통하여 감정평가의 적정성을 확보하는 것 외에 행정적인 비용 감소라는 사회적 효용을 발생시킬 수 있어야 한다.

2. 실거래가의 객관성 향상과 신뢰성 제고

시장지역에 정통한 감정평가사는 모든 거래들에 대하여 정상적 거래인지, 특히 이상치 같아 보이지만 시장급등을 알리는 신호로서의 정상적 거래인지, 비정상적 거래인지를 구분해낸다. 따라서 실거래가의 객관성을 향상시키고 대국민에 대한 신뢰도를 제고할 수 있어야 한다.

Chapter 14

2011년 제22회 기출문제

01 부동산의 가치는 여러 가지 요인에 의해 영향을 받기 때문에 감정평가사는 대상 부동산의 개별적 특성뿐만 아니라 정부의 정책과 부동산시장변화에 대해서도 이해할 필요가 있는바, 다음 물음에 답하시오. 40점

1) 최근 전력난을 완화하기 위한 초고압 송전선로 설치가 빈번하게 발생하고 있으며 이를 둘러싼 이해관계자의 갈등도 증폭되고 있는데, 이와 관련한 선하지의 보상평가방법과 송전선로 설치에 따른 '보상되지 않는 손실'에 대해 설명하시오. 15점

2) 최근 수익형 부동산에 대한 관심이 확산되고 있는데 수익형 부동산의 특징과 그 가격형성원리에 대해 설명하시오. 15점

3) 수익형 부동산의 평가방법에 대해 설명하시오. 10점

02 부동산 감정평가 시 다양한 평가방법이 있고 정확한 가격 평가를 위해서는 경제적 상황의 변화도 고려해야 할 필요가 있다. 다음의 물음에 답하시오. 30점

1) 감정평가에 사용될 수 있는 계량적(정량적) 방법인 특성가격함수모형(Hedonic Price Model)에 대해 설명하고, 감정평가사의 주관적 평가와 비교하여 그 장·단점을 논하시오. 10점

2) 최근의 세계경제 위기가 국내 부동산시장에 미치는 영향을 기술하고, 이러한 영향하에서 부동산 감정평가를 할 경우 비교방식, 원가방식, 수익방식별로 유의점을 논하시오. 20점

03

정비사업은 도시환경을 개선하고 주거생활의 질을 높이는 것이 목적인데 그 중 주택재개발사업은 정비기반시설이 열악하고 노후 · 불량건축물이 밀집한 지역의 주거환경을 개선하기 위한 사업이다. 이에 관한 감정평가사의 역할이 중요한바, 다음 물음에 답하시오. 20점

1) 주택재개발사업의 추진 단계별 목적에 따른 감정평가업무를 분류하고 설명하시오. 10점

2) 종전자산(종전의 토지 또는 건축물)과 종후자산(분양예정인 대지 또는 건축물의 추산액)과의 관계를 설명하시오. 10점

04

최유효이용에 관한 다음의 물음에 답하시오. 10점

1) 최유효이용 판단 시 유의사항을 설명하시오. 5점

2) 최유효이용의 장애요인을 설명하시오. 5점

해설 및 예시 답안

01 부동산의 가치는 여러 가지 요인에 의해 영향을 받기 때문에 감정평가사는 대상 부동산의 개별적 특성뿐만 아니라 정부의 정책과 부동산시장변화에 대해서도 이해할 필요가 있는바, 다음 물음에 답하시오. 40점

1) 최근 전력난을 완화하기 위한 초고압 송전선로 설치가 빈번하게 발생하고 있으며 이를 둘러싼 이해관계자의 갈등도 증폭되고 있는데, 이와 관련한 선하지의 보상평가방법과 송전선로 설치에 따른 '보상되지 않는 손실'에 대해 설명하시오. 15점

2) 최근 수익형 부동산에 대한 관심이 확산되고 있는데 수익형 부동산의 특징과 그 가격형성원리에 대해 설명하시오. 15점

3) 수익형 부동산의 평가방법에 대해 설명하시오. 10점

1 답안작성 가이드

최근 부동산시장이 정부정책, 저금리 등 다양한 요인에 의하여 변화하고 있으며 이는 부동산가치에 영향을 주고 있음을 설명하여야 한다. 그리고 정부의 전력난 완화 정책으로 인한 선하지에 대한 영구적·일시적 보상 관련 사회적 이슈와 저금리로 인한 수익형 부동산에 대한 수요 증가에 따른 수익형 부동산의 특징, 가격형성원리, 평가방법에 대하여 설명하면 된다.

2 목차

Ⅰ. 서(4)

Ⅱ. 선하지의 보상평가방법과 보상되지 않는 손실(12)

1. 선하지의 개념
2. 선하지의 보상평가방법
   1) 개설
   2) 한시적 사용의 경우
   3) 영구적 사용의 경우
3. 보상되지 않는 손실
   1) 보정률에서 고려되고 있지 못하는 가치하락분과 최고한계를 초과하는 손실
   2) 잔여지
   3) 철탑부지 공사와 관리를 위한 타인토지의 무단점유와 사용

Ⅲ. 수익형 부동산의 특징과 가격형성원리(12)

1. 수익형 부동산의 개념
2. 수익형 부동산의 특징

3. 수익형 부동산의 가격형성원리
   1) 가격수준
   2) 개별적·구체적 가격

Ⅳ. 수익형 부동산의 평가방법(8)

1. 감정평가 3방식
2. 수익환원법
3. 원가법
4. 거래사례비교법

Ⅴ. 결(4)

---

3 예시 답안

Ⅰ. 서(4)

최근 정부의 전력난 완화를 위한 정책으로 초고압 송전선로의 설치로 인한 선하지에 대한 영구적·일시적 보상 관련 분쟁이 지속되고 있다. 또한 저금리 기조, 고령화 등에 따라 시중 자금이 상가, 오피스텔과 같은 수익형 부동산시장으로 흘러 들어감에 따라 수익형 부동산에 대한 관심이 증가하고 있다. 따라서 선하지 보상평가방법에 대한 숙지 및 보상되지 않는 손실에 대하여 유의하여야 할 것이며 수익형 부동산의 특징과 그 가격형성원리를 고려하여 적절한 감정평가방법을 적용하여야 한다. 이하 다음 물음에 답하고자 한다.

Ⅱ. 선하지의 보상평가방법과 보상되지 않는 손실(12)

1. 선하지의 개념

선하지는 전선로용지에서 지지물용지를 제외한 토지를 말하는 것이다. 여기서 전선로용지는 해당 전선로 중 양측 최외선으로부터 수평으로 3m 이내의 거리를 각각 더한 범위 내에 있는 직하의 토지를 말한다. 그리고 지지물용지는 철탑, 철주, 철근콘크리트주, 목주 또는 이와 유사한 시설물을 지지 또는 보호하기 위하여 필요한 토지를 말한다.

2. 선하지의 보상평가방법

1) 개설

공익사업을 위한 토지의 사용은 원칙적으로 한시적 사용을 전제로 하므로 토지보상법 제72조는 토지를 사용하는 기간이 3년 이상인 경우 토지소유자는 사업시행자에게 토지의 매수를 청구하거나 관할 토지수용위원회에 그 토지의 수용을 청구할 수 있도록 규정하고 있다. 그러나 특정한 공익사업의 경우에는 토지의 지상에 대하여 구분지상권을 설정하여 사실상 영구적으로 사용할 수 있도록 하고 있다.

2) 한시적 사용의 경우

토지의 지상 공간의 일부를 한시적으로 사용하는 경우 그 사용료는 일반적인 토지사용료의 감정평가액에 입체이용저해율을 곱하여 감정평가한다. 즉, 토지의 지상공간의 일부를 한시적으로 사용하는 경우에는 사용료에 대한 저해로 보고 토지 전체를 사용하는 것을 전제로 한 사용료의 감정평가액에서 지상 공간의 일부를 사용함으로 인하여 해당 토지의 이용이 저해되는 정도에 따른 적절한 율인 입체이용저해율을 곱하여 감정평가한다.

3) 영구적 사용의 경우

토지의 지상공간의 일부에 구분지상권을 설정하거나 임대차계약 등에 의해 사실상 영구적으로 사용하는 경우 그 사용료는 표준지공시지가를 기준으로 산정한 해당 토지의 가액에 입체이용저해율을 곱하여 감정평가한다. 즉, 토지의 지상 공간의 일부를 사실상 영구적으로 사용하는 경우에는 가격에 대한 저해로 보고 토지의 가액에 입체이용저해율을 곱하여 감정평가한다.

3. 보상되지 않는 손실

1) 보정률에서 고려되고 있지 못하는 가치하락분과 최고한계를 초과하는 손실

보상평가는 법정평가이므로 법령에서 규정한 평가기준에 따라 평가해야 한다. 관련 법률인 전기사업법에서는 기본율과 추가보정률 항목을 마련하고 이에 대한 판단과 평가는 감정평가법인 등으로 하여금 평가하도록 하고 있다. 다만, 문제는 법령상 보정률의 한도를 정하고 있다는 것이다. 즉, 법령상 규정하고 있는 한도를 초과하는 손실이 있다면 이를 더 보상해 줄 법적 근거가 없다는 문제가 있다.

2) 잔여지

선하지의 경우 공중공간 사용에 따른 구분지상권의 설정으로 잔여지의 이용도가 현저히 저하되는 경우 잔여지에 대한 보상규정이 미미하여 정당보상원칙 실현에 미흡한 점이 있다. 토지보상법 시행규칙 제32조 제3항에 의하면 동일한 토지소유자에 속하는 일단의 토지의 일부가 취득됨으로 인하여 종래의 목적에 사용하는 것이 현저히 곤란하게 된 잔여지에 대하여 보상하도록 규정하고 있으므로 지하공간 일부와 공중공간 일부에 구분지상권을 설정하면서 남은 토지를 잔여지로 판단하는 것은 현실적으로 불가능한 것으로 보인다.

3) 철탑부지 공사와 관리를 위한 타인토지의 무단점유와 사용

송전선로 설치와 관리 과정에서 토지의 무단점유와 사용이 빈번히 이뤄지고 있으며 이에 대한 손실도 역시 법령상 보상되지 못하는 손실에 해당한다. 물론 타인토지의 출입이 상시적으로 이루어지지 않고는 있으나 이로 인한 토지이용이나 정신적 피해는 토지소유자 입장에서는 크다 할 것이다.

Ⅲ. 수익형 부동산의 특징과 가격형성원리(12)

1. 수익형 부동산의 개념

수익형 부동산이란 수익을 목적으로 하는 부동산이다. 일반적으로는 상가, 오피스텔과 같은 상업용 부동산을 말하나 주거용 부동산이라도 임대수익을 목적으로 이용하는 경우에는 수익형 부동산이라고 할 수 있다.

2. 수익형 부동산의 특징

수익형 부동산은 보유기간 동안의 소득이득과 보유기간 말 자본이득을 창출하고 이를 자본환원한 값이 부동산의 가치를 결정하게 된다. 또한 수익형 부동산은 투자의 대상이 되는바 자본시장의 대체재화와 수익률 경쟁과정 속에서 가격이 형성되고 일반경기순환과의 관계에서 파생수요적 성격이 매우 강하다.

3. 수익형 부동산의 가격형성원리

1) 가격수준

수익형 부동산은 수익을 극대화하기 위해 소득이득과 자본이득을 최고로 창출할 수 있는 지역을 선호한다. 즉, 배후지(상권)를 배경으로 유동인구가 많은 지역으로 집중하는 경향이 있다. 또한 상업시설의 배치 상태, 교통수단, 공공시설과의 접근성, 번화의 정도 등에 따라 가격수준이 형성된다.

2) 개별적·구체적 가격

수익형 부동산의 개별요인은 수익을 최고로 창출할 수 있는 최유효이용을 결정하게 되고 이를 전제로 개별적·구체적 가격이 형성된다. 예를 들어 같은 지역 내 상가라고 하더라도 도로 전면 또는 후면에 위치하는지 여부, 각지 여부, 층수, 부지 형상 등에 따라서 개별적·구체적 가격이 형성된다.

Ⅳ. 수익형 부동산의 평가방법(8)

1. 감정평가 3방식

수익형 부동산의 경우에도 감정평가 3방식을 적용하여 평가할 수 있다. 비용성의 원리에 기초한 원가법, 시장성의 원리에 기초한 거래사례비교법 및 공시지가기준법, 수익성의 원리에 기초한 수익환원법을 말한다. 다만, 수익형 부동산은 수익발생을 목적으로 하는바 수익방식이 주된 평가방법으로 적용된다(감칙 제11조).

2. 수익환원법

수익환원법이란 대상 물건이 장래 산출할 것으로 기대되는 순수익이나 미래의 현금흐름을 환원하거나 할인하여 대상 물건의 가액을 산정하는 감정평가방법을 말한다. 수익성의 원리에 따라 이론적으로 부동산가치의 본질에 부합하는 장점이 있다. 반면, 불완전한 부동산시장에서 순수익과 자본환원율의 장래 예측, 파악이 어려운 단점이 있다.

3. 원가법

원가법이란 대상 물건의 재조달원가에 감가수정을 하여 대상 물건의 가액을 산정하는 감정평가방법을 말한다. 수익형 부동산의 토지, 건물을 개별평가하여 합산하는 평가방식으로 사용이 간편하다는 장점이 있다. 반면, 일체로의 수익가격이 가치를 결정짓는 가장 중요한 요소라는 점이 간과되고 건물의 감가수정 시 주관개입의 가능성이 있다는 단점이 있다.

4. 거래사례비교법

거래사례비교법이란 대상 물건과 가치형성요인이 같거나 비슷한 물건의 거래사례와 비교하여 대상 물건의 현황에 맞게 사정보정, 시점수정, 가치형성요인 비교 등의 과정을 거쳐 대상 물건의 가액을 산정하는 감정평가방법을 말한다. 시장성의 원리에 근거해 객관적이고 설득력이 있으며 산식이 간편해 적용이 용이하다는 장점이 있다. 반면, 거래사례가 없거나 사례가격이 왜곡된 경우가 많아 적용이 어렵고 요인비교 시 주관개입의 가능성이 있다는 단점이 있다.

Ⅴ. 결(4)

부동산의 가치는 여러 가지 요인에 영향을 받고 있다. 따라서 전력난 완화를 위한 토지수용 및 사용의 증가, 저금리, 고령화 등에 따른 수익형 부동산의 관심 증가 등으로 인한 부동산시장의 환경변화에 대하여 이전보다 철저한 시장분석이 중요하다 할 것이다. 특히 선하지의 보상 평가 시 보상되지 않는 손실에 대한 연구가 필요하며 수익형 부동산의 특징과 가격형성원리를 고려할 경우 가장 적합한 평가방법이라 할 수 있는 수익환원법에 대한 지속적인 활용이 중요하다 할 것이다.

02

부동산 감정평가 시 다양한 평가방법이 있고 정확한 가격 평가를 위해서는 경제적 상황의 변화도 고려해야 할 필요가 있다. 다음의 물음에 답하시오. 30점

1) 감정평가에 사용될 수 있는 계량적(정량적) 방법인 특성가격함수모형(Hedonic Price Model)에 대해 설명하고, 감정평가사의 주관적 평가와 비교하여 그 장·단점을 논하시오. 10점

2) 최근의 세계경제 위기가 국내 부동산시장에 미치는 영향을 기술하고, 이러한 영향하에서 부동산 감정평가를 할 경우 비교방식, 원가방식, 수익방식별로 유의점을 논하시오. 20점

1 답안작성 가이드

정확한 감정평가를 위해서는 부동산시장과 부동산가격에 영향을 미치는 세계경제 위기와 같은 거시적인 경제요인들을 시장분석을 통하여 파악하고 이를 감정평가 3방식 적용 시 반영해야 함을 언급하여야 한다. 특히 주관성 개입의 문제가 있는 감정평가 3방식을 보완할 수 있는 계량적 방법인 특성가격함수모형의 장·단점에 대하여 논할 수 있어야 한다.

2 목차

Ⅰ. 서(3)

Ⅱ. 특성가격함수모형과 감정평가사의 주관적 평가와 비교한 장·단점(8)

1. 특성가격함수모형
   1) 개념
   2) 내용
2. 특성가격함수모형의 장·단점
   1) 감정평가사의 주관적 평가와 비교한 장점
   2) 감정평가사의 주관적 평가와 비교한 단점

Ⅲ. 세계경제 위기가 부동산시장에 미치는 영향 등(16)

1. 개설
2. 세계경제 위기의 특징

3. 세계경제 위기 상황이 국내 부동산시장에 미치는 영향
   1) 매매, 임대시장에 미치는 영향
   2) 고가, 저가시장에 미치는 영향
4. 비교방식 적용 시 유의점
   1) 사례의 선택
   2) 사정보정
5. 원가방식 적용 시 유의점
   1) 재조달원가
   2) 감가수정
6. 수익방식 적용 시 유의점
   1) 순수익
   2) 자본환원율 결정

Ⅳ. 결(3)

---

3 예시 답안

Ⅰ. 서(3)

부동산의 가치형성요인은 다양하고 복잡하다. 최근 미국과 유럽에서 시작된 세계경제 위기와 같은 경제적 요인으로 국내 부동산시장에 미치는 영향이 매우 커지고 있다. 따라서 정확한 감정평가를 하기 위해서는 이러한 가치형성요인이 부동산시장에 미치는 영향을 고려하여야 한다. 그리고 전통적인 감정평가 3방식과 계량적인 평가방법인 특성가격함수모형으로 부동산의 가치를 판정할 수 있는바 양 방법의 장·단점을 숙지하여야 하고 감정평가 3방식의 적용 시 유의하여야 할 것이다. 이하 다음 물음에 답하고자 한다.

Ⅱ. 특성가격함수모형과 감정평가사의 주관적 평가와 비교한 장·단점(8)

1. 특성가격함수모형

1) 개념

특성가격함수모형이란 해당 재화에 내포되어 있는 특성에 의해 이질적인 재화의 가치가 결정된다는 가정을 전제로 재화의 가격을 특성들의 양에 대해 회귀함으로써 특성들의 가격을 통계학적으로 추정하는 모형을 의미한다.

2) 내용

이질적 재화를 매입한다는 것은 해당 재화에 내포되어 있는 특성들의 묶음을 산다는 것과 같은 의미로 볼 수 있으며 이 경우 이질적 재화의 가격은 특성들의 가격과 양에 의해 결정된다는 사고에 기초한다. 명시적으로 드러나는 재화의 가격과는 달리 특성들의 가격은 추정을 통해 알아낼 수 있기 때문에 헤도닉가격을 잠재가격(implicit price)이라고도 부른다.

2. 특성가격함수모형의 장·단점

1) 감정평가사의 주관적 평가와 비교한 장점

특성가격함수모형은 객관적 자료와 객관적 기법인 통계적 기법을 적용하므로 감정평가사의 감정평가 시 주관적 판단에 의한 오류가능성을 최소화시킬 수 있는 방법이라는 측면에서 장점이 있다. 또한 객관적인 평가기법이라는 측면에서 결과치에 대한 설득력과 신뢰성도 높다고 볼 수 있다.

2) 감정평가사의 주관적 평가와 비교한 단점

특성가격함수모형은 모형선정의 오류, 독립변수 간의 자동상관성, 독립변수선정의 오류 등 통계학적 측면의 오류가능성이 있다는 단점이 있다. 또한 가치형성요인의 복잡성과 상호연관성 등으로 인하여 세계경제 위기와 같은 요인들을 모두 반영하지 못하는 통계적 한계로 결과에 오류가능성이 있다.

Ⅲ. 세계경제 위기가 부동산시장에 미치는 영향 등(16)

1. 개설

2008년 미국발 서브프라임 모기지 사건을 시작으로 2011년 유럽국가의 부도 위험, 미국의 신용위기 등 세계경제 위기가 매우 급속도로 확산되어 가고 있다. 우리나라의 경우 대외의존도가 상대적으로 매우 높은 국가이므로 세계경제 위기에 매우 민감할 수밖에 없다. 이러한 상황은 국내 경제상황은 물론 국내 부동산시장에 미치는 영향이 지대하다.

2. 세계경제 위기의 특징

첫째, 수출대상국가의 경기침체, 둘째, 미국달러의 약세와 과잉유동성으로 인한 인플레이션 위험, 셋째, 세계경제의 경기둔화 등을 들 수 있을 것이다. 특히 경기침체와 인플레이션이 가장 위험한 요소인데 이를 극복하기 위한 정부의 다양한 정책과 민간 시장참여자의 노력은 부동산시장에 직·간접적인 영향을 미치게 된다.

3. 세계경제 위기 상황이 국내 부동산시장에 미치는 영향

1) 매매, 임대시장에 미치는 영향

세계경제 위기는 수요, 공급 측면에서 해당국 부동산시장뿐만 아니라 세계경제 활동 전반을 위축시키므로 수출산업 위주의 국내 경제활동에도 영향을 미친다. 따라서 경제활동의 위축은 투자자산으로서의 부동산 효용을 감소하게 하고 소비 위축으로 인하여 매매시장에서 임대시장으로 자금이 이동하게 된다.

2) 고가, 저가시장에 미치는 영향

효용의 감소로 구매력을 갖춘 유효수요가 감소하고 향후 금리 인상 가능성 등으로 인하여 구입에 부담이 되는 고가시장보다는 저가시장으로 자금이 이동하게 된다.

4. 비교방식 적용 시 유의점

1) 사례의 선택

세계경제 위기로 인해 국내 부동산시장이 하강국면으로 접어들고 이러한 상황하에서의 실거래사례는 상한가가 됨이 보통이다. 또한 하강국면의 실거래사례는 급매 등으로 사정이 개입될 개연성이 크므로 정상적인 사례를 포착하는 것이 중요하다.

2) 사정보정

극단적인 하강국면의 경우 급매 등 비정상적인 요소가 개입되기 쉽다. 따라서 하강국면에서 나타나는 비정상적인 요소를 배제한 가격수준으로 정상화하는 사정보정 작업이 필요하다.

5. 원가방식 적용 시 유의점

1) 재조달원가

부동산경기가 하강국면인 경우 신축건물의 건축량이 줄어드는 경향이 있다. 따라서 간접법에 의한 재조달원가 산정 시 건축사례의 포착이 어려울 수 있다. 또한 물가상승으로 인한 원자재값 상승은 재조달원가에 반영하여야 하며 향후 금리인상으로 인한 정상차입이자분 역시 감안하여 산정해야 한다.

2) 감가수정

국내 부동산경기가 하강국면이고 세계경제가 위기상황으로 인한 리스크가 증대되고 있는 경우 기능적, 경제적 감가요인이 증가하게 된다. 왜냐하면 부동산의 효용이 상승국면보다 하강국면인 경우 상대적으로 하락하기 때문이며, 감가수정방법으로서 내용연수법에 관찰감가법을 병용하여야 한다.

6. 수익방식 적용 시 유의점

1) 순수익

국내 부동산경기가 하강국면이고 불확실성이 증대되고 있는 시장상황인 경우 순수익의 결정에 있어 보다 보수적인 관점에서 접근할 필요가 있다. 또한 하강국면이 언제 저점에 도달할지에 대한 예측이 매우 중요하다.

2) 자본환원율 결정

자본환원율은 지가와 역관계에 있으므로 하강국면인 경우 가격하락이 일반적이며 이를 반영하는 것이 중요하다. 즉, 하강국면인 경우 자본환원율을 상향조정할 필요가 있다. 자본환원율의 결정요소는 자본시장의 수익률과 밀접한 관련성이 있으므로 기회비용인 금리 등의 동향을 적절히 파악하여 이를 자본환원율 산정 시 위험률에 반영하는 것이 필요하다.

Ⅳ. 결(3)

특성가격함수모형은 객관적이고 설득력이 있으며 신속·대량, 공평한 감정평가가 가능하다는 장점이 있으나 사용되는 자료 역시 시장자료이며 산출과정상 감정평가사의 주관개입 가능성이 존재한다는 단점이 있다. 특히 특성가격함수모형은 세계경제 위기와 같은 요인을 즉각적으로 부동산가격에 반영하기 어려울 수도 있다는 점에서 감정평가 3방식과 병행할 때 의미가 있다.

03 정비사업은 도시환경을 개선하고 주거생활의 질을 높이는 것이 목적인데 그중 주택재개발사업은 정비기반시설이 열악하고 노후 · 불량건축물이 밀집한 지역의 주거환경을 개선하기 위한 사업이다. 이에 관한 감정평가사의 역할이 중요한바, 다음 물음에 답하시오. 20점

1) 주택재개발사업의 추진 단계별 목적에 따른 감정평가업무를 분류하고 설명하시오. 10점

2) 종전자산(종전의 토지 또는 건축물)과 종후자산(분양예정인 대지 또는 건축물의 추산액)과의 관계를 설명하시오. 10점

1 답안작성 가이드

도정법에 의한 도시정비사업은 여러 사업이 있으며 그중에서도 주택재개발사업에 대하여 묻고 있다. 특히 주택재개발사업과 관련된 감정평가는 사업의 추진단계에 따라 이루어지며 그에 따른 평가기준이나 평가방법이 다르므로 이를 숙지하여야 한다. 또한 종전자산과 종후자산의 평가로부터 산정되는 비례율이나 분담금은 사업의 성공여부를 결정한다는 점에서 중요하다.

※ 도시정비법의 개정으로 인하여 과거 주택재개발사업, 주택재건축사업은 재개발사업, 재건축사업으로 변경되었는바 이를 기준으로 작성하였습니다.

2 목차

Ⅰ. 서(2)

Ⅱ. 주택재개발사업 추진 단계별에 따른 감정평가업무(8)

1. 사업시행계획인가 전 단계
2. 사업시행계획인가 후 관리처분계획인가 단계
   1) 종전자산평가와 종후자산평가
   2) 국공유지처분평가
3. 관리처분계획인가 후 단계

Ⅲ. 종전자산과 종후자산의 관계(8)

1. 평가방법 측면의 관계
2. 현황평가와 조건부평가의 측면의 관계
3. 비례율 산정 측면의 관계
4. 분담금 결정 측면의 관계

Ⅳ. 결(2)

3 예시 답안

Ⅰ. 서(2)

재개발사업과 관련된 감정평가를 시행절차에 따라 살펴보면 정비기반시설의 무상양도, 양수평가, 종전자산평가, 분양예정자산평가, 국·공유지의 처분평가, 보상평가 등으로 구분할 수 있다. 이렇게 정비사업과 관련된 감정평가, 즉 도시정비평가는 정비사업의 유형 및 평가단계에 따라 각각 감정평가의 기준과 방법이 상이하므로 유의하여야 한다. 이하에서 물음에 답하고자 한다.

Ⅱ. 주택재개발사업 추진 단계별에 따른 감정평가업무(8)

1. 사업시행계획인가 전 단계

공공시설의 무상귀속 및 양수평가가 진행된다. 이는 사업시행계획인가를 받기 위한 사업시행계획수립과 관련하여 실시되는 감정평가이다. 해당 평가의 목적은 새로이 설치하는 정비기반시설은 국가 또는 지방자치단체에 무상으로 귀속되며 용도가 폐지되는 정비기반시설은 새로이 설치하는 정비기반시설의 설치비용의 범위 내에서 사업시행자에게 무상으로 양도되므로 양 시설의 가액을 측정하기 위함이다.

2. 사업시행계획인가 후 관리처분계획인가 단계

1) 종전자산평가와 종후자산평가

종전자산평가는 관리처분계획의 인가를 받기 위해서 필수적으로 받아야 하는 감정평가로서 분양대상별로 종전의 토지 또는 건물에 대한 권리가액을 구하기 위하여 실시한다. 또한 종후자산평가는 분양예정인 대지 또는 건물의 추산액을 감정평가하며 관리처분계획수립을 위한 기준가격을 구하는 것이며 구체적으로는 조합원 부담금 산정의 기준이 된다.

2) 국공유지처분평가

재개발정비구역 내 국·공유지는 정비사업 외의 목적으로는 매각하거나 양도할 수 없고 사업시행자인 조합과 점유자인 조합원에게 우선 매각하도록 규정하고 있는바 정비구역 내 국공유지를 조합 또는 점유자인 조합원에게 처분하기 위한 감정평가이다. 또한 분양신청을 하지 않은 조합원의 토지를 강제수용하기 위한 토지수용을 위한 감정평가가 있다.

3. 관리처분계획인가 후 단계

관리처분계획인가 이후에는 제39조와 제73조에 따른 현금청산평가와 일반분양평가, 세입자에 대한 보상평가가 있다. 먼저 투기과열지구 내 관리처분계획 인가 후 토지·건축물을 양수한 자와 분양신청을 하지 아니한 자 등에 대한 현금청산평가가 있다. 그리고 조합원에게 분양하고 남은 아파트 등을 일반분양하는 경우 그 일반분양가를 결정하기 위한 감정평가이다. 또한 세입자별 손실보상을 위한 감정평가가 있을 수 있다.

Ⅲ. 종전자산과 종후자산의 관계(8)

1. 평가방법 측면의 관계

종전자산은 사업시행계획인가 고시일을 기준으로 토지는 공시지가기준법, 건물은 원가법으로 평가한다. 반면, 종후자산은 분양신청기간 만료일이나 의뢰인이 제시하는 날을 기준으로 거래사례비교법으로 평가한다는 관계에 있다.

2. 현황평가와 조건부평가 측면의 관계

종전자산의 감정평가는 사업시행계획인가고시가 있은 날의 현황을 기준으로 감정평가하는 현황평가이나, 종후자산 감정평가는 기준시점 당시 현재 착공 전 상태이므로 대상 부동산(공동주택, 근린생활시설 등)이 적법하게 완공된 상태를 전제로 감정평가하는 조건부평가라는 관계에 있다.

3. 비례율 산정 측면의 관계

비례율은 '(종후자산 − 개발비용)/종전자산'에 의하여 산정한다. 이러한 비례율은 해당 사업의 수익성을 판단하는 지표로서 일반적으로 종전자산의 평가액이 크면 종후자산의 평가액도 비례하여 증가하는 관계에 있다.

4. 분담금 결정 측면의 관계

종전자산인 개별 토지 지분, 건물 평가액에다가 비례율을 곱하면 조합원의 권리가액이 나오게 된다. 그리고 조합원의 종후자산 평가액(분양예정가격)에서 권리가액을 공제하면 곧 분담금이 된다. 결국 조합원의 분담금은 종전자산과 종후자산의 크기에 따라 결정되는 관계에 있다.

Ⅳ. 결(2)

도시정비평가는 이해관계의 조정 및 원활한 사업 추진에 중요한 역할을 하고 그 결과가 사업에 미치는 영향이 매우 크다. 따라서 감정평가법인 등에게 단기적으로는 기존의 정체된 정비사업의 조속한 종결, 대안적 정비사업과 관련하여 추정분담금 산정 및 검증 등의 역할이, 중장기적으로는 도시재생 주요 주체로 참여, 지원, 수요에 대응한 평가 업무 확대 등의 역할이 기대된다.

04 최유효이용에 관한 다음의 물음에 답하시오. 10점

1) 최유효이용 판단 시 유의사항을 설명하시오. 5점

2) 최유효이용의 장애요인을 설명하시오. 5점

1 답안작성 가이드

최유효이용과 관련된 문제로서 최유효이용 판단 시 유의사항이나 장애요인은 공통적으로 부동산시장의 시장상황과 밀접한 관련성을 갖고 있다는 점을 고려하여 설명하여야 한다.

2 목차

Ⅰ. 개설(1)

Ⅱ. 최유효이용 판단 시 유의사항(4.5)

1. 동태적 관점과 수요분석

2. 소유자에 의한 이용과 특수한 이용

Ⅲ. 최유효이용의 장애요인(4.5)

1. 부동산시장의 불완전성
2. 정부의 행정적 규제

---

3 예시 답안

Ⅰ. 개설(1)

최유효이용은 감정평가실무상 대상 물건의 경제적 가치를 판단하는 과정에서 중요한 개념으로서 객관적으로 보아 양식과 통상의 이용능력을 가진 사람이 대상 부동산을 합법적이고 합리적이며 최고, 최선의 방법으로 이용하는 것을 말한다. 이하에서 물음에 답하고자 한다.

Ⅱ. 최유효이용 판단 시 유의사항(4.5)

1. 동태적 관점과 수요분석

최유효이용은 기준시점으로만 파악하면 오류를 범하기 쉽다. 부동산은 사회적, 경제적, 행정적, 환경적 조건의 변화에 따라 계속적으로 변화하는 것이므로 동태적 관점에서 분석되어야 한다. 또한 최유효이용은 해당 용도에 대한 충분한 수요가 있는지 여부를 확인하는 작업이므로 수요분석에 유의해야 한다. 만약 기준시점에 해당 용도에 대한 충분한 수요가 없다면 최유효이용은 잠정적으로 연기되거나 중도적 이용에 할당된다.

2. 소유자에 의한 이용과 특수한 이용

최유효이용은 단순 이용자가 아닌 소유자에 의한 이용임을 유의하여야 한다. 또한 단독이용 등의 특수한 경우에는 표준적이용과 유사하지 않지만 최유효이용이 되는 경우도 있음에 유의하여야 한다.

Ⅲ. 최유효이용의 장애요인(4.5)

1. 부동산시장의 불완전성

부동산은 시장에서의 대체・경쟁관계를 통하여 최고가격을 지불하려는 사람에게 할당되며 최고가격에 상응하는 방안이 최유효이용이 된다. 그러나 부동산의 자연적 특성인 지리적 위치의 고정성으로 인한 지역적 이동의 어려움과 고가성으로 인한 시장참여자의 제한, 개별성으로 인한 정보의 불완전성 등으로 인하여 완전경쟁이 이루어지기 어려운바, 최유효이용을 방해하는 장애요인으로 작용한다.

2. 정부의 행정적 규제

부동산가격공시제도의 발전, 부동산 증권화로 불특정 다수가 투자활동에 참여, 부동산정보제공업의 활성화, 실거래가격신고제나 부동산투자지수 공표 등으로 불완전성이 어느 정도까지는 해소되고 있다. 그러나 정부는 토지자원의 최적할당 및 공공복리 증진을 위하여 지역지구제나 건축 인허가권한을 행사하여 사유지의 최대수익 창출을 위한 최유효이용으로의 진입을 막거나 임대료통제 등의 법적 규제를 통해 최유효이용으로의 진입을 지연시키는 경우가 있다.

Chapter 15

2010년 제21회 기출문제

01

부동산의 가격은 여러 가격형성요인의 상호작용에 의하여 영향을 받는바, 가격형성요인에 관한 다음의 물음에 답하시오. 40점

1) 다른 조건이 일정할 경우 출생률 저하, 핵가족화가 주거용 부동산 시장에 미치는 영향을 설명하고, 주거용 부동산 감정평가 시 유의사항에 대하여 논하시오. 30점

2) 기후변화에 대한 관심이 높아지는바, 기후변화가 부동산가격형성요인에 미칠 영향에 대하여 약술하시오. 10점

02

비상장법인 A주식회사는 특허권을 가지고 전자제품을 제조 판매하는 공장과 임대업에 사용하는 업무용 빌딩을 소유하고 있다. A주식회사는 2009년 전자제품부문에서 50억원, 임대업에서 20억원의 당기순이익을 얻었다. A주식회사의 주식을 평가하고자 한다. 30점

1) 본건 평가와 관련하여 감정평가에 관한 규칙과 감정평가실무기준이 인정하는 2가지 방법 및 그 장 · 단점을 논하시오. 15점

2) 감정평가에 관한 규칙과 감정평가실무기준에서 규정하고 있지 않은 주식평가방법(양 방법을 혼합한 방법 포함)들을 예시하고, 평가이론의 관점에서 동 규칙 등 외의 방법에 의한 평가의 타당성을 논하시오. 15점

03

부동산가격에 관한 다음 물음에 답하시오. 30점

1) 부동산가격의 본질에 대하여 설명하시오. 5점

2) 부동산가격의 특징 및 가격형성원리에 대해 설명하시오. 10점

3) 부동산가격과 가격시점 간의 관계에 대해 설명하시오. 10점

4) 특정가격과 한정가격의 개념을 설명하시오. 5점

해설 및 예시 답안

01 **부동산의 가격은 여러 가격형성요인의 상호작용에 의하여 영향을 받는바, 가격형성요인에 관한 다음의 물음에 답하시오.** 40점

1) 다른 조건이 일정할 경우 출생률 저하, 핵가족화가 주거용 부동산 시장에 미치는 영향을 설명하고, 주거용 부동산 감정평가 시 유의사항에 대하여 논하시오. 30점

2) 기후변화에 대한 관심이 높아지는바, 기후변화가 부동산가격형성요인에 미칠 영향에 대하여 약술하시오. 10점

1 답안작성 가이드

본 문제는 부동산가격형성요인의 변화가 부동산시장과 감정평가에 미치는 영향을 묻는 문제이다. 특히 출생률 저하, 핵가족화는 인구구조의 변화를 가져온 주요 원인으로서 인구와 주거용 부동산시장 간의 밀접한 관계를 이해하고 감정평가하여야 함을 강조하여야 한다. 또한 자연적 측면에서의 기후변화라는 부동산가격형성요인이 다른 가격형성요인과 어떠한 상호작용을 맺고 부동산시장에서의 수요·공급 및 가격, 거래량에 영향을 미치는지 설명하여야 할 것이다.

2 목차

Ⅰ. 서(4)

Ⅱ. 출생률 저하, 핵가족화가 주거용 부동산 시장에 미치는 영향 등(24)

1. 출생률 저하, 핵가족화
2. 가격형성요인으로서의 출생률 저하, 핵가족화
   1) 출생률 저하로 인해 예상되는 변화
   2) 핵가족화로 인해 예상되는 변화
3. 주거용 부동산 시장에 미치는 영향
   1) 지역별시장
   2) 규모별시장
   3) 유형별시장
4. 주거용 부동산 감정평가 시 유의사항
   1) 기본적 사항의 확정
   2) 지역분석
   3) 개별분석
   4) 감정평가방법의 선정 및 적용
   5) 감정평가액의 결정 및 표시

Ⅲ. 기후변화가 부동산가격형성요인에 미칠 영향(8)

1. 기후변화
2. 가격형성요인의 상호관련성
3. 일반요인에 미치는 영향
4. 지역요인에 미치는 영향
5. 개별요인에 미치는 영향

Ⅳ. 결(4)

---

3 예시 답안

Ⅰ. 서(4)

가격형성요인이란 대상 물건의 경제적 가치에 영향을 미치는 일반요인, 지역요인, 개별요인 등을 말한다. 한편 가격형성요인으로서 출생률 저하, 핵가족화 등 사회적 요인과 기후변화와 같은 자연적 요인의 변화는 부동산활동의 주체인 인간, 자연환경과 밀접한 관련이 있다. 그리고 구체적으로 이러한 변화는 가격발생요인, 다른 가격형성요인 나아가 부동산시장과 부동산가치의 변화로 귀결된다. 따라서 감정평가 시 이러한 요인들의 상호작용으로 인한 주거용 부동산 시장에 미치는 영향 등에 유의하여야 한다.

Ⅱ. 출생률 저하, 핵가족화가 주거용 부동산 시장에 미치는 영향 등(24)

1. 출생률 저하, 핵가족화

출생률이란 보통 1년간의 출생수와 그 해의 중앙인구에 대한 비율을 말하고 핵가족화는 한 쌍의 부부와 자녀로 구성된 소규모 가족으로 되는 현상을 말한다. 이러한 출생률 저하 및 핵가족화는 사회적 요인 중의 하나로 부동산가치 형성에 영향을 미치는 요인이라 할 수 있다.

2. 가격형성요인으로서의 출생률 저하, 핵가족화

1) 출생률 저하로 인해 예상되는 변화

출생률 저하는 결국 장기적으로 인구의 감소를 가져오게 되고 상대적으로 고령화 사회를 촉진시키는 계기가 될 것이다. 따라서 이러한 현상에 의해 부동산가격과 부동산시장이 영향을 받게 될 것이다.

2) 핵가족화로 인해 예상되는 변화

핵가족화의 가장 큰 특징은 세대원 수의 감소일 것이다. 그 외에도 핵가족화에 따라 개인적 사생활의 중요도 증가, 보다 높은 주거효용의 요구, 높은 교육열 등이 예상되고 독거노인의 문제, 독신자 세대주의 증가 등이 예상된다.

3. 주거용 부동산 시장에 미치는 영향

1) 지역별시장

지역특성으로 지역별로 미치는 영향의 정도가 달라진다. 핵가족화와 출생률 저하는 산업화, 도시화가 많이 진전된 대도시 지역의 사회구조 변화에 해당하므로 농촌보다는 도시에, 도시 중에서 계층이 높은 대도시의 주거용 부동산에 미치는 영향의 정도가 더 클 것이다.

2) 규모별시장

핵가족화에 따른 가구분화(세대분리)와 출생률 저하로 대형평수보다 중소형평수를 더 선호하는 경향을 보이므로 면적인 큰 대형평수에는 (−)요인으로 중소형평수에는 (+)요인으로 작용하게 될 것이다.

3) 유형별시장

과거 대가족으로 구성된 형태에서 주로 선호하던 단독주택보다는 생활의 편의성이 높은 공동주택이나 원룸, 오피스텔과 같은 유형의 부동산에 대한 선호도가 높게 나타날 것이다.

4. 주거용 부동산 감정평가 시 유의사항

1) 기본적 사항의 확정

주거용 부동산을 감정평가할 때 주거용 부동산의 종별과 유형을 정확히 확정해야 한다. 이는 주거용 부동산이라 할지라도 세부적 종별과 유형에 따라 추구하는 효용이 달라지고 가격형성요인도 달라지기 때문이다. 따라서 대상 주거용 부동산이 어떤 지역종별에 속하는지, 권리관계는 어떠한지, 공동주택 또는 단독주택 중 어디에 해당하는지 등을 고려하여야 한다.

2) 지역분석

주거용 부동산의 가격형성요인 중 일반요인과 그 지역의 자연적 특성이 결합한 지역요인에 유의해야 할 것이다. 인근지역의 경제기반산업이 무엇인지, 인구와 가구의 구성이 어떠한지, 그 지역의 지역성과 지역특성은 무엇인지를 파악해야 할 것이고 특히 지역의 장래 변화가능성을 염두에 두어야 한다. 또한 자녀교육을 위한 학군, 생활의 편의성이 높은 역세권 등이 중요한 지역요인이 된다.

3) 개별분석

출생률 저하, 핵가족화에 따라 중소형 주택의 특성에 부합하는가, 차량접근이 용이한가에 중점을 두는 가로조건과 면적, 형상 등을 파악하는 획지조건 그리고 교통시설, 상가와의 접근성 유무, 상하수도, 도시가스 등의 상태를 접근하는 환경조건 등을 세밀하게 검토하여야 한다.

4) 감정평가방법의 선정 및 적용

① 원가방식 적용 시 중소형 주택의 증가로 편의시설, 부대설비 등에 대한 선호도가 증가할 것이며 가구 세분화에 따른 단위당 건축비용을 증가시킬 수 있으므로 재조달원가 산정에 유의하여야 한다. ② 비교방식 적용 시 대상 주택과 유사한 주택을 선택하여야 하며 개별요인 비교 시 교통시설, 편의시설, 부대설비 등 효용의 차이에 유의하여야 한다. ③ 수익방식 적용 시 가구 세분화로 가구당 주택 구매력을 감소시키므로 임대수요로의 전환 등으로 수익방식 적용이 용이해질 수 있다.

5) 감정평가액의 결정 및 표시

출생률 저하, 핵가족화는 주거용 부동산 시장을 세분화하므로 비교방식 적용 시 사례의 질적 유사성을 감안하였는지 검토하여야 한다. 또한 1인 가구를 대상으로 한 임대주택시장이 발달하므로 수익성의 원리를 고려한 수익방식의 가중치 변화에 유의하여야 한다.

Ⅲ. 기후변화가 부동산가격형성요인에 미칠 영향(8)

1. 기후변화

기후는 일정한 지역에서 오랜 기간 동안의 평균적인 기상 상태를 의미한다. 그리고 기후변화란 현재의 기후가 자연적 요인과 인문적 요인에 의하여 점차 변화하는 현상을 말한다.

2. 가격형성요인의 상호관련성

부동산가격형성요인은 하나하나가 독립하여 개별적으로 작용하는 것이 아니라 서로가 유기적인 관련성을 갖고 있다.

3. 일반요인에 미치는 영향

기후변화는 사회적 요인인 인구의 지역 간 이동과 건축양식의 변화에 영향을 미칠 수 있고 행정적 요인인 정부의 정책, 즉 상・하수도 시설과 같은 공공시설의 상태, 건축물, 개발사업에도 영향을 미칠 수 있다. 또한 경제적 요인이라 할 수 있는 물가나 경기에도 영향을 미칠 수 있다.

4. 지역요인에 미치는 영향

우리나라는 산이 많고 국지성 호우 및 계절성 호우가 빈번한 국가에 해당한다. 따라서 기후변화는 우리나라 전체가 아닌 지역별로 국지적인 영향을 미치는 요인이라는 점에서 지역의 부동산 이용과 가치형성에 다르게 영향을 미칠 수 있다.

5. 개별요인에 미치는 영향

기후변화 등에 따른 온도의 상승은 주거지대의 건물 재조달원가에 영향을 미칠 수 있다. 즉, 단열재나 냉・난방시설 등에 변화를 가져올 것이고 배수시설 등을 고려한 건축면적, 내부구조의 설계 등에도 영향을 미칠 수 있다.

Ⅳ. 결(4)

출생률 저하, 핵가족화와 같은 사회적 요인과 기후변화 같은 자연적 요인도 가격형성에 영향을 주는 중요한 요인임을 검토하여 보았다. 하지만 유의할 것은 이러한 요인도 결국 여러 가격형성요인들과 복합적으로 상호 연관하여 작용한다는 것이다. 따라서 감정평가 시 감정평가법인 등은 경기의 변동이나 가격형성요인의 변화를 평소 주의 깊게 관찰하고 이를 객관적으로 그리고 종합적으로 반영할 능력을 배양하는 데 노력해야 할 것이다. 아울러 감칙 등 관련 법규에서도 보다 명확하게 규정할 필요가 있다.

02

비상장법인 A주식회사는 특허권을 가지고 전자제품을 제조 판매하는 공장과 임대업에 사용하는 업무용 빌딩을 소유하고 있다. A주식회사는 2009년 전자제품부문에서 50억원, 임대업에서 20억원의 당기순이익을 얻었다. A주식회사의 주식을 평가하고자 한다. 30점

1) 본건 평가와 관련하여 감정평가에 관한 규칙과 감정평가실무기준이 인정하는 2가지 방법 및 그 장·단점을 논하시오. 15점

2) 감정평가에 관한 규칙과 감정평가실무기준에서 규정하고 있지 않은 주식평가방법(양 방법을 혼합한 방법 포함)들을 예시하고, 평가이론의 관점에서 동 규칙 등 외의 방법에 의한 평가의 타당성을 논하시오. 15점

1 답안작성 가이드

감칙 제24조 제1항 및 감정평가 실무기준에 규정된 감정평가방법을 설명하되 동 회사는 비상장 주식회사이고 판매와 임대로부터 수익이 발생 중인데 특히 전자제품 판매의 경우 특허권이라는 지식재산권이 있다는 점을 고려하여 설명하여야 한다.

※ 출제 당시와 현재의 비상장주식 평가방법 규정은 내용상 일부 차이가 있는바 후자를 기준으로 답안을 작성하였습니다. 특히 현행 감칙에는 1가지 방법만 규정되어 있으므로 실무기준 해설서의 내용을 추가하였습니다.

2 목차

Ⅰ. 서(3)

Ⅱ. 감정평가에 관한 규칙과 감정평가실무기준에서 인정하는 2가지 방법 및 그 장·단점(12)

1. 비상장주식의 개념
2. 감칙 제24조와 감정평가실무기준
3. 원칙
   1) 자기자본가치(순자산가치)법
   2) 기업가치의 감정평가
   3) 장·단점
4. 예외(주당가치를 직접 산정할 수 있는 경우)

Ⅲ. 감정평가에 관한 규칙과 감정평가실무기준에서 규정하고 있지 않은 비상장주식의 평가방법과 타당성(12)

1. 개설
2. 감정평가에 관한 규칙과 감정평가실무기준에서 규정하고 있지 않은 비상장주식의 평가방법
   1) 상속세 및 증여세법에 의한 평가
   2) 유가증권세칙 및 국유재산법에 의한 평가

3. 위 평가방법들의 타당성
   1) 타당하지 않은 측면
   2) 타당한 측면
   3) 소결

Ⅳ. 결(3)

---

3 예시 답안

Ⅰ. 서(3)

동 기업은 비상장 주식회사로서 특허권을 바탕으로 한 전자제품 제조·판매와 임대업을 통하여 수익을 창출하고 있다. 이러한 비상장주식의 평가방법은 감칙 및 감정평가 실무기준, 다른 법령에서도 이를 규정하고 있는바 전체적인 검토가 필요하다. 특히 비상장주식의 감정평가는 상장주식의 감정평가보다 복잡하고 어렵기 때문에 가치를 객관적으로 평가하는 것이 중요한바 물음에 답하고자 한다.

Ⅱ. 감정평가에 관한 규칙과 감정평가실무기준에서 인정하고 있는 2가지 방법 및 그 장·단점(12)

1. 비상장주식의 개념

비상장주식은 자본시장법에서 규정하고 있는 주권상장법인을 제외한 법인의 주권을 의미한다. 즉, 증권시장에 상장된 주권을 발행한 법인 또는 주권과 관련된 증권예탁증권이 증권시장에 상장된 경우 그 주권을 발행한 법인을 제외한 법인의 주권이다. 일반적으로는 거래소에 상장되지 아니한 법인의 주권을 의미한다.

2. 감칙 제24조와 감정평가실무기준

비상장주식(상장주식으로서 거래소에서 거래가 이루어지지 아니하는 등 형성된 시세가 없는 주식을 포함한다)은 해당 회사의 자산, 부채 및 자본항목을 평가하여 수정재무상태표를 작성한 후 기업체의 유·무형의 자산가치에서 부채의 가치를 빼고 산정한 자기자본의 가치를 발행주식수로 나누어 산정한다.

3. 원칙

1) 자기자본가치(순자산가치)법

해당 회사의 자산, 부채 및 자본항목을 기준시점 현재의 가액으로 평가하여 수정재무상태표를 작성한 후 자산총계에서 부채총계를 공제한 기업체의 자기자본가치를 발행주식수로 나누어 비상장주식의 주당가액을 평가하는 방법이다.

2) 기업가치의 감정평가

실무적으로 비상장주식을 감정평가할 때 자기자본가치법을 적용하는 경우가 대부분이다. 따라서 비상장주식의 감정평가 시 적정한 기업가치의 감정평가는 매우 중요한 과정에 해당한다. 기업가치를 감정평가하는 방법으로는 수익환원법, 거래사례비교법, 원가법 등이 있다.

3) 장・단점

수정대차대조표 작성 시에 개별 자산을 평가하여 수정된 자산항목을 기준으로 하는바 이해하기 쉽고 기업소유의 모든 자산을 고려한다는 장점이 있다. 그러나 개별 자산의 가치 합이 전체 회사의 가치와 일치하는가에 대한 비판이 존재한다. 또한 본건과 같이 특허권에 의한 초과이익이 창출되어 유・무형 자산의 결합편익이 발생하고 있는 경우 이를 반영하기 어렵다는 단점이 있다.

4. 예외(주당가치를 직접 산정할 수 있는 경우)

대상 주식의 거래가격이나 시세 또는 시장배수 등을 파악할 수 있는 경우에는 기업가치의 산정 과정을 거치지 않고 비상장주식의 가치를 직접 산정할 수 있다. 이러한 방법은 간편하고 신속하게 산정할 수 있는 장점이 있다. 그러나 현실적으로 비상장주식의 시세는 파악하기 어렵고 파악된다고 하더라도 신뢰성이 떨어진다는 단점이 있다.

Ⅲ. 감정평가에 관한 규칙과 감정평가실무기준에서 규정하고 있지 않은 비상장주식의 평가방법과 타당성(12)

1. 개설

감칙 등에 규정하고 있지 않은 주식평가방법은 비상장주식의 가치산정을 하고 있는 「상속세법 및 증여세법」, 「증권의 발행 및 공시 등에 관한 규정 시행세칙」, 「국유재산법」과 같은 법령에 의한 평가방법 등이다.

2. 감정평가에 관한 규칙과 감정평가실무기준에서 규정하고 있지 않은 비상장주식의 평가방법

1) 「상속세 및 증여세법」에 의한 평가

세법상의 비상장주식의 가액은 시가를 원칙으로 하되 시가가 불분명한 경우에는 동법에 의한 보충적 평가방법에 의하여 산정한 가액을 과세기준으로 한다고 규정하고 있다. 동법 시행령에 의하면 비상장주식의 평가는 순손익가치와 순자산가치를 각각 3과 2의 비율로 가중평균한 가액에 의한다고 규정하고 있다.

2) 「증권의 발행 및 공시 등에 관한 규정 시행세칙」 및 「국유재산법」에 의한 평가

보통주식은 본질가치의 내용을 분석하도록 정하고 있으며 또한 보통주식의 본질가치는 자산가치와 수익가치를 각각 1과 1.5로 하여 가중평균한 가액으로 정하고 있다. 한편 국유재산법에서는 유가증권을 매각할 때 그 예정가격은 비상장주식의 경우 기획재정부령이 정하는 산정방식에 의하여 산정한 자산가치, 수익가치 및 상대가치를 고려하여 산정한 금액 이상으로 하고 있다.

3. 위 평가방법들의 타당성

1) 타당하지 않은 측면

「상속세 및 증여세법」과 「증권의 발행 및 공시 등에 관한 규정 시행세칙」에 의한 방법의 경우 시산가액 조정을 비율에 의하여 단순 가중평균하여 결정하고 있다는 점에서 타당하지 못하다. 즉, 각 가치 간에 괴리가 큰 경우, 기업의 개별적 특성을 고려하지 않은 경우, 자료가 확실하게 검증되지 않은 경우에서의 가중평균은 이론적으로는 타당하지 않은 측면이 있다.

2) 타당한 측면

기업은 개별성이 매우 높고 평가목적이 다양하므로 일률적인 평가방법보다는 평가대상 기업에 따라 다양한 평가방법을 적용하여 감정평가의 신뢰성을 높여야 한다는 점에서 타당한 측면이 있다.

3) 소결

비상장주식의 감정평가는 상장주식의 감정평가보다 복잡하고 어렵기 때문에 그 가치를 객관적으로 평가하는 데 많은 문제가 발생한다. 따라서 평가이론의 관점에서 감정평가에 관한 규칙과 감정평가실무기준에서 규정하고 있지 않은 평가방법들도 타당하다고 생각된다.

Ⅳ. 결(3)

비상장 A주식회사의 주식은 감칙에 의하여 순자산가치법으로 평가할 수 있으며 감정평가 시 동 기업의 경우 특허권과 같은 무형자산으로 인한 이익이 상당할 것으로 파악되어 기업가치 평가 시 수익을 고려한 평가방법을 적용하여야 할 것이다. 또한 다른 법령 등에 의한 가치평가의 경우도 감안하되 합리적이고 객관적인 주식가치의 평가가 이루어지도록 해야 할 것이다.

---

03 **부동산가격에 관한 다음 물음에 답하시오.** 30점

1) 부동산가격의 본질에 대하여 설명하시오. 5점

2) 부동산가격의 특징 및 가격형성원리에 대해 설명하시오. 10점

3) 부동산가격과 가격시점간의 관계에 대해 설명하시오. 10점

4) 특정가격과 한정가격의 개념을 설명하시오. 5점

---

1 답안작성 가이드

본 문제는 부동산가격에 대한 전반적인 내용을 묻는 것으로서 특히 문제 소물음 1번부터 소물음 3번까지는 부동산의 특성 중 영속성이라는 자연적 특성을 기반으로 하고 있음을 이해하여야 한다. 또한 소물음 4번의 경우 일본 부동산감정평가기준에서 인정하고 있는 가격개념이라는 점, 이는 우리나라의 경우 감칙 제5조에 따라 시장가치 외의 가치라는 점을 고려하여 답안작성을 하여야 한다.

---

2 목차

Ⅰ. 서(3)

Ⅱ. 부동산가격의 본질(4)

1. 가치와 가격

2. 부동산가격의 본질

Ⅲ. 부동산가격의 특징 및 가격형성원리(8)

1. 부동산가격의 특징
   1) 교환의 대가인 가격과 용익의 대가인 임대료
   2) 소유권 기타 권리・이익의 가격
   3) 장기적 고려하에 형성된 가격
2. 부동산가격형성원리
   1) 가격수준의 형성
   2) 개별적・구체적 가격의 형성

Ⅳ. 부동산가격과 가격시점 간의 관계(8)

1. 가격시점의 개념
2. 부동산가격과 가격시점 간의 관계
   1) 사회적・경제적・행정적 위치의 가변성 측면
   2) 장래편익의 현가 측면
   3) 일반평가와 보상평가 측면

Ⅴ. 특정가격과 한정가격(4)

1. 양 가격의 개념
   1) 특정가격의 개념
   2) 한정가격의 개념
2. 양 가격의 관련성

Ⅵ. 결(3)

---

3 예시 답안

Ⅰ. 서(3)

부동산은 일반재화와는 다르게 불완전경쟁시장의 대표적 재화로 분류되고 있다. 따라서 시장의 수급이 왜곡되는 특성을 지니게 되므로 부동산가격도 일반재화와는 매우 다른 특성이 있다. 이하에서는 부동산가격을 전반적으로 검토함으로써 부동산가격이 일반재화의 가격과 어떤 차별성을 갖는지를 파악하고 부동산의 특성을 이해하고자 한다. 이하 부동산가격에 관한 다음 질문에 답하고자 한다.

Ⅱ. 부동산가격의 본질(4)

1. 가치와 가격

   ① 가치는 다양하게 정의할 수 있으나 일반적으로 피셔에 의한 가치인 장래 기대되는 편익을 현재가치로 환원한 값이라 정의한다. ② 가격은 교환거래에서 매수자와 매도자가 상호 합의한 거래금액을 의미한다. 한편 부동산가격은 내구성으로 인하여 가치의 개념을 의미한다.

2. 부동산가격의 본질

내구재의 성격을 가지고 있는 부동산가격의 본질은 피셔의 가치에 대한 정의에 따라 장래 기대되는 편익의 현재가치라고 판단할 수 있다. 구체적으로 부동산은 법・제도적인 보호 아래 소유권을 갖게 되고 영속성으로 인하여 소유하고 있는 부동산을 장래 일정기간까지 배타적으로 이용할 수 있다는 전제 때문에 가치가 생기는 것이며, 그것을 이용함으로써 얻게 되는 편익이 바로 가치의 원천이 된다.

Ⅲ. 부동산가격의 특징 및 가격형성원리(8)

1. 부동산가격의 특징

1) 교환의 대가인 가격과 용익의 대가인 임대료

부동산의 경우에는 영속성, 고가성이라는 특성과 병합, 분할의 가능성으로 인해 물리적, 시간적, 권리적 차원에서의 분할을 통해 임대차의 대상이 될 수 있다. 따라서 부동산가격은 교환의 대가인 가격과 용익의 대가인 임대료로 구분할 수 있다.

2) 소유권 기타 권리・이익의 가격

부동산은 지리적 위치의 고정성으로 인해 그 자체가 순환하지 못하고 부동산을 추상화시킨 권리의 형태로 순환하게 된다. 따라서 부동산가격은 그 부동산에 기반한 소유권 기타 권리・이익의 가격이며, 두개 이상의 권리・이익이 동일한 부동산에 존재하는 경우에는 각각의 권리・이익마다 가격이 형성될 수 있다.

3) 장기적 고려하에 형성된 가격

오늘의 가격은 어제의 전개이며 내일을 반영한 것으로서 늘 변화의 과정에 있다. 즉, 부동산의 경우에는 영속성이라는 특성과 사회적・경제적・행정적 위치의 가변성이라는 특성 때문에 부동산가격은 과거, 현재, 미래라고 하는 시계열적 측면에서 장기적인 고려하에 형성된다.

2. 부동산가격형성원리

1) 가격수준의 형성

부동산의 지역성에 따라 지역요인의 영향을 받아 해당 지역은 그 지역만의 특성을 지니게 되고 그 결과 표준적 이용과 가격수준이 형성된다.

2) 개별적・구체적 가격의 형성

해당 부동산이 속해 있는 지역의 표준적 이용과 가격수준의 영향 아래 부동산의 개별성에 따라 개별요인의 영향을 받아 최유효이용과 개별적・구체적 가격이 형성된다.

Ⅳ. 부동산가격과 가격시점 간의 관계(8)

1. 가격시점의 개념

가격시점이라 함은 대상 물건의 감정평가액을 결정하는 기준이 되는 날짜를 말한다. 즉, 가격시점을 기준으로 형성되는 가격을 평가금액으로 기재하는데 이는 평가시점과는 엄밀히 말해 구분된다.

2. 부동산가격과 가격시점 간의 관계

1) 사회적 · 경제적 · 행정적 위치의 가변성 측면

부동산가격은 그 지역의 사회적 · 경제적 · 행정적 위치의 변화에 영향을 받는 가변성을 지니고 있으므로 특정 시점에서의 가격을 구할 필요가 있다. 그리고 이때의 특정 시점을 가격시점이라고 하므로 양자는 관계된다.

2) 장래편익의 현가 측면

부동산가격은 장래 편익의 현재가치이므로 장래 편익을 현가화하기 위해서는 현재의 시점을 미리 정하여야 한다. 그리고 일반적으로 가격시점은 이러한 현재의 시점을 의미하므로 양자는 관계된다.

3) 일반평가와 보상평가 측면

일반평가의 가격시점은 가격조사완료일이 원칙이나 보상평가의 경우 법령에서 정한 시점이 된다. 이는 개발이익 배제 등 정책적으로 부동산가격의 가변성을 제한적으로 적용함을 의미하는데, 보상평가 시 재결평가나 이의재결평가를 재결시점으로 하는 경우이다. 따라서 일반평가와 보상평가에서 부동산가격과 가격시점은 관계된다.

Ⅴ. 특정가격과 한정가격(4)

1. 양 가격의 개념

1) 특정가격의 개념

특정가격이란 평가목적 및 물건의 성격상 정상가격으로 평가함이 부적당한 경우 또는 평가에 있어서 특수한 조건이 수반되거나 법률의 규정에 의한 경우에 그 물건의 성격 또는 조건 등에 부응하는 가격을 말한다.

2) 한정가격의 개념

한정가격이란 어떤 부동산이 지니고 있는 일반적인 시장행태와는 다르게 시장이 한정됨으로써 형성되는 가격을 말한다. 한정가격 또한 시장가치처럼 시장성을 갖는 부동산에 적용되는 개념이다.

2. 양 가격의 관련성

양 가격은 일본 부동산감정평가기준상의 가격 개념으로서 우리나라에서는 시장가치 외의 가치로 볼 수 있다. 특히 양 가격 개념은 시장성을 고려하는 점에서 비슷하나 특정가격은 법령 등에 따른 사회적 요청을, 한정가격은 한정된 시장을 가정한다는 점에서 다르다.

Ⅵ. 결(3)

비록 자본주의 사회, 즉 시장원리가 지배하는 사회에 살고 있지만 모든 자본주의의 재화가 시장성을 지니는 것은 아니다. 그 중 대표적인 것이 부동산으로 상기 검토한 바와 같이 가격형성과정이나 특징, 본질 등 모든 면에서 일반재화와는 구별된 특징을 보인다. 따라서 부동산가격은 일반인이 전문적 지식 없이 가격을 산정할 수 없고 전문가에 의한 평가가 반드시 필요하다.

Chapter 16

2009년 제20회 기출문제

01

지상권이 설정된 토지가 시장에서 거래되고 있다. 이와 관련된 다음 물음에 답하시오. 40점

1) 위 토지의 담보평가 시 유의할 점과 감가(減價) 또는 증가(增價)요인을 설명하시오. 15점
2) 위 토지의 보상평가 시 검토되어야 할 주요 사항을 설명하시오. 10점
3) 감정평가목적에 따라 감정평가액의 차이가 발생할 수 있는 이유를 감정평가의 기능과 관련하여 논하시오. 15점

02

공동주택 분양가상한제를 설명하고, 이 제도와 관련된 감정평가사의 역할에 대하여 논하시오. 20점

03

일단지(一團地) 평가에 관한 다음 물음에 답하시오. 20점

1) 일단지의 개념과 판단 시 고려할 사항에 대하여 설명하시오. 10점
2) 일단지 평가가 해당 토지가격에 미치는 영향을 설명하고, 일단지 평가의 사례 3가지를 서술하시오. 10점

04

비주거용 부동산가격공시제도의 도입 필요성에 대하여 설명하시오. 10점

05

저금리기조가 지속되는 과정에서 주택시장에 나타날 수 있는 시장변화에 대하여 설명하시오. 10점

해설 및 예시 답안

01 **지상권이 설정된 토지가 시장에서 거래되고 있다. 이와 관련된 다음 물음에 답하시오.** 40점

1) 위 토지의 담보평가 시 유의할 점과 감가(減價) 또는 증가(增價)요인을 설명하시오. 15점

2) 위 토지의 보상평가 시 검토되어야 할 주요 사항을 설명하시오. 10점

3) 감정평가목적에 따라 감정평가액의 차이가 발생할 수 있는 이유를 감정평가의 기능과 관련하여 논하시오. 15점

1 답안작성 가이드

지상권이 설정된 토지의 감정평가로서 기본적으로 민법상 지상권이라는 권리에 대한 개략적 설명이 뒷받침되어야 한다. 특히 지상권이 설정된 특수한 토지의 평가와 관련하여 감정평가실무기준에서 규정하고 있는 내용들을 중심으로 감정평가목적과 기능에 따라 동일한 평가대상 물건이라도 감정평가액의 차이가 발생할 수 있음을 제시하면 된다.

2 목차

Ⅰ. 서(4)

Ⅱ. 담보평가 시 유의할 점과 감가 또는 증가요인(12)

1. 지상권이 설정된 토지
   1) 지상권의 개념
   2) 지상권 설정의 효과
2. 담보평가의 개념
3. 담보평가 시 유의할 점
   1) 지상권의 내용 파악
   2) 담보평가기준과 업무협약준수
4. 감가 또는 증가요인
   1) 감가요인
   2) 증가요인

Ⅲ. 보상평가 시 검토되어야 할 주요 사항(8)

1. 보상평가의 개념
2. 보상평가 시 검토하여야 할 주요 사항
   1) 보상평가기준
   2) 건축물 등이 없는 상태 상정 평가

3) 지상권평가 시 지료의 등기 여부

Ⅳ. 감정평가목적에 따라 감정평가액의 차이가 발생할 수 있는 이유(12)

1. 가치다원론의 개념
2. 정책적 기능에 따른 차이 발생 이유
   1) 정책적 기능
   2) 보상평가의 목적
   3) 보상가치의 성격
3. 경제적 기능에 따른 차이 발생 이유
   1) 경제적 기능
   2) 담보평가의 목적
   3) 담보가치의 성격

Ⅴ. 결(4)

---

3 예시 답안

Ⅰ. 서(4)

부동산가격은 소유권 기타 권리이익의 합에 의하여 이루어진다. 따라서 감정평가 시 소유권을 대상으로 하기도 하고 기타 권리를 대상으로 하기도 한다. 특히 소유권은 기타 권리들로 인하여 제한을 받을 수 있는바 지상권이 대표적으로 토지의 사용, 수익을 제한하는 권리라고 할 수 있다. 또한 지상권이 설정된 토지의 감정평가 시 그 평가목적이 무엇인가에 따라서 검토하여야 하거나 유의할 사항들이 달라지고 평가금액도 달라지며, 이는 가치다원론을 바탕으로 하는 것이다. 이하 물음에 답하고자 한다.

Ⅱ. 담보평가 시 유의할 점과 감가 또는 증가요인(12)

1. 지상권이 설정된 토지

1) 지상권의 개념

타인의 토지에 건물, 기타 공작물이나 수목을 소유하기 위하여 그 토지를 사용할 수 있는 물권을 말한다. 통상적으로 지상권이 설정되면 그 토지의 사용 및 수익이 제한되므로 감정평가 시 이를 반영하여야 한다.

2) 지상권 설정의 효과

지하 또는 지상의 공간은 상, 하의 범위를 정하여 건물 기타 공작물을 소유하기 위한 지상권의 목적으로 할 수 있다. 이 경우 설정행위로써 지상권의 행사를 위하여 토지의 사용을 제한할 수 있다.

2. 담보평가의 개념

담보평가는 대출 실행기관인 금융기관 등이 담보대출의 목적물을 평가하게 하거나 또는 대출을 필요로 하는 채무자가 제공하는 담보물을 기준으로 행하는 감정평가를 말한다.

3. 담보평가 시 유의할 점

1) 지상권의 내용 파악

지상권이 설정된 토지는 담보평가 시 공부조사와 현장조사를 통하여 지상권의 내용이 어떠한지를 조사하여야 한다. 즉, 지상권의 존속기간, 계약지료, 정상지료, 나지를 기준으로 한 기초가액, 기대이율, 필요제경비 등 지상권의 가치를 산정하기 위하여 필요한 자료를 수집하여야 한다.

2) 담보평가기준 및 업무협약준수

지상권이 설정된 토지의 담보평가는 지상권이 설정되어 있는 상태로 거래되는 토지가격을 알 수 있는 경우에는 그 가격을 기준으로 평가한다. 또한 실제지료와 필요제경비 등의 파악이 가능하고 적정기대이율 등을 산정할 수 있는 경우에는 토지의 정상가격에서 지상권의 가격을 차감하여 평가한다. 또한 은행과 감정평가법인 등 간에 업무협약사항을 준수하여 평가한다.

4. 감가 또는 증가요인

1) 감가요인

지상권이 설정된 토지는 지상권으로 인하여 일반적으로 사용, 수익에 제한이 있기 때문에 지상권이 설정되지 않은 토지에 비하여 감가요인으로 작용한다. 즉, 지상권으로 인한 토지이용의 제약이 있기 때문에 통상 실제지료는 정상지료보다 낮게 계약되는 것이다.

2) 증가요인

지상권의 가치를 평가할 경우에 실제지료가 정상지료보다 높게 계약되는 경우 지상권의 가치가 음이 되어 오히려 토지의 가치에 증가요인으로 작용할 수 있는 것이다.

Ⅲ. 보상평가 시 검토되어야 할 주요 사항(8)

1. 보상평가의 개념

보상평가는 국가, 지방자치단체 등이 공익사업을 목적으로 피수용자의 재산권을 취득함에 있어서 정당보상을 기준으로 평가하도록 제도적으로 마련된 법정절차에 따른 평가이다.

2. 보상평가 시 검토하여야 할 주요 사항

1) 보상평가기준

토지의 보상평가 시에는 객관적 기준, 현실적인 이용상황 기준, 개별 감정평가, 건축물 등이 없는 상태 상정 등의 기준들을 규정하고 있는바 이에 따라 평가하여야 한다.

2) 건축물 등이 없는 상태 상정 평가

평가하려는 토지 위에 건축물, 공작물, 입목 그 밖에 토지에 정착한 물건이 있거나 토지에 관한 소유권 외의 권리가 설정되어 있을 경우에는 그 건축물 등이 없고, 토지에 관한 소유권 외의 권리가 설정되어 있지 아니한 상태를 상정하여 평가한다(토지보상법 시행규칙 제22조). 그리고 이렇게 평가한 금액에서 소유권 외의 권리의 가액을 차감한 금액으로 평가한다(토지보상법 시행규칙 제29조).

3) 지상권평가 시 지료의 등기 여부

지료의 등기가 있는 경우는 지료증감청구권이 인정되므로 정상지료와 실제지료는 동일하다고 보아야 한다. 또한 실제지료가 정상지료보다 적은 경우라 하더라도 이로 인한 이익은 반사적 이익으로 보아야 하며 보상대상인 권리로 볼 수 없다. 따라서 이러한 지상권은 별도의 경제적 가치가 없으므로 감정평가하지 않는다. 반면, 지료의 등기가 없는 경우에는 무상의 지상권으로 보기 때문에, 이 경우 지상권을 통하여 획득할 수 있는 장래 기대이익은 인근의 정상지료가 되며 이를 지상권의 장래 존속기간 동안 할인한 것을 지상권의 가치로 본다.

Ⅳ. 감정평가목적에 따라 감정평가액의 차이가 발생할 수 있는 이유(12)

1. 가치다원론의 개념

부동산가격을 감정평가의 목적이나 용도에 따라 다양하게 판단하는 것이 가치다원론의 입장이다. 이는 자본주의 시장경제체제하에서 부동산의 사용목적에 따라 유용한 평가가치가 존재하여야 한다는 점에서 제기된 것이다. 우리나라 감칙 제5조에서도 시장가치와 시장가치 외의 가치를 규정하고 있어 가치다원론의 입장을 취하고 있다.

2. 정책적 기능에 따른 차이 발생

1) 정책적 기능

감정평가의 정책적 기능이란 공적 부동산활동과 관련하여 부동산이 지니는 객관적인 가치를 평가하여 효율적인 부동산정책의 수립과 집행에 기여하는 것을 의미한다. 대표적으로 피수용자의 정당한 재산권을 완전보장하기 위한 보상평가 시에 그 기능을 수행하게 된다.

2) 보상평가의 목적

보상평가는 공익사업의 수행으로 인하여 침해된 피수용자의 재산권을 정당하게 보상하기 위함이 목적이므로 관계인에 해당하는 지상권 등의 사권이 설정되지 아니한 상태를 대상으로 평가가 이루어진다. 그리고 이후에 지상권의 가치를 차감함으로 보상평가금액을 평가하는바 이는 정책적 기능을 고려한 것이다.

3) 보상가치의 성격

보상평가는 법정평가로서 국민들의 합의에 의하여 만들어진 법적인 기준에 의하여 평가되는 것이고 보상가치는 이를 반영하고 있는바 해당 공익사업으로 인한 개발이익이 반영된 시장가치와는 차이가 있게 된다.

3. 경제적 기능에 따른 차이 발생

1) 경제적 기능

감정평가의 경제적 기능이란 불완전경쟁시장인 부동산시장의 결함을 보완하여 부동산자원의 효율적인 배분과 경제적 유통질서의 확립에 기여하는 것을 의미한다. 대표적으로 금융기관이 대출 실행 시 채권자의 안전한 채권확보와 채무자의 적정한 재산권을 평가하기 위한 담보평가 시에 그 기능을 수행하게 된다.

2) 담보평가의 목적

담보평가는 채권기관의 안정적인 채권회수가 목적으로서 담보의 대상이 되는 물건에 소유권을 제약하는 지상권이 설정되어 있는 경우 환가성에 제약이 올 수 있으므로 이를 감안하여 평가한다. 이러한 담보평가금액은 사권의 제약을 고려하여 평가하는 경제적 기능을 고려한 것이다.

3) 담보가치의 성격

담보가치는 채무자가 대출 상환 이행을 하지 못할 경우를 대비하여 완전한 채권회수가 중요하므로, 시장가치와는 다르게 안정성과 환가성을 고려하여 보수적으로 평가된다.

Ⅴ. 결(4)

시상에서 거래되고 있는 지상권이 설정된 토지의 경우에도 감정평가의 목적이 보상평가인가 담보평가인가에 따라 그 가치가 다르게 나타날 수 있다. 결국 이러한 가치의 차이는 대상 물건의 특징, 감정평가의 목적, 감정평가의 기능에 있어서의 다양성에 따른 것으로 가치다원론을 반영하고 있는 것이다. 따라서 감정평가사법인 등은 사회적으로 요구되는 다양한 감정평가 목적과 기능에 부응하여 그에 부합하는 평가를 할 수 있도록 해야 할 것이다.

02 공동주택 분양가상한제를 설명하고, 이 제도와 관련된 감정평가사의 역할에 대하여 논하시오. 20점

1 답안작성 가이드

공동주택 분양가상한제의 도입 취지 등으로 시작하여 전반적인 제도의 개념과 목적, 내용, 효과를 설명한다. 그리고 이러한 제도와 관련하여 감정평가사가 하게 되는 역할(기능)을 공적, 사적인 측면을 중심으로 논하면 된다.

2 목차

Ⅰ. 서(2)

Ⅱ. 분양가상한제(8)

1. 개념
2. 목적
3. 내용
4. 효과

Ⅲ. 이 제도와 관련된 감정평가사의 역할(8)

1. 택지비 산정을 통한 분양가격의 적정화
2. 부동산시장의 안정화
3. 이해관계자 간의 이해 조정
4. 감정평가의 사회성, 공공성 실현

Ⅳ. 결(2)

3 예시 답안

Ⅰ. 서(2)

분양가상한제는 공공택지뿐만 아니라 공공택지 외의 택지에서 공급되는 분양가상한 대상주택 규정에 따라 수도권 등 분양가 상승 우려가 높은 지역 등에 적용되고 있다. 이러한 제도의 성공적인 시행을 위해서는 택지비를 평가하는 감정평가사의 역할이 중요하다. 이하 공동주택 분양가상한제를 설명하고 이 제도와 관련된 감정평가사의 역할에 대하여 논하고자 한다.

Ⅱ. 분양가상한제(8)

1. 개념

자산시장에서 부동산가격을 통제하는 대표적인 제도가 분양가상한제이다. 이는 신규분양주택에 대하여 택지비와 건축비에 업체들의 적정이윤을 더한 분양가 책정방식을 법률로 규정하여 분양가격을 정책적으로 조정하는 제도이다.

2. 목적

분양가상한제를 실시하는 주된 목적은 분양가 자율화가 집값 상승의 주원인이라고 보아 일정 가격으로 제한을 둠으로써 주택가격의 상승을 안정시키고 무주택자들의 신규주택구입 부담을 덜어주기 위한 것이다.

3. 내용

자산시장에서 신규분양주택에 적용되기 때문에 공급곡선은 장·단기에 관계없이 우상향하는 형태를 취한다. 정부가 분양가를 규제하게 되면 신규주택개발은 제한되고 이전보다 공급량이 줄어들어 신규분양주택의 품귀현상을 가져올 수 있다. 한편 낮은 분양가 때문에 수요는 증가하게 되고 초과수요가 존재하게 된다. 그리고 공급자는 일정 이상의 공급을 하려 하지 않고, 신규분양주택의 실질적인 시장가격은 당초보다 상승하게 된다. 이는 분양 프리미엄이라 하여 신규주택을 분양받는 자에게 돌아간다.

4. 효과

분양가상한제는 신규공급 아파트의 분양가를 낮추고, 주택공급업자는 적정한 이윤을 보장받으며, 분양받은 자에게는 주택구입비용의 지원효과가 있는 등 긍정적인 면이 있다. 반면, 신규주택 공급량의 감소를 가져와 장기적으로는 시장가격이 규제 이전보다 올라갈 수 있다. 또한 신규주택의 질이 하락하므로 시장의 다양한 수요를 충족시켜주지 못한다.

Ⅲ. 이 제도와 관련된 감정평가사의 역할(8)

1. 택지비 산정을 통한 분양가격의 적정화

감정평가사는 공공택지와 공공택지 외의 택지로서 주택가격의 상승 우려가 있는 지역에서 공급하는 공동주택의 분양가격 결정에 있어서 택지비를 평가한다. 특히 공공택지 외의 택지에 대한 택지비의 평가 시에는 택지가 조성이 완료된 상태를 전제로 하여 조건부 평가하되 사회적으로 환수하여야 하는 개발이익은 배제하여 평가해야 하며 이를 통하여 분양가격의 적정화에 기여한다.

2. 부동산시장의 안정화

분양가상한제는 건축비와 택지비로 구성되어 있으며 택지비의 경우 택지의 공급가격에 가산비용을 더하여 산정한다. 따라서 택지비를 얼마나 적정하게 산정하는가가 동 제도의 취지와 밀접하게 관련될 수 있다. 그리고 이를 통하여 산정된 적정한 분양가는 부동산시장의 안정화에 기여한다.

3. 이해관계자 간의 이해 조정

적정한 가격보다 분양가가 높게 책정되면 공급업자들이 과도한 이익을 누리게 되고 신규주택 구입자들은 주택구입에 대한 부담이 늘어난다. 반대로 분양가가 낮게 책정되면 공급업자들은 주택의 공급을 줄이게 되고 주택의 질도 떨어진다. 따라서 감정평가사는 양 당사자들 간의 이해관계를 잘 조정하여 중간자로서의 역할을 수행한다.

4. 감정평가의 사회성, 공공성 실현

감정평가사는 부동산시장에서 공적인 기능과 사적인 기능을 수행함으로써 개인과 사회에 기여한다. 분양가상한제와 관련해서도 적정한 택지비의 평가를 통하여 적절한 분양가 산정의 근거를 제공함으로써 감정평가의 사회성과 공공성을 실현한다.

Ⅳ. 결(2)

분양가상한제는 다양한 부동산정책의 하나로서 긍정적인 효과와 부정적인 효과를 동시에 가져온다. 특히 분양가상한제의 시행과 관련하여 가치판정의 전문가로서 감정평가사는 다양한 기능을 수행함으로써 이를 지원하게 된다. 그중에 대표적인 것이 택지비의 평가이기에 감정평가사는 이러한 업무를 통하여 감정평가의 사회성과 공공성을 실현할 수 있도록 해야 한다.

---

03 **일단지(一團地) 평가에 관한 다음 물음에 답하시오.** 20점

1) 일단지의 개념과 판단 시 고려할 사항에 대하여 설명하시오. 10점

2) 일단지 평가가 해당 토지가격에 미치는 영향을 설명하고, 일단지 평가의 사례 3가지를 서술하시오. 10점

---

1 답안작성 가이드

감칙 제7조 제1항 개별평가 원칙의 예외인 일괄평가가 적용되는 경우로서 일단지 평가에 대한 문제이다. 일단지에 대한 개념과 일단지 판단 시 고려할 사항은 감정평가 실무기준해설서의 내용(일단으로 이용 중인 토지)으로 설명하면 된다. 또한 일단지 평가의 경우 개별평가에 비하여 토지평가액이 상승함을 설명하고 이에 대한 구체적인 사례를 제시하면 된다.

2 목차

Ⅰ. 서(2)

Ⅱ. 일단지의 개념과 판단 시 고려할 사항(8)

1. 일단지의 개념
2. 일단지 판단 시 고려할 사항
   1) 토지소유자의 동일성
   2) 공간정보 구축 및 관리 등에 관한 법률
   3) 일시적인 이용상황
   4) 건축물 존재 여부 및 인정시점

Ⅲ. 일단지 평가가 해당 토지가격에 미치는 영향과 사례 3가지(8)

1. 일단지 평가가 해당 토지가격에 미치는 영향
   1) 일단지 평가
   2) 토지가격에 미치는 영향
2. 일단지 평가의 사례 3가지
   1) 2필지 이상의 대지
   2) 관련 법령에 의하여 사업계획승인이 있는 경우
   3) 골프장용지

Ⅳ. 결(2)

3 예시 답안

Ⅰ. 서(2)

감칙 제7조 제1항에 따라 대상 물건은 개별로 감정평가하는 것이 원칙이다. 다만, 대상 물건의 성격, 감정평가조건, 거래관행 등에 따라 개별로 평가하는 것이 불합리한 경우에는 일괄평가 등을 할 수 있다. 여기서 일괄평가는 둘 이상의 물건이 일체로 거래되거나 대상 물건 상호 간 용도상 불가분의 관계에 있는 경우에 이루어지는 것으로 일단지가 대표적인 사례이다. 이하에서 이에 관한 물음에 답하고자 한다.

Ⅱ. 일단지의 개념과 판단 시 고려할 사항(8)

1. 일단지의 개념

지적공부상 2필지 이상으로 구분 등록이 되어 있는 토지가 해당 토지의 최유효이용의 관점에서 볼 때 인접토지와 일단을 이루어 같은 용도로 이용되는 것이 가장 수익성이 높은 경우 일단지라 한다.

2. 일단지 판단 시 고려할 사항

1) 토지소유자의 동일성

일단지의 판단기준과 토지소유자의 동일성은 원칙적으로 직접적인 관련이 없다. 또한 2필지 이상의 토지가 용도상 불가분의 관계에 있다고 인정되는 경우에는 각각의 토지소유자가 다른 경우에도 민법상 공유관계로 보아 일단지에 포함시키고 있다.

2) 공간정보 구축 및 관리 등에 관한 법률

공간정보 구축 및 관리 등에 관한 법률 상의 지목 분류와 관련하여 볼 때, 일단지의 구체적인 판정기준은 용도상 불가분의 관계에 있는지 여부이지 지목의 동일성 여부는 아니므로 지목분류의 개념과 반드시 일치하는 것은 아니다.

3) 일시적인 이용상황

2필지 이상의 토지가 일단을 이루어 이용되고 있어도 그것이 주위환경 등의 사정으로 보아 일시적인 이용상황인 경우에는 이를 일단지로 보지 않는 것이 타당하다. 이러한 경우의 예로서 가설 건축물의 부지, 조경수목재배지, 조경자재제조장, 골재야적장, 간이창고, 간이체육시설용지 등으로 이용되고 있는 경우가 있다.

4) 건축물 존재 여부 및 인정시점

표준지공시지가조사·평가기준 제20조 제4항에서는 건축 중에 있는 토지, 그리고 공시기준일 현재 나지상태이나 건축허가 등을 받고 공사를 착수한 때에는 토지소유자가 다른 경우에도 이를 일단지로 본다고 규정하고 있다.

Ⅲ. 일단지 평가가 해당 토지가격에 미치는 영향과 사례 3가지(8)

1. 일단지 평가가 해당 토지가격에 미치는 영향

1) 일단지 평가

일단지 평가는 2필지 이상의 토지에 대하여 용도상 불가분의 관계가 인정되어야 한다. 즉, 사회적, 경제적, 행정적 측면에서 합리적이고 해당 토지의 가치형성적 측면에서도 타당하다고 인정되는 관계에 있어야 한다.

2) 토지가격에 미치는 영향

일단지로 판단하여 감정평가하는 경우 개별 필지별 감정평가액을 합산하는 것보다 전체 토지가치가 크게 나타나는 것이 일반적이다. 그 이유는 지역요인이나 개별요인이 여러 필지에 동일하게 영향을 미치는 관계에서 획지조건 등을 일단지 전체를 기준으로 평가하기 때문이다. 즉, 합필을 통한 증분가치가 발생하는 것과 같은 효과가 나타난다.

2. 일단지 평가의 사례 3가지

1) 2필지 이상의 대지

2필지 이상의 대지에 하나의 건축물이 있거나 건축 중에 있는 대지라 할지라도 기준시점 현재 신축허가를 받고 공사에 착수한 때에는 이를 일단지로 볼 수 있다. 다만, 1동의 건물인지는 건물의 물리적 분리가능 여부, 권리분석 등 구체적인 상황을 고려하여 판단하여야 한다.

2) 관련 법령에 의하여 사업계획승인이 있는 경우

개발사업시행예정지는 공시기준일 현재 관련 법령에 의하여 해당 사업계획의 승인이나 토지보상법 제20조에 의하여 사업인정이 있으면 일단지로 보고 평가한다.

3) 골프장용지

골프장용지는 여러 필지를 하나의 획지로 보아 해당 골프장의 등록된 면적 전체를 일단지로 보고 평가하게 된다. 따라서 골프코스, 주차장 등의 개발지와 원형상태 그대로 보전되고 있는 원형보전지를 면적비율에 의한 가중평균가격으로 감정평가액을 결정한다.

Ⅳ. 결(2)

감정평가 시 부동산가치의 극대화를 위하여 법적인 단위와 실제 이용 및 거래에서의 단위가 달라질 수 있다. 그리고 대상 물건별로 개별평가를 원칙으로 하고 있으나 부동산시장의 거래관행이나 가치형성이 일체로 되는 경우에는 일괄평가하는 것이 보다 정확한 경우가 있다. 일단지 평가가 대표적인 경우이다.

04 비주거용 부동산가격공시제도의 도입 필요성에 대하여 설명하시오. 10점

1 답안작성 가이드

법률 개정으로 인하여 현재 비주거용 부동산가격공시도 부동산공시법에 규정되었습니다. 다만, 본 문제의 경우 위 제도가 도입되어야 하는 필요성을 묻고 있으므로 주거용 부동산가격공시제도와의 형평성 차원 등에서 검토해보면 될 것입니다.

2 목차

Ⅰ. 개설(1)

Ⅱ. 비주거용 부동산가격공시제도의 도입 필요성(8)

1. 비주거용 부동산의 개념
2. 도입 필요성
   1) 세금부담의 불균형
   2) 낮은 실거래가 반영률
   3) 개별감정평가방법과 현실 관행의 차이

Ⅲ. 부동산공시법의 개정(1)

3 예시 답안

Ⅰ. 개설(1)

사무실, 공장, 상가 등의 비주거용 부동산의 경우 산출가격의 산정방식, 불복절차 등을 규정한 가격공시제도가 부재하여 논란이 지속되어 왔다. 이하 비주거용 부동산가격공시제도의 도입 필요성에 대하여 설명하고자 한다.

Ⅱ. 비주거용 부동산가격공시제도의 도입 필요성(8)

1. 비주거용 부동산의 개념

비주거용 부동산이란 주택을 제외한 건축물이나 그 토지의 전부 또는 일부를 말한다. 이는 집합건물법에 따라 구분 소유되는 비주거용 집합부동산과 이를 제외한 비주거용 일반부동산으로 구분된다.

2. 도입 필요성

1) 세금부담의 불균형

주거용 부동산에 비해 비주거용 부동산의 경우 재산세의 부담이 상대적으로 공평하지 않다. 구체적으로 토지와 주택 등 부동산에 부과되는 각종 조세에 대한 과세표준의 산출은 부동산가격공시제도를 통해 이루어지고 있으나, 비주거용 부동산은 부과되는 조세의 목적에 따라 국세의 경우 국세청의 기준시가로, 지방세의 경우 행정안전부의 시가표준액으로 다원화되어 있어 동일한 행정영역에서 서로 다른 기준을 적용함에 따라 주거용 부동산과 비주거용 부동산 간 불균형성이 발생하는 원인이 되고 있다.

2) 낮은 실거래가 반영률

다양한 공적지가제도를 일원화하여 공시제도가 시작되었으나 도입 초기 조세부담의 급격한 증가를 의식하여 적정가격 수준으로 평가하지 못하였다. 이후 지속적으로 공시지가 현실화를 추진하고 있으나 여전히 실거래가격과의 괴리 문제가 나타나고 있다.

3) 개별감정평가방법과 현실 관행의 차이

건축물을 포함한 부동산의 거래 시 토지와 건물이 일체로 거래되고 있음에도 불구하고 비주거용 부동산의 경우 토지와 건물을 분리하여 평가 및 과세함에 따라 시장가격과의 괴리가 발생하고 있다.

Ⅲ. 부동산공시법의 개정(1)

부동산공시법 개정으로 비주거용 표준부동산가격의 조사·산정, 비주거용 개별부동산가격의 검증 등을 규정하였다. 그리고 이를 통하여 비주거용 부동산시장에 가격정보를 제공하고, 국가·지자체 등이 과세 등의 업무와 관련하여 비주거용 부동산의 가격을 산정하는 경우에 그 기준으로 활용할 수 있게 되었다.

05 저금리기조가 지속되는 과정에서 주택시장에 나타날 수 있는 시장변화에 대하여 설명하시오. 10점

1 답안작성 가이드

금융위기 이후 시장 안정과 경기부양을 위해 정부의 저금리 정책이 지속되었던 부동산시장의 상황을 정확히 이해하고 저금리로 인한 주택시장 변화를 이론적으로 접근하되 실제 주택시장에서 나타나는 현상들을 설명하면 됩니다.

2 목차

Ⅰ. 개설(1)

Ⅱ. 저금리기조와 주택시장에 나타날 수 있는 시장변화(9)

1. 저금리기조와 주택시장의 개념
2. 주택시장에 나타날 수 있는 시장변화
   1) 저금리와 주택시장의 관련성
   2) 매매 · 임대시장
   3) 용도별시장
   4) 고가 · 저가시장

3 예시 답안

Ⅰ. 개설(1)

지난 몇 년간 정부는 시장안정과 경기부양을 위해 저금리 정책을 지속하고 있다. 이러한 저금리 정책은 부동산시장과도 밀접한 관련성을 가지는바 감정평가법인 등은 시장분석을 통하여 주택시장에 미치는 영향을 이해하여야 한다. 이하 물음에 답하고자 한다.

Ⅱ. 저금리기조와 주택시장에 나타날 수 있는 시장변화(9)

1. 저금리기조와 주택시장의 개념

금리는 자본시장의 수요와 공급에 의하여 결정되는 것으로서 저금리 현상은 자본시장에서 수익률이 낮다는 것을 의미한다. 한편 주택시장은 주택의 수요와 공급에 의해 주택가격 및 거래량이 결정되는 공간을 말한다.

2. 주택시장에 나타날 수 있는 시장변화

1) 저금리와 주택시장의 관련성

주택에 대한 구입비용은 가계의 지출에서 상당한 부분을 차지하고 있으며 가계자산에서도 비중이 가장 크다고 할 수 있다. 따라서 고가성을 가진 주택에 대한 수요와 공급에 있어서 저금리는 구매자 및 판매자가 고려하는 가장 중요한 요인 중 하나라고 할 수 있다.

2) 매매 · 임대시장

임대차시장에서 임대인의 수익이 감소하게 되므로 전액 전세를 월세나 보증부 월세로 전환하거나 전세금을 상향하게 된다. 따라서 전세시장에 공급량이 부족해지고 전세금 상승, 월세 부담 등으로 인하여 매매시장으로 수요가 이동할 수 있다.

3) 용도별시장

주택에 비하여 상가나 오피스텔과 같은 상업용 부동산에 대한 이자비용 부담의 감소가 상대적으로 커서 투자수익률이 상승하므로 투자목적의 상업용 부동산시장으로 자금이 이동할 수 있다.

4) 고가 · 저가시장

부동산은 고가성으로 인하여 유효구매력이 무엇보다 중요한바 대출 이자비용의 감소 효과는 유효구매력에 대한 부담을 감소시킨다. 특히 그 효과는 고가주택일 경우가 저가주택일 경우보다 상대적으로 크게 나타날 것이다.

Chapter 17

2008년 제19회 기출문제

01

일괄평가방법과 관련하여, 다음을 논하시오. 40점

1) 토지 · 건물 일괄평가에 관한 이론적 근거와 평가방법을 논하시오. 10점

2) 일괄평가된 가격을 필요에 의해 토지 · 건물가격으로 각각 구분할 경우 합리적인 배분기준을 논하시오. 10점

3) 표준주택가격의 평가와 관련하여,

(1) 현행 법령상 표준주택가격의 조사 · 평가(산정)기준을 설명하시오. 10점

(2) 표준주택가격의 일괄평가(산정) 시 평가 3방식 적용의 타당성을 논하시오. 10점

02

부동산가격지수와 관련하여, 다음을 설명하시오. 20점

1) 부동산가격지수의 필요성과 기능을 설명하시오. 10점

2) 부동산가격지수를 산정하는 데 사용되는 대표적인 계량모형인 특성가격모형(Hedonic Price Model)과 반복매매모형(Repeat Sale Model)의 원리와 각각의 장 · 단점을 설명하시오. 10점

03

향후 전자제품을 개발 · 생산 · 판매하기 위하여 설립된 비상장 영리법인인 A기업은 설립 후 자본금 전액을 기술개발에 지출하여 해당 금액을 무형자산으로 계상하였다(다른 자산 · 부채는 없음). 해당 기업의 주식가치를 평가하고자 한다. 적합한 평가방법 및 근거를 구체적으로 설명하고 장 · 단점을 설명하시오. 20점

04 「부동산 가격공시에 관한 법률」의 표준지공시지가를 기준으로 평가한 보상평가가격과 적정가격, 실거래가격과의 관계를 설명하시오. 10점

05 상권분석에서 일반적으로 사용되는 허프(Huff)모형의 원리와 실무적용상의 장·단점을 설명하시오. 10점

해설 및 예시 답안

01 **일괄평가방법과 관련하여, 다음을 논하시오.** 40점

1) 토지 · 건물 일괄평가에 관한 이론적 근거와 평가방법을 논하시오. 10점

2) 일괄평가된 가격을 필요에 의해 토지 · 건물가격으로 각각 구분할 경우 합리적인 배분 기준을 논하시오. 10점

3) 표준주택가격의 평가와 관련하여,

(1) 현행 법령상 표준주택가격의 조사 · 평가(산정)기준을 설명하시오. 10점

(2) 표준주택가격의 일괄평가(산정) 시 평가 3방식 적용의 타당성을 논하시오. 10점

1 답안작성 가이드

단독주택은 복합부동산으로서 감칙 제7조 제1항에 의하여 개별평가가 이루어진다. 그러나 표준주택가격평가(산정) 시에는 일괄평가(산정)를 적용하고 향후 개별주택가격 산정을 위하여 토지가액과 건물가액으로 배분한다. 따라서 문제의 출제 의도를 고려하여 복합부동산 > 표준주택가격 > 이론적 근거, 감정평가방법 > 조사 · 평가(산정)기준, 감정평가 3방식 적용의 타당성 순서대로 답하면 될 것이다.

※ 출제 당시에는 조사 · 평가기준이었으나 현재는 조사 · 산정기준입니다. 따라서 이를 고려하여 답안을 작성하였습니다. 다만, 소물음 3번의 경우 평가방식에 대한 논의와 함께 현재 표준주택가격 조사 · 산정기준에 규정된 제10조의 내용을 추가하였습니다.

2 목차

Ⅰ. 서(4)

Ⅱ. 토지 · 건물 일괄평가의 이론적 근거와 평가방법(8)

1. 토지 · 건물의 일괄평가에 관한 이론적 근거
   1) 토지와 건물의 일체적 효용
   2) 토지와 건물의 일괄거래
2. 토지 · 건물의 일괄평가방법
   1) 거래사례비교법
   2) 원가법
   3) 수익환원법

Ⅲ. 합리적인 배분기준(8)

1. 합리적 배분기준의 필요성
2. 합리적 배분기준
   1) 토지차감법
   2) 건물차감법
   3) 비율법
   4) 소결

Ⅳ. 현행 법령상 표준주택가격조사·평가(산정)기준(8)

1. 표준주택가격의 개념
2. 표준주택가격의 조사·평가(산정)기준
   1) 적정가격 기준 산정
   2) 실제 용도기준 산정
   3) 사법상 제한상태 배제 상정 산정
   4) 일단지 기준 산정

Ⅴ. 표준주택가격의 일괄평가(산정) 시 평가 3방식 적용의 타당성(8)

1. 개설
2. 3방식 적용의 타당성
   1) 거래사례비교법
   2) 수익환원법
   3) 원가법
3. 소결

Ⅵ. 결(4)

---

3 예시 답안

Ⅰ. 서(4)

토지와 건물은 서로 다른 속성을 가지고 있음에도 불구하고 일체로서 이용되고 있는 관행상 일체로 거래된다. 따라서 감정평가 시에도 그 시장가격을 적절히 반영하기 위해서는 일괄평가하는 방법이 개별평가하는 방법에 비하여 타당하다 할 수 있고, 이를 표준주택가격제도에 도입하였다. 다만, 특별한 경우 일괄평가된 가액을 토지와 건물로 배분하는 합리적인 기준이 필요하다. 이하 일괄평가(산정)하는 표준주택가격제도와 관련하여 조사·평가(산정)기준 및 3방식의 적용 타당성에 대하여 논하고자 한다.

Ⅱ. 토지 · 건물 일괄평가의 이론적 근거와 평가방법(8)

1. 토지 · 건물의 일괄평가에 관한 이론적 근거

1) 토지와 건물의 일체적 효용

부동산에서 발생하는 효용은 토지와 건물의 일체적인 이용에서 발생하는 것이지 개별적으로 이용하여 발생하는 효용이 아니다. 따라서 토지와 건물에서 발생하는 효용을 구분한다는 것은 이론적으로 가능하지만 실제로는 거의 불가능하다.

2) 토지와 건물의 일괄거래

부동산은 토지와 건물이 결합하여 하나의 재화로서 시장에서 거래되고 그에 따라 적정한 가격이 형성된다. 특히 구분소유부동산은 대부분 토지와 건물을 일체로 하여 하나의 소유권 대상으로 거래되기 때문에 토지와 건물을 분리하여 평가할 경우 적정가격을 파악하기 어렵다.

2. 토지 · 건물의 일괄평가방법

1) 거래사례비교법

대상 물건과 동일성 또는 유사성이 있는 물건의 거래사례와 비교하여 대상 물건의 현재 상황에 맞게 사정보정, 시점수정, 가치형성요인 비교 등을 가하여 가액을 산정한다. 평가 대상 물건과 일체로서 유사성이 있는 사례가 수집되고, 일체로서 가치형성요인의 비교가 가능하다면 비준가액을 구할 수 있다.

2) 원가법

기준시점에서 대상 물건의 재조달원가에 감가수정을 하여 현재의 가액을 산정하는 방법이다. 원가법을 적용하기 위해서는 토지와 건물에 대한 일체로서의 표준적인 재조달원가 산정과 감가수정이 가능하여야 한다.

3) 수익환원법

대상 물건이 장래 산출할 것으로 기대되는 순수익 또는 미래의 현금흐름을 환원하거나 할인하여 기준시점에서의 평가액을 산정하는 방법이다. 부동산에서 발생하는 수익을 직접환원법 또는 DCF법을 통해 구할 수 있다.

Ⅲ. 합리적인 배분기준(8)

1. 합리적 배분기준의 필요성

민법에 의하여 토지와 건물의 소유자가 다를 수 있어 경매 시 토지, 건물 각각의 후순위자들의 배당참여에 영향을 미칠 수 있다. 또한 과세를 위한 개별주택가격의 산정을 위해서 토지가액과 건물가액을 구분해야 한다.

2. 합리적 배분기준

1) 토지차감법

전체가액에서 토지가액을 차감한 나머지를 건물가액으로 보는 방법으로 효용증가분 전체는 건물분으로 귀속된다. 왜냐하면 건물이 있어서 효용증가분이 발생한 것이고, 건물의 상태에 따라 효용증가, 감가분의 차이가 생기기 때문에 그 원인제공자인 건물에 귀속되어야 한다.

2) 건물차감법

전체가액에서 건물가액을 차감한 나머지를 토지가액으로 보는 방법으로 효용증가분 전체는 토지분으로 귀속된다. 이 방법은 건물은 독립적인 효용을 가질 수 없고 단지 토지 개량물에 불과하다는 전제에서 나온 것이다.

3) 비율법

효용증가분의 원인이 토지와 건물로부터 발생한다는 전제하에서 효용증가분을 토지, 건물의 원본가치에 비례하여 배분하는 방법이다. 이때 배분기준은 해당 지역의 거래관행 및 특성을 고려하여 합리적인 배분비율을 적용한다.

4) 소결

토지, 건물의 합리적 배분기준은 상기의 방법들의 장단점을 모두 고려하여 결정되어야 할 것이다. 따라서 개별 부동산의 상황, 노후도, 주위 부동산과의 균형 등을 고려하여 용도별, 지역별, 규모별 배분기준을 적용해야 할 것이다.

Ⅳ. 현행 법령상 표준주택가격조사 · 평가(산정)기준(8)

1. 표준주택가격의 개념

국토교통부장관이 용도지역, 건물구조 등이 유사하다고 인정되는 일단의 단독주택 중에서 선정한 표준주택에 대한 매년 공시기준일 현재 적정가격을 말한다.

2. 표준주택가격의 조사 · 평가(산정)기준

1) 적정가격 기준 산정

표준주택의 산정가격은 해당 표준주택에 대하여 통상적인 시장에서 정상적인 거래가 이루어지는 경우 성립될 가능성이 높다고 인정되는 적정가격으로 결정하되 시장에서 형성되는 가격자료를 충분히 조사하여 표준주택가격의 객관적인 시장가치를 산정한다.

2) 실제 용도기준 산정

표준주택가격의 산정은 공부상의 용도에도 불구하고 공시기준일 현재의 실제 용도를 기준으로 산정하되 일시적인 이용상황은 고려하지 아니한다.

3) 사법상 제한상태 배제 상정 산정

표준주택가격의 산정에서 전세권 또는 그 밖에 단독주택의 사용, 수익을 제한하는 사법상의 권리가 설정되어 있는 경우에는 그 사법상의 권리가 설정되어 있지 아니한 상태를 상정하여 산정한다.

4) 일단지 기준 산정

2필지 이상에 걸쳐 있는 주택은 대지면적을 합산하여 하나의 주택부지로 산정하며, 주택부속 토지가 인접토지와 용도상 불가분의 관계에 있는 경우에는 인접 토지를 포함하여 하나의 주택부지로 산정한다.

Ⅴ. 표준주택가격의 일괄평가(산정) 시 평가 3방식 적용의 타당성(8)

1. 개설

부동산가격은 소유권에 대한 대가인 가격과 사용, 수익의 대가인 임대료로 구성된다. 이 중 소유권에 대한 대가인 가격이 협의의 가격이며 표준주택가격도 감정평가 3방식에 의하여 거래사례비교법, 수익환원법, 원가법을 적용하여 평가할 수 있다.

2. 3방식 적용의 타당성

1) 거래사례비교법

일체로 거래된 거래사례가 풍부하게 존재하고 시세를 적절하게 반영할 수 있다는 점에서 가장 적합한 평가방법이라 할 수 있다. 다만, 대상과 사례부동산 간의 개별성에 기인한 격차보정이 현실적인 문제점이다.

2) 수익환원법

대상 부동산에서 수익이 발생함을 전제로 하나 주택은 일반적으로 임대료 발생을 목적으로 하는 부동산이 아니고 수익·비용 자료수집이 어려우므로 실무적으로 적합하지 않다.

3) 원가법

일체로서의 재조달원가 산정과 감가수정이 가능해야 한다. 그러나 현실적으로 부동산의 개별성으로 인해 일체로서의 표준적인 재조달원가의 산정이 어렵고, 토지는 물리적 감가가 되지 않는다는 점에서 감가수정이 어렵다.

3. 소결

원가법은 성립논리상 일괄평가와 그 취지를 달리하고 수익환원법은 임대목적으로 제공되는 주택만이 적용 가능하다. 결국 실거래가신고제의 시행으로 보다 많은 일체의 거래사례자료를 확보할 수 있다는 점에서 거래사례비교법이 가장 현실적인 대안이므로 이 방법을 주로 활용하고, 다른 방식에 의하여 합리성을 검토하는 것이 타당하다고 판단된다.

※「표준주택가격 조사·산정기준」 제10조(산정방식의 적용)

① 시장성이 있는 표준주택은 인근 유사 단독주택의 거래가격 등을 고려하여 토지와 건물 일체의 가격으로 산정한다.
② 시장성이 없거나 주택의 용도 등이 특수하여 인근 유사단독주택의 거래가격을 고려하는 것이 곤란한 주택은 유사 단독주택의 건설에 필요한 비용추정액 또는 임대료 등을 고려하여 가격을 산정한다.
③ 제2항에 따른 비용추정액은 공시기준일 현재 해당 표준주택과 유사한 이용가치를 지닌다고 인정되는 단독주택의 건설에 필요한 표준적인 건축비와 일반적인 부대비용 및 부속토지가격 수준으로 한다.
④ 표준주택가격을 제1항 또는 제2항에 따라 산정한 경우에는 다른 하나 이상의 산정방법으로 산출한 가액과 비교하여 합리성을 검토하여야 한다. 다만, 대상주택의 특성 등으로 인하여 다른 산정방법을 적용하는 것이 곤란한 경우에는 제21조에 따른 조사·산정보고서에 그 사유를 기재하여야 한다.

Ⅵ. 결(4)

표준주택가격제도는 일괄평가(산정)제도의 부분적 도입과 그 활용이 과세선정에 활용됨에 그치고 있어 향후 여러 가지 문제점을 개선하기 위한 다양한 활용방안을 모색할 필요가 있다. 주택의 평가는 시장의 거래관행과 주택의 가치형성과정에 비추어 볼 때 일괄평가가 개별평가보다 더 타당한 방법이다. 다만, 합리적인 배분기준과 관련하여 토지차감법이 이론적으로는 우수함에도 불구하고 실무적으로는 건물차감법을 적용하고 있음은 문제시된다.

02 부동산가격지수와 관련하여, 다음을 설명하시오. 20점

1) 부동산가격지수의 필요성과 기능을 설명하시오. 10점

2) 부동산가격지수를 산정하는 데 사용되는 대표적인 계량모형인 특성가격모형(Hedonic Price Model)과 반복매매모형(Repeat Sale Model)의 원리와 각각의 장・단점을 설명하시오. 10점

1 답안작성 가이드

본 문제 출제 당시에 부동산시장의 실거래가 신고금액을 기초로 부동산가격지수를 도입하기 위한 논의가 활발하였다. 즉, 실거래가의 축적을 통하여 이를 기초로 한 부동산가격지수에 대한 연구가 지속되고 있었고 현재는 도입되어 발표되고 있다. 특히 계량모형인 특성가격모형과 반복매매모형의 장・단점에 대해서 양 방법을 비교하여 설명하면 된다.

2 목차

Ⅰ. 서(2)

Ⅱ. 부동산가격지수의 필요성과 기능(8)

1. 부동산가격지수의 개념
2. 부동산가격지수의 필요성
   1) 부동산시장 동향파악과 투자성과 비교를 위한 지표
   2) 부동산시장 투명성 제고와 합리적 의사결정 지원
3. 부동산가격지수의 기능
   1) 부동산시장의 효율적 자원배분
   2) 부동산정책의 수립 시 기초자료

Ⅲ. 특성가격모형과 반복매매모형의 원리와 각각의 장・단점(8)

1. 개설
2. 특성가격모형의 원리와 장・단점
   1) 원리
   2) 장・단점
3. 반복매매모형의 원리와 장・단점
   1) 원리
   2) 장・단점

Ⅳ. 결(2)

3 예시 답안

Ⅰ. 서(2)

부동산간접투자환경이 조성되고 저금리 지속 등에 따라 부동산시장에 대한 관심이 증대되고 있다. 그러나 국내 부동산투자 정보 인프라가 미흡하고 부동산시장의 투명성을 제고할 수 있는 객관적 투자정보가 부재한 여건을 감안할 때 부동산가격에 대한 지표의 필요성은 더욱 커지고 있다. 이하 물음에 답하고자 한다.

Ⅱ. 부동산가격지수의 필요성과 기능(8)

1. 부동산가격지수의 개념

지수란 한 상황에서 다른 상황으로의 양적인 변화를 측정한 것으로서 부동산가격지수는 기준시점을 기준으로 부동산가격의 변화에 대한 측정치를 말한다.

2. 부동산가격지수의 필요성

1) 부동산시장 동향파악과 투자성과 비교를 위한 지표

임대료, 가격, 수익률 등에 대한 지수작성을 통하여 상업용 부동산분야의 현황과 추이를 파악하고 정책 활용의 근거가 될 수 있는 자료가 필요하다. 또한 부동산시장 정보구축 및 선진적 기법을 통한 분석과 예측시도가 지속적으로 이루어지도록 유도함으로써 투자성과를 판단할 수 있는 객관적 지표가 필요하다.

2) 부동산시장 투명성 제고와 합리적 의사결정 지원

투자대상이 되는 부동산의 수익성 동향을 나타내는 지표로 투자, 금융, 개발 등의 의사결정 시 합리적인 판단을 하기 위한 지표가 필요하다.

3. 부동산가격지수의 기능

1) 부동산시장의 효율적 자원배분

부동산가격지수는 민간 부문의 부동산에 대한 투자, 개발, 금융 등의 의사결정에 필요한 정보를 제공함으로써 부동산시장의 효율적인 자원배분에 기여한다. 특히 부동산간접투자의 활성화로 부동산가격지수는 적정한 수익률 추정에 적극 활용될 것이다.

2) 부동산정책의 수립 시 기초자료

부동산시장의 현재 상황을 집약적으로 나타내 주므로 효율적인 부동산 정책 수립의 기초자료로 활용되고 정책 집행 시 의사결정의 판단기준이 되어 효율성과 더불어 형평성 제고에 기여할 것이다.

Ⅲ. 특성가격모형과 반복매매모형의 원리와 각각의 장·단점(8)

1. 개설

부동산가격지수는 지수작성 대상의 동일성에 따라 동일표본모형과 혼합표본모형으로, 가격산정방법에 따라 실거래모형과 감정평가모형으로, 비교시점에 따라 연쇄비교모형과 시점비교모형 등으로 분류할 수 있으며, 대표적으로 특성가격모형과 반복매매모형이 있다.

2. 특성가격모형의 원리와 장・단점

1) 원리

개별 부동산가격은 부동산이 속한 시장, 세부 입지, 건물의 물리적 특성, 임대특성 등 다양한 속성들의 가치로 구성된다. 특성가격모형에서는 이질적인 개별 부동산을 다양한 특성의 집합으로 정의하고, 시장에서 관측된 부동신가격을 통히여 부동산의 각 특성별 가격을 추정한 뒤 선택된 표준부동산의 가격을 재구성한다.

2) 장・단점

특성가격모형을 통한 가격지수 산정은 다양한 속성을 지닌 부동산으로부터 지수작성 시 문제가 될 수 있는 시점별 부동산 속성변화 상황을 모형을 통해 통제한 상태에서 분석이 가능하다. 또한 특성가격모형은 산식이 간단하고 연구자의 입장에서 매우 익숙한 모형이라는 장점이 있다. 다만, 특성변수의 선정문제, 특성변수의 누락가능성, 함수모형 선정의 자의성 등의 단점이 있다.

3. 반복매매모형의 원리와 장・단점

1) 원리

반복매매모형은 헤도닉 가격모형의 변형으로 동일한 부동산에 대한 시점별 가격자료를 이용하여 지수작성이 이루어지기 때문에 시간의 경과에 따른 부동산의 구조적 속성변수들이 변화하지 않고 고정되어 있다는 가정하에 가격지수를 산출한다.

2) 장・단점

반복매매모형을 통한 가격지수 산정은 부동산속성변수들을 모형으로부터 제거함으로써 모형설정 오차의 확률을 낮추었다는 장점이 있다. 다만, 반복매매된 부동산만을 대상으로 하여 표본 확보의 한계가 있고 표본선택과정에서 발생하는 편의문제가 있다. 또한 관측 가능한 시장의 거래사례를 충분히 활용하지 못하여 비효율적이라는 단점이 있다.

Ⅳ. 결(2)

부동산가격지수가 충분한 자료에 근거하여 과학적으로 산출되어 공시가 된다면 부동산시장에 대한 투자활성화를 가져올 수 있다고 본다. 또한 부동산시장에 대한 정책의 집행에 있어서도 중요한 판단기준을 제시할 수 있을 것으로 생각된다. 다만, 특성가격모형과 반복매매모형은 각 모형의 원리와 장・단점이 다른바 양자를 적절하게 병용해야 할 것이다.

03 **향후 전자제품을 개발 · 생산 · 판매하기 위하여 설립된 비상장 영리법인인 A기업은 설립 후 자본금 전액을 기술개발에 지출하여 해당 금액을 무형자산으로 계상하였다(다른 자산 · 부채는 없음). 해당 기업의 주식가치를 평가하고자 한다. 적합한 평가방법 및 근거를 구체적으로 설명하고 장 · 단점을 설명하시오.** 20점

1 답안작성 가이드

비상장 영리법인의 주식가치 평가로서 감칙 및 감정평가실무기준에 의하여 평가하되 부채가 하나도 없다는 점, 총자산이 자본으로만 구성되어 있고 자본도 전액 무형자산이라는 점을 고려하여 설명하여야 한다. 특히 적합한 평가방법은 순자산가치법이며, 기업가치 평가 시 자본금 전액이 무형자산인 점을 고려하여 수익환원법을 강조하면 된다.

2 목차

Ⅰ. 서(2)

Ⅱ. 비상장 영리법인 주식가치 평가방법 및 근거(12)

1. 비상장 영리법인 주식가치 평가방법(감칙 제24조 및 감정평가실무기준)
   1) 비상장주식의 개념
   2) 감정평가의 중요성
   3) 원칙
      (1) 순자산가치법
      (2) 기업가치 평가
   4) 예외
2. 근거

Ⅲ. 위 평가방법의 장 · 단점(4)

1. 개설
2. 장 · 단점

Ⅳ. 결(2)

3 예시 답안

Ⅰ. 서(2)

경제사회의 발전에 따라 이해관계인 또는 정보이용자는 다양화되고 있는 추세이며, 합리적이고 객관적인 주식가치 평가의 필요성은 더욱 증대되고 있다. 따라서 비상장 영리법인의 주식가치에 대하여 감칙 및 감정평가실무기준에서 규정하고 있는 평가방법과 장단점을 명확하게 숙지하여 객관적인 가치를 제시할 수 있도록 해야 한다. 이하 비상장 영리법인인 A 기업의 적합한 평가방법 및 근거를 구체적으로 설명하고 장 · 단점도 설명하고자 한다.

Ⅱ. 비상장 영리법인 주식가치 평가방법 및 근거(12)

1. 비상장 영리법인 주식가치 평가방법(감칙 제24조 및 감정평가실무기준)

1) 비상장주식의 개념

비상장주식은 자본시장법에서 규정하고 있는 주권상장법인을 제외한 법인의 주권을 의미한다. 즉, 증권시장에 상장된 주권을 발행한 법인 또는 주권과 관련된 증권예탁증권이 증권시장에 상장된 경우 그 주권을 발행한 법인을 제외한 법인의 주권이다. 일반적으로는 거래소에 상장되지 아니한 법인의 주권을 의미한다.

2) 감정평가의 중요성

자본주의 시장경제에서 기업의 주식가치가 합리적이고 적정하게 결정된다는 것은 매우 중요한 일이다. 주식의 가치가 올바르게 형성되어야 자원의 분배 및 투자를 적정하게 할 수 있기 때문이다. 특히 비상장주식의 감정평가는 상장주식의 감정평가보다 복잡하고 어렵기 때문에 그 가치를 객관적으로 평가하는 데 많은 문제가 발생하는바 이에 대한 객관적 평가가 중요하다.

3) 원칙

(1) 순자산가치법

해당 회사의 자산, 부채 및 자본항목을 기준시점 현재의 가액으로 평가하여 수정재무상태표를 작성한 후 자산총계에서 부채총계를 공제한 기업체의 자기자본가치를 발행주식수로 나누어 비상장주식의 주당가액을 평가하는 방법이다.

(2) 기업가치 평가

실무적으로 비상장주식을 감정평가할 때 순자산가치법을 적용하는 경우가 대부분이다. 따라서 비상장주식의 감정평가 시 적정한 기업가치의 감정평가는 매우 중요한 과정에 해당한다. 기업가치를 감정평가하는 방법으로는 수익환원법, 거래사례비교법, 원가법 등이 있다. 다만, 위 비상장 영리법인의 경우 기술개발로 인한 무형자산이 존재하고 향후 이로 인한 장래의 수익이 기대되는바 할인현금흐름분석법을 활용하여 평가하는 것이 적합할 것이다.

4) 예외

대상 주식의 거래가격이나 시세 또는 시장배수 등을 파악할 수 있는 경우에는 기업가치의 산정 과정을 거치지 않고 비상장주식의 가치를 직접 산정할 수 있다. 즉, 위 비상장 영리법인에 대한 장외주식 가치가 확인되거나 유사한 기업의 PER, PBR 등을 통한 시장배수로도 평가할 수 있다.

2. 근거

비상장 영리법인의 주식가치 평가로서 거래사례를 찾기 어렵기 때문에 순자산가치법에 의한다. 즉, 감칙 제24조 제1항 및 감정평가실무기준에 의하여 원칙적으로 기업가치에서 부채를 차감한 금액에 발행주식수와 의뢰주식수를 기준으로 그 가치를 평가한다. 다만, 동 기업의 경우 부채가 없어서 자산이 전액 자본으로만 구성되어 있고 전부 무형자산이라는 점에 주목하여 기업가치를 평가할 때 무형자산의 특징을 고려한 수익환원법의 적용이 타당하다.

Ⅲ. 위 평가방법의 장·단점(4)

1. 개설

동 비상장 영리법인의 원칙적인 평가방법에 따라 주식가치 평가 시 자산에서 차감할 부채가 없으므로 결국 자산(자기자본)가치의 산정이 핵심이며 이는 기업가치에 대한 평가와 같다. 특히 무형자산으로만 이루어진 위 기업에 대하여는 수익환원법이 주요 평가방법인바 이에 대한 장·단점을 설명하기로 한다.

2. 장·단점

수익환원법은 이론적으로 장래 기대되는 편익의 현재가치라는 가치의 본질에 가장 부합하며 장래 일정기간 동안 수익을 발생시키는 무형자산의 특징을 잘 반영하고 있다. 다만, 무형자산의 장래 수익 예측에는 상당한 불확실성이 존재하고 어떠한 할인율을 적용할지, 그 결정은 적절한지 등 주관성이 개입될 여지가 높다고 할 수 있다.

Ⅳ. 결(2)

거래소에 상장된 주식은 가격이 객관적으로 이용될 수 있는 데 비해 비상장주식은 이와 같은 객관적 자료가 없기 때문에 유의하여야 한다. 특히 비상장주식의 감정평가는 ① 회사경영권을 매입하는 투자의 경우, ② 상장을 위해 공개되는 경우의 공모가격 등에 필요하게 되는데, 이러한 경우 투자자, 채권자, 경영자, 정부 등 이해관계인에게는 첨예한 대립이 예상될 수 있다. 따라서 이에 대한 객관적이고 합리적인 평가방법의 연구가 지속적으로 이루어져야 할 것이다.

04

「부동산 가격공시에 관한 법률」의 표준지공시지가를 기준으로 평가한 보상평가가격과 적정가격, 실거래가격과의 관계를 설명하시오. 10점

1 답안작성 가이드

표준지공시지가의 기준인 적정가격, 보상평가가격, 실거래가격이라는 세 가지 개념이 연계성을 가지고 있음을 고려하여 관계를 설명하여야 한다.

2 목차

Ⅰ. 개설(1)

Ⅱ. 보상평가가격, 적정가격, 실거래가격의 개념(4)

1. 보상평가가격
2. 적정가격
3. 실거래가격

Ⅲ. 보상평가가격과 적정가격, 실거래가격의 관계(5)

1. 보상평가가격과 적정가격의 관계
2. 보상평가가격과 실거래가격의 관계
3. 실거래가격과 적정가격의 관계

3 예시 답안

Ⅰ. 개설(1)

보상평가가격은 표준지공시지가를 기준으로 한 토지보상액을 의미하며 적정가격은 부동산가격 공시법상 표준지공시지가를, 실거래가격은 시장에서 거래된 가격을 말하는바 위 세 가지 가격 개념에 대하여 그 관계를 설명하고자 한다.

Ⅱ. 보상평가가격, 적정가격, 실거래가격의 개념(4)

1. 보상평가가격

보상평가가격은 표준지공시지가를 기준으로 시점수정이나 지역요인, 개별요인 비교 외에 그 밖의 요인 보정을 통하여 결정된다. 이는 공익사업 수행 시 수용하는 토지에 대하여 헌법상 보장된 완전보상을 위하여 평가할 때 적용되는 가격이다.

2. 적정가격

토지, 주택 및 비주거용 부동산에 대하여 통상적인 시장에서 정상적인 거래가 이루어지는 경우 성립될 가능성이 가장 높다고 인정되는 가격을 말한다.

3. 실거래가격

실제 부동산시장에서 매수자와 매도자 간에 거래된 가격으로서 부동산 거래신고에 관한 법률에 의하여 매매계약 체결 후 일정기간 이내에 시・군・구청에 신고하게 되어 있다.

Ⅲ. 보상평가가격과 적정가격, 실거래가격의 관계(5)

1. 보상평가가격과 적정가격의 관계

보상평가가격은 토지보상법에 의하여 적정가격인 표준지공시지가를 기준으로 하여 평가한다. 특히 표준지공시지가와 보상평가가격의 괴리가 발생할 경우에는 완전보상을 위하여 그 밖의 요인 보정의 절차를 거치게 되는 관계에 있다.

2. 보상평가가격과 실거래가격의 관계

표준지공시지가를 기준으로 한 보상평가가격이 시점수정이나 지역 요인과 개별요인 비교 외에 보상평가가격에 미치지 못하는 요인이 있는 경우에는 대상 토지의 인근지역 또는 동일수급권 안의 유사지역의 정상적인 거래사례나 보상사례를 참작할 수 있는데, 실거래가격이 참작할 수 있는 거래사례라는 관계에 있다.

3. 실거래가격과 적정가격의 관계

실거래가격이 시장성을 잘 반영하고 있는 가격인 반면 적정가격은 법률 규정에 의한 행정목적 달성 등을 위한 정책적, 당위적 가격으로서 가치의 성격상 sollen(당위)으로 볼 수 있다. 또한 적정가격은 감정평가 3방식에 의하여 평가하는바 인근지역의 실거래가격을 활용하게 된다는 관계에 있다.

05 상권분석에서 일반적으로 사용되는 허프(Huff)모형의 원리와 실무적용상의 장 · 단점을 설명하시오.

10점

1 답안작성 가이드

Huff모형은 레일리의 소매인력의 법칙, 컨버스 등과 함께 중력모형을 이용한 상권분석이론이라 할 수 있다. 따라서 문제에서 묻는 질문에 초점을 두고 작성하면 될 것이다. 특히 단점보다는 장점을 보다 부각시켜 줄 필요가 있을 것이다.

2 목차

Ⅰ. 개설(1)

Ⅱ. Huff모형(9)

1. Huff모형의 개념
2. Huff모형의 원리
3. Huff모형의 실무적용상의 장 · 단점
   1) 장점
   2) 단점

3 예시 답안

Ⅰ. 개설(1)

중력모형의 일종인 Huff모형은 최근의 복잡하고 경쟁이 심화되고 있는 상업용 부동산의 시장분석에 유용하게 이용될 수 있다. 이하 Huff모형에 대하여 설명하고자 한다.

Ⅱ. Huff모형(9)

1. Huff모형의 개념

기존의 중력모형에 효용이론을 도입하여 상권의 영역이 확정적인 것이 아닌 확률적 개념으로 설명될 수 있음을 최초로 제시한 모형이다. 이 모형에서는 소비자들이 하나 이상의 상가를 방문할 수 있다고 보았으며, 이를 확률적으로 설명하였다.

2. Huff모형의 원리

A 지역의 소비자가 B 지역의 상업시설을 이용하는 것에 대해 느끼는 효용을 중력모형에 의하여 구하는데 소비자가 시장지역 내 특정 상가를 방문할 확률은 해당 상가의 효용에 대한 그 소비자가 고려하는 모든 상가들의 효용합의 비와 같다는 것이다.

3. Huff모형의 실무적용상의 장·단점

1) 장점

첫째, 구체적인 개별정보의 획득이 곤란한 다수의 상업시설이 경쟁적으로 입지하고 있는 시장지역에서의 시장점유율 분석에서 간단한 변수를 사용하여 의사결정에 있어서 최소의 판단근거를 제시할 수 있다. 둘째, Huff모형은 시장지역이 중심지 이론에서 가정하는 바와 같이 중첩되지 않는 기하학적인 지역이라기보다 복잡하고 연속적이며 확률적인 것임을 제안하고 있다. 셋째, Huff모형은 시장점유율 분석의 핵심적 고려요소인 상업시설 간 상호 경쟁적 관계를 반영할 수 있다는 장점이 있다.

2) 단점

중력모형은 소비자가 방문하고자 하는 상업시설을 선택하기 위해 고려하는 속성들이 상보적(Compensatory)임을 가정하고 있으며 각 속성의 매개변수 값이 기존 시설에 대한 조사를 통해 결정되므로 예정된 시설을 고려한 상권분석이나 시장점유율 추정에 신뢰성이 떨어질 수 있다. 또한 주관적이고 정성적인 소비자의 민감도계수나 효용의 정도를 측정하기 어렵다는 단점이 있다.

Chapter 18

2007년 제18회 기출문제

01 개별 부동산을 평가함에 있어 통계적 평가방법에 의한 가격이 전통적인 감정평가 3방식에 의한 가격보다 정상가격(시장가치)과의 차이가 크게 나타날 가능성이 있다. 그 이유를 설명하시오. 30점

02 지역분석과 개별분석을 통하여 부동산가격이 부동산시장에서 구체화되는 과정을 설명하시오. 20점

03 「부동산 가격공시에 관한 법률」에 의한 표준지공시지가와 표준주택가격의 같은 점과 다른 점을 설명하시오. 20점

04 다음 사항을 약술하시오. 30점

1) 공적평가에서 복수평가의 필요성 10점

2) 동적 DCF분석법과 정적 DCF분석법의 비교 10점

3) 건부증가와 건부감가의 성립논리 10점

해설 및 예시 답안

01 **개별 부동산을 평가함에 있어 통계적 평가방법에 의한 가격이 전통적인 감정평가 3방식에 의한 가격보다 정상가격(시장가치)과의 차이가 크게 나타날 가능성이 있다. 그 이유를 설명하시오.** 30점

1 답안작성 가이드

통계적 평가방법으로는 회귀분석법, CVM법, 노선가식평가방법 등 다양한 방법이 있으므로 회귀분석법만을 위 방법으로 보고 설명하는 것은 일부 한계가 있을 수 있다. 또한 문제의 취지는 통계적 평가방법이 관심은 있으나 그 논리와 한계로 인하여 전통적인 3방식에 비하여 시장가치와 괴리되는 문제가 있다는 것이므로 다양하고 합리적인 논거를 제시하여 설명하여야 한다.

※ 과거 '정상가격'은 2013년 감칙 전면 개정으로 '시장가치'로 용어 변경되었기 때문에 이를 기준으로 작성하였다.

2 목차

Ⅰ. 서(3)

Ⅱ. 통계적 평가방법과 전통적인 감정평가 3방식(10)

1. 통계적 평가방법
   1) 의의
   2) HPM
   3) CVM
2. 전통적인 감정평가 3방식(감칙 제11조)
   1) 비교방식(거래사례비교법과 공시지가기준법)
   2) 원가방식(원가법)
   3) 수익방식(수익환원법)

Ⅲ. 시장가치와 큰 차이가 나타날 가능성이 있는 이유(14)

1. 시장가치의 개념
2. 양 평가방법의 논리상 차이
   1) 통계적 평가방법의 논리
   2) 감정평가 3방식의 논리
3. 통계적 평가방법의 한계
   1) 부동산가치형성요인의 복잡성 및 유동성
   2) 자료의 수집 및 선택

3) 가치의 3면성

4) 통계적 평가방법 자체의 오류가능성

Ⅳ. 결(3)

---

3 예시 답안

Ⅰ. 서(3)

감정평가방법은 전통적으로 비교방식, 원가방식, 수익방식을 중심으로 발전해왔다. 그러나 컴퓨터의 보급이 일반화되면서 객관화의 방안으로 통계적 평가방법이 도입되었다. 특히 3방식만으로는 현실의 부동산시장에서 형성되는 가치를 찾아내고 분석하는 데 한계가 있다. 다만, 이러한 통계적 평가방법이 정확한 시장가치를 구할 수 있는지에 대하여는 여전히 의문이 있다. 이하 통계적 평가방법에 의한 가격이 전통적인 3방식에 의한 가격보다 시장가치와 크게 차이가 나타나는 이유에 대하여 설명하고자 한다.

Ⅱ. 통계적 평가방법과 전통적인 감정평가 3방식(10)

1. 통계적 평가방법

1) 의의

통계적 평가방법은 일의적으로 특정한 평가방법 하나가 아니다. 일반적으로 통계적 평가방법은 시장자료를 토대로 일정한 변수를 설정하고, 통계적 분석을 실시하여 구성한 가치추정모형을 의미한다. 대표적으로 아래와 같은 방법들이 있다.

2) HPM

특성가격모형이란 회귀분석을 기초로 부동산 가치형성요인을 독립변수로 하여 회귀방정식을 만들고 이것을 대상부동산에 적용하여 계량적으로 가치를 평가하는 방법이다.

3) CVM

CVM은 가상적인 상황을 설정하고 이 상황하에서 각 개인이 어떤 선택을 할 것인지를 설문조사하여 환경재 등의 가치를 평가하는 방법이다.

2. 전통적인 감정평가 3방식(감칙 제11조)

1) 비교방식(거래사례비교법과 공시지가기준법)

① 거래사례비교법이란 대상 물건과 가치형성요인이 같거나 비슷한 물건의 거래사례와 비교하여 대상 물건의 현황에 맞게 사정보정, 시점수정, 가치형성요인 비교 등의 과정을 거쳐 대상 물건의 가액을 산정하는 감정평가방법을 말한다. ② 공시지가기준법이란 감정평가의 대상이 된 토지와 가치형성요인이 같거나 비슷하여 유사한 이용가치를 지닌다고 인정되는 표준지의 공시지가를 기준으로 대상 토지의 현황에 맞게 시점수정, 지역요인 및 개별요인 비교, 그 밖의 요인의 보정을 거쳐 대상 토지의 가액을 산정하는 감정평가방법을 말한다.

2) 원가방식(원가법)

원가법이란 대상 물건의 재조달원가에 감가수정을 하여 대상 물건의 가액을 산정하는 감정평가방법을 말한다.

3) 수익방식(수익환원법)

수익환원법이란 대상 물건이 장래 산출할 것으로 기대되는 순수익이나 미래의 현금흐름을 환원하거나 할인하여 대상 물건의 가액을 산정하는 감정평가방법을 말한다.

Ⅲ. 시장가치와 큰 차이가 나타날 가능성이 있는 이유(14)

1. 시장가치의 개념

시장가치란 토지 등이 통상적인 시장에서 충분한 기간 거래를 위하여 공개된 후 그 대상 물건의 내용에 정통한 당사자 사이에 신중하고 자발적인 거래가 있을 경우 성립될 가능성이 가장 높다고 인정되는 대상 물건의 가액을 말한다.

2. 양 평가방법의 논리상 차이

1) 통계적 평가방법의 논리

통계적 평가방법은 대상물건의 가치형성에 영향을 미치는 특성변수들을 선정하고 다수의 사례를 통계 처리하여 특정변수에 따른 가치를 계량적으로 평가하는 방법이다. 따라서 다수의 사례에 기초하여 가설적인 시장에서 대상물건의 가치를 계량화하는 과정을 통하여 찾아나가는 기법이다.

2) 감정평가 3방식의 논리

감칙 제11조의 감정평가 3방식은 그 물건이 시장에서 어느 정도의 가격으로 거래되고 있는가(시장성), 그 물건을 만드는 데 얼마만큼의 비용이 투입되었는가(비용성), 그 물건을 이용함으로써 어느 정도의 편익을 얻을 수 있는가(수익성)라는 가치의 3면성을 고려하고 있다.

3. 통계적 평가방법의 한계

1) 부동산가치형성요인의 복잡성 및 유동성

부동산가치형성요인은 대상물건의 경제적 가치에 영향을 미치는 일반요인, 지역요인, 개별요인 등으로서 다양하고 복잡하며 계속해서 변하고 있다. 따라서 통계적 평가방법이 아무리 정교하다고 하더라도 특정시점의 자료만으로 부동산가치를 판단하므로 세계경제위기와 같이 갑작스럽게 부동산시장에 영향을 미치는 요인 등을 모두 반영하는 것은 무리가 있으므로 3방식에 의한 가격보다 시장가치와의 차이가 크게 나타날 가능성이 있다.

2) 자료의 수집 및 선택

통계모형의 추정과정에서 가장 문제가 되는 것은 어떤 자료를 수집하고, 선택할 것인가이다. 부동산시장에서 구할 수 있는 자료는 개별성으로 인하여 비공개적이므로 한계가 있다. 따라서 자료의 문제로 인해 오류의 가능성이 있으므로 3방식에 의한 가격보다 시장가치와의 차이가 크게 나타날 가능성이 있다.

3) 가치의 3면성

통계적 평가방법은 시장에서의 자료를 활용하는바 사실상 시장성만을 고려한 평가방법이다. 따라서 부동산가치는 가치의 3면성인 시장성, 비용성, 수익성을 고려하여야 하나 통계적 평가방법은 시장성만을 기준으로 함으로써 3방식에 의한 가격보다 시장가치와의 차이가 크게 나타날 가능성이 있다.

4) 통계적 평가방법 자체의 오류가능성

통계적 평가방법은 모형에 대한 설정・추정, 신뢰성의 검증 정도 등에 의하여 그 정확성이 결정된다. 그러나 개별부동산에 부합하는 모델을 선정하고 모형을 추정하는 과정에서 어려움이 있다. 따라서 만약 감정평가의 대상이 되는 개별부동산에 적절하지 않은 모형이 설정된다면 3방식에 의한 가격보다 시장가치와의 차이가 크게 나타날 가능성이 있다.

Ⅳ. 결(3)

통계적 평가방법은 부동산의 고유한 특성, 부동산시장에서 존재하는 다양한 특성 등을 반영하지 못하여 전통적인 감정평가 3방식에 의한 가격보다 시장가치와 차이가 크게 나타날 수 있다. 따라서 통계적 평가방법은 전통적인 감정평가 3방식의 보충수단으로 활용되어야 하며 위 방법에 의하여 평가된 가치는 전문가인 감정평가법인 등에 의한 검토를 거쳐 최종적으로 결정되어야 할 것이다.

02 지역분석과 개별분석을 통하여 부동산가격이 부동산시장에서 구체화되는 과정을 설명하시오.

20점

1 답안작성 가이드

본 문제는 부동산학 관점에서 부동산의 가격형성과정인 가격수준과 개별적・구체적 가격의 형성에 대한 일반론을 묻는 게 아니라 감정평가 관점에서 감정평가과정(지역분석 및 개별분석)을 통하여 부동산시장에서 구체화되는 과정이므로 이에 유의하여 답안을 작성하여야 한다.

2 목차

Ⅰ. 서(2)

Ⅱ. 지역분석과 개별분석(4)

1. 지역분석의 개념
2. 개별분석의 개념
3. 양 분석의 관계

Ⅲ. 부동산시장에서 부동산가격이 구체화되는 과정(12)

1. 부동산시장과 부동산가격
2. 지역분석을 통한 가격수준
   1) 부동산의 지역성
   2) 가격수준
   3) 지역분석을 통한 가격수준

3. 개별분석을 통한 개별적·구체적 가격
   1) 부동산의 개별성
   2) 개별적·구체적 가격
   3) 개별분석을 통한 개별적·구체적 가격

Ⅳ. 결(2)

---

3 예시 답안

Ⅰ. 서(2)

일반재화가격은 수요와 공급의 상호작용에 의하여 결정된다. 그러나 부동산가격은 지리적 위치의 고정성에 의하여 가격수준이 형성되고 개별성에 의하여 개별적·구체적 가격으로 형성된다. 따라서 감정평가 시 지역분석, 개별분석을 통하여 부동산가격이 부동산시장에서 구체화되는 과정이 필요하게 된다. 이하 지역분석과 개별분석을 통하여 부동산가격이 부동산시장에서 구체화되는 과정에 대하여 설명하고자 한다.

Ⅱ. 지역분석과 개별분석(4)

1. 지역분석의 개념

그 대상 부동산이 어떤 지역에 있는가, 그 지역은 어떠한 특성을 갖고 있는가, 또 대상 부동산이 속한 시장은 어떠한 특성을 갖고 있는가, 그리고 그러한 특성은 그 지역 내의 부동산 이용 형태와 가치형성요인에 전반적으로 어떤 영향력을 갖고 있는가를 분석하고 판정하는 것을 말한다.

2. 개별분석의 개념

지역분석에 의해 파악된 지역의 표준적 이용과 가격수준을 기준으로 부동산의 개별성에 근거하여 가격형성의 제 요인을 분석하여 대상 부동산의 최유효이용을 판정하고 구체적 가격에 영향을 미치는 정도를 분석하는 작업을 말한다.

3. 양 분석의 관계

어떤 지역의 표준적 이용 및 가격수준은 개별부동산의 최유효이용 및 개별적·구체적 가격에 영향을 미치게 된다. 한편 개별부동산의 최유효이용과 가격의 집약적, 평균적인 이용방법과 가격이 바로 표준적 이용과 가격수준이 되므로 지역분석과 개별분석은 피드백 관계에 있게 된다.

Ⅲ. 부동산시장에서 부동산가격이 구체화되는 과정(12)

1. 부동산시장과 부동산가격

부동산시장은 일반재화시장과는 달리 지리적 공간을 수반한다. 따라서 부동산시장은 질, 양, 위치 등 여러 가지 측면에서 유사한 부동산에 대해 가격이 균등해지려는 지리적 구역이라고 정의될 수 있다. 한편 부동산시장은 제품의 비표준화, 정보의 비공개성, 국지적 시장의 특징이 있다. 따라서 부동산시장에서 부동산가격이 구체화되기 위해서는 지역분석과 개별분석이라는 감정평가의 단계가 필요하다.

2. 지역분석을 통한 가격수준

1) 부동산의 지역성

지역성이란 부동산은 자연적, 인문적 특성을 공유하는 다른 부동산과 함께 하나의 지역을 구성하고 그 지역 및 지역 내 타 부동산과 의존, 보완, 협동, 대체, 경쟁의 관계를 통하여 사회적, 경제적, 행정적 위치가 결정된다는 특성을 말한다.

2) 가격수준

부동산의 지역성에 의한 지역요인의 영향을 받아 해당 지역은 그 지역의 특성을 지니게 된다. 그 결과 해당 지역의 표준적 이용과 가격수준이 형성된다.

3) 지역분석을 통한 가격수준

가격수준은 지역 내 부동산의 평균적 가격을 의미하며 지역 간의 상대적 격차를 나타낸다. 이러한 가격수준은 지역분석을 통하여 지역 내 부동산의 일반적, 표준적 이용의 상태와 장래의 동향을 판정함으로써 파악 가능하다.

3. 개별분석을 통한 개별적·구체적 가격

1) 부동산의 개별성

부동산의 개별성이란 지구상에 물리적으로 동일한 복수의 토지는 존재하지 않는다는 특성으로 이러한 개별성은 부동산의 수익과 가치 등을 개별화시킨다.

2) 개별적·구체적 가격

부동산은 해당 부동산이 속해 있는 지역의 표준적 이용과 가격수준의 영향 아래 부동산의 개별성에 의한 개별요인의 영향을 받아 최유효이용과 개별적·구체적 가격이 형성된다.

3) 개별분석을 통한 개별적·구체적 가격

개별적·구체적 가격은 개별분석에서 최유효이용을 전제로 파악한다. 이후 최유효이용을 전제로 가치의 3면성을 고려한 감정평가 3방식을 적용하여 시산가액을 도출하고 시산가액 조정을 통해 감정평가액이 최종적으로 결정된다.

Ⅳ. 결(2)

부동산가격은 일반재화가격과 다르게 가격수준과 개별적·구체적 가격이라는 과정을 거쳐 형성된다. 즉, 부동산의 특성에 따른 부동산시장의 특징으로 인하여 부동산가격은 구체화되는 과정을 거친다. 따라서 이에 대한 정확한 파악을 위해서는 감정평가 시 지역분석 및 개별분석이 필수적인 과정이라 할 수 있다.

03 「부동산 가격공시에 관한 법률」에 의한 표준지공시지가와 표준주택가격의 같은 점과 다른 점을 설명하시오. 20점

❶ 답안작성 가이드

1980년대 도입된 표준지공시지가와 2005년대 도입된 표준주택가격공시제도의 취지를 바탕으로 양 제도의 평가대상, 활용 및 목적, 평가방법 등 다양한 관점에서 비교함으로써 표준지공시지가를 기준으로 한 개별공시지가가 표준주택가격을 기준으로 한 개별주택가격보다 높게 공시되는 일부 현상을 설명할 수 있어야 한다.

❷ 목차

Ⅰ. 서(2)

Ⅱ. 표준지공시지가와 표준주택가격의 개념(3)

1. 표준지공시지가의 개념
2. 표준주택가격의 개념

Ⅲ. 유사점(6.5)

1. 적정가격
2. 정책가격
3. 평가목적과 활용

Ⅳ. 차이점(6.5)

1. 평가주체
2. 나지상정평가 여부
3. 평가대상과 평가방법

Ⅴ. 결(2)

❸ 예시 답안

Ⅰ. 서(2)

우리나라는 부동산의 높은 사회성과 공공성으로 인하여 표준지공시지가 및 표준주택가격제도를 운영하고 있다. 양 제도는 과세 부과 및 다양한 목적으로 활용되고 있으나 표준지공시지가가 표준주택가격보다 더 높은 가격으로 공시되는 경우가 있어 문제가 제기되고 있다. 이하 양 제도의 비교 설명을 통하여 그 문제의 원인에 대하여 이해하고자 한다.

Ⅱ. 표준지공시지가와 표준주택가격의 개념(3)

1. 표준지공시지가의 개념

표준지공시지가란 토지이용상황이나 주변 환경, 그 밖의 자연적, 사회적 조건이 일반적으로 유사하다고 인정되는 일단의 토지 중에서 선정한 표준지에 대한 매년 공시기준일 현재의 단위면적당 적정가격으로서 부동산공시법 제3조에 근거한다.

2. 표준주택가격의 개념

표준주택가격이란 용도지역, 건물구조 등이 일반적으로 유사하다고 인정되는 일단의 단독주택 중에서 선정한 표준주택에 대한 매년 공시기준일 현재의 적정가격으로서 부동산공시법 제16조에 근거한다.

Ⅲ. 유사점(6.5)

1. 적정가격

적정가격이란 토지, 주택 및 비주거용 부동산에 대하여 통상적인 시장에서 정상적인 거래가 이루어지는 경우 성립될 가능성이 가장 높다고 인정되는 가격을 말한다. 표준지공시지가와 표준주택가격은 모두 적정가격의 개념을 기준으로 한다.

2. 정책가격

적정가격이라는 가치기준을 제시하여 정책의 목적을 달성하고 공공성 및 효율성과 형평성의 조화를 도모하고자 하는 정책가격으로서의 성격이 강하다.

3. 평가목적과 활용

두 가격 모두 공시가격으로서 부동산시장에 가격정보를 제공한다. 또한 국가, 지방자치단체 등의 기관이 과세 등의 업무와 관련하여 개별공시지가 및 개별주택가격을 산정하는 경우에 그 기준으로 활용된다.

Ⅳ. 차이점(6.5)

1. 평가주체

표준지공시지가는 감정평가법에 따른 둘 이상의 감정평가법인 등에 의하여 토지의 적정가격을 조사, 평가하나 표준주택가격은 한국부동산원에 의해 단독주택의 적정가격을 조사, 산정한다.

2. 나지상정평가 여부

표준지공시지가는 실제 이용상황을 기준으로 해당 정착물 또는 권리가 존재하지 아니하는 나지로 상정해 건부감가를 반영치 않고 적정가격을 평가한다. 반면, 표준주택가격은 건부감가를 고려하여 인근지역의 최근 지가동향 및 제반 경제, 사회동향을 종합 판단하여 가격결정에 참고가 되는 가격자료를 수집, 정리하여 산정한다.

3. 평가대상과 평가방법

표준지공시지가의 경우 토지만을 대상으로 개별평가를 하고 표준주택가격은 토지와 주거용 건물이라는 복합부동산을 일괄평가한다는 점에서 차이가 있다.

Ⅴ. 결(2)

감정평가법인 등은 적정가격을 공시하여 부동산가격산정의 기준이 되게 하고 적정한 가격형성을 도모하여야 한다. 따라서 표준지공시지가 및 표준주택가격과 관련하여 각 가격의 개념, 평가·산정기준, 각 가격 간의 차이 등에 대한 명확한 이해가 요구된다.

---

04 다음 사항을 약술하시오. 30점

1) 공적평가에서 복수평가의 필요성 10점

2) 동적 DCF분석법과 정적 DCF분석법의 비교 10점

3) 건부증가와 건부감가의 성립논리 10점

---

1 답안작성 가이드

소물음 1번의 경우 공적평가에 어떠한 평가가 있는지를 언급하고, 왜 이러한 평가에는 단수평가보다 복수평가가 필요할 수밖에 없는가를 강조하면 된다. 특히 표준지공시지가에 대한 단수평가 도입과도 관련되는 논점이라 할 것이다. 소물음 2번은 수익환원법 중 DCF법으로서 정적 DCF법과 그보다 발전된 동적 DCF법을 비교하라는 문제로 유사점과 차이점을 중심으로 설명한다. 소물음 3번은 토지의 최유효이용과 지상 건축물의 존재로 인해 나타나는 건부감가 및 건부증가에 대하여 그 성립논리를 설명하면 될 것이다.

---

2 목차

Ⅰ. 공적평가에서 복수평가의 필요성(10)

1. 공적평가와 복수평가의 개념
2. 공적평가에서 복수평가의 필요성
   1) 부동산시장의 불완전성 및 제도적 기반의 미비
   2) 복수평가의 대상이 되는 업무의 중요성
   3) 객관성과 정확성의 제고

Ⅱ. 동적 DCF분석법과 정적 DCF분석법의 비교(10)

1. 개설
2. 양 방법의 유사점
   1) 장래의 예측
   2) 수익성을 고려한 평가방법
3. 양 방법의 차이점
   1) 확률변수의 고려
   2) 할인율의 추정

Ⅲ. 건부증가와 건부감가의 성립논리(10)

1. 개설
2. 건부증가
   1) 개념
   2) 성립논리
3. 건부감가
   1) 개념
   2) 성립논리

---

3 예시 답안

Ⅰ. 공적평가에서 복수평가의 필요성(10)

1. 공적평가와 복수평가의 개념

공적평가란 국가, 지자체 등 공공기관이 공적목적으로 감정평가를 의뢰하는 경우를 말하며 복수평가는 둘 이상의 감정평가법인 등이 평가의 주체가 되어 수행하는 평가를 말한다. 이러한 복수평가는 공적평가 중에서 부동산공시업무와 보상평가업무와 같이 사회·경제적으로 큰 영향을 미치고 첨예하게 이해관계가 대립되는 분야에서 활용되고 있다.

2. 공적평가에서 복수평가의 필요성

1) 부동산시장의 불완전성 및 제도적 기반의 미비

부동산시장은 부동산의 제반 특성으로 인하여 본질적인 측면에서 불완전성을 내포하고 있다. 이에 사회경제적 변화와 정책적 요인 등으로 인하여 부동산시장의 변동과 불안이 언제든지 제기될 수 있다. 또한 공시자료 및 실거래가 등의 축적이 양적인 측면에서는 많이 이루어졌지만 자료의 신뢰성과 질적 수준에 있어서는 아직 미흡한 수준으로서 효과적인 기반이 마련되었다고 보기에는 시기상조이다.

2) 복수평가의 대상이 되는 업무의 중요성

복수평가는 모든 감정평가업무에 대해 이루어지는 것이 아니라 공적평가 중 일부 분야에 한정하여 적용되고 있다. 부동산가격공시업무에 의해 평가되는 표준지공시지가 업무가 대표적이다. 표준지공시지가는 불완전한 토지시장의 지가정보를 제공하고 일반적인 토지거래의 지표가 되며 국가, 지방자치단체 등의 기관이 그 업무와 관련하여 지가를 산정하거나 감정평가법인 등이 개별적으로 토지를 감정평가하는 경우에 그 기준이 된다.

3) 객관성과 정확성의 제고

감정평가는 근본적으로 감정평가법인 등의 주관과 판단에 의한 활동이다. 이에 따라 평가의 객관성이 떨어진다는 지적을 받을 수 있다. 복수평가는 평가의 과정과 결과를 서로 비교할 수 있도록 함으로써 실수나 착오를 줄이고 평가의 객관성과 정확성을 제고할 수 있는 유용한 수단이다.

Ⅱ. 동적 DCF분석법과 정적 DCF분석법의 비교(10)

1. 개설

수익환원법 중에서도 장래 발생할 것으로 예상되는 현금흐름을 할인하여 순현재가치를 구하는 방식을 정적 DCF분석법이라고 하며 동적 DCF분석법은 미래환경의 변동성을 변수로 감안하여 투자결정 또는 가치평가를 하는 방법을 말한다.

2. 양 방법의 유사점

1) 장래의 예측

수익환원법을 적용할 때에 가장 중요시되는 것은 장래를 어떻게 예측할 것인가 하는 것이다. 이는 원본과 과실의 상관관계, 부동산의 경제가치와 부동산의 효용과의 사이에 있는 법칙을 따르면 장래의 원본가격을 규정하는 것은 과실인 순수익이다. 따라서 순수익 부분의 예측 정밀도가 양 방법에서도 중요하다.

2) 수익성을 고려한 평가방법

외환위기 이후 부동산시장 전면개방에 따라 외국자본의 국내 부동산투자, 선진 부동산금융기법이 도입되었다. 이러한 시장의 변화는 감정평가업계에 새로운 변화를 요구하였고 수익방식의 중요성이 부각되었다. 왜냐하면 외국자본은 과거의 거래사례, 원가측면의 평가보다는 미래의 수익, 자산가치에 더 관심을 갖고 있기 때문이다.

3. 양 방법의 차이점

1) 확률변수의 고려

일반적으로 정적 DCF분석법은 미래 현금흐름을 현재가치로 평가하는 방식으로, 순현재가치나 내부수익률 등의 개념이 중요시되나 불확실성에 의한 현금흐름의 변동위험에 관하여는 충분히 반영하지 못하는 취약성이 있다. 이에 반하여 동적 DCF분석법은 현재가치를 산정하는 과정의 변수를 확률변수로 인식하고 이를 몬테카를로 시뮬레이션 등의 기법을 활용하여 현금흐름상의 불확실성을 고려하는 방법이다.

2) 할인율의 추정

정적 DCF분석법에 있어서는 순수익을 어떻게 예측할 것인가 하는 문제와 거기에 대응하는 할인율에 리스크 프리미엄을 어떻게 할 것인가 하는 이중의 문제가 있다. 즉, 순수익이라는 수익환원산식의 분자 측의 변수와 할인율이라는 분모 측의 변수가 있어 이들의 예측 정밀도가 그대로 평가의 적정성을 좌우하는 것이다. 반면, 동적 DCF분석법에서는 불확정요소를 모두 순수익 예측에 반영시키므로 할인율에는 무위험이자율을 채택한다.

Ⅲ. 건부증가와 건부감가의 성립논리(10)

1. 개설

건부지란 건물, 구축물 등의 용도로 제공되고 있는 토지를 말하는데, 이러한 토지는 용도가 확정된 상태이므로 그 확정된 용도의 가격으로 평가된다. 따라서 일반적으로 건부지의 가격이 나지 가격에 비해 낮게 형성된다. 반면, 특수한 상황에서 나지 가격보다 건부지 가격이 높게 형성되는 경우도 존재한다.

2. 건부증가

1) 개념

건부증가란 특수한 상황에서 토지가격이 나지일 때보다 건부지가 되었을 때 더 높아지는 경우를 말한다. 다만, 가치가 높은 이유는 토지 때문이 아니라 건물 때문이라는 것에 유의해야 한다.

2) 성립논리

건부증가는 원칙적으로 이 현상이 나타나지 않으나 특수한 상황(법령의 개정 시 기득권층의 보호 측면)에서 성립한다. 예를 들면, 10층 이상 건물이 존재하는 기존지역에 법적 규제로 10층 이하의 고도제한을 가한다고 할 때 기득권을 인정한다면 기존의 고층건물이 있는 토지는 건물로 인하여 가치상승 현상이 생긴다.

3. 건부감가

1) 개념

건부감가란 토지라도 나지 상태일 때가 가격이 더 높고 건부지가 되면 가격이 낮아지는 것을 말한다. 즉, 건부지가 최유효이용이 아닌 경우로서 지상건물이 소재함으로 인해 시장성의 저하 등으로 발생하는 감가의 정도를 말한다.

2) 성립논리

건물이 토지와 균형을 이루지 못하거나 인근지역의 이용에 적합하지 못하여 최유효이용을 이루지 못하는 경우에 성립한다. 즉, 최유효이용에 미달할 때 발생하므로 최유효이용의 원칙이 중요한 판단기준이 된다.

Chapter 19

2006년 제17회 기출문제

01 부동산 감정평가에서 부동산의 종류는 종별과 유형의 복합개념이다. 이와 관련하여 다음 사항을 논하시오. 30점

1) 부동산의 종별 및 유형의 개념과 분류목적 10점

2) 종별 및 유형에 따른 가격형성요인의 분석 10점

3) 종별 및 유형에 따른 감정평가 시 유의하여야 할 사항 10점

02 감정평가에 있어 시장가치, 투자가치, 계속기업가치 및 담보가치에 대하여 각각의 개념을 설명하고, 각 가치개념 간의 차이점을 비교한 후, 이를 가격다원론의 관점에서 논하시오. 30점

03 부동산가격형성의 일반요인은 자연적 · 사회적 · 경제적 · 행정적 제 요인으로 구분할 수 있다. 부동산가격형성의 행정적 요인 중 부동산거래규제의 내용에 대하여 설명하고, 거래규제가 감정평가에 미치는 영향에 대하여 설명하시오. 20점

04 건물의 치유불가능한 기능적 감가의 개념과 사례를 기술하고, 이 경우 감정평가 시 고려해야 할 사항에 대하여 설명하시오. 10점

05 다음 사항을 약술하시오. 10점

1) 비상장주식의 평가 5점

2) 사모주식투자펀드(PEF : Private Equity Fund) 5점

해설 및 예시 답안

01 **부동산 감정평가에서 부동산의 종류는 종별과 유형의 복합개념이다. 이와 관련하여 다음 사항을 논하시오.** 30점

1) 부동산의 종별 및 유형의 개념과 분류목적 10점

2) 종별 및 유형에 따른 가격형성요인의 분석 10점

3) 종별 및 유형에 따른 감정평가 시 유의하여야 할 사항 10점

---

1 답안작성 가이드

부동산의 종별과 유형은 일본 부동산감정평가기준에서 규정하고 있는 부동산 분류의 체계이다. 이러한 종별과 유형은 부동산의 경제적 가치에 본질적인 영향을 미친다는 점에서 중요한 개념인바 이를 명확히 이해하고 문제에서 묻는 질문에 따라 답하면 된다. 특히 종별과 유형은 가치형성요인 분석 등과 밀접하게 관련됨을 반드시 숙지하고 있어야 한다.

---

2 목차

Ⅰ. 서(3)

Ⅱ. 부동산의 종별 및 유형의 개념과 분류(8)

1. 종별의 개념
   1) 종별
   2) 구체적인 내용
2. 유형의 개념
   1) 유형
   2) 구체적 내용
3. 분류목적

Ⅲ. 종별 및 유형에 따른 가격형성요인분석(8)

1. 가격형성요인분석
2. 종별과 지역분석
   1) 지역분석의 개념
   2) 종별과 지역분석

3. 유형과 개별분석
   1) 개별분석의 개념
   2) 유형과 개별분석

Ⅳ. 종별 및 유형에 따른 감정평가 시 유의하여야 할 사항(8)

1. 가격제원칙과 관련하여 유의하여야 할 사항
2. 기본적 사항의 확정과 관련하여 유의하여야 할 사항
3. 감정평가방법의 선정 및 적용과 관련하여 유의하여야 할 사항
4. 부동산투자 위험분석과 관련하여 유의하여야 할 사항

Ⅴ. 결(3)

---

3 예시 답안

Ⅰ. 서(3)

부동산의 종별 및 유형은 부동산의 분류로서 부동산의 경제적 가치를 본질적으로 결정하기 때문에 이에 대한 개념과 분류목적을 명확하게 이해하는 것이 중요하다. 특히 부동산의 경제적 가치를 판정하는 감정평가 시에는 부동산의 종별과 유형에 따라 가격형성요인의 분석내용이 달라지고 감정평가의 결과도 좌우된다. 이하에서 이에 관한 물음에 답하고자 한다.

Ⅱ. 부동산의 종별 및 유형의 개념과 분류목적(8)

1. 종별의 개념

1) 종별

부동산의 종별이란 부동산의 용도에 따른 부동산의 분류로서 기본적으로 지역적 관점에서 지역(용도적 지역)의 종별을 먼저 판단하게 된다.

2) 구체적인 내용

① 지역의 종별은 택지지역, 농지지역, 임지지역으로 분류되는데 택지지역은 주택지역, 상업지역, 공업지역으로, 농지지역은 전지지역, 답지지역으로 다시 세분화된다. ② 토지종별은 해당 토지가 속하고 있는 지역의 종별에 따라 분류되는 용도 구분을 말한다.

2. 유형의 개념

1) 유형

부동산의 유형이란 부동산이 우리의 일상생활과 생산 활동에 어떻게 개입하여 어떤 형태로 그 유용성을 발휘하고 있는가를 유형적 이용과 권리관계 양태의 두 가지 면에서 분석하기 위해 설정된 분류개념이다.

2) 구체적 내용

택지의 유형은 그 유형적 이용 및 권리관계의 태양에 따라 나지, 건부지, 차지권, 저지, 구분지상권 등으로 나뉜다. 또한 건물 및 그 부지의 유형은 자용의 건물 및 부지, 대가 및 그 부지, 차지권부건물 등이 있다.

3. 분류목적

부동산의 종별과 유형은 부동산의 경제적 가치를 본질적으로 결정하게 된다. 왜냐하면 부동산의 경제적 가치의 본질은 장래 기대되는 편익의 현재가치인데 편익은 부동산을 이용함에 따른 효용에서 발생하는 것으로 이러한 효용은 근본적으로 부동산의 종별과 유형에 따라 결정되기 때문이다.

Ⅲ. 종별 및 유형에 따른 가격형성요인분석(8)

1. 가격형성요인분석

가격형성요인이란 대상 물건의 경제적 가치에 영향을 미치는 요인으로서 공간적 측면에서 일반요인, 지역요인, 개별요인 등이 있다. 부동산은 종별과 유형에 따라 분석대상이 되는 가격형성요인이 달라지므로 종별과 유형을 세분화할수록 가격형성요인분석의 정확도가 높아진다.

2. 종별과 지역분석

1) 지역분석의 개념

그 대상 부동산이 어떤 지역에 있는가, 그 지역은 어떠한 특성을 갖고 있는가, 또 대상 부동산이 속한 시장은 어떠한 특성을 갖고 있는가, 그리고 그러한 특성은 그 지역 내의 부동산 이용형태와 가치형성요인에 전반적으로 어떤 영향력을 갖고 있는가를 분석하고 판정하는 것을 말한다.

2) 종별과 지역분석

부동산의 종별은 지역분석 절차에서 인근지역을 구분할 때 중요한 고려요소의 하나로 작용한다. 즉, 인근지역은 용도적, 기능적 측면에서 동질성이 인정되는 지역으로서 종별의 구분에 따라 인근지역의 범위가 결정된다. 그리고 이러한 지역의 범위에 따라 그 용도적 지역에 상응하는 표준적 이용과 가격수준도 파악할 수 있게 된다.

3. 유형과 개별분석

1) 개별분석의 개념

지역분석에 의해 파악된 지역의 표준적 이용과 가격수준을 기준으로 부동산의 개별성에 근거하여 가격형성의 제 요인을 분석하여 대상 부동산의 최유효이용을 판정하고 대상 부동산의 구체적 가격에 영향을 미치는 정도를 분석하는 것을 말한다.

2) 유형과 개별분석

개별분석 과정에서 개별 부동산의 이용형태 및 권리관계를 분석하고 이러한 요소들이 구체적으로 효용에 어떠한 영향을 미치는지를 분석할 수 있다. 즉, 물리적 측면에서 토지이용형태가 무엇인지, 법률적인 측면에서 부동산의 활용에 제약을 가하는 요인은 어떤 것들이 있는지를 파악함으로써 최유효이용 여부를 판단할 수 있다. 그리고 이에 따라 개별적・구체적가격도 파악할 수 있게 된다.

Ⅳ. 종별 및 유형에 따른 감정평가 시 유의하여야 할 사항(8)

1. 가격제원칙과 관련하여 유의하여야 할 사항

부동산 종별을 판정할 시에는 외부측면의 원칙인 적합의 원칙과 대체・경쟁의 원칙이 관련있고 유형을 판정할 시에는 균형의 원칙과 기여의 원칙, 최유효이용의 원칙이 판단기준이 되므로 이에 유의하여야 한다.

2. 기본적 사항의 확정과 관련하여 유의하여야 할 사항
대상 부동산이 부동산의 분류인 종별과 유형에 따라 어떻게 분류되는지부터 확정하여야 한다. 대상 부동산의 확정에서 파악된 종별과 유형에 따라 자료의 수집 및 선택, 가격형성요인의 분석, 감정평가방법의 선정 및 적용 등이 달라지므로 이에 유의하여야 한다.

3. 감정평가방법의 선정 및 적용과 관련하여 유의하여야 할 사항
① 비교방식에서 시점수정 및 지역요인 비교, 사례수집 범위는 종별에 따라 행해지고, 개별요인 비교는 유형에 따라 행해진다. ② 원가방식에서는 종별에 따라 재조달원가에 차이가 난다. 또한 감가수정 시 물리적, 기능적 감가는 유형과 관련되고 경제적 감가는 종별과 관련된다. ③ 수익방식에서는 통상 순수익, 환원율, 환원방법이 종별과 유형에 따라 적절한 사례 및 방법이 적용된다는 점에 유의하여야 한다.

4. 부동산투자 위험분석과 관련하여 유의하여야 할 사항
어떠한 부동산투자에서나 그 효율을 측정하기는 어렵다. 그러나 부동산의 종별과 유형에 따른 투자환경에 따라 최적의 투자분석기법을 선택적으로 활용할 것이 요구된다는 점에 유의하여야 한다.

Ⅴ. 결(3)

종별과 유형에 따른 분류체계는 일본의 부동산 분류체계로서 아직 우리나라에는 독자적인 분류체계가 없다. 감정평가 시 부동산을 세분화하여 접근할수록 자료수집과 가격형성요인분석의 초점이 좁혀져 감정평가활동의 능률화를 도모할 수 있고 평가결과의 신뢰성이 향상될 수 있다. 따라서 우리나라도 부동산시장 현실에 부합하는 분류체계의 확립을 검토할 필요가 있으며 감정평가절차 중 기본적 사항의 확정 시 반드시 이를 고려하여야 한다.

02 감정평가에 있어 시장가치, 투자가치, 계속기업가치 및 담보가치에 대하여 각각의 개념을 설명하고, 각 가치개념 간의 차이점을 비교한 후, 이를 가격다원론의 관점에서 논하시오. 30점

1 답안작성 가이드

가격다원론을 인정하는 입장에서 여러 가지 가치에 대한 개념의 차이를 비교하고 가격다원론의 관점에서 논하라고 한 만큼 감칙 제5조에 따라 시장가치기준 원칙이지만 예외로 시장가치 외의 가치를 인정하는 취지에 따라 접근하여야 한다. 특히 각 가치의 개념 정의가 기본적으로 중요하며 가격다원론의 인정 측면에서 여러 가지 가치의 존재 필요성을 강조해주어야 한다.

2 목차

Ⅰ. 서(3)

Ⅱ. 각 가치의 개념(8)

1. 시장가치
2. 투자가치
3. 계속기업가치
4. 담보가치

Ⅲ. 각 가치개념 간의 차이점(8)

1. 개설
2. 시장가치와 투자가치
3. 시장가치와 계속기업가치
4. 시장가치와 담보가치

Ⅳ. 가격다원론의 관점(8)

1. 가격다원론의 개념
2. 감정평가의 정확성과 안정성
3. 의뢰자의 의뢰목적에 부응
4. 감정평가의 기능과 업무영역의 확대

Ⅴ. 결(3)

3 예시 답안

Ⅰ. 서(3)

부동산은 용도의 다양성으로 인하여 다양한 용도로 활용이 가능하며 목적과 조건에 따라 다양한 가치가 존재한다. 따라서 감정평가 시 가격다원론의 관점에서 각 가치 개념에 적합하게 평가하는 것이 중요하다. 이하에서 시장가치, 투자가치, 계속기업가치 및 담보가치에 대하여 개념을 설명하고 각 가치의 개념 간 차이점을 비교한 후 이를 가격다원론의 관점에서 논하고자 한다.

Ⅱ. 각 가치의 개념(8)

1. 시장가치

시장가치란 토지 등이 통상적인 시장에서 충분한 기간 거래를 위하여 공개된 후 그 대상 물건의 내용에 정통한 당사자 사이에 신중하고 자발적인 거래가 있을 경우 성립될 가능성이 가장 높다고 인정되는 대상 물건의 가액이라 한다.

2. 투자가치

투자가치란 대상 부동산에 대해 특정 투자자가 부여하는 주관적 가치를 말한다. 투자가치는 특정 투자자가 대상 부동산을 특정한 용도로 사용할 것을 전제로 하는 경우에 그에 따른 장래 기대되는 이익을 현재가치로 환원한 값으로 표시된다.

3. 계속기업가치

유・무형의 기업자산을 개별적으로 판단하는 것이 아니라 총체적인 관점에서 판단할 때 계속기업이 가질 수 있는 가치를 말한다. 여기서 계속기업이란 이미 설립되어 영업을 하고 있고 가까운 장래에 청산되지 않을 것이 확실한 미래수명이 무기한적인 회사를 말한다.

4. 담보가치

담보가치란 은행 등 금융기관에서 해당 물건을 담보로 한 대출을 실행하기 위하여 사용되는 가치를 말한다. 담보가치의 경우 채권회수 측면에서 안정성, 환가성 등을 고려하여 다소 보수적으로 결정된다.

Ⅲ. 각 가치개념 간의 차이점(8)

1. 개설

가치의 종류는 다양하나 감칙 제5조에서 시장가치를 원칙으로 하고 예외로 시장가치 외의 가치를 기준가치로 인정하고 있는바 시장가치를 중심으로 다른 가치와의 차이점을 설명한다.

2. 시장가치와 투자가치

시장가치는 객관적 이용을 전제로 한 가치인 반면, 투자가치는 특정투자자가 요구하는 이용을 전제로 한 가치라는 차이점이 있다. 따라서 시장가치는 가치의 성격이 객관적인 반면, 투자가치는 주관적이라 할 수 있다.

3. 시장가치와 계속기업가치

시장가치는 기준시점 현재 매매를 전제로 하는 반면, 계속기업가치는 영속적인 계속기업을 전제로 한다는 점에서 차이점이 있다. 또한 시장가치는 일반적으로 유형자산 또는 무형자산이 대상인 반면, 계속기업가치는 기업이 보유하고 있는 일체의 유형자산과 무형자산이 대상이다.

4. 시장가치와 담보가치

시장가치는 현 시점의 가치에 평가중점이 있는 반면, 담보가치는 미래 회수시점의 가치에 평가중점이 있다는 차이점이 있다. 또한 시장가치는 적정한 마케팅 기간을 고려하는 반면, 담보가치는 단기의 마케팅 기간을 고려한다는 차이점이 있다.

Ⅳ. 가격다원론의 관점(8)

1. 가격다원론의 개념

상기의 가치 개념들은 동일한 물건에 대하여 다른 가치를 갖는다는 것을 보여준다. 이는 이론적으로 가격다원론과 밀접한 관련을 갖는다. 즉, 부동산가격은 목적과 용도 등에 따라 다양한 가격을 갖는다는 것이 가격다원론이다.

2. 감정평가의 정확성과 안정성

한 가지 정형화된 가격으로만 평가할 경우보다 다양한 개념 접근을 통해 개별적, 구체적인 상황을 반영함으로써 보다 타당성이 높고 정확한 평가가 가능하게 되므로 이는 평가의 안정성을 높이게 되는 것이다. 예를 들어 시장가치의 평가와 다르게 담보가치의 평가 시에는 평가의 목적상 채권회수의 안정성을 고려하고 은행과의 협약을 중시하여 평가해야 한다.

3. 의뢰자의 의뢰목적에 부응

평가의뢰인이 요구하는 의뢰목적에 부응하여 그에 맞는 적절한 정보를 제공함으로써 의뢰인의 욕구를 충족시킬 수 있다. 더 나아가 그러한 유용한 정보는 복잡・다양한 상황에서의 제대로 된 의사결정에 기여함으로써 궁극적으로 사회발전에 이바지할 수 있게 된다. 예를 들어 투자가치의 평가 시에는 투자자의 입장에서 의뢰목적을 고려하여 시장가치보다 더 높은 가치로 평가될 수 있다.

4. 감정평가의 기능과 업무영역의 확대

부동산가격을 일원화의 개념으로 접근하게 되면 감정평가의 기능과 업무영역을 과도하게 축소시키게 된다. 그러나 사회가 발전함에 따라 감정평가의 기능과 업무영역의 확대가 요구되는 상황을 고려한다면 다원적 개념의 접근이 필요하다. 예를 들어 과거 유형자산의 시장가치에 대한 평가에서 평가대상의 확대로 인하여 유형자산과 무형자산으로 구성된 계속기업가치에 대한 평가 수요가 증가하고 있다.

Ⅴ. 결(3)

부동산가치는 다원적으로 파악하는 것이 평가이론이나 평가실무상 타당성이 있다고 판단된다. 이에 따라 감칙 제5조에서는 시장가치와 시장가치 외의 가치를 규정하여 가격다원론을 인정하고 있다. 다만, 일본이나 미국과 같이 시장가치 외의 가치에 대한 구체적이고 상세한 규정이 미흡한 바 이에 대한 개선이 필요하다.

03

부동산가격형성의 일반요인은 자연적・사회적・경제적・행정적 제 요인으로 구분할 수 있다. 부동산가격형성의 행정적 요인 중 부동산거래규제의 내용에 대하여 설명하고, 거래규제가 감정평가에 미치는 영향에 대하여 설명하시오. 20점

1 답안작성 가이드

부동산거래규제는 부동산정책에 있어서 가장 기본이 되는 제도이다. 따라서 기본적으로 위 제도가 무엇이고 다양한 종류의 제도들과 각 제도들이 어떤 효과를 부동산시장에 가져오는지 정리해두어야 한다. 결국 거래규제 제도에 대한 전반적인 설명이 필요하며 이를 바탕으로 감정평가 시 미치는 영향을 구체적으로 설명할 수 있어야 한다.

2 목차

Ⅰ. 서(2)

Ⅱ. 부동산거래규제의 내용(8)

1. 부동산거래규제의 개념

2. 부동산거래규제의 내용

1) 토지 취득을 제한하는 제도

2) 토지 보유 및 처분을 제한하는 제도

3) 거래정보 등을 관리하는 제도

4) 투기억제를 위한 거래제한 제도

Ⅲ. 거래규제가 감정평가에 미치는 영향(8)

1. 기본적 사항의 확정과 자료의 수집 및 정리

2. 지역분석

3. 개별분석

4. 감정평가방법의 선정 및 적용

Ⅳ. 결(2)

3 예시 답안

Ⅰ. 서(2)

부동산가격발생요인에 의해 발생한 부동산가격은 가치형성요인의 영향에 의하여 부단히 변화한다. 특히 부동산시장에 대한 정부의 개입이 많아 가치형성요인 중 특히 행정적 요인에 대한 분석이 감정평가상 중요하다. 이하 부동산거래규제의 내용에 대하여 설명하고 거래규제가 감정평가에 미치는 영향에 대하여 설명하고자 한다.

Ⅱ. 부동산거래규제의 내용(8)

1. 부동산거래규제의 개념

부동산거래는 토지 또는 주택의 취득과 처분, 즉 양도와 양수를 이어주는 행위이다. 따라서 부동산거래규제제도는 직접적인 수단만이 아니라 간접적인 수단을 포함할 때 취득을 제한하는 제도, 처분을 제한하는 제도, 거래정보 등을 관리하는 제도, 투기억제를 위한 거래제한 제도 등으로 구분할 수 있다.

2. 부동산거래규제의 내용

1) 토지 취득을 제한하는 제도

농지취득자격증명제와 토지거래허가제가 있다. 대부분의 거래규제제도는 토지의 취득과정에서 소유자격을 제한하거나 소유한도를 제한하는 것을 내용으로 하기 때문에 거래규제의 강력한 기능을 발휘한다.

2) 토지 보유 및 처분을 제한하는 제도

보유를 제한하는 제도는 토지분의 재산세 이외에도 종합부동산세가 있고 처분을 제한하는 제도는 양도소득세가 있다. 이들 제도는 직접적으로 거래규제를 목적으로 제도화한 것이 아니므로 간접적인 거래규제제도로 파악되고 있다.

3) 거래정보 등을 관리하는 제도

거래정보의 노출을 목적으로 하는 검인계약서제, 취득한 부동산의 등기를 의무로 하는 부동산등기의무제, 실권리자만의 명의로 부동산을 취득하여야 하는 부동산실명제, 이중계약서를 금지하고 실거래가격을 신고하게 하는 부동산거래신고제가 있다.

4) 투기억제를 위한 거래제한 제도

주택거래신고제를 비롯하여 투기지역과 투기과열지구 등이 있다. 이들 제도는 그 도입배경이 투기억제에 있었으나 기능적으로 보면 투기억제 외에도 개발이익의 환수 등을 정책목적으로 하고 있다.

Ⅲ. 거래규제가 감정평가에 미치는 영향(8)

1. 기본적 사항의 확정과 자료의 수집 및 정리

거래규제의 대상이 되는 부동산인 경우 그 거래규제의 내용과 정도 등을 면밀히 살펴 이를 고려하여 평가해야 한다. 따라서 공법상 제한사항에 대한 정보를 충분히 수집하고 관계기관과의 협조와 관련법상 내용을 충분히 숙지하여 평가해야 한다.

2. 지역분석

일반적 요인은 거래규제는 지역부동산의 이용과 가치에 영향을 미친다. 특히 거래규제의 종류가 무엇인지와 정도에 따라 지역별로 미치는 영향이 다르다. 따라서 지역의 표준적 이용과 가격수준 형성에 영향을 미치므로 지역분석 시 이를 충분히 검토해야 한다.

3. 개별분석

일반적 요인인 거래규제는 개별부동산의 이용과 가치에 영향을 미친다. 특히 거래규제의 종류가 무엇인지와 정도에 따라 개별부동산별로 미치는 영향이 다르다. 따라서 개별부동산의 최유효이용과 개별적·구체적 가격 형성에 영향을 미치므로 개별분석 시 이를 충분히 검토해야 한다.

4. 감정평가방법의 선정 및 적용

① 거래사례비교법 적용 시 거래규제가 있는 부동산과 거래규제가 없는 부동산 간의 격차율을 비교해야 한다. ② 수익환원법 적용 시 거래규제가 부동산의 자산가치를 변동시키므로 자본환원율의 결정에 영향을 줄 수 있다. ③ 원가법 적용 시 거래규제는 경제적 감가요인이 될 수 있다.

Ⅳ. 결(2)

감정평가는 가치형성요인이 가격발생요인에 미치는 영향 정도를 파악하는 것과 그 결과인 가치를 판정하는 것이라고 할 수 있다. 따라서 부동산시장에서 거래규제와 같은 가치형성요인에 대하여 분석하고 감정평가에 고려할 필요가 있다.

04 건물의 치유불가능한 기능적 감가의 개념과 사례를 기술하고, 이 경우 감정평가시 고려해야 할 사항에 대하여 설명하시오. 10점

1 답안작성 가이드

치유불가능한 기능적 감가는 원가법의 감가수정 중 기능적 감가를 말하는 것으로 상위 개념인 원가법부터 설명할 필요가 있으며 치유가능한 기능적 감가와는 다른 치유불가능한 기능적 감가의 중요성을 설명하여야 한다.

2 목차

Ⅰ. 개설(1)

Ⅱ. 건물의 치유불가능한 기능적 감가의 개념과 사례(4)

1. 치유불가능한 기능적 감가의 개념
2. 사례

Ⅲ. 감정평가 시 고려해야 할 사항(5)

1. 재조달원가 산정 시 이중감가 유의
2. 치유가능성 판단 시 경제적 타당성 고려
3. 치유불가능에 따른 감가액의 산정

3 예시 답안

Ⅰ. 개설(1)

감가수정은 대상 물건에 대한 재조달원가를 감액해야 할 요인이 있는 경우에 이를 공제하여 기준시점에 대상 물건의 가액을 적정화하는 작업이다. 이하 치유불가능한 기능적 감가의 개념과 사례를 기술하고 이 경우 감정평가 시 고려해야 할 사항에 대하여 설명하고자 한다.

Ⅱ. 건물의 치유불가능한 기능적 감가의 개념과 사례(4)

1. 치유불가능한 기능적 감가의 개념

기능적 감가란 물리적 감가 외에 기능적 효용과 능률성의 저하에 따른 감가를 의미하며, 치유불가능한 기능적 감가란 치유가 불가능한 기능적 감가이다. 여기서 치유의 가능성은 물리적, 기술적 치유가능성을 기초로 경제적 타당성의 관점에서 판단한다.

2. 사례

설계의 불량, 설비의 부족·과잉, 형식의 구식화 등이 있다. 치유불가능한 기능적 감가에는 과대개량이나 과소개량이 있는데, 예컨대 5층 아파트에 엘리베이터가 없고 경제적으로 치유가능성이 없는 경우가 과소개량 사례이다. 또한 너무 넓은 비효율적 공간으로 인해 치유타당성이 없는 경제적 가치 감소는 과대개량 사례이다.

Ⅲ. 감정평가 시 고려해야 할 사항(5)

1. 재조달원가 산정 시 이중감가 유의
   재조달원가는 물리적 측면에서의 재생산원가 또는 효용적 측면에서의 대치원가로 산정할 수 있다. 대치원가로 재조달원가를 산정 시 과잉의 경우 기능적 감가가 이미 반영되어 있으므로 이중감가에 유의하여야 한다.

2. 치유가능성 판단 시 경제적 타당성 고려
   기능적 감가는 치유가능 또는 불가능에 따라 감가액의 산정방법이 달라지므로 치유가능성을 우선으로 판단하여야 한다. 치유가능성에 대한 판단은 물리적 타당성뿐만 아니라 치유효용과 치유비용 간 경제적 타당성을 고려하여야 한다.

3. 치유불가능에 따른 감가액의 산정
   ① 과소개량으로 인한 기능적 감가액은 가치손실액 또는 추가비용환원액을 합산한 후 신축 시 설치비용을 차감하여 구한다. ② 과대개량으로 인한 기능적 감가액은 기존항목의 비용에서 기부과된 감가상각액을 차감하고 가치손실액 또는 추가비용환원액을 합산하여 구한다.

---

05 **다음 사항을 약술하시오.** 10점

1) 비상장주식의 평가 5점

2) 사모주식투자펀드(PEF : Private Equity Fund) 5점

---

❶ 답안작성 가이드

부동산금융과 관련하여 비상장주식의 평가, 부동산펀드를 묻고 있는 문제이다. 특히 위 비상장주식, 사모투자펀드의 개념에 대하여 설명하고 이를 바탕으로 관련된 감정평가에 대하여 설명하는 것이 핵심이라 할 수 있다. 아울러 전자의 경우 감칙과 감정평가실무기준상 감정평가방법에 대하여 설명하여야 한다.

---

❷ 목차

Ⅰ. 비상장주식의 평가(5)

1. 비상장주식의 개념
2. 감정평가방법(원칙)
3. 감정평가방법(예외)

Ⅱ. 사모주식투자펀드(5)

1. 개념
2. 외국의 펀드 제도
3. 부동산펀드의 감정평가

3 예시 답안

Ⅰ. 비상장주식의 평가(5)

1. 비상장주식의 개념

비상장주식은 자본시장법률에서 규정하고 있는 주권상장법인을 제외한 법인의 주권을 의미한다. 즉, 증권시장에 상장된 주권을 발행한 법인 또는 주권과 관련된 증권예탁증권이 증권시장에 상장된 경우 그 주권을 발행한 법인을 제외한 법인의 주권이다. 일반적으로는 거래소에 상장되지 아니한 법인의 주권을 의미한다.

2. 감정평가방법(원칙)

해당 회사의 자산, 부채 및 자본항목을 기준시점 현재의 가액으로 평가하여 수정재무상태표를 작성한 후 자산총계에서 부채총계를 공제한 기업체의 자기자본가치를 발행주식수로 나누어 비상장주식의 주당가액을 평가하는 방법이다(감칙 제24조 제1항 및 감정평가실무기준).

3. 감정평가방법(예외)

대상 주식의 거래가격이나 시세 또는 시장배수 등을 파악할 수 있는 경우에는 기업가치의 산정 과정을 거치지 않고 비상장주식의 가치를 직접 산정할 수 있다.

Ⅱ. 사모주식투자펀드(5)

1. 개념

사모주식투자펀드는 소수의 투자자들로부터 자금을 모아 주식이나 채권 등에 운용하는 펀드를 의미하며 주로 주식 등에 투자하여 사업구조 또는 지배구조개선 등의 방법으로 투자한 기업의 가치를 높여 큰 수익을 얻는 고위험, 고수익의 펀드이다.

2. 외국의 펀드 제도

우리나라 펀드투자뿐만 아니라 해외펀드의 투자도 실행되고 있다. 이는 과거와 달리 해외투자에 관한 많은 정보가 열려있고 투자와 관련된 제약이 거의 없을 뿐만 아니라 해외간접투자 상품을 접할 기회가 많기 때문이다. 그러나 우리나라 간접투자시장도 변수가 많은데 해외펀드의 간접투자 상품에 투자한다는 것은 더 많은 위험성과 변수가 있다고 보아야 할 것이다.

3. 부동산펀드의 감정평가

기초자산의 감정평가는 수익방식을 적용하며 감정평가실무기준에 따라 DCF법 적용이 원칙이 된다. 직접환원법은 미래의 현금흐름과 투자운영기간을 명확히 반영하지 못하기 때문에 평가오류의 개연성이 커질 수 있어 합리성 검토 시에 적용한다.

Chapter 20

2005년 제16회 기출문제

01 감정평가사의 직업윤리가 요구되는 이론적 · 법률적 근거를 설명하고, 「공익사업을 위한 토지 등의 취득 및 보상에 관한 법률(이하 토지보상법)」 제68조 제2항의 토지소유자 추천제와 관련하여 동업자간 지켜야 할 직업윤리의 중요성에 대해 논하시오. 30점

1) 직업윤리가 강조되는 이론적 근거
2) 직업윤리가 강조되는 법률적 근거
3) 공인 · 전문인으로서의 직업윤리
4) 토지소유자 추천제의 의의 및 지켜야 할 직업윤리

02 「감정평가에 관한 규칙」 제25조(소음 등으로 인한 대상물건 가치하락분에 대한 평가)에 환경오염이 발생한 경우의 평가에 대한 기준을 제시하고 있다. 토양오염이 부동산의 가치에 미치는 영향과 평가 시 유의사항에 대하여 설명하시오. 20점

03 「감정평가 및 감정평가사에 관한 법률」 제3조 제1항에는 "토지를 감정평가하는 경우에는 이용가치가 비슷하다고 인정되는 표준지공시지가를 기준으로 하여야 한다."라고 규정되어 있으나 표준지공시지가와 정상거래가격과의 격차가 있는 경우 기타요인으로 보정하고 있다. 기타요인 보정의 개념을 기술하고, 관련 법규 및 판례 등을 중심으로 그 타당성을 설명하시오. 20점

04 **감정평가사 김 氏는 K 은행으로부터 대상부동산에 대한 담보감정평가를 의뢰받았다. 감정평가사 김 氏는 현장조사 및 자료분석을 통하여 아래와 같은 자료를 수집하였다. 아래 대상부동산의 시장분석자료를 근거로 감정평가사 김 氏가 K 은행 대출담당자에게 담보가격의 결정에 대한 이론적 근거에 대해 부동산가격제원칙을 중심으로 기술하시오.** 10점

〈대상 부동산〉
– 서울시 ○○구 ○○동 XXX–X번지 AA빌라 3층 301호 100평형
– 대상부동산 분양예정가 : 10억원

〈현장조사 및 자료분석 내용〉
– 분양성 검토 : 대형 평형으로 인해 인근지역 내에서 분양성 악화가 우려됨
– 인근지역의 표준적 이용상황 : 40 ~ 50평형
– 인근지역의 담보평가가격수준 : 3.5 ~ 4.5억원
– 거래가능가격(표준적 이용상황 기준) : 평형당 1,000만원

05 **인근지역의 개념, 요건 및 경계와 범위를 설명하시오.** 10점

06 **공동주택 재건축사업의 시행 시 미동의자에 대한 매도청구 및 시가(時價)의 개념에 대해 약술하시오.** 10점

해설 및 예시 답안

01 **감정평가사의 직업윤리가 요구되는 이론적 · 법률적 근거를 설명하고, 「공익사업을 위한 토지 등의 취득 및 보상에 관한 법률(이하 토지보상법)」 제68조 제2항의 토지소유자 추천제와 관련하여 동업자 간 지켜야 할 직업윤리의 중요성에 대해 논하시오.** 30점

1) 직업윤리가 강조되는 이론적 근거

2) 직업윤리가 강조되는 법률적 근거

3) 공인 · 전문인으로서의 직업윤리

4) 토지소유자 추천제의 의의 및 지켜야 할 직업윤리

1 답안작성 가이드

본 문제는 토지소유자 추천제와 관련하여 당시 이슈가 출제되었는바 감정평가사라면 기본적으로 윤리의식 · 소명의식을 가져야 한다는 점에서 직업윤리를 강조하여야 한다. 따라서 감정평가 관련 법령상의 윤리 규정들과 위 제도와 관련하여 직업윤리의 중요성을 부각하여야 한다.

2 목차

Ⅰ. 서(3)

Ⅱ. 직업윤리가 강조되는 이론적 근거(6)

1. 감정평가의 사회성, 공공성
2. 전문자격사로서의 소양
3. 외부환경의 변화

Ⅲ. 직업윤리가 강조되는 법률적 근거(6)

1. 감정평가법 제26조, 제27조, 제28조 등
2. 감칙 제3조
3. 감정평가실무기준
   1) 기본윤리
   2) 업무윤리

Ⅳ. 공인 · 전문인으로서의 직업윤리(6)

1. 공인으로서의 직업윤리
2. 전문인으로서의 직업윤리

Ⅴ. 토지소유자 추천제의 의의 및 동업자간 지켜야 할 직업윤리(6)

1. 토지소유자 추천제의 의의
2. 동업자 간 지켜야 할 직업윤리
   1) 부동산윤리로서 조직윤리
   2) 동업자 간 지켜야 할 윤리의 중요성

Ⅵ. 결(3)

---

3 예시 답안

Ⅰ. 서(3)

감정평가법인 등은 토지 등을 감정평가함으로써 부동산에 대한 정부정책의 수립 및 집행의 근거를 제공하고 국민경제활동에 중요한 역할을 하고 있다. 또한 감정평가를 통해 결정된 가치는 이해관계인에게 절대적인 영향을 미치므로 감정평가의 객관성 및 공정성이 매우 중요하다. 따라서 감정평가법인 등의 윤리의식이 대단히 높게 요구되고 있다. 특히 토지소유자 추천제와 관련하여 동업자 간 지켜야 할 직업윤리가 강조되고 있는바 이하에서 논하고자 한다.

Ⅱ. 직업윤리가 강조되는 이론적 근거(6)

1. 감정평가의 사회성, 공공성

감정평가법인 등은 국가와 국민의 재산을 평가하는 업무를 수행하는 전문인으로서 해당 업무는 높은 사회성 및 공공성을 가진다. 따라서 감정평가법인 등의 업무는 사회적 역할이 막중함을 인식해야 하며, 사회에 대한 책임 완수를 위하여 행동을 스스로 엄격히 규율하여야 한다.

2. 전문자격사로서의 소양

전문자격사 제도는 국가가 고도의 지식과 공공성이 요구되는 분야를 법으로 규율하여 국민들에게 안정적으로 서비스를 제공하도록 하는 것을 목적으로 한다. 전문자격사 제도는 법으로 규율하기에 해당 업무행위를 할 수 있는 권한이 배타적으로 보장되기도 한다. 따라서 감정평가법인 등은 전문자격사로서의 윤리적 성찰과 사회적 책임감을 기본적으로 갖추어야 한다.

3. 외부환경의 변화

최근 자본주의와 민주주의 발달, 사유재산권에 대한 높아진 인식, 재산권 대상의 세분화 등 사회, 경제 환경의 변화에 따른 시대적 흐름은 보다 다양한 대상에 대한 높은 수준의 감정평가서비스를 요구하고 있다. 감정평가서비스가 고도화, 전문화될수록 감정평가법인 등에게는 더 높은 수준의 지식, 경험, 판단력이 요구되며 전문가로서 지닌 능력을 올바르게 활용하는 자세가 중요하다.

Ⅲ. 직업윤리가 강조되는 법률적 근거(6)

1. 감정평가법 제26조, 제27조, 제28조 등

감정평가법 제26조에서는 업무상의 비밀을 누설해서는 안 된다는 비밀엄수의무를, 제27조에서는 다른 사람에게 자기의 성명이나 상호를 사용하여 업무를 수행하지 못하게 하는 명의대여 등의 금지의무를, 제28조에서는 고의 또는 과실로 인한 손해배상책임의무를 규정하고 있다. 이외에 제39조에서는 관련 법령 위반 시 자격취소, 등록취소 등을 규정하고 있다.

2. 감칙 제3조

감칙 제3조에서는 감정평가법인 등이 평가업무를 수행함에 있어 자신의 능력으로 업무수행이 불가능하거나 매우 곤란한 경우 또는 이해관계 등의 이유로 자기가 감정평가함이 타당하지 아니하다고 인정되는 경우에는 이를 평가해서는 안 된다고 규정하고 있다.

3. 감정평가실무기준

1) 기본윤리

기본윤리로 품위유지 의무, 신의성실 의무(부당한 감정평가의 금지, 자기계발, 자격증 등의 부당한 사용의 금지), 청렴의무, 보수기준 준수의무를 규정하고 있다.

2) 업무윤리

업무윤리로 의뢰인에 대한 업무내용 관련 설명 의무, 불공정한 감정평가 회피의무, 비밀준수의무 등 타인의 권리보호 의무를 규정하고 있다.

Ⅳ. 공인 · 전문인으로서의 직업윤리(6)

1. 공인으로서의 직업윤리

감정평가법인 등은 공인으로서 전문적 지식과 풍부한 경험, 정확한 판단력을 갖고 맡은 바 책임을 다해야 한다. 또한 이론과 경험, 실무에서 성실, 정직해야 하며 이해관계에 구애 없이 공정해야 한다. 그 외에 평가관련 제 법규에서 일반인의 이해를 얻고, 신뢰성 제고를 위해 노력해야 하며 정당한 이유 없이 비밀을 누설해서는 안 된다.

2. 전문인으로서의 직업윤리

감정평가법인 등은 부동산가격에 관한 제 이론의 습득은 물론 새로운 전문적 식견의 향상을 위해 노력해야 한다. 또한 정확한 평가를 위한 자료의 수집, 정리능력이 있어야 한다. 그 외에 수집된 자료의 종합 및 비교, 분석을 통한 정확한 판단력, 풍부한 경험이 요구된다.

Ⅴ. 토지소유자 추천제의 의의 및 동업자간 지켜야 할 직업윤리(6)

1. 토지소유자 추천제의 의의

토지보상법 제68조의 규정(보상액의 산정)에 의하여 시 · 도지사 또는 토지소유자가 감정평가법인 등을 각 1인씩 추천할 수 있는 제도를 말한다. 동 제도는 사업시행자만 보상액 산정기관을 선정하도록 하는 문제점을 보완하고 토지소유자들의 불만을 해소하며 보상액 산정의 객관성과 타당성을 담보하고자 하는 데 그 취지가 있다.

2. 동업자 간 지켜야 할 직업윤리

1) 부동산윤리로서 조직윤리

부동산윤리는 부동산과 관련된 활동을 하는 자가 지켜야 할 윤리로서 조직윤리, 서비스윤리, 공중윤리, 고용윤리가 있다. 여기서 조직윤리를 동업자 간에 지켜야 할 윤리라고도 한다.

2) 동업자 간 지켜야 할 직업윤리의 중요성

동 제도는 토지소유자의 추천을 받은 감정평가법인 등의 보상평가금액이 사업시행자가 추천한 감정평가법인 등에 비하여 과다하게 높게 평가된다는 지적이 나왔다. 이는 감정평가법인 등 간의 과다 경쟁으로 인한 것이나 의뢰인이 누구냐에 따라 감정평가액이 달라져서는 안 된다. 따라서 의뢰인에 대한 성실의무도 중요하지만 동업자 간에 직업윤리를 지킬 것이 공공성과 사회성 측면에서 요구된다.

Ⅵ. 결(3)

감정평가법인 등의 철저한 직업적 소명의식은 필수라고 할 수 있다. 이에 감정평가법 등에서 벌칙을 강화하고 있고 무엇보다도 감정평가사 스스로가 이를 지키기 위해 노력해야 국민들로부터 신뢰성을 확보할 수 있다는 점을 상기하여야 한다. 또한 한국감정평가사협회 차원에서도 지속적인 윤리 교육 등을 보강함으로써 사회의 균형추 역할을 수행하는 감정평가법인 등의 위상확립에 기여하여야 할 것이다.

02

「감정평가에 관한 규칙」 제25조(소음 등으로 인한 대상물건의 가치하락분에 대한 평가)에 환경오염이 발생한 경우의 평가에 대한 기준을 제시하고 있다. 토양오염이 부동산의 가치에 미치는 영향과 평가 시 유의사항에 대하여 설명하시오. 20점

1 답안작성 가이드

오염부동산의 감정평가는 부동산시장의 환경변화와 관련하여 평가수요가 증가하고 있는 새로운 업무영역이다. 특히 오염부동산은 토양오염으로 인해 일반부동산에 비하여 가치 하락요인이 존재하는바 가치하락요인을 다양한 관점에서 설명하고 감정평가 시 유의할 사항에 대하여 감정평가의 절차와 관련하여 설명하면 된다.

2 목차

Ⅰ. 서(2)

Ⅱ. 토양오염이 부동산의 가치에 미치는 영향(8)

1. 가치형성요인
2. 가치발생요인
3. 부동산시장
4. 부동산의 가치에 미치는 영향

Ⅲ. 평가 시 유의사항(8)

1. 전문가와의 협업
2. 오염유무의 확인 및 조건의 부가여부 등
3. 감정평가의 원리
4. 스티그마 효과의 추정

Ⅳ. 결(2)

3 예시 답안

Ⅰ. 서(2)

감정평가업계는 내·외부 시장 환경에 대응하기 위하여 경쟁력 강화를 강조하고 있으며 감정평가기법에 대한 연구개발과 새로운 분야로의 진출 시도를 적극적으로 모색하고 있다. 특히 최근 토양오염에 따른 피해에 대한 소송목적 평가가 증가하고 있어 토양오염이 부동산의 가치에 미치는 영향과 평가 시 유의사항을 설명하고자 한다.

Ⅱ. 토양오염이 부동산의 가치에 미치는 영향(8)

1. 가치형성요인

토양오염은 오염부동산의 가치형성에 중요한 작용을 하는 가치형성요인이다. USPAP에서는 오염부동산의 가치하락요인으로서 환경오염에 따른 비용효과와 사용효과, 위험효과를 제시하고 있다.

2. 가치발생요인

부동산가치는 효용, 상대적 희소성, 유효수요에 의해 발생하고 가치형성요인의 영향을 받아 형성된다. 토양오염은 해당 토지에 대한 효용과 유효수요를 감소시킨다.

3. 부동산시장

부동산시장에서는 수요와 공급에 의하여 가치가 결정된다. 토양오염은 가치발생요인 중 수요측면의 요인인 효용과 유효수요에 영향을 주고 이는 부동산시장에서 수요를 감소시킨다.

4. 부동산의 가치에 미치는 영향

부동산가치는 장래 기대되는 편익의 현재가치로서 부동산시장에서 수요와 공급에 의하여 결정된다. 토양오염은 부동산시장에서 수요를 감소시키며 부동산가치는 하락한다.

Ⅲ. 평가 시 유의사항(8)

1. 전문가와의 협업

감정평가사가 오염부동산의 가치를 산정하기 위해서는 여러 사항을 고려하여야 한다. 특히 환경관련 전문가와의 자문 및 협업을 통하여 오염의 가능성, 정화비용 산정 등에 대한 검토가 필요하다.

2. 오염유무의 확인 및 조건의 부가여부 등

대상 부동산의 사전조사 및 실지조사 과정에서 오염 유무에 대한 확인이 필요하다. 또한 오염부동산의 평가 시 기준시점의 가치형성요인을 실제와 다르게 가정하거나 특수한 경우로 한정하여 평가할 경우 감정평가서에 조건을 기재하여야 하며, 증명서류를 감정평가서에 첨부·보관하여야 한다.

3. 감정평가의 원리

감정평가실무기준에는 가치하락분에 대한 평가의 원리가 규정되어 있다. 가치하락분은 결국 소음 등이 발생하기 이전과 이후의 차이를 의미하므로, 소음 등이 발생하기 전 대상 물건의 가치에서 소음 등이 발생한 후 대상 물건의 가치를 차감하여 산정한다.

4. 스티그마 효과의 추정

스티그마 효과는 계량화하기 어려운 요소로서 스티그마의 감가율은 이론상 다양한 방법으로 결정할 수 있는바 임대료손실환원법, 대쌍자료분석법, 분해법 등이 있다. 특히 환경재와 같은 비시장재화의 가치평가방법으로 HPM과 CVM이 가장 많이 활용된다.

Ⅳ. 결(2)

오염부동산은 일반부동산과 다른 특성을 가지고 있고 시장에서 거래되는 사례가 거의 없을 뿐 아니라 이에 대한 연구도 부족한 실정이다. 향후 부동산의 환경변화와 다양한 수요에 대응하기 위해서 다양한 평가기준들을 제시하고 이용 가능한 평가방법을 지속적으로 연구하여야 한다.

03

「감정평가 및 감정평가사에 관한 법률」 제3조 제1항에는 "토지를 감정평가하는 경우에는 이용가치가 비슷하다고 인정되는 표준지공시지가를 기준으로 하여야 한다."라고 규정되어 있으나 표준지공시지가와 정상거래가격과의 격차가 있는 경우 기타요인으로 보정하고 있다. 기타요인 보정의 개념을 기술하고, 관련 법규 및 판례 등을 중심으로 그 타당성을 설명하시오. 20점

1 답안작성 가이드

과거 기타요인 보정(현재는 그 밖의 요인 보정)에 대한 법적 근거가 명시적으로 존재하지 않아 감정평가의 적정성과 신뢰성에 문제점이 발생하였다. 이를 보완하기 위하여 현행 감칙 제14조에서는 그 밖의 요인 보정에 대한 근거규정을 마련하고 있다. 따라서 토지의 감정평가에서 공시지가기준법을 적용 시 기타요인 보정 절차가 요구됨에 따라 그 타당성을 설명하라고 한 만큼 관련 법규 및 판례 등을 근거로 설명하여야 한다.

2 목차

Ⅰ. 서(2)

Ⅱ. 기타요인 보정의 개념(6)

1. 기타요인 보정의 개념
2. 기타요인 보정 시 거래사례 등의 요건
3. 기타요인 보정의 방법

Ⅲ. 관련 법규 및 판례 등을 통한 기타요인 보정의 타당성(10)

1. 관련 법규
2. 판례

3. 견해의 대립

4. 소결

Ⅳ. 결(2)

---

3 예시 답안

Ⅰ. 서(2)

우리나라의 토지평가는 감칙 제14조에 따라 공시지가기준법 적용을 원칙으로 하고 있다. 다만, 공시지가를 기준으로 하는 방법을 적용하는 경우 표준지공시지가의 정상거래가격에 미달하는 사유로 인하여 괴리를 보정하기 위해 실무상 기타요인 보정을 하고 있다. 이하 이와 관련하여 기타요인 보정의 개념에 대하여 기술하고 관련 법규 및 판례 등을 통하여 기타요인 보정의 타당성에 대하여 논하고자 한다.

Ⅱ. 기타요인 보정의 개념(6)

1. 기타요인 보정의 개념

기타요인 보정이란 시점수정, 지역요인 및 개별요인의 비교 외에 대상 토지의 가치에 영향을 미치는 사항을 반영하는 작업을 말한다. 공시지가기준법에 따라 토지를 평가할 때 시점수정, 지역요인 및 개별요인의 비교 과정을 거쳤음에도 불구하고 대상 토지의 가치에 영향을 미치는 요인이 추가적으로 발생할 수 있다. 이러한 요인을 대상 토지의 가치에 반영해야 감정평가의 적정성과 신뢰성이 제고될 수 있다.

2. 기타요인 보정 시 거래사례 등의 요건

기타요인 보정 시 거래사례 등은 용도지역 등 공법상 제한이 같거나 비슷할 것, 현실적인 이용상황 등이 같거나 비슷할 것, 주위환경 등이 같거나 비슷할 것, 적용공시지가의 선택기준에 적합할 것 등의 요건을 갖추어야 한다.

3. 기타요인 보정의 방법

① 대상토지기준 산출방법은 대상 토지를 기준으로 보상선례와 비교표준지를 각각 보정한 후 기타요인 보정치를 추계하는 방법으로 보상선례 등과 대상 토지를 비교할 수 있는 자료가 있는 경우에 사용할 수 있다. ② 비교표준지기준 산출방법은 보상선례와 비교표준지를 직접비교하여 보정치를 추계하는 방법으로 보상선례 등과 보상선례 등의 토지를 표준지공시지가로 평가할 수 있는 자료가 있을 경우 사용할 수 있다.

Ⅲ. 관련 법규 및 판례 등을 통한 기타요인 보정의 타당성(10)

1. 관련 법규

감칙 제14조 및 감정평가실무기준에서는 기타요인 보정이라는 근거규정으로 이를 명시적으로 인정하고 있다. 또한 토지보상법 제70조 제1항에서는 그 밖에 해당 토지의 위치, 형상, 환경, 이용상황 등을 참작하도록 규정하고 있다.

2. 판례

헌법재판소와 대법원은 헌법상 정당한 보상은 피침해재산의 객관적인 재산가치를 완전하게 보상하여야 한다는 완전보상을 뜻하는 것으로 완전보상은 보상금액뿐만 아니라 보상의 시기나 방법에 있어서도 어떠한 제한을 두어서는 안 된다고 하였고, 공시지가가 공시기준일의 적정가격을 반영하지 못하고 있다면 기타사항의 참작에 의한 보정방법으로 보정할 수 있다고 하였다.

3. 견해의 대립

토지보상법 제70조 제1항이 예시규정임을 이유로 긍정하는 견해가 있다. 반면 공시지가 자체에 이미 기타사항이 반영되어 있고 토지보상법 제70조 제1항은 개별요인에 한정되는 열거규정임을 이유로 부정하는 견해가 있다.

4. 소결

감정평가의 본질은 대상 부동산이 지니는 경제적 가치를 정확하게 판명하는 것에 있다. 그러나 감정평가절차상 지역요인과 개별요인은 토지가격형성에 미치는 모든 사항을 반영하지 못하고 있다. 또한 표준지공시지가가 정책적, 당위적 가격으로 공시되어 정상거래가격과의 격차가 존재하므로 기타요인 보정을 통하여 괴리를 없애는 것이 타당하다고 생각한다.

Ⅳ. 결(2)

기타요인 보정은 공시지가의 성격으로 인하여 타당한 절차라 할 수 있다. 다만, 기타요인의 보정치 산정에 있어서 최종적인 비율의 결정은 산정된 수치를 그대로 적용하는 것이 아니라 시장상황, 대상 토지의 개별적 특성 등을 참작하여 일부 가감 조정하여 결정하는 것이 타당할 것이다. 또한 기타요인 보정을 한 경우에는 그 근거를 감정평가서에 구체적이고 명확하게 기재하여야 할 것이다.

04 **감정평가사 김 氏는 K 은행으로부터 대상 부동산에 대한 담보감정평가를 의뢰받았다. 감정평가사 김 氏는 현장조사 및 자료분석을 통하여 아래와 같은 자료를 수집하였다. 아래 대상 부동산의 시장분석자료를 근거로 감정평가사 김 氏가 K 은행 대출담당자에게 담보가격의 결정에 대한 이론적 근거에 대해 부동산가격제원칙을 중심으로 기술하시오.** 10점

〈대상 부동산〉
- 서울시 ○○구 ○○동 XXX-X번지 AA빌라 3층 301호 100평형
- 대상부동산 분양예정가 : 10억원

〈현장조사 및 자료분석 내용〉
- 분양성 검토 : 대형 평형으로 인해 인근지역 내에서 분양성 악화가 우려됨
- 인근지역의 표준적 이용상황 : 40 ~ 50평형
- 인근지역의 담보평가가격수준 : 3.5 ~ 4.5억원
- 거래가능가격(표준적 이용상황 기준) : 평형당 1,000만원

1 답안작성 가이드

가격결정의 이론적 근거가 될 수 있는 부동산가격제원칙을 이해하고 본 건 평가목적, 즉 담보평가의 성격을 고려하여 담보가격의 결정에 대한 이유로 설명을 할 수 있는 가격제원칙을 제시하면 된다.

2 목차

Ⅰ. 개설(1)

Ⅱ. 담보가격 결정의 이론적 근거(8)

1. 부동산 가격제원칙의 개념
2. 최유효이용의 원칙
3. 대체의 원칙
4. 적합의 원칙

Ⅲ. 결(1)

3 예시 답안

Ⅰ. 개설(1)

담보감정평가란 금융기관이 대출에 대한 채권보전을 목적으로 담보대상물건의 경제적 가치를 판정하는 것이다. 담보감정평가 시에는 안정성을 고려하여 보수적으로 평가하는바 담보가격 결정의 이론적 근거에 대해 부동산 가격제원칙을 중심으로 기술한다.

Ⅱ. 담보가격 결정의 이론적 근거(8)

1. 부동산 가격제원칙의 개념

부동산의 가격형성과정에서 도출되는 일정한 법칙성인 가격제원칙은 매우 중요한 의미를 갖게 된다. 이러한 부동산 가격제원칙은 실제 평가활동에 있어서는 평가의 원리 내지 평가의 지침으로 활용되므로 실질적인 유용성이 매우 높다.

2. 최유효이용의 원칙

최유효이용의 원칙이란 부동산가격은 최유효이용을 전제로 파악되는 가격을 표준으로 하여 형성된다는 원칙을 말한다. 본 건은 대형평형으로 인하여 분양성 악화가 우려되므로 합리성, 최대수익성이라는 최유효이용의 원칙 측면에서 분양가 대비 낮게 담보가격을 결정하였다.

3. 대체의 원칙

대체의 원칙이란 부동산가격은 대체성을 지닌 다른 부동산 또는 재화의 가격과 상호작용 과정에서 형성된다는 원칙을 말한다. 본 건은 대형평형으로 인근의 표준적 평형과 대체관계에 있다고 보기 어려운데 수요 측면에서 효용이 낮아 대체의 원칙 측면에서 분양가 대비 낮게 담보가격을 결정하였다.

4. 적합의 원칙

적합의 원칙이란 부동산이 그 유용성을 최고로 발휘하기 위해서는 주위환경에 적합하여야 한다는 원칙을 말한다. 본 건은 대형평형으로 인근의 표준적 평형에 적합하지 않으므로 적합의 원칙 측면에서 분양가 대비 낮게 담보가격을 결정하였다.

Ⅲ. 결(1)

본 건은 대형평형으로서 분양성 악화가 우려되고 인근지역의 표준적 평형과도 상당히 괴리되므로 최유효이용의 원칙, 대체의 원칙, 적합의 원칙 등 측면에서 분양가 대비 낮게 담보가격을 결정하였다.

05 인근지역의 개념, 요건 및 경계와 범위를 설명하시오. 10점

1 답안작성 가이드

감정평가에 있어서 지역분석의 핵심이라 할 수 있는 인근지역의 개념과 요건, 경계 등에 대하여 묻고 있는바 기본교재에서 정리된 내용을 그대로 활용하되, 인근지역을 대상으로 하는 분석인 지역분석에 대한 내용을 반드시 다루어야 한다.

2 목차

Ⅰ. 개설(1)

Ⅱ. 인근지역의 개념과 요건(4)

1. 인근지역의 개념
2. 요건

Ⅲ. 인근지역의 경계와 범위(5)

1. 인근지역의 경계와 범위의 개념
2. 중요성
3. 설정기준 및 유의사항

3 예시 답안

Ⅰ. 개설(1)

감정평가에서 3방식의 적용에 앞서 가치형성요인에 대한 분석을 하는바 지역의 표준적 이용과 가격수준을 파악하는 지역분석이 중요하다. 이하 지역분석에 있어 인근지역과 관련하여 설명하고자 한다.

Ⅱ. 인근지역의 개념과 요건(4)

1. 인근지역의 개념

인근지역은 감정평가의 대상이 된 부동산이 속한 지역으로서 부동산의 이용이 동질적이고 가치형성요인 중 지역요인을 공유하는 지역을 말한다(감칙 제2조 제13호).

2. 요건

인근지역의 요건에는 다양한 것들이 있을 수 있으나 감칙에 규정된 인근지역의 개념을 중심으로 설명한다. 인근지역은 먼저 대상 부동산이 속한 지역이어야 하며 대상 부동산의 가격형성에 직접적인 영향을 주어야 한다. 또한 지역 내 부동산이 대상 부동산과 상호 대체·경쟁관계를 가지며 용도적, 기능적으로 동질성을 가져야 한다.

Ⅲ. 인근지역의 경계와 범위(5)

1. 인근지역의 경계와 범위의 개념

용도적 동질성이 인정되는 지역을 인근지역으로서의 범위라고 본다면 이러한 동질성이 인정되는 지역의 범위를 정하는 것이 경계설정이다.

2. 중요성

인근지역의 규모, 범위에 따라 대상 부동산의 가치형성에 미치는 영향이 다르게 된다. 또한 너무 세분화하거나 지나치게 넓으면 자료수집 및 영향 파악이 곤란하게 되는바 경계설정이 중요하다. 즉, 지역분석, 개별분석, 감정평가방법의 적용과 같은 일련의 감정평가활동을 체계화, 능률화하기 위해 필요하다.

3. 설정기준 및 유의사항

표준지공시지가조사·평가기준에는 용도적 동질성을 기준으로 한다고 규정하고 있는바 평가대상 토지의 유형이나 이용 상황, 도로, 교통, 경계 등을 기준으로 설정된다. 또한 설정 시에는 적정 범위설정 및 동태적 분석을 통한 설정을 해야 하며 과학화, 객관화 및 법상 용도지역과 불일치 가능성에 유의해야 한다.

---

06 **공동주택 재건축사업의 시행 시 미동의자에 대한 매도청구 및 시가(時價)의 개념에 대해 약술하시오.** 10점

---

1 답안작성 가이드

도시정비사업목적의 감정평가 중 재건축사업과 관련된 평가로서 미동의자에 대한 매도청구 소송목적의 평가와 관련된 질문이다. 이에 대하여 간략하게 기술하고 가장 쟁점이라 할 수 있는 시가의 개념에 대한 판례 및 감정평가업계의 견해를 제시하고 이에 대하여 구체적으로 설명하되, 감정평가실무기준해설의 내용을 활용하면 된다.

2 목차

---

3 예시 답안

Ⅰ. 개설(1)

재건축사업은 정비기반시설은 양호하나 노후·불량건축물이 밀집한 지역에서 주거환경을 개선하기 위하여 시행하는 사업을 의미한다. 이러한 재건축사업에 있어서 미동의자에 대한 매도청구 관련 감정평가업무가 중요한바 이에 대하여 약술하고자 한다.

Ⅱ. 미동의자에 대한 매도청구(4.5)

1. 매도청구의 개념

매도청구는 재건축사업을 시행할 때 조합설립 미동의자 등에 대해 그 소유 토지 등을 시가에 매도할 것을 청구하는 것으로 매도청구권은 재건축에 참가하는 토지 등 소유자가 재건축에 불참한 토지 등 소유자에 대하여 일정한 절차를 거쳐 토지, 건물의 매도를 청구하는 권리를 말한다.

2. 감정평가방법

재건축사업구역 안의 토지 등에 대한 도정법 제64조의 매도청구에 따른 감정평가는 법원에서 제시하는 날을 기준으로 한다. 다만, 기준시점에 현실화, 구체화되지 아니한 개발이익이나 조합원의 비용부담을 전제로 한 개발이익은 배제하여 감정평가한다.

Ⅲ. 시가의 개념(4.5)

1. 판례의 입장

시가란 매도청구권이 행사된 당시의 구분소유권과 대지사용권의 객관적 거래가격으로서 노후되어 철거될 상태를 전제로 한 거래가격이 아니라 그 건물에 관하여 재건축 결의가 있었다는 것을 전제로 하여 구분소유권과 대지사용권을 일체로 평가한 가격, 즉 재건축사업으로 인해 발생할 것으로 예상되는 개발이익을 포함해야 한다는 점을 일관되게 유지하고 있다(대판 1996.1.23, 95다38172).

2. 매도청구소송 시가 감정평가 시 유의할 점

판례에서 말하는 재건축사업으로 인해 발생할 것으로 예상되는 개발이익이 포함된 시가라는 것은 철거예정에 있는 노후화된 건물의 감가를 모두 인정하고 토지자산에 준하는 상태의 가격, 즉 노후되어 철거될 상태를 전제로 한 가격이 아님을 강조하기 위한 것으로서 토지, 건물 일체로 거래되는 가격, 즉 재건축결의 및 조합설립인가에 따라 시장에서 형성·반영되고 있는 개발이익 모두를 반영하라는 의미로 해석되어야 한다. 그렇지만 재건축사업의 주체로서의 조합원이 지는 리스크나 향후 현실화, 구체화되지 아니한 개발이익까지 개발이익으로 기준시점 당시에 반영하라는 의미로 해석할 수는 없다.

Chapter 21

2004년 제15회 기출문제

01 부동산 감정평가의 3방식을 이용하여 시산가격을 도출하기 위해서는 여러 단계가 필요하다. 다음에 대하여 설명하시오. 40점

1) 부동산가격의 구체화, 개별화 단계에 대하여 설명하시오. 10점
2) 부동산가격수준의 단계와 내용에 대하여 설명하시오. 10점
3) 부동산 감정평가를 위하여 구분하는 지역을 구체적으로 열거하고 대체성, 경쟁성, 접근성과 관련하여 설명하시오. 10점
4) 부동산 가격의 경제적 특성에 대하여 설명하시오. 10점

02 시장가격이 없는 부동산 혹은 재화의 가치를 감정평가하는 방법에 대하여 설명하시오. 20점

03 부동산 감정평가는 기준에 따라 다양하게 분류될 수 있다. 다음에 대하여 설명하시오. 20점

1) 부동산 감정평가를 체계적으로 분류하는 목적을 설명히시오. 5점
2) 일괄감정평가, 구분감정평가, 부분감정평가 각각에 대하여 사례를 들어 설명하시오. 15점

04 정부가 부동산시장에 개입하는 이유에 대하여 설명하시오. 10점

05 상업용 부동산의 입지결정요인에 대하여 설명하시오. 10점

해설 및 예시 답안

01 **부동산 감정평가의 3방식을 이용하여 시산가격을 도출하기 위해서는 여러 단계가 필요하다. 다음에 대하여 설명하시오.** 40점

1) 부동산가격의 구체화, 개별화 단계에 대하여 설명하시오. 10점

2) 부동산가격수준의 단계와 내용에 대하여 설명하시오. 10점

3) 부동산 감정평가를 위하여 구분하는 지역을 구체적으로 열거하고 대체성, 경쟁성, 접근성과 관련하여 설명하시오. 10점

4) 부동산 가격의 경제적 특성에 대하여 설명하시오. 10점

1 답안작성 가이드

감정평가 3방식을 이용하여 시산가격을 도출하기 위한 여러 단계에 대한 설명을 요구하고 있다. 즉, 본 문제의 취지를 헤아리면 부동산가격의 형성과정을 고려하여 감정평가 3방식을 이용하여 시산가격을 도출하기 위한 여러 단계(지역분석과 개별분석)를 설명하라는 것이다. 따라서 감정평가과정을 중심으로 답안을 작성하여야 할 것이다.

2 목차

Ⅰ. 서(4)

Ⅱ. 부동산가격의 구체화, 개별화 단계(8)

1. 개별분석의 의의
2. 부동산가격의 구체화, 개별화 단계
   1) 대상부동산의 확정과 개별요인의 분석
   2) 최유효이용의 판정
   3) 구체적 · 개별적 가격의 파악

Ⅲ. 부동산가격수준의 단계와 내용(8)

1. 지역분석의 의의
2. 부동산가격수준의 단계
   1) 표준적 이용의 판정
   2) 가격수준의 파악
3. 부동산가격수준의 내용

Ⅳ. 감정평가를 위하여 구분하는 지역 등(8)

1. 감정평가를 위하여 구분하는 지역
2. 대체성, 경쟁성의 관점
   1) 대체성, 경쟁성
   2) 대체성, 경쟁성의 관점에서의 지역
3. 접근성의 관점
   1) 접근성
   2) 접근성의 관점에서의 지역

Ⅴ. 부동산 가격의 경제적 특성(8)

1. 개설
2. 위치가격
3. 일물일가의 불성립
4. 수요자 중심의 가격

Ⅵ. 결(4)

---

3 예시 답안

Ⅰ. 서(4)

부동산의 개별적·구체적 가격은 최유효이용을 전제로 형성되나 이 가격의 타당성 검증을 위해서는 표준적 이용을 전제로 형성된 가격수준과의 상호검토가 필요하다. 다만, 가격수준 파악을 위한 지역의 범위는 대체성, 경쟁성, 접근성의 정도에 따라 인근지역, 유사지역, 동일수급권으로 구분된다. 따라서 각 지역범위마다 가격수준을 파악하고 이를 바탕으로 시산가격의 적절성을 검토해야 한다. 그리고 이러한 과정을 거쳐 산정된 부동산가격은 경제적 특성을 지니게 되는바 이하 물음에 대하여 설명하고자 한다.

Ⅱ. 부동산가격의 구체화, 개별화 단계(8)

1. 개별분석의 의의

   개별분석이란 부동산의 가격형성에 영향을 미치는 개별요인의 분석을 통하여 대상 부동산의 최유효이용과 개별적·구체적 가격을 판정하는 과정을 말한다.

2. 부동산가격의 구체화, 개별화 단계

   1) 대상부동산의 확정과 개별요인의 분석

   부동산은 어떤 상태를 기준으로 하느냐에 따라 최유효이용의 형태가 달라지고 가격에 미치는 영향도 상이하기 때문에 대상부동산의 확정이 먼저 이루어져야 한다. 그리고 가치형성요인은 부동산의 개별성에 따라 부동산마다 그 영향의 정도가 달라지게 되므로 개별요인을 분석해야 한다.

2) 최유효이용의 판정

최유효이용이란 객관적으로 보아 양식과 통상적인 이용능력을 가진 사람이 대상 부동산을 합법적이고 합리적이며 최고, 최선의 방법으로 이용하는 것을 말한다. 부동산은 용도의 다양성에 의해 하나의 부동산 위에 여러 용도 간의 대체, 경쟁관계가 발생한다. 이러한 용도 간 경합을 통해 부동산은 최대의 수익을 얻을 수 있는 용도에 할당되므로 최유효이용은 감정평가의 기준이 된다.

3) 구체적 · 개별적 가격의 파악

구체적 · 개별적 가격을 파악하기 위해서는 개별분석을 통하여 대상 부동산의 최유효이용을 판정하고 대상 부동산의 구체적 · 개별적 가격에 영향을 미치는 정도를 분석한다. 즉, 부동산가격은 최유효이용을 전제로 형성되므로 개별분석이 요구된다.

Ⅲ. 부동산가격수준의 단계와 내용(8)

1. 지역분석의 의의

지역분석이란 부동산의 가격형성에 영향을 미치는 지역요인의 분석을 통하여 지역 내 부동산의 표준적 이용과 가격수준을 판정하는 과정을 말한다.

2. 부동산가격수준의 단계

1) 표준적 이용의 판정

표준적 이용이란 인근지역에 속한 개개의 부동산의 최유효이용의 집약적, 평균적 이용 방법으로 지역 내 특정 부동산의 시장가치 결정의 전제가 되는 최유효이용을 판정하는 유력한 기준이 된다.

2) 가격수준의 파악

가격수준은 지역 내 부동산의 일반적이고 표준적인 이용의 상태와 장래동향 등을 파악함으로써 확인할 수 있으며 개개 부동산의 개별적, 구체적 가격은 이러한 가격수준에 영향을 받아 형성된다.

3. 부동산가격수준의 내용

가격수준이란 지역 내의 부동산의 평균가격을 의미한다. 그리고 이러한 가격수준은 지역적 범위 따라 대체성, 경쟁성, 접근성 등의 측면에서 구분하여 파악한다. 따라서 부동산의 가격수준을 정확하게 파악하기 위해서는 대상 부동산과 가격형성에 있어 가장 대체 · 경쟁의 영향관계가 높은 인근지역의 가격수준부터 분석하기 시작하여 동일수급권으로 넓혀 나가야 한다.

Ⅳ. 감정평가를 위하여 구분하는 지역 등(8)

1. 감정평가를 위하여 구분하는 지역

① 인근지역은 감정평가의 대상이 된 부동산이 속한 지역으로서 부동산의 이용이 동질적이고 가치형성요인 중 지역요인을 공유하는 지역을 말한다. ② 유사지역은 인근지역의 지역특성과 유사한 특성을 갖는 지역으로서 대상 부동산이 속하지 아니한 지역을 말한다. ③ 동일수급권은 일반적으로 해당 부동산과 대체 · 경쟁관계가 성립하고 가격형성에 상호 영향을 미치는 관계에 있는 다른 부동산이 존재하는 권역을 말한다.

2. 대체성, 경쟁성의 관점

1) 대체성, 경쟁성

부동산은 본질적으로 물리적 대체성이 없다. 그러나 효용이나 이용의 관점에서 대체성이 고려된다. 또한 지역 간 경쟁은 유사성이 존재하여야 하며 이질적인 지역이라면 비교요소가 많지 않다. 따라서 경쟁성은 유사성 혹은 대체성에 기초하는 것이다.

2) 대체성, 경쟁성의 관점에서의 지역

인근지역과 유사지역은 지역특성이 유사하다는 공통점을 지닌다. 지역 내 부동산의 이용상황, 가격수준, 시장참가자들의 시장행동 등에서 유사성이 있어 지역특성으로 발현되는 것이다. 즉, 지역적 대체·경쟁이 상호 인정될 수 있다. 반면, 동일수급권의 경우 지역적 범위보다는 부동산 개별 속성에 기초하는 성향이 강하기 때문에 개별 부동산별 대체·경쟁에 초점을 맞춘다.

3. 접근성의 관점

1) 접근성

접근성은 상호 비교대상 간의 멀고 가까움의 정도를 말한다. 현대 부동산에서는 교통 및 통신 발달 등으로 인해 심리적, 시간적 접근성이 공간적 접근성보다 중요해지고 있다.

2) 접근성의 관점에서의 지역

인근지역의 경계설정 시 지역의 물리적 특성을 우선하므로 접근성이 확보된다. 그러나 유사지역은 거리의 원근이 아닌 지역특성의 유사성이나 가치형성요인의 동질성을 기준하므로 접근성이 다소 완화된다. 한편 동일수급권은 접근성과는 무관하며 부동산의 종류, 성격 및 규모에 따라 지역범위를 달리한다.

Ⅴ. 부동산 가격의 경제적 특성(8)

1. 개설

부동산가격은 가격수준 및 개별적·구체적 가격 단계를 갖는다는 점을 이해하였다. 이는 부동산 고유의 특징인 지역성, 개별성으로 인한 가격형성과정 때문이다. 따라서 부동산 가격의 경제적 특성도 이러한 관점에서 설명한다.

2. 위치가격

부동산의 고정성으로 인하여 부동산가격은 위치가격으로서의 성격을 가진다. 즉, 위치가 고정되어 있으므로 주변에서 일어나는 다양한 환경조건들이 부동산가격에 영향을 준다.

3. 일물일가의 불성립

부동산의 개별성으로 인하여 동일한 부동산이 존재하지 않고 부동산가격은 각 부동산마다 개별적으로 형성된다. 따라서 소위 경제학에서의 일물일가법칙은 부동산이라는 재화의 가격에는 적용되지 않는다.

4. 수요자 중심의 가격

부동산의 고정성으로 인하여 위치에 대한 독점적 지위를 갖게 되고 이는 부동산가격에 영향을 주게 된다. 즉, 위치독점에 따른 공급에 대하여 다수의 수요자 간 경쟁이 유발되고 단기적으로 수요자 중심의 가격이 형성된다.

Ⅵ. 결(4)

감정평가 3방식을 적용하여 구한 시산가격은 구체적·개별적 가격 및 지역의 가격수준하에서 검토하여 시산가격 조정이 이루어져야 한다. 다만, 이때 검토의 대상이 되는 지역으로서 인근지역, 유사지역, 동일수급권의 구분이 중요하며 지역의 경계에 대한 객관적인 구분이 필요하다. 또한 가치형성요인은 지속적으로 변화의 과정에 있는바 감정평가 시 부동산의 지역성, 개별성 등을 면밀히 파악하는 지역분석, 개별분석이 필수적인 과정이 된다.

02 시장가격이 없는 부동산 혹은 재화의 가치를 감정평가하는 방법에 대하여 설명하시오. 20점

1 답안작성 가이드

시장가격이 없는 부동산 혹은 재화의 가치에서 시장가격과 "시장가격이 없는"이라는 표현이 무엇을 의미하는지를 정확히 정의하는 것부터 시작하여야 한다. 이러한 부동산 혹은 재화는 시장에서 거래가 가능함에도 거래가 전혀 없는 경우, 거래가 극히 미미한 경우, 거래가 제한되는 경우 등일 것이다. 따라서 이러한 전제를 감안한 감정평가방법에 대하여 설명하여야 한다.

2 목차

Ⅰ. 서(2)

Ⅱ. 시장가격이 없는 부동산 혹은 재화(4)

1. 시장가격의 개념
2. 시장가격이 없는 부동산 혹은 재화의 유형

Ⅲ. 감정평가방법(12)

1. 전통적인 감정평가방법
   1) 원가법
   2) 수익환원법
2. 새로운 감정평가방법
   1) CVM
   2) CBA
   3) HPM
   4) 여행비용법

Ⅳ. 결(2)

3 예시 답안

Ⅰ. 서(2)

생활양식의 변화와 환경에 대한 관심 증가로 시장가격이 없는 부동산 혹은 재화에 대한 가치평가의 중요성이 확대되고 있다. 그러나 이러한 재화는 시장에서 직접적인 거래의 대상이 되지 못하거나 거래가 미미하여 거래사례를 수집하기 어렵다. 따라서 어떠한 평가방법을 적용할 수 있는지 논의가 있는바 시장가격이 없는 부동산 혹은 재화의 가치를 감정평가하는 방법에 대하여 설명하고자 한다.

Ⅱ. 시장가격이 없는 부동산 혹은 재화(4)

1. 시장가격의 개념

시장가격이란 시장에서 매도자와 매수자 사이에 거래가 성립되는 경우에 발생하는 거래금액을 말한다. 따라서 시장가격과 시장가치의 의미는 명확하게 다르다고 할 수 있다.

2. 시장가격이 없는 부동산 혹은 재화의 유형

시장가격이 없을 수 있는 경우는 시장성이 없는 물건으로 시장에서 거래의 대상이 되지 않는 경우, 시장성은 존재하나 관련 제도 등에 의해 거래가 제한되는 경우, 시장성은 존재하나 시장의 상황으로 인하여 거래빈도가 극히 낮아 시장가격이 없는 경우라 할 수 있다.

Ⅲ. 감정평가방법(12)

1. 전통적인 감정평가방법

1) 원가법

원가법이란 대상 물건의 재조달원가에 감가수정을 하여 대상 물건의 가액을 산정하는 감정평가방법을 말한다. 시장성이 없는 재화의 원가에 대한 파악과 적절한 감가수정방법이 있다면 적용 가능하다.

2) 수익환원법

수익환원법이란 대상 물건이 장래 산출할 것으로 기대되는 순수익이나 미래의 현금흐름을 환원하거나 할인하여 대상 물건의 가액을 산정하는 감정평가방법을 말한다. 시장성이 없는 재화는 대개 공익적 목적에 사용하는 경우가 많으나 수익이 발생하고 있다면 적용 가능하다.

2. 새로운 감정평가방법

1) CVM

가상가치평가법, 조건부가치측정법 등으로 부르는 CVM은 가상적인 상황을 설정하고 이 상황하에서 각 개인이 어떤 선택을 할 것인지를 설문조사하여 환경재 등의 가치를 평가하는 방법이다. 사람들이 환경개선(외부경제)에 표명하는 최대 지급의사나 혹은 환경악화(외부불경제)에 희망하는 최소 보상의 의사표시를 포착하는 것이다. 이 방법은 시장성이 없는 재화와 같은 환경재의 평가에 적용 가능하다.

2) CBA

대상 부동산 또는 재화와 관련되어 발생하는 모든 유무형의 비용과 편익을 계량화하여 그 차액으로 대상의 가치를 평가하는 평가방법이다. 이 방법은 공공서비스, 대규모 개발사업의 평가에 유용한바 시장성이 없는 재화의 편익과 비용을 금액으로 수치화하고 적절한 할인율을 적용하여 순현가를 구함으로써 적용이 가능하다.

3) HPM

가치형성요인을 영향변수로 하여 회귀방정식 모형을 만들어 이것을 대상 부동산에 적용하여 가치를 평가하는 방법이다. 최근 진보된 컴퓨터 프로그램을 이용하여 쉽게 활용할 수 있는 방법이며 특성함수가격법 혹은 헤도닉모형이라고도 한다. 이 방법은 시장참여자의 선택이 재화가 가지고 있는 특성들에 대한 선호에 기반하고 있음을 전제하고 있다. 따라서 시장성이 없는 재화가 가지는 특성요인을 추출할 수만 있다면 적용 가능하다.

4) 여행비용법

여행비용법은 여행비용의 증가분을 입장료 증가분의 대리변수로 인식하고 여행거리에 따른 지역별 이용자수를 분석하여 위락지에 대한 수요곡선을 도출하여 비시장재화의 가치를 평가하는 방법이다. 여행비용법은 주로 자연자원, 관광자원, 역사자원 등의 가치평가에 이용되고 있다.

Ⅳ. 결(2)

감정평가활동은 일반인에 의한 가치지적이 어려운 부동산과 재화의 가치판단의 영역에서 그 중요성이 인정된다. 특히 시장가격이 없는 부동산 혹은 재화의 경우 감정평가 시 통상적으로 성립가능하다는 기준을 충족시킬 수 있는 시장가치를 구하기 위한 다양한 평가방법의 연구가 지속적으로 필요하다.

03 부동산 감정평가는 기준에 따라 다양하게 분류될 수 있다. 다음에 대하여 설명하시오. 20점

1) 부동산 감정평가를 체계적으로 분류하는 목적을 설명하시오. 5점

2) 일괄감정평가, 구분감정평가, 부분감정평가 각각에 대하여 사례를 들어 설명하시오. 15점

1 답안작성 가이드

부동산에 대한 감정평가는 다양하게 분류가 가능하다. 다만, 본 문제는 감칙 제7조에 의한 분류를 묻고 있는 것으로 사례를 들어 설명하라는 문제의 취지에 따라 일괄감정평가, 구분감정평가, 부분감정평가의 개념에 대한 이해도를 측정하고자 한 취지임을 알 수 있어야 한다. 따라서 사례를 단순 열거하기보다 사례를 가지고 각 감정평가의 개념을 설명할 수 있어야 한다.

2 목차

3 예시 답안

Ⅰ. 서(2)

감정평가는 주체, 목적, 대상물건의 성격 등에 따라서 다양하게 분류가 가능하다. 이렇게 다양하게 분류함에 따라 감정평가방법의 체계화를 이룰 수 있고 평가의 신뢰성도 향상시킬 수 있다. 이하 체계적으로 분류하는 목적과 감정평가의 분류로서 감칙 제7조에 규정된 일괄감정평가, 구분감정평가, 부분감정평가를 설명하고자 한다.

Ⅱ. 부동산의 감정평가를 체계적으로 분류하는 목적(4)

1. 이론구성과 제도에 대한 지침 제공

감정평가를 체계적으로 분류하는 목적은 감정평가활동의 목표를 명백하게 하고 감정평가방법의 체계화에 기여하기 위함이다. 또한 제도에 대한 지침으로서 정부가 감정평가 제도를 수립하고 발전시키는 데 유익한 지침이 되기 위함이다.

2. 감정평가활동의 능률화와 대상 부동산의 확정

감정평가를 체계적으로 분류하는 목적은 감정평가활동을 능률화시키기 위함이다. 또한 대상 부동산의 확정에 대한 지침으로서 감정평가의 조건, 목적 등이 명백하게 되어 대상 부동산의 확정을 용이하게 하기 위함이다.

Ⅲ. 일괄감정평가, 구분감정평가, 부분감정평가의 개념과 사례(12)

1. 일괄감정평가(감칙 제7조 제2항)

1) 개념

평가는 대상물건마다 개별로 행하여야 한다. 다만, 둘 이상의 대상물건이 일체로 거래되거나 대상물건 상호 간에 용도상 불가분의 관계가 있는 경우에는 일괄하여 감정평가할 수 있는데 이를 일괄감정평가라고 한다.

2) 사례

구분소유부동산에서 대지권과 건물부분을 일괄하여 평가하는 경우, 입목과 산지가 동시에 거래되어 평가하는 경우, 공장을 수익가액으로 평가하는 경우 등이 있다. 구체적으로 예를 들어 2필지 이상의 토지에 하나의 건물이 있거나 건축 중에 있는 토지, 공사기준일 현재 나지상태이나 건축허가 등을 받고 공사를 착수한 때에는 용도상 불가분의 관계에 있다고 볼 수 있으므로 일괄감정평가할 수 있다.

2. 구분감정평가(감칙 제7조 제3항)

1) 개념

하나의 대상물건이라도 가치를 달리하는 부분은 이를 구분하여 감정평가할 수 있는데 이를 구분감정평가라고 한다.

2) 사례

광평수토지의 전후면 가격차이가 발생하여 평가하는 경우, 도시계획도로에 저촉되어 저촉부분과 접한 부분의 가격 차이가 발생하여 평가하는 경우 등이 있다. 구체적으로 예를 들어 둘 이상의 용도지역에 걸쳐 있는 토지는 각 용도지역 부분의 위치, 형상, 이용상황 그 밖에 다른 용도지역 부분에 미치는 영향 등을 고려하여 면적비율에 따른 평균가격으로 평가한다. 이는 하나의 물건이라도 용도지역별로 가치를 달리한다고 볼 수 있으므로 구분감정평가할 수 있다.

3. 부분감정평가(감칙 제7조 제4항)

1) 개념

일체로 이용되고 있는 대상 물건의 일부분은 평가하지 아니함을 원칙으로 한다. 다만, 특수한 목적이나 합리적인 이유가 있는 경우에는 그 부분에 대하여 감정평가할 수 있는데 이를 부분감정평가라고 한다.

2) 사례

공익사업에 토지의 일부가 편입 시 편입부분을 평가하는 경우, 지상건물이 있는 상태에서 토지만을 평가하는 경우 등이 있다. 구체적으로 예를 들어 300평의 대지 중에서 30평만이 도로에 편입될 때 30평 토지는 과소면적으로 감가요인이 있으나 전체면적을 기준으로 한 가격을 적용하여 평가한다. 이는 편입부분만의 가격을 구할 특수한 목적 또는 합리적 이유가 있다고 볼 수 있으므로 부분감정평가할 수 있다.

Ⅳ. 결(2)

우리나라의 경우 법과 제도상 토지와 건물을 개별부동산으로 인정하고 있어 각각 분리하여 평가하는 개별감정평가가 원칙이나, 시장에서의 거래관행과 거래가격은 토지와 건물 일체를 전제로 한다. 따라서 개별감정평가를 할 경우 거래가격과 평가가액이 괴리되는 문제점이 발생할 수 있다는 점에 유의하여야 한다.

04 정부가 부동산시장에 개입하는 이유에 대하여 설명하시오. 10점

1 답안작성 가이드

감정평가이론에서는 다양한 부동산정책의 효과와 감정평가사의 역할 등을 묻고 있다. 따라서 부동산시장에 왜 정부가 개입하는지, 정부정책의 필요성에 대한 기본적인 내용을 정리해두고 이를 답안에 활용하면 된다. 특히 감정평가의 공적 역할(기능)을 언급하면 좋을 것이다.

2 목차

Ⅰ. 개설(1)

Ⅱ. 정부가 부동산시장에 개입하는 이유(8)

1. 부동산시장의 개념과 특징
2. 부동산시장에서의 시장실패
3. 부동산시장에서의 형평성 증진
4. 부동산시장의 안정

Ⅲ. 감정평가사의 역할(1)

3 예시 답안

Ⅰ. 개설(1)

정부는 시장실패나 소득의 불균형 등을 이유로 부동산시장에 개입하는데, 이러한 개입이 바로 부동산정책이다. 즉, 부동산의 특성으로부터 파생된 부동산시장의 특수성이 여러 가지 문제를 유발하고 정부는 이를 해결하기 위해 개입하게 된다. 이하에서 정부가 부동산시장에 개입하는 이유에 대하여 설명하고자 한다.

Ⅱ. 정부가 부동산시장에 개입하는 이유(8)

1. 부동산시장의 개념과 특징

부동산시장이란 부동산의 교환 및 가격 결정이 이루어지고, 부동산 자산의 이용형태 및 배분이 결정되는 공간을 의미한다. 이러한 부동산시장은 부동산의 고정성, 부증성 등으로 인하여 수급 조절이 곤란하고 균형가격이 성립되지 않는 등 불완전경쟁시장으로서의 특징을 갖는다.

2. 부동산시장에서의 시장실패

부동산시장에서는 외부효과, 공공재 공급, 정보의 비대칭성 등으로 인하여 시장실패가 존재한다. 외부효과는 주위 부동산개발로 인해 주변지역의 부동산가격이 상승하거나 또는 주택단지 내에 공해시설이 입점하거나 인구집중으로 혼잡이 가중되는 경우 등에 나타난다. 또한 부동산시장은 공공재 때문에 자원배분의 효율성이 떨어질 수 있다. 나아가 부동산시장의 경우 정보유통이 원활하지 않고 투명하지도 않아 시장실패가 나타날 수 있어 정부가 개입하게 된다.

3. 부동산시장에서의 형평성 증진

부동산시장은 형평성 증진이라는 측면에서도 정부의 시장개입을 필요로 한다. 경제가 성장하고 사회가 발전하면 자연스럽게 토지공간에 대한 수요가 증가한다. 이런 토지공간에 대한 수요 증가는 부동산 소유주에게 상당한 부를 안겨준다. 이른바 사회발전의 과실이 부동산 소유주에게 무상으로 상당한 이익을 제공하기 때문에 사회적으로 형평성 문제가 제기되어 정부가 개입하게 된다.

4. 부동산시장의 안정

부동산시장은 공간의 단기공급곡선이 비탄력적일 뿐만 아니라 지역적으로 분리되어 있어서 조그마한 수요 변화에도 가격변동이 심하다. 또한 이러한 가격변동은 제한적인 영향을 주지만 경우에 따라서는 파괴적인 형태로 나타날 수도 있다. 따라서 단기적인 과열이나 극심한 가격 침체를 치유하기 위해 정부가 개입하게 된다.

Ⅲ. 감정평가사의 역할(1)

정부가 부동산시장에 개입하여 정책을 효율적으로 수립하고 집행하는 데 있어서 부동산가치를 판정하는 감정평가사가 공적인 기능을 수행하게 되는바 높은 책임의식과 윤리의식을 갖출 필요가 있다.

05 상업용 부동산의 입지결정요인에 대하여 설명하시오. 10점

1 답안작성 가이드

부동산의 고정성으로 인하여 입지라 함은 결국 위치의 개념이라 할 것이다. 특히 부동산의 용도의 다양성에 따라 다양한 용도로 부동산을 이용할 수 있는데 각 용도마다 입지를 결정하는 요인에 차이가 있다는 점을 인식하고 입지결정요인을 설명하여야 한다.

2 목차

3 예시 답안

Ⅰ. 개설(1)

입지선정은 입지주체가 추구하는 입지조건을 갖춘 토지를 발견하는 것을 말하며 때로는 주어진 부동산의 적정한 용도를 결정하는 역할을 말한다. 이하 상업용 부동산의 입지결정요인에 대하여 설명하고자 한다.

Ⅱ. 상업용 부동산의 입지결정요인(8)

1. 상업용 부동산의 입지결정요인

상업용 부동산은 수익을 목적으로 하는 상업 활동에 이용되는 부동산으로서 입지는 크게 두 가지 면에서 생각할 수 있다. 하나는 해당 지역의 상업용 부동산이 다른 지역의 상업용 부동산보다 유리한가 하는 것이고 다른 하나는 개개의 상업용 부동산이 그 지역 내에서 유리성이 있는가 하는 것이다. 전자는 사회·경제적 입지결정요인이고 후자는 물리적 입지결정요인이다.

2. 사회, 경제적 입지결정요인

1) 배후지 및 고객의 양과 질

배후지란 상권 또는 시장권역을 가리키는 말이다. 상업 활동은 고객을 상대하므로 그들이 사는 배후지의 넓이가 가장 중요하다. 또한 배후지의 인구밀도와 고객의 소득수준이 높아야 유리하다.

2) 고객의 교통수단과 접근성 및 번영의 정도

상업용 부동산의 가치는 고객의 교통인구가 많은 곳이 높다. 이때 교통인구는 단순한 통과인구가 아닌 고객인구여야 한다. 또한 해당 지역이 인근지역 생애주기로 볼 때 어느 국면에 있고 그 지역이 현재 얼마나 번영 중인지가 중요하다. 번영의 상태는 해당 지역의 지가수준, 임대료수준, 매상고, 교통량, 입지경쟁 등의 상태를 파악하면 알 수 있다.

3. 물리적 입지결정요인

1) 가로의 구조

보도와 차도의 구별 유무, 포장 상태, 일방통행 등은 가로의 이용도를 좌우한다. 보통 모퉁이나 각지에서는 각의 내측이 유리하며 역, 정류장을 향한 가로는 우측이 일반적으로 유리하다.

2) 획지의 형상, 앞기장 및 지반, 고저

가급적 가로와 접한 앞기장이 넓은 것이 유리하다. 획지의 형상은 장방형, 정방형, 삼각형, 정형, 부정형 등이 있는데 형상에 따라 유용성에 차이가 있지만 방형이 좋다. 또한 지반은 튼튼하여야 하며 고저는 매상고에 영향이 있다.

Ⅲ. 결(1)

상업용 부동산의 입지결정요인에 대하여 살펴보았는바 상업용 부동산투자를 위한 감정평가 시 철저한 시장분석을 수행하여 법률적, 경제적, 기술적 측면에서 검토하여야 한다. 그리고 이를 통하여 성공적인 투자를 이끌 수 있도록 지원해야 할 것이다.

Chapter 22

2003년 제14회 기출문제

01 부동산평가를 위한 시장분석(market analysis)과 시장성분석(marketability analysis), 그리고 생산성분석(productivity analysis)에 대한 다음 질문에 답하시오(여기서의 생산성은 인간의 필요, 주거경제활동, 공급만족 및 쾌적성을 충족시킬 수 있는 서비스를 제공하는 부동산의 역량을 의미한다). 40점

1) 부동산 시장분석과 시장성분석을 비교 설명하시오. 20점
2) 부동산의 생산성을 도시성장 및 발전과 연계하여 설명하시오. 20점

02 부동산투자에서는 부채금융(debt loan)을 이용하여 지분에 대한 수익률을 변동시킬 수 있다. 다음 질문에 답하시오. 20점

1) 지분에 대한 수익률(rate on equity or equity yield rate)과 자본에 대한 수익률(rate of return on capital)의 상관관계에 대하여 설명하시오. 10점
2) 정의 지렛대효과(positive or plus leverage effect)가 나타나는 경우와 부의 지렛대효과(negative or minus leverage effect)가 나타나는 경우를 비교하여 설명하고, 중립적 지렛대효과(neutral leverage effect)는 어떤 경우에 발생하는가를 설명하시오. 10점

03 수익성 부동산의 가치는 할인된 현금수지(discounted cash flow)와 순운영소득(net operating income)을 이용하여 구할 수 있고, 이 가치들은 대부기관의 담보가치 결정 기준이 된다. 다음 물음에 답하시오. 20점

1) 두 평가방법으로 구한 부동산의 담보가치를 비교하여 설명하시오. 10점
2) 담보가치의 결정에서 고려해야 할 사항들에 대하여 설명하시오. 10점

04 다음 질문에 답하시오. 20점

1) 부동산투자, 개발에서의 위험(risk)과 불확실성(uncertainty)에 대하여 설명하고, 이를 검증 혹은 고려할 수 있는 방법에 대하여 설명하시오. 10점
2) 내부수익률(Internal Rate of Return)의 장단점에 대하여 설명하시오. 10점

해설 및 예시 답안

01 **부동산평가를 위한 시장분석(market analysis)과 시장성분석(marketability analysis), 그리고 생산성 분석(productivity analysis)에 대한 다음 질문에 답하시오(여기서의 생산성은 인간의 필요, 주거경제 활동, 공급만족 및 쾌적성을 충족시킬 수 있는 서비스를 제공하는 부동산의 역량을 의미한다).** 40점

1) 부동산시장분석과 시장성분석을 비교 설명하시오. 20점

2) 부동산의 생산성을 도시성장 및 발전과 연계하여 설명하시오. 20점

1 답안작성 가이드

부동산감정평가를 위해서는 다양한 부동산분석이 요구되는데 그 중에서도 시장분석과 시장성분석을 물었는바 양 분석이 어떠한 관련성을 가지고 있는지 유사점과 차이점을 중심으로 비교 설명하면 된다. 다만, 본 문제에서는 마지막 목차에 양 분석의 관련성을 반드시 언급해주어야 함을 잊지 말아야 한다. 또한 부동산의 생산성은 물리적, 법적, 위치적으로 다양한 측면에서 분석되는데 이를 도시성장 및 발전과 연계하라고 하였는바 도시가 외형적으로 발전, 성장 시 생산성과 관련하여서 주로 접근성이 도시 토지의 토지이용의 결정에 있어 핵심이 된다는 점을 설명하면 된다.

※ 소물음 2번의 경우 안정근 교수님의 「부동산감정평가이론」의 내용으로 작성하였습니다.

2 목차

Ⅰ. 서(4)

Ⅱ. 시장분석과 시장성분석의 비교(16)

1. 시장분석과 시장성분석의 개념
   1) 시장분석
   2) 시장성분석
2. 시장분석과 시장성분석의 유사점
   1) 분석내용 측면
   2) 분석활용 측면
   3) 생산성분석과의 관련성 측면
3. 시장분석과 시장성분석의 차이점
   1) 분석순서 측면
   2) 분석범위 측면
   3) 분석방법 측면
4. 양 분석의 관련성

Ⅲ. 부동산의 생산성(16)

1. 개설
2. 미시적 접근성과 거시적 접근성
   1) 접근성의 개념
   2) 접근성의 종류
   3) 거시적 접근성
3. 도시구조와 토지이용패턴
   1) 지대지불능력과 도시형성
   2) 교통비와 부지 임대료의 상쇄관계
   3) 도시구조와 토지이용패턴의 변화

Ⅳ. 결(4)

---

3 예시 답안

Ⅰ. 서(4)

부동산의 정확한 가치를 판정하기 위해서는 부동산의 생산성을 면밀히 파악하여 이러한 부동산의 능력이 부동산시장 내 구체적인 수요・공급 상황 하에서 어떠한 위치를 점하고 있는지에 대한 분석이 필요하다. 이에 감정평가 시에는 시장분석, 시장성분석, 생산성분석을 수행하게 된다. 이하 시장분석과 시장성분석은 일정한 유사점과 차이점을 가지고 있는바 양자를 비교하고 도시토지의 생산성을 도시성장 및 발전과 관련하여 설명하고자 한다.

Ⅱ. 시장분석과 시장성분석의 비교(16)

1. 시장분석과 시장성분석의 개념

1) 시장분석

시장분석이란 특정 부동산에 대한 시장의 수요와 공급 상황을 분석하는 것으로 그 속성상 지리적 범위를 지니는바 개발업자는 먼저 대상 개발사업의 시장지역을 획정하여야 한다.

2) 시장성분석

시장성분석이란 대상 부동산과 경쟁 부동산, 그리고 시장의 상황 등을 종합하여 대상 부동산의 시장성이나 분양가능성(매매가능성)을 분석하는 것이다.

2. 시장분석과 시장성분석의 유사점

1) 분석내용 측면

양 분석은 감정평가 시 부동산시장의 수요・공급 조건을 파악하고 대상 부동산의 가치에 미치는 영향을 분석한다는 점에서 내용상 유사점이 있다.

2) 분석활용 측면

양 분석은 모두 후행하는 절차인 최유효이용 분석과 감정평가 3방식의 적용에서 필요한 시장자료(부동산의 생산성, 수요와 공급, 대상 물건의 점유 등)를 제공한다는 점에서 활용상 유사점이 있다.

3) 생산성분석과의 관련성 측면

생산성분석은 양 분석을 수행하는 데 있어서 첫 단계로서 위 분석을 통하여 대상 부동산의 유형과 용도를 결정하게 되고 이에 따라 시장분석과 시장성분석의 초점을 정립한다. 따라서 양 분석이 이루어지는 6단계 과정에서 생산성분석이 가장 먼저 이루어진다는 점에서 유사점이 있다.

3. 시장분석과 시장성분석의 차이점

1) 분석절차 측면

부동산은 지리적 위치의 고정성으로 인하여 지역성을 갖게 되고 이로 인하여 그 부동산의 경쟁력을 알기 위해서는 그가 속한 지역시장을 먼저 분석해야 한다. 따라서 시장분석에 수집된 시장의 수요와 공급의 자료를 바탕으로 시장성분석에서 흡수율 등을 구체적으로 분석하는바 일반적으로 시장분석이 선행절차라는 점에서 차이점이 있다.

2) 분석범위 측면

시장분석은 대상 부동산이 속한 지역의 수요・공급 상황을 분석하는 거시적, 전체적 분석인 반면 시장성분석은 대상 부동산 자체에 대하여 분석하는 미시적, 국지적 분석이라는 점에서 차이점이 있다.

3) 분석방법 측면

시장분석은 부동산이 속한 시장의 수요・공급분석, 경제기반분석, 균형분석을 통해 시장의 수급상황을 파악한다. 반면, 시장성분석은 특정 부동산에 대한 수요・공급분석과 흡수율분석을 통해 특정 부동산이 시장에서 어느 정도의 경쟁력이 있는가를 분석한다는 점에서 차이점이 있다.

4. 양분석의 관련성

시장분석은 우선 특정 유형의 부동산에 대한 시장의 수요와 공급 상황을 분석하는 것으로 시장성분석에 비해서는 거시적 시장의 수요와 공급 상황을 기초로 특정부동산의 매매나 임대 가능성을 분석하는 것이다. 따라서 양자는 일련의 부동산분석 절차라 할 수 있다.

Ⅲ. 부동산의 생산성(16)

1. 개설

부동산의 물리적, 법적, 위치적 특성은 부동산의 생산성에 많은 영향을 주고 있다. 이 중에서도 특히 위치적 특성은 근린지역의 토지이용이나 도시의 공간구조와 밀접한 관계를 가지고 있다. 여기서 위치적 특성은 접근성이라 할 수 있는바 이를 중심으로 설명한다.

2. 미시적 접근성과 거시적 접근성

1) 접근성의 개념

접근성이라 함은 대상 부동산이 위치하고 있는 장소에서 다른 장소에 도달하는 데 소요되는 시간, 경비, 노력 등으로 측정되는 상대적 비용으로 정의된다.

2) 접근성의 종류

대상 부동산의 접근성은 2가지 측면에서 살펴볼 수 있다. 하나는 미시적 접근성이고 다른 하나는 거시적 접근성이다. 미시적 접근성은 대상 부동산의 접근성을 주변지역의 측면에서 본 것이며 거시적 접근성은 그것을 도시 전체적인 측면에서 본 것이다.

3) 거시적 접근성

거시적 접근성은 도시의 성장, 발전과 밀접한 관계를 가지고 있다. 중력모형에 의하면 두 물체간의 유인력은 물체의 질량에 비례하고 거리에 반비례한다. 도심지역은 다른 지역과의 거리가 상대적으로 짧기 때문에 다른 조건이 일정할 경우 전체 도시지역 중 유인력이 가장 큰 곳이 된다. 따라서 도심지역은 입지경쟁이 가장 치열한 곳이 되며 입지경쟁이 치열해짐에 따라 부지임대료와 매매가격이 가장 높은 곳이 된다.

3. 도시구조와 토지이용패턴

1) 지대지불능력과 도시형성

지대지불능력이 높은 활동들은 도심지역을 차지하지만, 그렇지 못한 활동들은 각자의 지대지불능력에 따라 적절한 위치를 차지한다. 도시지역의 토지이용패턴이 도심을 중심으로 상업지역, 주거지역, 공업지역, 농업지역 등 동심원적으로 분화되는 이유가 여기에 있다. 도시 전체적으로 볼 때 도심지역에서 외곽지역으로 갈수록 지대가 낮아지고 토지이용밀도가 떨어진다.

2) 교통비와 부지 임대료의 상쇄관계

도시구조와 토지이용패턴은 교통비와 부지임대료와의 상쇄관계로 설명된다. 동심원설과 같은 단일핵심도시이론에 의하면 도심에 가까울수록 교통비용은 적게 들지만 부지 임대료는 많이 들고 도심에서 멀어질수록 교통비는 많이 들지만 부지 임대료는 적게 든다. 따라서 개별적인 도시 활동의 입장에서는 각자의 한계교통비용과 한계부지임대료가 일치하는 곳이 최적입지가 된다.

3) 도시구조와 토지이용패턴의 변화

현실적인 도시구조와 토지이용패턴은 단순하지 않다. 여기에는 물리적 특성, 경제기반, 시장의 힘, 정부정책, 기술의 진보, 사회규범 등 여러 가지 요인이 복합적으로 작용하고 있다. 하지만 이 같은 요인들도 시간적으로 끊임없이 변화한다. 부동산의 물리적 위치는 고정되어 있지만 경제적 위치는 그렇지 않다. 부동산의 경제적 위치는 주변지역 상황, 도시구조의 성장과 발전, 시간적으로 변화하는 여러 가지 요인들에 의해 영향을 받는다.

Ⅳ. 결(4)

부동산은 물리적으로 고정되어 있지만 경제적으로는 유연성이 뛰어난 시·공간제품이다. 생산성분석을 함에 있어 감정평가법인 등은 부동산의 가치가 도시구조상의 공간적 위치뿐만 아니라 시간적 변화요인과도 밀접하게 관련되어 있다는 사실을 명심하여야 한다. 또한 이러한 부동산의 생산성을 파악함에 있어서는 반드시 그 부동산이 속한 부동산시장을 철저하게 분석해야 할 것이다.

02 부동산투자에서는 부채금융(debt loan)을 이용하여 지분에 대한 수익률을 변동시킬 수 있다. 다음 질문에 답하시오. 20점

1) 지분에 대한 수익률(rate on equity or equity yield rate)과 자본에 대한 수익률(rate of return on capital)의 상관관계에 대하여 설명하시오. 10점

2) 정의 지렛대효과(positive or plus leverage effect)가 나타나는 경우와 부의 지렛대효과(negative or minus leverage effect)가 나타나는 경우를 비교하여 설명하고, 중립적 지렛대효과(neutral leverage effect)는 어떤 경우에 발생하는가를 설명하시오. 10점

1 답안작성 가이드

부동산 수익환원법의 적용을 위한 기본 개념으로서 수익률에 대한 이해와 부동산투자 시 부채금융을 이용하여 지분수익률을 상승시킬 수 있는 지렛대효과에 대한 분석이 문제의 초점이다. 특히 소물음 1번과 소물음 2번이 서로 연관되어 있음을 반드시 고려하여 목차를 구성하여야 한다.

2 목차

Ⅰ. 서(2)

Ⅱ. 지분에 대한 수익률과 자본에 대한 수익률의 상관관계(8)

1. 지분에 대한 수익률과 자본에 대한 수익률의 개념
   1) 지분에 대한 수익률
   2) 자본에 대한 수익률
2. 양자의 상관관계
   1) 부채가 있는 경우의 상관관계
   2) 부채가 없는 경우의 상관관계

Ⅲ. 정의 지렛대효과와 부의 지렛대효과가 나타나는 경우의 비교 등(8)

1. 지렛대효과의 개념
2. 정의 지렛대효과와 부의 지렛대효과 비교
   1) 정의 지렛대효과와 부의 지렛대효과의 개념
   2) 지분환원율을 사용한 분석으로 비교
   3) 지분수익률을 사용한 분석으로 비교
3. 중립적 지렛대효과

Ⅳ. 결(2)

3 예시 답안

Ⅰ. 서(2)

부동산투자 시 투자자는 자기자본이 부족할 경우 부채금융을 활용하거나 자기자본이 충분하더라도 부채금융을 활용하고 자기자본을 다른 대상에 투자하기도 한다. 이러한 이유는 부채금융의 활용이 지분수익률을 증대시킬 수 있는 지렛대효과를 가져오기 때문이다. 이하 다음 물음에 답하고자 한다.

Ⅱ. 지분에 대한 수익률과 자본에 대한 수익률의 상관관계(8)

1. 지분에 대한 수익률과 자본에 대한 수익률의 개념

1) 지분에 대한 수익률

지분수익률은 자기자본에 대한 수익률로서 지분투자자가 획득하는 수익률을 말하며 지분투자액과 매 기간 세전현금흐름 및 기간 말 지분복귀액의 현재가치를 같게 만드는 내부수익률이 된다.

2) 자본에 대한 수익률

자본수익률은 지분자본과 저당자본에 대한 결합수익률을 의미한다. 이때 저당수익률은 타인자본에 대한 수익률로서 저당투자자가 획득하는 수익률을 말하며 저당대출액과 매 기간의 부채서비스액 및 기간 말 저당복귀액의 현재가치를 같게 만드는 내부수익률이 된다.

2. 양자의 상관관계

1) 부채가 있는 경우의 상관관계

부채가 있는 경우 부채금융이 얻는 수익률에 따라 영향을 미치는 상관관계를 보인다. 즉, 자본에 대한 수익률보다 부채금융의 수익률이 작은 경우에는 지분에 대한 수익률이 증가하게 된다. 반대의 경우에는 지분에 대한 수익률이 감소하게 된다.

2) 부채가 없는 경우의 상관관계

부동산에 대한 투자 시 부채를 사용하지 않고 전체 투자금을 자기자본으로 할 경우에는 지분수익률과 자본수익률이 동일하게 되는 상관관계를 보인다.

Ⅲ. 정의 지렛대효과와 부의 지렛대효과가 나타나는 경우의 비교 등(8)

1. 지렛대효과의 개념

지렛대효과란 차입금이 지분수익을 어떻게 증가 또는 감소시키는가를 일컫는 용어이다. 차입금은 지분투자자의 수익을 증대시키기도 하지만 그만큼 위험도 증대시킨다. 지분투자자의 요구수익률에는 이 같은 위험부담에 대한 할증률이 포함되어 있다.

2. 정의 지렛대효과와 부의 지렛대효과 비교

1) 정의 지렛대효과와 부의 지렛대효과의 개념

차입금의 사용이 지분투자자의 수익을 증대시키는 방향으로 작용하는 것을 정의 레버리지라고 하며 그 반대로 작용하는 것을 부의 레버리지라 한다. 그리고 지분투자자에 대한 레버리지효과가 어떻게 나타나는지는 지분환원율이나 지분수익률을 사용하여 분석할 수 있다.

2) 지분환원율을 사용한 분석으로 비교

종합환원율은 저당환원율과 지분환원율의 가중평균이므로 종합환원율과 저당환원율의 차이는 지분투자자에게 돌아가는 몫이 된다는 전제이다. 위 분석에서 종합환원율이 저당환원율보다 크면 지분환원율이 종합환원율보다 크게 되고 정의 레버리지가, 반대의 경우에는 부의 레버리지가 나타난다.

3) 지분수익률을 사용한 분석으로 비교

지분환원율은 한 해의 소득만을 기준으로 하기 때문에 레버리지효과를 정확하게 측정하지 못한다는 결점이 있다. 따라서 지분환원율 대신에 지분수익률을 비교기준으로 삼으면 매기간의 지분소득과 기간 말의 지분복귀액을 동시에 고려하므로 정확한 분석이 된다. 위 분석에서 종합수익률이 저당수익률보다 크면 지분수익률이 조합수익률보다 크게 되고 정의 레버리지가, 반대의 경우에는 부의 레버리지가 나타난다.

3. 중립적 지렛대효과

차입금의 사용으로 지분투자자의 수익에 변화를 주지 못하는 것을 중립적 레버리지라고 한다. 지분환원율을 사용한 분석에서 종합환원율이 저당환원율, 지분환원율과 동일한 경우 지분수익률을 사용한 분석에서 종합수익률이 저당수익률, 지분수익률과 동일한 경우 중립적 지렛대효과가 나타난다.

Ⅳ. 결(2)

지렛대효과는 부동산투자에서 자기자본의 수익성을 높이기 위해 부채금융을 지렛대로 사용하는 것을 말한다. 따라서 지렛대효과를 분석한다는 것은 부동산투자 시 부채금융의 사용이 자기자본투자에 대한 수익성을 높이는지 여부를 측정하는 것이다. 이때 유익한 지렛대를 활용한 경우에는 자기자본의 수익을 높이는 작용을 하지만 그렇지 않다면 자기자본의 수익을 낮추는 작용을 할 수도 있다. 즉, 지렛대는 투자에 따른 위험과 수익을 증폭시키는 역할을 한다는 것에 유의하여야 한다.

03 **수익성 부동산의 가치는 할인된 현금수지(discounted cash flow)와 순운영소득(net operating income)을 이용하여 구할 수 있고, 이 가치들은 대부기관의 담보가치 결정 기준이 된다. 다음 물음에 답하시오.** 20점

1) 두 평가방법으로 구한 부동산의 담보가치를 비교하여 설명하시오. 10점

2) 담보가치의 결정에서 고려해야 할 사항들에 대하여 설명하시오. 10점

1 답안작성 가이드

수익성 부동산의 가치평가 시 수익환원법을 적용하는 것이 이론적으로 타당하다. 그리고 이러한 수익방식으로서 수익환원법에는 직접환원법과 할인현금흐름분석법이 있는바 양 방법의 적용과정을 비교해서 도출된 수익가액(담보가치)을 설명하여야 한다. 또한 이러한 수익환원법에 의하여 담보가

치를 결정할 때 고려해야 할 사항들은 담보목적 감정평가의 성격, 수익성 부동산, 수익환원법 등으로 작성하여야 한다.

---

2 목차

I. 서(2)

II. 두 평가방법으로 구한 부동산의 담보가치 비교(8)

1. 직접환원법과 DCF법의 개념
2. 두 방법에 의한 담보가치의 유사점
   1) 수익성의 사고
   2) 예측의 원칙
3. 두 방법에 의한 담보가치의 차이점
   1) 한 해의 소득과 여러 해의 현금흐름
   2) 환원율과 할인율

III. 담보가치의 결정에서 고려해야 할 사항들(8)

1. 감정평가목적
2. 부동산의 수익성 판단과 예측
3. 수익성 부동산의 특징
4. 가치의 범위 제시

IV. 결(2)

---

3 예시 답안

I. 서(2)

수익성 부동산의 담보가치는 수익방식인 직접환원법과 DCF법에 의하여 산정할 수 있다. 다만, 이 두 가지 평가방법에 의하여 도출된 담보가치는 유사점과 차이점이 있으므로 이에 대한 숙지가 필요하다. 또한 정확한 담보가치의 결정을 위해서는 여러 가지 고려해야 할 사항들이 존재하는 바 이하 물음에 답하고자 한다.

II. 두 평가방법으로 구한 부동산의 담보가치 비교(8)

1. 직접환원법과 DCF법의 개념

직접환원법은 단일기간의 순수익을 적절한 환원율로 환원하는 방법으로 전통적인 직접환원법과 잔여환원법으로 구분한다. 할인현금수지분석법은 미래의 현금흐름과 보유기간 말의 복귀가액에 적절한 할인율을 적용하여 현재가치로 할인한 후 대상물건의 수익가액을 산정하는 방법이다.

2. 두 방법에 의한 담보가치의 유사점

1) 수익성의 사고

두 방법은 수익을 많이 창출하는 부동산일수록 가치가 크고, 그렇지 못한 부동산일수록 가치가 작다는 수익성의 사고를 근거로 한다. 즉, 부동산가치 차이는 그 부동산이 창출하는 수익 차이로 나타낼 수 있다는 논리로 가치를 추계하는 방법이라는 점에서 두 방법에 의해 도출된 담보가치는 유사하다.

2) 예측의 원칙

직접환원법은 순수익과 환원율 산정에 있어서, 할인현금수지분석법에서는 재매도가격과 할인율의 산정에 있어서 예측이 중요시된다. 따라서 예측의 원칙이 적용된다는 점에서 두 방법에 의해 도출된 담보가치는 유사하다.

3. 두 방법에 의한 담보가치의 차이점

1) 한 해의 소득과 여러 해의 현금흐름

두 방법은 한 해 소득을 환원하여 가격을 구하거나 아니면 여러 해의 소득을 할인하여 가격을 구한다. 즉, 직접환원법은 한 해의 안정화된 소득을 자본환원하여 가치를 산정하나 DCF법은 보유기간 동안의 매기 현금흐름을 할인하여 가치를 산정한다는 점에서 두 방법에 의해 도출된 담보가치는 다르다.

2) 환원율과 할인율

직접환원법은 한 해 소득을 환원할 때 시장에서의 가치와 소득 간의 비율인 환원율(소득률)을 적용하여 가치를 산정하나 DCF법은 예상되는 미래의 현금흐름을 할인율(수익률)을 적용하여 가치를 산정한다는 점에서 두 방법에 의해 도출된 담보가치는 다르다.

Ⅲ. 담보가치의 결정에서 고려해야 할 사항들(8)

1. 감정평가목적

담보평가는 금융기관이 대출을 취급하기 위하여 의뢰하는 평가로서 향후 채무자의 채무불이행에 대한 안전한 채권회수가 중요하다. 따라서 담보가치는 보수적, 안정적으로 평가되는바 일반적인 시장가치에 비하여 낮게 결정된다는 점을 고려하여야 한다.

2. 부동산의 수익성 판단과 예측

수익성 부동산의 담보가치는 향후에 대상 물건이 창출하는 현금흐름에 기초하여야 하므로 정확한 수익성에 대한 판단과 향후 예측의 적절성을 고려하여야 한다. 특히 수익성에 영향을 줄 수 있는 요인으로는 배후지의 상태, 고객의 질과 양, 영업의 종류 및 경쟁의 상태 등이 있다.

3. 수익성 부동산의 특징

수익성 부동산은 임대차기간 동안의 소득이득과 보유기간 말 자본이득으로 그 가치가 결정된다. 또한 자본시장에서의 대체, 경쟁자산의 수익률과 경쟁관계를 이루고 있으며 일반 경기변동과도 밀접한 관련성을 갖는바 담보가치 결정 시 이를 고려하여야 한다.

4. 가치의 범위 제시

평가사가 최종적으로 단 하나의 수치를 평가가치로 제시하는 것은 여러 분야에서 여전히 현실적인 필요성이 있다. 담보가치의 결정 시에도 마찬가지이다. 그러나 평가사가 대상 부동산에 대해 단 하나의 최종적인 가치추계치를 제시한다는 것은 그것이 확실하지 않은데도 불구하고 평가사가 마치 가치에 대한 판정관인 것처럼 행동하는 우를 범할 수 있다. 따라서 대상 부동산의 가치를 확률과 더불어 일정한 범위로 평가의뢰인에게 제시할 필요가 있다.

Ⅳ. 결(2)

수익성 부동산의 담보가치를 결정하는 수익환원법에는 두 가지 방법이 있으며 담보가치 결정 시 고려하여야 할 사항이 다양하다. 따라서 담보가치 평가 시 감정평가의 부적절성과 부정확성으로 인하여 금융기관의 부실 등 사회·경제적인 파급효과가 있는바 저당금융의 조건변화 등에 따른 담보가치 변화를 반영할 수 있는 DCF법이 보다 적합할 수 있다.

04 다음 질문에 답하시오. 20점

1) 부동산투자, 개발에서의 위험(risk)과 불확실성(uncertainty)에 대하여 설명하고, 이를 검증 혹은 고려할 수 있는 방법에 대하여 설명하시오. 10점

2) 내부수익률(Internal Rate of Return)의 장단점에 대하여 설명하시오. 10점

1 답안작성 가이드

부동산투자, 개발에서의 위험이나 불확실성의 개념이 무엇인지 설명하고 이러한 위험이나 불확실성을 고려하는 방법을 제시하여야 한다. 특히 부동산투자분석기법으로서 확실성하의 기법 중 하나인 내부수익률법의 장단점을 설명하고 불확실성하의 기법인 감응도분석이나 확률분석 등을 대안으로서 강조하여야 한다.

2 목차

Ⅰ. 서(2)

Ⅱ. 위험과 불확실성 및 검증 혹은 고려할 수 있는 방법(8)

1. 위험과 불확실성의 개념
   1) 위험과 불확실성
   2) 부동산투자, 개발에서의 위험과 불확실성
2. 검증 혹은 고려할 수 있는 방법
   1) 위험의 검증 혹은 고려할 수 있는 방법
   2) 불확실성의 검증 혹은 고려할 수 있는 방법

Ⅲ. 내부수익률법의 장단점(8)

1. 개념
2. 내용
3. 장단점
   1) 장점
   2) 단점

Ⅳ. 결(2)

---

3 예시 답안

Ⅰ. 서(2)

부동산투자자 또는 개발업자가 부동산에 투자 또는 개발을 하는 이유는 부동산으로부터 수익을 창출하기 위함이다. 다만, 부동산시장은 부동산의 특성으로 인하여 대표적인 불완전경쟁시장이다. 따라서 부동산투자나 개발에서 성공적인 결과를 얻기 위해서는 위험이나 불확실성을 검증 또는 고려하는 방법이 중요하고 타당성 분석을 할 필요가 있다. 이하 다음 물음에 답하고자 한다.

Ⅱ. 위험과 불확실성 및 검증 혹은 고려할 수 있는 방법(8)

1. 위험과 불확실성의 개념

1) 위험과 불확실성

위험이란 투자할 경우의 손실 가능성을 말하는 것으로 미래의 불확실성 때문에 발생한다. 불확실성이란 각 행동에 대하여 일정한 판단기준이 되는 결과가 대응하지만 각각의 결과에 대한 확률을 알 수 없는 경우 또는 일반적인 확률개념이 적용되지 않는 경우이다.

2) 부동산투자, 개발에서의 위험과 불확실성

투자 또는 개발사업과 관련하여 시장, 운영, 위치적 관점에서 위험 또는 불확실성이 존재한다. 구체적으로 금융적 측면에서는 인플레이션, 이자율 변동, 경제 불황 등이 있다. 또한 법적 측면에서는 법률이나 제도가 변경될 가능성이 있다.

2. 검증 혹은 고려할 수 있는 방법

1) 위험의 검증 혹은 고려할 수 있는 방법

위험은 분산이나 표준편차로 검증할 수 있다. 여기서 표준편차는 투자의 위험성을 나타내는 지표로서 표준편차가 작은 쪽이 그만큼 위험이 작다는 의미가 된다. 한편 위험을 고려하는 방법은 위험한 투자를 제외하는 방법, 수익을 보수적으로 예측하는 방법, 위험할증률을 가산하는 방법, 감응도분석 및 포트폴리오를 구성하는 방법 등이 있다.

2) 불확실성의 검증 혹은 고려할 수 있는 방법

불확실성은 경기변동에 대한 분석이나 경제기반분석을 통하여 정보체계를 구축하여 검증할 수 있다. 한편 고려하는 방법은 위험한 상황을 가정하여 판단할 수 있다.

Ⅲ. 내부수익률법의 장단점(8)

1. 개념

투자에 대한 내부수익률과 요구수익률을 서로 비교하여 투자결정을 하는 방법이며, 내부수익률이란 투자에 대한 현금수입의 현재가치와 현금지출을 같게 만드는 할인율, 즉 순현재가치(NPV)를 0으로 만드는 수익률을 말한다.

2. 내용

① 산식으로부터 내부수익률(γ)을 구하여 투자자의 요구수익률과 비교하여 타당성을 검토한다. 즉, 내부수익률이 요구수익률보다 크면 타당성이 인정되고 내부수익률보다 요구수익률이 크면 타당성은 없어진다. ② 단일, 독립적인 투자안은 내부수익률이 요구수익률보다 큰 투자안을 채택하고 내부수익률이 요구수익률보다 작은 투자안은 기각한다. ③ 상호 배타적인 투자안은 내부수익률이 요구수익률보다 큰 투자안들 중에서 내부수익률이 가장 높은 투자안을 최적 투자안으로 선택한다.

3. 장단점

1) 장점

① 현금흐름과 화폐의 시간적 가치를 고려한다. ② 투자의 크기에 관계없이 단순히 순현재가치만을 비교함으로써 대부분의 경우 투자금액이 큰 투자안의 현재가치가 크게 나타나는데 반하여 내부수익률법은 투자된 금액에 대한 수익률을 제시함으로써 투자금액에 대한 수익성의 크기를 비교할 수 있다.

2) 단점

① 내부수익률로 해당 투자자사업 그 자체에 대한 수익률인 재투자수익률을 가정하는 것은 비현실적이다. ② 자금의 투입횟수에 따라 복수의 해가 존재하는 경우가 있다. ③ 가치가산원칙을 따르지 않으며 내부수익률에 따라 투자우선순위를 정하는 것이 반드시 투자자에게 부의 극대화를 가져오지는 않는다.

Ⅳ. 결(2)

부동산의 위험은 다양한 방법에 의하여 고려가 가능하다. 그리고 부동산의 불확실성은 정보의 부재에서 기인하는 것으로 위험한 상황으로 가정하여 고려한다. 부동산투자나 개발에는 이러한 위험과 불확실성이 상존하기 때문에 적절한 투자분석이 필요하다. 특히 투자분석기법으로 내부수익률법은 확실성하의 기법이므로 향후에는 불확실성하의 기법인 확률분석이나 감응도분석이 중요할 것이다.

Chapter 23

2002년 제13회 기출문제

01

최근 상업용 부동산의 가치평가에서 수익방식의 적용이 중시되고 있는바 수익방식에 대한 다음 사항을 설명하시오. 40점

1) 수익방식의 성립근거와 유용성

2) 환원율과 할인율의 차이점 및 양자의 관계

3) 할인현금수지분석법(DCF)의 적용 시 재매도가격의 개념 및 구체적 산정방법

4) 수익방식을 적용하기 위한 조사자료 항목을 열거하고 우리나라에서의 수익방식 적용의 문제점

02

최근 노후공동주택의 재건축이 사회문제로 대두되고 있는 가운데 재건축의 용적률이 핵심쟁점이 되고 있다. '토지가치의 극대화'라는 최유효이용의 관점에서 재건축의 용적률이 이론적으로 어떻게 결정되는지를 설명하고, 현실적인 용적률 규제와 주택가격의 상승이 이러한 이론적 적정용적률에 미치는 영향을 설명하시오. 20점

03

감정평가목적 등에 따라 부동산가격이 달라질 수 있는지에 대하여 국내 및 외국의 부동산가격 다원화에 대한 견해 등을 중심으로 논하시오. 20점

04

다음을 약술하시오. 20점

1) 건부감가의 판단기준과 산출방법

2) 용어 설명

① Project Financing

② Sensitivity Analysis

해설 및 예시 답안

01 **최근 상업용 부동산의 가치평가에서 수익방식의 적용이 중시되고 있는바 수익방식에 대한 다음 사항을 설명하시오.** 40점

1) 수익방식의 성립근거와 유용성

2) 환원율과 할인율의 차이점 및 양자의 관계

3) 할인현금수지분석법(DCF)의 적용 시 재매도가격의 개념 및 구체적 산정방법

4) 수익방식을 적용하기 위한 조사자료 항목을 열거하고 우리나라에서의 수익방식 적용의 문제점

1 답안작성 가이드

상업용 부동산에 대한 가치평가방법으로서 우수한 수익방식에 대하여 묻는 문제로 부동산시장 환경 변화와 관련하여 설명하여야 한다. 특히 수익방식은 과거 기출문제에서도 증권화, 유동화, 리츠 등을 출제하면서 그 중요성을 강조한 바 있다. 다만, 본 문제의 경우 수익방식에 대한 수요 증가에도 불구하고 우리나라에서 수익방식을 적용하기 어려운 시장 및 제도적 환경을 물어보고 있는 소물음 4번이 핵심이 되는바 다양한 문제점을 설명하고 개선방안도 제시할 수 있어야 한다.

2 목차

Ⅰ. 서(4)

Ⅱ. 수익방식의 성립근거와 유용성(8)

1. 수익방식의 성립근거
   1) 수익성의 사고
   2) 예측의 원칙과 대체의 원칙
   3) 한계효용학파
2. 유용성
   1) 상업용·임대용 부동산 감정평가
   2) 비가치추계업무

Ⅲ. 환원율과 할인율의 차이점 및 양자의 관계(8)

1. 양자의 개념
2. 양자의 차이점
   1) 소득률과 수익률
   2) 변동예측의 포함 여부
3. 양자의 관계

Ⅳ. 할인현금수지분석법의 적용 시 재매도가격의 개념 및 구체적 산정방법(8)

1. 할인현금수지분석법(DCF법)의 개념
2. 재매도가격의 개념
3. 재매도가격의 구체적 산정방법
   1) 내부추계법
   2) 외부추계법

Ⅴ. 수익방식 적용을 위한 조사자료 항목과 우리나라에서 수익방식 적용의 문제점(8)

1. 조사자료 항목
2. 우리나라에서 수익방식 적용의 문제점
   1) 수익·비용자료의 미비
   2) 자본환원율의 산정
   3) 평가방법의 적용

Ⅵ. 결(4)

---

3 예시 답안

Ⅰ. 서(4)

감칙 제11조에 의하여 수익방식이란 수익환원법 및 수익분석법 등 수익성의 원리에 기초한 감정평가방식을 말한다. 그리고 수익환원법은 대상 물건이 장래 산출할 것으로 기대되는 순수익이나 미래의 현금흐름을 환원하거나 할인하여 대상 물건의 가액을 산정하는 감정평가방법을 말한다. 이러한 수익환원법은 최근 상업용 부동산의 가치평가 시 이론적 타당성과 실무적 정확성이 인정되어 사회적으로 강하게 요청되고 있다. 다만, 위 방법의 적용을 위한 조사자료를 수집하기 어렵다는 점 등에서 문제점이 있는바 수익방식에 대한 사항에 대하여 설명하고자 한다.

Ⅱ. 수익방식의 성립근거와 유용성(8)

1. 수익방식의 성립근거

1) 수익성의 사고

감정평가 3방식 중 수익방식은 소득을 많이 창출하는 부동산일수록 가치는 크고, 그렇지 못한 부동산일수록 가치는 작아진다는 수익성의 사고에 근거한다.

2) 예측의 원칙과 대체의 원칙

부동산가치를 장래 기대되는 편익의 현재가치로 파악하고, 대체 부동산의 수익을 감안하여 가격이 결정되므로 예측의 원칙과 대체의 원칙에 근거한다.

3) 한계효용학파

수요 측면에서 효용, 가격과의 관계를 파악하므로 수요자가격의 성격과 재화의 가치는 수요자의 주관적 효용에 의해서 결정된다고 하는 한계효용학파의 한계효용가치설에 근거한다.

2. 유용성

1) 상업용・임대용 부동산 감정평가

수익방식은 부동산, 동산 할 것 없이 수익이 발생하는 물건이면 어느 것이나 적용이 가능하며, 특히 임대용 부동산 및 일반기업용 부동산의 감정평가에 적용하기 유용하다.

2) 비가치추계업무

수익방식은 여러 분야에서 응용될 수 있다. 개발사업의 타당성분석, 비용편익분석, 투자상담, 부지의 선정과 해당 부지에 대한 최유효이용분석 등 다양한 분야에 분석기법으로 사용될 수 있어 유용하다.

Ⅲ. 환원율과 할인율의 차이점 및 양자의 관계(8)

1. 양자의 개념

환원율은 직접환원법의 수익가액 및 DCF법의 기간 말 복귀가액을 산정할 때, 일정기간의 순수익에서 대상 부동산의 가액을 직접 구할 때 사용하는 율이다. 반면, 할인율은 DCF법에서 어떤 장래시점의 수익을 현재시점의 가치로 환산할 때 사용하는 율이다.

2. 양자의 차이점

1) 소득률과 수익률

전자는 한해의 순수익을 현재의 가치로 환산하는 데 사용되는 소득률을 말한다. 반면, 후자는 미래 여러 기간의 현금흐름을 현재가치로 환산하여 현재 부동산의 가치를 구하는 데 사용되는 수익률을 말한다.

2) 변동예측의 포함 여부

환원율은 장래 수익에 영향을 미치는 요인의 변동예측과 예측에 수반한 불확실성을 포함한다. 반면, 할인율은 환원율에 포함되는 변동예측과 예측에 따른 불확실성 중 수익 예상에서 고려되는 연속하는 복수기간에 발생하는 순수익과 복귀가액의 변동예측에 관계된 것을 제외한 것이다.

3. 양자의 관계

환원율이 자본수익률에 자본회수율을 더한 개념이라 할 때 자본수익률은 할인율이라 할 수 있으므로 할인율에 자본회수율을 더한 개념이 환원율이 된다. 따라서 기간 말 부동산가치가 상승하면 자본회수율이 (−)가 되어 할인율>환원율이 되고 하락하면 (+)가 되어 환원율>할인율이 된다. 다만, 기간 말 부동산가치에 변동이 없는 경우 양자는 일치한다.

Ⅳ. 할인현금수지분석법의 적용 시 재매도가격의 개념 및 구체적 산정방법(8)

1. 할인현금수지분석법의 개념

할인현금수지분석법은 미래의 현금흐름과 보유기간 말의 복귀가액에 적절한 할인율을 적용하여 현재가치로 할인한 후 대상물건의 수익가액을 산정하는 방법이다.

2. 재매도가격의 개념

재매도가격이란 일정기간 동안 대상 부동산을 보유한 후 이를 매도할 경우의 가격을 말한다. 그리고 보유기간 말 재매도가격에서 매도비용 등을 차감하여 복귀가액을 산정하게 된다.

3. 재매도가격의 구체적 산정방법

1) 내부추계법

보유기간 경과 후 초년도의 순수익을 추정하여 최종환원율로 환원하여 재매도가격을 산정하는 방법이다. 이때 적용되는 최종환원율은 보유기간 중의 순수익에 적용되는 통상적인 환원율에 비하여 높게 형성되는 경우가 많다.

2) 외부추계법

가치와 여러 변수의 관계, 과거의 가치성장률 등을 고려하여 재매도가격을 산정하는 방법이다. 여기서 과거의 성장추세로부터 재매도가격을 산정할 경우에는 성장률과 인플레이션과의 관계 등에 유의하여야 한다.

Ⅴ. 수익방식 적용을 위한 조사자료 항목과 우리나라에서 수익방식 적용의 문제점(8)

1. 조사자료 항목

총수익의 산정을 위한 대상 부동산의 보증금(전세금), 연간 임대료, 연간 관리비 수입, 주차수입 등과 운영경비 산정을 위한 보험료, 세금・공과금, 수도광열비, 수선유지비 등의 자료가 필요하다. 또한 자본환원율을 추정하는 데 필요한 자료는 자본수익률, 소득수익률, 투자수익률, 정기예금이자율 등이 있다.

2. 우리나라에서 수익방식 적용의 문제점

1) 수익・비용자료의 미비

우리나라는 그동안 소득이득보다 지가상승을 통한 자본이득을 목적으로 한 투자관행이 퍼져 있었다. 또한 비주거용부동산에 대한 전월세신고제의 경우 현재 미시행 중이므로 수익자료가 비공개되어 있다. 또한 부동산의 관리에 투하된 비용은 세금문제와 결부되어 비용내역의 투명성이 보장되지 않아 객관적인 비용의 추계가 어려운바 수익방식의 적용이 어렵다.

2) 자본환원율의 산정

자본환원율은 대체 투자대상인 주식, 국채, 공채, 예금 등의 금융자산과 수익성에 관하여 대체・경쟁관계가 성립한다. 그러므로 자본환원율은 금융시장에서의 시장이자율과 밀접한 관련성을 갖는다. 그러나 우리나라의 경우 금리정책의 빈번한 변동으로 적절한 자본환원율 산정이 어려운바 수익방식의 적용이 어렵다.

3) 평가방법의 적용

감정평가법 제3조 제1항과 감칙 제14조에서는 토지의 평가 시 공시지가기준법 평가를 원칙으로 규정하고 있다. 또한 감칙 제7조 제1항에서는 개별물건기준 평가를 원칙으로 규정해 놓고 있어 일괄 수익방식을 적용하는데 한계가 있는바 수익방식의 적용이 어렵다.

Ⅵ. 결(4)

수익방식에 대한 사회적 요청에도 불구하고 아직 수익방식에 대한 독자적인 이론연구가 부족한 상태이고 우리나라에서의 현실상 필요한 자료의 수집이 용이하지 않은 실정이다. 또한 감정평가 관계법규에서 토지와 건물을 구분하여 개별로 평가함을 원칙으로 하고 있어 일괄 수익방식의 적용에 한계가 있다. 이러한 문제점을 해결하기 위해 관련 자료의 축적을 도모하고 상업용 부동산의 경우 원칙적으로 일괄 수익방식을 적용하여 평가하도록 관련 규정을 정비할 필요성이 있다.

02 최근 노후공동주택의 재건축이 사회문제로 대두되고 있는 가운데 재건축의 용적률이 핵심쟁점이 되고 있다. '토지가치의 극대화'라는 최유효이용의 관점에서 재건축의 용적률이 이론적으로 어떻게 결정되는지를 설명하고, 현실적인 용적률 규제와 주택가격의 상승이 이러한 이론적 적정용적률에 미치는 영향을 설명하시오. 20점

1 답안작성 가이드

2000년대 재건축사업이 활성화되고 있던 부동산시장에서 용적률이 쟁점이 되어 출세되있다. 문제에서 최유효이용의 관점을 제시하였기 때문에 최유효이용의 판정기준 측면에서 이론적인 용적률의 결정과정을 설명하고 용적률에 대한 규제와 주택가격의 상승이 이론적 용적률에 어떠한 변화를 가져오는지 논리적으로 설명하면 된다. 다만, 위 설명 전에 재건축사업에 대한 간략한 언급이 있으면 좋을 것이다.

2 목차

Ⅰ. 서(2)

Ⅱ. 재건축의 용적률의 이론적 결정과정(8)

1. 재건축사업과 용적률
2. 최유효이용의 관점에서 재건축의 용적률의 이론적 결정과정
   1) 물리적 타당성
   2) 합법성
   3) 합리성
   4) 최대수익성

Ⅲ. 용적률 규제와 주택가격의 상승이 이론적 적정용적률에 미치는 영향(8)

1. 용적률 규제가 미치는 영향
   1) 용적률 규제
   2) 이론적 적정용적률에 미치는 영향
2. 주택가격의 상승이 미치는 영향
   1) 주택가격 상승
   2) 이론적 적정용적률에 미치는 영향
3. 소결

Ⅳ. 결(2)

3 예시 답안

Ⅰ. 서(2)

최근 대도시의 재건축사업과 관련하여 용적률이 최대 쟁점이 되고 있다. 용적률은 토지가치의 극대화라는 최유효이용의 관점에서 이론적으로 결정된다. 따라서 물리적 타당성, 합법성, 합리성, 최대수익성이라는 최유효이용의 판정기준이 중요하다. 또한 용적률 규제와 주택가격의 상승으로 인하여 이론적 용적률이 영향을 받을 수 있다. 이하 물음에 대하여 답하고자 한다.

Ⅱ. 재건축의 용적률의 이론적 결정과정(8)

1. 재건축사업과 용적률

① 재건축사업은 정비기반시설은 양호하나 노후, 불량건축물에 해당하는 공동주택이 밀집한 지역에서 주거환경을 개선하기 위한 사업을 의미한다. ② 용적률은 대지 내 건축물의 건축바닥면적을 모두 합친 면적의 대지면적에 대한 백분율이다.

2. 최유효이용의 관점에서 재건축의 용적률의 이론적 결정과정

1) 물리적 타당성

대상 부지가 의도하고 있는 토지이용이 물리적으로 적합한가 여부는 최유효이용을 결정하는 중요한 요인이 된다. 재건축 시에는 건축층수와 토지의 하중지지력, 부지모양 등이 밀접한 관련을 가지게 되는바 물리적으로 허용하는 범위 내에서 용적률이 결정된다.

2) 합법성

최유효이용은 지역지구제, 환경기준, 생태기준, 건축법규 등 관련 제 규정이 허용한 이용이어야 한다. 재건축 시에는 도시정비법, 국토계획법, 건축법, 시・도 조례 등이 밀접한 관련을 가지게 되는바 법률적으로 허용하는 범위 내에서 용적률이 결정된다.

3) 합리성

합리적 이용이란 합리적으로 가능한 이용을 의미하고 해당 용도에 대한 소득과 가치가 총개발비용보다 커야 한다. 재건축 시에는 부동산시장의 수요와 공급의 균형여부를 파악하고 흡수율분석을 통하여 경제적으로 허용하는 범위 내에서 용적률이 결정된다.

4) 최대수익성

대상 부동산이 앞서 설명한 3가지 조건을 충족하는 잠재적 용도 중에서 최고의 수익을 창출하는 이용이어야 최유효이용에 해당한다. 재건축 시 용적률이 올라갈수록 주택가격은 하락하고 건축비용은 상승하는바 가치의 극대화를 이루는 MR = MC인 곳에서 이론적 용적률이 결정된다.

Ⅲ. 용적률 규제와 주택가격의 상승이 이론적 적정용적률에 미치는 영향(8)

1. 용적률 규제가 미치는 영향

1) 용적률 규제

용적률 규제는 법적으로 용적률의 상한선을 강제하는 것으로서 법적으로 강제한 용적률이 결국 상한선이 되므로 최유효이용의 관점에서 합법성과 관련된다. 이러한 용적률 규제는 공동주택 용적률의 법적 허용 범위를 축소시키므로 최유효이용 판정 시 부정적인 영향을 미친다.

2) 이론적 적정용적률에 미치는 영향

용적률 규제가 최대수익성을 산출하는 용적률보다 높다면 이론적 적정용적률에 영향을 주지 않지만 용적률 규제가 최대수익성을 산출하는 용적률보다 낮다면 이론적 적정용적률은 규제용적률로 낮아지게 된다. 규제용적률로 낮아지게 되면 재건축으로 인한 세대수와 분양수입을 감소시키거나 동시에 건축비용을 비롯한 제반비용도 줄어들게 한다.

2. 주택가격의 상승이 미치는 영향

1) 주택가격 상승

주택가격이 상승한다는 것은 주택시장에서 수요가 증가하거나 공급이 감소하여 주택가격이 종전보다 비싸졌다는 것이며 이는 최유효이용의 관점에서 합리성과 관련된다. 이러한 주택가격의 상승은 공동주택의 분양수입을 증가시키므로 최유효이용 판정 시 긍정적인 영향을 미친다.

2) 이론적 적정용적률에 미치는 영향

주택가격의 상승은 분양수입의 증가로 인하여 조합원들의 분담금을 감소시키고 한 층을 더 건축할 때의 한계편익을 증가시키므로 더 높은 층에서 MR = MC이 된다. 즉, 이론적 적정용적률은 주택가격의 상승으로 높아지게 된다.

3. 소결

용적률은 부동산의 분양가격을 결정하는 중요한 요소이며 이러한 용적률은 최유효이용의 관점에서 이론적으로 결정된다. 특히 용적률의 규제는 최유효이용의 합법성 측면과 관련하여 이론적 적정용적률을 하락시킬 수 있으며 주택가격의 상승은 합리성 측면과 관련하여 상승시킬 수 있다.

Ⅳ. 결(2)

최근 재건축사업의 수익성에 핵심쟁점이 되고 있는 용적률은 최유효이용의 관점에서 이론적으로 결정된다. 다만, 이론적 적정용적률은 현실의 용적률 규제와 주택가격의 상승에 따라 변화될 수도 있는바 유의하여야 한다.

03 감정평가목적 등에 따라 부동산가격이 달라질 수 있는지에 대하여 국내 및 외국의 부동산가격 다원화에 대한 견해 등을 중심으로 논하시오. 20점

1 답안작성 가이드

(현행) 감칙 제5조 및 감정평가실무기준에서는 가치다원론을 명확하게 인정하고 있다. 다만, 본 문제의 경우는 감정평가목적 등에 따라 부동산가격이 달라질 수 있는지에 대하여 국내 및 외국의 제 견해 등을 바탕으로 하여 논하라고 하였는바 국내・외의 다양한 견해와 가치다원론에 대한 본인의 견해를 주장하고 그에 따른 논거를 제시하여야 한다.

2 목차

3 예시 답안

Ⅰ. 서(2)

부동산가격을 평가목적이나 용도에 따라 다양하게 판단하는 것이 가격다원론이다. 이는 자본주의 시장경제체제하에서 가격일원론의 입장보다 부동산의 사용목적에 따라 다양한 평가가치가 존재한다는 점에서 제기되고 있다. 이하 감정평가목적 등에 따라 부동산가격이 달라질 수 있는지에 대하여 논하고자 한다.

Ⅱ. 부동산가격 다원화에 대한 견해(8)

1. 국내

1) 감칙 제5조(시장가치기준 원칙과 예외)

기준가치는 감정평가의 기준이 되는 가치로서 시장가치로 함을 원칙으로 하고 있으나, 일정한 경우 시장가치 외의 가치로 할 수 있도록 규정하고 있다. 기준가치는 다양하게 접근할 수 있는바 의뢰의 평가목적과 용도 등을 확인하여 적절한 기준가치를 확정하여야 한다.

2) 부동산공시법 제8조(표준지공시지가의 적용)

국가, 지방자치단체, 공공기관, 그 밖에 대통령령이 정하는 공공단체가 공공용지의 매수 및 토지의 수용・사용에 대한 보상 등을 위하여 지가를 산정하는 경우에는 표준지의 공시지가를 기준으로 하여 지가를 직접 산정하거나 감정평가법인 등에 감정평가를 의뢰하여 산정할 수 있다고 규정하고 있다. 다만, 필요하다고 인정하는 때에는 산정된 지가를 각 목적에 따라 가감 조정하여 적용할 수 있다.

2. 외국

1) 일본

부동산감정평가기준에 의하면 정상가격을 원칙으로 하되 특정가격, 특수가격, 한정가격을 인정하고 있다. 일본은 정상가격 외에 감정평가목적 등에 따라 평가금액을 다원적으로 파악하고 있다.

2) 미국

AI에 의하면 시장가치를 기준으로 가치의 다원성을 인정하고 있다. 미국은 감정평가목적에 따라 다양한 가치가 존재하고 시장가치 외에 보험가치, 과세가치, 사용가치 등의 가치체계를 정립하고 있다.

3. 소결

상기의 국내와 외국의 사례를 살펴보면 전반적으로 부동산가격 다원화를 인정하고 있음을 알 수 있다. 따라서 이하에서는 부동산가격이 달라질 수 있는지에 대하여 구체적으로 논하고자 한다.

Ⅲ. 부동산가격이 달라질 수 있는지(8)

1. 가치형성요인의 다양성

부동산은 가치형성요인이 복잡하고 다양하여 한 가지 가격만이 형성되는 것이 아니다. 정상적인 시장가격이 형성되다가도 개발에 따른 기대감이 과도하게 반영될 경우에는 투기가격이 형성되기도 하고 개별적인 상황에 따라서는 한정가격이 성립되기도 한다. 따라서 부동산가격은 달라질 수 있다.

2. 감정평가의 정확성과 안정성

한 가지 정형화된 가격으로만 평가할 경우보다 다양한 개념접근을 통해 개별적이고 구체적인 상황을 반영함으로써 보다 타당성이 높고 정확한 평가가 가능하게 되고, 이는 결국 평가의 안정성을 높이게 되는 것이다. 따라서 부동산가격은 달라질 수 있다.

3. 의뢰자의 의뢰목적에 부응

평가의뢰인은 여러 가지 다양한 목적에 따른 결과의 산출을 요구하는데 평가사가 단지 하나의 정형화된 가격만을 제시하는 것은 의뢰인의 목적에 위배되는 결과를 초래함으로써 감정평가의 기능 자체를 무의미하게 할 수 있다. 따라서 부동산가격은 달라질 수 있다.

4. 감정평가의 기능과 업무영역의 확대

부동산가격을 일원화의 개념으로 접근하게 되면 감정평가의 기능과 업무영역을 과도하게 축소시키게 된다. 그러나 사회가 발전함에 따라 현실세계에서 발생하는 복잡하고 다양한 문제들 속에서 감정평가의 기능 및 업무영역의 확대가 요구되는 상황을 고려한다면 다원적 개념의 접근이 당연하다 할 것이다. 따라서 부동산가격은 달라질 수 있다.

Ⅳ. 결(2)

부동산가격이 복잡다양하게 형성된다는 특징을 고려할 때 부동산가격을 다양하게 파악하는 것 역시 당연하다고 할 것이다. 그러나 현행 감칙에는 시장가치 외의 가치에 대한 명칭, 성격, 특징 등에 대한 구체성이 결여되어 있다. 따라서 미국이나 일본과 같이 시장가치 외의 가치 개념을 보다 세분화하여 상세하게 규정화할 필요가 있을 것이다.

---

04 다음을 약술하시오. 20점

1) 건부감가의 판단기준과 산출방법

2) 용어 설명

① Project Financing

② Sensitivity Analysis

1 답안작성 가이드

소물음 1번의 건부감가는 최유효이용의 측면에서 성립되는 개념으로 건부증가의 개념과는 다르다는 점을 인식하고 있을 필요가 있으며, 소물음 2번의 프로젝트 파이낸싱이라는 부동산금융기법에서 민감도 분석법(감응도 분석법)을 활용할 수 있다는 점에서 양자가 관련성이 있음을 답안에 언급하여야 한다.

2 목차

Ⅰ. 건부감가의 판단기준과 산출방법(10)

1. 건부감가의 개념
2. 건부감가의 판단기준
3. 건부감가의 산출방법
   1) 현 상태 토지와 최유효이용 상태 나지 간의 격차
   2) 철거비

Ⅱ. 용어 설명(10)

1. Project Financing
   1) 개념
   2) 감정평가와 관련성
2. Sensitivity Analysis
   1) 개념
   2) 감정평가와 관련성
3. 양자의 관련성

3 예시 답안

Ⅰ. 건부감가의 판단기준과 산출방법(10)

1. 건부감가의 개념

건부감가란 같은 토지라도 나지 상태일 때가 가격이 더 높고 건부지가 되면 가격이 낮아진다는 말이다. 즉, 해당 토지 위에 있는 건물이 토지를 최유효이용하는데 방해하는 정도를 말한다.

2. 건부감가의 판단기준

개량부동산에서 토지의 최유효이용이 나지 상정에서의 최유효이용과 달리 이용되는 경우 건부감가가 발생한다. 따라서 건부감가의 판단기준은 최유효이용의 원칙이다. 구체적으로는 외부환경에 적합하지 않은지, 과대 또는 과소 개량으로 내부요소가 균형을 이루지 못하는지 적합의 원칙과 균형의 원칙을 활용하여 최유효이용 여부를 판단할 수 있다.

3. 건부감가의 산출방법

1) 현 상태 토지와 최유효이용 상태 나지 간의 격차

① 최유효이용 상태의 나지가격을 공시지가 또는 거래사례를 통하여 구하고, 현 상태의 토지가격을 차감하여 건부감가액을 산정한다. ② 최유효이용 상태의 나지수익과 현 상태의 토지수익 차액을 자본환원하여 건부감가액을 산정한다.

2) 철거비

토지 위에 건물이 노후화하여 철거가 예상될 경우에는 철거비에서 폐재가치를 차감하여 건부감가액을 산정한다.

Ⅱ. 용어 설명(10)

1. Project Financing

1) 개념

프로젝트 금융이란 프로젝트를 수행할 회사를 설립하고 그 프로젝트에서 발생할 미래의 현금수입을 주요 상환 재원으로 하여 자금을 조달하고 지원하는 금융기법이다.

2) 감정평가와 관련성

부동산 PF의 경우 사업계획서 및 PF보고서를 작성하는 사업타당성 분석업무와 담보취득을 목적으로 하는 사업 후 평가 등을 수행하고 있다. 또한 인프라 펀드가 투자하는 사회간접자본시설에 대한 BTL방식에 있어서 개발타당성 평가를 수행할 수도 있다.

2. Sensitivity Analysis

1) 개념

위험의 내용이 산출결과에 어떠한 영향을 미치는가를 파악하는 방법으로 민감도 분석법이 사용되고 있다. 민감도 분석법이란 투자효과를 분석하는 모형의 투입요소가 변화함에 따라 그 산출결과가 어떠한 영향을 받는가를 분석하는 기법이다.

2) 감정평가와 관련성

부동산투자는 현재의 소비를 희생한 대가로서 시간에 대한 비용이며 불확실성의 대가에 대한 위험의 비용이다. 따라서 부동산투자에는 다양한 위험이 존재하는바 사업상 위험, 이자율 위험, 유동성 위험, 법적 위험 등이 있다. 그리고 감정평가사는 투자자의 이러한 위험들을 처리하기 위하여 민감도 분석법 등을 이용할 수 있다.

3. 양자의 관련성

부동산금융에 있어 감정평가법인 등은 다양한 부동산가치를 투자자의 요구에 맞게 산정할 수 있어야 한다. 그러나 이러한 가치 산정이 아무리 정확하다 하더라도 그 산출방법이 논리적이지 못하다면 설득력을 잃고 말 것이다. 따라서 불확실성하의 분석기법인 민감도 분석법이나 동적 DCF 등 다양한 평가기법의 적용이 필요하다.

Chapter 24

2001년 제12회 기출문제

01 최근 부동산투자회사법(일명 REITs법)이 시행되었다. 부동산투자회사제도의 의의와 제도 도입이 부동산시장에 미칠 영향에 관하여 논하시오. 20점

02 대체의 원칙이 감정평가과정에서 중요한 지침이 되는 이유를 부동산의 자연적 특성의 하나인 개별성과 관련하여 설명하고 이 원칙이 협의의 가격을 구하는 감정평가 3방식에서 어떻게 활용되는지 기술하시오. 20점

03 토지시장에서 발생하는 불합리한 거래사례는 감정평가 시 이를 적정하게 보정하여야 한다. 현실적으로 보정을 요하는 요인은 어떠한 것이 있으며 이에 대한 의의와 그 보정의 타당성 여부를 논하시오. 20점

04 다음 사항을 약술하시오. 40점

1) 경제적 감가수정 10점

2) 감정평가 시 가격시점의 필요성 10점

3) 자본회수율과 자본회수방법 10점

4) 인근지역의 Age-Cycle의 단계별 부동산 감정평가 시 유의점 10점

해설 및 예시 답안

01 **최근 부동산투자회사법(일명 REITs법)이 시행되었다. 부동산투자회사제도의 의의와 제도 도입이 부동산시장에 미칠 영향에 관하여 논하시오.** 20점

1 출제위원 채점평

이 문제는 대부분의 수험생들이 시사성 있는 문제로 예상해서인지 준비를 많이 한 흔적이 보였다. 극히 일부 답안을 제외하고는 부동산투자회사에 대해서 평균적인 서술은 하고 있다. 그러나 이 문제에서 요구하는 의도를 제대로 정리한 답안은 그리 흔치 않았다. 이 문제는 부동산투자회사제도의 의의와 부동산시장에 미치는 영향에 대해 설명하는 문제이지 부동산투자회사 전반에 대해 알고 있는 지식의 나열을 요구하는 것은 아니다.

부동산투자회사의 종류라든가 외국의 제도와 비교라든가 하는 설명은 지면낭비에 불과할 뿐이다. 시험답안은 자신이 알고 있는 지식을 나타내되, 문제에서 요구하는 수준을 벗어나지 않아야 한다. 반면 대부분의 수험생들이 서론과 결론을 언급한 것은 좋은 현상이며, 답안 작성요령이 좀 미흡하긴 했지만 교과서 공부 못지않게 준비한 것으로 보인다.

부동산투자회사제도의 의의는 부동산투자회사의 개념, 제도 도입배경, 제도의 역할, 제도의 효과 등을 언급해야 하고, 가급적이면 목차를 정하고 이에 대한 설명을 해야 하는데, 대부분의 답안이 목차구성을 산만하게 하고, 그 의의를 제대로 설명하지 못했다.

부동산시장에 미칠 영향은 다음의 논점들을 위주로 설명하면 될 것인데, 우리나라 부동산시장의 선진화 및 투명성 제고, 부동산시장과 자본시장의 통합화 현상, 부동산시장의 정보인프라 구축, 부동산시장의 각 분야(특히 감정평가분야)에서의 수익기법의 개발, 부동산시장에서의 부동산금융 활성화, 소액투자의 활성화, 수익과 연계된 부동산가격의 형성, 자본시장의 규모 확대, 부동산에 대한 가치개념 변화(취득가치나 시장가치보다 수익가치를 중시), 부동산투자방식의 변화(직접투자방식에서 간접투자방식으로), 부동산업계의 전문화 및 대형화 촉진 등이다. 대부분의 답안이 평균적인 서술을 하고 있었으나, 목차 구성이 미비하거나, 목차에 대한 설명이 제대로 되어 있지 않은 경우가 많이 발견되었다.

본 답안은 목차 구성과 그에 대한 설명 등 답안의 짜임새가 잘되어 있어 평균 이상의 답안의 한 형태가 될 수 있을 것이다. 실제 시험에서 이 정도의 답안은 상위권에 충분히 들 수 있을 것으로 보인다. 그러나 만점을 받기에는 몇 가지 문제점이 있다. 서론은 문제에서 요구하는 내용을 전반적으로 언급하는 데 목적이 있으므로, 부동산투자회사의 개념, 부동산투자회사제도의 의의, 부동산시장에 미칠 영향을 포괄적으로 언급하는 것이 좋다. 본 답안에서 말하고 있는 부동산증권화는 부동산투자회사제도가 만들어지기 이전인 1998년도 자산유동화에 관한 법률이 제정되면서 이미 시행되고 있다. 즉, 이 법에 의해서 자산담보부증권과 저당담보부증권이 발행되었다. 부동산투자회사제도는 기 시행된 부동산증권화의 보완책으로서 나온 것인데 본 답안에서는 수험생들이 이러한 점을 알고서 쓴 것인지 불투명하다.

부동산투자회사제도의 의의에서는 부동산투자회사의 개념과 제도적 취지는 잘 언급되어 있으나 제도의 배경에 대한 설명은 미흡하다. REITs의 종류는 20점 정도의 답안에서는 생략하는 것이 좋을 듯했다.

제도 도입이 부동산시장에 미칠 영향에서 부동산시장의 의의 또는 개념을 설명한 것은 좋았다. 부동산시장에 미칠 영향을 설명하는데 부동산시장에 대한 언급이 없으면 논문에서 논리의 비약이 생긴다. 따라서 부동산시장에 대해서는 본 답안보다 조금 더 많이 언급하는 것도 득점에 도움이 될 것이다. 기본적으로 목차는 잘 잡았으며 설명도 평균 이상으로 되어 있다. 다만, 부동산시장과 자본시장의 융합화에서는 융합화가 되는 이유에 대한 설명이 없는 것이 흠이다. 부동산시장과 자본시장은 수익률게임을 통하여 시장의 동조화가 된다는 내용을 언급하였으면 좋았을 것이다. 결론에서는 논하라는 문제의 성격상 부동산투자회사의 한계점을 추가로 몇 가지 설명해 주는 것이 맞을 것이다.

2 답안작성 가이드

부동산시장에 새로운 제도가 도입되거나 관련 법령 등이 개정되면 이를 출제하는 경우가 빈번하다. 특히 제도의 개념, 도입배경, 원리, 효과, 부동산시장과 감정평가에 미치는 영향 등은 반드시 정리해두어야 한다. 본 문제의 경우에도 부동산투자회사법 시행과 관련하여 출제되었는바 이러한 제도의 도입과 관련된 이슈를 제시하여야 한다. 또한 부동산투자회사제도가 도입되어 부동산시장에 영향을 미치게 되면 감정평가에 있어서도 관련성이 높아지기 때문에 이러한 점을 고려하여 답안을 작성해야 한다.

3 목차

Ⅰ. 서(2)

Ⅱ. 부동산투자회사제도(8)

1. 부동산투자회사제도의 의의
2. 부동산투자회사제도 도입 필요성
   1) 소액투자의 가능성과 부동산투자의 전문화・과학화
   2) 부동산수요의 신규 창출과 부동산금융시장의 효율적 시장화
3. 부동산투자회사의 주요업무

Ⅲ. 제도 도입이 부동산시장에 미칠 영향(8)

1. 부동산시장의 개념
2. 부동산금융의 활성화
3. 부동산시장의 투명화
4. 부동산가격의 안정화
5. 부동산산업의 경쟁력 제고

Ⅳ. 결(2)

4 예시 답안

Ⅰ. 서(2)

자산유동화제도에 이어 부동산투자회사제도가 도입됨에 따라 본격적인 부동산증권화시대가 개막되었다. 부동산투자회사제도의 도입으로 감정평가업계에 새로운 기회의 장이 열릴 것으로 보인다. 따라서 감정평가법인 등이 주도적인 역할을 수행하여 부동산시장의 발전에 기여하여야 한다. 이하 부동산투자회사제도의 의의와 제도 도입이 부동산시장에 미칠 영향에 관하여 논하고자 한다.

Ⅱ. 부동산투자회사제도(8)

1. 부동산투자회사제도의 의의

일반 투자자로부터 자금을 모집하여 주식을 발행하고 부동산, 부동산 관련 유가증권 및 현금 등에 투자하여 발생하는 이익을 투자자에게 배분하는 제도이다.

2. 부동산투자회사제도 도입 필요성

1) 소액투자의 가능성과 부동산투자의 전문화 · 과학화

일반 국민의 부동산에 대한 소규모 지분투자가 증가하게 되어 긍정적인 소득의 재분배 효과가 기대된다. 또한 부동산에 대한 소유 패턴이 직접소유방식에서 간접투자방식으로 전환됨에 따라 전문가 집단에 의하여 운영되기 때문에 투자위험은 최소화하면서 투자수익은 극대화되는 부동산투자의 전문화, 과학화가 이루어질 수 있다.

2) 부동산수요의 신규 창출과 부동산금융시장의 효율적 시장화

소규모 자금의 간접투자방식으로 부동산수요의 신규 창출 및 기반 확대가 가능하게 된다. 또한 부동산금융시장의 발전에 따른 부동산투자의 투명성 제고를 통하여 부동산 경기의 활성화와 부동산금융시장의 효율화가 가능하고 부동산시장과 자본시장의 연계에 따른 시너지 효과의 창출이 기대된다.

3. 부동산투자회사의 주요업무

주요업무는 부동산의 취득, 관리, 개량 및 처분, 부동산개발사업, 부동산의 임대차, 증권의 매매, 금융기관에 예치, 지상권, 임차권 등 부동산 사용에 관한 권리의 취득 · 관리 · 처분, 신탁이 종료된 때 신탁재산 전부가 수익자에게 귀속하는 부동산 신탁의 수익권의 취득, 관리 및 처분이며 부동산에 투자 · 운영하는 것만 해야 한다.

Ⅲ. 제도 도입이 부동산시장에 미칠 영향(8)

1. 부동산시장의 개념

부동산시장은 일반재화시장과는 달리 지리적 공간을 수반한다. 따라서 부동산시장은 질, 양, 위치 등 여러 가지 측면에서 유사한 부동산에 대해 가격이 균등해지려는 지리적 구역이라고 정의될 수 있다. 이러한 부동산시장은 부동산증권화로 인하여 자본시장과 통합화되고 있다.

2. 부동산금융의 활성화

부동산시장과 자본시장이 유기적으로 통합되어 부동산 금융시장의 상당부분이 자본시장에 수평적으로 흡수됨에 따라 시장의 비효율적인 분리로 인하여 발생하였던 사회적 비용이 감소되

고 시너지 효과를 향유할 수 있게 된다. 특히 부동산금융의 여러 부문 중 상업용 부동산에 대한 부동산금융이 크게 활성화될 것으로 보인다.

3. 부동산시장의 투명화

부동산시장의 불투명성이 상당 부분 해소될 것으로 보이는데, 즉 부동산의 취득가격, 임대료, 수익성, 공실률 등의 부동산거래, 운영, 관리에 관련된 정보의 공시화, 의무화가 제도화됨으로써 부동산시장의 투명화가 제고될 것이다.

4. 부동산가격의 안정화

과거에 시중의 유동적 여유자금이 부동산경기의 변동에 편승하며 유・출입되면서 부동산시장은 주기적인 과열현상을 경험한 바 있다. 그러나 부동산투자회사제도의 도입으로 부동산에 대한 안정적 수요의 기반이 확대됨에 따라 장기적인 부동산가격 안정의 토대가 형성될 것으로 기대된다.

5. 부동산산업의 경쟁력 제고

우리나라 임대시장은 주로 주택, 오피스빌딩 시장 위주로 형성되어 있는데 부동산투자회사제도의 도입으로 호텔, 병원, 소매시설, 창고 그리고 산업시설 등의 다양한 용도의 시장으로 내부적 팽창을 통하여 재편됨에 따라 부동산업의 경쟁력이 제고될 것이다.

Ⅳ. 결(2)

부동산금융시장은 부동산시장과 금융시장의 성격을 모두 가지고 있으나 지금까지의 감정평가법인 등은 부동산에 관한 전문가로만 인식되었다. 그러므로 부동산금융시장 내에서도 전문가의 입지를 확실히 하기 위해서는 금융지식의 습득이 중요하다고 판단되며, 부동산금융시장의 변화에도 능동적으로 대처할 수 있어야 할 것이다.

02 대체의 원칙이 감정평가과정에서 중요한 지침이 되는 이유를 부동산의 자연적 특성의 하나인 개별성과 관련하여 설명하고 이 원칙이 협의의 가격을 구하는 감정평가 3방식에서 어떻게 활용되는지 기술하시오. 20점

1 출제위원 채점평

부동산의 가격은 독자적으로 형성되는 것이 아니라 대체 부동산의 가격 또는 대체 재화의 가격과 상관관계를 가지고 형성된다. 부동산투자에 있어서 은행예금, 주식, 대체 부동산의 동향은 중요하고, 부동산투자분석을 하는 데 있어서도 대체재화의 수익률이 기회비용으로서 중요성을 가지고 있다. 따라서 감정평가과정에서 대체 부동산의 동향이 특히 중요시되고, 대체 부동산의 영향을 받아서 대상 부동산의 가격이 결정된다는 대체의 원칙은 감정평가에서 중요한 지침이 된다. 그러나 부동산은 그 특성의 하나인 개별성이 있어서 대체성은 제한될 수밖에 없는데, 그 제한을 완화시켜주는 역할을 하는 것이 인간의 토지이용을 통한 대체성의 인정이다. 즉, 대체성은 인간의 토지이용을 통한 효용증진 과정에서 만들어지며, 대체성의 변화를 통하여 부동산의 최유효이용과 부동산가격은 변화한다.

이 문제는 감정평가과정에서 항상 지침으로 삼고 있는 대체의 원칙에 대한 기본적인 질문에 초점을 두고 있다. 감정평가이론을 공부하는 과정에서 기초가 되는 대체의 원칙에 대한 문제로서 수험생이라면 누구나 알고 있는 내용이기 때문에 어렵지 않게 답할 것을 기대하고 출제를 하였다. 기본적이고 평이한 문제이므로 문제에서 요구하는 내용을 논리적이고 일목요연하게 서술하는 것이 관건이다.

이 문제에서는 두 가지 사항을 묻고 있다. 하나는 대체의 원칙이 중요한 지침이 되는 이유를 개별성과 관련하여 설명하라는 것이고, 또 하나는 이 원칙이 협의의 가격을 구하는 감정평가 3방식에서 어떻게 활용되는지 묻는 것이다.

이 문제에 대한 답안은 대체의 원칙과 개별성의 관계, 감정평가과정에서 중요한 지침이 되는 이유, 협의의 가격을 구하는 감정평가 3방식, 대체의 원칙이 협의의 가격을 구하는 3방식에서의 활용내용 등에 대한 설명으로 서술하면 될 것이다.

본문제는 평이한 문제이고 누구나 기본적으로 준비하는 문제이므로 전반적인 답안은 무난하였고 우수한 답안도 가끔 눈에 띄었다. 그러나 답안의 내용은 무리가 없으나 목차를 제대로 정한 답안은 극소수였다. 아직도 답안작성 시 자신이 알고 있는 내용을 만연체로 서술만 하면 된다는 식의 수험생이 많았는데 이런 식이면 경쟁력이 떨어질 수밖에 없다.

목차로 서론과 결론은 대부분의 수험생이 정하고 있으나 서론과 결론의 내용은 만족할 만한 것이 못되었던 것이다. 서론만 읽어도 구체적인 내용은 모르더라도 본문에서 어떠한 내용을 기술할 것인가를 한눈에 알아볼 수 있어야 한다. 결론도 마찬가지로 결론만 읽어도 이 답안은 어떠한 내용들이 서술되었으며 가장 중요시하는 것이 어떠한 것인가를 한 눈에 알 수 있어야 한다. 서론과 결론은 많은 내용을 서술할 필요가 없고 짧고 함축적인 내용을 담고 있는 것이 좋다.

대체의 원칙은 개별성이 있기 때문에 제한을 받고, 토지이용을 통한 개별성의 완화를 통하여 비로소 성립될 수 있는 원칙이기 때문에 개별성과 그 완화과정을 설명해주고 대체의 원칙을 설명하는 것이 순서일 것이다. 목차도 그런 순서로 잡는 것이 순리이다. 대부분의 답안이 대체의 원칙을 먼저 설명하고 개별성을 나중에 설명함으로써 논리적인 설명력이 떨어지고 있었다. 이는 큰 감점요인은 아니나 경쟁이 심할 때는 영향을 미치지 않을 수 없다.

협의의 가격을 구하는 감정평가 3방식에서의 활용을 설명하기 전에 먼저 협의의 가격의 개념과 3방식에서의 활용을 언급한 답안도 있었는데 이는 문제에서 요구하는 내용이 아니고 문제를 제대로 읽지 않은 것이 되므로 불필요한 설명이다.

답안에서 서론은 비교적 무난하게 작성하고 있다. 아쉽지만 대체의 원칙이 감정평가과정상 지침이 되는 이유에 대해서는 소목차를 1. 개별성, 2. 대체의 원칙, 3. 지침이 되는 이유로 잡았다면 더 좋았을 것이다. 그리고 지침이 되는 이유에 대한 설명이 불명확하다. 부동산은 개별성 때문에 대체성이 제한되나 토지이용측면에서 대체성이 인정되는데 대체성이 인정된다면 대체성 있는 유사부동산 간에는 상호 경쟁이 있을 수밖에 없고 경쟁이 있다면 상호 가격 간 영향을 미친다. 따라서 부동산의 가치를 감정평가하는 과정에서 대체 부동산의 가격은 대상 부동산의 가치에 영향을 미치므로, 대체의 원칙은 감정평가과정에서 중요한 지침이 되는 것이다.

그리고 답안의 서술 시 Ⅱ. 지침이 되는 이유의 1) 지역분석 과정, 2) 개별분석 과정에서 설명하기보다 감정평가 3방식에서의 활용에서 설명하였으면 더 좋았을 경우도 있었다.

대체의 원칙의 감정평가 3방식에서의 활용부분은 협의의 가격을 구하는 3방식에 대한 개념 정리가 득점요인이 된다. 그러나 많은 분량은 차지할 필요가 없으므로 소목차는 생략해도 별 문제가 없을 것이다. 본 답안에서 Ⅲ. 3방식에서의 활용은 본 문제에서 요구하고 있는 답변의 중요한 두 가지 상황 중 하나이므로 소목차를 조금 더 세분하였다면 좋았을 것이다.

즉, (1) 거래사례비교법에서는 거래사례의 수집, 지역요인의 비교, 개별요인의 비교로 (2) 원가법(복성식평가법)에서는 재조달원가, 감가수정으로 (3) 수익환원법에서는 순수익, 환원율로 세목차를 정하여 설명하는 것이 출제 취지에 맞는 답안이 된다.

결론에서 "대체의 원칙이 감정평가 3방식을 적용함에 있어 중추적 역할을 하며 또한 부동산의"라는 문구는 설명의 앞뒤가 바뀌어 논리적이지 못하므로, 개별성과 개별성의 완화로 인한 대체성을 먼저 설명하고 이에 따라서 3방식에서의 중추적 역할을 한다고 설명하여야 한다. 많이 안다고 하더라도 논리적이지 못하게 설명하면 불충분한 답안이 될 것이다.

---

2 답안작성 가이드

부동산의 자연적 특성인 개별성(비대체성)으로 인하여 제약을 받는 대체성이 효용 또는 이용의 관점에서 완화의 과정을 통하여 대체의 원칙이 성립되는 점을 설명할 때 논리적인 목차를 구성할 수 있어야 한다. 또한 협의의 가격을 구하는 감정평가 3방식에서의 활용은 각 방식의 적용 절차에서 대체의 원칙이 활용되는 부분을 구체적으로 기술하면 된다.

---

3 목차

Ⅰ. 서(2)

Ⅱ. 대체의 원칙이 중요한 지침이 되는 이유(8)

1. 개별성과 대체성의 제한
2. 대체성의 완화와 대체의 원칙 성립
3. 대체의 원칙이 중요한 지침이 되는 이유
   1) 가격수준의 파악 과정
   2) 개별적·구체적 가격의 파악 과정

Ⅲ. 대체의 원칙의 협의의 가격을 구하는 감정평가 3방식에서의 활용(8)

1. 협의의 가격을 구하는 감정평가 3방식
2. 거래사례비교법에서의 활용
3. 원가법에서의 활용
4. 수익환원법에서의 활용

Ⅳ. 결(2)

---

4 예시 답안

Ⅰ. 서(2)

부동산가격은 독자적으로 형성되는 것이 아니라 대체 부동산 또는 대체 재화의 가격과 상관관계를 가지고 형성된다. 따라서 감정평가과정에서 대체관계에 의하여 대상 부동산가격이 결정된다는 점에서 대체의 원칙은 중요한 지침이 된다. 이하 대체의 원칙이 감정평가과정에서 중요한 지침이 되는 이유를 개별성과 관련하여 설명하고, 이 원칙이 협의의 가격을 구하는 감정평가 3방식에서 어떻게 활용되는지 기술하고자 한다.

Ⅱ. 대체의 원칙이 중요한 지침이 되는 이유(8)

1. 개별성과 대체성의 제한

개별성은 지구상에 물리적으로 동일한 복수의 토지는 존재하지 않는다는 부동산의 자연적 특성을 말한다. 이는 고정성에서 기인하는 특성으로 부동산은 물리적으로 비대체적임을 의미한다.

2. 대체성의 완화와 대체의 원칙 성립

물리적으로 비대체적이나 부동산의 인문적 특성인 용도의 다양성으로 용도, 이용 측면에서 대체성이 인정되어 대체의 원칙이 성립한다. 여기서 대체의 원칙이란 대체성이 있는 둘 이상의 재화가 존재하는 경우에 이들 재화가격이 상호영향을 미쳐 가격이 결정된다는 원칙이다.

3. 대체의 원칙이 중요한 지침이 되는 이유

1) 가격수준의 파악 과정

부동산은 지역성이 있으므로 지역의 영향을 받아 가격수준이 형성된다. 이러한 가격수준은 용도와 기능에 있어 대체성이 있는 인근지역의 범위 판정을 통하여 파악되므로 대체의 원칙이 중요한 지침이 된다.

2) 개별적 · 구체적 가격의 파악 과정

부동산은 개별성이 있어 대체성이 제한되나 용도, 이용 측면에서 대체성이 인정되고, 유사부동산 간에는 상호경쟁이 있을 수밖에 없다. 즉, 개별부동산가격도 독자적으로 형성되는 것이 아니라 대체 부동산가격 또는 대체 재화가격과 일정한 상관관계를 가지고 파악되므로 대체의 원칙이 중요한 지침이 된다.

Ⅲ. 대체의 원칙의 협의의 가격을 구하는 감정평가 3방식에서의 활용(8)

1. 협의의 가격을 구하는 감정평가 3방식

부동산가격은 소유권에 대한 대가인 가격과 용익의 대가인 임대료로 구분된다. 이 중 소유권에 대한 대가인 가격이 협의의 가격으로서 이를 평가하는 3방식은 거래사례비교법, 원가법, 수익환원법이다.

2. 거래사례비교법에서의 활용

① 사례의 수집 · 선택은 대상 부동산과 대체성 있는 거래사례로부터 수집 · 선택한다. ② 대체지역에서 수집 · 선택된 거래사례와 대상 간의 지역요인과 개별요인을 비교한다. 따라서 거래사례비교법 적용 시 대체의 원칙을 활용한다.

3. 원가법에서의 활용

① 재조달원가는 간접법을 적용할 경우 대체성이 있는 유사부동산으로부터 산정한다. ② 감가수정 방법으로 시장추출법을 적용할 경우 대체성이 있는 유사부동산으로부터 감가액을 산정한다. 따라서 원가법 적용 시 대체의 원칙을 활용한다.

4. 수익환원법에서의 활용

① 순수익은 간접법을 적용할 경우 대체성이 있는 유사부동산으로부터 산정한다. ② 자본환원율은 다른 대체 투자재화의 수익률과 비교를 통하여 결정한다. 따라서 수익환원법 적용 시 대체의 원칙을 활용된다.

Ⅳ. 결(2)

부동산가치를 정확하게 평가하기 위해서는 가격형성과정의 일정한 법칙성을 의미하는 가격제원칙을 활용해야 한다. 즉, 감정평가 3방식의 적용은 가격제원칙에 대한 이해를 전제로 해야 하는 것이고 그 중에서도 대체의 원칙은 공통적으로 활용하여야 하는 가격제원칙이다.

03

토지시장에서 발생하는 불합리한 거래사례는 감정평가 시 이를 적정하게 보정하여야 한다. 현실적으로 보정을 요하는 요인은 어떠한 것이 있으며 이에 대한 의의와 그 보정의 타당성 여부를 논하시오.

20점

1 출제위원 채점평

사정보정이란 적정가격을 도출하기 위한 감정평가방식을 적용할 경우에 사용되는 작업의 하나로서 비정상적인 요인을 제거하는 작업이다. 즉, 가격산출기초로 제공되는 거래사례, 순수익, 재조달원가에 비정상적인 요인이 개입되어 있을 경우 비정상적인 요인을 제거한 후 비교작업, 수익환원작업, 감가수정작업을 행함으로써 감정평가의 적정화를 기하기 위한 것이다.

이 문제에서는 거래사례에 관련된 문제이므로 그 범위를 3방식으로 넓히지 말고 거래사례비교법을 중심으로 사정보정을 설명하면 될 것이다. 서론에서는 거래사례비교법의 산정과정을 설명하고 산정과정에서 사정보정이 차지하는 위치를 명백히 한 다음 세 가지 질문에 대하여 간략히 언급하면 된다. 본론에서는 세 가지 질문을 답하도록 요구하고 있다.

첫째는 보정을 요하는 요인을 나열하여 약술하는 것이고, 둘째는 보정요인의 의의를 설명하는 것이고, 셋째는 보정의 타당성 여부를 논하는 것이다. 당연히 이 세 가지 질문은 상호 밀접한 연관성을 가지고 있다.

① 보정을 요하는 요인은 매수인과 매도인의 정보부재에서 나오는 거래, 부당한 압력에 의한 거래, 정상을 벗어나는 금융조건에 의한 거래, 우연적 개발이익과 관련된 거래, 투기성 거래, 공공사업적 제한으로 인한 거래, 친인척 간의 거래 등을 설명한다.

② 이에 대한 의의, 즉 거래사례가 비정상적으로 이루어질 수밖에 없는 이유는 부동산의 특성상 불완전경쟁시장이라는 점에서 찾아볼 수 있고, 비정상적 요인을 제거하는 이유는 감정평가가 적

정가격(또는 시장가치)을 추구하고 있기 때문이다. 적정가격(또는 시장가치)의 개념을 설명해 주어야 보정해 주는 의의를 찾을 수 있을 것이다.

③ 이들 보정요인들은 반드시 비정상적인 요인이라고 단정지을 수는 없으며, 비정상적이라는 점을 제시하면서 보정의 타당성 여부를 논하여야 할 것이다. 특히 사정보정 시에는 감정평가사의 주관성이 개입될 여지가 많으므로 이에 대한 언급도 필요하다.

이 문제의 서술을 논리적으로 하기 위하여는 서론과 결론을 언급하여야 함은 물론이다. 서론에서는 거래사례비교법의 산정과정을 설명하고 산정과정에서 사정보정이 차지하는 위치를 명백히 한 후 다음 세 가지 질문에 대하여 간략히 언급하면 된다.

결론에서는 앞에서 설명한 내용을 간략히 언급한 다음 사정보정을 최소화, 또는 적정화시키기 위한 방안(예를 들면 가능한 다수의 거래사례를 수집하여 특별한 사정이나 동기가 개입되어 있지 않은 사례를 채택한다든가 또는 거래사례를 그 지역에 적합하게 표준화보정을 하는 등 여러 가지가 있을 것임)을 한두 가지 논하는 것이 적합한 답안이 될 것이다.

보정요인과 비교요인을 구분하지 못하고 있는 답안이 상당수 있었다. 보정요인은 정상화하는 요인이고 비교요인은 정상화된 상태에서 비교하는 것이다. 예를 들면 지역요인 비교와 개별요인 비교는 적정한 보정이 이루어지고 난 이후에 이루어지는 작업으로서 정상화가 전제되지 않고는 비교하는 것이 무의미하다. 다음으로 보정요인을 나열했으면 그에 대한 최소한의 설명은 해야 하는데 그렇지 못한 답안이 꽤 있었으며 특히 보정요인의 의의와 타당성 여부는 제대로 서술한 답안을 찾아보기 힘들었다.

보정요인은 나타나는 형태가 너무나 다양하고 많기 때문에 수험생들이 그동안 공부한 지식을 최대한도로 동원하여 찾아내야 한다. 대부분의 답안에서 교과서에서 나열하고 있는 천편일률적이고 암기에 의존한 보정요인을 접하다가 간혹 창의적인 보정요인을 설명하는 답안을 볼 때 사막에서 오아시스를 만난 느낌이었다. 대부분의 답안이 목차가 미숙했으며, 그에 대한 설명 또한 미흡했다. 이 문제가 전체 문제 중에서 가장 점수가 저조했다. 보정요인이 생길 수밖에 없는 이유를 부동산시장의 특성에서 찾았다는 것은 득점요인이나, 이 부분을 보정요인의 의의 부분에서 설명하였더라면 보다 논리적인 서술이 되었을 것이다. 거래사례비교법의 한계를 별도의 목차로 삼을 만큼 지면의 여유가 없을 것인데, 이는 시간의 낭비이고 정작 문제에서 요구하는 내용을 제대로 언급하는 데 시간적 어려움이 따를 것이다.

문제의 취지가 사정보정의 요인, 그 의의, 그 타당성 여부인 점에 비추어 볼 때 이 부분에 대한 설명이 너무 적고 목차구성을 잘못하였을 뿐만 아니라 내용구성도 정밀하지 못하다. 목차구성은 보정의 각 요인을 목차로 잡아 설명한 후 그 의의와 타당성 여부를 설명하는 순서로 잡는 것이 좋았을 것이다. 목차구성을 잘못하면 자칫 시험 답안이 아니라 동문서답이 될 가능성이 커진다. 이럴 경우 당연히 좋은 점수를 얻기는 어려울 것이다.

결론에서도 보정요인을 최소화시키는 방안 또는 보정을 잘하기 위한 방안 등을 언급하는 것이 논하라는 문제의 취지에 맞지 않나 생각한다. 물론 어떻게 보정요인을 최소화시킬 것인가 또는 보정을 잘하기 위한 방안을 구체적으로 제시하는 것은 수험답안에서 쓰기는 무리이기 때문에 성의표시만으로도 충분하다.

2 답안작성 가이드

토지의 자연적 특성으로 인하여 시장이 불완전하여 거래사례에 불합리한 요인이 존재할 수 있음을 전제로 거래사례비교법 적용 시 사정보정 절차가 요구된다는 점을 강조하여야 한다. 또한 사정보정을 요하는 요인의 설명 시에는 여러 가지 요인의 단순 열거로는 형식상 한계가 있으므로 구분하여 설명을 할 수 있도록 해야 한다. 아울러 사정보정의 타당성은 시장가치와 밀접하므로 이를 논하여야 하며 사정보정의 한계를 극복하거나 최소화할 수 있는 방안까지도 제시할 수 있어야 한다.

3 목차

Ⅰ. 서(2)

Ⅱ. 거래사례비교법과 사정보정의 개념(4)

1. 거래사례비교법
2. 사정보정

Ⅲ. 사정보정을 요하는 요인(6)

1. 보정에 있어 흔히 감액이 있을 수 있는 특수한 사정
2. 보정에 있어 흔히 증액이 있을 수 있는 특수한 사정
3. 기타 보정에 있어 흔히 감액 또는 증액이 있을 수 있는 특수한 사정

Ⅳ. 사정보정의 의의와 보정의 타당성 여부(6)

1. 사정보정의 의의
   1) 시장가치
   2) 사정보정의 의의
2. 사정보정의 타당성 여부

Ⅴ. 결(2)

4 예시 답안

Ⅰ. 서(2)

부동산의 자연적, 인문적 특성으로 인하여 부동산시장은 불완전경쟁시장의 특징을 갖게 된다. 따라서 부동산거래 시 불합리한 거래요소가 개입되기 쉽다. 거래사례비교법은 시장 내에서 이루어진 적정한 실거래가를 토대로 대상 물건의 시장가치를 구하는 방법이므로 사정보정 작업이 중요하다. 이하 현실적으로 보정을 요하는 요인과 이에 대한 의의, 보정의 타당성 여부를 논하고자 한다.

Ⅱ. 거래사례비교법과 사정보정의 개념(4)

1. 거래사례비교법

거래사례비교법이란 대상 물건과 가치형성요인이 같거나 비슷한 물건의 거래사례와 비교하여 대상 물건의 현황에 맞게 사정보정, 시점수정, 가치형성요인 비교 등의 과정을 거쳐 대상 물건의 가액을 산정하는 감정평가방법을 말한다.

2. 사정보정

사정보정이란 가격의 산정에 있어서 수집된 거래사례에 거래관계자의 특수한 사정 또는 개별적인 동기가 개재되어 있거나 시장사정에 정통하지 못하여 그 가격이 적정하지 아니하였을 때 보정하는 작업을 말한다.

Ⅲ. 사정보정을 요하는 요인(6)

1. 보정에 있어 흔히 감액이 있을 수 있는 특수한 사정

영업상 장소적 한정 등 특수한 사용방법을 전제로 한 거래, 투기 목적으로 거래된 경우, 가격상승을 예측한 투자 또는 과다한 기대가격을 포함한 자산보유로서의 거래, 업자 또는 계열회사 간에 있어 중간이익의 취득을 목적으로 한 거래, 택지조성사업에의 재개발에 있어 해당 사업의 필요성을 기회로 매도자가 부당하게 높게 매도할 때 등은 사정보정 절차를 통하여 감액하여야 할 요인들이다.

2. 보정에 있어 흔히 증액이 있을 수 있는 특수한 사정

매도자의 무지로 과소한 금액으로 거래된 경우나 상속, 전근, 이민 등의 이유로 급히 매도한 경우 등은 사정보정 절차를 통하여 증액하여야 할 요인들이다.

3. 기타 보정에 있어 흔히 감액 또는 증액이 있을 수 있는 특수한 사정

금융압박, 도산 시에 있어 법인 간의 은혜, 호혜적인 거래 또는 지인, 친척 사이의 은혜적인 거래, 거래에 수반된 경비를 거래대금에 포함하여 거래한 경우, 부적당한 조성비, 수리비 등을 고려한 거래 등은 사정보정 절차를 통하여 증액 또는 감액하여야 할 요인들이다.

Ⅳ. 사정보정의 의의와 보정의 타당성 여부(6)

1. 사정보정의 의의

1) 시장가치

시장가치란 토지 등이 통상적인 시장에서 충분한 기간 거래를 위하여 공개된 후 그 대상 물건의 내용에 정통한 당사자 사이에 신중하고 자발적인 거래가 있을 경우 성립될 가능성이 가장 높다고 인정되는 대상 물건의 가액을 말한다.

2) 사정보정의 의의

토지시장은 정보가 비공개되어 있고 거래당사자 간에 개별적인 사정 등이 개입되기 쉬워 불완전한 특징을 갖는다. 특히 우리나라 토지시장의 경우 지가고 현상에 따른 투기적 시장의 존재 등 비정상적인 요인이 개입된다는 점에서 이를 보정하여야 시장가치를 구할 수 있다는데 의의가 있다.

2. 사정보정의 타당성 여부

감정평가는 부동산의 시장가치나 적정가격을 구하는 것을 궁극적인 목적으로 한다. 따라서 감정평가의 기준이 되는 거래사례에 비정상적인 요인이 개입된 경우에는 시장가치의 요건(통상적 시장, 충분한 공개기간, 당사자의 정통성, 거래의 자연성 등)을 결하게 되므로 이러한 거래사례는 배제하거나 보정을 하여야 타당하다. 아울러 특수한 사정이 개입된 사례의 보정을 통하여 신뢰성 높은 감정평가액을 구할 수 있을 것이다.

Ⅴ. 결(2)

불합리한 거래사례에 대한 사정보정이 중요함에도 불구하고 사정보정 방법에 대한 명확한 규정이 없어 자의성이 개입될 여지가 있다. 따라서 이의 해결을 위해서는 거래사례의 선택 시 보정할 요인이 없는 사례를 최대한 선택하여야 하며 다수의 사례를 수집하여 가격의 정확도를 높여야 할 것이다.

04 다음 사항을 약술하시오. 40점

1) **경제적 감가수정** 10점
2) **감정평가 시 가격시점의 필요성** 10점
3) **자본회수율과 자본회수방법** 10점
4) **인근지역의 Age-Cycle의 단계별 부동산 감정평가 시 유의점** 10점

1 출제위원 채점평

(물음 1) 약술형 문제는 감정평가이론에서 가장 기본적이며 일정기간 공부한 수험생이라면 누구나 알 수 있는 내용을 가지고 출제하였다. 그러나 약술형이라고 해서 단순히 단어의 해설만 해서는 안 되고 그동안 배운 지식을 총동원하여 출제한 문제를 포괄적으로 안다는 사실을 나타내야 한다. 오히려 약술형일수록 문제와 밀접한 관련성이 있는 여러 사항을 짧게 서술해야 하기에 이해를 제대로 한 수험생과 암기를 위주로 공부한 수험생의 확연한 차이가 나게 된다.

경제적 감가수정은 비용성의 사고에서 감정평가기법을 적용할 때, 재조달원가 감소분을 반영하는 수정법의 하나이다. 이 문제는 경제적 감가수정의 성립논리 및 경제적 감가수정이 감정평가방식 중 어느 기법을 적용할 때 사용되는 방법인가 하는 것과 경제적 감가수정의 원인이 되는 경제적 감가요인은 어떠한 것들이 있으며 수정방법은 무엇인가 하는 것 등을 물어보고자 함이다.

약술형 문제는 양과 질의 차이는 있었지만 다수의 수험생이 어느 정도는 서술할 수 있다. 기본적인 공부만 되어 있어도 생소한 용어는 하나도 없을 것이다. 약간의 차이는 있었지만, 비교적 많은 수험생이 문제에서 요구하는 내용을 서술하고 있었다. 경제적 감가수정을 설명하는 데 있어서 경제적 감가수정이 어디에서 사용되는지 언급하지도 않고 감가수정의 내용부터 적어나간 경우들이 눈에 많이 띄었다. 어떤 용어를 설명할 때 최소한 그 용어가 감정평가의 어느 부분에서 어떻게 쓰이는지를 설명하는 것은 답안의 기본이다. 1)은 목차도 잘 잡았고 내용도 무난하게 서술하고 있어 좋은

점수를 얻을 수 있을 것이다. 아쉬운 점이 있다면 경제적 감가수정을 하는 이유가 부적합으로 인한 가치감소분을 반영하여 감정평가액의 적정화를 기하기 위함에 있다는 말을 언급하면 좋았을 것이다.

(물음 2) 감정평가 시 가격시점의 필요성에 대한 문제에서는 가격시점의 개념과 가격시점의 필요논리 그리고 가격시점의 종류 등을 물어보고자 했다. 가격시점의 필요성에서는 가격시점의 개념과 가치형성요인의 변동으로 인한 필요 논리 등은 비교적 잘 기술하였으나, 가격시점이 현재분이 아니고 과거, 심지어 미래도 있을 수 있는데 이에 따라 감정평가 시 소급평가와 기한부평가가 가능하다는 사실을 등한시한 답안이 많았다. 가격시점은 시점수정의 기준이 되며, 가격시점을 기준으로 과거나 미래로 나누어지고, 소급평가나 기한부평가를 할 수 있다는 점이 보완되었다면 더 좋았을 것이다.

(물음 3) 자본회수율과 자본회수방법은 자본회수율의 개념과 자본회수율이 어디에서 적용되는지 그리고 자본회수방법은 무엇인가를 물어보는 문제이다. 자본회수율에 관해서도 자본회수율의 성격 규명을 명확히 하지 않은 채 자본회수방법 위주로 설명하는 경우가 많았다. 이 문제는 자본회수방법만 적는 것이 아니라, 자본회수율에 대한 언급도 요구하고 있다.

대체로 무난하나 자본회수를 보유기간 말에 부동산 처분으로 하는 방법 등도 있다는 점을 언급하면 좋을 것이다.

(물음 4) Age-Cycle 문제는 각 단계별 특징은 생략한 채 감정평가 시 유의점만 서술한다든가 아니면 각 단계별 특징 위주로 설명하면서 정작 감정평가 시 유의점은 적는 둥 마는 둥 한 답안이 제법 있었는데, 이들 양자를 잘 조화시켜 썼다면 좋은 점수를 받을 수 있었을 것이다.

Age-Cycle은 건축주기를 기준으로 지역성쇠를 각 단계별로 설명하는 이론이므로 성장기와 성숙기에서도 재조달원가와 감가수정에 대한 약간의 언급이라도 있었으면 좋았을 것이다. 재조달원가에 대한 감가수정은 쇠퇴기 이후에만 나타나는 것은 아니기 때문이다. 또한 쇠퇴기는 경제적 내용연수가 다 되어가는 시기라고 설명하고 있으나, 이는 잘못된 설명이다. 쇠퇴기는 경제적 내용연수가 지난 후부터 나타나는 단계이고 경제적 내용연수가 다 되어가는 시기는 성숙기 말이기 때문이다.

2 답안작성 가이드

전반적으로 소물음 간에 특별한 연관성을 찾기 어렵기 때문에 각 소물음 별로 물음에 충실하게 답하면 된다.

3 목차

Ⅰ. 경제적 감가수정(10)

1. 원가법과 감가수정
2. 경제적 감가수정의 개념
3. 경제적 감가수정의 성립논리와 감가수정요인
4. 경제적 감가수정 방법 및 감정평가 시 유의사항

Ⅱ. 감정평가 시 가격시점의 필요성(10)

1. 개설

2. 가격시점의 의의

    1) 개념

    2) 가격시점의 종류

3. 가격시점의 필요성

    1) 부동산가격의 본질

    2) 부동산의 영속성과 사회적 · 경제적 · 행정적 위치의 가변성

    3) 책임소재의 명확화

Ⅲ. 자본회수율과 자본회수방법(10)

1. 자본회수율의 개념과 적용

2. 자본회수방법

    1) 직선법

    2) 연금법

    3) 상환기금법

    4) 기말자산의 처분으로 인한 자본회수방법

Ⅳ. 인근지역의 Age-Cycle의 단계별 부동산 감정평가 시 유의점(10)

1. 개설

2. Age-Cycle 단계별의 개념과 특징

    1) 성장기와 성숙기

    2) 쇠퇴기와 천이기, 악화기

3. Age-Cycle 단계별 감정평가 시 유의점

    1) 성장기와 성숙기

    2) 쇠퇴기와 천이기, 악화기

---

4 예시 답안

Ⅰ. 경제적 감가수정(10)

1. 원가법과 감가수정

원가법이란 대상 물건의 재조달원가에 감가수정을 하여 대상 물건의 가액을 산정하는 감정평가방법을 말한다. 여기서 감가수정이란 대상 물건에 재조달원가를 감액하여야 할 요인이 있는 경우에 물리적 감가, 기능적 감가, 경제적 감가 등을 고려하여 해당하는 금액을 재조달원가에서 공제하여 기준시점에 대상 물건의 가액을 적정화하는 작업을 말한다.

2. 경제적 감가수정의 개념

경제적 감가란 물리적, 기능적 감가와는 달리 대상 물건 자체가 아닌 외부의 부정적인 요인에

의해 발생하는 가치의 손실로서 외부적 감가라고도 한다. 그리고 이러한 경제적 감가를 하여 기준시점에 대상 물건의 가액을 적정화 하는 것을 경제적 감가수정이라고 한다.

3. 경제적 감가수정의 성립논리와 감가수정요인

경제적 감가수정은 지리적 위치의 고정성으로 인하여 부동산의 외부환경으로부터 발생하는 가치 감소를 반영하기 위한 것이다. 이러한 경제적 감가수정을 발생시키는 요인에는 먼지, 소음, 악취 등과 같은 근린 폐해, 인근지역의 쇠퇴, 주위 환경과의 부적합, 인근의 다른 물건과 비교한 시장성의 감퇴, 용도지역제한 및 최유효이용의 변화 등이 있다.

4. 경제적 감가수정 방법 및 감정평가 시 유의사항

경제적 감가는 임대료 손실을 자본환원하는 임대료손실환원법, 다수의 사례를 수집하여 구하는 시장추출법, 경제적 감가요인을 가지고 있는 부동산과 그렇지 않은 부동산을 비교분석하는 대쌍자료분석법 등에 의하여 산정한다. 한편 경제적 감가수정 시 위와 같은 요인은 토지와 건물에 모두 영향을 미치므로 배분이 필요하며 항상 치유불능만 존재함에 유의하여야 한다.

Ⅱ. 감정평가 시 가격시점의 필요성(10)

1. 개설

감정평가절차란 감정평가업무를 보다 효율적이고 능률적으로 수행하기 위해 설정한 일련의 단계적 절차로, 특히 감정평가 시 가격시점의 확정과 관련해서는 감칙 제9조 제2항에서 규정하고 있다.

2. 가격시점의 의의

1) 개념

감정평가액 결정의 기준이 되는 날짜가 가격시점이다. 가격시점과 관련하여 감칙 제9조에서는 가격조사완료일을 원칙으로 하나, 다만 미리 정하여진 때에는 가격조사가 가능한 경우에 한하여 그 날짜로 한다고 규정하고 있다.

2) 가격시점의 종류

가격시점은 현재가 원칙이나 과거시점(소급평가) 또는 미래시점(기한부평가)으로 확정할 수 있다. 다만, 미래시점에서는 가치형성요인을 예측할 수 없는 경우가 대부분이어서 평가사의 주관적 의견이 개입될 소지가 높고 평가결과의 정확성 및 신뢰성을 보장할 수 없어 사고와 경제적 파장이 우려되어 부정적인 견해도 있다.

3. 가격시점의 필요성

1) 부동산가격의 본질

부동산가격은 장래이익의 현재가치이며, 장기적인 고려하에 형성된다. 즉, 부동산가격은 장래 기대되는 모든 이익에 대한 특정시점의 현재가치라고 할 수 있으므로 가격시점의 확정이 필요하다.

2) 부동산의 영속성과 사회적 · 경제적 · 행정적 위치의 가변성

부동산의 사회적 · 경제적 · 행정적 위치의 가변성이라는 특성은 가치형성요인을 변동시키고 부동산가격도 항상 변동의 과정에 있게 된다. 따라서 부동산가격은 그 가격결정의 기준이 되는 날에만 타당한 것이 되므로 가격시점의 확정이 필요하다.

3) 책임소재의 명확화

가격시점의 확정은 평가사의 책임소재를 명확하게 하기 위해 필요하다. 즉, 가격시점에 있어서 감정평가액에 잘못이 없었다는 것을 입증하는 것이다.

Ⅲ. 자본회수율과 자본회수방법(10)

1. 자본회수율의 개념과 적용

자본회수율은 매기 회수해야 하는 자본의 크기를 나타내는 비율이다. 상각자산은 시간의 경과에 따라 가치가 소모되므로 그 자산의 가치가 만료되는 경우 투자한 자금은 소멸된다. 따라서 자산의 내용연수 동안 매기에 투자한 자금을 적립하여 회수하여야 한다.

2. 자본회수방법

1) 직선법

상각 전 순수익을 수익률(상각 후 환원율)에 회수율(상각률)을 가산한 상각 전 환원율로 환원하여 부동산의 가치를 구하는 방법을 말한다. 이 방법은 순수익과 상각자산의 가치가 동일한 비율로 일정액씩 감소하고 투자자는 매년 내용연수 말까지 자산을 보유하며 회수자본은 재투자하지 않는다는 것을 전제하고 있다.

2) 연금법

상각 전 순수익을 수익률(상각 후 환원율)에 수익률과 잔존내용연수에 의한 감채기금계수를 더한 상각 전 환원률로 환원하여 부동산의 가치를 구하는 방법으로 Inwood법이라고도 한다. 이 방법은 매년의 자본회수액을 해당 사업이나 유사사업에 재투자한다는 가정에 따라 수익률과 동일한 이율에 의해 이자가 발생한다는 것을 전제로 하고 있다.

3) 상환기금법

상각 전 순수익을 수익률(상각 후 환원율)에 축적이율과 잔존내용연수에 의한 감채기금계수를 더한 상각 전 환원율로 환원하여 부동산의 가치를 구하는 방법으로 Hoskold법이라고도 한다. 이 방법은 매년의 자본회수액을 안전한 사업에 재투자한다는 가정에 따라 해당 사업의 수익률보다 낮은 이율에 의해 이자가 발생한다는 것을 전제로 하고 있다.

4) 기말자산의 처분으로 인한 자본회수방법

투하자본을 회수하는 방법에는 상기와 같이 경제적 내용연수 동안 매년 자본을 회수하는 방법도 있지만 보유기간 말 복귀가액으로 한 번에 자본을 회수하는 방법이 있다. 이러한 방법에는 저당지분환원법과 할인현금흐름분석법이 있다.

Ⅳ. 인근지역의 Age-Cycle의 단계별 부동산 감정평가 시 유의점(10)

1. 개설

감정평가를 할 때 그 지역이 어떤 변화의 단계에 위치하고 있으며 어떻게 변화할 것인지 파악하고 지역의 상태를 결정하는 지역분석 작업은 매우 중요하다. 모든 지역은 성장, 성숙, 쇠퇴, 슬럼화 등의 단계로 구분되며 지역변화의 단계와 사회적, 경제적 영향은 토지이용의 형태와 경제적 가치를 결정짓게 되기 때문이다.

2. Age-Cycle 단계별의 개념과 특징

1) 성장기와 성숙기

성장기는 어떤 지역이 새로 개발되는 시기이다. 이 시기에는 지역 내 경쟁이 치열하고 부동산가격상승이 활발하며 투기적 양상이 등장한다. 성숙기는 지역이 점차 안정되고 지역기능도 자리가 잡히고 인구유입이 둔화되는 시기이다. 이 시기에는 부동산가격, 지역기능, 지역주민의 사회적·경제적 수준이 최고가 된다.

2) 쇠퇴기와 천이기, 악화기

쇠퇴기는 건물의 경제적 수명이 다하여 점차 노후화되는 시기이다. 이 시기에는 경제적 수준이 높은 주민의 유출이 시작되고 부동산가격이 하락한다. 또한 중고 부동산거래가 거래의 중심이 되고 Filtering 현상이 시작된다. 천이기는 Filtering 현상이 심화되는 시기로 쇠퇴기 거주자가 교외로 이동하며 지역으로서 하나의 과도기 단계이다. 악화기는 슬럼화 직전의 단계로서 부동산 관리비용이 수익을 초과하여 방기현상이 가속화된다.

3. Age-Cycle 단계별 감정평가 시 유의점

1) 성장기와 성숙기

성장기에 과거의 사례가격은 새로운 거래의 하한선이 되며 건물은 신축시기이므로 재조달원가의 신뢰성이 인정된다. 또한 투기성향으로 사정보정이 필요하고 지속적 수익상승에 대한 예측에 유의하여야 한다. 성숙기에는 부동산거래가 활발하여 사례자료 수집이 용이하고 재조달원가, 순수익이 최고가 된다. 또한 쇠퇴기 전 단계로서 언제 쇠퇴기가 도래할 것인지 예측이 중요하다는 점에 유의하여야 한다.

2) 쇠퇴기와 천이기, 악화기

쇠퇴기에 과거의 사례가격은 새로운 거래의 상한선이 되며 건물의 감가액이 커지고 수익하락을 예상하여야 한다는 점에 유의하여야 한다. 천이기에는 건물의 경제적 내용연수가 만료되어 감가수정 시 잔존가격만 있는 경우도 있다. 악화기에는 감정평가 시 재건축이나 재개발 가능성을 예측하여 부동산가격수준을 가늠하여야 한다.

Chapter 25

2000년 제11회 기출문제

01 감정평가와 부동산컨설팅과의 관계를 설명하고 이와 관련하여 토지유효활용을 위한 등가교환방식의 개념과 평가 시 유의사항을 논하시오. 30점

02 감정평가에 있어 지역분석의 의의 및 필요성을 설명하고, 개별분석과의 상관관계를 기술하시오. 20점

03 부동산 감정평가활동상 부동산의 권리분석이 중요시되고 있다. 이에 있어 부동산 권리분석의 성격과 권리분석의 대상 및 부동산 거래사고의 유형을 기술하시오. 15점

04 농경지 지대이론 중 차액지대설과 절대지대설을 각각 설명하고, 그 차이점을 기술하시오. 10점

05 포트폴리오이론의 개념을 설명하고, 포트폴리오 위험과 구성 자산수와의 상관관계를 기술하시오. 10점

06 다음의 용어에 대하여 약술하시오. 15점

1) Reilly의 소매인력의 법칙(Law of Retail Gravitation) 5점

2) 복합불황(複合不況) 5점

3) 주택여과현상(住宅濾過現象) 5점

해설 및 예시 답안

01 감정평가와 부동산컨설팅과의 관계를 설명하고 이와 관련하여 토지유효활용을 위한 등가교환방식의 개념과 평가 시 유의사항을 논하시오. 30점

1 출제위원 채점평

토지 및 그 위 구축물의 효율적인 분배와 할당에 기여하는 부동산업은 산업사회, 도시화가 진전될수록 그가 차지하는 사회, 경제적인 비중이 높아지게 된다. 국부에의 기여 면에서 볼 때 부동산사업은 생산에서의 높은 점유 비중 이상의 가치가 있다. 토지 및 구축물은 다른 산업생산을 위한 파생수요의 대상이어서 몇 가지 부동산사업이 창출하는 생산성 이상의 의미를 지닌다. 따라서 점차 성숙되어 갈 것으로 예측되는 도시, 산업사회 속에서 부동산업이 차지하는 비중은 날로 커질 것이다.

특히 1990년대 이후 국내 부동산개발 부문 내 행위주체 측면에서 큰 변화가 일어나고 있다. 중개업계, 감정평가업계 등이 지배적이었던 부동산개발관련 서비스부문에서 새로운 행위주체로서 부동산컨설턴트의 등장, 성장이라는 변화가 일어나고 있다.

이러한 현상은 부동산시장의 안정, 부동산경기의 침체, 부동산실명제, 부동산 전산망 가동 등 부동산 투기억제책의 강구로 인해 보유에서 개발・활용으로서의 부동산투자 개념변화 그리고 더 나아가 투기적 가수요에 기반한 개발에서 실수요를 대상으로 하는 최적 개발로의 개발 자체에 대한 개념의 변화가 일어나고 있기 때문이다.

이뿐만 아니라 우리나라에서도 부동산간접투자시대가 열리고 있다. 이미 토지공사에서 토지수익연계채권을 발행한 데 이어 금융기관 등이 주택저당증권, 자산담보부채권, 부동산투자신탁 등 부동산연계금융상품을 내놓고 있다. 전통적으로 부동산에 직접 투자하는 방식이 부동산투자의 대부분을 차지하여 왔다. 물론 이러한 현상은 오늘날에 있어서도 크게 바뀐 것은 아니다. 그렇지만 부동산증권의 유동화가 강구되면서 간접투자방법이 늘어나고 있는 것이다.

금년에는 국토교통부가 부동산투자회사법을 입법예고하여 시행에 들어간다고 하니 머지않아 회사형과 계약형 상품이 주축을 이루는 부동산 신탁시장이 형성될 전망이다.

이러한 현상은 전통적인 부동산시장의 패러다임이 최근 들어 변화하는 추세라는 것을 보여주고 있다. 부동산경기는 일반경기나 주식시장보다 일정기간 후행한다거나 전세가의 비율이 높으면 결국 주택가격이 오른다 등의 전통적인 패러다임이 다소 바뀌고 있다. 뿐만 아니라 IMF 이후 우리의 부동산시장은 많은 변화를 경험해오고 있다.

이러한 관점에서 부동산 감정평가이론은 감정평가 구 방식의 이론도 중요하지만 급변하는 부동산시장의 환경요인과 이와 관련하여 부동산학의 기초이론에 대한 종합적인 지식의 습득이 요구된다. 튼튼한 기초이론을 바탕으로 부동산의 각론을 접근할 필요가 있고 특히 감정평가이론은 각론에서도 다른 분야와의 연계 하에 공부하지 않으면 안 되리라고 본다.

출제위원들은 이러한 시각에서 의견을 접근하여 부동산 감정평가를 위한 폭넓은 지식의 이해정도가 어느 정도인가의 측면에서 문제를 출제하게 되었다. 금번 출제문제는 이론, 실무, 법규의 출제위원

전원이 각 분야의 문제들을 검토하고 논의하였음을 첨언한다.

1번 문항은 감정평가에 있어 컨설팅 분야의 중요성과 필요성에 관한 내용이다. 부동산공시법 제20조 제1항 5의2(현 감정평가사법 제10조 제6호, 제7호) 감정평가업자의 컨설팅업무 규정에서도 잘 나타나고 있다.

미국부동산평가협회, 일본부동산연구소, 미국컨설팅협회, 일본부동산유통근대화센터 등에서도 지적한 바와 같이 종합 부동산차원에서도 부동산감정평가와 컨설팅과는 밀접한 관련성을 가지고 있다.

물론 컨설팅 업무 영역은 타당성조사, 최유효이용조사, 입지분석, 입지선정조사, 개발계획수립, 영향조사, 지역분석, 관리조사, 비용편익분석, 포트폴리오 분석 등 다양하다.

토지의 유효활용은 공지나 개량 부동산에 대하여 합리적, 합법적으로 이용 가능한 대안 중에서 가장 최고의 가치를 창출하는 방법이다.

특히 토지유효활용방식에는 자기개발방식, 등가교환방식, 신탁방식, 건설협력금 차입방식, 공동빌딩방식, 사업수탁방식, 차지방식이 있는데 이 중 등가교환방식은 토지 소유자가 소유한 토지 위에 개발업자가 개발자금을 부담하여 건물을 건축하고, 완성된 건물의 건축면적을 토지소유자와 개발업자가 토지가격과 건축자금의 비율에 기초하여 나누는 공동사업이다. 이 방식에는 부분 양도방식과 전부 양도방식이 있다.

평가에 있어 유의사항은 토지소유자와 개발업자 사이의 직접적인 이해 조정을 통해 이루어지는 독특한 방법이고 개발업자는 사업실시에 있어 필요한 토지를 직접 매입하지 않고 건축비만을 투자하기 때문에 토지 매입에 따른 막대한 비용을 줄일 수 있고 토지 소유자는 자금이 없더라도 건축물을 소유할 수 있다. 그러나 권리에 대한 평가 상의 배분이 어려운 점, 토지에 대한 객관적인 가치의 미정립, 건축비의 예정문제, 층별, 위치별, 향별 이용도에 따른 건물가치의 다양성 등 이해관계 조정에 있어서의 어려움이 평가에 유의할 사항들이라 하겠다. 따라서 부동산유효활용의 중요성, 소유에서 이용 위주로의 변화추세, 감정평가업과 컨설팅과의 밀접성, 컨설팅에서 감정평가의 중요성을 정리하면 된다.

2 답안작성 가이드

시장 환경변화로 감정평가업무도 가치추계에서 비가치추계(부동산컨설팅업무)로 업무영역이 확장되고 있음에 대한 언급이 필요하다. 또한 토지유효활용의 다양한 방식들 중에서 등가교환방식에 대한 개념과 감정평가 시 유의할 사항에 대하여 설명할 수 있어야 한다.

3 목차

Ⅰ. 서(3)

Ⅱ. 감정평가와 부동산컨설팅과의 관계(8)

1. 개설

2. 유사한 관계

1) 접근방식과 방법 측면

2) 부동산활동 측면

3. 상이한 관계

1) 개념과 분석범위 측면

2) 구하는 가격의 성격과 분석기법 측면

Ⅲ. 토지유효활용을 위한 등가교환방식의 개념(8)

1. 토지유효활용

2. 등가교환방식의 개념

3. 등가교환방식의 유형(개발방법)

4. 등가교환방식의 장단점

Ⅳ. 감정평가 시 유의사항(8)

1. 개발 전 자산가치의 결정

2. 예정건축비의 추계

3. 개발 후 자산가치의 결정

4. 세금문제와 투자의사결정

Ⅴ. 결(3)

---

4 예시 답안

Ⅰ. 서(3)

최근 부동산시장은 다양한 부동산개발, 이용활동이 요구되고 있으며 감정평가법인 등의 업무도 전통적인 가치추계업무로부터 부동산컨설팅업무까지 확장되고 있다. 따라서 감정평가법인 등은 감정평가업무와 부동산컨설팅업무가 어떠한 관계를 맺고 있는지 이해하여야 하며 토지유효활용 방식 중 하나인 등가교환방식에서 객관적이고 정확한 가치평가를 수행하여야 한다. 이하 감정평가와 부동산컨설팅과의 관계를 설명하고 토지유효활용을 위한 등가교환방식의 개념과 감정평가 시 유의사항을 논하고자 한다.

Ⅱ. 감정평가와 부동산컨설팅과의 관계(8)

1. 개설

감정평가와 컨설팅은 여러 부동산활동 중의 하나이다. 감정평가는 부동산활동의 토양을 제공하고 부동산활동을 원활히 할 수 있게 하는 기능을 가지고 있다. 반면, 부동산컨설팅은 여러 가지 부동산활동의 종합체라고 할 수 있다.

2. 유사한 관계

1) 접근방식과 방법 측면

본래의 목적은 다르지만 접근하는 방식과 방법이 유사하다. 대상 물건을 확정하고 지역, 개별분석을 거쳐 제 자료를 수집하고 가격제원칙을 활용하여 분석하며 평가방법을 적용해 그 가격을 구한다. 부동산컨설팅도 목적에 따라 일부 차이는 있지만 대체로 유사하다.

2) 부동산활동 측면

부동산활동이란 부동산을 대상으로 전개하는 관리적 측면에서의 여러 가지 행위를 말한다. 이러한 부동산활동으로서 양자는 권리분석과 현장조사가 요구된다. 또한 사적주체 측면에서 사익성, 공적주체 측면에서 공익성, 사회전체 측면에서 윤리성이 요구되고 전문성, 과학성, 기술성, 공간활동성 등 부동산활동의 속성도 유사하다.

3. 상이한 관계

1) 개념과 분석범위 측면

감정평가는 토지 등의 경제적 가치를 판정하여 그 결과를 가액으로 표시하는 것을 말한다. 부동산컨설팅은 컨설턴트가 부동산 의사결정자에게 부동산에 관련된 제반 문제에 대한 조언과 지도 및 자문을 제공하는 것을 말한다. 전자는 대상 부동산과 관계하여 분석하는 미시적 분석이고, 후자는 미시적 분석일 수도 거시적 분석일 수도 있다.

2) 구하는 가격의 성격과 분석기법 측면

감정평가에서 구하는 가격은 시장가치를 원칙으로 하며 주어진 시점의 객관적인 가격이나 부동산컨설팅에서 구하는 가격은 투자가치이며 의뢰자의 주관적 가격이다. 또한 감정평가는 가치형성요인 분석, 최유효이용분석을 거쳐 감정평가 3방식으로 평가하나 부동산컨설팅은 타당성분석 및 NPV, IRR, PI 등의 DCF법을 중심으로 한다.

Ⅲ. 토지유효활용을 위한 등가교환방식의 개념(8)

1. 토지유효활용

토지유효활용이란 소유하는 토지를 유효하게 활용하는 일로서 활용방법에는 크게 처분을 전제로 하는 일과 계속해서 소유하는 일이 있다. 일반적으로 토지유효활용방식은 사업수탁방식, 부동산신탁방식, 등가교환방식, 차지방식, 건설협력금차입방식, 공동빌딩방식 등이 있다.

2. 등가교환방식의 개념

등가교환방식은 토지소유자가 소유한 토지 위에 개발업자가 개발자금을 부담하여 건물을 건축, 완성된 건물의 건축면적을 토지소유자와 개발업자가 토지가격과 건축자금의 비율에 기초하여 나누는 공동사업이다.

3. 등가교환방식의 유형(개발방법)

토지소유자가 토지의 공유 지분 일부를 개발업자에게 넘기고 개발업자로부터 건물의 일부를 받는 형태로 교환하는 부분양도 방법과, 토지소유자가 토지전부를 개발업자에게 넘기고 개발업자로부터 건물의 일부 및 그에 대응하는 토지공유지분을 아울러 받는 형태로 교환하는 전부양도 방법이 있다.

4. 능가교환방식의 장단점

① 개발업자는 사업에 필요한 토지를 직접 매입하지 않아도 되므로 토지매입에 따른 대규모 비용을 줄일 수 있는 장점이 있으나 계약 시 이해관계의 조정이 쉽지 않으며 계획이 미실행될 위험이 있다. ② 토지소유자는 건축자금에 대한 부담 없이 건축물을 구분소유할 수 있으며 개발업자와는 독립적으로 임대사업을 할 수 있는 장점이 있으나 건축기간 중의 토지 권리관계의 변동위험이 있다.

Ⅳ. 감정평가 시 유의사항(8)

1. 개발 전 자산가치의 결정

등가교환방식에 있어 평가의 대상은 개발 전 토지가치와 개발 후 토지, 건물의 합계액, 그리고 개발 후 부동산의 층별, 위치별 효용을 반영한 적절한 배분액이 된다. 따라서 감정평가 시 개발 전 자산가치의 결정에 유의하여야 한다. 특히 토지소유자가 제공한 토지의 경제적 가치를 공정하고 정확하게 평가하여 일방 당사자가 불이익을 받지 않도록 하여야 한다.

2. 예정건축비의 추계

등가교환방식의 배분비율은 토지소유자의 토지가치와 건축업자의 건축비의 추계금액이 배분비율이다. 특히 건축비의 경우 구조, 층, 층고, 향, 지형 등에 의해 추계금액이 차이가 많이 발생하므로 객관적인 예정건축비의 추계가 중요하다.

3. 개발 후 자산가치의 결정

개발 후 자산가치는 층별, 위치별로 차이가 발생하므로 층별효용비율을 실증적이고 객관적으로 측정하여 평가해야 할 것이며 토지소유주나 개발자가 모두 이해할 수 있는 객관적인 배분이 이루어져야 한다.

4. 세금문제와 투자의사결정

양도소득과 관련하여 토지의 일부 양도 시에는 일정요건하에서 과세가 되지 않거나 경감된다. 또한 상속세는 토지 공유지분, 건물구분소유권 상속 차입금 공제가 가능하나 통상 차입금은 없다는 점에 유의하여야 한다. 아울러 투자의사결정 시 미래의 기대되는 수익과 투입되는 비용을 정확히 파악하여 올바른 투자의사결정이 이루어지도록 지원하여야 한다.

Ⅴ. 결(3)

최근 부동산시장의 환경은 급속하게 변화하고 있고 부동산 이용방식에 대한 변화가 나타나고 있다. 따라서 감정평가활동 역시 전통적인 가치추계업무에 머무를 것이 아니라 부동산 컨설팅업무와 같은 새로운 영역에 대한 시도가 요구되고 있다. 특히 부동산유효활용방식 중 하나로서 등가교환방식은 지주공동 사업으로서 시장재개발, 공단 조성 아파트단지 건설 등 대형 부동산을 개발할 경우 참여지주들 간에 이해관계를 쉽게 조정할 수 있다는 점에서 조금만 더 보완된다면 가장 주요한 개발방식이 될 것으로 보인다. 따라서 이러한 개발에 있어서 향후 감정평가업자(감정평가법인 등)의 역할이 기대된다.

02 감정평가에 있어 지역분석의 의의 및 필요성을 설명하고, 개별분석과의 상관관계를 기술하시오. 20점

1 출제위원 채점평

문제 2번에서는 감정평가에 있어 지역분석 및 개별분석이 반드시 선행되어야 한다는 것을 지적하고 있다. 왜냐하면 부동산에는 개개의 부동산이 지니고 있는 지역성이 있기 때문에 가격현상이나 기능발휘 등은 단독으로 이루어지는 것이 아니기 때문이다. 본 문제에서는 지역분석의 의의와 지역분석의 필요성에 대한 정리도 중요하지만, 수험생이 지역분석과 개별분석과의 상관관계를 어느 정도 파악하느냐가 중요한 관건이 된다. 그 예를 제시하면 다음과 같다.

구분	지역분석	개별분석
범위	지역적	해당 부동산
분석방법	전반적 분석	개별적 분석
절차	선행분석	후행분석
이용관계	표준적이용	최유효이용
가격관련	가격수준	가격판정
주요 가격원칙	적합의 원칙	균형의 원칙

그러한 개별분석과 지역분석과의 그 상관관계에 대해 파악하고 있는가, 부동산 감정평가에 있어 각 분석의 중요성을 정확히 파악하고 있는가에 대한 문제이다.

2 답안작성 가이드

공간적인 측면에서의 시장분석으로서 지역분석에 대하여 그 의의를 정확하게 밝히고 그 필요성을 부동산의 지리적 위치의 고정성이라는 특성으로부터 생각해보아야 한다. 또한 개별분석도 부동산이라는 재화의 특성으로 인하여 지역분석 외에 추가적으로 요구되는 분석이라는 점을 염두에 두고 지역분석과 상관관계를 기술하여야 한다.

3 목차

Ⅰ. 서(2)

Ⅱ. 지역분석의 의의 및 필요성(8)

1. 지역분석의 의의
2. 지역분석의 필요성
   1) 부동산의 지역성
   2) 표준적 이용과 가격수준의 파악
   3) 사례자료의 수집범위 결정

Ⅲ. 개별분석과의 상관관계(8)

1. 개별분석의 의의
2. 개별분석과의 상관관계
   1) 성립근거상 상관관계
   2) 분석범위와 절차상 상관관계
   3) 분석결과의 피결정성과 피드백상 상관관계

Ⅳ. 결(2)

---

4 예시 답안

Ⅰ. 서(2)

부동산가격은 가격발생요인의 상호결합에 의하여 발생한다. 그러나 가치형성요인의 영향으로 부단히 변화하는바 정확한 가치를 판정하기 위해서는 가치형성요인에 대한 분석 과정이 중요하다. 이하 지역분석의 의의 및 필요성을 설명하고 개별분석과의 상관관계를 기술하고자 한다.

Ⅱ. 지역분석의 의의 및 필요성(8)

1. 지역분석의 의의

지역분석이란 부동산의 가격형성에 영향을 미치는 지역요인의 분석을 통하여 지역 내 부동산의 표준적이용과 가격수준을 판정하는 과정을 말한다.

2. 지역분석의 필요성

1) 부동산의 지역성

부동산은 다른 부동산과 어떤 지역을 형성하고 지역 내 다른 부동산과 상호관계를 유지하고 그 상호관계를 통하여 사회적·경제적·행정적 위치가 정해진다는 지역성을 가지고 있다. 따라서 부동산의 가격형성과정에서 지역성이 미치는 영향을 파악하기 위해서 지역분석이 필요하다.

2) 표준적 이용과 가격수준의 파악

표준적 이용이란 인근지역에 속하는 개별 부동산이 갖는 최유효이용의 집약적, 평균적인 이용방법을 말하고 가격수준이란 지역 내의 부동산의 평균가격을 의미한다. 개별 부동산의 최유효이용과 개별적·구체적 가격은 표준적 이용과 가격수준의 제약 하에 형성되기 때문에 지역분석이 필요하다.

3) 사례자료의 수집범위 결정

지역특성이 동일 또는 유사한 지역의 범위를 명백히 하여 대상 부동산의 가격형성에 영향을 미치는 지역의 범위를 획정하고 대체성 있는 사례자료의 수집범위를 밝히기 위해서 지역분석이 필요하다.

Ⅲ. 개별분석과의 상관관계(8)

1. 개별분석의 의의

개별분석이란 부동산의 가격형성에 영향을 미치는 개별요인의 분석을 통하여 대상 부동산의 최유효이용과 개별적 · 구체적 가격을 판정하는 과정을 말한다.

2. 개별분석과의 상관관계

1) 성립근거상 상관관계

다른 부동산과 지역을 형성하고 지역의 구성분자로서 타 부동산과 대체, 경쟁 등의 관계를 통하여 위치가 결정된다는 지역성은 지역분석의 성립근거가 된다. 반면, 물리적으로 동일한 부동산은 없다는 개별성은 개별분석의 성립근거가 된다는 점에서 상관관계가 있다.

2) 분석범위와 절차상 상관관계

지역분석은 대상지역에 대한 광역적 · 거시적인 분석인 반면, 개별분석은 대상 부동산에 대한 국지적 · 미시적인 분석이다. 또한 최유효이용은 표준적 이용의 제약하에서 결정되므로 지역분석은 개별분석에 일반적으로 선행하는 상관관계가 있다.

3) 분석결과의 피결정성과 피드백상 상관관계

최유효이용은 지역분석의 결과인 표준적 이용 제약하에서 결정되므로 양자는 일반적으로 일치한다. 다만, 단일이용, 중도적 이용과 같은 특수상황 하의 최유효이용에서는 양자가 불일치할 수 있다. 더 나아가 창조적 이용의 침입, 계승의 경우에는 지역의 표준적 이용까지 변화시킬 수 있는 상관관계가 있다.

Ⅳ. 결(2)

감정평가에서 지역분석 및 개별분석은 가격형성과정을 파악해가는 과정으로 핵심적 절차이다. 따라서 양 분석의 정확성이 감정평가 결과의 객관성과 신뢰성을 좌우한다. 특히 지역분석 · 개별분석의 결과에 따라 구체적인 평가방식의 선택 및 적용이 결정되므로 철저하게 이루어져야 한다.

03 부동산 감정평가활동상 부동산의 권리분석이 중요시되고 있다. 이에 있어 부동산 권리분석의 성격과 권리분석의 대상 및 부동산 거래사고의 유형을 기술하시오. 15점

1 출제위원 채점평

부동산학의 기술적, 경제적, 법률적 측면에서 본 바와 같이 부동산현상을 이해하고자 하거나 부동산 결정을 행하기 위해서는 여러 가지 필요한 지식들이 하나의 현상분석이나 결정에 쓰이게 된다는 것을 알 수 있다. 감정평가활동도 부동산의 제도적인 측면, 법적인 측면의 검토가 필요하며, 우리나라의 부동산 관련 자격시험 과목에서는 법률 과목이 많은 비중을 차지하고 있다. 부동산의 감정평가는 대상 부동산의 소유권 기타 권리이익의 경제가치를 평정하는 전문가의 활동이며, 이러한 권리의 유무 또는 내용에 따라 권리객체인 부동산에 중요한 영향을 미치는 부동산 권리분석은 중요하다.

그래서 권리분석의 성격과 권리분석의 대상, 부동산 거래사고의 유형 등이 어떤 것이 있는지를 파악하는 것이 본문제의 핵심이다. 수험생들이 부동산의 법률적 측면의 공부(민법, 공법, 보상법규, 지가공시법 등)를 하고 있지만 정작 부동산의 법률적 측면의 권리분석에 대한 전반적인 내용이 매우 미흡함을 채점하면서 발견하게 되었다. 이러한 현상은 해당 시험과목에 대한 국한적이며 집중적인 수험준비의 결과가 아닌가 하는 생각이 든다.

2 답안작성 가이드

감정평가 자체가 권리분석을 의미하지는 않는다. 그러나 경제적 가치를 판정하기 위해서는 공·사법상의 권리에 대한 정확한 분석이 요구된다. 따라서 감정평가는 대상 부동산의 경제적 가치를 판정하는 것이고 그러한 가치의 본질에는 권리·이익이 있으므로 권리의 유무나 내용은 부동산에 중요한 영향을 미친다는 점을 언급해야 할 것이다.

3 목차

Ⅰ. 서(1.5)

Ⅱ. 부동산 권리분석의 성격(4)

1. 권리관계를 취급하는 활동과 비권력적 행위
2. 사후 확인행위와 사회성·공공성

Ⅲ. 부동산 권리분석의 대상(4)

1. 물적 권리분석
2. 법적 권리분석

Ⅳ. 부동산거래사고의 유형(4)

1. 법률적 측면의 거래사고
2. 경제적 측면의 거래사고
3. 기술적 측면의 거래사고

Ⅴ. 결(1.5)

4 예시 답안

Ⅰ. 서(1.5)

권리분석이란 대상 부동산에 대한 권리관계의 태양을 실질적으로 조사·확인·판단하여 일련의 부동산활동을 안전하게 하려는 작업이다. 감정평가는 권리분석이 전제되나, 독립적으로 권리분석이 행해지기도 한다.

Ⅱ. 부동산 권리분석의 성격(4)

1. 권리관계를 취급하는 활동과 비권력적 행위

권리분석은 대상 부동산에 대한 권리관계를 분석, 판단하는 부동산의 활동이다. 또한 권리분석은 재판이나 수사행위와 같은 권력적 행위가 아니라 권리분석사가 행하는 비권력적인 행위이다.

2. 사후 확인행위와 사회성·공공성

권리분석은 일반적으로 과거부터 현재까지의 부동산에 설정된 권리관계의 확인, 판단을 하는 것이므로 사전 확인이 아닌 사후 확인행위이다. 또한 어디까지나 사회성과 공공성이 강조되어야 한다. 이는 권리분석의 결과가 개인은 물론 사회에 지대한 영향을 미칠 수 있기 때문이다.

Ⅲ. 부동산 권리분석의 대상(4)

1. 물적 권리분석

부동산의 물적 권리분석을 통하여 명확히 해야 하는 내용을 물적사항이라 한다. 지적과 관련하여 토지대장, 지적도 등이 있으며, 건물과 관련해서는 건축물관리대장 등의 공부상 표시사항을 확인한다. 물적 권리분석 시 공부의 내용을 확인하는 것은 물론 실지조사를 통해 현실상황과의 일치여부까지도 확인한다.

2. 법적 권리분석

법적 권리분석을 위해서는 등기부상 공시된 권리관계 및 기타 사법상 권리, 법률적 규제에 의한 권리의 내용 및 제한에 대하여 분석한다. ① 사법적 측면에서는 소유권을 중심으로 한 권리관계의 내용과 제약에 대하여 분석한다. ② 공법적 측면에서는 용도지역·지구제, 건축허가제 등과 같은 이용규제에 대하여 분석한다.

Ⅳ. 부동산거래사고의 유형(4)

1. 법률적 측면의 거래사고

권리취득의 불가능, 공·사법상 제한으로 인한 인수나 이용의 불가능, 부적법한 건물의 취득, 과다하거나 불합리한 세금부담 등을 들 수 있다.

2. 경제적 측면의 거래사고

대상 부동산의 가격이나 임대료 등이 부적정한 경우, 주위환경의 악화. 입지선정의 실패, 최유효이용의 실패, 과도한 관리비의 발생 등을 들 수 있다.

3. 기술적 측면의 거래사고

토지의 경우 지반침하, 매설물의 위치가 다른 경우 등을 들 수 있다. 또한 건물의 경우 기초, 벽, 지붕 등의 구조부문과 위생, 난방 등의 설계나 설비 불량 등을 들 수 있다.

Ⅴ. 결(1.5)

감정평가는 대상 부동산의 소유권 및 기타 권리·이익의 경제적 가치를 판정하는 작업이라고 할 때 평가의 대상인 소유권 및 기타 권리의 존재 여부, 하자 여부의 판정이 전제되어야 한다. 이와 같이 감정평가는 권리분석과 밀접한 관련성이 있다.

04 농경지 지대이론 중 차액지대설과 절대지대설을 각각 설명하고, 그 차이점을 기술하시오. 10점

1 출제위원 채점평

문제 4번은 지대와 지가에 대한 문제이다. 지대이론은 농경지 지대이론과 도시 토지지가이론으로 나누어 볼 수 있다. 원래 지대이론은 농촌 토지를 주 용도로 활용하던 시대의 산물이다. 그에 비하여 지가이론은 도시 토지를 주 용도로 활용하던 시대의 산물이라고 할 수 있다. 그런데 그 값의 발생과 형성 등에 있어서 고려해야 할 점은 복잡 다양한 지대와 지가를 두고 그 정의를 내리기 위해 시도한 학자들이 대부분 다분히 정치경제학적인 입장이었다는 것이다. 농경지 지대이론에는 차액지대설, 입지교차지대설, 절대지대설, 독점지대설, 기타 다른 견해 등이 있다. 본 문제에는 David Ricardo가 1817년 경제학과 과세의 이론에서 제기한 차액지대설의 배경과 성립요건, K. Marx, J. K. Rodbertus, J. S. Mill 등이 주장한 절대지대설의 배경과 성립요건 그리고 그 둘의 차이점이 무엇인가를 파악하는 것이 요구된다. 하지만 수많은 수험생들이 간단한 이론의 전개만 하지, 그 이론의 배경과 부동산의 특성과 관련된 토지 문제의 언급은 거의 없었다. 이는 부동산학의 기초이론에 대한 공부가 매우 소홀하였음을 느끼게 하고 있다.

2 답안작성 가이드

농경지 지대이론에 대한 물음으로서 지대이론은 각 시대의 시대상을 반영하고 있다. 따라서 시대적 배경에 대한 설명을 한다면 지대이론에 대한 이해도가 높음을 보여줄 수 있다. 특히 지대이론은, 지대를 환원한 것이 지가이므로 지대가 어떻게 발생하는가에 대한 논의라 할 수 있다.

3 목차

Ⅰ. 개설(1)

Ⅱ. 차액지대설과 절대지대설(5)

1. 지대이론
2. 차액지대설
3. 절대지대설

Ⅲ. 양자의 차이점(4)

1. 발생근거 측면
2. 내용 측면

4 예시 답안

Ⅰ. 개설(1)

토지 등의 경제적 가치를 판정하여 그 결과를 가액으로 표시하는 감정평가에서 지대이론을 이해하는 것은 토지가격 판정의 본질에 접근하고 토지가격 형성의 메커니즘을 분석하는 초석이 된다.

Ⅱ. 차액지대설과 절대지대설(5)

1. 지대이론

지대이론은 농경지 지대이론과 도시 토지지가이론으로 나누어 볼 수 있다. 지대이론은 농촌 토지를 주 용도로 활용하던 시대의 산물이고 지가이론은 도시 토지를 주 용도로 활용하던 시대의 산물이다.

2. 차액지대설

리카르도는 지대를 우등지가 획득하는 잉여라고 정의하고 있다. 리카르도에 따르면 농토의 전체 생산량에서 생산비(자본과 노동의 사용에 대한 대가)를 제외한 나머지가 지대이다. 따라서 생산물의 전체가치와 생산비가 일치하는 한계지에는 아무런 지대가 발생하지 않는다.

3. 절대지대설

지대는 토지소유자가 토지를 소유하고 있다는 사유재산권 때문에 받는 수입이므로 열등지에서도 지대가 발생한다고 하는 이론이다. 이는 제도적으로 보장된 토지소유권에 기인하여 지주는 아무리 열등지라 하더라도 경제적 대가 없이는 타인의 이용을 허용하지 않는다는 점에서 착안한 것이다.

Ⅲ. 양자의 차이점(4)

1. 발생근거 측면

차액지대설은 비옥한 토지가 제한되어 있을 것, 토지에 수확체감의 법칙이 존재할 것, 토지의 비옥도나 위치에 따라 생산성의 차이가 있을 것을 발생근거로 한다. 반면, 절대지대설은 수요가 공급을 초과하는 희소성의 법칙이 적용될 것, 자본주의하에서 토지의 사유화가 인정될 것을 발생근거로 한다.

2. 내용 측면

차액지대설은 지대는 대상 토지의 생산성과 한계지의 생산성과의 차이가 동일하고, 한계지는 차액지대가 발생하지 않는다고 보았다. 또한 지대는 일종의 불로소득이라고 하였다. 반면, 절대지대설은 토지의 비옥도나 생산력에 관계없이 지대는 발생하며 한계지에도 토지소유자의 요구로 지대가 발생한다고 보았다.

---

05 **포트폴리오이론의 개념을 설명하고, 포트폴리오 위험과 구성 자산수와의 상관관계를 기술하시오.** 10점

---

1 출제위원 채점평

자산관리와 관련하여 포트폴리오이론을 어느 정도 파악하고 있느냐에 대한 질문이다. 조달된 자본이 토지, 건물, 주식 등으로 운용되어 주체적인 형태를 취하게 되었을 때 '자산'이라 말하는데, 이는 자본의 기능형태 내지 운용형태로서 화폐가치적으로 표현된 것을 말한다. 현대적 의미의 포트폴리

오이론은 1952년에 발표된 마코위츠의 논문 「Portfolio Selection」으로부터 시작된다. 포트폴리오 이론은 원래 금융학 분야에서 개발되고 발전된 것이나 현재는 부동산투자, 부동산금융, 부동산 감정평가 등에서 많이 응용되고 있다. 이에 대한 의의와 가정, 포트폴리오 위험과 구성 자산수와의 상관관계를 어느 정도 알고 있느냐 하는 문제이다. 그리고 수험생들이 그 내용을 그림으로 나타내어 어떻게 설명할 것인가를 질문한 것으로 이에 대해 대부분의 수험생들이 그림으로 표시하여 내용을 입체적으로 설명한 경우가 많았다.

2 답안작성 가이드

재무관리에서의 포트폴리오이론을 출제한 이유는 부동산도 하나의 투자자산이고 이에 대한 투자시 다양한 위험이 존재하므로 다른 자산들과 적절한 비율로 투자를 하여 위험을 분산해야 함을 강조하고자 한 것입니다. 따라서 이러한 점을 답안에 언급해주어야 합니다.

3 목차

Ⅰ. 개설(1)

Ⅱ. 포트폴리오이론의 개념(4.5)

1. 포트폴리오이론
2. 포트폴리오이론의 가정

Ⅲ. 포트폴리오 위험과 구성 자산수와의 상관관계(4.5)

1. 포트폴리오의 위험과 수익
2. 포트폴리오의 위험과 구성 자산수와의 상관관계

4 예시 답안

Ⅰ. 개설(1)

포트폴리오이론은 원래 금융학 분야에서 개발되고 발전된 것이나 현재는 부동산투자, 부동산금융, 부동산감정평가 등에서 많이 응용되고 있다. 이하 포트폴리오이론의 개념을 설명하고 포트폴리오 위험과 구성 자산수와의 상관관계를 기술하고자 한다.

Ⅱ. 포트폴리오이론의 개념(4.5)

1. 포트폴리오이론

포트폴리오이론이란 쉽게 말해 위험의 분산을 의미한다. 즉, 여러 개의 자산에 고른 분배와 투자를 함으로써 단일 투자로부터 발생할 수 있는 위험을 회피하고 안정된 자산운용을 하기 위한 이론이라고 할 수 있다. 특히 포트폴리오는 투자대안이 갖고 있는 위험과 수익을 분석하고 불필요한 위험을 제거하여 안정된 수익을 얻을 수 있도록 하는 것을 목표로 한다.

2. 포트폴리오이론의 가정

투자자는 합리성을 갖는다. 여기서 합리적이라 함은 위험회피적이어서 기대효용 극대화를 목표로 한다는 의미이다. 또한 투자자들은 동질적 예측을 한다. 이는 투자자들이 투자대상이 되는 자산들에 대해서 수익률의 확률분포를 미리 알고 있으며, 그 확률분포에 대해서 모든 투자자들이 예측하는 내용은 동일하다는 의미이다. 그 외에 투자자의 효용은 기대수익과 위험에 의해서 결정된다는 점 등을 가정으로 한다.

Ⅲ. 포트폴리오 위험과 구성 자산수와의 상관관계(4.5)

1. 포트폴리오의 위험과 수익

① 포트폴리오의 기대수익률은 두 가지 이상의 자산으로 구성된 포트폴리오의 기대수익률을 각 자산의 기대수익률에 대하여 투자비율을 가중치로 해서 가중평균한 값이다. ② 두 개의 투자대안을 여러 가지 결합비율에 따라 결합한 경우, 결합비율에 따라 위험과 수익률이 다르다. 이때 원래의 투자대안보다 위험과 수익이 모두 낮아지는 포트폴리오 효과가 나타난다.

2. 포트폴리오의 위험과 구성 자산수와의 상관관계

포트폴리오를 통하여 위험의 상쇄효과를 살펴보았다. 만일 투자 안을 더 추가하게 된다면 그만큼 변동성은 더 커지게 되고 이로 인하여 위험의 상쇄효과는 더 크게 나타난다. 따라서 구성 자산수가 증가할수록 포트폴리오의 위험은 더 낮아지게 되는 것이다. 이때 비체계적 위험은 구성 자산수가 증가함에 따라 감소하나 체계적 위험은 시장상황과 관련된 위험으로 포트폴리오를 구성하여도 감소시킬 수 없다는 점에 유의하여야 한다.

---

06 **다음의 용어에 대하여 약술하시오.** 15점

1) Reilly의 소매인력의 법칙(Law of Retail Gravitation) 5점

2) 복합불황(複合不況) 5점

3) 주택여과현상(住宅濾過現象) 5점

---

1 출제위원 채점평

① 부동산학의 각론 부문에 처음 소개되는 내용이 부동산의 입지선정 분야이다. 부동산입지는 부동산이용활동의 한 분야이다. 즉, 입지주체가 필요한 활동을 위해 어떤 장소를 정해야 하는가를 연구한다. 본 문제의 출제 의도는 부동산의 자연적 특성과 다양한 토지이용활동을 전개함에는 그 이용주체의 만족을 꾀하는 입지이용이 필요하다는 것이다. 왜냐하면 토지는 경합된 용도 중에서 가장 우선하는 용도를 발견하여 이용도를 증대시켜야 할 문제가 주어지기는 하지만, 토지이용의 우선순위에 대한 판단기준의 이론적 정립이 요구되기 때문이다. 부동산 분석기법 중 상권분석기법의 하나로서 주로 대도시 쇼핑센터의 상권을 측정하는 데 이용되어 왔다. 이는 두 도시에 있어 도시 간 분기점 부근의 중간지점으로부터 소매매출을 흡입하는데 그 크기는 두 도시의 인구에 비례하고, 중간지점에서 두 도시에 이르는 거리의 제곱에 반비례한다는 법칙이다.

② 복합불황이란 부동산시장의 위축국면에서 나타나는 현상 중 하나이다. 복합불황은 부동산시장에 자산디플레이션현상이 생겨 부동산가격이 금융기관의 담보대출 이하로 떨어져 금융기관이 부실해지고 자금 대출이 어려워져 기업과 가계가 도산되며 실물경제질서가 붕괴하면서 자산가치가 다시 떨어지는 악순환으로 경제가 장기 침체에 빠지는 상태를 말한다.
이 문제는 부동산학 기초분야의 용어를 어느 정도 알고 있느냐의 질문으로 대다수 수험생들이 용어의 정리를 잘못하고 있었다.

③ 주택여과현상의 질문은 부동산학의 각론 분야 중 부동산정책부분의 내용 중 하나이다. 주택정책은 주택문제의 해결을 위한 공적인 노력 또는 대책을 말한다. 특히, 주택여과현상은 주택의 질적 변화와 가구의 이동과의 관계를 살피는 주택시장 경제이론이다. 주택순환과정 또는 그 과정이라고도 한다. 일반적으로 주택여과현상은 소득이 높은 계층의 가구가 다른 주택으로 이동함으로써 종래 사용해 온 공가를 소득이 떨어지는 계층의 가구가 저렴한 비용으로 구입할 수 있을 때 발생한다. 물론 소득이 높은 계층의 가구가 소득이 낮은 계층의 가구로 이동하여 발생한 공가에 이사하여 주거생활을 영위하게 되는 수도 있다. 이러한 경우는 보통 생애주기와 밀접한 관계를 지니는 수가 많다. 상위계층의 가구가 이동하여 발생하는 공가를 하위계층의 가구의 사용으로 전환되는 것을 하향여과과정이라고 하고 하위계층가구의 이동으로 인한 공가를 상위계층가구의 사용으로 전환되는 것을 상향여과과정이라고 한다. 하향여과를 능동적 순환, 상향여과를 수동적 순환이라고 일컫는다. 도시지리학자・부동산학자들에 의해 연구된 이 현상은 주거이동과 침입과 천이 또는 계승, 생애주기모형, 상쇄현상과 부동산 감정평가활동과 함께 연구되어 왔던 것이다. 수험생들도 주택여과현상에 대해서는 정확히 이론전개를 한 경우가 많이 있었다.

2 답안작성 가이드

본 문제들은 감정평가이론 중 각론의 내용들로서 부동산입지론, 부동산정책론과 관련되며 복합불황, 주택여과현상은 부동산시장에서 나타나는 주요 현상이다. 따라서 각 용어들이 등장하는 기초분야를 언급하고 그 주요 내용에 대하여 설명하면 된다.

3 목차

Ⅰ. 레일리의 소매인력의 법칙(5)

1. 개설
2. 소매인력의 법칙의 개념
3. 감정평가와 관련성

Ⅱ. 복합불황(5)

1. 개설
2. 복합불황의 개념
3. 감정평가와 관련성

Ⅲ. 주택여과현상(5)

1. 개설
2. 주택여과현상의 개념
3. 감정평가와 관련성

---

4 예시 답안

Ⅰ. 레일리의 소매인력의 법칙(5)

1. 개설

상권이란 상업활동을 하는 장소로서 공간적 넓이와 경제적 주체로서의 소비자의 행동범위를 말한다. 이러한 상권은 상업입지선정에서 가장 중요한 요인이며 레일리의 소매인력의 법칙은 이러한 상권을 분석하는 이론이다.

2. 소매인력의 법칙의 개념

레일리는 소매시설의 상권분석에 중력모형의 적용가능성을 최초로 보여 주었다. 이 이론은 상가들의 집중이 상가의 매력도를 증가시키는 경향이 있다는 것으로, 보다 많은 인구를 지닌 중심지에 위치한 상가들은 보다 적은 인구를 지닌 중심지에 위치한 상가보다 더 먼 거리로부터 고객을 유인한다.

3. 감정평가와 관련성

두 소매상가 사이의 상권 경계는 두 상가 간의 거리와 상대적 크기에 의해 결정된다. 따라서 레일리의 소매인력의 법칙은 대도시 쇼핑센터의 상권을 추정하는 데 이용 가능하므로 상업용 부동산의 시장분석에서 시장획정을 할 때 활용할 수 있다.

Ⅱ. 복합불황(5)

1. 개설

복합불황은 부동산시장의 수축 국면에서 주로 나타나는 현상이다. 그 원인은 여러 가지가 있으나 대표적인 이유는 저금리 정책으로 인한 과도한 유동성이 부동산시장으로 흘러가 부동산 버블을 양산하고 그에 따라 정부가 시장이자율을 상승시킴으로써 발생한다.

2. 복합불황의 개념

복합불황은 부동산시장에 자산디플레이션현상이 생겨 부동산가격이 금융기관의 담보대출 이하로 떨어져 금융기관이 부실해지고 자금 대출이 어려워져 기업과 가계가 도산하고 실물경제 질서가 붕괴하면서 자산가치가 다시 떨어지는 악순환으로 경제가 장기 침체에 빠지는 상태를 말한다.

3. 감정평가와 관련성

복합불황은 가치형성요인 중 경제적 요인에 해당하는바 감정평가 시 이를 고려할 필요가 있다. 따라서 부동산시장의 국면을 분석하여 복합불황을 예측할 수 있어야 하며 복합불황이 나타나는 상황에서 시장가치를 판정할 시에는 보다 유의하여야 한다.

Ⅲ. 주택여과현상(5)

1. 개설

주택여과현상은 부동산학의 각론 분야 중 부동산정책 부분의 내용 중 하나이다. 여기서 주택정책은 주택문제의 해결을 위한 공적인 노력 또는 대책을 말한다. 특히 주택여과현상은 주택의 질적 변화와 가구의 이동과의 관계를 살피는 주택시장 경제이론이다.

2. 주택여과현상의 개념

주택이 소득의 계층에 따라 상하로 이동되는 현상을 여과과정이라 한다. 하향여과란 고소득(상위)계층이 사용하던 주택이 저소득(하위)계층의 사용으로 전환되는 현상이며 상향여과란 저소득계층이 사용하던 주택이 고소득계층의 사용으로 전환되는 현상이다.

3. 감정평가와 관련성

주택여과현상은 가치형성요인 중 사회적 요인에 해당하는바 감정평가 시 이를 고려할 필요가 있다. 따라서 인근지역의 생애주기를 분석하여 주택여과현상을 예측할 수 있어야 하는데, 주택여과현상이 나타나는 상황에서 시장가치를 판정할 때는 보다 유의하여 감정평가해야 한다.

Chapter 26

1999년 제10회 기출문제

01 부동산 유동화를 위하여 다양한 부동산증권화 방안들이 논의되고 있다. 이와 관련하여 부동산증권화의 도입배경, 원리 및 평가기법을 논하시오. 30점

02 자본시장에서 시장이자율의 상승이 부동산시장에 미치는 영향을 장·단기별로 구분하여 설명하시오. 20점

03 위치지대의 발생원리와 이에 영향을 주는 요인들을 설명하시오. 10점

04 수익환원법을 적용함에 있어서 순수환원이율에 추가되는 투자위험도의 유형과 반영방법에 대하여 설명하시오. 10점

05 감정평가에 있어서 시장분석과 시장성분석의 목적과 내용을 설명하시오. 10점

06 다음의 용어에 대하여 약술하시오. 20점

1) 한계심도 5점

2) 최빈매매가능가격 5점

3) 자본자산가격모형(CAPM) 5점

4) 수익지수법 5점

해설 및 예시 답안

01 **부동산 유동화를 위하여 다양한 부동산증권화 방안들이 논의되고 있다. 이와 관련하여 부동산증권화의 도입배경, 원리 및 평가기법을 논하시오.** 30점

1 출제위원 채점평

최근 부동산시장에 나타나고 있는 변화들은 가히 부동산학과 산업의 패러다임을 변화시킬 만하다. 그러나 이 변화의 근본을 자세히 들여다보면 외부에서 주어졌다기보다 내부에서 진행되고 있던 사태의 결과가 나타난 것임을 알 수 있다. 다만 외부적 충격으로 그 시기가 많이 앞당겨졌으며 그 폭과 깊이가 예상을 훨씬 뛰어넘기 때문에 더 강하게 느껴질 뿐이다. 이러한 변화들 중에서 부동산투자를 포함하는 부동산산업 전반에 가장 큰 영향을 주고 있는 것 중의 하나가 부동산의 유동화이다. 부동산의 유동화는 부동산의 금융상품화를 의미한다. 따라서 지금까지 부동산을 대상으로 했던 여러 부분에서 동산을 다루어야 하는 과제를 안겨주고 있다. 부동산의 유동화는 그동안 우리나라에서 근간으로 자리잡고 있던 매매사례비교법을 넘어 본격적인 수익환원법을 적용하는 계기가 될 것으로 보이므로 많은 부동산 분야 중 특히 평가부문에서 평가기법의 적용과 관련한 연구와 관심 그리고 논의가 있어야 할 것이다.

일반적으로 부동산 수익의 평가에서는 시간과 미래 예측이 포함되어야 한다. 왜냐하면 부동산의 수익은 시간에 따라 발생하므로 부동산의 가치는 이 미래수익을 현재가치로 자본화한 값이기 때문이다. 따라서 부동산가치를 제대로 평가하기 위해서는 가장 수익적 용도에서 얻을 수 있는 미래수익을 예측하는 작업이 또한 필수적이다. 하지만 지금까지는 자본 등귀 등 비가측적 요소가 너무 많아 이를 측정하기가 쉽지 않았다. 그래서 비슷한 부동산과의 비교작업을 통해 평가하는 매매사례비교가 평가 기법의 중심으로 기능해왔었다. 그러나 부동산시장이 주거용 부동산시장과 수익성 부동산시장으로 이원화되고 외국 자본의 투자가 이루어질 것이므로 부동산 문화 자체가 국제규범의 적용이 가능하게 바뀌어야 할 것이다.

따라서 앞으로는 이러한 환경 변화가 감정평가이론과 업계에 어떤 영향을 미칠 것인가를 이론적으로 검토하는 문제들이 많이 제시될 것으로 보이므로 자산담보부채권 등 새로이 나타나는 부동산 금융상품에 대한 이해를 높이도록 해야 할 것이다.

2 답안작성 가이드

당시 국내에 부동산 유동화, 부동산증권화에 대한 제도가 본격적으로 도입되면서 출제되었다. 특히 부동산증권화로 인하여 감정평가방법 중 수익환원법(할인현금흐름분석법이 원칙)의 중요성이 부각될 것임을 언급해줄 필요가 있으며 (현행) 감정평가실무기준에서도 부동산증권화에 대한 평가 관련 내용을 규정하고 있음을 설명하여야 한다. 특히 부동산증권화 시장의 발전에 따라 일본 부동산감정평가기준도 2007년 일부 개정되었다는 점을 간략하게 언급하는 것도 좋다.

3 목차

Ⅰ. 서(3)

Ⅱ. 부동산증권화의 도입배경(6)

1. 부동산증권화의 개념
2. 부동산증권화의 도입배경
   1) 자금조달
   2) 자산건전성과 리스크 관리

Ⅲ. 부동산증권화의 원리(8)

1. 개설
2. 자산유동화증권의 원리
3. 주택저당증권의 원리
4. 부동산투자회사의 원리

Ⅳ. 부동산증권화 과정의 평가기법(10)

1. 기초자산의 평가
2. 수익환원법 원칙
   1) 할인현금흐름분석법
   2) 직접환원법
3. 거래사례비교법 등 예외

Ⅴ. 결(3)

4 예시 답안

Ⅰ. 서(3)

FTA에 따른 부동산시장의 개방화, 리츠 등 부동산증권화시장의 성장, 국제회계기준의 도입 등 부동산시장과 금융시장의 유기적인 변화가 지속되고 있다. 한편 부동산시장과 금융시장은 그 파급력으로 인해 2008년 글로벌 금융위기와 같이 세계경제를 위기에 빠뜨릴 수 있는 위험성을 갖고 있기도 하다. 이러한 시대적 흐름에 따라 부동산시장과 금융시장의 균형을 잡아주는 감정평가의 역할과 기능이 점점 중요해지고 있으며 급변하는 환경에 맞는 객관적이고 전문화된 감정평가가 요구된다 할 것이다. 이하 부동산증권화의 도입배경, 원리 및 평가기법을 논하고자 한다.

Ⅱ. 부동산증권화의 도입배경(6)

1. 부동산증권화의 개념

부동산증권화는 유동성이 낮은 자산을 자본시장의 증권 또는 채권의 형태로 변화시켜 유동성을 확보하는 것을 말한다. 따라서 부동산증권화는 부동산 또는 부동산 관련 채권을 중개기관을 거쳐 유가증권의 형태로 전환하는 과정을 의미한다.

2. 부동산증권화의 도입배경

1) 자금조달

부동산증권화를 통해 연기금, 금융기관, 일반투자자 등과 같은 다양한 투자자의 모집을 통해 자금조달비용을 낮추고 기존의 금융기관 차입, 회사채발행, 주식발행 등과 같은 전통적인 자금조달 방법의 다변화를 도모하고자 도입되었다.

2) 자산건전성과 리스크 관리

주택담보저당채권(MBS)의 부동산증권화를 통해 은행의 신용도와 퇴출 여부 평가에 중요한 잣대로 사용되는 BIS비율을 제고함으로써 자산건전성을 확보하고 증권화 대상 자산을 특수목적회사에 양도 또는 신탁함으로써 자산보유자의 신용 리스크와 유동성 리스크를 관리하고자 도입되었다.

Ⅲ. 부동산증권화의 원리(8)

1. 개설

부동산을 증권화하는 원리는 다양할 수 있으나 대표적인 증권화의 유형이라고 할 수 있는 자산유동화증권(ABS), 주택저당증권(MBS), 부동산투자회사(REITS)를 중심으로 설명하고자 한다.

2. 자산유동화증권의 원리

일반적으로 자산유동화는 유동화자산의 보유자가 유동화를 위한 별도의 특수목적회사인 SPC를 설립하고 법인에 유동화자산을 양도하며 SPC는 이 자산을 기초로 증권을 발행하고 매각하여 자금을 조달한다.

3. 주택저당증권의 원리

금융기관에서 개인에게 대출을 한 후 보유하게 되는 주택저당채권을 유동화중개기관에 매각하고 유동화중개기관에서는 이를 집합화하여 증권화된 상품으로 투자자에게 매각하는 구조를 가지고 있다.

4. 부동산투자회사의 원리

우리나라에 도입된 부동산투자회사의 원리는 자산운영을 명목회사가 아닌 미국의 회사형 REITS와 같이 주주로부터 주식발행 등으로 자본을 조달하여 부동산 등에 투자하고 임대료, 이자 등의 투자수익을 수취하고 그 이익을 다시 투자자에게 배당의 형태로 돌려주는 형태를 갖고 있다.

Ⅳ. 부동산증권화 과정의 평가기법(10)

1. 기초자산의 평가

기초자산인 대상 물건에서 발생하는 현금흐름을 수익으로 하는 증권화는 그 특성에 따라 감정평가 3방식 중에서 수익환원법을 적용하는 것이 가치형성 메커니즘으로 보아 적합하다. 감정평가실무기준에서도 부동산의 증권화와 관련된 감정평가 등 매기의 순수익을 예상하여야 하는 경우에는 할인현금흐름분석법을 원칙으로 하고 합리성은 직접환원법으로 검토하도록 규정하고 있다.

2. 수익환원법 원칙

1) 할인현금흐름분석법

할인현금흐름분석법(Discounted Cash Flow Method : DCF법)은 미래의 현금흐름과 보유기간 말의 복귀가액에 적절한 할인율을 적용하여 현재가치로 할인한 후 대상 물건의 수익가액을 산정하는 방법이다.

2) 직접환원법

직접환원법은 단일기간의 순수익을 적절한 환원율로 환원하는 방법으로서 전통적인 직접환원법과 잔여환원법으로 구분할 수 있다. 전통적인 직접환원법은 직접법, 직선법, 상환기금법, 연금법으로, 잔여환원법은 토지잔여법, 건물잔여법, 부동산잔여법 등으로 세분된다.

3. 거래사례비교법 등 예외

해당 물건의 수익, 비용에 관한 신뢰할 수 있는 자료를 확보할 수 없다거나 특수한 사정으로 수익환원법을 적용하는 것이 최종 감정평가액의 신뢰성을 떨어뜨릴 수 있는 경우라면 원가법이나 거래사례비교법을 적용하여야 할 것이다. 다만, 다른 방법을 활용할 때에는 증권화 대상 자산의 특성, 가치형성요인과 가치형성과정을 고려해서 적합한 방법을 적용해야 한다.

Ⅴ. 결(3)

부동산시장과 자본시장의 동조화나 패러다임 전환은 수년간 이야기되어 온 내용들이다. 이러한 과정에서 시장의 의사결정 정보에 대한 수요를 해소하고 시장의 안정화를 위해서는 가치판정과 시장분석의 전문가인 감정평가사가 주축이 되어야 할 것이다. 그러나 부동산증권화와 관련된 주요 법령의 내용을 보면 감정평가사보다는 신용평가나 회계 분야 등 금융과 재무 분야의 전문가를 주축으로 운용되고 있는바 개선될 필요가 있다.

---

02 자본시장에서 시장이자율의 상승이 부동산시장에 미치는 영향을 장 · 단기별로 구분하여 설명하시오. 20점

---

1 출제위원 채점평

2번 문항에 대해서도 앞에서와 같은 지적을 먼저 하고 싶다. 실제 채점에서는 내용적 깊이에 차이가 없다면 형식 논리가 우선한다. 따라서 숫자로 단락을 짓는다고 모든 게 해결되는 것은 아니다.

내용적으로 보면 ① 자본시장의 이자율은 부동산시장에 영향을 주는 여러 가지 요인들 중의 하나임에도 서로를 직접적으로 영향을 주고받는 관계로 서술하고 있어서 설득력이 약하다. 따라서 부동산시장의 영향 요인들과 특성을 전체적으로 서술하고 그 속에서 자본시장의 이자율을 강조해야 할 것이다. ② 그리고 부동산시장을 수요와 공급 그리고 다시 전체 시장으로 구분한 것도 설득력이 미약하다.

2 답안작성 가이드

부동산시장과 자본시장 간의 통합화 과정 속에서 자본시장에서의 이자율 상승이 부동산시장에 어떠한 영향을 미치는가를 설명하라는 문제로서 부동산의 부증성에 따른 단기와 장기라는 시간 개념에 초점을 둔 출제의도가 있다. 따라서 단기와 장기에 따른 부동산시장의 영향을 그래프로 설명하거나 4사분면모형을 활용하여 답안을 작성하면 된다.

3 목차

Ⅰ. 서(2)

Ⅱ. 자본시장의 시장이자율 상승(4)

1. 자본시장과 시장이자율의 개념
2. 부동산시장의 가치형성요인으로서 시장이자율

Ⅲ. 시장이자율의 상승이 부동산시장에 미치는 영향(장 · 단기분석)(12)

1. 부동산시장의 개념과 특징
2. 부동산시장과 자본시장의 관계
3. 장기에 미치는 영향
   1) 장기
   2) 수요
   3) 공급
4. 단기에 미치는 영향
   1) 단기
   2) 수요
   3) 공급

Ⅳ. 결(2)

4 예시 답안

Ⅰ. 서(2)

부동산의 고정성, 부증성 등의 특징으로 인하여 부동산가격은 복잡한 가격형성과정을 거쳐서 형성된다. 이러한 부동산가격에 영향을 미치는 요인들은 다양하고 복잡하다. 그 중에서 자본시장에서의 시장이자율은 경제적 요인으로서 이에 대한 변화는 부동산시장과 부동산가격에 영향을 미친다.

Ⅱ. 자본시장의 시장이자율 상승(4)

1. 자본시장과 시장이자율의 개념

자본시장이란 자본에 대한 수요와 공급에 의하여 이자율이 결정되는 시장을 말하는 것으로 이자율은 자본이나 자금의 원본에 대한 이자의 비율을 의미한다. 그리고 이러한 자본시장에서 시장이자율의 상승은 자본에 대한 수요가 증가하거나 공급이 감소함을 의미한다.

2. 부동산시장의 가치형성요인으로서 시장이자율

부동산시장과 부동산가격에 영향을 미치는 요인을 가치형성요인이라고 하며, 시장이자율은 경제적 요인에 해당한다. 여기서 경제적 요인이란 경제활동의 대상인 부동산이 그 경제활동의 변화 또는 주변 환경과의 상호작용에서 부동산가격형성에 영향을 주는 경제적 인자를 말한다.

Ⅲ. 시장이자율의 상승이 부동산시장에 미치는 영향(장・단기 분석)(12)

1. 부동산시장의 개념과 특징

부동산시장이란 부동산에 대한 수요와 공급에 의해서 부동산가격이 결정되는 공간을 말한다. 이러한 부동산시장은 공급의 비탄력성으로 주기적인 초과공급과 초과수요가 반복되며 균형가격 성립이 어렵다는 등 불완전경쟁시장의 특징이 있다.

2. 부동산시장과 자본시장의 관계

부동산시장과 자본시장은 투자에 관하여 서로 대체・경쟁 관계에 있다. 투자자는 부동산시장의 수익률과 자본시장의 이자율을 비교하여 투자의사결정을 한다. 특히 양 시장은 시장이자율을 매개변수로 하여 서로 연결되어 있다.

3. 장기에 미치는 영향

1) 장기

장기란 일정한 시간이 지난 후에 부동산의 경제적 공급 등에 따라 신규 공급이 가능해지는 기간을 말한다.

2) 수요

시장이자율의 상승은 부동산의 내재가치를 감소시키지만 부동산가격 하락으로 인하여 투자수익률은 이자율의 상승에도 불구하고 다시 회복되는 움직임을 보인다. 따라서 장기에 수요의 증감여부는 내재가치 하락으로 인한 수요 감소량과 투자수익률 회복으로 인한 수요 증가량의 상대적 크기에 의해 결정된다.

3) 공급

시장이자율의 상승은 부동산투자개발에 있어서 비용 등을 상승시키므로 신규공급은 감소될 것이다. 그러나 기존부동산 보유자들은 이자비용의 부담가중, 재산가치의 하락으로 인하여 보유부동산을 처분하고자 할 것이므로 기존공급은 증가할 것이다. 따라서 공급의 증감 여부는 신규공급의 감소량과 기존공급의 증가량의 상대적 크기에 의해 결정된다. 그 결과 수요·공급의 상대적 크기에 의하여 균형가격과 거래량이 상승·증가할 수도 있고 하락·감소할 수도 있다.

4. 단기에 미치는 영향

1) 단기

단기란 부동산의 자연적 특성 중 부증성으로 인하여 신규 공급이 이루어지기 어려운 짧은 기간을 말한다.

2) 수요

시장이자율의 상승은 부동산보유에 따른 기회비용의 상승으로 인한 부동산의 내재가치 하락을 발생시킨다. 따라서 은행 예금이나 채권 등의 부동산 대체투자시장에 부동산 수요자금이 유입되어 부동산시장은 급격히 위축된다.

3) 공급

부동산의 부증성으로 인하여 공급은 완전비탄력에 가깝다. 따라서 시장이자율이 상승하더라도 단기적으로 공급량의 변화가 일어나기 어렵다. 그 결과 공급은 고정되어 있으나 수요가 감소하므로 균형가격과 거래량 모두 하락·감소할 가능성이 높다.

Ⅳ. 결(2)

자본시장에서 시장이자율의 변화가 부동산시장에 미치는 영향이 점차 커지고 있다. 특히 시장이자율은 경제적 요인으로 가치형성요인 분석 시 중요하게 고려되어야 한다. 또한 감정평가에서 수익방식의 적용 시 자본환원율은 시장이자율과 밀접한 관련을 맺고 있으므로 이에 대한 정확한 파악이 중요하다.

03 위치지대의 발생원리와 이에 영향을 주는 요인들을 설명하시오. 10점

1 출제위원 채점평

지대는 앞으로 얼마든지 제시될 수 있는 주제이다. 특히 전통 지대론을 도시에 적용하는 데 따른 문제점으로 인하여 일방적 설명이 어려운 부분이기도 하다. 위치지대도 그런 부분의 하나이다. 내용적으로 보면 기본적인 이해는 있으나 앞의 문항들에 대한 지적이 다시 적용된 것으로 보인다. 나름대로의 독자적인 논리 전개 방식을 보태면 더 좋을 듯싶다.

2 답안작성 가이드

본 문제는 지대론에서 등장하는 위치지대의 발생원리와 이에 영향을 주는 요인들을 물어보고 있다. 위치지대는 지대라는 개념이 위치로부터 발생함을 의미하는 것으로 위치를 지대와 연결한 이론들을 검토하고 제시할 수 있어야 한다. 특히 튀넨의 입지교차지대이론을 활용하면 된다.

3 목차

Ⅰ. 위치지대의 개념(1)

Ⅱ. 위치지대의 발생원리(4.5)

1. 위치지대 발생의 전제조건
2. 수송비의 차이가 지대의 원인

Ⅲ. 위치지대에 영향을 주는 요인들(4.5)

1. 수송비(또는 교통비)와 접근성
2. 주변 토지이용상황과 정부의 정책

4 예시 답안

Ⅰ. 위치지대의 개념(1)

독일의 농업학자였던 튀넨은 도시로부터의 거리에 따라 농작물의 재배형태가 다르다는 사실에 주목하였다. 이는 수송비의 차이에 기인한다고 보았으며 거리의 차이에 따라 지대가 달라지는 지대의 개념을 위치지대라고 하였다.

Ⅱ. 위치지대의 발생원리(4.5)

1. 위치지대 발생의 전제조건

지형조건은 동일하고 지대는 한계 토지 내에서 발생한다는 것을 전제조건으로 한다. 즉, 시장과 농장과의 거리에 따른 곡물수송비의 절약분이 지대가 되고 생산물 가격은 한계지의 생산비와 수송비의 합으로 결정된다는 것이다.

2. 수송비의 차이가 지대의 원인

도시로부터의 거리에 따라 농작물의 재배형태가 달라지는 것은 수송비의 차이에 기인한다. 즉, 단위당 수송비가 비싼 농작물일수록 도시 근처에서 재배되었던 것이다. 튀넨은 이러한 수송비의 차이가 지대의 차이를 가져오며, 지대의 차이는 곧 농업입지의 차이를 가져온다고 하였다.

Ⅲ. 위치지대에 영향을 주는 요인들(4.5)

1. 수송비(또는 교통비)와 접근성

수송비(또는 교통비)의 감소는 위치지대를 증가시키고 반대로 수송비(또는 교통비)의 증가는 위치지대를 감소시킨다. 또한 접근성이란 어떤 지점에서 다른 지점에 도달하는 데에 따른 시간, 거리, 노력 등의 상대적 비용으로서 접근성의 향상은 위치지대를 증가시킨다.

2. 주변 토지이용상황과 정부의 정책

부동산은 지리적 위치의 고정성으로 인하여 외부로부터 유리 또는 불리한 영향을 받는바 주변 토지나 대상 부동산이 속한 지역의 이용 상황 변화로 인해 지역의 생산성 변화는 대상 부동산의 위치지대에 영향을 미친다. 또한 정부는 정책적으로 토지이용 규제를 완화하거나 강화하여 위치지대를 변화시킬 수 있다.

04 수익환원법을 적용함에 있어서 순수환원이율에 추가되는 투자위험도의 유형과 반영방법에 대하여 설명하시오. 10점

1 출제위원 채점평

수익환원법은 많은 변형이 있겠지만, 한동안 논의가 지속될 것으로 보인다. 수익환원법에 여러 가지 논쟁거리가 있지만, 가장 많은 관심은 아무래도 환원이율에 두어진다. 그것은 환원되는 수익을 결정하는 열쇠가 환원이율이 될 것이기 때문이다. 그리고 이 환원이율의 결정에서는 투자에 따른 위험을 고려할 수 있어야만 의사 결정에 이용할 수가 있다. 투자위험의 종류는 답안에 제시된 것처럼 분류할 수 있겠으나 반영의 문제는 전혀 별개이다. 따라서 논리전개는 수익환원법의 간단한 개념 그리고 수익환원법에서 환원이율이 갖는 의미를 설명한 다음에 위험을 유형화하고 이를 계산에 산입하는 방법으로 논해야 할 것이다. 일반적으로 의사결정에 위험을 고려하는 방법은 크게 주먹구구식과 체계적인 방법으로 나눌 수 있다. 전자는 단기의 회임기간을 적용하는 방법, 현재가치 계산에 위험할증률을 더하는 방법, 편익과 비용에 일정비율을 빼거나 더하는 방법이 있다. 체계적인 방법으로는 위험에 대한 확률분포의 적용, 감응도 분석 그리고 게임이론을 이용한 선택 규칙의 적용 등이 있다.

2 답안작성 가이드

자본환원이율의 구조는 다양한데 이 문제는 그 중 환원이율의 산정방법으로서 무위험률에 위험률을 가산하는 견해를 바탕으로 한 요소구성법(조성법) 문제로도 볼 수 있다. 또한 부동산투자에 따른 다양한 위험들에 대하여 설명하고 이를 헤지(Hedge)할 수 있는 방법에 대하여 설명하면 될 것이다.

3 목차

Ⅰ. 수익환원법과 순수환원이율의 개념(2)

1. 수익환원법

2. 순수환원이율

Ⅱ. 투자위험도의 유형(4)

1. 위험의 개념
2. 투자위험도의 유형

Ⅲ. 투자위험도의 반영방법(4)

1. 주먹구구식 방법
2. 체계적인 방법

---

4 예시 답안

Ⅰ. 수익환원법과 순수환원이율의 개념(2)

1. 수익환원법

수익환원법이란 대상 물건이 장래 산출할 것으로 기대되는 순수익 또는 미래의 현금흐름을 환원하거나 할인하여 기준시점에 있어서의 평가가액을 산정하는 방법이다.

2. 순수환원이율

환원이율은 대상 부동산이 장래 산출할 것으로 기대되는 순수익과 부동산가격 간의 비율을 말한다. 이러한 환원이율은 이론적으로 순수한 시간에 대한 가치인 무위험율과 부동산의 특성으로 인한 위험율의 합으로 구성된다. 여기서 무위험율은 순수환원이율이라고 하며, 일반적으로 국공채이자율 등을 기준으로 측정한다.

Ⅱ. 투자위험도의 유형(4)

1. 위험의 개념

부동산투자에서 위험은 부동산투자에 대한 기대소득에 대한 변동가능성이나 실현된 투자 결과가 예상한 결과로부터 벗어날 가능성을 의미한다.

2. 투자위험도의 유형

부동산투자의 위험은 극복 가능한 것이 있고, 극복하기 어려운 것이 있다. 전자를 비체계적 위험이라 하는데 개별 부동산의 특성 때문에 생기는 위험이다. 후자는 체계적 위험이라 하는데 모든 부동산에 주는 위험으로 경기변동, 이자율 변동 같은 것이 있다.

Ⅲ. 투자위험도의 반영방법(4)

1. 주먹구구식 방법

자본회수기간을 적용하는 방법, 현재가치 계산에 위험 할증률을 더하는 방법, 편익과 비용에 일정비율을 빼거나 더하는 방법이 있다. 이론적으로 무위험이자율에 위험률을 평가자의 판단에 의해 주관적으로 가산하는 방법은 논리적 타당성이 인정된다. 그러나 평가자의 주관이 지나치게 개입되어 객관성이 결여된다는 단점이 있는바 이를 보완하는 것이 체계적인 방법이다.

2. 체계적인 방법

위험에 대한 확률분포를 분석하는 방법이나 감응도 분석을 통한 통계적 기법을 활용하여 객관적인 위험요소를 추출하고 이를 객관적으로 반영하는 방법 등이 있다. 그러나 이 방법은 많은 데이터가 요구되고 부동산의 개별적 성격을 반영하기 힘들다는 단점이 있으므로 향후 보완적인 방법으로 활용하는 것이 평가의 신뢰성과 객관성을 높이는 데 기여할 것이다.

05 감정평가에 있어서 시장분석과 시장성분석의 목적과 내용을 설명하시오. 10점

1 출제위원 채점평

과거의 감정평가에서는 시장분석이 형식적 요건이었으나, 시장 환경의 변화로 수익을 결정하는 요인들이 복잡해지고 다양해짐에 따라 시장분석의 중요성이 더욱 높아지고 있다. 따라서 이 문항에서 묻고자 하는 것도 어떤 측면에서 시장분석을 이해하고 있는가이므로 이를 논술 속에 펼쳐 보여야 한다. 답안에서는 시장분석과 시장성분석이 마치 별개인 것처럼 기술되고 있으나 실제로는 시장성분석이 시장분석에 기초하고 있으므로 이들 간의 관계를 명확히 해 주는 논리 전개가 있었어야 할 것이다. 그리고 시장분석이나 시장성분석이 대상 부동산의 종류에 따라 달리 접근되어야 한다는 점도 언급이 필요하다. 또 부동산시장분석이 부지에서 먼 국가적 추세로 시작하여 대상 부동산으로 공간적 범위가 축소되어 가는 특성도 강조해 줄 필요가 있을 것이다.

2 답안작성 가이드

시장성분석은 시장분석을 기초로 하여 이루어지므로 양자가 관련성을 가지고 있다. 다만, 양자가 분석하고자 하는 구체적인 목적이나 내용이 다르다는 점을 명확히 하되 시장성분석도 결국은 시장분석에서의 수요·공급에 대한 분석을 기초로 하고 있음을 언급할 수 있어야 한다.

3 목차

Ⅰ. 개설(1)

Ⅱ. 시장분석과 시장성분석의 목적과 내용(8)

1. 시장분석과 시장성분석의 개념
2. 시장분석과 시장성분석의 목적
   1) 시장분석의 목적
   2) 시장성분석의 목적
3. 시장분석과 시장성분석의 내용
   1) 시장분석의 내용
   2) 시장성분석의 내용

Ⅲ. 양 분석의 관련성(1)

4 예시 답안

Ⅰ. 개설(1)

감정평가는 토지 등의 경제적 가치를 판정하는 것으로 이를 위하여 다양한 부동산분석을 수행한다. 이하 시장분석과 시장성분석의 목적과 내용을 설명하고자 한다.

Ⅱ. 시장분석과 시장성분석의 목적과 내용(8)

1. 시장분석과 시장성분석의 개념

시장분석은 특정 부동산에 대한 시장의 수요와 공급 상황을 분석하는 것을 말하는데 시장분석을 위해서는 먼저 부동산의 종류와 용도를 결정하고 시장지역을 획정해야 한다. 시장성분석은 개발된 특정 부동산이 현재와 미래의 시장상황에서 어느 정도의 가격에 매매되거나 임대될 수 있는가 하는 가능성 또는 능력을 조사하는 것을 말한다.

2. 시장분석과 시장성분석의 목적

1) 시장분석의 목적

시장분석은 수요 측면에서 대상 부동산에 대한 잠재적 가능 소비자가 얼마나 되는지, 앞으로 어떻게 변화해 갈 것인지를 확인하고, 공급 측면에서는 대상 부동산과 특성이 동일한 유형의 부동산에 대한 공급 상황을 분석한다. 그리고 이러한 수요와 공급 분석을 토대로 시장의 균형여부를 파악하는 것을 목적으로 한다.

2) 시장성분석의 목적

시장성분석은 대상 개발사업의 현황과 특성 파악을 통해 다른 부동산과 비교할 때 대상 부동산이 현재와 미래에 어떤 경쟁력을 보유하고 있는지를 분석하는 것을 목적으로 한다.

3. 시장분석과 시장성분석의 내용

1) 시장분석의 내용

시장분석은 차별화와 세분화를 한다. 여기서 차별화는 차별하는 상품의 특성에 따라 부동산을 범주화하여 다른 부동산과 구별 짓는 것이고 세분화는 소비자의 특성에 따라 가능소비자를 범주화하여 다른 사람과 구별 짓는 것을 말한다.

2) 시장성분석의 내용

시장성분석은 시장에 공급된 부동산이 일정기간 동안 흡수되는 비율인 흡수율이나 흡수시간을 분석하는 흡수분석, 대상 부지 자체를 분석하는 부지분석, 대상 부동산의 위치의 양부에 대하여 분석하는 입지분석을 한다.

Ⅲ. 양 분석의 관련성(1)

시장분석과 시장성분석은 부동산분석의 일련의 절차로 행해지고 시장성분석은 선행과정인 시장분석의 결과에 근거하여 이루어진다는 점에서 양 분석은 밀접한 관련성을 가지고 있다.

06 다음의 용어에 대하여 약술하시오. 20점

1) 한계심도 5점

2) 최빈매매가능가격 5점

3) 자본자산가격모형(CAPM) 5점

4) 수익지수법 5점

1 출제위원 채점평

용어 약술의 경우 대부분 이론적 정의나 내용은 숙지하고 있을 것이므로 이를 다른 사람들과 특화하는 기교가 필요하다. 따라서 감정평가 분야에서 그 용어가 갖는 의미를 제시하거나 근래에 논란이 되고 있는 부분이 있으면 이를 설명 속에 삽입해 주는 것이 필요할 것이다.

2 답안작성 가이드

본 문제의 경우 소물음 1번부터 소물음 4번까지 관련성이 높지 않으므로 각 용어에 대한 구체적인 설명에 집중을 하되 각 용어가 감정평가에서 어떠한 관련성을 갖는지를 추가적으로 언급해주는 것이 중요하다.

3 목차

Ⅰ. 한계심도(5)

1. 개념
2. 감정평가와 관련성

Ⅱ. 최빈매매가능가격(5)

1. 개념
2. 감정평가와 관련성

Ⅲ. 자본자산가격모형(5)

1. 개념
2. 감정평가와 관련성

Ⅳ. 수익지수법(5)

1. 개념
2. 감정평가와 관련성

4 예시 답안

Ⅰ. 한계심도(5)

1. 개념

한계심도란 토지소유자가 통상적인 이용행위가 예상되지 아니하고 지하시설물을 따로 설치하는 경우에도 일반적인 토지이용에 지장이 없을 것으로 판단되는 깊이를 말한다. 일반적으로 고층시가지는 40미터, 중층시가지는 35미터, 저층시가지 및 주택지는 30미터, 농지나 임지는 20미터로 본다.

2. 감정평가와 관련성

한계심도는 도시철도 지하부분의 사용에 따른 보상 시 관련되는 개념으로서 한계심도와 관련된 보상의 문제는 한계심도를 초과하는 지하공간을 사용할 경우의 보상여부에 대한 것이다. 우리나라의 경우에는 한계심도를 초과하는 지하공간에 대해서도 보상을 하고 있다. 서울시의 경우 보상기준에 관한 조례에서 한계심도 초과 20미터 이내는 1 ~ 0.5%, 20 ~ 40미터는 0.5 ~ 0.2%, 40미터 이상은 0.2% 이하로 규정하고 있다.

Ⅱ. 최빈매매가능가격(5)

1. 개념

최빈매매가능가격은 대상 부동산에 대하여 특정한 조건 하에서 성립될 가능성이 가장 높은 가격을 말하는바 Ratcliff는 시장가치를 '성립될 가능성이 가장 많은 가격'으로 보았다.

2. 감정평가와 관련성

우리나라 시장가치는 최빈매매가능가격을 개념요소로 하고 있다. 미국 AI의 'The Most Probable Price'에서 'Most Probable'은 거래가능가격의 평균을 의미하는 것이 아니다. 거래가능가격 중에서 가장 일어날 수 있는 빈도수가 높은 거래가능가격을 의미한다고 보면 "가장 성립될 가능성이 높은"이란 문구의 타당성은 있으나 일본기준에서는 "형성될 수 있는"이라고 정의하고 있고 IVS, RICS 등에서는 이러한 확률개념을 고려하지 않고 있다. 특히, 미국기준인 USPAP를 전술한 바와 같이 평가자의 의견으로 보는 시각을 갖고 있고, 평가가격에서 'Probable'이란 개념을 무시하고 이야기를 전제하는 것이 무리가 있는바 "성립될 가능성이 높다"를 기준으로 선택하고 있다.

Ⅲ. 자본자산가격모형(5)

1. 개념

자본자산가격모형은 자본시장이 균형인 상태에서 위험과 기대수익률 사이의 균형관계를 설명하는 이론을 말한다. 주로 주식, 회사채 등의 유가증권을 대상으로 하는 자본시장의 위험과 수익에 대한 내용을 설명하는 개념이다.

2. 감정평가와 관련성

자본자산가격결정모형은 기업가치 평가, 권리금의 평가 등에서 가중평균비용을 산정할 때 이용된다. 즉, 자기자본비용을 자본자산가격결정모형(CAPM)에 의하여 산정한다. 다만, 자본자산가격결정모형에 의하여 산정하는 것이 적절하지 아니한 경우에는 자본자산가격결정모형에 별도의 위험을 반영하거나 다른 방법으로 산정할 수 있다.

$$Ke = Rf + (E(Rm) - Rf) \times \text{해당 기업}(\beta)$$

- Ke : 자기자본비용, Rf : 무위험이자율, E(Rm) : 시장기대수익률
- 해당 기업 : 해당 기업의 체계적 위험

여기서 무위험이자율은 국고채의 수익률을 고려하여 산정하고 시장기대수익률은 주식시장의 수익률을 고려하여 산정할 수 있으며 자기자본비용의 산정을 위한 해당 기업은 시장수익률의 변화에 대한 해당 기업의 민감도로서 상장기업 중 유사기업의 체계적 위험을 사용하되 유사기업이 없는 경우에는 산업별 체계적 위험을 사용할 수 있다. 이 경우 해당 기업의 성격에 따라 KOSPI지수나 KOSDAQ지수를 고려하여 산정할 수 있다.

Ⅳ. 수익지수법(5)

1. 개념

투자의사결정에 있어서 할인현금흐름분석법의 하나로서 수익지수는 현금유입의 현가 합을 현금유출의 현가 합으로 나눈 값을 말한다. 이러한 수익지수가 상호 독립적인 투자 안에서는 1보다 큰 투자안을, 상호 배타적인 투자 안에서는 1보다 큰 투자 안 중에서 가장 큰 투자 안을 선택한다.

2. 감정평가와 관련성

감정평가업무는 가치추계업무와 비가치추계업무로 크게 구분할 수 있다. 이 중에 후자인 비가치추계업무를 컨설팅업무라고 하며 감정평가사는 부동산에 대한 투자, 개발 등에 있어서 의사결정에 도움을 주는 역할을 한다. 특히 부동산에 대한 투자의사결정기법으로 화폐의 시간가치를 고려하지 않는 전통적 기법과 할인현금흐름분석법이 있다. 수익지수법은 후자의 기법으로서 확실성하에서의 투자의사결정기법이다.

Chapter 27

1998년 제9회 기출문제

01 최근 부동산시장이 개방되면서 상업용 부동산의 가치평가방법이 수익방식으로 변화하는 추세이다. 자본환원이론의 발전과정을 설명하고, 저당지분환원법(저당 · 자기자본방법 : Mortgage-Equity Capitalization)의 본질과 장점 및 문제점을 논술하시오. 30점

02 기업평가에 있어 영업권 가치와 지적 재산권 가치를 설명하고, 이와 관련된 발생 수익의 원천 및 평가방법을 서술하시오. 20점

03 복성식평가법에 있어서 감가수정의 방법은 내용연수를 표준으로 하는 방법과 관찰감가법이 있다. 이러한 감가수정을 하는 이론적 근거를 관련 원칙을 들어 서술하고, 두 방법의 장단점과 실무상 양자를 병용하는 이유를 설명하시오. 20점

04 토지는 지리적 위치의 고정성으로 인하여 강한 개별성을 갖는다. 이와 관련한 부동산 가격 원칙과 파생적 특징을 설명하시오. 10점

05 계량적 부동산평가기법인 회귀분석(Regression Analysis)의 개념, 결정계수 및 유의수준에 관하여 각각 약술하시오. 10점

06 다음 사항을 약술하시오. 10점

1) 부동산의 시장흡수율(absorption rate) 5점

2) 가행연수(稼行年數)의 의의와 산정방법 5점

해설 및 예시 답안

01 **최근 부동산시장이 개방되면서 상업용 부동산의 가치평가방법이 수익방식으로 변화하는 추세이다. 자본환원이론의 발전과정을 설명하고, 저당지분환원법(저당 · 자기자본방법 : Mortgage-Equity Capitalization)의 본질과 장점 및 문제점을 논술하시오.** 30점

1 답안작성 가이드

본 문제는 수익방식과 관련된 문제로서 문제의 취지에 부합하게 수익방식이 중요하게 된 부동산시장의 환경변화를 설명하고 자본환원이론의 발전과정을 설명하여야 한다. 특히 부동산가치를 금융적 측면에서 접근한 저당지분환원법을 강조할 필요가 있으며 그 한계점에 대하여 다룰 수 있어야 한다. 특히 우리나라의 부동산시장 개방과 관련하여 상업용 부동산시장의 현실을 고려하여 저당지분환원법이 가지는 장점과 문제점을 논술해야 한다.

2 목차

Ⅰ. 서(3)

Ⅱ. 자본환원이론의 발전과정(8)

1. 초기시대
2. 1959년 이전
3. 1959년 ~ 1970년 중반
4. 1970년 ~ 현재

Ⅲ. 저당지분환원법의 본질과 장점 및 문제점(16)

1. 저당지분환원법의 개념
2. 저당지분환원법의 본질
   1) 가정
   2) 지분가치
   3) 저당가치
   4) 부동산가치
3. 저당지분환원법의 장점
   1) 시장가치 평가목적 측면
   2) 투자가치 평가목적 측면

4. 저당지분환원법의 문제점
   1) 시장가치 평가목적 측면
   2) 투자가치 평가목적 측면

Ⅳ. 결(3)

---

3 예시 답안

Ⅰ. 서(3)

수익환원법은 장래 기대되는 편익의 현재가치라는 부동산가치의 본질에 부합하여 이론적으로 가장 우수한 방법이라 알려져 있으며 시장 환경의 변화에 따라 3방식 6방법 중 그 중요성이 제일 크게 부각되고 있다. 최근 부동산시장의 개방으로 자본이득보다 소득이득에 대한 관심이 증가하면서 상업용 부동산에 대한 투자가 증가하고 있으며 이에 대한 평가방식으로 수익방식이 중요하게 되었다. 이하에서는 자본환원이론의 발전과정을 설명하고 저당지분환원법의 본질과 장점, 문제점에 대하여 논하고자 한다.

Ⅱ. 자본환원이론의 발전과정(8)

1. 초기시대

이 시기는 자본환원이론의 기초가 되는 수학적 이론이 정립되는 때이다. John Newton은 현재가치와 미래가치의 개념을 최초로 정립하였으며 오늘날 부동산평가에서 쓰이고 있는 미래가치와 현재가치에 관한 6가지 공식 중 4가지 공식을 정립하였다. 또한 John Smart는 여러 가지 복리표를 최초로 만들었으며 저당상수에 관한 공식을 개발하였다. 그 이후 Hoskold는 감채기금계수에 기초한 자본환원율을 구하는 획기적인 방법을 개발하였으며 자본환원율이라는 일반적인 용어를 Fisher가 최초로 사용하였다.

2. 1959년 이전

이 시기에 부동산은 인플레이션이 거의 없고 금융자본에 대한 이용이 일반화되어 있지 않았다. 따라서 주로 부동산의 물리적인 측면만을 고려하여 부동산의 가치를 구하였다. 즉, Babcock은 토지환원율과 건물환원율을 분리해서 구하고 이를 결합하여 종합환원율을 구하였는바 물리적 투자결합법이라 한다. 이를 이용한 자본환원방법이 부동산잔여법이다. 또한 이 시기의 부동산시장은 정태적이며 자본환원이율의 선택과 결정에 있어서는 요소구성법이 지배적으로 활용되었다.

3. 1959년 ~ 1970년 중반

이 시기는 감정평가의 역사에 있어서 과도기적인 시점이다. Ellwood는 투자결합법을 대폭 개량하였으며 그동안 부동산평가에서 사용된 여러 가지 관행들을 신랄하게 비판하였다. 그리고 자본환원율의 구성요소들을 분석하고 이를 토대로 자본환원율을 계산하는 새로운 공식을 만들었다. 이것이 이른바 저당지분환원법 또는 Ellwood법이다. 그는 수익성 부동산의 자본환원율은 대부비율, 저당이자율, 대부기간, 저당상환으로 인한 지분형성분, 보유기간 중 부동산가치의 증감, 지분수익률 등의 함수라고 주장하였다.

4. 1970년 ~ 현재

이 시기의 자본환원이론은 인플레이션과 미국의 경기 후퇴에 많은 영향을 받았으며 부동산시장이 민감하게 변동하는 동태적 시장으로 변화하던 시점이다. 따라서 컴퓨터의 일반적인 보급과 정보시스템의 발달로 할인현금흐름분석법, 거래사례비교법의 시뮬레이션화 등이 활용되어 시장참가자의 의사결정에 있어서 행태를 잘 반영할 수 있게 되었다.

Ⅲ. 저당지분환원법의 본질과 장점 및 문제점(16)

1. 저당지분환원법의 개념

저당지분환원법은 부동산의 가치는 지분가치와 저당가치로 구성되어 있다는 전제하에 지분가치와 저당가치를 각각 구하고 이를 합산함으로써 부동산의 가치를 구하는 방법이다. 즉, 이 방법은 할인현금흐름분석법에 있어서 세전현금흐름분석법의 변형이라 할 수 있다.

2. 저당지분환원법의 본질

1) 가정

투자자들은 전체 부동산에서 창출되는 순수익에 관심이 있다기보다는 자신들의 지분투자액에 귀속되는 지분수익에 보다 많은 관심을 갖고 있다는 점에서 지분수익률을 고려한다. 또한 투자자들은 부동산을 경제적 수명 동안 보유하는 것이 아니라 전형적인 보유기간을 고려한다는 것이다. 그 외에 부동산은 고가의 재화로서 구매 시 저당대출을 이용한다는 점과 투자자들은 기간 말 부동산의 가치변동을 고려하여 투자한다는 것이다.

2) 지분가치

지분가치는 매 기간의 지분수익의 현재가치와 기간 말 지분복귀액의 현재가치를 합산하여 구한다. 기간 말 지분복귀액은 그동안의 원금상환으로 인한 지분형성분과 부동산 가치변동이 포함되어 있다. 이때 매 기간의 지분수익과 기간 말 지분복귀액을 현재가치로 환산할 때 사용되는 할인율은 지분수익률이다.

3) 저당가치

저당가치는 저당투자자인 대출기관이 향유하게 되는 모든 금전적인 이익을 현재가치로 환산한 것이 된다. 대출기관은 부채서비스액을, 기간 말에는 미상환저당잔금을 수취하게 된다. 따라서 저당가치는 대출기관이 매 기간 받게 되는 부채서비스액의 현재가치와 기간 말의 미상환저당잔금의 현재가치를 합산하여 구한다. 이때 부채서비스액과 기간 말의 미상환저당잔금을 현재가치로 환산할 때 사용되는 할인율은 저당수익률이다.

4) 부동산가치

부동산가치는 결국 지분가치와 저당가치의 합산에 의하여 이루어진다. 다만, 저당가치는 최초의 저당대출액과 다를 수 있으며, 시간의 흐름에 따라 변동할 수도 있다는 사실에 유의해야 한다. 즉, 저당가치는 대출계약에 따라 매 기간 일정액의 상환이 이루어짐에 따라 점점 하락하는 것이 보통이다.

3. 저당지분환원법의 장점

1) 시장가치 평가목적 측면

전형적인 보유기간 동안의 순수익과 기간 말 가치를 추정하기 때문에 잔존내용연수 동안 순수익과 기간 말 가치를 추정하는 전통적인 평가방법에 비하여 훨씬 더 정확하다. 또한 시장참가들이 부동산의 매수에 있어 저당대출을 일반적으로 사용하고 있으며 미래의 부동산 가치변화에 대한 전망을 충분히 고려하고 있다는 사실을 적절하게 반영할 수 있다.

2) 투자가치 평가목적 측면

대상 부동산과 관련한 여러 가지 조건이 주어져 있을 때 투자가치를 산정해 낼 수 있고 이를 통해 투자자들은 시장가치와 비교하여 매수의사결정을 할 수 있게 된다. 또한 여러 가지 조건하에서 지분수익률이 어떻게 변화하는지를 보여줄 수 있다.

4. 저당지분환원법의 문제점

1) 시장가치 평가목적 측면

기본적으로 중요한 요소 중에 하나인 지분수익률의 추계가 평가사의 개인적인 판단에 의해 좌우될 수 있다. 또한 부동산가치가 대상 부동산의 저당조건에 많은 영향을 받아서 그 가치가 달라지게 된다. 그 외에 직접환원법의 형식을 빌려 가치를 산정하는 경우에 순수익의 변동이나 기간 말 가치변화에 대한 추계를 할 경우 평가사의 주관이 개입될 가능성이 많다.

2) 투자가치 평가목적 측면

순수익의 변동이 있는 경우에도 이를 안정화된 연금의 형태로 변화하여 부동산의 가치를 산출하고 있는데 이러한 방법이 최종추계치의 산정을 왜곡시킬 수 있다. 또한 저당조건, 순수익, 가치의 변화가 투자가치에 미치는 영향은 고려하고 있지만 세금이 미치는 영향은 고려하지 못하고 있다.

Ⅳ. 결(3)

자본환원이론은 초기에는 부동산의 물리적 측면을 강조하였으나 시장의 변화로 인하여 물리적인 측면뿐만 아니라 금융적인 측면, 세금 등 다양한 요인을 고려하게 되었다. 우리나라의 부동산에 대한 가치의 개념과 투자형태를 볼 때 저당지분환원법은 수익방식의 일종으로서 나름의 의미는 있다고 생각한다. 다만, 앞서 밝힌 세금이 부동산가치에 미치는 영향이나 소득의 안정화 과정에서 오류 발생 가능성으로 인한 문제점이 있어 현재는 DCF법(세후현금흐름모형)이 더 넓게 활용되고 있다.

02 기업평가에 있어 영업권 가치와 지적 재산권 가치를 설명하고, 이와 관련된 발생 수익의 원천 및 평가방법을 서술하시오. 20점

1 답안작성 가이드

본 문제는 기업의 가치를 평가하는 데 있어서 무형자산(영업권과 지적재산권)에 대한 가치, 발생 수익의 원천, 평가방법을 설명하도록 하고 있다. 기업의 가치를 평가하는 방법 중 B/S의 차변인 자산을 기준으로 하는 방법이 자산합계법이고 이 경우 자산 항목에는 무형자산이 대표적이다. 따라서 무형자산에 해당하는 영업권과 지적재산권(감정평가실무기준 등 법령에서는 지식재산권이라는 용어를 사용함)의 가치평가를 물은 것이므로 이를 반드시 언급해야 한다.

2 목차

Ⅰ. 서(2)

Ⅱ. 영업권(8)

1. 영업권의 가치
2. 발생 수익의 원천
3. 감정평가방법
   1) 감칙 제23조 제3항과 감정평가실무기준
   2) 수익환원법
   3) 거래사례비교법과 원가법

Ⅲ. 지적 재산권(8)

1. 지적 재산권의 가치
2. 발생 수익의 원천
3. 감정평가방법
   1) 감칙 제23조 제3항과 감정평가실무기준
   2) 수익환원법
   3) 거래사례비교법과 원가법

Ⅳ. 결(2)

3 예시 답안

Ⅰ. 서(2)

최근에 산업사회에서 지식사회로 탈바꿈하면서 무형자산의 중요성이 부각되고 있다. 이로 인하여 정보화로 대표되는 IT 기술 등의 발달로 특허에 관한 독점적 권리를 주장하게 되며, 이에 따른 분쟁도 점차 증대되는 추세이다. 특히 기업의 가치를 평가하는 데 있어서 무형자산인 영업권과 지적 재산권에 대한 감정평가가 핵심이 되고 있다. 이하 영업권 가치와 지적 재산권의 가치에 관한 다음의 물음에 대하여 답하고자 한다.

Ⅱ. 영업권(8)

1. 영업권의 가치

영업권(Goodwill)은 경영상의 유리한 관계 등 사회적 실질가치를 가지는 자산을 의미한다. 기업회계상으로는 자가창설영업권은 인정되지 않고 있으며 외부에서 유상으로 매입한 매입영업권에 대하여만 무형자산으로 인식되고 있다.

2. 발생 수익의 원천

영업권은 특정기업이 동종 산업에 종사하는 타 기업과 비교하여 정상적인 투자수익률 이상의 이윤을 획득할 수 있는 초과이윤 창출능력, 즉 초과수익력을 화폐가치로 표시한 것이다. 이러한 초과수익력은 타 업체와 차별적인 우수한 경영능력, 효율적 인적 구성, 대외적 신인도, 입지적 우위 등으로 결정되며 실질적으로 사업체를 구성하는 기타의 자산과 구분하여 개별적으로 식별할 수는 없다.

3. 감정평가방법

1) 감칙 제23조 제3항과 감정평가실무기준

감칙 제23조 제3항에서 “감정평가법인 등은 영업권, 특허권, 실용신안권, 디자인권, 상표권, 저작권, 전용측선이용권, 그 밖의 무형자산을 감정평가할 때에 수익환원법을 적용하여야 한다”라고 규정하고 있다. 이에 따라 실무기준에서도 영업권을 감정평가할 때에는 수익환원법을 적용하되 수익환원법으로 감정평가하는 것이 곤란하거나 적절하지 아니한 경우에는 거래사례비교법이나 원가법으로 감정평가할 수 있다고 규정하고 있다.

2) 수익환원법

① 대상 기업의 영업권 관련 전체가치에서 투하자본을 차감하여 구하는 방법이다. 여기서 투하자본은 영업자산에서 영업부채를 차감한 금액이다. ② 초과이익을 환원하여 영업권을 산정하는 방식은 영업권이 동종 기업의 정상적 이익을 초과하는 이익의 현재가치라는 정의에 부합하는 평가방법이다.

3) 거래사례비교법과 원가법

① 거래사례비교법은 영업권만의 거래사례가 있는 경우 적용 가능한 방법으로, 영업권이 다른 자산과 독립하여 거래되는 관행이 있는 경우에는 같거나 비슷한 업종의 영업권만의 거래사례를 이용하여 대상 영업권과 비교하는 것이다. ② 원가법은 기준시점 현재 대상 영업권을 재생산하거나 재취득하는 데에 드는 비용으로 산정하는 것이다.

Ⅲ. 지적 재산권(8)

1. 지적 재산권의 가치

통상 발명, 상표, 디자인 등의 산업재산권과 문학, 음악, 미술작품 등에 관한 저작권을 총칭하는 개념으로, 이를 지적 재산권 또는 지적 소유권이라 칭하기도 한다. 다만, 감정평가실무기준에서는 특허권, 실용신안권, 디자인권, 상표권, 저작권과 이에 준하는 권리를 지적 재산권으로 규정한다.

2. 발생 수익의 원천

발명, 상표, 디자인 등의 산업재산권과 문학, 음악, 미술작품 등에 관한 저작권 등과 같은 지적 재산권은 법적으로 보호를 받는다는 점과 그에 대한 독점적 권리를 주장할 수 있다는 점이 발생 수익의 원천이다.

3. 감정평가방법

1) 감칙 제23조 제3항과 감정평가실무기준

지적 재산권을 감정평가할 때에는 수익환원법을 적용하되, 수익환원법으로 감정평가하는 것이 곤란하거나 적절하지 아니한 경우에는 거래사례비교법이나 원가법으로 감정평가할 수 있다고 규정하고 있다.

2) 수익환원법

① 현금흐름을 할인하거나 환원하는 방법은 기업이나 개인이 창출하는 전체 현금흐름에서 지적 재산권만의 현금흐름이 파악되고 이에 대한 할인율과 환원율을 구할 수 있는 경우에 적용하는 감정평가방법이다. ② 기술기여도를 곱하여 산정하는 방법은 기업전체에 대한 영업가치를 산정하고 산정된 영업가치를 기준으로 해당 지적 재산권의 기술기여도를 곱하여 산정하는 방법을 말한다. 여기서 기술기여도는 기업의 경제적 이익 창출에 기여한 유・무형의 기업자산 중에서 해당 지적 재산권이 차지하는 상대적인 비율을 말한다.

3) 거래사례비교법과 원가법

① 동종 또는 유사한 지적 재산권이 실제 거래된 사례가 있는 경우에는 거래사례비교법을 적용할 수 있다. 또한 매출액이나 영업이익 등에 시장에서 형성되고 있는 실시료율을 곱하여 산정된 현금흐름을 할인하거나 환원하여 산정하는 방법이 있으며, 여기서 실시료율은 지적 재산권을 배타적으로 사용하기 위해 제공하는 기술사용료의 산정을 위한 것으로 사용기업의 매출액이나 영업이익 등에 대한 비율을 말한다. ② 원가법은 새로 취득하기 위한 예상비용에 감가수정 하는 방법과 제작 또는 취득에 소요된 비용을 물가변동률 등으로 수정하는 방법이 있다.

Ⅳ. 결(2)

산업사회 발전에 따른 감정평가 업무영역의 확장과 이에 따라 대두되는 업무 표준화를 이루고자 감칙과 감정평가실무기준은 영업권과 지적 재산권의 감정평가방법을 규정하고 있다. 따라서 감정평가사는 유형자산과 상이한 무형자산의 특징, 그리고 영업권과 지적 재산권의 차이점을 숙지하고 감정평가 시 유의하여야 한다.

03 **복성식평가법에 있어서 감가수정의 방법은 내용연수를 표준으로 하는 방법과 관찰감가법이 있다. 이러한 감가수정을 하는 이론적 근거를 관련 원칙을 들어 서술하고, 두 방법의 장단점과 실무상 양자를 병용하는 이유를 설명하시오.** 20점

1 답안작성 가이드

본 문제가 출제될 당시 감칙에서는 감가수정과 관련하여 내용연수법만을 규정하고 있었다. 그러나 이후 제2차 감칙 전면개정 당시 내용연수법 외에 관찰감가법 등을 적용할 수 있도록 개정이 되었다. 따라서 복성식평가법에 있어 감가수정 절차의 중요성을 설명하고 이론적 근거로서 관련 원칙은 가격제원칙을 의미하는바 내부, 외부, 토대, 최유효이용의 원칙을 활용하면 된다. 또한 내용연수법과 관찰감가법은 각각의 장단점이 존재하므로 병용의 필요성에서는 실제 양자를 병용하게 되는 실무적인 사례를 활용하여 설명한다면 우수한 답안이 될 것이다.

2 목차

Ⅰ. 개설(2)

Ⅱ. 감가수정의 이론적 근거(6)

1. 최유효이용의 원칙
2. 변동, 예측의 원칙
3. 균형, 기여의 원칙과 적합, 외부성의 원칙

Ⅲ. 두 방법의 장단점(8)

1. 내용연수법과 관찰감가법의 개념
2. 내용연수법의 장단점
   1) 장점
   2) 단점
3. 관찰감가법의 장단점
   1) 장점
   2) 단점

Ⅳ. 실무상 병용하는 이유(4)

1. 감가의 개별성 반영
2. 경제적 감가의 반영

3 예시 답안

Ⅰ. 개설(2)

복성식평가법이란 대상 물건의 재조달원가에 감가수정을 하여 가액을 산정하는 감정평가방법을 말한다. 이와 관련하여 감정평가 실무기준에서는 감가수정 시 내용연수법을 원칙으로 하되 관찰감가법 등을 병용할 수 있다고 규정하고 있다. 감가수정은 기준시점에 있어서 최유효이용 상태를 상정하여 현존가격의 적정화를 꾀하는 데 그 목적이 있는바 이하 물음에 답하고자 한다.

Ⅱ. 감가수정의 이론적 근거(6)

1. 최유효이용의 원칙

최유효이용의 원칙이란 부동산가격은 최유효이용을 전제로 형성된다는 원칙을 말한다. 감가수정은 대상 부동산의 최유효이용에 미달되는 부분을 재조달원가에서 차감하는바 이 원칙이 근거가 된다.

2. 변동, 예측의 원칙

부동산가격은 시간의 흐름에 따라 변화한다. 특히 상각자산의 경우 노후화로 인한 가치의 감소가 있기 때문에 변동, 예측의 원칙에 따라 물리적 감가액의 변동을 예측하여야 한다.

3. 균형, 기여의 원칙과 적합, 외부성의 원칙

기능적 감가는 노후화와 관계없이 설비부족, 설비과잉, 구식화 등과 관련된 것으로 균형, 기여의 원칙에 근거한다. 또한 경제적 감가는 부동산 자체와 관계없이 외부환경과 부적합, 인근지역의 쇠퇴 등과 관련된 것으로 적합, 외부성의 원칙에 근거한다.

Ⅲ. 두 방법의 장단점(8)

1. 내용연수법과 관찰감가법의 개념

전자는 대상 부동산의 경제적 내용연수에 착안하여 감가액을 구하는 방법이다. 후자는 특정 유형의 여러 유사부동산으로부터 시간이나 질과 같은 감가상각요인에 따라 가장 전형적인 감가상각 수준이 어떻게 달라지는가에 대한 일반적인 원리를 수립한 후 평가대상이 되는 부동산의 상태를 면밀히 관찰하여 감가액을 구하는 방법이다.

2. 내용연수법의 장단점

1) 장점

실무상 적용이 간편하고 경제적 내용연수를 기준으로 하므로 감정평가 주체의 자의성이 배제된다. 또한 객관적인 감가액이 얻어지므로 의뢰인에 대한 설득력이 높다.

2) 단점

기본적으로 감가의 기준을 내용연수에 의존하고 있어 감가액의 산정이 획일적으로 되기 쉬우므로 개별적이고 정확한 감가액의 산정이 제대로 이루어지기 어렵다. 또한 물리적 감가와 기능적 감가를 반영할 수 있으나 경제적 감가는 반영하기 어렵다.

3. 관찰감가법의 장단점

1) 장점

시장자료가 충분하게 존재하는 경우 유용하게 활용될 수 있는 수단으로 대상물건의 개별적인 상태가 세밀하게 관찰되어 감가수정에 반영되므로 현실에 부응하는 평가가액을 구할 수 있다. 또한 물리적 감가뿐만 아니라 기능적, 경제적 감가도 동시에 반영함으로써 보다 정교하고 신뢰성 있는 가격을 도출할 수 있다.

2) 단점

평가사의 지식과 경험에 크게 의존하는 달관적인 방법으로 주관개입의 소지가 많다. 또한 감가수정액을 시장자료를 통해 도출할 수 있을 만큼 시장자료가 유용하다면 거래사례비교법으로 직접 가치를 구하면 되지 굳이 원가법으로 구할 필요가 없다.

Ⅳ. 실무상 병용하는 이유(4)

1. 감가의 개별성 반영

예를 들어 리모델링된 부동산과 같이 부동산의 추가투자, 관리, 이용 등에 따라 감가의 개별성이 작용하고 내용연수가 단축 또는 연장되므로 내용연수를 일률적으로 적용하는 것은 현실적으로 타당하지 못하다. 물론 내용연수의 조정을 통해 일부 반영이 가능하나 한계가 있으므로 관찰감가법 병용을 통해 감가의 개별성 반영이 가능하다.

2. 경제적 감가의 반영

예를 들어 세계경제 위기와 같이 감가가 내부적 측면으로부터 발생하는 것이 아닌 외부적 측면에 의하여 발생하는 경우 경제적 감가를 고려해야 한다. 그러나 내용연수법으로 이를 반영할 수 없으므로 관찰감가법 병용을 통해 경제적 감가의 반영이 가능하다.

---

04 토지는 지리적 위치의 고정성으로 인하여 강한 개별성을 갖는다. 이와 관련한 부동산 가격 원칙과 파생적 특징을 설명하시오. 10점

1 출제위원 채점평

기본이론의 이해력을 검증할 수 있는 문제로서, 일정수준 이상의 부동산평가 이론서들이 공통적으로 다루고 있는 내용 중에서 중요도가 높고 감정평가사가 반드시 알아야 할 사항을 출제하였다.

2 답안작성 가이드

부동산의 개별성이 지리적 위치의 고정성으로 인하여 파생되는 특징임을 밝힌 후 개별성과 관련된 가격제원칙은 대체의 원칙, 최유효이용의 원칙 등으로, 파생적 특징은 부동산시장, 부동산가격 등으로 설명하면 된다.

3 목차

Ⅰ. 개설(1)

Ⅱ. 개별성과 부동산가격의 원칙(4.5)

1. 최유효이용의 원칙과 균형의 원칙
2. 대체의 원칙
3. 수요·공급의 원칙

Ⅲ. 개별성과 파생적 특징(4.5)

1. 부동산활동, 현상과 부동산가격
2. 부동산시장
3. 개별분석 등

4 예시 답안

Ⅰ. 개설(1)

토지는 일반재화와 다른 특성을 가지고 있는바 고정성으로 인한 개별성이 대표적이다. 여기서 개별성은 물리적으로 완전히 동일한 토지는 없다는 특성을 말한다. 이하 개별성과 관련한 부동산 가격 원칙과 파생적 특징을 설명하고자 한다.

Ⅱ. 개별성과 부동산가격의 원칙(4.5)

1. 최유효이용의 원칙과 균형의 원칙

부동산가격은 부동산의 내부구성요소들이 적절한 균형을 이룰 때 최고의 가치를 지니며 최유효이용을 전제로 하여 형성된다. 따라서 개별성은 균형의 원칙, 최유효이용의 원칙과 관련이 있다.

2. 대체의 원칙

부동산가격은 대체·경쟁관계에 있는 유사한 부동산 또는 다른 재화의 영향을 받아 형성된다는 대체의 원칙은 개별성으로 인하여 제약을 받는다. 다만, 용도의 다양성으로 개별성이 완화되어 대체의 원칙이 성립하므로 관련이 있다.

3. 수요·공급의 원칙

부동산가격은 수요와 공급에 의하여 결정되고 동시에 그 가격은 수요와 공급에 영향을 미친다는 수요·공급의 원칙은 개별성으로 인하여 제약을 받는다. 다만, 용도의 다양성으로 개별성이 완화되어 수요·공급의 원칙이 성립하므로 관련이 있다.

Ⅲ. 개별성과 파생적 특징(4.5)

1. 부동산활동, 현상과 부동산가격
   부동산활동이나 현상을 개별화시키며 표본추출 및 부동산의 비교를 어렵게 한다. 또한 토지의 가격이나 수익이 개별로 형성되어 일물일가의 법칙이 적용되지 않는다.

2. 부동산시장
   부동산은 개별성으로 인하여 표준화가 불가능한 이질적인 상품이다. 따라서 부동산시장은 개별적인 시장으로 이루어지게 되어 상품 하나하나마다 거래가격이나 내용이 각양각색이고 거래의 비공개성으로 인해 그 내용을 파악하기 어려워 유형별로 시장을 조직화하기 어렵다.

3. 개별분석 등
   개개의 부동산을 구별하고 그 가격이나 수익 등을 개별화・구체화시키므로 개별분석의 필요성을 제기한다. 또한 부동산학에 있어서 원리나 이론의 도출을 어렵게 한다.

05

계량적 부동산평가기법인 회귀분석(Regression Analysis)의 개념, 결정계수 및 유의수준에 관하여 각각 약술하시오. 10점

1 답안작성 가이드

시장 환경 변화에 따른 전통적인 평가방식의 한계를 지적하고 계량적 평가기법인 회귀분석을 강조하면서 시작할 필요가 있다. 특히 결정계수나 유의수준은 회귀식의 검증수단으로 중요한 의미가 있는바 이러한 점을 답안에 언급할 필요가 있다.

2 목차

Ⅰ. 개설(1)

Ⅱ. 회귀분석의 개념(3)

1. 회귀분석의 개념
2. 회귀분석의 종류

Ⅲ. 결정계수와 유의수준(6)

1. 통계치의 분석
2. 결정계수
3. 유의수준

3 예시 답안

Ⅰ. 개설(1)

최근 실거래가격 등 부동산통계자료가 장기간에 걸쳐 대량으로 축적되면서 회귀분석은 가치 결정뿐만 아니라 평가과정에 있어 각종 자료를 분석하거나 예측하는 기법으로 사용되고 있다. 이하 회귀분석에 관하여 약술하고자 한다.

Ⅱ. 회귀분석의 개념(3)

1. 회귀분석의 개념

회귀분석이란 통계적 관점에서 종속변수와 독립변수 사이의 상호관계성을 찾아 이를 일반화 시키려는 계량적 분석기법을 말한다. 이러한 회귀분석을 통하여 독립변수와 종속변수 사이의 선형적 관계여부를 규명할 수 있고 독립변수가 변화함에 따라 종속변수가 어떻게 변화하는가를 예측할 수도 있다.

2. 회귀분석의 종류

회귀분석은 독립변수가 하나이냐 아니면 둘 이상의 다수이냐에 따라 단순회귀분석과 다중회귀분석으로 나눌 수 있고 회귀모형의 계수들이 선형관계를 이루고 있느냐의 여부에 따라 선형회귀분석과 비선형회귀분석으로 구분할 수도 있다.

Ⅲ. 결정계수와 유의수준(6)

1. 통계치의 분석

회귀분석은 사례표본의 선정, 특성변수의 선정, 특성의 코딩에 따라 절차가 이루어지는바 이상의 과정을 거친 후 컴퓨터에 의해 회귀식이 도출된다. 이렇게 도출된 회귀식을 부동산 가치의 평가에 활용하기 위해서는 회귀식이 통계적으로 의미가 있는 것인지를 분석해야 한다.

2. 결정계수

결정계수란 종속변수들이 독립변수의 변화의 정도를 얼마만큼 설명해 줄 수 있느냐를 나타내는 지표이다. 즉, 결정계수는 분석에 포함된 부동산의 특성이 시장가치를 얼마나 정확하게 추계할 수 있느냐를 나타내는 것으로 결정계수가 높으면 높을수록 평가모형은 시장가치를 그만큼 정확하게 추계할 수 있다. 분석된 회귀식이 평가목적으로 사용되기 위해서는 결정계수가 적어도 0.9 이상은 되어야 한다.

3. 유의수준

유의수준이란 귀무가설이 사실임에도 대립가설을 채택할 확률을 말한다. 쉽게 말해 사실과 다른 결론을 내릴 확률을 검증하는 것을 말한다. 예를 들어 유의수준이 5%라면 모형을 100번 적용 시 5번은 다른 결과가 도출된다는 것을 의미한다.

06 **다음 사항을 약술하시오.** 10점

1) 부동산의 시장흡수율(Absorption Rate) 5점

2) 가행연수(稼行年數)의 의의와 산정방법 5점

1 답안작성 가이드

감정평가이론과 감정평가실무에서 접할 수 있는 용어에 대하여 개념을 묻는 문제이다. 소목차 간에 관련성을 찾기가 어려운 문제로서 이 경우에는 각각의 질문에 답변하되 소물음 1번의 경우 시장흡수율은 시장성분석에 있어서 흡수율분석과 관련된다는 점, 소물음 2번의 경우 가행연수는 광산평가와 관련된다는 점을 설명하는 것이 좋다.

2 목차

Ⅰ. 부동산의 시장흡수율(5)

1. 개념 및 활용
2. 흡수율분석 시 유의사항

Ⅱ. 가행연수(5)

1. 의의
2. 산정방법

3 예시 답안

Ⅰ. 부동산의 시장흡수율(5)

1. 개념 및 활용

시장흡수율이란 단위시간 동안 시장에서 소화된 비율을 말한다. 그리고 이러한 흡수율은 시장성분석의 가장 핵심적 방법으로 흡수율분석에 이용된다. 여기서 흡수율분석이란 흡수율을 분석하여 부동산의 수요와 공급을 구체적으로 조사하는 것을 의미한다. 한편 개발업자는 이러한 흡수율분석을 통하여 시장수요의 강도를 측정할 수 있다.

2. 흡수율분석 시 유의사항

흡수율을 분석하는 경우에도 흡수시간에 대한 분석이 함께 이루어져야 한다. 즉, 흡수율이 아무리 높다 하더라도 그것이 긴 시간 동안 이루어진 것이라고 하면 사실 큰 의미를 가지지 못할 수도 있다. 따라서 흡수율분석은 흡수시간에 대한 분석과 함께 병용하여 이루어질 때 의미를 지니게 된다. 또한 부동산의 지역성과 용도의 다양성에 따라 수도권과 지방, 주거용, 상업용, 업무용 등으로 구분하여 차별화된 분석을 해야 한다.

Ⅱ. 가행연수(5)

1. 의의

광산을 감정평가할 때에는 수익환원법을 주된 방법으로 적용하여야 하며 이 경우 대상 광산의 생산규모와 생산시설을 전제로 한 가행연수 동안의 순수익을 환원한 금액에서 장래 소요될 기업비를 현가화한 총액을 공제하여 광산의 감정평가액을 산정한다. 이때 가행연수라는 개념의 이해가 필요하며 가행연수란 개발대상 광산에 대하여 기술적, 경제적으로 개발할 수 있는 기간을 말한다.

2. 산정방법

가행연수(n)는 확정 및 추정 가채매장량의 합을 연간 채광가능매장량으로 나누어 산정한다. 이 경우 매장량 산정과 관련된 평균품등과 산정근거를 기재한 계산표와 도면을 감정평가서에 첨부하여야 한다.

Chapter

28 1997년 제8회 기출문제

01 부동산가격의 발생요인을 분석하여 특히 상대적 희소성의 역할관계를 논술하시오. 40점

02 부동산 경기변동으로 인한 부동산 시장의 동향을 분석하고, 부동산 감정평가의 유의점을 기술하시오. 20점

03 부동산가격원칙 중 최유효이용의 원칙과 연관되는 원칙을 기술하시오. 20점

04 부동산가격의 형성에 있어 개별적 제 요인 분석의 목적을 기술하시오. 10점

05 도시지역에서 TOPEKA 현상을 설명하시오. 10점

해설 및 예시 답안

01 **부동산가격의 발생요인을 분석하여 특히 상대적 희소성의 역할관계를 논술하시오.** 40점

1 출제위원 채점평

서에서 부동산은 일반재화와 구별되는 특징이 있다고 강조하면서도 구체적, 추상적 개념 구별이 설명되지 않고 바로 부동산의 특징을 논한다는 것은 다소 성급한 것으로, '자유시장 및 균형가격 성립을 방해한다'라고 표현한 것이 좋은 예이다. 질문에 대한 답안의 핵심을 간단히 요약하면, 부동산가격발생요인에 대한 분석, 유용성(효용)의 본질적인 의미, 유효수요의 본질적인 의미, 상대적 희소성의 발생원인, 상대적 희소성은 부동산가격수준형성과 어떠한 관계를 가지고 있는가? 등을 알고 있는지의 여부를 묻고자 하는 것이 문제의 핵심이라고 할 수 있다.

유용성을 다룰 때 수익성 부동산의 유용성은 수익성을, 주거용 부동산의 유용성은 쾌적성을, 공공용 부동산의 유용성은 공익성을 내포하는 것으로서 부동산학에서 명확히 구별됨을 분명하게 기술하는 것이 좋았을 것이다. 또한 쾌적성에서 건물의 위치, 방위(향) 등을 누락하여 기술함은 감점의 요인이 아닐까?

수익성을 상술한 내용이 감정평가방식 중 수익방식이 토대라는 것을 기술하였다면 더 좋은 점수를 받았을 것이다. 유효수요는 수요와 대비되는 논리전개가 필요했고 부동산에 대한 구매력이 왜 존재하여야 하는지를 기술하였으면 하는 생각이며, 공익성에 대한 언급이 없는 것이 약간의 흠이라 생각한다. 또 유효수요가 부동산의 가격수준이 높고 낮음에 의해서도 영향을 받는 특징을 지니고 있다는 점이 누락되기도 하였다. 희소성의 원인에서 토지의 절대량이 부족하다고 기술하였으나 우리나라의 경우 가용면적이 부족하다는 점을 구별하여 명시했어야 했다. 토지에 대한 수요는 사회적·경제적 측면에서 비롯된다는 점과 토지에 대한 희소성은 일반경제재와 같이 물리적 측면만 생각해서는 안 된다는 점이 더 뚜렷하게 기술되었으면 좋았을 것이다.

부동산가격발생요인에 있어 상대적 희소성의 역할관계 대해서는 상대적 희소성의 발생원인과 상대적 희소성이 부동산가격수준형성과 어떠한 관계를 가지고 있는가를 좀 더 설명하였다면 완벽한 답안이 되었을 것이다.

2 답안작성 가이드

부동산가격발생요인의 분석을 통하여 상대적 희소성의 역할관계를 논하라는 문제이므로 부동산가격발생요인에 대한 전반적인 설명과 함께 상대적 희소성이 부동산가격수준형성에 있어서 중요한 역할을 함을 논해야 한다. 특히 가격발생요인의 전반적인 설명을 할 때 주요 키워드가 누락되지 않도록 유의해야 한다.

3 목차

Ⅰ. 서(4)

Ⅱ. 부동산가격발생요인에 대한 분석(16)

1. 효용
   1) 효용의 개념
   2) 효용의 형태
   3) 일반재화와의 비교
2. 유효수요
   1) 유효수요의 개념
   2) 유효수요와 부동산가치
   3) 일반재화와의 비교
3. 상대적 희소성
   1) 상대적 희소성의 개념
   2) 상대적 희소성의 발생원인
   3) 일반재화와의 비교

Ⅲ. 상대적 희소성의 역할관계(16)

1. 부동산시장에서 역할관계
   1) 부동산시장의 개념
   2) 부동산시장에서 상대적 희소성의 역할관계
2. 부동산 가격발생요인에서 역할관계
3. 부동산의 가격수준에서 역할관계
   1) 가격수준의 개념
   2) 가격수준에서 상대적 희소성의 역할관계
4. 부동산의 개별적・구체적 가격에서 역할관계
   1) 개별적・구체적 가격의 개념
   2) 개별적・구체적 가격에서 상대적 희소성의 역할관계

Ⅳ. 결(4)

4 예시 답안

Ⅰ. 서(4)

시장참가자들이 어떤 물건에 대하여 기꺼이 대가를 지불하고 거기에 합당한 가치가 생기기 위해서는 효용, 상대적 희소성, 유효수요가 필요하며 이를 부동산가격 발생의 3요인이라고 한다. 이를 수요와 공급이라는 분석의 틀과 연계시켜 보면 효용과 유효수요는 수요 측면으로, 상대적 희소성은 공급 측면으로 작용하게 된다. 그리고 수요와 공급의 상호작용에 의하여 시장에서 가격이 발생하게 되는 것이다. 이하 부동산가격발생요인을 분석하여 특히 상대적 희소성의 역할관계를 논하고자 한다.

Ⅱ. 부동산가격발생요인에 대한 분석(16)

1. 효용

1) 효용의 개념
효용이란 인간의 욕구나 필요를 만족시킬 수 있는 재화의 능력으로서 수요 측면에 영향을 미치는 가격발생요인이다.

2) 효용의 형태
부동산의 효용은 용도의 차이에 따라 주거지는 건물의 위치, 방향 등과 같은 쾌적성, 편리성, 즉 도심으로서의 통근가능성 등으로, 공업지는 비용절감과 입지선정에서 오는 생산성으로, 상업지와 농업지는 수익성 등으로 표현되며 이는 수익방식의 토대가 되었다.

3) 일반재화와의 비교
부동산은 영속성과 용도의 다양성이라는 특성이 있어 부동산의 효용도 영속적, 다용도적 효용의 특징을 가지게 되는 반면, 일반재화는 비내구재로서 하나의 용도로만 제작되기 때문에 소멸적, 단일적 효용의 특징을 가지게 된다.

2. 유효수요

1) 유효수요의 개념
유효수요란 실질적인 구매능력을 의미하는 것으로 살 의사와 지불능력을 갖추고 있는 수요를 말하며, 효용과 함께 수요측면에 영향을 미치는 가격발생요인이다. 여기서 살 의사를 욕구, 지불능력을 구매력이라고도 한다.

2) 유효수요와 부동산가치
유효수요는 부동산가격에 큰 영향을 미친다. 그리고 영향의 정도는 시기와 지역, 부동산가격의 절대적인 수준 등에 따라 변화하게 된다. 예를 들어 저가 부동산의 경우에는 상대적으로 금액이 적기 때문에 수요가 미치는 영향이 적은 반면, 고가주택의 경우에는 상대적으로 금액이 커 수요층이 적기 때문에 수요가 미치는 영향이 훨씬 크다.

3) 일반재화와의 비교
일반재화에 비해 부동산에 있어 유효수요가 특별하게 더 강조되는 이유는 부동산의 고가성에 기인한다. 즉, 부동산은 고가의 상품으로서 수요자가 충분한 지불능력을 가지고 있지 않으면 시장에서 수요가 이루어지지 않는다.

3. 상대적 희소성

1) 상대적 희소성의 개념

희소성이란 인간의 욕구나 필요에 비하여 그 수나 양이 부족한 상태를 말하는 것으로 '상대적'이라는 의미에 대해서는 부동산의 물리적 측면이 아닌 지역적, 용도적 측면에서 상대적으로 부족하기 때문이라는 의미와 수요에 비하여 공급이 상대적으로 부족하기 때문이라는 의미로 해석할 수 있다.

2) 상대적 희소성의 발생원인

토지의 경우 자연적 특성인 부증성으로 인하여 절대적인 총량이 한정되어 있고 고정성, 개별성 등으로 인하여 공급이 비탄력적이다. 반면, 산업화, 도시화 등으로 토지에 대한 수요는 일반적으로 증가하는 경향이 있기 때문에 희소성이 발생하고 심화하게 된다. 한편 용도지역이나 용적률 규제와 같은 행정적 요인 등에 의해서 공급이 줄어드는 효과가 발생하게 됨에 따라 희소성이 더 높아지기도 한다.

3) 일반재화와의 비교

부동산은 공급 측면에서 볼 때 지역적, 용도적 측면에서의 상대적 희소성이 문제가 되는 반면, 일반재화는 이동이 가능하고 필요한 경우 물리적인 생산이 가능하므로 절대적인 양 측면에서의 절대적 희소성이 문제가 된다.

Ⅲ. 상대적 희소성의 역할관계(16)

1. 부동산시장에서 역할관계

1) 부동산시장의 개념

부동산시장은 일반재화시장과는 달리 지리적 공간을 수반한다. 왜냐하면 부동산은 지리적 위치의 고정성이라는 자연적 특성을 가지고 있기 때문에 부동산시장은 지리적 공간을 고려하지 않을 수 없는 것이다. 따라서 부동산시장은 질, 양, 위치 등 여러 가지 측면에서 유사한 부동산에 대해 가격이 균등해지려는 지리적 구역이다.

2) 부동산시장에서 상대적 희소성의 역할관계

부동산시장에서 도심의 토지는 외곽지역의 토지보다 상대적으로 희소성이 크다. 따라서 도심에서 지가고 현상 및 집약적 이용이 행해진다. 특히 소도시의 지가현상을 분석하면 도심에서 외곽으로 갈수록 지가가 급락하는 지가구배현상이 나타난다.

2. 부동산 가격발생요인에서 역할관계

부동산 가격발생 3요인의 상호작용의 결과로 부동산가격이 발생한다. 특히 상대적 희소성은 인간이 느끼고 인정하는 효용을 더 크게 만드는 역할을 한다. 왜냐하면 자연물로서 부동산의 절대량은 많으나, 인간이 필요로 하는 특정위치・특정용도의 부동산은 희소하기 때문이다. 그리고 부동산의 유효수요의 크기에도 영향을 미친다.

3. 부동산의 가격수준에서 역할관계

1) 가격수준의 개념

가격수준이란 부동산의 지리적 위치의 고정성에 따른 지역성으로 인한 그 지역의 표준적이고 평균적인 가격의 범위를 말한다.

2) 가격수준에서 상대적 희소성의 역할관계

부동산의 지역성으로 인해 지역마다 상대적 희소성이 상이하다. 즉, 상대적 희소성이 큰 도시 중심지역, 대도시 등의 가격수준은 높게 형성되고 반대로 상대적 희소성이 적은 도시 외곽지역, 지방 소도시 등의 가격수준은 낮게 형성된다.

4. 부동산의 개별적 · 구체적 가격에서 역할관계

1) 개별적 · 구체적 가격의 개념

개별적 · 구체적 가격이란 부동산의 자연적 특성인 개별성에 따른 개별화 또는 구체화된 가격을 말한다.

2) 개별적 · 구체적 가격에서 상대적 희소성의 역할관계

부동산의 개별성으로 인해 개별 부동산마다 상대적 희소성이 상이하다. 즉, 상대적 희소성이 큰 펜트하우스와 같은 부동산의 개별적 · 구체적 가격은 높게 형성되고 반대로 상대적 희소성이 적은 부동산의 경우 낮게 형성된다.

Ⅳ. 결(4)

시장의 수요와 공급이 상호 영향을 주듯이 이 세 가지 요인들도 주어진 상황에서 상호 영향을 미치고 있다. 예를 들어 희소성이라는 가격발생요인은 재화의 수요와 공급에 둘 다 영향을 미치고 있다. 즉, 재화가 희소하기 때문에 무한정으로 공급할 수 없으며 희소하기 때문에 기꺼이 대가를 지불하려는 수요가 생기는 것이다. 또한 세 가지 요인 중 어느 한 요인의 변동은 필연적으로 가치에 반영된다. 특히 상대적 희소성은 부동산가격경쟁의 근본이 되고 균형가격의 성립을 어렵게 한다. 따라서 이러한 문제는 토지의 경제적 공급을 통하여 완화가 가능하므로 상대적 희소성의 완화를 위한 정책적 고려가 필요하다.

02 부동산 경기변동으로 인한 부동산시장의 동향을 분석하고, 부동산 감정평가의 유의점을 기술하시오.

20점

1 출제위원 채점평

답안이 대체적으로 잘 작성된 것으로 생각하나 좀 더 욕심을 낸다면, 답안작성의 논리를 다음과 같이 부동산시장분석의 필요성을 설명한 후, 부동산시장의 개념과 특성, 부동산 경기변동과 부동산시장의 동향, 부동산시장의 동향에 따른 감정평가 시 유의할 점 등의 순서로 결론을 맺었다면 더 좋았겠다는 생각이다. 그리고 부동산시장분석의 필요성을 언급하지 않은 것은 다소 아쉬운 점이다.

서론에서 기술된 "어떤 주기를 가지고"의 표현은 "지역 Cycle Pattern과 조화성을 볼 수 있어야 함" 등의 표현으로 하고, 하향시장에서 기술된 "나중에는 저점에"의 표현은 "매매가격이 최고가격에" 등으로 하고, 감정평가 시 유의사항에서 기술한 "대상 부동산이 속한 인근지역"의 표현은 "인근지역"이라고 하였으면 필자의 실력을 과시할 수 있는 깨끗한 문장이 되었을 텐데 하는 약간의 아쉬움이 있었다.

2 답안작성 가이드

본 문제는 경기변동과 관련된 문제로서 경기변동에 대한 분석도 시장분석의 종류 중 하나라는 점을 알아야 한다. 따라서 출제자의 의도대로 시장분석의 필요성을 강조해주어야 하며 부동산시장의 동향별로 감정평가 시 채택해야 하는 자료 및 수집 등이 달라질 수 있으므로 감정평가 시 유의점을 설명하여야 한다.

3 목차

Ⅰ. 서(2)

Ⅱ. 부동산 경기변동으로 인한 부동산시장의 동향 분석(8)

1. 부동산 경기변동과 부동산시장의 개념
2. 부동산시장분석에 있어 부동산 경기변동의 중요성
3. 부동산 경기변동으로 인한 부동산시장의 동향 분석
   1) 수축시장(후퇴, 하향시장)
   2) 확장시장(회복, 상향시장)
   3) 안정시장

Ⅲ. 감정평가 시 유의점(8)

1. 가격제원칙 적용 시 유의점
2. 가치형성요인 분석 시 유의점
3. 감정평가 3방식 적용 시 유의점
4. 시산가액 조정 시 유의점

Ⅳ. 결(2)

4 예시 답안

Ⅰ. 서(2)

부동산가격은 경기변동에 따라 등락을 반복하기에, 감정평가 시 경기변동의 국면에 따라 가치형성요인 및 감정평가 3방식 적용 시 채택・수집하여야 할 자료가 달라진다. 따라서 부동산의 정확한 가치를 판정하기 위해서 부동산 경기변동의 각 국면별 고유한 특징을 이해하여야 한다. 이하 부동산 경기변동으로 인한 부동산시장 동향을 분석하고 감정평가 시 유의점을 기술하고자 한다.

Ⅱ. 부동산 경기변동으로 인한 부동산시장의 동향 분석(8)

1. 부동산 경기변동과 부동산시장의 개념

부동산 경기변동이란 부동산도 경제재의 하나로서 일반경기변동과 마찬가지로 일정기간을 주기로 하여 호황과 불황을 반복하면서 변화하는 것을 말한다. 부동산시장이란 매수자와 매도자에 의해 부동산의 교환이 이루어지는 곳으로 수요・공급의 조절, 부동산가격결정, 공간배분, 공간이용패턴의 결정 등을 위해 의도된 상업 활동이 이루어지는 곳이다.

2. 부동산시장분석에 있어 부동산 경기변동의 중요성

부동산시장분석은 부동산시장의 수요와 공급 상황을 분석하여 부동산의 시장성을 측정하는 것이다. 따라서 부동산시장 동향을 분석함으로써 부동산시장의 수요와 공급 상황을 명확하게 이해할 수 있다. 이때 부동산시장 동향은 부동산 경기변동과 밀접한 관련을 갖는바 경기변동의 국면별 시장동향을 분석한다.

3. 부동산 경기변동으로 인한 부동산시장의 동향 분석

1) 수축시장(후퇴, 하향시장)

일반경기가 후퇴하는 시장으로 일반적으로 거래량은 줄어들고 가격은 하락하게 된다. 이러한 수축시장에서는 금리가 높고 주로 매수자 중심의 시장이 되며 수요에 의해 가격이 결정되는 경향을 보인다.

2) 확장시장(회복, 상향시장)

일반경기가 회복되는 시장으로 일반적으로 거래량은 활발해지고 가격은 상승하게 된다. 이러한 확장시장에서는 금리가 낮고 주로 매도자 중심의 시장이 되며 공급에 의해 가격이 결정되는 경향을 보인다.

3) 안정시장

부동산가격이 가볍게 상승・유지되거나 불황에 강한 시장의 유형으로서 부동산 경기변동의 고유국면이라 할 수 있다. 위치가 좋은 곳의 적당한 규모의 주택을 안정시장의 예로 들 수 있을 것이다.

Ⅲ. 감정평가 시 유의점(8)

1. 가격제원칙 적용 시 유의점

감정평가 시 부동산 경기변동 제 국면과 관련하여 현재의 시장 위치가 어디에 놓여있는지에 대하여 전문성, 합리성에 근거하여 정확한 지적 및 장래 변동의 예측이 가능하여야 한다. 또한 각종 경기변동 지표의 종합적 고려로 해당 예측에 설득력을 부여할 수 있어야 할 것이며 이때 변동, 예측의 원칙에 유의하여야 한다.

2. 가치형성요인 분석 시 유의점

부동산시장은 추상적, 국지적이며 위치, 용도, 특성 등에 따라 세분화된다. 따라서 부동산 경기변동은 전체 부동산시장에 걸쳐 동일한 영향력을 행사하는 것이 아니므로 대상 부동산이 속한 시장의 위치, 종류, 규모, 특성 등에 유의하여 지역분석, 개별분석을 하여야 한다.

3. 감정평가 3방식 적용 시 유의점

① 비교방식 적용 시 하강국면은 과거 사례가격을 상한가로 보고 평가하고 상승국면에서는 과거 사례가격을 하한가로 보고 평가하여야 한다는 점에 유의하여야 한다. ② 원가방식에서는 재조달원가 산정 시 직접비와 간접비의 변동률 적정 여부와 기능적, 경제적 감가의 국면별 변동 여부 등에 유의하여야 한다. ③ 수익방식에서는 순수익의 장래예측과 자본환원율 결정 시 위험률 반영에 유의하여야 한다.

4. 시산가액 조정 시 유의점

최근의 물적, 위치적 유사자료 선택 여부, 변동국면에 맞는 요인분석 여부를 단계적으로 검토한다. 또한 극단적인 호황, 불황 시에는 사례가 불안정하므로 비준가액보다는 적산가액과 수익가액에 비중을 두어야 한다는 점에 유의하여야 한다.

Ⅳ. 결(2)

부동산 경기변동은 부동산시장의 수요와 공급의 일부로 파악할 수 있고 부동산가격은 부동산의 시장상황, 즉 경기변동에 지대한 영향을 받게 된다. 따라서 감정평가에서 일반요인, 지역요인, 개별요인 분석 시 부동산시장의 경기변동을 함께 고려하여야 한다.

03 부동산가격원칙 중 최유효이용의 원칙과 연관되는 원칙을 기술하시오. 20점

1 출제위원 채점평

부동산 고유이론과 관련되는 문제로서 그 범위와 깊이로 볼 때 그리 쉽게 다룰 수 없는 것이기는 하나, 작성된 답안지를 볼 때 상당한 실력을 인정받을 수 있는 답안이라 생각된다. 이 문제에서는 부동산의 최유효이용과 최유효이용의 원칙을 구별할 줄 알아야 하고, 이것이 부동산가격형성의 기초가 된다는 것과 부동산가격원칙 중 변동・예측의 원칙이 토대가 되면서 대내적으로는 균형・기여・수익배분・수익체증체감의 원칙과 연관되고 대외적으로는 적합・경쟁의 원칙과 연관되는 이론임을 기술하는 것이 답안작성의 핵심이었다고 생각한다.

답안 작성에서 더 욕심을 부린다면, Ⅱ. 최유효이용의 원칙과 연관되는 가격원칙을 논하면서 '가장 상위의 개념'이라는 기술을 하였는데, 이보다는 '부동산 고유의 가격원칙'이라고 기술하는 것이 더 좋다는 생각이 든다. 우리가 부동산가격원칙에 대해 논할 시 사회, 경제법칙적인 것, 자연법칙적인 것 그리고 감정평가 고유의 것 등이 상호작용한다는 점은 이미 잘 알고 있는 것이기 때문이다.

2 답안작성 가이드

최유효이용의 원칙은 부동산 고유의 원칙으로 다른 가격제원칙들과 밀접한 상호관련성을 가지고 있으므로 최유효이용의 원칙을 기준으로 하여 연관되는 내부, 외부, 토대가 되는 원칙들을 다양하게 설명하면 된다.

3 목차

Ⅰ. 개설(2)

Ⅱ. 최유효이용의 원칙과 연관되는 원칙(16)

1. 최유효이용과 최유효이용의 원칙의 개념
2. 토대가 되는 원칙
   1) 토대측면의 원칙
   2) 예측, 변동의 원칙
3. 내부측면의 원칙
   1) 내부측면의 원칙
   2) 균형의 원칙, 수익배분의 원칙
4. 외부측면의 원칙
   1) 외부측면의 원칙
   2) 적합의 원칙, 외부성의 원칙

Ⅲ. 결(2)

4 예시 답안

Ⅰ. 개설(2)

감정평가는 가격형성과정을 추적하고 분석하여 가치를 결정하는 것을 본질로 하기 때문에 부동산의 가격형성과정에서 도출되는 일정한 법칙성인 가격제원칙은 매우 중요한 의미를 갖게 된다. 이하 부동산 고유의 가격원칙인 최유효이용의 원칙을 기준으로 연관되는 원칙을 기술하고자 한다.

Ⅱ. 최유효이용의 원칙과 연관되는 원칙(16)

1. 최유효이용과 최유효이용의 원칙의 개념

최유효이용이란 객관적으로 보아 양식과 통상의 이용능력을 가진 사람이 대상 부동산을 합법적이고 합리적이며 최고, 최선의 방법으로 이용하는 것을 말한다. 그리고 부동산가격은 이러한 최유효이용을 전제로 하여 형성된다는 원칙이 최유효이용의 원칙이다.

2. 토대가 되는 원칙

1) 토대측면의 원칙

부동산은 영속성과 사회적 · 경제적 · 행정적 위치의 가변성 등의 특성을 지니고 있어 부동산가격은 과거로부터 장래에 걸친 장기적인 고려하에서 형성되고 항상 변화의 과정을 거치게 된다.

2) 예측, 변동의 원칙

예측과 변동을 기반으로 해서 최유효이용과 부동산가격이 결정된다는 측면에서 예측과 변동의 원칙을 최유효이용의 원칙의 토대가 되는 원칙이라고 한다.

3. 내부측면의 원칙

1) 내부측면의 원칙

부동산의 최유효이용 여부 및 그에 따른 부동산가격에 대한 내부적인 판단기준이 되는 원칙을 말하는 것으로서 기여, 수익배분, 균형의 원칙 등이 있다.

2) 균형의 원칙, 수익배분의 원칙

내부적인 측면에서 최유효이용이 되고 그에 적합한 가격이 형성되기 위해서는 각 구성부분의 기여가 합리적으로 반영되어야 하며 부동산에 귀속되는 잔여수익이 최대가 되어야 하고 구성요소 간의 균형이 이루어져야 한다는 것이다.

4. 외부측면의 원칙

1) 외부측면의 원칙

부동산의 최유효이용 여부 및 그에 따른 부동산가격에 대한 외부적인 판단기준이 되는 원칙을 말하는 것으로서 적합의 원칙, 외부성의 원칙, 수요・공급의 원칙 등이 있다.

2) 적합의 원칙, 외부성의 원칙

외부적인 측면에서 최유효이용이 되고 그에 적합한 가격이 형성되기 위해서는 먼저 부동산의 용도가 주위환경에 적합하여야 하며 그러한 용도 및 그에 따른 가격은 외부적인 요인에 의해 영향을 받아, 수요와 공급의 상호작용에 의해 결정된다는 것이다.

Ⅲ. 결(2)

상기 원칙들은 상당한 정도의 상호의존성 및 관련성이 있다. 그리고 이러한 원칙들은 학문적 이론에서보다는 실제 평가 상에서 중요하며, 어떤 문제가 왜, 어떻게, 언제 발생하는 것을 이해하는 열쇠가 된다. 결국 이를 이해함으로써 감정평가사는 결과를 예상할 수 있으며 추측이 아닌 지식에 기초를 둔 결정을 내릴 수 있다. 따라서 감정평가 시 최유효이용의 원칙 및 그와 연관된 원칙들을 고려해야 한다.

04 부동산가격형성에 있어 개별적 제 요인 분석의 목적을 기술하시오. 10점

1 출제위원 채점평

질문의 핵심적인 요지를 잘 파악하여 답안을 작성하여야 하는데도 불구하고 너무 답안작성의 요식만을 중요시하여 기술하지 않았나라는 생각이 든다. 질문에서 요구한 답의 요체에는 부동산가격을 개별화・구체화하는 데 작용하고, 부동산의 자연적 특성의 하나인 개별성을 강조하고 부동산가격형성의 개별적 제 요인을 분석하여 부동산 감정평가대상 부동산의 평가방식 적용에 유용성이 있다는 것 등이 해당될 것이다. 이상의 내용들을 기승전결에 맞추어 기술하였으면 하는 아쉬움이 있다.

2 답안작성 가이드

부동산의 가격형성과정에 있어서 부동산의 개별성으로 인한 개별적 제 요인은 가격수준과의 관계 속에서 개별 부동산별로 그 가격을 개별화·구체화시켜주는 요인으로 작용한다는 것이 문제의 핵심이라 할 것이다.

3 목차

Ⅰ. **개설(1)**

Ⅱ. **부동산의 가격형성과 개별적 제 요인 분석(4.5)**

1. 부동산의 가격형성
2. 개별적 제 요인의 분석
   1) 개별적 제 요인의 개념
   2) 개별적 제 요인 분석의 개념

Ⅲ. **개별적 제 요인 분석의 목적(4.5)**

1. 부동산의 개별성과 최유효이용의 파악
2. 개별적·구체적 가격의 파악

4 예시 답안

Ⅰ. 개설(1)

부동산의 감정평가 시에는 3방식의 적용에 앞서 가치형성요인에 대한 분석이 요구된다. 이는 부동산의 지역성과 개별성으로 인한 것으로 부동산가격형성에 있어 개별적 제 요인 분석의 목적을 기술하고자 한다.

Ⅱ. 부동산의 가격형성과 개별적 제 요인 분석(4.5)

1. 부동산의 가격형성

부동산가격은 부동산의 지역성에 따라 지역요인의 영향을 받아 그 지역의 대체적인 가격수준이 형성되고 개별성에 따라 개별요인의 영향을 받아 개별적·구체적 가격이 형성된다.

2. 개별적 제 요인의 분석

1) 개별적 제 요인의 개념

대상 물건의 개별적·구체적 가격에 영향을 미치는 대상 물건의 고유한 개별적 제 요인을 말한다. 즉, 그 부동산의 개별적인 특수한 상태, 조건 등 개별성이 가격형성에 미치는 요인으로서 대상 부동산의 특성을 형성하는 요인인 동시에 가격형성을 개별화·구체화시키는 제 요인으로서 토지, 건물에 따라 구별된다.

2) 개별적 제 요인 분석의 개념

개별적 제 요인 분석이란 부동산의 가격형성에 영향을 미치는 개별요인의 분석을 통해 개별부동산의 최유효이용과 개별적·구체적 가격을 파악하는 과정을 말한다.

Ⅲ. 개별적 제 요인 분석의 목적(4.5)

1. 부동산의 개별성과 최유효이용의 파악

부동산의 개별성 때문에 물리적으로 동일한 부동산은 없으며 가치형성요인이 다르게 작용하기 때문에 개별적 제 요인 분석이 필요하다. 또한 부동산가격은 토지할당, 인간의 합리성 추구 등을 전제로 한 최유효이용을 전제로 형성되기 때문에 개별적 제 요인 분석이 필요하다.

2. 개별적·구체적 가격의 파악

지역의 가격수준은 개별 부동산의 개별적·구체적 가격에 영향을 미치게 된다. 또한 개별 부동산의 개별적·구체적 가격의 집약적, 평균적인 가격이 바로 가격수준이 된다. 따라서 개별적·구체적 가격을 파악하기 위해 개별적 제 요인의 분석이 필요하다.

05 도시지역에서 TOPEKA 현상을 설명하시오. 10점

1 출제위원 채점평

토지의 집약적, 조방적인 이용을 요체로 한 문제가 아니라, 소도시의 지가구조의 특징을 묻는 문제였다고 본다. 도시지역의 일반적 지가구조는 도심을 중심으로 포물선형, 즉 도시의 지가는 도심에서 교외로 나감에 따라 완만하게 낮아지는 현상을 보이는데, 이와 대조적인 것이 TOPEKA 현상의 특징으로서 도심에서 거리가 멀지 않은데도 불구하고 지가가 급격히 낮아지는 현상을 말하는 것이다. 부동산 감정평가활동에 있어 지역의 특성을 잘 고려하여야 함을 주지시킨 것이라고 생각한다. 이 문제에서는 도시지역의 지가구조와 소도시의 지가구조의 특징, 지가가 급격히 낮아지는 현상 등을 기술하여야 한다.

2 답안작성 가이드

지대지가이론 중 TOPEKA 현상에 대한 질문으로서 대도시가 아닌 소도시에서 발생하는 TOPEKA 현상에 대한 개념을 중심으로 감정평가 시 이러한 부동산가격현상을 어떻게 고려해야 하는지 언급할 필요가 있다.

3 목차

Ⅰ. 개설(1)

Ⅱ. TOPEKA 현상의 개념과 특징(4.5)

1. 개념
2. 특징

Ⅲ. TOPEKA 현상의 내용과 감정평가 시 유의사항(4.5)

1. 내용(토지이용과 지가구조)
2. 감정평가 시 유의사항

4 예시 답안

Ⅰ. 개설(1)

농경사회에서 산업사회로 옮겨가는 과정에서 도시의 성장과 발달이 두드러지게 된다. 따라서 기존의 농경지 지대이론으로는 이러한 도시토지지가의 형성과 패턴을 제대로 설명할 수 없어 도시지가이론이 발달하였다. 이하 도시지역에서 TOPEKA 현상을 설명하고자 한다.

Ⅱ. TOPEKA 현상의 개념과 특징(4.5)

1. 개념

미국의 소도시인 TOPEKA를 대상으로 Konos가 행한 분석적인 연구의 결과로 확인된 현상을 말한다. 즉, 도시가 성장할수록 중심지의 지가는 다른 어떤 지역보다도 우뚝 솟는다는 것이다.

2. 특징

도시지역의 일반적 지가구조는 도심을 중심으로 포물선형, 즉 도시의 지가가 도심에서 교외로 나감에 따라 완만하게 낮아지는 현상을 보인다. 반면, 이와 대조적인 것이 TOPEKA 현상의 특징이다. 즉, 도심에서 거리가 멀지 않은데도 불구하고 지가가 급격히 낮아지는 지가구배현상이 나타나게 된다.

Ⅲ. TOPEKA 현상의 내용과 감정평가 시 유의사항(4.5)

1. 내용(토지이용과 지가구조)

Konos의 연구는 지가가 토지이용의 집약도에 의해 영향을 받고 지가가 변동함에 따라 토지이용의 집약도가 달라지게 된다는 피드백원리를 설명하고 있다. 즉, 지가가 높은 곳은 거기에 맞는 집약적 토지이용이 이루어지고, 집약적 토지이용이 이루어지는 곳에는 높은 지가가 형성된다는 것이다.

2. 감정평가 시 유의사항

TOPEKA 현상은 지가흐름의 연속적, 불연속적 현상을 공간적 차원에서 보여준 실증분석으로서 지가는 위치 및 이용도에 따라 형성됨을 보여주었다. 따라서 감정평가에서 지역분석 시 도시 규모에 따른 지가수준을 파악해야 한다.

Chapter 29

1996년 제7회 기출문제

01

최근 부동산시장에서 임료의 감정평가가 점차 중요시되고 있다. 이에 있어 다음 사항을 논하시오. 40점

1) 가격과 임료의 관계

2) 신규임료와 계속임료의 평가방법과 유의점

3) 부가사용료와 공익비의 차이점과 이들의 실질임료 산정 시 처리방법

4) 임료의 시산가격 조정 시 유의점

02

복성식평가법에 관하여 다음 사항을 설명하시오. 20점

1) 다음 공식의 차이점

가. $D_n = C(1-R)\frac{n}{N}$

나. $D_n = C(1-R)\frac{N-n'}{N}$

다. $D_n = C(1-R)\frac{n}{n+n'}$

2) 발생감가의 의의와 구하는 방법

3) 회복 불가능한 기능적 감가의 감가액을 구하는 방법

4) 중고주택의 감정평가상 현실적 모순점

03 구분소유부동산의 감정평가에 대하여 다음 사항을 설명하시오. 20점

1) 구분소유권의 특징, 성립요건과 대지권

2) 구분소유부동산의 평가방법

04 부동산감정평가제도의 기능과 감정평가사의 직업윤리에 관하여 설명하시오. 10점

05 공중권의 이용방법과 평가방법에 관하여 설명하시오. 10점

해설 및 예시 답안

01 최근 부동산시장에서 임료의 감정평가가 점차 중요시되고 있다. 이에 있어 다음 사항을 논하시오. 40점

1) 가격과 임료의 관계

2) 신규임료와 계속임료의 평가방법과 유의점

3) 부가사용료와 공익비의 차이점과 이들의 실질임료 산정 시 처리방법

4) 임료의 시산가격 조정 시 유의점

1 출제위원 채점평

서에서 가격과 임료의 의의를 기술한다.

(물음 1) 가격과 임료 관계의 핵심은 ① 가격은 내용연수 전 기간에 대한 교환의 대가인 반면 임료는 임대차기간의 단기간에 대한 용익의 대가이며, ② 가격과 임료는 원본과 과실관계에 있고, ③ 정확한 임료를 구하기 위해서는 적정가격이 선행되어야 한다는 것이다. 결론에서는 자기의 생각과 판단을 밝히거나 내용을 요약 정리한다. 이와 같이 각 문제에 대한 답안작성 요령이 매우 중요하다.

(물음 2) 신규임료와 계속임료의 평가방법과 유의점에 대하여는 의의, 방법, 유의점을 적절히 배분하여 기술하면 되는데 어떤 수험생은 신규임료와 계속임료의 평가방법만 대부분 기술하고 유의점은 몇 줄 안 쓰는 사람이 많았다. 유의점은 신규임료와 계속임료의 각 방법에 대한 특이사항 및 장·단점을 알고 있는지를 살펴보기 위한 문제였다.

(물음 3) 사실 평이한 문제였는데 의의와 차이를 정확히 파악한 사람은 그리 많지 않았다. 부가사용료 및 공익비는 실비적, 생활비적 성격을 갖고 있기에 필요제경비에 포함되지 않는다. 즉, 실질임료에 포함되지 않는다. 그러나 실비초과분은 실질임대료에 포함되며, 실질임료를 상승시키기 위한 방법으로 부가사용료와 공익비를 초과 징수하는 경우도 있다는 좋은 답안도 있었다.

(물음 4) 시산가격 조정은 감정평가 전반을 파악할 수 있는 문제로 아무리 강조해도 지나치지 않다. 1990년, 1993년, 1996년 유사한 문제가 출제되었다. 3방식을 종합한 시산가격 조정 문제는 40점 문제로 출제하자는 위원까지 있을 정도였다. 중요하면서도 평이한 문제였으나, 매끄럽게 작성된 답안은 별로 없었다. 임료의 시산가격 조정이나 가격의 시산가격 조정은 내용이 유사하다고 보고 기술하면 된다.

2 답안작성 가이드

임료의 감정평가에 대해서는 자주 출제되지 않고 있다. 임료가 협의의 가격에 비하여 감정평가이론에서 잘 다루어지지 않는 이유는 현업에서 임료의 감정평가 비중이 작다는 점과 이론적으로 협의의 가격을 구하는 내용과 대부분 동일하다는 점 때문이다. 따라서 향후에도 큰 비중으로 다루어지지 않을 것으로 생각된다. 본 문제와 관련하여 (현행) 감칙은 '임료'가 아닌 '임대료'라는 용어를 사용하

고 있는데, 양자의 용어가 의미로는 서로 같지만, 실제 현실의 말에서는 '임대료'를 더 많이 사용한다는 점에서 과거 전면 개정 시 용어를 변경한 것이다.

---

3 목차

Ⅰ. 서(4)

Ⅱ. 가격과 임료의 관계(8)

1. 가격과 임료의 개념
2. 양자가 구분되는 근거
3. 양자의 관계
   1) 원본과 과실
   2) 기간의 차이

Ⅲ. 신규임료와 계속임료의 평가방법과 유의점(10)

1. 신규임료와 계속임료의 개념
2. 임료의 평가방법
   1) 감칙 제22조와 감정평가실무기준
   2) 신규임료의 평가방법
   3) 계속임료의 평가방법
3. 유의점
   1) 신규임료 평가 시 유의점
   2) 계속임료 평가 시 유의점

Ⅳ. 부가사용료와 공익비의 차이점과 이들의 실질임료 산정 시 처리방법(6)

1. 부가사용료와 공익비의 개념
2. 부가사용료와 공익비의 차이점
3. 실질임료 산정 시 처리방법

Ⅴ. 임료의 시산가격 조정 시 유의점(8)

1. 시산가격 조정의 개념
2. 자료의 선택과 활용의 적부
3. 부동산가격에 관한 제 원칙 활용의 적부
4. 기타

Ⅵ. 결(4)

4 예시 답안

Ⅰ. 서(4)

최근 부동산시장은 투자대상, 투자주체, 투자방식 등 여러 가지 면에서 패러다임의 변화를 보여주고 있다. 그 중에서 가장 근본적인 것 중의 하나는 바로 자본수익을 추구하던 투자패턴이 현금흐름, 즉 소득수익을 중시하는 방향으로 바뀌고 있다는 점이다. 이는 곧 임대차에 따른 임료 수입이 중요해졌음을 의미한다. 이하 임료의 감정평가에 대하여 논하고자 한다.

Ⅱ. 가격과 임료의 관계(8)

1. 가격과 임료의 개념

가격은 내용연수 전 기간에 걸쳐 부동산을 사용, 수익함으로써 발생하는 경제적 가치를 현가로 표시한 교환의 대가를 말한다. 반면, 임료는 부동산임대차에 의한 특정 공간의 사용, 수익에 대한 대가로 지불되는 경제적 대가의 총칭을 말한다.

2. 가격과 임료가 구분되는 근거

일반재화는 기간의 경과나 사용으로 소모되는 특성을 가지고 있으나 부동산은 자연적 특성으로서 영속성을 가지고 있다. 따라서 임대차의 대상이 될 수 있으므로 가격과 임료의 그 경제적 가치가 구분된다.

3. 가격과 임료의 관계

1) 원본과 과실

가격과 임료는 원본과 과실의 관계로 상호 간에 불가분의 관계를 가지고 있다. 이러한 관계를 바탕으로 임료는 대상 부동산의 경제적 가치를 기반으로 하여 산정하고 경제적 가치는 임료를 정확하게 파악한 후 그것의 현재가치를 통해 구할 수 있다.

2) 기간의 차이

가격은 부동산이 경제적으로 소멸하기 전까지의 전 기간에 걸쳐 사용, 수익하는 것을 전제로 하여 산출되는 경제적 대가이다. 반면, 임료는 전체기간의 일부, 즉 임대차 등에 의한 계약기간에 한정하여 사용, 수익할 것을 기초로 산정되는 경제적 대가이다.

Ⅲ. 신규임료와 계속임료의 평가방법과 유의점(10)

1. 신규임료와 계속임료의 개념

신규임료란 기준시점 현재 임차인이 대상 부동산을 최초로 사용, 수익하기로 하고 그에 상응하는 경제적 대가를 임대인에게 지불하기로 한 경우의 임료를 말한다. 반면, 계속임료란 기존의 임대차계약에 기반하여 계약을 갱신하는 경우 그에 따라 결정되는 임료를 말한다.

2. 임료의 평가방법

1) 감칙 제22조 및 감정평가실무기준

감칙 제22조 및 감정평가실무기준에서는 임료를 평가할 때 임대사례비교법을 적용하여야 한다고 하고 있다. 다만, 우리나라의 경우 계속임료에 대한 평가방법 규정이 별도로 없는바 일본 부동산감정평가기준에 따라 설명한다.

2) 신규임료의 평가방법

시장성에 입각하여 유사 신규 임료 사례를 수집하여 대상과의 비교를 거쳐 비준임료를 산정하는 임대사례비교법, 비용성에 입각하여 대상 물건의 기초가액을 산정하고 기대이율을 적용한 후 필요제경비를 가산하여 적산임료를 구하는 적산법이 있다. 또한 일반기업경영에 의해 산출된 총수익을 분석하여 대상의 순수익에 필요제경비를 가산하여 수익임료를 구하는 수익분석법이 있다.

3) 계속임료의 평가방법

동 유형의 계속임료의 사례자료를 기초로 비교과정을 통하여 계속임료를 산정하는 임대사례비교법과, 임대용 부동산의 필요제경비 변동 및 임료수준의 변동 등의 적정한 변동률을 파악하여 현행 임료에 곱하여 계속임료를 산출하는 슬라이드법이 있다. 또한 정상실질임료와 실제실질임료 간의 차액을 계약내용 등을 종합적으로 판단하여 실제실질임료에 가감하여 구하는 차액배분법, 기초가액에 계속임료이율을 곱하여 구한 금액에 임대차를 계속하는데 필요한 필요제경비를 가산하여 구하는 이율법이 있다.

3. 유의점

1) 신규임료 평가 시 유의점

임대사례비교법 적용 시 계약내용의 유사성, 위치적·물적 유사성이 있는 자료 등을 선택하여야 한다. 또한 적산법 적용 시 기초가액을 산정할 때에는 수익환원법을 적용하는 순환논리에 빠지지 않도록 유의해야 하고 수익분석법은 주거용 부동산에는 적용하지 않는다.

2) 계속임료 평가 시 유의점

계속임료에는 당사자 간의 사정이 개입될 수 있음에 유의하여야 하며, 차액배분법 적용 시 임대인에 대한 차액 귀속비율 산정에 주관성 개입의 여지에 유의하여야 한다. 또한 이율법 적용 시 기준시점 당시의 기초가액 평가가 왜곡되면 임료도 왜곡될 수 있다.

Ⅳ. 부가사용료와 공익비의 차이점과 이들의 실질임료 산정 시 처리방법(6)

1. 부가사용료와 공익비의 개념

부가사용료는 건물 및 그 부지의 일부를 임대차함에 있어 전용부분에 관계되는 가스료, 전기료, 수도료, 냉·난방비 등의 비용을 말한다. 반면, 공익비는 부가사용료와는 달리 공용부분에 관계되어 소요되는 비용으로서 공용부분의 수도광열비, 위생비, 공용설비비 등이다.

2. 부가사용료와 공익비의 차이점

공익비는 공용부분에서 사용되는 비용이나 부가사용료는 전용부분에서 사용되는 비용이라는 점에서 차이가 있다. 따라서 공익비는 임차인이 타 임차인과 함께 분담하지만 부가사용료는 해당 임차인이 단독으로 부담하게 된다는 점에서 차이가 있다.

3. 실질임료 산정 시 처리방법

부동산의 사용, 수익에 대한 대가가 아닌 실비적인 성격의 비용으로서 원칙적으로 임료의 범위에 포함하지 않는다. 그러나 현실에서는 임대인이 명목상 임료의 인상이 곤란한 경우에 실제 소요되는 비용 이상으로 부가사용료와 공익비를 과다하게 부과함으로써 실질적인 임료 인상의 효과를 꾀하는 경우가 많다. 따라서 명목상 지불되는 부가사용료와 공익비 중 실비를 초과하는 부분이 있는 경우에는 그에 해당하는 부분을 실질임료에 포함한다.

Ⅴ. 임료의 시산가격 조정 시 유의점(8)

1. 시산가격 조정의 개념

임료의 시산가격이란 감정평가 각 방식을 적용하여 구한 임료로서 감정평가액을 산출하기 위한 중간적 임료를 말한다. 이러한 시산임료를 비교 검토하여 최종 감정평가액을 산출하기 위해 조정하는 과정을 임료의 시산가격 조정이라고 한다.

2. 자료의 선택과 활용의 적부

감정평가에 있어서 채용한 자료가 적합한가 그리고 그 검토와 활용방법은 어떠했는가를 체크하여야 한다. 즉, 어떤 평가방법에 의한 자료가 가장 잘되었는가에 따라 각 방법의 비중이 달라지는 것이다.

3. 부동산가격에 관한 제 원칙 활용의 적부

가격제원칙은 부동산가격과 임료의 형성과정상에 있어서 기본적 원칙이며, 평가의 전 과정에 있어서 가격제원칙 활용의 적부는 평가액의 객관성을 좌우한다. 특히 최유효이용의 원칙은 부동산가격과 임료 형성의 가치전제가 되는 원칙이므로 그 활용의 적부가 매우 중요하다.

4. 기타

감정평가의 대상이 되는 임료의 종류에 따라 적절한 평가방식이 적용되었는지 여부, 각 시산임료의 산정 시 경비항목의 처리방법은 적절하였는지 여부, 그 밖에 부동산시장 상황을 반영하여야 한다.

Ⅵ. 결(4)

감칙 제22조에 의거 임대사례비교법에 의한 임료 평가가 원칙이다. 다만, 소송평가, 소급평가와 같이 대상 부동산의 특성상 임대사례가 없거나 사례를 수집하기 어려운 경우 적산법이 많이 활용된다. 그러나 적산법의 경우에도 기초가액 및 기대이율의 산정에 대하여 이론적, 실무적 의견 대립으로 혼란이 야기되고 있다. 최근 부동산시장이 자산시장으로 변모함에 따라 임료 평가에 대한 수요가 늘어날 수 있다는 점을 감안할 때, 임료평가에 대한 세부적인 개념 정립 및 평가방법에 대한 연구, 개발이 요구된다.

02 복성식평가법에 관하여 다음 사항을 설명하시오. 20점

1) 다음 공식의 차이점

가. $D_n = C(1-R)\frac{n}{N}$

나. $D_n = C(1-R)\frac{N-n'}{N}$

다. $D_n = C(1-R)\frac{n}{n+n'}$

2) 발생감가의 의의와 구하는 방법

3) 회복불가능한 기능적 감가의 감가액을 구하는 방법

4) 중고주택의 감정평가상 현실적 모순점

1 출제위원 채점평

(물음 1) 공식의 차이점은 내용연수를 기준으로 하는 감가수정방법 중 정액법에서 감가누계액을 구하는 공식에 대한 차이점이다. 이는 추가투자, 관리정도에 따른 내용연수의 조정에 대한 정확한 이해정도를 파악하기 위한 문제였다.

(가)는 실제경과연수와 유효경과연수가 일치하는 경우로 내용연수를 조정하지 않는 방법, (나)는 내용연수는 고정하고 경과연수는 내용연수와 장래보존연수를 비교하여 산정하는 방법, (다)는 내용연수는 고정하지 않고 경과연수와 장래보존연수의 합으로 조정하는 방법이라는 점을 정확히 알고 있는 수험생은 그리 많지 않았다.

(물음 2) 발생감가의 의의는 미국의 부동산 감정평가에서 사용되고 있는 용어로 우리나라의 감가누계액과 유사하다. 발생감가를 구하는 방법에 대해서 우리나라의 감가수정방법과 미국의 발생감가를 구하는 방법을 혼동한 사람이 많았다. 우리나라와 미국의 경우에 대한 정확한 인식을 한 후 우리나라의 감가수정방법의 개선방향을 제시했으면 했는데 제대로 쓴 수험생이 그리 많지는 않았다.

(물음 3) 회복 불가능한 기능적 감가의 감가액을 구하는 방법은 대체로 세부적으로 이해한 수험생이 별로 없을 줄 알았는데 의외로 정확히 이해하여 결핍과 설비과잉으로 구분해 설명한 수험생도 있었다.

(물음 4) 중고주택의 감정평가상 현실적인 모순점은 감정평가 실무를 접하지 않은 경우 이해하기 쉽지 않은 문제였다. 그러나 몇몇 수험생은 출제의도와 맞는 답안구성을 하기도 하였다. 중고주택의 감정평가의 경우 토지는 공시지가를 기준으로 한 나지상정의 정상가격을 구하고 건물은 정액법을 기준한 복성가격을 구하여 합산하여 계산하고 있다. 그러나 실제 부동산거래 시장에서는 10년 이상 지난 중고주택은 건물가격을 별도로 계산하지 않고 토지에 화체하여 거래하는 것이 관행이다. 따라서 감정평가액과 실제거래액은 차이가 날 수 있다. 따라서 중고주택에 대한 감가수정방법은 감정평가액과 실제거래가액이 일치하는 쪽으로 개선되어야 할 것이다. 토지와 건물을 일체로 평가하는 방법, 또는 건물의 감정평가 시 감가수정방법으로서 정액법보다는 정률법이 현실에 더 접근할 것으로 판단된다. 나아가서는 미국의 발생감가이론을 접목하여 구성부분별로 구분하여 감가수정이론을 재정립할 필요성이 있다.

2 답안작성 가이드

본 문제는 복성식평가법, (현행) 감칙 상으로는 원가법에 대한 문제이다. 특히 원가법을 중심으로 대상 건물의 실제적인 가치 감소분을 구하는 감가수정 절차에 초점을 두고 출제된 문제로 판단된다. 따라서 복성식평가법에서 감가수정 절차가 어떠한 의미를 지니는지와 감가수정방법에 대한 이해가 중요함을 강조하고, 특히 중고주택의 경우 건물이 토지가격에 화체되어 토지만의 가격으로 거래되는 시장관행과 토지, 건물을 개별물건으로 감정평가하여 합산하는 방식 간의 괴리 등에 대하여 설명하면 된다. 아울러 개선방안을 간략하게 제시해주는 것이 좋다.

3 목차

Ⅰ. 서(2)

Ⅱ. 정액법과 내용연수 조정방법의 차이점(4)

1. 내용연수법으로서 정액법(가)
2. 유효연수법(나)과 미래수명법(다)

Ⅲ. 발생감가의 의의와 구하는 방법(4)

1. 발생감가의 의의
2. 구하는 방법

Ⅳ. 회복불가능한 기능적 감가의 감가액을 구하는 방법(4)

1. 회복불가능한 기능적 감가의 개념
2. 회복불가능한 기능적 감가의 감가액을 구하는 방법

Ⅴ. 중고주택의 감정평가상 현실적 모순점(4)

1. 개별물건기준 평가원칙과 실제 거래관행의 차이 측면
2. 감가수정방법 측면

Ⅵ. 결(2)

4 예시 답안

Ⅰ. 서(2)

복성식평가법(원가법)은 재조달원가에 물리적 요인, 기능적 요인, 경제적 요인을 감액함으로써 대상 물건의 가치를 구하는 방법이다. 위 방법의 적용 시에는 물리적, 기능적, 경제적 측면에서 최유효이용 상태와 비교했을 때 어느 정도의 가치가 하락되어 있는지를 분석하는 절차인 감가수정이 평가결과의 정확도를 결정한다. 이하 복성식평가법에 관하여 설명하고자 한다.

Ⅱ. 정액법과 내용연수 조정방법의 차이점(4)

1. 내용연수법으로서 정액법(가)

내용연수법은 대상 물건의 내용연수를 바탕으로 감가수정을 하는 방법으로 정액법, 정률법, 상환기금법이 있다. (가)는 대상 물건의 가치가 매년 일정액씩 감소한다는 가정하에 대상 물건의 감가총액을 단순히 내용연수로 나누어 매년의 감가액을 산정하는 정액법을 의미한다. 위 경우는 (나), (다)와 같이 감가의 개별성에 따른 내용연수의 조정을 하지 않는다.

2. 유효연수법(나)과 미래수명법(다)

유효연수법은 유효경과연수를 기준으로 하여 감가수정을 하는 방법으로 내용연수는 고정이고 잔존내용연수에 따라 경과연수를 조정한다. 반면, 미래수명법은 실제경과연수와 잔존내용연수를 모두 알 수 있는 경우에 양자를 더하여 내용연수를 조정하여 감가수정을 하는 방법을 말한다.

Ⅲ. 발생감가의 의의와 구하는 방법(4)

1. 발생감가의 의의

발생감가(Loss in value from any cause)란 기준시점에서 물건의 재조달원가와 시장가격과의 차액 즉, 가치의 손실을 말한다. 한편 우리나라에서 발생감가는 감가수정이라고도 하는데, 재조달원가에서 여러가지 감가요인을 분석하여 결정된 감가수정액을 공제함으로써 기준시점 현재 대상물건이 갖는 적정한 가액을 산정하는 방법을 말한다.

2. 구하는 방법

발생감가를 구하는 방법은 감가수정 방법이라 할 수 있는바 감정평가실무기준에 의하여 내용연수법과 관찰감가법 등이 있다. 내용연수법은 대상 물건의 내용연수를 바탕으로 감가수정을 하는 방법으로 정액법, 정률법, 상환기금법이 있다. 또한 관찰감가법은 대상 물건의 각 구성부분 또는 전체에 대하여 그 실태를 조사하여 감가수정하는 방법이다.

Ⅳ. 회복불가능한 기능적 감가의 감가액을 구하는 방법(4)

1. 회복불가능한 기능적 감가의 개념

기능적 감가는 건물의 기능적 효용이 변화함으로써 발생하는 가치의 손실로서 기술진보, 디자인이나 시대적 감각의 변화 등으로 발생한다. 그 중에 회복불가능한 기능적 감가는 물리적 또는 경제적으로 치유가 불가능한 항목으로 인한 감가를 말한다. 즉, 물리적, 기술적으로 불가능한 것이거나 경제적으로 치유비용보다 치유 후 수익이 더 작아 경제적 합리성이 없는 경우를 말한다.

2. 회복불가능한 기능적 감가의 감가액을 구하는 방법

① 과소로 인한 기능적 감가액은 가치손실액 또는 추가비용환원액을 합산한 후 신축 시 설치비용을 차감하여 구한다. ② 부적절(부조화)로 인한 기능적 감가액은 기존항목의 비용에서 기부과된 감가상각액을 차감하고 가치손실액 또는 추가비용환원액을 합산한 후 신축 시 설치비용을 차감하여 구한다. ③ 과잉으로 인한 기능적 감가액은 기존항목의 비용에서 기부과된 감가상각액을 차감하고 가치손실액 또는 추가비용환원액을 합산하여 구한다.

Ⅴ. 중고주택의 감정평가상 현실적 모순점(4)

1. 개별물건기준 평가원칙과 실제 거래관행의 차이 측면

일반적으로 복합부동산인 중고주택은 감칙 제7조 제1항에 의하여 개별평가를 원칙으로 한다. 즉, 토지는 감칙 제14조에 의한 공시지가기준법을 적용하고 건물은 감칙 제15조에 의한 원가법을 적용한 후 합산하여 결정한다는 것이다. 그러나 실제 부동산시장에서는 상당기간이 경과한 중고주택은 건물가격을 별도로 계산하지 않고 토지에 화체하여 거래하는 것이 관행이다. 따라서 이 경우 개별감정평가액과 실제 거래액은 차이가 날 수 있다.

2. 감가수정방법 측면

개별평가 시 내용연수법 중 건물에 대한 일반적인 감가수정 방법인 정액법을 적용한다. 그러나 중고주택이라 하더라도 증・개축이 이루어진 경우가 있어 유효경과연수 등의 파악이 쉽지 않은 상황에서 일률적으로 경과연수에 의한 감가를 하게 되면 건물의 평가액이 과소하게 평가될 우려가 있다.

Ⅵ. 결(2)

원가법에 의하여 정확한 시산가액을 구하기 위해서는 감가수정 절차가 중요하나 실제 현실에서는 내용연수법만을 일률적으로 적용하고 있다. 이러한 경우 중고주택의 감정평가 시에는 모순점이 생길 수 있으므로 일괄 거래사례비교법으로 가격을 구하거나 건물의 원가법 평가 시 정률법을 적용하여 초기에 많은 감가를 부담하도록 하는 방법이 타당하다. 또한 정확한 감정평가를 위하여 분해법, 관찰감가법을 병용할 필요가 있다.

03 구분소유부동산의 감정평가에 대하여 다음 사항을 설명하시오. 20점

1) 구분소유권의 특징, 성립요건과 대지권

2) 구분소유부동산의 평가방법

1 출제위원 채점평

(물음 1) 구분소유권에 대한 문제는 모든 평가의 기초가 되는 평이한 문제로서 좋은 답안을 기대하고 있었는데 명확히 이해하고 기술한 수험생은 그리 많지 않았다. 구분소유권의 특징은 의의, 전유부분과 공용부분, 대지사용권의 일체성이다. 성립요건은 구조적, 기능적으로 구분되어야 성립하고

건물의 대지는 법정대지, 규약상 대지, 간주규약상 대지로 구분하고 있다.

(물음 2) 구분소유권의 평가방법은 일반적인 평가이론에 명시된 것과 같이 거래사례비교법, 수익환원법, 복성식평가법으로 평가할 수 있으며, 특히 복성식평가법에 의한 가격배분방법으로 통상의 경우에는 층별효용비율에 의한 방법과 지가배분율에 의한 방법이 있으며 간편적인 배분방법, 특수한 경우(노후화 맨션 등)로 나눌 수 있다.

그러나 일부 수험생은 구분소유권의 평가는 토지와 건물의 전유부분, 공유부분으로 구분평가하여 합산하는 옛 방식을 아주 안이한 마음으로 기술한 경우도 있었다. 연립주택, 복합상가, 오피스텔과 같은 건물은 집합건물의 소유 및 관리에 관한 법률에 의해 법률구성이 되고 있다. 앞으로 구분소유권에 대한 평가는 가격이나 임대료의 감정평가에서 매우 중요시되고 있으므로 정확한 개념 파악과 전체적인 이해는 감정평가이론 및 감정평가실무에서 아무리 강조해도 지나치지 않을 것이다. 특히 일본에서는 최근 매년 출제되는 경향도 있었다.

2 답안작성 가이드

구분소유권의 감정평가방법에 대해서는 과거 감정평가방법과 관련한 규정 등의 내용이 불명확하였으나, 현재는 상세하게 규정하고 있는바 감칙 제16조 및 감정평가실무기준을 바탕으로 설명하면 된다. 특히 구분소유권의 특징에 전유부분, 공용부분, 대지사용권에 대한 설명은 반드시 포함하여야 하며 감정평가방법 설명 시에는 층별효용비(율), 위치별효용비(율)에 대하여 언급하도록 해야 한다.

3 목차

Ⅰ. 서(2)

Ⅱ. 구분소유권의 특징, 성립요건과 대지권(8)

1. 구분소유권의 개념
2. 구분소유권의 특징
3. 구분소유권의 성립요건
4. 대지권

Ⅲ. 구분소유권의 평가방법(8)

1. 감칙 제16조 및 감정평가실무기준
2. 거래사례비교법
3. 원가법
4. 수익환원법

Ⅳ. 결(2)

4 예시 답안

Ⅰ. 서(2)

토지이용의 고층화, 생활양식의 변화 등으로 오늘날 구분소유권이 보편화되었다. 구분소유 부동산은 건물(전유부분과 공유부분)과 대지사용권을 일체로 하여 거래하고 1동의 건물 중 해당 부동산의 층과 위치에 따라 가치에 영향을 받는다. 따라서 이러한 구분소유 부동산의 특징 등을 고려하여 감정평가할 필요가 있다. 이하 구분소유 부동산의 감정평가에 대하여 설명하고자 한다.

Ⅱ. 구분소유권의 특징, 성립요건과 대지권(8)

1. 구분소유권의 개념

구분소유 부동산은 집소법에서 규정하고 있으므로 감정평가의 대상이 되는 구분소유 부동산은 동법의 개념을 인용하고 있다. 구분소유권이란 1동의 건물에 구조상 구분되는 2개 이상의 부분이 있어서, 그것들이 독립하여 주거, 점포, 사무실 등으로 사용되는 경우에 그 부분을 각각 다른 사람의 소유로 사용할 수 있을 때 이러한 전용부분에 대한 권리를 말한다.

2. 구분소유권의 특징

구분소유권은 전유부분, 공용부분, 대지권이 일체성을 이루고 있다. 전유부분이란 구분소유권의 목적인 건물부분을 말한다. 공용부분이란 전유부분 외의 건물부분, 전유부분에 속하지 아니하는 건물의 부속물 및 집합건물법 제3조 제2항 및 제3항에 따라 공용부분으로 된 부속의 건물을 말한다. 한편 공용부분에 대한 공유자의 지분은 그가 가지는 전유부분의 처분에 따르며, 공유자는 그가 가지는 전유부분과 분리하여 공용부분에 대한 지분을 처분할 수 없다.

3. 구분소유권의 성립요건

대법원 판례(2009마1449 결정)는 "1동의 건물의 일부분이 구분소유권의 객체가 될 수 있으려면 그 부분이 이용상은 물론 구조상으로도 다른 부분과 구분되는 독립성이 있어야 하고, 그 이용 상황 내지 이용 형태에 따라 구조상의 독립성판단의 엄격성에 차이가 있을 수 있으나, 구조상의 독립성은 주로 소유권의 목적이 되는 객체에 대한 물적 지배의 범위를 명확히 할 필요성 때문에 요구된다고 할 것이므로, 구조상의 구분에 의하여 구분소유권의 객체 범위를 확정할 수 없는 경우에는 구조상의 독립성이 있다고 할 수 없다."라고 판시하였다.

4. 대지권

대지권이란 집합건물법에 따른 구분소유자가 전유부분을 소유하기 위하여 건물의 대지에 대하여 가지는 권리를 말한다. 그리고 통로, 주차장, 정원, 부속건물의 대지, 그 밖에 전유부분이 속하는 1동의 건물 및 그 건물이 있는 토지와 하나로 관리되거나 사용되는 토지는 규약으로써 건물의 대지로 할 수 있다.

Ⅲ. 구분소유권의 평가방법(8)

1. 감칙 제16조 및 감정평가실무기준

감정평가법인 등은 집합건물법에 따른 구분소유권의 대상이 되는 건물부분과 그 대지사용권을 일괄하여 감정평가하는 경우 거래사례비교법을 적용하여야 한다. 다만, 수익환원법에 의하거나 미분양 또는 매매사례, 임대사례가 없는 경우에는 원가법으로도 평가할 수 있다.

2. 거래사례비교법

일반적으로 특별한 경우를 제외하고 구분소유부동산은 전유부분과 공용부분에 대한 지분의 일체성, 전유부분과 대지사용권의 일체성에 따라 건물과 대지사용권이 일체로 거래된다. 따라서 구분소유권의 목적이 되는 건물 및 그 부지에 대한 감정평가는 건물 및 부지를 일체로 한 거래사례가 있을 경우 층별, 위치별 비교 등을 하여 평가한다.

3. 원가법

전체 1동의 토지 및 건물 부분의 가액을 구하고 층별, 위치별 효용비율을 적용하여 대상물건의 감정평가액을 구하는 것이다.

4. 수익환원법

수익환원법이란 대상물건이 장래 산출할 것으로 기대되는 순수익이나 미래의 현금흐름을 환원하거나 할인하여 대상물건의 가액을 산정하는 감정평가방법을 말한다. 따라서 구분소유부동산의 순수익을 종합환원율로 환원하여 평가한다.

Ⅳ. 결(2)

구분소유 부동산은 전유부분과 공용면적으로 구성되어 있으며 각 구분소유 부동산은 공용면적의 비율이 다르기 때문에 거래사례, 수익사례, 원가사례를 대상 구분건물과 비교할 때에는 전유면적을 기준으로 비교단위를 통일해야 한다. 특히 대지권은 여러 가지 사유로 인하여 등기사항전부증명서에 등기되지 않은 경우가 있으므로 이것의 원인을 조사하여 감정평가목적별로 감정평가서에 포함 여부를 기재하여야 한다.

04 부동산감정평가제도의 기능과 감정평가사의 직업윤리에 관하여 설명하시오. 10점

1 출제위원 채점평

부동산감정평가제도의 기능과 감정평가사의 직업윤리에 관한 10점 문제는 사실상 쓸 내용이 많다. 얼마나 내용을 함축적으로 요약하느냐가 중요하다. 기능, 윤리, 기능과 윤리와의 관계로 구분하여 기술하면 된다. 목차 공부의 중요성을 실감나게 하는 문제이다. 평이한 문제인 듯하지만 만족한 답안은 그리 많지 않았다.

2 답안작성 가이드

감정평가의 기능과 직업윤리에 대하여만 설명하면 좋은 점수를 받을 수가 없다. 즉, 감정평가의 기능으로 인하여 직업윤리가 요구된다는 내용을 설명하기 위한 양자 간의 관계를 덧붙여 주어야 한다.

3 목차

Ⅰ. 부동산감정평가제도의 기능(4)

1. 정책적 기능
2. 일반경제적 기능

Ⅱ. 감정평가사의 직업윤리(4)

1. 직업윤리의 개념
2. 이론적 근거

Ⅲ. 양자의 관계(2)

---

4 예시 답안

Ⅰ. 부동산감정평가제도의 기능(4)

1. 정책적 기능

감정평가는 토지 등의 경제적 가치를 판정하여 효율적인 부동산정책의 수립과 집행을 가능하게 하고 국민의 재산권을 보호하고 보장한다. 즉, 정책적 기능은 주로 공적 부동산활동과 관련이 깊은데 부동산정책의 효율적인 수립과 집행에 기여한다.

2. 일반경제적 기능

불완전한 부동산시장의 결함을 보완함으로써 부동산의 효율적 배분과 거래질서의 확립에 기여한다. 즉, 일반경제적 기능은 주로 사적 부동산활동과 관련이 많은데 자원의 효율적 배분과 거래질서 확립에 기여함으로써 시장기능이 제대로 발휘될 수 있도록 하는 데 도움을 준다.

Ⅱ. 감정평가사의 직업윤리(4)

1. 직업윤리의 개념

감정평가사의 직업윤리란 감정평가사가 감정평가활동을 수행할 때 준수하여야 할 관계법령에 의한 제 규정은 물론이고 자율적으로 준수해야 할 전문 직업인으로서의 행위규범을 의미한다.

2. 근거

감정평가 결과는 개인과 국가의 재산과 직접적으로 관련이 되며 나아가 개인의 행복과 사회복지에 영향을 미친다. 따라서 감정평가사는 가치판정의 전문인으로서 자신의 행위결과가 사회적, 경제적으로 미치는 영향을 인식하고 그에 따라 양심적으로 업무를 수행하여야 하므로 높은 윤리성이 요구된다. 특히 감정평가법 제25조, 감칙 제3조, 감정평가실무기준 등에서 직업윤리를 규정하고 있다.

Ⅲ. 양자의 관계(2)

감정평가는 토지 등의 경제적 가치를 판정함으로써 정책적 기능과 일반경제적 기능을 수행한다. 따라서 이처럼 중요한 기능을 수행하는 감정평가사에게는 높은 직업윤리 의식이 요구된다는 관계에 있다.

05 공중권의 이용방법과 평가방법에 관하여 설명하시오. 10점

1 출제위원 채점평

공중권에 대한 문제는 보너스 문제였다. 이런 문제를 놓쳤다면 합격을 기대하기란 어렵다. 10점짜리 문제는 잘하면 7점, 완벽에 가까우면 8점을 준다. 답안구성은 서(의의), 이용방법, 평가방법, 결(우리나라의 이용사례 및 전망)로 구분하여 기술하면 된다.

2 답안작성 가이드

공중권은 당시 도입과 활용에 대한 활발한 논의가 있었다. 하지만 현재 우리나라는 구분지상권의 개념을 활용하고 있으며 구분지상권의 대지권은 소유권 이외의 다양한 권리를 기초로 설정될 수 있어 공중권에 대한 도입 논의는 그 열기를 잃었다. 다만, 출제자의 의도와 같이 공중권의 개념부터 이용방법과 평가방법, 우리나라의 이용사례 등으로 마무리하면 된다.

3 목차

Ⅰ. 개설(1)

Ⅱ. 공중권의 이용방법(3)

Ⅲ. 공중권의 감정평가방법과 이용사례(6)

1. 공중권의 감정평가방법
   1) 거래사례비교법
   2) 토지잔여법 등
2. 이용사례

4 예시 답안

Ⅰ. 개설(1)

공중권이란 지표상의 공중공간을 타인에게 방해받지 않고 일정한 고도까지 사용하고 지배할 수 있는 권리로서 토지소유권에서 분리된 것을 말한다. 이는 현재 우리나라에서 법률로 명확히 정해진 권리는 아니지만 민법의 지상권에 포함하여 다뤄지고 있다. 이하 공중권의 이용방법과 평가방법에 관하여 설명하고자 한다.

Ⅱ. 공중권의 이용방법(3)

토지의 소유권을 일정한 높이에서 수평면으로 잘라내어 아직 이용되지 않고 있는 상부공간을 이용하는 방법과 미이용 상부공간을 인근으로 이전시켜 이용하는 방법 등이 있다. 한편 우리나라에서는 엄밀한 의미에서 공중권이 존재하지 않으나 이와 유사한 구분소유권이나 구분지상권 또는 점용의 형태로 이용되고 있다.

Ⅲ. 공중권의 감정평가방법과 이용사례(6)

1. 공중권의 감정평가방법

1) 거래사례비교법

시장지역 내에 공중권의 거래사례가 있는 경우에는 거래사례비교법이 가장 적합한 평가방법이 된다. 즉, 유사한 공중권이 거래된 사례를 기준으로 구하는 방법이다.

2) 토지잔여법 등

① 토지잔여법은 시장자료가 없는 경우 이용하는바, 공중권 설정 유무에 따른 순수익의 차이를 자본환원하여 구하는 방법이다. ② 원가방식에 의해서도 산정할 수 있는바 대체토지의 매수대금에서 공사비 및 부대비를 공제하고 추가이익을 합하여 구한다.

2. 이용사례

대도시 철도역의 민자역사 건설과 같이 공중권을 이용한 도시개발은 지가가 비싼 도시의 중심가에 입지한 곳에서 주로 이루어진다. 예컨대 새로이 철도나 도로를 건설하여 기존의 시설이 철거되거나 지역이 분할되는 경우 그 신설도로 부지 상부에 기존시설물을 설치하거나 육교로 연결하여 새로운 공간을 창출할 수 있다.

Chapter 30

1995년 제6회 기출문제

01 부동산가격의 발생원인을 일반재화의 가격과 비교하여 논하시오. 40점

02 정상가격(시장가치)와 부동산공시법상 규정한 적정가격의 개념을 비교하여 논하시오. 30점

03 표준적 사용의 의의 및 특성을 최유효사용과 대비하여 설명하고 상호관계를 논하시오. 20점

04 다음 용어를 간략하게 설명하시오. 10점

1) 임료의 기준시점

2) 임료의 실현시점

3) 임료의 산정기간

4) 임료의 지불시기

해설 및 예시 답안

01 부동산가격의 발생원인을 일반재화의 가격과 비교하여 논하시오. 40점

1 출제위원 채점평

서론 첫 부분부터 부동산가격이 시장의 수급에 따라 결정된다는 것인지 아니면 어쩐다는 것인지 불분명하게 두리뭉실 넘어가고 있다. 이 답안지를 어찌 탓하랴. 시중의 부동산 관련 서적들이 거의 다 이 모양이니 말이다. "발생원인"은 무엇이고 또 "적절한 관리는 필요한 것이다"는 무슨 말인가?

Ring 교수를 거론한 것은 공부의 양을 밝혀서 좋으나, 비판은 없으니 공부의 질은 드러나 있지 못하다. 왜냐하면 누가 이 이론을 소개하고 있는지는 모르지만 부동산의 절대지대를 받아들인다면 부동산이 거래되어 이전될 때에만 가격이 있다는 논리가 되기 때문이다. 그러면 일반적으로 공공부동산은 거래할 수 없는 것이 보통인바, 이 부동산은 가격이 발생될 수 없고, 가치도 없다는 말인가.

부동산의 이전은 부동산가격이 유용성과 유효수요에 의해 발생되고 나서, 존재되고 그 다음에 그 가치와 가격이 내용을 구성하고 형성하고 꾸미는 조건이라고 봄이 타당하다고 생각된다.

이는 상대적 희소성과 마찬가지이다. 사실은 이전성은 유효수요의 전제이니 또 거론해서 어쩌겠다는 것인가, 그리고 또 회사의 자산재평가는 또 어찌할 것인가?

동산과 부동산의 효용이 갖는 그 질과 양, 곧 효용의 외연과 내포에 대해서는 비교가 안 되어 있을 뿐만 아니라 그에 따라 그 효용들의 작용관계도 밝혀져 있지 않다. 역시 이 답안지를 탓할 것이 아니고 감정평가 서적들에 물어 볼 일이다.

사실 동산은 그 물체성에 따라 동산의 효용은 거의 단일적 효용이고, 소멸적 효용이나 부동산의 효용은 특성에 따라 다용도적이고 영속적이며 시간의 경과에 따라 오히려 증식적 효용으로 나타나는 것이 일반적이다. 이 차별성 때문에 그 작용관계도 다르게 나타나는 것이다. 가격의 본질구성이 다르고 공급과 수요의 본질적 의미내용과 그 작용관계가 상이하게 되는 것이라고 본다. 상이한 작용관계는 너무 분량이 많아 여기서는 거론할 수 없고 감정평가협회 발생의 감정평가논집을 참고하기 바란다.

상대적 희소성은 거의 대부분의 교과서들이 발생요인으로 치고 있으니 그렇다 치고, 정말 부증성 때문에 상대적 희소성이 나타나는가. 이 세상에 부동산만큼 큰 것이 또 어디 있는가. 이미 존재되어 있는 것을 쓰면 될 것이지 그것은 놔두고 부증성이 있어서 희소성이 생긴다는 것은 한번 생각해 볼 일이다. 부증성은 절대적 희소성의 문제이고, 부동산의 상대적 희소성은 지역적 · 용도적인 문제로서 이는 부동성과 수행정성, 즉 용도지역 · 지구별의 문제이다. 상기의 논리로 채점하지 않았으니 안심해도 된다. 말이 나와서 일깨운 것이다.

동산의 수요와 부동산의 유효수요를 일깨우는 답안은 하나도 없었다. 참으로 안타까운 일이다. 동산의 그 경제적 가치의 덩어리, 즉 가격 덩어리가 일반적으로 비교적 적기 때문에 사고 싶은 마음이 절실하면 기채해서 금방 유효수요화 할 수 있기에 시장체계, 즉 가격과 공급에 영향을 미친다. 그러니 사고 싶은 마음이 수요이다. 그러나 부동산은 처음부터 가처분소득이 있는 수요, 즉 구매력이 있는 수요이어야 시장체계에 영향을 미칠 수 있는 것이다. 그것은 경제적 가치의 덩어리가 비교적 엄청나게 크기 때문이다. 동산에 있어서 사고 싶은 마음이 수요라면 이 세상 모든 사람은 정신이 똑바로 박혀있는 한 모두 다 수요자인 것이다. 이는 난센스이다. 그것은 부동산관리와 보유의 용역성, 과실취득성 때문이다. 이를 아는 사람이 한 사람도 없었다. 누구를 탓하랴.

2 답안작성 가이드

부동산가격의 발생원인을 개관하여 설명해줄 필요가 있다. 특히 이전성의 경우에는 견해의 대립이 있으며 그 중요성에 대하여도 비중 있게 다루지는 않으므로 과감하게 배제하는 것이 낫다. 또한 부동산가격의 발생원인들이 왜 부동산가격을 발생시키는가에 대한 것부터 시작하여 이들이 부동산의 특성으로 인하여 일반재화의 가격과 어떠한 점에서 비교되는지를 보여주어야 할 것이나 문제의 출제의도를 생각한다면 '차이점'이 초점이 될 것이다.

3 목차

Ⅰ. 서(4)

Ⅱ. 효용(10)

1. 의의
   1) 효용의 개념
   2) 효용의 형태
2. 일반재화의 효용과 비교
3. 일반재화의 가격과 비교
   1) 가격다원화와 장기적 고려하에서 형성
   2) 위치가격과 일물일가 적용의 배제

Ⅲ. 상대적 희소성(12)

1. 의의
   1) 상대적 희소성의 개념
   2) 원인
2. 일반재화의 희소성과 비교
3. 일반재화의 가격과 비교
   1) 단기와 장기별 가격형성
   2) 지가구배현상
   3) 주기적인 가격불균형

Ⅳ. 유효수요(10)

1. 의의
2. 일반재화의 수요와 비교

3. 일반재화의 가격과 비교
   1) 유효수요에 따른 부동산가격 변화
   2) 투기가격의 형성 가능성

Ⅴ. 결(4)

---

4 예시 답안

Ⅰ. 서(4)

시장참가자들이 어떤 물건에 대하여 기꺼이 대가를 지불하고 거기에 합당한 가치가 생기기 위해서는 효용, 상대적 희소성, 유효수요가 필요하며 이를 부동산가격 발생의 3요인이라고 한다. 이를 수요와 공급이라는 분석의 틀과 연계시켜 보면 효용과 유효수요는 수요 측면으로 상대적 희소성은 공급 측면으로 작용하게 된다. 그리고 수요와 공급의 상호작용에 의하여 시장에서 가격이 발생하게 되는 것이다. 그러나 부동산은 일반재화와는 다른 특성을 지니고 있어 가격발생원인 등이 다르다는 점에 유의하여야 한다. 이하 부동산가격의 발생원인을 일반재화의 가격과 비교하여 논하고자 한다.

Ⅱ. 효용(10)

1. 의의

1) 효용의 개념

효용이란 인간의 욕구나 필요를 만족시킬 수 있는 재화의 능력으로서 수요 측면에 영향을 미치는 가격발생요인이다. 부동산의 효용은 용도의 구분에 따라 주거지는 건물의 위치, 방향 등과 같은 쾌적성으로 표현되고, 상업지는 수익성으로 표현되는데 수익방식의 토대가 되었으며, 공업지는 생산성 등으로 표현된다.

2) 효용의 형태

쾌적성은 주로 주거용 부동산에 해당되는 것으로 어떤 주택을 소유하고 생활함으로써 느끼는 정신적 만족도를 말한다. 수익성은 주로 상업용 부동산에 해당되는 것으로 수익을 창출하는 능력을 말한다. 생산성이란 주로 공업용 부동산에 해당되는 것으로 생산을 위해 투입된 생산요소와 생산된 생산량의 비율을 말한다.

2. 일반재화의 효용과 비교

부동산은 영속성과 용도의 다양성이라는 특성이 있어 부동산의 효용은 영속적, 다용도적 효용의 특징을 가지게 되는 반면, 일반재화는 비내구재로서 하나의 용도로만 제작되기 때문에 소멸적, 단일적 효용의 특징을 가지게 된다. 그리고 부동산은 특히 투자자산으로 인식할 경우 취득해서 보유하는 행위에서 만족을 느끼는 보유적 효용의 성격을 지니고 있는 반면, 일반재화는 취득해서 소비하는 것 그 자체로 만족을 느끼는 향유적 효용의 성격을 지니고 있다.

3. 일반재화의 가격과 비교

1) 가격다원화와 장기적 고려하에서 형성

부동산가격은 용도의 다양성으로 인한 다용도적 효용으로 인하여 가격다원화의 개념이 성립한다. 또한 영속성으로 인한 영속적 효용으로 인하여 장기적 고려하에 형성된다.

2) 위치가격과 일물일가 적용의 배제

부동산가격은 고정성으로 인한 위치적 효용으로 인하여 위치가격의 특징을 갖는다. 또한 개별성으로 인한 개별적 효용으로 인하여 일물일가의 원칙이 적용되지 않는다.

Ⅲ. 상대적 희소성(12)

1. 의의

1) 상대적 희소성의 개념

희소성이란 인간의 욕구나 필요에 비하여 그 수나 양이 부족한 상태를 말하는 것으로 상대적이라는 의미에 대해서는 부동산의 물리적 측면이 아닌 지역적, 용도적 측면에서 상대적으로 부족하기 때문이라는 의미와 수요에 비하여 공급이 상대적으로 부족하기 때문이라는 의미로 해석할 수 있다.

2) 원인

부동산의 특성 중 부증성으로 인해 물리적 측면에서의 절대총량은 한정되어 있고 지리적 위치의 고정성 및 개별성 등으로 인하여 토지공급은 비탄력적이다. 이에 반해 산업화, 도시화, 인구증가, 핵가족화, 소득수준의 향상 등으로 토지에 대한 수요는 일반적으로 증가하는 경향이 있기 때문에 희소성이 발생하고 심화하게 된다.

2. 일반재화의 희소성과 비교

부동산은 공급 측면에서 볼 때, 지역적, 용도적 측면에서의 상대적 희소성이 문제가 되는 반면, 일반재화는 이동이 가능하고 필요한 경우 물리적인 생산이 가능하므로 절대적인 양 측면에서의 절대적 희소성이 문제가 된다.

3. 일반재화의 가격과 비교

1) 단기와 장기별 가격형성

단기에는 공급이 고정이어서, 즉 공급이 매우 비탄력적이므로 가격이 수요에 의하여 결정되는 수요자 중심의 가격이 형성된다. 반면, 장기에는 공급으로 비탄력성이 완화되므로 수요와 공급의 균형에 의하여 가격이 형성된다.

2) 지가구배현상

도심의 토지는 외곽지역의 토지보다 상대적으로 희소성이 크다. 따라서 도심에서 지가고현상 및 집약적 이용이 행해진다. 특히 소도시의 지가현상을 분석하면 도심에서 외곽으로 갈수록 지가가 급락하는 지가구배현상이 나타난다.

3) 주기적인 가격불균형

부동산의 상대적 희소성으로 인하여 부동산시장에서 수요에 비하여 공급이 비탄력적이게 된다. 따라서 수급의 불균형이 발생하였을 때 신속하게 공급이 반응하지 못하므로 초과공급과 초과수요가 지속적으로 반복되며 가격불균형이 발생한다.

Ⅳ. 유효수요(10)

1. 의의

유효수요란 실질적인 구매능력을 의미하는 것으로 살 의사(Willing to Buy)와 지불능력(Ability to Pay)을 갖추고 있는 수요를 말하는데 효용과 함께 수요 측면에 영향을 미치는 가격발생요인이다. 여기서 살 의사를 욕구, 지불능력을 구매력이라고도 한다.

2. 일반재화의 수요와 비교

일반재화에 비해 부동산에 있어 유효수요가 특별하게 더 강조되는 이유는 부동산의 고가성에 기인한다. 즉, 부동산은 고가의 상품으로서 수요자가 충분한 지불능력을 가지고 있지 않으면 시장에서 수요가 이루어지지 않는다. 따라서 시장참여자의 수가 제한되고 부동산금융이 큰 역할을 수행하게 된다.

3. 일반재화의 가격과 비교

1) 유효수요에 따른 부동산가격 변화

유효수요는 부동산가격에 큰 영향을 미친다. 그리고 영향의 정도는 시기와 지역, 부동산가격의 절대적인 수준 등에 따라 변화하게 된다. 예를 들어 저가 부동산의 경우에는 상대적으로 금액이 작기 때문에 수요가 미치는 영향이 작은 반면, 고가주택의 경우에는 상대적으로 금액이 커 수요층이 적기 때문에 수요가 미치는 영향이 훨씬 크다.

2) 투기가격의 형성 가능성

부동산은 영속성으로 인하여 상당한 고가의 재화이면서 일반재화의 수요와는 다르게 유효수요가 중요하고 이로 인하여 부동산시장에서 투기가격의 형성 가능성이 매우 크다.

Ⅴ. 결(4)

부동산시장의 수요와 공급이 상호 영향을 주듯이 이 세 가지 요인들도 주어진 상황에서 상호 영향을 미치고 있다. 예를 들어 희소성이라는 가격발생요인은 재화의 수요와 공급에 영향을 미치고 있다. 즉, 재화가 희소하기 때문에 무한정으로 공급할 수 없으며 희소하기 때문에 기꺼이 대가를 지불하려는 수요가 생기는 것이다. 무제한으로 공급되는 재화에 대해서는 아무도 기꺼이 대가를 지불하려 하지 않는다. 또한 세 가지 요인 중 어느 한 요인의 변동은 필연적으로 가격에 반영된다. 따라서 감정평가법인 등은 대상 부동산의 시장가치를 추계하는 데 있어서 법률적, 경제적, 사회적, 환경적 요인들이 이 같은 가격발생요인에 대해 어떠한 영향을 미칠 것인지를 정확하게 판단해야 한다.

02 정상가격(시장가치)와 부동산공시법상 규정한 적정가격의 개념을 비교하여 논하시오. 30점

1 출제위원 채점평

정상가격과 적정가격이 일원론이냐 이원론이냐는 다 아는 사실이다. 그런데 토지공개념이 더욱 강화되면서 감정평가 개념도 공인평가에서 공적평가로, 정상가격에서 적정가격으로 바뀌어 버린 것이다. 일원론인가 이원론인가는 여러분들이 알아서 할 일이다. 다 얘기한 셈이다. 역시 참으로 안타까운 것은 평가론서는 물론이고 정작 부동산공법서들, 원론서들에서도 이런 얘기는 언급이 없다는 데 있는 것이다.

2 답안작성 가이드

(현행) 감칙에는 시장가치, (현행) 부동산공시법에는 적정가격이 규정되어 있다. 2013년 감칙의 전면 개정으로 정상가격이 시장가치로 용어 변경됨에 따라 시장가치에 대한 개념 자체를 정확하게 숙지하여야 할 것이며 특히 부동산공시법 상 적정가격의 개념에 비주거용 부동산이 추가된 점도 양자의 비교 시에 감안해야 할 것이다.

※ 출제 당시에는 정상가격과 지가공시법상 규정한 적정가격의 개념에 대한 비교였으나, 문제와 해설에서는 현행 시장가치와 부동산공시법 상 규정한 적정가격의 개념 비교로 논하였습니다.

3 목차

Ⅰ. 서(3)

Ⅱ. 시장가치와 적정가격의 개념(4)

1. 시장가치의 개념
2. 적정가격의 개념

Ⅲ. 양자의 개념의 유사점(10)

1. 개념요소 측면
2. 시장조건 측면
3. 성립가능성 측면
4. 동일한 가치전제 측면
5. 가치의 기능 측면

Ⅳ. 양자의 개념의 차이점(10)

1. 개념요소 측면
2. 거래조건 측면
3. 가치의 표현 측면
4. 규정의 목적 측면
5. 가치의 성격과 대상 물건 측면

Ⅴ. 결(3)

---

4 예시 답안

Ⅰ. 서(3)

감정평가는 토지 등의 경제적 가치를 판정하여 그 결과를 가액으로 표시하는 것을 말한다. 이러한 감정평가 시 시장가치를 기준가치로 규정(감칙 제5조)하고 있으며 여기서 기준가치라 함은 감정평가액 결정의 기준이 되는 가치를 말한다. 다만, 감정평가와 관련하여 부동산공시법에서는 적정가격을 규정하고 있어 양자 간 용어의 논란이 있다. 따라서 두 규정이 왜 서로 다른 용어를 규정하고 있는지 양자의 개념을 비교하여 논하고자 한다.

Ⅱ. 시장가치와 적정가격의 개념(4)

1. 시장가치의 개념

시장가치란 토지 등이 통상적인 시장에서 충분한 기간 동안 거래를 위하여 공개된 후 그 대상물건의 내용에 정통한 당사자 사이에 신중하고 자발적인 거래가 있을 경우 성립될 가능성이 가장 높다고 인정되는 대상 물건의 가액을 말한다.

2. 적정가격의 개념

적정가격이란 해당 토지, 주택 및 비주거용 부동산에 대하여 통상적인 시장에서 정상적인 거래가 이루어지는 경우 성립될 가능성이 가장 높다고 인정되는 가격을 말한다.

Ⅲ. 양자의 개념의 유사점(10)

1. 개념요소 측면

적정가격을 외국에 규정된 시장가치 정의의 조건과 비교해 볼 때 다소 차이는 있으나 근본적인 차이는 발견하기 어렵다. 즉, 몇 가지 개념요소가 결여되어 있거나 구체적으로 언급하고 있지 않더라도 상당부분은 유사하다.

2. 시장조건 측면

적정가격과 시장가치는 모두 통상적인 시장 하에서의 개념을 전제로 한다. 여기서 통상적인 시장이라 함은 통상 일반인 누구라도 이용할 수 있는 공개된 자유로운 시장을 의미한다는 점에서 유사하다.

3. 성립가능성 측면

적정가격과 시장가치는 모두 성립될 가능성이 가장 높다고 인정될 것을 규정하고 있다. 이는 최빈매매가능가격으로서 통계학적 개념을 의미하며 시장지향적이고 실증적인 가격 개념이라는 점에서 유사하다.

4. 동일한 가치전제 측면

두 법령에서 규정하는 가격 개념은 동일한 가치전제(시장가치)를 기초로 하고 있음이 명백하다. 두 법령의 용어 정의상의 차이는 그 동안의 법적 관행상 행정목적에 따라 다르게 부르고 있을 뿐 그 어떤 조항에도 각기 다른 평가방법이나 가치전제를 규정하고 있지 않기 때문에 유사하다.

5. 가치의 기능 측면

적정가격으로 고시된 공시지가도 가격선도의 기능 및 거래 지표의 기능을 하기 때문에 시장가치의 적정한 가격형성을 유도하는 정책적 기능 및 거래 시 의사결정의 기준이 되는 일반경제적 기능과 유사하다.

Ⅳ. 양자의 개념의 차이점(10)

1. 개념요소 측면

적정가격 개념은 시장성을 강조한 개념으로 개정되었으나 시장가치의 조건인 당사자의 정통성, 출품기간의 합리성 등이 충족되지 못한다는 점에서 다르다.

2. 거래조건 측면

적정가격의 정상적인 거래는 시장가치의 조건을 충족한다고 보기 어려우며 이는 투기적인 거래나 비정상적인 거래를 배제한다는 의미라는 점에서 다르다.

3. 가치의 표현 측면

적정가격은 가격을, 시장가치는 가액이란 용어를 사용하고 있다. 여기서 가격은 물건이 지니고 있는 가치를 화폐액으로 나타낸 것을 말한다. 반면, 가액은 물건의 가치에 상당하는 금액을 의미하고 법률에서 자주 활용되는 표현이라는 점에서 다르다.

4. 규정의 목적 측면

부동산공시법은 부동산의 적정가격을 공시하여 부동산의 적정한 가격형성과 각종 조세・부담금 등의 형평성 도모 등을 목적으로 한다. 반면, 감칙은 감정평가법인 등이 감정평가를 할 때 준수하여야 할 원칙과 기준을 규정함을 목적으로 한다는 점에서 다르다.

5. 가치의 성격과 대상 물건 측면

적정가격은 법률목적상의 가격으로 가치지향적, 정책적 성격을 가지나 시장가치는 시장성을 중시하는 개념으로서 현실적, 객관적인 성격을 갖는다. 또한 적정가격의 대상 물건은 토지, 주택, 비주거용 부동산이나 시장가치의 대상 물건은 토지 및 정착물, 동산 그 밖에 대통령령으로 정하는 재산과 이들에 관한 소유권 외의 권리로서 다르다.

Ⅴ. 결(3)

부동산공시법의 적정가격과 감칙의 시장가치는 적용에 있어서 대상이 다르다 할 것이다. 즉, 적정가격은 부동산 공시가격의 기준가치이며 시장가치는 감정평가의 대상 물건에 대한 일반적인 감정평가액의 기준가치이다. 그러므로 감정평가활동의 구체적인 목적에 따라 기준가치의 정확한 사용이 필요하다고 생각하며 용어의 논란을 정리하여 대외적인 혼란이 없도록 하여야 할 것이다.

03 표준적 사용의 의의 및 특성을 최유효사용과 대비하여 설명하고 상호관계를 논하시오. 20점

1 답안작성 가이드

표준적 사용의 의의와 특성을 최유효사용과 대비하여 설명하라고 한 만큼 표준적 사용의 의의와 특성을 설명할 경우 최유효사용의 의의와 특성을 대비시켜서 구체적으로 양자가 어떻게 다른가를 설명해주는 것이 중요하다. 또한 이러한 대비되는 관계 속에서도 감정평가에 있어서는 양자가 서로 밀접하게 상호관계됨을 논해야 할 것이다.

2 목차

Ⅰ. 서(2)

Ⅱ. 표준적 사용의 의의와 특성(8)

1. 의의(최유효사용과 대비)
   1) 표준적 사용의 의의
   2) 최유효사용의 의의
2. 특성(최유효사용과 대비)
   1) 지역성에 근거
   2) 집단적, 평균적 사용 상태

Ⅲ. 최유효사용과의 상호관계(8)

1. 일치 여부에 따른 상호관계
2. 피결정성에 따른 상호관계
3. 창조적 토지사용에 따른 상호관계
4. Feed-Back에 따른 상호관계

Ⅳ. 결(2)

3 예시 답안

Ⅰ. 서(2)

부동산가격은 지역 내 부동산의 표준적 사용과 가격수준의 제약 하에서 부동산의 개별성에 근거하여 최유효사용과 개별적·구체적 가격이 형성된다. 따라서 부동산가격의 정확한 판정을 위해서 표준적 사용이 최유효사용과 대비하여 갖는 의의와 특성을 파악하고 양자의 상호관계를 이해하여야 한다.

Ⅱ. 표준적 사용의 의의와 특성(8)

1. 의의(최유효사용과 대비)

1) 표준적 사용의 의의

대상 지역에 속하는 개개 부동산의 최유효이용의 집약적, 평균적 사용방법으로 이는 대상 지역의 특성과 위치를 나타내 준다.

2) 최유효사용의 의의

최유효사용이란 객관적으로 보아 양식과 통상의 이용능력을 가진 사람이 대상 부동산을 합법적이고 합리적이며 최고, 최선의 방법으로 사용하는 것이다.

2. 특성(최유효사용과 대비)

1) 지역성에 근거

최유효사용은 부동산의 개별성에 근거하여 발생하는 사용 상태임에 반하여 표준적 사용은 지리적 위치의 고정성에 따른 지역성에 근거하여 발생하는 사용 상태이다.

2) 집단적, 평균적 사용 상태

최유효사용이 개별 부동산의 개별적, 독립적 사용 상태임에 반하여 표준적 이용은 대상이 속하는 지역 내 부동산의 집단적, 평균적 사용 상태를 나타낸다.

Ⅲ. 최유효이용과의 상호관계(8)

1. 일치 여부에 따른 상호관계

원칙적으로 표준적 사용에 적합한 것이 최유효사용이나 양자가 반드시 일치하는 것은 아니다. 즉, 최유효사용은 부동산의 개별성에 의하여 형성되는 것이므로 표준적 사용과 항상 동일하지는 않다는 상호관계에 있다.

2. 피결정성에 따른 상호관계

지역분석의 결과 판정된 지역의 표준적 사용의 영향하에서 개별분석을 통해 대상 부동산의 최유효사용을 판정하게 되므로 기본적으로 최유효사용은 표준적 사용의 영향하에 있는 피결정성의 상호관계에 있다.

3. 창조적 토지사용에 따른 상호관계

창조적 토지사용이 침입·계승된 경우 새로운 최유효사용의 형태가 형성되고 이는 표준적 사용의 변화를 초래하는 상호관계에 있다.

4. Feed-Back에 따른 상호관계

어떤 지역의 표준적사용은 개별 부동산의 최유효사용에 영향을 미치게 된다. 한편 개별 부동산의 최유효사용의 집약적, 평균적인 사용방법이 바로 표준적 사용이 되므로 표준적 사용과 최유효사용은 Feed-Back에 따른 상호관계에 있다.

Ⅳ. 결(2)

표준적 사용과 최유효사용 파악은 감정평가과정인 지역분석과 개별분석의 목적에서 핵심적인 위치를 차지하고 있다. 또한 지역적 차원에서의 가격수준과 개별 부동산 차원에서의 개별적・구체적 가격 형성이라는 측면에서도 연관성을 맺고 있는바 양자에 대한 의의와 특성, 상호관계에 대한 이해가 필요하다.

04 다음 용어를 간략하게 설명하시오. 10점

1) 임료의 기준시점

2) 임료의 실현시점

3) 임료의 산정기간

4) 임료의 지불시기

1 답안작성 가이드

임료는 물건이나 부동산 등을 빌려준 대가로서 받는 것으로 가격과는 다른 특징을 가지고 있다. 따라서 협의의 가격에 대한 평가와 임료에 대한 평가에 있어 일정한 기준에 차이가 있을 수 있으므로 이러한 점을 염두에 두고 답안을 작성하여야 한다. 특히 용어에 대한 약술 문제이므로 배점에 맞추어 설명해주면 된다.

2 목차

Ⅰ. 임료의 기준시점(2.5)

Ⅱ. 임료의 실현시점(2.5)

Ⅲ. 임료의 산정기간(2.5)

Ⅳ. 임료의 지불시기(2.5)

3 예시 답안

Ⅰ. 임료의 기준시점(2.5)

임료는 부동산임대차에 의한 특정 공간의 사용, 수익에 대한 대가로 지불되는 경제적 대가의 총칭을 말한다. 임료의 기준시점은 임료를 평가하는 경우 임료 결성의 기준이 되는 날로서, 임대차기간에 있어 수익발생 개시시점으로 그 기간의 초일이 된다. 즉, 임료의 시초시점이 기준시점이 된다. 한편 감칙 제9조 제2항에서는 기준시점을 대상 물건의 가격조사완료일을 원칙으로 하되 기준시점을 미리 정하였을 때에는 가격조사가 가능한 경우에 그 날짜를 기준시점으로 할 수 있다고 예외를 인정하고 있다.

Ⅱ. 임료의 실현시점(2.5)

임료의 실현시점이란 임대차기간에 있어 수익이 실제 실현되는 시점이므로 임대차에 있어서는 기간 말에 가서야 실현되므로 임대차기간의 종료시점이 된다. 즉, 임대차기간이 월 단위로 되어 있는 경우에는 월의 말일이, 연 단위로 되어 있는 경우에는 연의 말일이 임료의 실현시점이 된다.

Ⅲ. 임료의 산정기간(2.5)

임료의 산정기간이란 임료를 계상하는 기간을 의미하는바 임대차기간 중에 지불되는 지불임료뿐만 아니라 보증금 및 권리금, 실비초과 공익비 등이 모두 계산되어야 한다. 이러한 임료의 산정기간은 통상적으로 1년을 기준으로 한다. 다만, 주택임대차보호법, 상가임대차보호법에서는 임대차기간에 있어서 최소기간을 규정하고 있어 이를 기준으로 한다.

Ⅳ. 임료의 지불시기(2.5)

임료의 지불시기는 임차인이 임대인에게 임료를 지불하는 시점을 말하는데 임료는 통상적으로 임대차기간이 종료되는 시점, 즉 실현시점에 지불하게 된다. 왜냐하면 일반적으로 재화나 서비스의 제공과 그에 대한 대가의 지불은 동시이행의 관계에 있어 임료 또한 일정한 부동산 공간을 사용하고 수익한 대가를 지불하기 위해서는 그에 상응하는 서비스가 모두 실현된 후가 되어야 하기 때문이다.

Chapter 31

1994년 제5회 기출문제

01

Marshall의 가치이론을 논하고 감정평가 3방식과의 관련성을 논급하시오. 40점

02

공장의 감정평가방법을 서술하시오. 20점

03

다음 사항을 약술하시오. 40점

1) 담보가격과 처분가격 10점

2) 소지가격 10점

3) 감정평가에서 최유효이용의 원칙이 강조되는 이론적 근거 10점

4) 예측의 원칙 10점

해설 및 예시 답안

01 **Marshall의 가치이론을 논하고 3방식과의 관련성을 논급하시오.** 40점

1 출제위원 채점평

감정평가란 가치를 평가하는 것이므로 가치가 무엇인가에 대한 이해가 중요하다. 또 감정평가는 3방식에 의하므로 그 근거를 확실히 알아야 할 것은 자명하다. 기존의 감정평가저서들은 빠짐없이 언급하고 있기는 하나 그 중요성에 비추어 설명의 깊이에 아쉬움이 있는 분야이다. 그러나 경제원론을 공부한 사람이면 쉽게 그 깊이를 채울 수 있는 문제이다. 일부 출제위원은 혹시 수험생들이 못쓰지 않을까 우려를 하였으나, 채점한 결과 이는 기우였음이 드러났다.

서론에서 문제의 출제 Point를 쓰는 것은 좋은 방법이다. 그러나 문제가 Marshall의 가치이론과 감정평가 3방식과의 관계가 아닌데도 너무 여기에만 그것도 서론에서 장황하게 언급하고 있는 것 같다. 문제는 Marshall의 가치이론을 논하라는 것이다.

Marshall의 가치이론을 논하라는 부분에 대한 제목을 가치이론의 전개라고 하였다. 주어진 문제대로 가치이론이라고 하는 것이 더 나을 듯싶다. 그 안의 소분류에 들어가서 A. Smith와 고전학파를 별도로 구분하고 있다. 그 결과 A. Smith는 고전학파 이전의 사람으로만 알고 있는 듯한 오해를 받을 수 있다. 고전학파의 설명 속에 A. Smith가 안 나왔다고 한다면 크게 감점되었을 것이다.

리카르도의 지대이론은 고전학파의 생산비설 내지 노동가치설의 입장에서 볼 때 투입된 노동이 없으므로 지대가 원칙적으로 발생하지 않는다는 것이다. 다만, 예외적으로 비옥도의 차이만큼 우등지에 차액지대가 발생한다는 것이다. 이런 내용 없이 답안에 쓴 것처럼 되어서는 본인이 실제 리카르도의 지대이론, 나아가 고전학파의 가치이론을 이해하고 있는 것으로 평가받기 어렵다고 하겠다. 혹시, 수험생이 참고한 저서 자체가 그렇게 되어 있는지도 모르겠다. 감정평가저서 중에는 논리가 연결이 안 되는 부분들이 간혹 발견되는바, 경제원론 등을 통해서 정리해두는 것이 좋을 것 같다.

주어진 문제 Marshall의 가치이론에 대해서 답안은 불과 6줄로 답하고 있다. 50점짜리 배점을 준 문제에 대해서 6줄의 답안을 기대하지는 않았을 것이다. 하기야 답안이 3방식과 관련하여 논급하라했고 이에 대해 더 자세히 설명한 것이지만 이는 답안의 주종이 혼동된 것이다. 주어진 문제는 Marshall의 가치이론을 논하라는 것이 주이고 3방식과의 관계도 논급, 즉 논하는 김에 빠트리지 말고 논하라는 것이다.

답안은 Ⅲ. 1.에서 주어진 문제를 다루고 있다. 그런데 여기는 문제의 핵심이므로 아는 것을 전부 털어놓아야 한다. 앞의 고전파가치론 등은 문제의 핵심이 아니다. 따라서 Ricardo의 지대론을 이야기 안 할 수도 있고 하물며 토지잔여법을 언급 안 한다고 감점을 하지는 않는다. 그러나 여기선 달라진다. 문제 자체가 Marshall의 가치이론을 논하는 것이므로 이것과 관련된 것은 전부 써야 한다. 어떠한 내용들이 들어가야 하는지 별첨 예를 참고하기 바란다.

특히 여기서 강조하고 싶은 것이 수급곡선이 나타나는 도표의 설명이다. 도표 내지 수식은 답안의 이해를 분명히 하고 그 깊이를 더해준다. 따라서 알고 있는 경우에는 반드시 사용토록 할 것이다. (대신 틀리지 않도록 주의할 일이다.) 보통 감정평가저서에서는 생산비에 의한 공급가격이 수익가

격을 매개로 하여 시장가격이 결정된다고 하는데, 그 의미도 그림을 통해서 더 분명히 드러난다. 문제 자체가 그것을 묻고 있으므로 그림을 사용하여 어떤 구조로 그렇게 되는지 분명히 설명하면 막연히 말로만 하는 것보다 득점에 크게 유리할 것임은 물론이다.

Ⅲ. 2. (2) 제목을 Marshall과 평가방법이라 할 것이 아니라 (3)의 제목과 비교해 거래사례비교법이라 해야 할 것이다. 그리고 수익법과 비용법의 결합에 의해서 비교법이 나오므로 수익법 뒤에 언급해야 할 것이다.

Ⅲ. 2. (1)의 제목도 복성식평가법(현행 : 원가법)이라고 해야 할 것이다. 그리고 여기 문제는 Marshall의 가치이론과 감정평가의 3방식이다. 따라서 고전학파와 평가방법의 관계를 써서는 안 되고, Marshall과 평가방법의 관계를 논해야 할 것이다.

Ⅲ. 2. 안에서 복성식평가법, 지역요인, 개별요인 등을 자세히 쓰고 있는데, 이것은 문제(3방식과 Marshall의 가치이론의 관계임)와 무관한 것이다.

(3) 수익환원법에서는 Marshall의 가치이론과의 관계가 전혀 언급이 없다.

Ⅳ. 결에서 "따라서"라고 하면서 가격의 다원성이 3면 등가원칙과 관계되는 것처럼 쓰고 있는데, 이것은 전혀 무관한 것이다. 여기서 답안을 보면 적산가격의 조정이 필요한 이유를 쓰려고 하는 의도 같은데 실상 전혀 무관한 내용을 쓰고 있다. 적산가격의 조정에 필요한 것은 Ⅲ. 1. (3) 3면성에 대한 비판에서 잘 썼는데 결론에 와서 다시 한 번 동일한 논제를 이야기하면서 전혀 엉뚱한 이야기를 하고 있는 것이다. 아마도 결론 부분에서 쓴 것이 진짜로 수험생이 이해한 수준이 아닌가 하는 의심을 받을 만하다. 따라서 결론을 쓸 때에는 주의해서 자기의 느낌에 따라 피상적인 글을 쓰는 것을 피하도록 할 것이다.

2 답안작성 가이드

본 문제는 "Marshall의 가치이론을 논하고 감정평가 3방식과의 관련성을 논급하시오"이므로 답안 작성의 절대적인 비중이 Marshall의 가치이론에 있는바 어떤 내용을 답안지에 담아내야 할지 고민이 필요하다. 다만, 핵심은 단기·장기라는 시간 개념의 도입과 고전학파·한계효용학파 간의 조화를 도모했다는 점에 있으므로 이를 바탕으로 작성해야 할 것이며 논급하라고 한 감정평가 3방식과의 관련성에 지나친 배점을 부여하지 않도록 유의하여야 한다.

3 목차

Ⅰ. 서(4)

Ⅱ. 가치이론의 발달사(8)

1. 고전학파
   1) 생산비가치설
   2) 가정된 효용
2. 한계효용학파
   1) 한계효용가치설
   2) 기여된 효용
3. 신고전학파

Ⅲ. Marshall의 가치이론(16)

1. 개설

2. 단기와 장기의 시간 개념
   1) 단기와 장기의 개념
   2) Marshall의 견해

3. 단기에서의 시장가격
   1) 수요 중심의 가격 결정
   2) 단기에서의 시장가격 결정

4. 장기에서의 시장가격
   1) 공급 중심의 가격 결정
   2) 장기에서의 시장가격 결정

5. 가치이론과 감정평가방식과의 관련성
   1) 가치이론과 감정평가방식
   2) 양자의 관련성

Ⅳ. 감정평가 3방식과의 관련성(8)

1. 원가방식과의 관련성

2. 수익방식과의 관련성

3. 비교방식과의 관련성

4. 시산가액 조정과의 관련성

Ⅴ. 결(4)

---

4 예시 답안

Ⅰ. 서(4)

부동산 감정평가의 가장 핵심적인 사항은 대상 부동산의 가치를 추계하는 일이다. 따라서 감정평가이론은 평가방식을 중심으로 발달해왔으며 평가방식은 경제학의 가치이론과 밀접한 관계를 가지고 있다. 오늘날 일반적인 감정평가방법으로 원가방식, 수익방식 그리고 비교방식의 세 가지가 널리 쓰이게 된 것은 가치의 본질이 무엇이냐에 대한 경제학자들의 가치이론을 반영한 것이다. 특히 Marshall은 고전학파의 가치이론과 한계효용학파의 가치이론을 종합하여 가치이론을 완성하였다. 이하 Marshall의 가치이론을 논하고 감정평가 3방식과의 관련성을 논급하고자 한다.

Ⅱ. 가치이론의 발달사(8)

1. 고전학파

1) 생산비가치설

A. Smith를 비롯한 대부분 고전학파 경제학자들은 재화의 가치는 재화의 생산에 투입된 생산요소의 대가로 보고 가치는 생산비에 의해 결정된다고 보았다.

2) 가정된 효용

투입된 비용만큼 효용도 증가한다고 가정한다. 고전학파 경제학자들은 어떤 재화가 시장에서 존재한다는 것 자체가 효용을 가지고 있다는 것을 의미하는 것이라 생각했다. 만일 어떤 재화가 효용이 없다면 생산자는 그런 재화를 생산하지 않을 것이기 때문이다. 따라서 고전학파 경제학자들은 재화의 효용과 생산비가 일대일로 대응되고 그만큼의 가치를 지닌다고 가정한다.

2. 한계효용학파

1) 한계효용가치설

재화의 가치란 그 재화가 창출하는 효용이 소비자의 복리를 증진시키는 기여도에서 차지하는 중요성이라고 하여 한계효용이 재화의 가치라고 주장하였다.

2) 기여된 효용

투입된 생산비가 아니라 추가로 제공되는 한계효용이 대상 부동산의 가치에 어느 정도 기여하는가에 따라 가치가 결정되며 구체적인 크기는 시장에서 수요자들의 반응, 즉 수요에 의해 결정되며 그것은 가격에 의해 측정된다고 하였다.

3. 신고전학파

고전학파의 가치이론에 대한 한계효용학파의 도전은 많은 경제학자들로 하여금 이 문제를 다시 생각하는 계기를 제공했다. 고전학파는 공급과 비용 측면을 강조한 반면, 한계효용학파는 수요와 가격 측면을 강조한다. 신고전학파는 공급－비용 측면의 고전학파 이론과 수요－가격 측면의 한계효용학파 이론을 성공적으로 결합하였다.

Ⅲ. Marshall의 가치이론(16)

1. 개설

고전학파와 한계효용학파의 결합에 크게 기여한 사람이 바로 Marshall이다. 그는 수요와 공급이 가위의 양날과 같아서 어느 것도 가치 결정에서 도외시될 수 없다고 생각했다. 또한 Marshall은 양 학파의 견해를 조정하는 데 있어 가장 중요한 요소는 시간이라고 생각했으며 이를 통하여 단기와 장기의 가치 균형에 대하여 설명하였다.

2. 단기와 장기의 시간 개념

1) 단기와 장기의 개념

단기란 기존의 생산시설이 확장되지 않을 정도의 짧은 시간을 의미하며 장기란 기존의 생산시설 외에 새로운 시설이 추가되고 새로운 공급자가 시장에 진입할 정도의 긴 시간을 의미한다.

2) Marshall의 견해

Marshall은 단기에는 한계효용가치설을 인정하여 수요의 힘이 재화의 가치에 영향을 미치지만 장기에는 생산비가치설을 인정하여 생산비가 가치에 영향을 미친다는 종합적인 이론을 제시하였다.

3. 단기에서의 시장가격

1) 수요 중심의 가격 결정

공급조건이 주어져 있을 때 재화의 가치는 시장에서 사람들이 기꺼이 지불하려는 가격에 의해 결정된다. 사람들이 지불하려는 가격은 그 재화에 대한 욕구와 금융자원의 유용성에 의해 영향을 받고 있다. 예를 들면 새로 지은 분양아파트가 시장에 매물로 나왔다고 할 때 아파트의 분양가격은 그것의 생산비에 의해 결정된다기보다는 시장에서 매수자들이 기꺼이 지불하려는 가격에 의해 결정된다고 볼 수 있다.

2) 단기에서의 시장가격 결정

단기경쟁시장에서 대상 부동산의 매매가격은 매수자들이 기꺼이 지불하려고 하는 가격에 의해 좌우되는 경향이 강하다. 단기에는 공급이 상대적으로 고정되어 있으므로 수요가 가격을 결정하는 주요요인으로 작용한다. 따라서 단기에서 시장가치가 수요에 의해 결정된다는 것은 중요한 평가 원리를 제공한다. 즉, 감정평가업자는 부동산의 가치를 평가할 때 시장가치를 지지할 수 있는 증거를 현재의 시장에서 확보해야 한다는 것이다.

4. 장기에서의 시장가격

1) 공급 중심의 가격 결정

시간의 범위가 확장되어 생산양식이 변화하게 되면 상황이 달라진다. 일반적으로 기간이 짧을수록 수요가 가치에 미치는 영향은 커지나 기간이 길어질수록 생산비가 공급에 미치는 영향이 커진다.

2) 장기에서의 시장가격 결정

장기에서는 비용과 가치가 일치되는 경향이 있는바 재화의 가치는 단기적으로는 수요의 함수이지만 장기적으로는 공급의 함수가 된다. 먼저 부동산의 시장가격이 생산비에도 미치지 못하면 장기적으로는 공급이 감소하게 된다. 그리고 공급이 감소하면 시장가격이 상승하고 시장가격이 상승하면 공급은 다시 증가한다. 따라서 공급의 증가는 시장가격과 생산비가 일치하는 선까지 이루어진다.

5. 가치이론과 감정평가방식과의 관련성

1) 가치이론과 감정평가방식

가치이론은 평가방식과 밀접한 관련성을 가지고 있다. 경제학자들은 재화가 가치를 가지는 이유는 무엇이며, 가치의 본질을 구성하고 있는 것이 무엇이냐에 많은 관심을 가져왔다. 이런 것을 통틀어 가치이론이라고 하며 평가방식은 대상 부동산의 가치를 추계하는 원리나 방법을 의미한다.

2) 양자의 관련성

감정평가방식은 가치이론을 바탕으로 하고 있다. 즉, 가치가 무엇에 의해 결정되느냐 하는 이론적 근거가 달라짐에 따라 그것을 실제적으로 추계하는 감정평가방식의 본질도 달라진다.

Ⅳ. 감정평가 3방식과의 관련성(8)

1. 원가방식과의 관련성

장기에서 고전학파의 가치이론은 감정평가 3방식 중 비용성의 사고인 원가방식의 근거가 되었다. 이 방식은 생산비가 많이 투입된 재화일수록 그만큼 시장에서 더 많은 가치와 교환할 수 있다는 것을 전제로 한다.

2. 수익방식과의 관련성

단기에서 한계효용학파의 가치이론은 감정평가 3방식 중 수익성의 사고인 수익방식의 근거가 되었다. 이 방식은 재화의 가치는 투입된 생산비가 아니라 추가로 제공되는 한계효용에 의해 결정된다는 것을 전제로 한다.

3. 비교방식과의 관련성

신고전학파의 가치이론은 감정평가 3방식 중 시장성의 사고인 비교방식의 근거가 되었다. 또한 3면 등가성을 주장하여 감정평가 3방식 이론 정립에도 영향을 주었다.

4. 시산가액 조정과의 관련성

Marshall은 완전경쟁시장에서는 가격, 비용, 가치가 같아진다고 생각했다. 이에 따라 세 가지 평가방식에 의한 가치추계치는 정적인 균형하에서 일치할 수 있다는 3면 등가성을 주장하였다. 다만, 현실 부동산시장은 불완전경쟁시장으로 동적인 시장인바 각 방식에 의한 시산가액이 일치하지 않으며 시산가액의 조정이 필요하다.

Ⅴ. 결(4)

Marshall의 가치이론은 감정평가 3방식의 정립에 이론적 토대가 되었지만 본래 일반재화를 대상으로 하는 것이어서 부동산의 자연적, 인문적 특성을 충분히 반영하지 못해 실제 감정평가에서 활용하는 데 한계가 있다. 또한 부동산시장의 불완전성으로 인하여 Marshall이 주장한 3면 등가성도 성립되지 못하므로 한계가 있다. 따라서 현실의 감정평가를 위해서는 가치이론에 대한 이해는 물론 부동산가치에 영향을 주는 다양한 요인들을 정확히 분석하고 고려할 수 있어야 한다.

02 공장의 감정평가방법을 서술하시오. 20점

1 출제위원 채점평

앞의 문제가 이론에 치중한 것이고 깊이를 요하는 것이라면 이 문제는 감정평가에 관해서 전반적인 내용을 물을 수 있는 문제라고 생각해서 물은 것이다. 따라서 공장평가에 관한 감정평가규칙을 중심으로 토지, 건물 등에 대해서 적어가다 보면 득점을 할 수 있는 문제이다. 그런데 정작 공장평가와 관련해서 실무상 중요한 내용은 빠지고 어느 일부분에 관해서 아는 것을 장황하게 늘려 쓰기가 쉬운데, 본 답안은 이런 우를 범하지 않았다. 요령 좋게 중요사항이 정리된 답안이다. 다만, 평가규칙에 관한 이야기가 한마디쯤 있었다면 더 좋았을 것이다. 수험생들 중에는 유형고정자산 중에 원료를 함께 설명해서 유형고정자산의 개념을 모르는 것으로 크게 감점을 당한 사람들이 적지 않았다.

2 답안작성 가이드

공장의 감정평가방법은 감칙 제19조 및 감정평가실무기준 해설서의 내용을 얼마나 정확하게 설명하는지가 중요하다. 여기서 유의할 것은 해당 규정은 공장의 기업가치 감정평가방법이 아니라 담보목적 감정평가방법에 대한 것이다. 따라서 평소에 위 두 감정평가 관련 규정에 대한 명확한 숙지가 중요하다는 것을 단적으로 보여줄 수 있는 문제이다. 특히 감정평가방법에 대한 설명에 앞서 공장에 대한 개념, 구성요소, 자료 수집 등에 대한 언급이 필요하다.

3 목차

Ⅰ. 공장과 공장재단(4)

1. 공장
   1) 개념
   2) 공장의 구성요소
2. 공장재단

Ⅱ. 공장의 감정평가방법(4)

1. 감칙 및 실무기준
2. 개별감정평가 원칙
3. 일괄감정평가 예외

Ⅲ. 토지, 건물의 감정평가(6)

1. 토지의 감정평가
   1) 토지의 감정평가방법
   2) 감정평가 시 유의사항
2. 건물의 감정평가
   1) 건물의 감정평가방법
   2) 감정평가 시 유의사항

Ⅳ. 기계기구류, 구축물의 감정평가(3)

1. 기계기구류의 감정평가
2. 구축물의 감정평가

Ⅴ. 과잉유휴시설, 무형자산의 감정평가(3)

1. 과잉유휴시설의 감정평가
2. 무형자산의 감정평가

---

4 예시 답안

Ⅰ. 공장과 공장재단(4)

1. 공장

1) 개념

공장은 영업을 하기 위하여 물품의 제조, 가공, 인쇄, 촬영, 방송 또는 전기나 가스의 공급 목적에 사용하는 장소를 말한다(공장 및 광업재단 저당법 제2조 제1호). 그러나 그 외의 목적이라 할지라도 기업용 재산으로서 사회통념상 공장으로 간주할 수 있는 것은 이를 공장으로 취급한다.

2) 공장의 구성요소

공장의 구성요소는 일반적으로 부동산으로 취급되는 토지, 지상의 건물 및 정착물, 기계기구 등의 유형자산과 지식재산권 등의 무형자산으로 결합되어 있다. 그리고 공장 내에 설치되어 있는 기계, 기구, 장치 등의 동산은 공장 및 광업재단 저당법에 따라 토지 또는 건물과 일체로 등기의 목적으로 할 수 있다.

2. 공장재단

공장재단은 공장에 속하는 일정한 기업용 재산으로 구성되는 일단의 기업재산으로서 소유권과 저당권의 목적이 되는 것을 말한다(동법 제2조 제2호). 공장재단은 공장재단등기부에 소유권보존등기를 통하여 설정되며(동법 제11조 제1항), 이에 따라 성립된 공장재단은 독립한 1개의 부동산으로 간주된다(동법 제12조 제1항).

Ⅱ. 공장의 감정평가방법(4)

1. 감칙 및 실무기준

감칙 제19조에 따라 감정평가법인등이 공장재단을 감정평가할 때에 공장재단을 구성하는 개별 물건의 감정평가액을 합산하여 감정평가하여야 한다. 다만, 계속적인 수익이 예상되는 경우 등 제7조 제2항에 따라 일괄하여 감정평가하는 경우에는 수익환원법을 적용할 수 있다.

2. 개별감정평가 원칙

공장의 감정평가는 각 자산의 물건별 감정평가액을 합산하는 것을 원칙으로 한다. 공장의 유형자산은 토지, 건물, 기계, 기구, 구축물 또는 과잉유휴시설로 구분하여 감정평가한다. 이 경우 각 자산별 규모 및 감정평가액이 적정한 비율로 구성되는지, 업종, 생산규모, 지역적 경제 수준 등에 공장의 감정평가액 수준이 적정한지에 대한 충분한 검토가 이루어져야 한다.

3. 일괄감정평가 예외

계속기업의 원칙에 의거 해당 공장이 영속적으로 생산 및 기업 활동을 영위한다는 전제하에 계속적인 수익이 예상되는 경우에는 개별 물건별 감정평가의 예외로서 일괄감정평가할 수 있으며 이 경우에는 수익환원법을 적용하여 평가한다.

Ⅲ. 토지, 건물의 감정평가(6)

1. 토지의 감정평가

1) 토지의 감정평가방법

공장 토지의 감정평가는 일반 토지의 감정평가 규정을 준용하도록 한다. 따라서 감정평가법 제3조 본문 및 감칙 제14조 제1항에 의하여 공시지가기준법을 원칙으로 하며 감정평가법 제3조 제1항 단서 및 감칙 제14조 제3항에 의하여 적정한 실거래가를 기준으로 한 거래사례비교법을 적용하여 감정평가한다.

2) 감정평가 시 유의사항

일반적으로 공장의 토지는 여러 지목으로 된 다수의 필지가 공업용 등 하나의 현실적인 이용 상황으로 이용되는 경우가 대부분으로 각각의 지목들과 현실적인 이용 상황 사이에는 차이가 발생할 수 있다. 이 같은 경우에 현실적인 이용 상황의 판단과 관련해서 적법성과 합리성 여부 및 전환 가능성 등을 고려하는 것이 중요한 문제이며 해당 법률규정과 함께 사회적 타당성을 가질 수 있는 감정평가가 필요하다.

2. 건물의 감정평가

1) 건물의 감정평가방법

공장 건물의 감정평가는 일반 건물의 감정평가 규정을 준용하도록 한다. 따라서 감칙 제15조에 의하여 원가법을 적용하여 평가하므로 재조달원가에 감가수정을 한다. 감가수정 시에 경제적 내용연수를 기준으로 한 정액법을 적용하고 관찰감가법 등을 병용한다.

2) 감정평가 시 유의사항

동일한 구조의 건물이라 하더라도 생산 공정의 특성에 따라 건물 규모, 배치, 부대설비 등이 달라질 수 있으므로 이를 감정평가 시에 반영하여야 한다. 특히 철골조 건물의 경우 재조달원가 산정 시 연면적 또는 각 층별 면적보다는 건물의 층고 및 바닥면적과의 연관성이 크므로 이에 주의하여야 한다. 또한 통상적으로 구조가 같은 건물의 경우 층고가 증가하면 단가는 상승하며 바닥면적이 증가하면 단가는 하락하게 된다.

Ⅳ. 기계기구류, 구축물의 감정평가(3)

1. 기계기구류의 감정평가

기계란 동력을 받아 외부의 대상물에 작용을 하는 설비 및 수동식 구조물로 일정한 구속운행에 의하여 작용을 하는 설비를 말한다. 또한 기구란 인력 또는 기계에 의하여 이루어지는 모든 노동을 보조하는 것 또는 작업에 간접적으로 사용되는 물건을 말한다. 기계기구류를 감정평가할 때에는 원가법을 적용하여야 한다. 다만, 대상 물건과 현상, 성능 등이 비슷한 동종물건의 중고 상태로서의 적절한 거래사례나 시중시가를 확실히 파악할 수 있는 경우에는 그 중고가격을 기초로 하여 거래사례비교법으로 감정평가할 수 있다.

2. 구축물의 감정평가

구축물은 주로 토지에 정착된 정착물이 대부분으로 자체로서 거래가 되거나 자체로서 수익발생이 이루어지지 않으므로 대부분 원가법을 적용하여 감정평가한다. 다만, 구축물이 주된 물건의 부속물로 이용 중인 경우에는 주된 물건에 대한 기여도 및 상관관계 등을 고려하여 주된 물건에 포함하여 감정평가할 수 있다.

Ⅴ. 과잉유휴시설, 무형자산의 감정평가(3)

1. 과잉유휴시설의 감정평가

다른 사업으로 전용이 가능한 과잉유휴시설은 정상적으로 감정평가하되 전환 후의 용도와 전환에 드는 비용 및 시차 등을 고려하여야 한다. 또한 다른 사업으로 전용이 불가능하여 해체처분을 하여야 하는 과잉유휴시설은 해체, 철거에 드는 비용 및 운반비 등을 고려하여 처분이 가능한 금액으로 감정평가한다.

2. 무형자산의 감정평가

공장을 구성하는 무형자산의 감정평가는 감칙 제23조 제3항 및 감정평가실무기준의 영업권과 지식재산권의 감정평가규정을 준용한다. 무형자산은 공장재단 내 유형자산과 같이 개별자산별로 수익환원법을 적용하여 합산한다. 다만, 무형자산만 단독으로 감정평가가 의뢰되는 경우에는 해당 무형자산이 독립적, 배타적 권리인지의 여부, 해당 무형자산으로부터 발생하는 현금흐름이 사업체 전체의 현금흐름에서 분리가 가능한지, 전체의 수익가액에서 해당 무형자산으로의 배분이 가능한지에 대한 판단 등이 선행되어야 한다.

---

03 다음 사항을 약술하시오. 40점

1) 담보가격과 처분가격 10점

2) 소지가격 10점

3) 감정평가에서 최유효이용의 원칙이 강조되는 이론적 근거 10점

4) 예측의 원칙 10점

---

1 출제위원 채점평

(물음 1) '담보가격과 처분가격에 대해서 약술하시오.'는 처분가격의 개념을 확실히 아는지 물은 것이다. 처분가격에 대해서 모의 답안은 잘 쓰고 있으나 대부분의 수험생들 답안은 그렇지 못했다. 그리고 모의 답안은 처분가격에 대해서 본론에서는 처분 시에 감정평가를 새로이 하는 가격이라고 잘 설명하고 의의에서는 실제 낙찰된 가격이라고 하여서 혼동을 일으키고 있음을 보여준다.

(물음 2) '소지가격에 대하여 약술하시오.'는 소지가격의 개념을 확실히 아는지 물은 것이다.

(물음 3) '최유효이용의 원칙'은 이 원칙이 경제학적으로 깊이가 있기 때문에 출제된 것이다. 최유효사용이란 개념은 이윤을 추구하는 경제인들이 정보가 완전 공개된 완전경쟁시장에서 입찰에 참가하면 토지는 최유효사용이 될 수밖에 없다는 경제학의 추상적, 당위적 개념이다. 다만 이러한 설명이 명백히 들어가지 않았다 하더라도 이것은 여러 논점 중의 하나이므로 모의답안지 정도로 관련 내용을 쓴 경우에는 후한 점수를 받았다.

(물음 4) '예측의 원칙'에 관해서는 최유효이용의 원칙과 함께 이들 원칙이 경제학적으로 깊이가 있기 때문에 출제된 것이다. 예측의 원칙에 관해서는 Marshall에서 언급된 바가 있다.

2 답안작성 가이드

본 문제의 경우 각 소문항 간에 상호연관성을 찾기 어렵기 때문에 문항별로 출제자가 묻는 질문에만 초점을 두고 답안 작성하면 된다. 특히 담보가격과 처분가격, 소지가격은 다양한 부동산가격에 대한 질문으로서 가치다원론 측면에서의 접근이 필요하다.

3 목차

Ⅰ. 담보가격과 처분가격(10)

1. 담보감정평가
2. 담보가격과 처분가격
3. 양자의 관계

Ⅱ. 소지가격(10)

1. 소지가격의 개념
2. 성숙도 판단 및 감정평가방법
   1) 성숙도 판단
   2) 감정평가방법
3. 감정평가 시 유의사항

Ⅲ. 감정평가에서 최유효이용의 원칙이 강조되는 이론적 근거(10)

1. 최유효이용의 원칙의 개념
2. 최유효이용의 원칙이 강조되는 이론적 근거
   1) 토지 할당
   2) 인간의 합리성 추구
   3) 최유효이용의 강제

Ⅳ. 예측의 원칙(10)

1. 예측의 원칙의 개념
2. 예측의 원칙의 성립근거
3. 감정평가 시 예측의 원칙이 중요시되는 이유
4. 예측의 원칙과 감정평가 3방식과의 관계

4 예시 답안

Ⅰ. 담보가격과 처분가격(10)

1. 담보감정평가

담보감정평가란 담보를 제공받고 대출 등을 하는 은행, 보험회사, 신탁회사, 일반기업체 등이 대출을 하거나 채무자가 대출을 받기 위하여 의뢰하는 담보물건에 대한 감정평가를 말한다.

2. 담보가격과 처분가격

부동산에 대한 담보대출이 이루어질 경우 담보물로서의 가치를 담보가격이라 하며 처분가격은 대출금이 회수되지 않은 경우 담보물을 처분하기 직전에 다시 그 담보가격을 평가하는 것이다. 다만, 담보물건을 처분하여 환가하는 과정이 법정 경매절차 뿐만 아니라 일반적인 환가처분도 있으므로 유의하여야 한다.

3. 양자의 관계

양자는 가치다원론 측면에서 볼 때 감정평가목적의 차이로 인하여 반드시 일치하지 않을 수 있다는 관계에 있다. 즉, 두 가격 개념은 평가대상, 즉 제시 외 건물 포함여부, 가치형성요인의 변화 등에 있어서 차이가 있을 수 있다.

Ⅱ. 소지가격(10)

1. 소지가격의 개념

소지는 택지화와 같은 개발행위가 일어나기 전의 토지, 즉 일반적으로 택지 등으로 조성 공사 전의 토지를 말하며 따라서 소지가격은 개발 전 원래 상태의 토지가격을 의미한다.

2. 성숙도 판단 및 감정평가방법

1) 성숙도 판단

소지는 나지와 달리 별도의 개발이 필요한 토지로서 성숙도에 대한 판단이 중요하다. 성숙도의 판단 시에는 택지화 등을 조장하거나 저해하는 행정상의 조치 및 규제정도, 인근지역의 공공시설의 정비 동향, 인근에 있어서의 주택, 점포, 공장 등의 건설동향, 조성의 난이도 및 그 정도, 조성 후 택지로서의 유효이용도 등으로 판단한다.

2) 감정평가방법

성숙도가 높은 경우에는 조성 후 택지가격에서 개발비용을 차감하여 구하며 성숙도가 낮은 경우에는 성숙도를 고려하여 소지에 개발비용을 가산하여 구할 수 있다. 또한 공통적으로 성숙도가 유사한 거래사례나 비교표준지를 선택하여 구할 수도 있다.

3. 감정평가 시 유의사항

개발 전 토지인 소지가격에는 향후 개발에 대한 기대이익이 반영되는 경향이 있다. 따라서 감정평가 시 이러한 기대이익을 소지가격에 반영할 것인지, 반영한다면 어떻게 그리고 얼마나 반영할 것인가에 유의하여야 한다.

Ⅲ. 감정평가에서 최유효이용의 원칙이 강조되는 이론적 근거(10)

1. 최유효이용의 원칙의 개념

최유효이용이란 객관적으로 보아 양식과 통상의 이용능력을 가진 사람이 대상 부동산을 합법적이고 합리적이며 최고, 최선의 방법으로 이용하는 것을 말한다. 그리고 부동산가격은 이러한 최유효이용을 전제로 하여 형성된다는 원칙이 최유효이용의 원칙이다.

2. 최유효이용의 원칙이 강조되는 이론적 근거

1) 토지 할당

토지는 용도의 다양성이 있기 때문에 제반 환경의 변화에 따라 이용의 주체, 방법, 규모에 있어 대체・경쟁관계가 발생하게 된다. 이러한 대체・경쟁 관계의 과정을 통해 결국 최유효이용에 토지가 할당된다.

2) 인간의 합리성 추구

토지는 다양한 용도로 이용이 가능한 물건으로서 경제주체들의 합리성 추구로 인하여 결국 토지의 이용은 최유효이용으로 귀착된다.

3) 최유효이용의 강제

부동산의 경우에는 한번 잘못 이용하게 되면 그 상황이 악화되기 쉽고 지속적으로 유지되며 원상회복하는 것이 어렵게 된다. 이것은 대상 부동산뿐만 아니라 주변의 다른 부동산에도 부정적인 영향을 미치게 된다. 따라서 국가나 사회는 부동산의 사회성, 공공성이 최대한 발휘될 수 있도록 하기 위하여 각종 공적 규제 등을 통해 이용자에게 최유효이용을 강제하게 되는 것이다.

Ⅳ. 예측의 원칙(10)

1. 예측의 원칙의 개념

예측의 원칙이란 부동산의 가치가 과거와 현재의 이용 상태에 의해 결정되는 것이 아니라 앞으로 어떻게 이용될 것인가에 대한 예측(예상)을 근거로 결정된다는 원칙을 말한다.

2. 예측의 원칙의 성립근거

부동산의 인문적 특성으로 사회적, 경제적, 행정적 위치의 가변성이 있다. 따라서 부동산 가치형성요인 및 발생요인이 어떻게 변동하고 있는지를 파악하여야 하며 부동산가격은 장기적 배려 하에서 형성된다는 가격의 특징 등에서 그 근거를 찾을 수 있다.

3. 감정평가 시 예측의 원칙이 중요시되는 이유

부동산가격은 장래에 대상 부동산이 창출할 것으로 기대되는 이익의 현재가치 합으로 장래의 수익성 등을 예측하고 이를 반영하여 평가 가격을 산정하게 된다. 부동산의 장래 기대이익은 부동산을 둘러싸고 있는 환경의 변화로 인해 끊임없는 변화의 과정에 있으므로 부동산의 정확한 가치를 파악하기 위해서는 장래에 대한 예측이 필요하다.

4. 예측의 원칙과 감정평가 3방식과의 관계

원가방식 중 재조달원가에 대한 감가수정을 행할 경우의 경제적 잔존내용연수의 판정과 관련이 있는데 이는 예측을 바탕으로 경제적 잔존내용연수를 판단하는 것이다. 비교방식에서는 지역요인과 개별요인의 비교, 그리고 수익방식에서는 장래 산출할 것으로 기대되는 총수익 및 자본환원율 결정 등과 관계된다.

Chapter 32

1993년 제4회 기출문제

01

감정평가는 비교방식, 원가방식, 수익방식 중에서 대상 물건의 성격 또는 평가조건에 따라 적정한 평가방식을 선택하여 결정하여야 한다. 이 경우 다음 사항에 관하여 논하시오. 40점

1) 각 평가방식의 이론적 근거를 설명하고 이를 토대로 각 방식을 적용한 토지의 평가방법을 약술하시오. 20점

2) 3가지 평가방식을 병용하는 경우 각 시산가격을 조정하는 방법과 시산가격 조정 시 유의사항을 기술하시오. 20점

02

부동산 경기변동의 제 국면에서 거래사례비교법을 채택할 경우의 유의점에 관하여 설명하시오. 20점

03

지역분석 및 개별분석의 필요성과 그 상호관계를 설명하시오. 10점

04

다음은 감정평가에서 많이 활용되는 기본적 산식을 열거한 것이다. 각 산식에 나타난 계수의 명칭과 의미 그리고 용도 또는 적용례를 설명하시오. 각 5점

V : 현재가치	F : 미래가치	r : 이자율
n : 기간	a : 적립액	

(1) $V = F \cdot \dfrac{1}{(1+r)^n}$

(2) $a = V \cdot \dfrac{r(1+r)^n}{(1+r)^n - 1}$

(3) $F = V \cdot (1+r)^n$

(4) $F = a \cdot \dfrac{(1+r)^n - 1}{r}$

(5) $V = a \cdot \dfrac{(1+r)^n - 1}{r(1+r)^n}$

(6) $a = F \cdot \dfrac{r}{(1+r)^n - 1}$

해설 및 예시 답안

01 **감정평가는 비교방식, 원가방식, 수익방식 중에서 대상 물건의 성격 또는 평가조건에 따라 적정한 평가방식을 선택하여 결정하여야 한다. 이 경우 다음 사항에 관하여 논하시오.** 40점

1) **각 평가방식의 이론적 근거를 설명하고 이를 토대로 각 방식을 적용한 토지의 평가방법을 약술하시오.** 20점

2) **3가지 평가방식을 병용하는 경우 각 시산가격을 조정하는 방법과 시산가격 조정 시 유의사항을 기술하시오.** 20점

1 출제위원 채점평

문제 1번은 본 과목에서 가장 점수 비중이 크기 때문에 다른 문제에 비하여 논리적이고 내용이 충실해야 한다는 점에 유의해야 한다.

문제 1번의 1) 답안에서 3방식의 이론적 근거를 작성함에 있어서 우선 3방식의 의의를 서술한 다음 이론적 근거를 기술한 것은 답안체계상 잘 정리된 것이다. 특히 이론적 근거를 작성하는 데 있어서 가격의 3면성인 시장성/비용성/수익성 등을 서술한 것은 논점 파악이 명확하다는 것을 알 수 있다. 더구나 각 이론을 제시한 학파를 거론한 것은 우수한 답안으로의 평가를 받는 데 손색이 없었다. 그런가 하면 3방식에 의한 토지의 평가방법에서도 각 방식별로 토지의 평가방법을 항목별로 답안을 작성한 것은 훌륭하였다.

문제 1번의 2)의 시산가격 조정하는 방법에서도 수준 있는 답안작성이었다. 그러나 시산가격 조정의 의의에서 의의와 필요성 및 제 견해 등으로 지나치게 세분화하여 기술한 것은 내용이 중복되어 초점을 흐리게 할 우려가 있었다. 그리고 시산가격 조정 시 유의사항에서 재검토항목을 간략하게 적당히 기술한 것은 감점의 요인이 되었을 것이라는 점에도 유의해야 할 것이다.

2 답안작성 가이드

가치의 3면성을 바탕으로 한 각 3방식의 의의를 서술하고 각 방식마다 구체적인 토지의 평가방법을 설명해 주어야 한다. 특히 각 방법의 설명 시에는 감칙 제11조에 의하여 공시지가기준법도 비교방식의 하나로 규정되어 있다는 점을 놓쳐서는 안 된다. 또한 최종적인 감정평가액의 결정을 위해서는 시산가격의 조정이 필요함을 강조하고 감칙 제12조와 감정평가실무기준해설서의 내용을 바탕으로 기술하여야 한다.

3 목차

Ⅰ. 서(4)

Ⅱ. 각 평가방식의 이론적 근거와 토지의 평가방법(16)

1. 비교방식
   1) 개념과 이론적 근거
   2) 공시지가기준법
   3) 거래사례비교법
2. 원가방식
   1) 개념과 이론적 근거
   2) 가산방식과 공제방식 등
3. 수익방식
   1) 개념과 이론적 근거
   2) 전통적 직접환원법 또는 토지잔여법 등

Ⅲ. 시산가격을 조정하는 방법과 시산가격 조정 시 유의사항(16)

1. 시산가격 조정의 개념과 근거
2. 시산가격을 조정하는 방법
   1) 개설
   2) 가중평균을 적용하는 방법
   3) 종합적인 판단에 의한 방법
   4) 최적정 평가방법
3. 시산가격 조정 시 유의사항
   1) 자료의 선택과 활용의 적부
   2) 가격제원칙 활용의 적부와 가치형성요인분석의 적부

Ⅳ. 결(4)

4 예시 답안

Ⅰ. 서(4)

감칙 제11조 감정평가방식에서는 비교방식, 원가방식, 수익방식을 규정하고 있다. 또한 감칙 제12조의 제1항에서는 대상 물건별로 정한 평가방법을 적용하고, 제2항에 의하여 다른 방식으로 합리성을 검토하도록 하고 있다. 특히 위 세 가지 방식은 그 이론적 근거가 다른바 동일한 토지를 평가하는 경우에도 각각의 시산가격이 도출된다. 따라서 시산가격 조정을 통해 각 방식에 의한 시산가격을 적절히 조화시켜야 할 필요성이 제기되는바 물음에 관하여 논하고자 한다.

Ⅱ. 각 평가방식의 이론적 근거와 토지의 평가방법(16)

1. 비교방식

1) 개념과 이론적 근거

거래사례비교법, 임대사례비교법 등 시장성의 원리에 기초한 감정평가방식 및 공시지가기준법을 말한다. 위 방식은 전형적인 매도자는 유사매매사례의 가격 이하로는 팔려고 하지 않을 것이며, 매수자도 그 이상으로 사려고 하지 않을 것이라는 대체의 원칙을 근거로 한다. 또한 어느 정도의 가격수준으로 시장에서 거래되고 있는 물건인가라는 시장성을 근거로 한다.

2) 공시지가기준법

감정평가의 대상이 된 토지와 가치형성요인이 같거나 비슷하여 유사한 이용가치를 지닌다고 인정되는 표준지공시지가를 기준으로 대상 토지의 현황에 맞게 시점수정, 지역요인 및 개별요인 비교, 그 밖의 요인의 보정을 거쳐 대상 토지의 가액을 산정한다.

3) 거래사례비교법

대상 토지와 가치형성요인이 같거나 비슷한 물건의 거래사례와 비교하여 대상 물건의 현황에 맞게 사정보정, 시점수정, 가치형성요인 비교 등의 과정을 거쳐 대상 토지의 가액을 산정한다.

2. 원가방식

1) 개념과 이론적 근거

원가법 및 적산법 등 비용성의 원리에 기초한 감정평가방식을 말한다. 위 방식은 사려 깊은 매수자는 대상 부동산과 동일한 효용을 제공하는 대체 부동산의 생산비보다도 더 많은 가격을 지불하지 않을 것이라는 대체의 원칙을 근거로 한다. 또한 어느 정도의 비용이 투입되어 만들어질 수 있는 물건인가라는 비용성을 근거로 한다.

2) 가산방식과 공제방식 등

원칙적으로 토지는 재생산이 불가능하므로 원가방식에 의한 평가는 불가하다. 다만, 조성지 또는 매립지의 경우에는 개발 전 토지가격에 개발에 소요된 공사비와 부대비용 등을 가산하여 개발 후 토지가격을 구한다. 또한 택지후보지의 경우 조성완료 후 택지가격에서 조성에 소요되는 비용을 차감하고 미성숙도 수정을 하여 토지가격을 산정하는 방법 등이 있다.

3. 수익방식

1) 개념과 이론적 근거

수익환원법 및 수익분석법 등 수익성의 원리에 기초한 감정평가방식을 말한다. 위 방식은 장래기대이익의 현재가치로서 부동산의 가격을 파악하며 대체 부동산의 수익을 감안하여 가격이 결정되므로 예측의 원칙과 대체의 원칙을 근거로 한다. 또한 어느 정도의 수익 또는 효용을 올릴 수 있는 물건인가라는 수익성을 근거로 한다.

2) 전통적 직접환원법 또는 토지잔여법 등

토지에서 발생하는 수익을 환원율로 영구 환원하여 토지가격을 구하는 전통적 직접환원법이 있다. 또한 복합부동산에서 발생하는 수익 중 토지만의 수익을 분리하여 토지환원율로 환원하여 토지가격을 구하는 토지잔여법 등이 있다.

Ⅲ. 시산가격을 조정하는 방법과 시산가격 조정 시 유의사항(16)

1. 시산가격 조정의 개념과 근거

시산가격(시산가액)이란 감정평가 각 방식을 적용해 구한 가격으로 감정평가액을 산출하기 위한 중간적 가격을 말하고 이러한 시산가격을 비교 검토하여 최종 평가액을 산출하기 위해 조정하는 과정을 시산가격 조정이라 한다. 이는 상관조정의 논리에 이론적 근거를 둔다(감칙 제12조).

2. 시산가격을 조정하는 방법

1) 개설

최종적으로 감정평가액을 도출하는 방법은 정량적인 방법, 정성적인 방법 등 다양한 방법이 존재하나 감정평가실무기준에서는 정량적인 방법 중 각 시산가격에 적절한 가중치를 부여하는 방법을 채택하고 있다. 그러나 가중치의 결정은 전문가적인 판단과 경험, 지식 등이 중요하게 작용하므로 정성적인 방법 또한 중요한 고려사항이 된다.

2) 가중평균을 적용하는 방법

3방식에 의한 시산가격에 대상 물건의 성격, 평가목적, 조건, 자료의 신뢰도 등을 종합적으로 고려하여 가중치를 부여하고 이를 가중평균하는 방법이다. 그러나 가중치 부여 시 일정한 기준이 없어 평가자의 주관이 개입될 여지가 많다는 한계가 있다.

3) 종합적인 판단에 의한 방법

평가목적, 평가대상 물건의 특성, 시장의 상황 등을 고려하여 수학적 계산방법을 동원하지 않고 종합적인 판단에 의한다는 것이다. 결과적으로는 서로 다른 금액을 하나의 금액으로 조정한다는 것이 평가자가 염두에 두고 있는 가중치에 의해 결정된다고 할 것이다.

4) 최적정 평가방법

최적정 평가방법에만 비중을 두고 다른 방법에는 전혀 비중을 두지 않는 것이므로 이 또한 넓은 의미에서 가중치 부여의 결과라고 할 수 있다. 시산가격 조정과정에서 가중치의 부여는 평가자의 전문적인 판단이 개입되는 부분이므로 매우 신중한 검토가 필요할 것이며 가중치 부여는 최대한 객관적인 근거를 갖추도록 노력해야 할 것이다.

3. 시산가격 조정 시 유의사항

1) 자료의 선택과 활용의 적부

감정평가에 있어서 채용한 자료가 적합한가 그리고 그 검토와 활용방법은 어떠했는가를 체크하여야 한다. 즉, 어떤 평가방법에 의한 자료가 가장 신뢰성이 높은가에 따라 각 방법의 비중이 달라지는 것이다.

2) 가격제원칙 활용의 적부와 가치형성요인분석의 적부

감정평가의 전 과정에 영향을 미치는 가격에 관한 제 원칙이 적절하게 활용되었는지를 재검토하여야 한다. 또한 가치형성요인분석이 지역특성의 파악, 최유효이용의 판정 등에 적합하게 이루어졌는지를 재검토하여야 한다.

Ⅳ. 결(4)

토지에 대한 감정평가 시에는 시장성, 수익성, 비용성이라는 가치의 3면성에 입각하여 감정평가 3방식을 병용하는 것이 합리적이다. 그러나 토지의 경우 원칙적으로 조성지나 매립지 등이 아니면 원가방식의 적용이 어렵고 나지상태로는 수익이 발생하는 경우가 드문바 3방식 병용의 어려움이 있다. 이 경우 적용 가능한 범위 내에서 평가방식을 적용한 후 시산가격 조정을 해야 한다. 다만, 시산가격 조정 시 가중치 결정 등에 있어서 주관개입 가능성이 있는바 유의하여야 한다.

02 부동산 경기변동의 제 국면에서 거래사례비교법을 채택할 경우의 유의점에 관하여 설명하시오. 20점

1 출제위원 채점평

부동산 경기변동의 제 국면의 의의에서 경기변동의 제 국면을 그림으로 표시한 것은 답안작성의 길잡이가 되었을 것이다. 즉, 각 경기 국면별로 나타날 부동산거래의 현상과 제 국면에서 거래사례 자료를 상한선 또는 하한선이 되느냐 하는 판단을 용이하게 하는 지침이 되었을 것이다. 이를 바탕으로 거래사례비교법을 채택하는 데 유의할 점을 서술한 것은 금상첨화격의 답안작성을 완성하였다고 하겠다.

그러나 후술부분에서 시점수정과 사정보정, 지역 및 개별요인의 비교, 시산가액 조정 등을 지나치게 상술한 것은 문제의 핵심을 필요이상으로 과대 포장함으로써 논점을 다소 흐리게 하였다는 데 유의해야 할 것이다.

2 답안작성 가이드

경기변동의 다양한 종류 중 순환적 경기변동을 언급하고 각 국면별로 어떠한 특징이 나타나는지 구체적으로 설명해주어야 한다. 그리고 각 국면별로 거래사례비교법 채택 시 평가절차에서 유의점들을 설명하되 수축국면과 확장국면 간 배점의 균형을 유지하여야 한다.

3 목차

Ⅰ. 서(2)

Ⅱ. 부동산 경기변동의 제 국면(4)

1. 개설
2. 확장국면
3. 수축국면

Ⅲ. 확장국면에서 거래사례비교법 채택 시 유의점(6)

1. 사례의 수집, 선택 시 유의점
2. 사정보정 시 유의점
3. 지역요인, 개별요인 비교 시 유의점

Ⅳ. 수축국면에서 거래사례비교법 채택 시 유의점(6)

1. 사례의 수집, 선택 시 유의점
2. 사정보정 시 유의점
3. 시점수정 시 유의점

Ⅴ. 결(2)

---

4 예시 답안

Ⅰ. 서(2)

부동산가격은 고정된 것이 아니라 경제의 흐름에 따라 등락을 반복한다. 따라서 부동산 경기변동의 각 국면별로 고유한 특징을 이해하고, 거래사례비교법 채택 시 유의하여야 정확한 가치 판정이 이루어질 수 있다. 이하 부동산 경기변동의 제 국면에서 거래사례비교법을 채택할 경우의 유의점에 관하여 설명하고자 한다.

Ⅱ. 부동산 경기변동의 제 국면(4)

1. 개설

부동산 경기변동은 순환적 변동, 계절적 변동, 장기적 변동, 무작위적 변동 등으로 구분하는 것이 일반적이다. 이 중에서 가장 중요하고 뚜렷하게 나타나는 것을 순환적 변동이라 하며 이를 중심으로 설명하되 확장국면, 수축국면에 초점을 둔다.

2. 확장국면

일반경기가 회복되는 국면으로 일반적으로 거래량은 활발해지고 가격은 상승하게 된다. 확장국면에서 금리는 낮은 상태라서 자금이 여유롭다는 특징을 지닌다. 이때 부동산시장의 동향은 매도자 중심의 시장이 되며 공급에 의해 가격이 결정되는 경향을 보이게 된다.

3. 수축국면

일반경기가 후퇴하는 국면으로 일반적으로 거래량은 줄어들고 가격은 하락하게 된다. 수축국면에서 금리는 높은 상태라서 자금은 부족하다는 특징을 지닌다. 이때 부동산시장의 동향은 주로 매수자 중심의 시장이 되며 수요에 의해 가격이 결정되는 경향을 보이게 된다.

Ⅲ. 확장국면에서 거래사례비교법 채택 시 유의점(6)

1. 사례의 수집, 선택 시 유의점

확장국면에서는 거래사례가 비교적 풍부하다는 점에서 적합한 사례 선택에 유의하여야 한다. 또한 사례의 가격은 과거의 가격으로서 하한선이 된다는 점도 유의하여야 한다.

2. 사정보정 시 유의점

확장국면에서는 부동산거래가 활기를 띠기 시작하며 부동산투자 또는 투기가 고개를 들기 시작한다. 따라서 투기로 인하여 사례가격이 적정가격에 비하여 고가일 수 있는바 사정보정이 필요하다는 점에 유의하여야 한다.

3. 지역요인, 개별요인 비교 시 유의점
확장국면에서도 부동산의 지역성 및 개별성으로 인하여 지역별, 유형별로 다르게 나타나는 바 시장참가자의 선호 등을 조사하여 지역요인, 개별요인 비교 시 유의하여야 한다.

Ⅳ. 수축국면에서 거래사례비교법 채택 시 유의점(6)

1. 사례의 수집, 선택 시 유의점
수축국면에서는 거래사례가 부족하여 사례수집이 어려운바 인근지역 외 동일수급권 내 유사지역으로 사례의 수집 범위를 넓힐 필요성이 생긴다. 또한 사례의 가격은 과거의 가격으로서 상한선이 된다는 점도 유의하여야 한다.

2. 사정보정 시 유의점
부동산 보유자들의 급매가 나타날 수 있고 이로 인하여 사례가격이 적정가격에 비하여 저가일 수 있는바 사정보정이 필요하다는 점에 유의하여야 한다.

3. 시점수정 시 유의점
부동산 경기변동의 정점과 저점을 기준으로 가격변동의 양상이 상이하므로 기간의 세분화를 통하여 상이한 변동률을 적용해야 한다는 점에 유의하여야 한다.

Ⅴ. 결(2)

부동산 경기변동은 부동산시장의 수요・공급의 일부로 파악할 수 있고 부동산가격은 부동산의 시장상황, 즉 경기변동 상태에 지대한 영향을 받게 된다. 따라서 일반요인, 지역요인, 개별요인 분석 시 부동산시장의 경기변동을 항상 고려하여야 한다.

03 지역분석 및 개별분석의 필요성과 그 상호관계를 설명하시오. 10점

1 출제위원 채점평

이 문제에서 후술부분인 지역분석과 개별분석의 상호관계는 자세하게 상술하여 비교적 양호하였으나 전술부분에서 지역분석의 필요성과 개별분석의 필요성을 구분하여 서술하였다면 논점 정리가 보다 잘 되었을 것이다.

특히 문제 3번은 10점에 불과하다는 점에서 수험생들이 가볍게 생각할지 모르나 합・불합격이 이러한 데서 결정된다는 데 유의하여 답안작성에 최선을 다하여야 할 것이다.

2 답안작성 가이드

지역분석 및 개별분석에 대한 필요성을 설명하고 이러한 필요성을 통하여 양자가 상호관계를 맺고 있음을 논리적으로 보여줄 수 있어야 한다. 특히 다양한 관점에서 목차를 구성하여 설명함으로써 양 분석의 상호관계에 대하여 정확하게 이해하고 있음을 보여주어야 한다.

3 목차

I. 개설(1)

II. 지역분석 및 개별분석의 필요성(4.5)

1. 지역분석의 필요성
   1) 지역분석의 개념
   2) 지역분석의 필요성
2. 개별분석의 필요성
   1) 개별분석의 개념
   2) 개별분석의 필요성

III. 지역분석 및 개별분석의 상호관계(4.5)

1. 부동산의 종별과 유형에 따른 상호관계
2. 분석범위와 선후절차에 따른 상호관계
3. 피드백에 따른 상호관계

4 예시 답안

I. 개설(1)

가치형성요인의 영향으로 부동산가격은 부단히 형성, 변화하는바 정확한 가치를 판정하기 위해서는 가치형성요인에 대한 분석이 중요하다. 이하 지역분석 및 개별분석의 필요성과 그 상호관계를 설명하고자 한다.

II. 지역분석 및 개별분석의 필요성(4.5)

1. 지역분석의 필요성

1) 지역분석의 개념

지역분석이란 부동산의 가격형성에 영향을 미치는 지역요인의 분석을 통해 지역 내 부동산의 표준적 이용과 가격수준을 파악하는 과정을 말한다.

2) 지역분석의 필요성

표준적 이용이란 인근지역에 속하는 개별 부동산이 갖는 최유효이용의 집약적, 평균적인 이용방법을 말하고 가격수준이란 지역 내의 부동산의 평균적 가격을 의미한다. 개별 부동산의 최유효이용과 개별적·구체적 가격은 이러한 표준적 이용과 가격수준의 제약하에 형성되기 때문에 표준적 이용과 가격수준을 파악하기 위하여 필요하다.

2. 개별분석의 필요성

1) 개별분석의 개념

개별분석이란 부동산의 가격형성에 영향을 미치는 개별요인의 분석을 통해 개별부동산의 최유효이용과 개별적·구체적 가격을 파악하는 과정을 말한다.

2) 개별분석의 필요성

지역분석을 통하여 판정된 대상 지역의 표준적 이용과 가격수준을 기초로 대상 부동산의 개별성에 따라 가치형성의 개별요인을 분석하여 대상 부동산의 최유효이용을 판정하고 개별적·구체적 가격을 파악하기 위하여 필요하다.

Ⅲ. 지역분석 및 개별분석의 상호관계(4.5)

1. 부동산의 종별과 유형에 따른 상호관계

지역분석은 부동산의 종별에 의한 지역의 관점에서 표준적 이용과 가격수준을 파악하는 분석이다. 반면, 개별분석은 부동산의 유형에 의한 개별 부동산의 관점에서 최유효이용과 개별적·구체적 가격을 파악하는 분석이라는 점에서 상호관계가 있다.

2. 분석범위와 선후절차에 따른 상호관계

지역분석은 대상 지역에 대한 광역적, 전체적, 거시적인 분석인 반면, 개별분석은 대상 부동산에 대한 개별적, 부분적, 미시적인 분석으로서 그 분석범위에 차이가 발생한다. 따라서 일반적으로 분석의 순서는 지역분석이 먼저 이루어지게 되고 그 후에 개별분석이 행해진다는 점에서 상호관계가 있다.

3. 피드백에 따른 상호관계

지역분석을 통하여 파악한 표준적 이용과 가격수준하에서 개별분석을 통하여 최유효이용과 개별적·구체적 가격을 파악하게 되므로 지역분석은 개별분석을 지배하게 된다. 그러나 개별분석의 결과인 최유효이용의 집단적, 평균적 이용이 지역분석의 결과인 표준적 이용이므로 양자는 피드백에 따른 상호관계가 있다.

04 **다음은 감정평가에서 많이 활용되는 기본적 산식을 열거한 것이다. 각 산식에 나타난 계수의 명칭과 의미 그리고 용도 또는 적용례를 설명하시오.** 각 5점

V : 현재가치	F : 미래가치
r : 이자율	n : 기간
a : 적립액	

(1) $V = F \cdot \dfrac{1}{(1+r)^n}$

(2) $a = V \cdot \dfrac{r(1+r)^n}{(1+r)^n - 1}$

(3) $F = V \cdot (1+r)^n$

(4) $F = a \cdot \dfrac{(1+r)^n - 1}{r}$

(5) $V = a \cdot \dfrac{(1+r)^n - 1}{r(1+r)^n}$

(6) $a = F \cdot \dfrac{r}{(1+r)^n - 1}$

1 출제위원 채점평

문제 4번은 각종 계수의 명칭과 의미, 용도와 적용례를 간단히 작성하는 단답형이라는 점에서 감정평가이론에서는 보기 드문 출제방식이었다. 기존의 출제방식은 대부분 학설이나 요인분석, 법칙(원칙), 평가방법, 경우에 따라서는 평가절차 등에 국한되었으나 감정평가의 기본산식을 출제한 것은 이론분야에서 소홀히 하기 쉬운 부분도 수험범위에 포함된다는 것을 환기시켰다는 데 그 의의가 크다고 하겠다.

이 답안은 그 내용을 잘 파악하고 작성된 우수한 모범답안이라는 점은 틀림이 없으나 굳이 평가를 한다면 '명칭 및 의미'와 '용도 및 적용례'를 한데 묶어 기술함으로써 답안이 명쾌하게 정리되지 못하였다는 점을 지적할 수 있다.

이러한 단답형은 문제 1 ~ 2번 논술형과는 달리 ① 명칭, ② 의미, ③ 용도, ④ 적용례 등으로 구분하여 답안을 작성하는 것이 좋은 평가를 받는 비결이 될 것이다.

2 답안작성 가이드

본 문제는 화폐의 시간가치에 대한 이해를 요구하는 문제로서 물음에 대하여 답변하면 되므로 크게 어렵지는 않다. 따라서 위 문제는 수익환원법에 있어서 이자율, 수익률 등과 함께 이해하고 있어야 할 기초적인 개념에 해당하므로 감정평가실무 학습 시 정리한 내용을 활용하면 된다.

3 목차

Ⅰ. 일시불의 현가계수(5)

1. 명칭과 의미
2. 용도와 적용례

Ⅱ. 저당상수(5)

1. 명칭과 의미
2. 용도와 적용례

Ⅲ. 일시불의 내가계수(5)

1. 명칭과 의미
2. 용도와 적용례

Ⅳ. 연금의 내가계수(5)

1. 명칭과 의미
2. 용도와 적용례

Ⅴ. 연금의 현가계수(5)

1. 명칭과 의미
2. 용도와 적용례

Ⅵ. 감채기금계수(5)

1. 명칭과 의미
2. 용도와 적용례

---

4 예시 답안

Ⅰ. 일시불의 현가계수(5)

1. 명칭과 의미

일시불의 현가계수(PVF : Present Value Factor)는 n년 후의 1원에 대한 현재가치를 나타내는 계수로서 복리현가율이라고도 하는 일시불의 내가계수(FVF)의 역수가 된다.

2. 용도와 적용례

일시불의 현가계수는 특정기간 말의 일정금액에 대한 현재가치를 계산하는 데 활용된다. 예를 들어 어떤 토지의 2년 후 지가가 1억원으로 예상되는데 이 토지에 관심을 가지고 있는 투자자들은 연 5%의 수익률을 기대하고 있다고 할 때 일반적인 투자자들이 해당 토지에 지불할 수 있는 최대금액을 산정하는 경우에 적용된다.

Ⅱ. 저당상수(5)

1. 명칭과 의미

저당상수(MC : Mortgage Constant)는 현재 1원을 빌려 n기간 동안 갚아야 할 경우 매 기간 상환해야 할 일정금액을 나타내는 계수로서 연부상환율이라고도 하는데 연금의 현가계수(PVAF)의 역수가 된다.

2. 용도와 적용례

저당상수는 현재의 특정금액을 빌린 경우 매 기간 상환해야 할 일정금액을 계산하는 데 활용된다. 사실 저당상수는 현재가치를 직접 계산하는 공식은 아니나 현재가치 계산공식을 응용하여 특정한 정보를 얻어내기 위하여 실무상 사용되고 있는 공식이다. 예를 들어 어떤 사람이 상업용 건물을 신축하기 위하여 은행으로부터 1억원의 담보대출을 받았다고 할 때 금융조건이 이자율 7%, 상환기간 10년, 상환방식 원리금균등상환일 경우 이 사람이 매년 갚아야 할 금액을 산정하는 경우에 적용된다.

Ⅲ. 일시불의 내가계수(5)

1. 명칭과 의미

일시불의 내가계수(FVF : Future Value Factor)는 현재 1원의 n년 후 미래가치를 나타내는 계수로서 복리종가율이라고도 한다.

2. 용도와 적용례
현재의 일정금액에 대한 특정기간 말의 미래가치를 계산하는 데 활용된다. 예를 들어 어떤 토지의 가치가 현재 1억원인데 매년 5%씩 상승한다고 할 때 2년 후의 지가를 산정하는 경우에 적용된다.

Ⅳ. 연금의 내가계수(5)

1. 명칭과 의미
연금의 내가계수(FVAF : Future Value of an Annuity Factor)는 매 기간 1원을 n기간 동안 적립할 경우 n년 후의 (총)미래가치를 나타내는 계수로서 복리연금종가율이라고도 하는데 사실 일시불의 내가계수(FVF)를 모두 합한 것에 지나지 않는다.

2. 용도와 적용례
연금의 내가계수는 매 기간 적립한 일정금액에 대한 특정기간 말의 미래가치를 계산하는 데 활용된다. 예를 들어 임대인이 임차인으로부터 매년 1백만원씩 임대료를 받는다고 할 때 임대인이 이것을 쓰지 않고 은행에 이자율 5%로 2년 동안 계속 저축한다고 할 경우 2년 후에 받게 될 총금액을 산정하는 경우에 적용된다.

Ⅴ. 연금의 현가계수(5)

1. 명칭과 의미
연금의 현가계수(PVAF : Present Value of an Annuity Factor)는 매 적립할 경우의 (총)현재가치를 나타내는 계수로 복리연금현가율이라고도 하는데 사실 연금의 현가계수(PVF)를 모두 합한 것에 지나지 않는다.

2. 용도와 적용례
연금의 현가계수는 매 기간 적립하는 일정금액의 (총)현재가치를 계산하는 데 활용된다. 예를 들어 어떤 상업용 건물에서 매년 1백만원씩 총 10년간 임대료가 발생하고 10년 후 건물은 소멸되어 없어지며 이 건물에 관심을 가지고 있는 투자자들은 연 5%의 수익률을 기대하고 있다고 하자. 이때 일반적인 투자자들이 해당 건물에 지불할 수 있는 최대금액이 얼마인지를 산정하는 경우에 적용된다.

Ⅵ. 감채기금계수(5)

1. 명칭과 의미
감채기금계수(SFF : Sinking Fund Factor)는 n년 후 1원을 만들기 위해 매 기간 적립해야 할 일정금액을 나타내는 계수로서 상환기금율이라고도 하는데 연금의 내가계수(FVAF)의 역수가 된다. 감채기금계수는 특정기간 말 일정금액이 되도록 만들기 위해 매 기간 적립해야 할 일정금액을 계산하는 데 활용된다.

2. 용도와 적용례
SFF는 미래가치를 직접 계산하는 공식은 아니고 미래가치 계산공식을 응용하여 특정한 정보를 얻어내기 위하여 실무상 사용되고 있는 공식이다. 예를 들어 어떤 사람이 상업용 건물을 소유하면서 임대업을 영위하고 있는데 이 건물이 향후 2년 후에 소멸되어 없어지고 2년 후 건물신축비용으로 1억원이 예상될 때 이 소유자가 건물 신축을 위해 1억원짜리 적금을 든다고 할 경우 매년 얼마씩 저축해야하는지 산정하는 경우에 적용된다.

Chapter 33

1992년 제3회 기출문제

01 부동산 감정평가의 수익환원에 관하여 다음 사항을 약술하시오. 40점

1) 자본(수익)환원이론의 발전과정

2) 수익가격과 가격원칙과의 관계

3) 자본환원이율의 구조이론

4) 동태적 부동산시장에서의 자본환원이율의 결정방법

02 우리나라 토지평가방법과 거래사례비교법과의 관계를 설명하시오. 30점

03 다음 사항을 약술하시오. 30점

1) 계속임료의 각 평가방법에 대한 특질과 그 문제점을 설명하시오. 10점

2) 부동산의 최유효이용의 의의에 있어 특수상황을 설명하시오. 10점

3) 감정평가방법에 있어 통계적 평가방법의 의의와 활용상의 문제점을 설명하시오. 10점

해설 및 예시 답안

01 부동산 감정평가의 수익환원에 관하여 다음 사항을 약술하시오. 40점

1) 자본(수익)환원이론의 발전과정

2) 수익가격과 가격원칙과의 관계

3) 자본환원이율의 구조이론

4) 동태적 부동산시장에서의 자본환원이율의 결정방법

1 출제위원 채점평

수익방식에 대한 문제이다. 이미 미국·영국 등 선진국에서는 수익방식이 중심이 되어 감정평가를 행하는 경우가 많다. 앞으로 우리나라도 부동산시장이 안정되고 각종 통계자료가 정확하면 수익방식에 대한 평가의 활성화가 높아질 것으로 예측된다 하겠다. 이러한 관점에서 본 문제의 점수의 비중을 높인 것이다. 예시답안은 대체로 잘 정리되었으나, 수익방식의 필요성과 수익방식 접근에 따른 문제점 등에 대한 언급이 없어 다소 아쉬웠다.

2 답안작성 가이드

감정평가 3방식 중 수익방식을 중심으로 하는 문제로서 소물음 1번과 소물음 3번의 작성이 쉽지 않은 문제이다. 서에서 수익방식 적용의 필요성에 대해서 반드시 강조할 필요가 있으며 결에서 수익방식의 적용에 있어서 한계 또는 문제점에 대한 언급이 있어야 할 것이다. 특히 소물음 1번의 경우 안정근 교수님의 부동산 감정평가이론에 대한 숙지가 필요한 문제이며 소물음 4번의 경우 (구) 감칙에서는 환원이율에 대한 규정이 있었으나 (현행) 감칙에는 환원이율에 대한 규정이 없기 때문에 (현행)감정평가실무기준에 따라 작성한다.

※ (구) 「감정평가에 관한 규칙」

제13조(환원이율)

① 수익환원법에 적용하는 환원이율은 순수익을 자본환원하는 이율로서 순수이율에 대상 물건의 위험율을 가산한 율로 한다.

② 제1항의 위험율은 위험성·비유동성·관리의 난이성·자금의 안전성 등을 참작한 것이어야 한다.

③ 2개 이상의 대상 물건이 함께 작용하여 순수익이 산출된 경우에는 종합환원이율을 적용할 수 있다.

3 목차

Ⅰ. 서(4)

Ⅱ. 자본(수익)환원이론의 발전과정(8)

1. 초기시대
2. 1959년 이전
3. 1959년 ~ 1970년 중반
4. 1970년 ~ 현재

Ⅲ. 수익가격과 가격원칙과의 관계(8)

1. 수익가격과 최유효이용의 원칙의 관계
2. 수익가격과 예측, 변동의 원칙의 관계
3. 수익가격과 대체의 원칙의 관계
4. 수익가격과 수익배분의 원칙의 관계

Ⅳ. 자본환원이율의 구조이론(8)

1. 자본환원이율의 개념 및 구조이론의 분류
2. 고전적 자본환원이율 구조이론
3. 현대적 자본환원이율 구조이론
   1) 투자이율(수익률) 결합설
   2) 무위험률과 위험할증률 결합설

Ⅴ. 동태적 부동산시장에서의 자본환원이율의 결정방법(8)

1. 환원율과 할인율의 개념
2. 환원율의 결정방법
   1) 환원율의 결정방법 적용기준
   2) 환원율의 결정방법
3. 할인율의 결정방법

Ⅵ. 결(4)

4 예시 답안

Ⅰ. 서(4)

수익방식은 장래 기대되는 편익의 현재가치라는 부동산가치의 본질에 잘 부합하여 이론적으로 가장 우수한 방법으로 알려져 있으며 시장 환경의 변화에 따라 3방식 6방법 중에서 그 중요성이 제일 크게 부각되고 있다. 최근에는 수익성 부동산, MBS, ABS 등과 같은 각종 부동산 유동화상품과 관련한 가치평가에 수익방식의 활용도가 점차 높아지고 있는 실정이다. 따라서 자본환원이론의 발전과정과 자본환원이율의 구조이론, 자본환원이율의 결정방법에 대한 이해가 중요한바 부동산 감정평가의 수익환원에 관하여 약술하고자 한다.

Ⅱ. 자본(수익)환원이론의 발전과정(8)

1. 초기시대

이 시기는 자본환원이론의 기초가 되는 수학적 이론이 정립되는 때이다. John Newton은 현재가치와 미래가치의 개념을 최초로 정립하였으며 오늘날 부동산평가에서 쓰이고 있는 미래가치와 현재가치에 관한 6가지 공식 중 4가지 공식을 정립하였다. 또한 John Smart는 여러 가지 복리표를 최초로 만들었으며 저당상수에 관한 공식을 개발하였다. 그 이후 Hoskhold는 감채기금계수에 기초한 자본환원율을 구하는 획기적인 방법을 개발하였으며 자본환원율이라는 일반적인 용어를 Fisher가 최초로 사용하였다.

2. 1959년 이전

이 시기에 부동산은 인플레이션이 거의 없고 금융자본에 대한 이용이 일반화되어 있지 않았다. 따라서 주로 부동산의 물리적인 측면만을 고려하여 부동산의 가치를 구하였다. 즉, Babcock은 토지환원율과 건물환원율을 분리해서 구하고 이를 결합하여 종합환원율을 구하였는바 물리적 투자결합법이라 한다. 이를 이용한 자본환원방법이 부동산잔여법이다. 또한 이 시기의 부동산시장은 정태적이며 자본환원이율의 선택과 결정에 있어서는 요소구성법이 지배적으로 활용되었다.

3. 1959년 ~ 1970년 중반

이 시기는 감정평가의 역사에 있어서 과도기적인 시점으로 Ellwood는 투자결합법을 대폭 개량하였다. 그동안 부동산평가에서 사용된 여러 가지 관행들을 신랄하게 비판하였다. 그리고 자본환원율의 구성요소들을 분석하고 이를 토대로 자본환원율을 계산하는 새로운 공식을 만들었다. 이것이 이른바 저당지분환원법 또는 Ellwood법이다. 그는 수익성 부동산의 자본환원율은 대부비율, 저당이자율, 대부기간, 저당상환으로 인한 지분형성분, 보유기간 중 부동산가치의 증감, 지분수익률 등의 함수라고 주장하였다.

4. 1970년 ~ 현재

이 시기의 자본환원이론은 인플레이션과 미국의 경기 후퇴에 많은 영향을 받았으며 부동산시장이 민감하게 변동하는 동태적시장으로 변화하던 시점이다. 따라서 컴퓨터의 일반적인 보급과 정보시스템의 발달로 할인현금흐름분석법, 거래사례비교법의 시뮬레이션화 등이 활용되어 시장참가자의 의사결정에 있어서 행태를 잘 반영할 수 있게 되었다.

Ⅲ. 수익가격과 가격원칙과의 관계(8)

1. 수익가격과 최유효이용의 원칙의 관계

최유효이용의 원칙이란 부동산가격은 최유효이용을 전제로 형성된다는 원칙을 말한다. 수익방식에서의 수익가격을 구할 때 순수익은 최유효이용을 전제로 하는바 최유효이용의 원칙과 관계된다.

2. 수익가격과 예측, 변동의 원칙의 관계

예측의 원칙은 부동산가격이 장래에 대한 예측의 영향을 받아 결정된다는 원칙이고 변동의 원칙은 부동산의 가격은 부단히 변화한다는 원칙이다. 수익방식에 의한 수익가격은 순수익이나 미래 현금흐름을 환원하거나 할인하여 구한다. 미래 현금흐름을 추계할 시 장래의 변동 가능성을 충분히 고려하여 예측하여야 하는바 수익가격은 예측, 변동의 원칙과 관계된다.

3. 수익가격과 대체의 원칙의 관계

대체의 원칙이란 부동산가격은 유사한 부동산 또는 다른 재화의 가격에 영향을 받는다는 원칙이다. 수익방식에 의한 수익가격을 구할 때 의한 순수익이나 자본환원율은 대상 부동산의 자료를 직접 이용하여 구할 수도 있고 대체 부동산의 자료로부터 간접법에 의한 방법으로도 구할 수 있는바 대체의 원칙과 관계된다.

4. 수익가격과 수익배분의 원칙의 관계

수익배분의 원칙이란 부동산의 수익은 자본, 노동, 경영 등에 배분되고 남은 잔여수익이 된다는 원칙이다. 수익방식 중 토지잔여법에 의한 수익가격은 전체수익에서 토지를 제외한 다른 수익을 제하고 토지만의 수익을 구하여 환원하는바 수익배분의 원칙과 관계된다.

Ⅳ. 자본환원이율의 구조이론(8)

1. 자본환원이율의 개념 및 구조이론의 분류

자본환원이율은 대상 부동산의 수익을 현재 시점의 가치로 변환시켜주는 이율을 의미한다. 이러한 자본환원이율과 관련하여 주관적 이율설과 객관적 이율설이 존재하며 감정평가는 시장가치를 원칙으로 하므로 일반적으로 객관적 이율을 기준으로 한다.

2. 고전적 자본환원이율 구조이론

고전적 자본환원이율 구조이론에는 지방적 시장금리의 영향을 감안하여 결정된다는 지방일반이율설, 부동산가격은 지역특성에 기초한 지역의 경제사정에 따라 결정된다는 지방관습이율설, 지방적 토지이율로서 지방적 사정에 따라 차이가 있다고 보는 지방토지이율설과 일반재화성 관점의 통상일반이자율설, 장기투자의 수익이율설 등이 있다.

3. 현대적 자본환원이율 구조이론

1) 투자이율(수익률) 결합설

부동산의 자본환원이율은 토지, 건물과 같은 물리적 부분의 결합으로 구성되어 있다는 이론과 자기자본, 타인자본과 같은 금융적 부분의 결합으로 구성되어 있다는 이론이다.

2) 무위험률과 위험할증률 결합설

자본환원이율은 투자금에 대한 순수이자와 부동산투자의 위험에 대한 할증금에 상응하는 위험할증률로 구성된다는 이론이다. 즉, 자본환원이율은 전통적인 구조이론의 투자재로서의 일반성과 특수성을 모두 반영하는 구조로 구성된다는 것이다.

Ⅴ. 동태적 부동산시장에서의 자본환원이율의 결정방법(8)

1. 환원율과 할인율의 개념

수익방식에서 사용하는 자본환원이율은 크게 환원율과 할인율로 구분할 수 있는데, 환원율은 순수익을 기준시점의 경제적 가치로 환산하기 위하여 적용하는 적정한 비율이고 할인율이란 미래의 현금흐름을 현재가치로 환산하기 위하여 적용하는 수익률로 투자자가 어떤 투자 안에 투자를 하기 위한 최소한의 요구수익률이다.

2. 환원율의 결정방법

1) 환원율의 결정방법 적용기준

일반적으로 사용되는 환원율의 결정방법에는 시장추출법, 요소구성법, 투자결합법, 엘우드법, 부채감당법 등이 있다.

2) 환원율의 결정방법

직접환원법에서 사용할 환원율은 시장추출법으로 구하는 것을 원칙으로 한다. 다만, 시장추출법의 적용이 적절하지 않은 때에는 요소구성법, 투자결합법, 유효총수익승수에 의한 결정방법, 시장에서 발표된 환원율 등을 검토하여 조정할 수 있다.

3. 할인율의 결정방법

할인현금흐름분석법에서 사용할 할인율은 투자자조사법(지분할인율), 투자결합법(종합할인율), 시장에서 발표된 할인율 등을 고려하여 대상 물건의 위험이 적절히 반영되도록 결정하되 추정된 현금흐름에 맞는 할인율을 적용한다.

Ⅵ. 결(4)

수익성의 원리에 기초하는 수익방식은 시장참가자들의 수익성에 대한 판단 및 자본환원에 대한 현실적 행태의 반영이 핵심이다. 그러나 수익방식을 적용하는 데 있어서 정보 비공개성으로 인하여 순수익이나 자본환원이율 등의 산정을 위한 조사 자료가 여전히 부족하다. 또한 적정한 보유기간의 결정, 보증금의 처리방법, 부동산증권화 관련 구체적인 평가기준의 부재 등 다양한 문제점이 있으므로 개선방안에 대한 연구가 지속되어야 할 것이다.

02 우리나라 토지평가방법과 거래사례비교법과의 관계를 설명하시오. 30점

1 출제위원 채점평

본 문제는 우리나라 토지평가방법과 거래사례비교법과의 관계를 설명하고 있는 것으로 감정평가 및 보상법규 과목과도 관련이 있는 문제이다. 본 문제에 대해 설명하려면 먼저 우리나라 토지평가방법에 대한 설명이 필요하다. 토지의 일반적 감정평가방법은 법적 평가방법과 이론적 평가방법으로 분류할 수 있다. 법적 평가방법이 표준지의 감정평가방법이고 이론적 평가방법은 거래사례비교법, 배분법, 도출법, 분양개발법, 토지잔여법, 지대수익환원법 등의 6방법이 있다. 이러한 내용을 먼저 설명한 뒤 거래사례비교법 등에 대한 문제제기와 함께 정리하면 더 좋은 답안지가 될 것이라고 본다.

2 답안작성 가이드

양 방법의 관계 설명 이전에 우리나라 토지평가방법이 구체적으로 어떤 방법을 의미하는지 명확하게 밝히는 것이 중요하다. 먼저 우리나라 토지평가방법을 공시지가기준법뿐만 아니라 거래사례비교법, 원가법, 수익환원법 등 다양한 감정평가방법으로 보아 거래사례비교법이 상기 평가방법들과 어떤 관계를 가지는지 서술하는 방식을 생각해 볼 수 있다. 하지만 토지평가방법과 거래사례비교법을 물어본 것이 아니라 우리나라 토지평가방법과 거래사례비교법이라고 강조한 점을 미루어 볼 때 우리나라 토지평가방법을 법적 평가방법으로서 특수성을 가진 공시지가기준법으로 한정하여 볼 필요가 있다.

※ 토지 감정평가방법으로 (구)「부동산 가격공시 및 감정평가에 관한 법률」 제21조에서는 공시지가기준법만을 규정하고 있었다. 다만, (현행) 감정평가법에서는 제3조 제1항 본문에 공시지가기준법을 적용하는 것을 원칙으로 하나 적정한 실거래가가 있는 경우에 거래사례비교법을 적용할 수 있도록 단서를 규정(감칙 제14조 제3항)하고 있다는 점에서 일부 차이가 난다.

3 목차

Ⅰ. 서(3)

Ⅱ. 우리나라의 토지평가방법(12)

1. 개설
2. 법적 토지평가방법(공시지가기준법)
3. 이론적 토지평가방법
   1) 거래사례비교법
   2) 원가법(가산방식과 공제방식)
   3) 수익환원법

Ⅲ. 우리나라 토지평가방법과 거래사례비교법의 관계(12)

1. 개설
2. 감칙 제12조와 제14조에 따른 관계
3. 평가과정에 따른 관계
   1) 비교방식의 관계
   2) 비교표준지와 거래사례의 관계
   3) 사정보정과 그 밖의 요인 보정의 관계

Ⅳ. 결(3)

4 예시 답안

Ⅰ. 서(3)

우리나라의 법적 토지평가방법은 감정평가법 제3조 제1항에 의거한 공시지가기준법을 말한다. 그리고 이론적 토지평가방법으로는 거래사례비교법 등이 있다. 한편 감칙 제11조는 공시지가기준법을 거래사례비교법과 함께 비교방식의 하나로 규정하고 있으나 제12조는 합리성 검토 시 다른 방식으로 규정하고 있다는 점을 미루어 볼 때 양자는 관계가 있다. 이하 양 방법의 관계에 대하여 설명하고자 한다.

Ⅱ. 우리나라의 토지평가방법(12)

1. 개설

토지의 일반적인 평가방법은 법적 평가방법과 이론적 평가방법으로 분류할 수 있다. 우리나라의 경우 토지에 대한 법적 평가방법은 관련 법령 등에 의한 공시지가기준법이고 이론적 평가방법은 3방식을 중심으로 한 거래사례비교법, 원가법, 수익환원법 등이 있다.

2. 법적 토지평가방법(공시지가기준법)

감정평가법, 토지보상법 등에서는 토지를 감정평가할 때에 공시지가기준법을 원칙적으로 적용하도록 규정하고 있다. 공시지가기준법이란 감정평가의 대상이 된 토지와 가치형성요인이 같거나 비슷하여 유사한 이용가치를 지닌다고 인정되는 표준지의 공시지가를 기준으로 대상토지의 현황에 맞게 시점수정, 지역요인 및 개별요인 비교, 그 밖의 요인의 보정을 거쳐 대상토지의 가액을 산정하는 감정평가방법이다.

3. 이론적 토지평가방법

1) 거래사례비교법

대상 토지와 가치형성요인이 같거나 비슷한 물건의 거래사례와 비교하여 대상 물건의 현황에 맞게 사정보정, 시점수정, 가치형성요인비교 등을 거쳐 대상 토지의 가액을 산정한다.

2) 원가법(가산방식과 공제방식)

원칙적으로 토지는 재생산이 불가능하므로 원가법을 적용하기 어렵다. 다만, 조성지 또는 매립지의 경우에는 개발 전 토지가격에 개발에 소요된 공사비와 부대비용 등을 가산하여 개발 후 토지가격을 구할 수 있다. 또한 택지후보지의 경우 조성완료 후 택지가격에서 조성에 소요되는 비용을 차감하고 성숙도 수정을 하여 토지가격을 구할 수 있다.

3) 수익환원법

토지에서 발생하는 수익을 환원율로 영구 환원하여 토지가격을 구하는 전통적 직접환원법이 있다. 또한 복합부동산에서 발생하는 수익 중 토지만의 수익을 분리하여 토지환원율로 환원하여 토지가격을 구하는 토지잔여법 등이 있다.

Ⅲ. 우리나라 토지평가방법과 거래사례비교법의 관계(12)

1. 개설

다양한 토지의 감정평가방법이 있으나 우리나라의 토지평가방법이라 함은 감정평가법, 감칙 등 관련 법령에 따라 특수한 규율을 적용받는 공시지가기준법으로 볼 수 있을 것인바 이를 중심으로 거래사례비교법과의 관계를 설명하고자 한다.

2. 감칙 제12조와 제14조에 따른 관계

감칙 제12조와 제14조에 따라 토지를 감정평가할 때에는 공시지가기준법을 적용하여야 하며, 다른 방식으로 합리성을 검토하는 것을 원칙으로 하고 있다. 이때 공시지가기준법은 제14조 제1항에 의하여 주된 방법이 되며, 거래사례비교법은 제14조 제3항에 의하여 예외적 방법이면서도 공시지가기준법에 의한 시산가액의 합리성을 검토하는 부수적인 방법이 되는 관계에 있다.

3. 평가과정에 따른 관계

1) 비교방식으로서의 관계

공시지가기준법은 평가 대상 토지와 유사한 이용가치를 지닌다고 인정되는 하나 또는 둘 이상의 표준지와 비교를 통하여 가격을 구하는 방법이다. 한편 거래사례비교법은 대상 물건과 동일성 또는 유사성이 있는 물건의 거래사례와 비교하여 가격을 구하는 방법이다. 따라서 이러한 비교방식의 논리 측면에서 양 평가방법은 유사한 관계에 있다.

2) 비교표준지와 거래사례의 관계

표준지공시지가는 전국적으로 공시된 50만 필지 중에서 감정평가 대상 토지와 용도지역, 이용 상황, 도로조건 등이 비슷한 표준지를 선정한다. 그리고 이러한 표준지공시지가는 3방식과 시산가액의 조정을 거쳐 결정된다. 반면, 거래사례는 부동산시장에서 결정된다. 따라서 이러한 평가과정 측면에서 양 평가방법은 상이한 관계에 있다.

3) 사정보정과 그 밖의 요인 보정의 관계

사정보정은 부동산시장에서 결정되는 거래사례에 특수한 사정 등이 개입될 여지가 있기 때문에 이를 정상화하는 작업이다. 그러나 표준지공시지가는 감정평가법인 등의 감정평가에 의거하여 결정되기 때문에 사정보정 작업이 필요 없다. 반면, 그 밖의 요인 보정은 표준지공시지가의 당위가격 성격으로 인해 거래가격과의 격차를 보정하는 작업이다. 따라서 이러한 평가과정 측면에서 양 평가방법은 상이한 관계에 있다.

Ⅳ. 결(3)

과거에는 부동산데이터 구축이 미비하고 허위 신고하는 경우가 많아 적정한 거래사례를 수집하기 어려웠으나 점차 실거래가 자료가 축적되면서 거래사례비교법의 적용가능성이 커지고 있다. 거래사례비교법은 토지의 주된 평가방법인 공시지가기준법을 보완하여 감정평가의 객관성을 향상시킬 수 있다는 점, 감정평가법과 감칙에서 적정한 실거래가를 기준으로 한 거래사례비교법을 적용할 수 있다고 개정하여 규정한 점에서 앞으로 양 방법의 관계는 더욱 강조된다고 할 것이다.

03 다음 사항을 약술하시오. 30점

1) 계속임료의 각 평가방법에 대한 특질과 그 문제점을 설명하시오. 10점

2) 부동산의 최유효이용의 의의에 있어 특수상황을 설명하시오. 10점

3) 감정평가방법에 있어 통계적 평가방법의 의의와 활용상의 문제점을 설명하시오. 10점

1 답안작성 가이드

(물음 1) 계속임료는 신규임료와는 달리 계약내용 및 임대차관계의 지속으로 인한 경제적 편익 등의 특질을 갖는바 이를 중심으로 감정평가방법을 기술하는 것이 필요하다(일본 부동산감정평가기준에 잘 설명되어 있으며, 우리나라에서는 감칙 제22조가 임대료 평가규정이다). 이때 문제에서 주어진 특질은 특별하거나 고유한 성질이나 특징을 의미한다.

(물음 2) 부동산가치는 최유효이용을 전제로 형성되기 때문에 부동산의 최유효이용을 판정하는 것은 감정평가의 핵심이라고 할 수 있다. 따라서 특수한 경우에도 최유효이용을 감안하여 평가할 필요가 있으므로 이에 대한 중요성을 언급하여야 한다. 특히 특수한 상황의 최유효이용의 종류를 언급할 때에는 배점에 유의하여 핵심적인 내용을 중심으로 다양한 상황을 언급하여야 한다.

(물음 3) 통계적 평가방법의 의의와 문제점을 적시하되, 회귀분석법만이 통계적 평가방법에 해당하는 것은 아님에 유의하여야 한다. 본 문제는 데이터베이스가 충분하게 구축되지 않아 통계적 평가방법이 실질적으로 한계가 있다는 점에서 출제된 시대적 배경을 이해할 필요가 있다.

2 목차

Ⅰ. 계속임료의 각 평가방법에 대한 특질과 그 문제점(10)

1. 개설
2. 차액배분법(① 특질, ② 문제점)
3. 이율법(① 특질, ② 문제점)
4. 슬라이드법(① 특질, ② 문제점)
5. (계속)임대사례비교법(① 특질, ② 문제점)

Ⅱ. 부동산의 최유효이용의 의의에 있어 특수상황(10)

1. 최유효이용의 원칙과 판단기준
2. 단독이용
3. 중도적 이용
4. 비최유효이용
5. 비적법적이용

Ⅲ. 통계적 평가방법의 의의와 활용상의 문제점(10)

1. 개설
2. HPM(Hedonic Price Model)(① 의의, ② 활용상의 문제점)
3. CVM(Contingent Valuation Method)(① 의의, ② 활용상의 문제점)
4. 노선가식평가방법(① 의의, ② 활용상의 문제점)

3 예시 답안

Ⅰ. 계속임료의 각 평가방법에 대한 특질과 그 문제점(10)

1. 개설

계속임료는 부동산을 계속하여 임대차하는 데 계약당사자 간에 성립할 수 있는 임료를 말한다. 계속임료는 신규임료의 감정평가방법과는 다소 차이가 있는바 일본 부동산감정평가기준에 따라 설명하고자 한다.

2. 차액배분법(① 특질, ② 문제점)

① 정상지불임료를 상한으로 하여 차액을 적절히 배분하는 방법으로 원본가치를 기초로 하므로 원본가치의 변동이 그 효용을 적정하게 반영하는 특질이 있다. ② 다만, 원본가치의 변동이 급격한 시기에는 큰 차이가 생길 가능성이 있고 차액배분 과정에 있어서 임대인에 대한 귀속비율을 결정하는 데 주관 개입의 여지가 크다는 문제점이 있다.

3. 이율법(① 특질, ② 문제점)

① 비용성에 근거하는 방법으로 객관적이며 임대차계약의 개별성을 반영하는 특질이 있다. ② 다만, 임대인 위주의 방식으로 임차인의 지불능력 등을 반영하기 어렵고 원본가치가 급변하는 경우 적정한 기초가액 및 기대이율 파악이 어려울 수 있다는 문제점이 있다.

4. 슬라이드법(① 특질, ② 문제점)

① 계속임료의 산정이 간편하고 실제 시장상황을 잘 반영한다는 특질이 있다. ② 다만, 슬라이드 지수는 지역성 및 개별성을 반영하기 곤란하고 장기적 임료의 결정이 보류되고 있는 경우와 실제지불임료가 이미 불합리하다고 인정되는 경우에는 적용이 곤란한 문제점이 있다.

5. (계속)임대사례비교법(① 특질, ② 문제점)

① 유사한 물건의 계속임료의 사례자료를 기초로 하여 시점수정 및 가치형성요인의 비교를 통해 산정하는 방법으로, 시장성을 반영하며 적절한 사례가 있는 거의 모든 자산에 활용될 수 있는 특질이 있다. ② 다만, 사례가 부족하거나 없는 경우 적용이 곤란하고 사례선정이나 사정보정 등 과정에 있어서 감정평가 주체의 주관이 개입될 수 있다는 문제점이 있다.

Ⅱ. 부동산의 최유효이용의 의의에 있어 특수상황(10)

1. 최유효이용의 원칙과 판단기준

최유효이용이란 객관적으로 보아 양식과 통상의 이용능력을 가진 사람이 대상 부동산을 합법적이고 합리적이며 최고, 최선의 방법으로 이용하는 것을 말하며 부동산가격은 최유효이용을 전제로 형성된다는 원칙을 최유효이용의 원칙이라고 한다. 이러한 최유효이용의 원칙은 물리적 타당성, 합법성, 합리성, 최대수익성을 기준으로 판단하여야 하며 특수한 상황의 경우에도 이를 감안하여 평가하여야 하는 경우가 있다.

2. 단독이용

단독이용의 판정은 시장수요와의 관계에서 파악한다. 즉, 해당 용도에 대한 인근지역 내 수요가 충분히 있다면 주변의 표준적 이용상태와 유사하지 않더라도 최유효이용이 될 수 있다.

3. 중도적 이용

일시적 이용이라고도 하는데 도시의 임시주차장, 도시 외곽의 농지 재개발 혹은 재건축 지구 내의 낡은 주택이 이에 해당한다. 중도적 이용은 현재의 법적, 경제적 상황하에서 다른 잠재적 이용에 비해 비교우위를 극대화하거나 비교열위를 극소화하는 방안이 될 수 있으므로 최유효이용이 될 수 있다.

4. 비최유효이용

기존 개량물의 이용이 나지를 상정하였을 경우 토지의 최유효이용과 부합하지 않는 경우를 의미한다. 최유효이용과 같은 범주인 고층아파트 지역 내 저층아파트가 이에 해당한다. 중도적 이용이 가까운 장래에 최유효이용이 가능한 상황을 앞두고 일시적인 개량물이 존재하는 상황을 설명하는 개념인 반면, 비최유효이용은 비교적 견고한 개량물이 존재함으로써 토지의 최유효이용을 방해하는 상황이므로 당연히 감가수정을 요하게 된다.

5. 비적법적이용

과거에는 적법하게 건축되어 이용되던 부동산이 현재의 법적 규제에 부합하지 않는 경우로 기득권 보호차원에서 법이 허용한 것으로 법이 허용하지 않는 불법적 이용과는 구별된다.

Ⅲ. 통계적 평가방법의 의의와 활용상의 문제점(10)

1. 개설

컴퓨터를 기반으로 한 IT 기술의 발달을 통해 보다 합리적이고 실증적인 결과를 얻기 위한 통계적 평가방법들에 대한 시도가 이루어지고 있다. 이하 통계적 평가방법의 의의와 활용상의 문제점에 대하여 설명하고자 한다.

2. HPM(Hedonic Price Model)(① 의의, ② 활용상의 문제점)

① 가치형성요인을 영향변수로 하여 회귀방정식 모형을 만들어 이것을 대상 부동산에 적용하여 가격을 추산하는 방법이다. HPM은 비교방식의 객관성을 확보할 수 있는 과학적인 방법으로 여러 나라에서 대량의 과세물건 평가에 많이 이용하는 방법이다. ② 이 방법은 모형 구축에 활용할 데이터를 쉽게 획득할 수 있어야 하며 해당 지역의 가격이나 사회, 경제, 제도 등의 변동이 심하거나 모형 구축 후 오랜 기간이 경과하면 적용이 곤란한 문제점이 있다.

3. CVM(Contingent Valuation Method)(① 의의, ② 활용상의 문제점)

① 가상적인 상황을 설정하고 이 상황 하에서 각 개인이 어떤 선택을 할 것인지를 설문조사하여 환경재 등의 가치를 평가하는 방법이다. CVM은 각 개인이 환경재를 이용할 때 지급할 수 있는 화폐가치를 설문으로 조사하는 방법으로 아파트 경관, 도심의 공원, 토양오염평가 등에 이용하고 있다. ② 이 방법은 조사자와 응답자가 조사대상의 가치를 정확하게 알고 있느냐 하는 문제점이 있으며 응답자가 정직하게 대답하리라는 보장도 없다.

4. 노선가식평가방법(① 의의, ② 활용상의 문제점)

① 특정한 가로에 접하고 있는 접근성이 유사한 일단지를 바탕으로 표준획지와 노선가를 정한 후 이를 기초로 다른 획지의 가격을 깊이, 가로 등에 따른 보정을 가하여 가치를 평가하는 방법이다. ② 이 방법은 건부지의 경우 건물과의 관련성이 반영되기 어렵고 나지와 건부지와 같이 이용상황이 다른 경우에는 정상적인 비교가 어렵다는 문제점이 있다.

Chapter 34

1991년 제2회 기출문제

01 부동산학의 입장에서 지대(차액지대 · Ricardian Rent)론, Rent(Quasi Rent · Paretian Rent · 준Rent)론 등을 재조명하여 그 발전연혁과 내용을 밝히면서, 과연 현실의 부동산가격이 상기 이론으로 완전히 설명되는가를 설명하고, 실제의 부동산거래 시 왜 부동산 감정평가활동이 요구되는가를 상기의 지대론, Rent론 등과 비교하면서 그 논리적 근거를 제시하시오. 50점

02 부동산가격의 형성원리를 설명하라. 30점

03 다음 문제를 약술하시오. 20점

1) 대체의 원칙과 기회비용의 원칙의 관계 10점

2) 구분지상권의 평가원리 10점

해설 및 예시 답안

01 **부동산학의 입장에서 지대(차액지대 · Ricardian Rent)론, Rent(Quasi Rent · Paretian Rent · 준 Rent)론 등을 재조명하여 그 발전연혁과 내용을 밝히면서, 과연 현실의 부동산가격이 상기 이론으로 완전히 설명되는가를 설명하고, 실제의 부동산거래 시 왜 부동산 감정평가 활동이 요구되는가를 상기의 지대론, Rent론 등과 비교하면서 그 논리적 근거를 제시하시오.** 50점

1 출제위원 채점평

전통적인 부동산 평가방법은 주로 정태적 완전경쟁시장에서 중농주의 학자들의 지대론(리카도에 의하여 대표되는 차액지대론), 임대료론 또는 준임대료(주로 파레토에 의하여 주장됨), 생산비와 위치(주로 마셜에 의하여 주장됨), 그리고 근대에 와서 수요 · 공급에 의한 시장증거가격의 개념을 근거로 하여 3방식이 이루어져 왔으나 이 방법만으로는 평가 수요자를 만족시킬 수 없게 되었다. 이러한 추세와 관점에서 볼 때 평가이론을 뒷받침하는 농경지지대론, 임대료론, 도시지가론의 발전과정과 당시의 이론적 역사성, 그리고 현실의 부동산시장에서의 부동산 평가활동과 평가이론에 관한 이론성과 함께 현실의 문제성을 제시하는 방향으로 문제를 접근하고 이해하여야 한다고 생각한다.

농경사회에서 상공업생산사회로 산업구조가 변천되면서 동시에 도시가 형성되고, 따라서 농경지의 가격이론보다는 도시지역의 지가이론이 보다 크게 의식되었다. 그런데 도시지역의 지가이론을 지대론만으로 설명하기에는 논리성과 현실성이 의구되니까 과거의 지대론이 의미하고 있었던 의미 내용을 변경시켜버린 것이다. 그렇다고 과거의 지대론적 의미가 완전히 사라진 것이 아니고, 일면적으로 타당하게 비추어지니 완전히 변혁시켜 버릴 수도 없고, 또 지대론에 대체할 만한 별다른 이론도 창출할 수도 없고 해서 나타난 개념이 Quasi-Rent의 개념이다.

그렇다고 이 Quasi-Rent의 개념으로써 현실의 부동산가격현상을 설명할 수 있느냐 하면 그렇지가 못하다. 왜냐하면 부동산은 그 특성으로 개별독점가격성이 너무 뚜렷하기 때문이다. 그것은 부동산의 본질적 역할과 부동산의 특성 그리고 인간의 본성에 그 근본적인 원인 내지 이유가 있다. 재언하면 동산가격의 본질과 부동산가격의 본질이 상이한데도 일원론적 입장에서 가격론을 전개하려 하기 때문이다.

2 답안작성 가이드

본 문제는 지대론, Rent론 등을 재조명하라고 하고 있으나 실제는 마지막의 “현실 부동산거래 시 왜 부동산 평가활동이 요구되는가”라는 게 출제의도인 것이다. 따라서 과거 부동산가격을 결정하였던 지대론의 주요 내용에 대하여 설명하고 이들이 현실의 부동산가격을 설명할 수 있는가를 검토하면 된다. 또한 이러한 과거의 지대이론들이 현실의 복잡, 다양한 부동산가격을 설명하는 데 한계가 있으므로 부동산 평가활동이 요구될 수밖에 없다는 점을 반드시 강조해야 한다.

3 목차

Ⅰ. 서(5)

Ⅱ. 지대론, Rent론 등의 발전연혁과 내용(16)

1. 지대론
   1) 차액지대론
   2) 절대지대론
   3) 입지교차지대론
   4) 독점지대론
2. Rent론
   1) Ricardo-Rent
   2) Paretian-Rent
   3) Quasi-Rent

Ⅲ. 현실의 부동산가격에 대한 설명가능성(12)

1. 현실의 부동산가격
2. 설명가능성
   1) 부동산의 특성에 따른 설명 한계
   2) 부동산시장의 동태성에 따른 설명 한계
   3) 지대이론의 단순성에 따른 설명 한계

Ⅳ. 부동산 감정평가활동의 필요성에 대한 이론적 근거(12)

1. 적정한 가격의 도출
2. 최유효이용의 사고
3. 부동산가치발생요인
4. 부동산가치형성요인
5. 시산가액의 조정

Ⅴ. 결(5)

4 예시 답안

Ⅰ. 서(5)

지대는 토지소유자들의 토지이용 결정에 있어서 가장 중요한 요소가 된다. 여기서 지대란 토지소유자가 그 토지의 이용자로부터 징수하는 공납, 즉 용역의 대가이고 지가란 교환의 대가이다. 따라서 이러한 지대에 대한 논의를 통하여 지대의 본질을 파악한다면 감정평가의 목표인 지가의 본질을 찾

을 수 있을 것이다. 이러한 이유는 지대를 자본환원한 값이 바로 지가이기 때문이다. 이하 지대론과 Rent론 등의 발전연혁과 내용을 밝히고 이러한 이론들이 현실 부동산가격을 설명가능한지 규명한 후 부동산 감정평가활동의 필요성을 논하고자 한다.

Ⅱ. 지대론, Rent론 등의 발전연혁과 내용(16)

1. 지대론

1) 차액지대론

차액지대론은 리카도(D. Ricardo)가 주장한 내용으로 농지의 전체 생산량에서 생산비를 제외한 나머지 잉여분이 지대가 되는데 이러한 지대는 우등지와 열등지 사이의 생산성 차이에서 기인하는 차액지대라고 보았다. 그리고 이 지대를 자본화한 것이 토지가격이라고 보았다.

2) 절대지대론

절대지대론은 토지소유자가 토지를 소유하고 있다는 사유재산권 때문에 받는 수입이므로 최열등지에서도 지대가 발생한다고 하는 이론이다. 이는 제도적으로 보장된 토지소유권에 기인하여 지주는 아무리 열등지라 하더라도 경제적 대가 없이는 타인의 이용을 허용하지 않는다는 점에서 착안한 것이다.

3) 입지교차지대론

시장(도심)과 해당 토지 간의 거리관계에 착안하여 시장에서 원거리에 위치한 토지에 비하여 근거리에 위치한 토지의 경우 운송비가 절약되고 이러한 운송비의 절약분이 곧 지대화된다는 이론이다. 위치의 중요성을 강조하여 지대 개념에 적용한 것에 큰 의미가 있다.

4) 독점지대론

지대는 특정한 토지서비스의 공급독점에 의하여 발생할 수도 있다는 이론으로 이때의 지대를 독점지대라고 한다. 독점지대는 토지에 대한 수요는 무한히 많은 것에 비해 그러한 수요를 충족시켜줄 수 있을 만한 토지의 공급은 독점되어 있는 경우에 발생하는 것이다.

2. Rent론

1) Ricardo-Rent

고전학파 토지관을 계승하여 이용되느냐 안되느냐를 기준으로 토지가 이용되도록 유도하기 위하여 필요한 최소한의 대가를 초과하는 부분을 지대로 보았다. 이들은 토지에 지불되는 대가는 전액 잉여로서의 지대가 되고 이를 리카르도 지대라고 한다.

2) Paretian-Rent

신고전학파의 토지관을 계승하여 토지를 현재의 용도로 계속적으로 이용하도록 보장하기 위해 필요한 최소한의 대가를 초과하는 부분을 지대로 보았다. 이들은 전용수입을 초과하는 대가가 지대가 되고 이를 파레티안 지대라고 한다.

3) Quasi-Rent

준지대는 생산을 위하여 사람이 만든 기계나 기구로부터 얻은 소득으로서 일시적으로 토지와 매우 흡사한 성격을 가지는 토지 이외에 고정적 생산요소에 귀속되는 소득을 말한다. 즉, 자본재 투자로부터 얻는 순소득으로 이는 생산의 총소득에서 가변비용을 뺀 잉여분이라고 할 수 있다. 고정생산요소에 귀속되는 소득은 단기에 있어서는 지대의 성격을 가지지만 장기에 있어서는 해당 생산요소의 공급량 및 이와 결부된 생산량을 변화시키게 되어 비용의 성격을 지닌다.

Ⅲ. 현실의 부동산가격에 대한 설명가능성(12)

1. 현실의 부동산가격

현실의 부동산가격은 일반재화가격과는 달리 가격형성과정이 매우 복잡하고 일반요인, 지역요인, 개별요인 등 다양한 가치형성요인에 의해 영향을 받는다.

2. 설명가능성

1) 부동산의 특성에 따른 설명 한계

부동산 가격현상은 개별성, 부증성, 영속성 등 부동산의 자연적 특성 때문에 개별 독점가격성이 너무 뚜렷하기 때문에 현실의 부동산가격을 설명하는 데는 한계가 있다.

2) 부동산시장의 동태성에 따른 설명 한계

중농주의 학자들의 지대론, 임대료론 등은 주로 정태적 완전경쟁시장하에서의 논의였다. 그러나 부동산의 특성과 사회적, 경제적 환경변화에 따라 부동산시장이 변화하고 있기 때문에 현실의 부동산가격을 설명하는 데는 한계가 있다.

3) 지대이론의 단순성에 따른 설명 한계

지대는 다양하고 복잡한 가치형성요인에 의해 결정된다. 그러나 지대이론은 비옥도, 비탄력성, 접근성 등을 지대의 본질로 단순화시켰다는 점에서 현실의 부동산가격을 설명하는 데는 한계가 있다.

Ⅳ. 부동산 감정평가활동의 필요성에 대한 이론적 근거(12)

1. 적정한 가격의 도출

리카르도 지대에서 지대는 잉여인바 과도한 잉여를 제거하여 적정한 가격을 도출하여야 한다. 또한 파레티안 지대에서 지대는 비용이고 이는 생산자에게 원가로 작용한다. 따라서 과도한 비용을 제거하여 적정한 가격을 도출하여야 하는바 부동산 감정평가활동이 필요하다.

2. 최유효이용의 사고

차액지대론에서는 한계지 및 수확체증·체감의 법칙 등의 개념이 주장되었다. 이러한 개념들은 물리적인 측면에 있어서 부동산 감정평가에서 가장 중요하다고 할 수 있는 최유효이용의 논리를 제공한다. 그리고 최유효이용의 논리는 최고의 수익을 고려하는 시장참가자들의 사고를 반영하는 것으로서 이를 고려한 가치판단을 위해 부동산 감정평가활동이 필요하다.

3. 부동산가치발생요인

부동산가치발생요인으로 고전학파는 공급의 측면에서 상대적 희소성을 중시하였으며 신고전학파는 수요측면에서 주관적 효용을 중시하였다. 가치발생요인은 시장참가자들이 어떤 물건에 대하여 기꺼이 대가를 지불하고 거기에 합당한 가격이 생기기 위해 필요한 것이다. 따라서 이러한 가치발생요인 분석을 위해 부동산 감정평가 활동이 필요하다.

4. 부동산가치형성요인

지대론에서는 가치형성요인 중 특정인자(비옥도, 접근성 등)가 중요한 지대의 결정요인으로 작용한다. 다만, 경제 및 사회가 발전하면서 자연적인 요인뿐만 아니라 사회적 경제적, 행정적 요인이 다양해지고 요인들의 관계가 복잡해지면서 이를 파악하기 위해 부동산 감정평가활동이 필요하다.

5. 시산가액의 조정

부동산가격은 협의의 가격과 임대료로 구분되고 가격의 3면성이 존재하므로 감정평가 시 3방식 6방법을 적용한다. 그러나 현실의 부동산시장은 부동산의 특성으로 인해 각 방식에 의한 시산가액이 불일치하는바 시산가액의 조정이 필요하게 된다. 따라서 이러한 감정평가 절차를 수행하기 위하여 부동산 감정평가활동이 필요하다.

Ⅴ. 결(5)

현대의 지가는 과거에 비하여 가치형성요인이 훨씬 다양화되었다. 즉, 부동산 관련 제 현상이 정태적에서 동태적으로, 확실성에서 불확실성으로 변화한바 현재의 지가형성 과정을 과거의 지대론만으로 설명하기에는 한계가 있는 것이다. 토지는 독립적으로 수익을 발생시키는 것이 아니라 타 생산요소와 결합하여 수익을 발생시키므로 토지에 귀속되는 지대를 계량화하기 어려워서 현실의 부동산가격 현상을 전부 설명하는 데는 한계가 있다. 따라서 토지의 가치형성요인을 다양하게 파악하고 가격의 3면성을 고려하는 부동산 감정평가활동이 필요하다.

02 부동산가격의 형성원리를 설명하라. 30점

1 출제위원 채점평

부동산가격은 본질적으로는 의제자본적 성격을 가지는 경제재이지만 일반재화와는 다른 특성을 가지고 있기 때문에 단순한 수요공급에 의하여 가격이 결정되는 것이 아니고, 자연적・사회적・경제적・행정적 환경조건에 따른 가격이 발생하고 경제원칙에 의하여 가격이 형성된다.

평가과정이란 가격형성요인을 어떻게 과학적으로 분석하고 분석된 요인을 잘 조합하는가의 작업이라고 볼 수 있으며, 또한 부동산의 경제원칙을 행위기준으로 잘 응용하는 것이라고 한다면 부동산 가격형성요인・원리도 이제 재정립할 때가 되지 않았나 이해되고, 형성요인・원리를 논의하는 범위는 상당히 넓게 보인다.

지금까지는 부동산평가 과정에서 가격형성요인의 파악과 분석이 달관적으로 이루어져 왔다. 그러나 요즈음은 '부동산가격형성요인'으로 가장 중요한 접근요인과 함께 입지조건 등의 요소와 지가 사이의 상호관계를 하나의 지가구성 체계로 이해하고, 특성가격(Hedonic Price)의 개념을 통하여 지가형성요인을 과학적으로 분석하려는 노력이 많아지고 있다. 때문에 지가형성요인의 체계적 분류, 지가형성 요인과 지역구분의 관계, 지가형성요인과 지가와의 관계, 요인의 비교와 평가 등과 연계시켜 가격형성 체계를 구성하는 것도 새로운 시각에서 이 문제를 접근하는 태도 중 하나가 되지 않을까 생각된다.

2 답안작성 가이드

본 문제는 부동산가격수준의 형성에 영향을 미치는 제반요인과 경제원칙에 종합적인 이론구성을 요구하는 문제이다. 따라서 부동산가격과 관련하여 가격발생요인, 가치형성요인 및 가격형성원리를 완전히 숙지하고 논리적으로 이론을 진개하는 것이 중요하다. 특히 답안 작성 시 가격발생요인에 의해서 부동산가격이 발생하고 이것이 가치형성요인에 의해서 부단히 변화하는 가격메커니즘과 지역적 차원의 가격수준이 형성되고 그 제약 하에서 개별적・구체적 가격이 형성되는 가격메커니즘을 설명하여야 한다.

3 목차

Ⅰ. 서(3)

Ⅱ. 부동산의 가치발생요인과 가치형성요인(8)

1. 가치발생요인
2. 가치형성요인
3. 가치발생요인과 가치형성요인의 관계

Ⅲ. 가격수준의 형성(8)

1. 가격수준의 개념
2. 가격수준의 형성원리
   1) 부동산의 지역성
   2) 지역요인
   3) 가격수준의 형성

Ⅳ. 개별적・구체적 가격의 형성(8)

1. 개별적・구체적 가격의 개념
2. 개별적・구체적 가격의 형성원리
   1) 부동산의 개별성
   2) 개별요인
   3) 개별적・구체적 가격의 형성

Ⅴ. 결(3)

4 예시 답안

Ⅰ. 서(3)

부동산가격은 본질적으로 의제자본적 성격을 가지는 경제재이지만 일반재화와는 다른 특성을 가지고 있기 때문에 단순한 수요・공급에 의하여 가격이 결정되는 것이 아니고 자연적, 사회적,

경제적, 행정적, 환경적 조건에 따른 가격이 발생하고 경제원칙에 의하여 가격이 형성된다. 결국 감정평가과정이란 가치형성요인을 어떻게 과학적으로 분석하고 분석된 요인을 잘 조합하는가의 작업이라고 볼 수 있다. 이하 부동산가격의 형성원리를 설명하고자 한다.

Ⅱ. 부동산의 가치발생요인과 가치형성요인(8)

1. 가치발생요인

1) 개념

시장참가자들이 어떤 물건에 대하여 기꺼이 대가를 지불하고 거기에 합당한 가격이 생기기 위해서 필요한 것으로 효용, 상대적 희소성, 유효수요가 있다. 그리고 이러한 가치발생요인은 수요측면에서의 효용, 유효수요와 공급측면에서의 상대적 희소성으로 구분할 수 있다.

2) 내용

① 효용이란 인간의 욕구나 필요를 만족시킬 수 있는 재화의 능력을 말한다. ② 상대적 희소성이란 부동산의 물리적 측면이 아닌 지역적·용도적 측면에서 인간의 욕구나 필요에 비하여 그 수나 양이 부족한 상태이다. ③ 유효수요란 실질적인 구매능력을 의미하는 것으로 살 의사(Willing to Buy)와 지불능력(Ability to Pay)을 갖추고 있는 수요를 말한다.

2. 가치형성요인

1) 개념

가치형성요인이란 대상 물건의 경제적 가치에 영향을 미치는 일반요인, 지역요인, 개별요인 등을 말한다.

2) 내용

일반요인이란 일반경제사회에서 부동산의 상태 및 가격수준에 영향을 주는 제반 요인으로 사회적, 경제적, 행정적 요인 등으로 구분할 수 있다. 지역요인이란 일정한 지역이 다른 지역과 구별되는 지역특성을 형성하는 개개의 요인으로서 지역의 가격수준 및 표준적 이용의 결정에 영향을 미치는 지역적 차원의 가치형성요인을 말한다. 개별요인이란 토지의 개별적인 특수한 상태, 조건 등 토지가 개별성을 발휘하게 하고 그 가치를 개별적으로 형성하게 하는 요인을 말한다(실무기준해설서).

3. 가치발생요인과 가치형성요인의 관계

수요측면인 효용과 유효수요의 변화는 수요곡선을 이동시켜 가격변화를 초래하고 공급측면인 상대적 희소성의 변화는 공급곡선을 이동시켜 가격변화를 초래한다. 예를 들어 가치형성요인의 일반적 요인 중 사회적 요인인 인구의 증가는 효용과 수요의 증가를, 핵가족화 역시 수요의 증가를 유발하며 행정적 요인인 토지이용의 규제는 상대적 희소성을 더욱 유발시킨다. 즉, 가치형성요인들은 가치발생요인에 영향을 미치고 수요·공급곡선을 이동시킴으로써 부동산가치의 변동을 초래한다.

Ⅲ. 가격수준의 형성(8)

1. 가격수준의 개념

가격수준이란 지역의 표준적 이용에 따른 지역의 표준적, 평균적 가격의 범위를 말한다. 즉, 지역 내 부동산의 평균적 가격이라고 할 수 있다.

2. 가격수준의 형성원리

1) 부동산의 지역성

지역성이란 부동산은 자연적, 인문적 특성을 공유하는 다른 부동산과 함께 하나의 지역을 구성하고 그 지역 및 지역 내 타부동산과 의존, 보완, 협동, 대체, 경쟁의 관계를 통하여 사회적, 경제적, 행정적 위치가 결정된다는 특성을 말한다.

2) 지역요인

가치형성요인은 지역성이라는 기반 위에 지역적 차원에서 파악되어야 한다. 즉, 지역요인이란 광역적인 일반요인이 지역차원으로 축소되어 파악되는 가치형성요인으로 해당 지역 내 부동산의 이용상태 및 가격수준에 직접적인 영향을 주게 된다.

3) 가격수준의 형성

부동산의 지역성에 의한 일반요인의 지역지향성으로 인하여 일반요인이 지역적 차원으로 축소되어 파악하게 되는 지역요인의 영향을 받아 해당 지역은 그 지역의 특성을 지니게 되고 그 결과 해당 지역의 표준적 이용과 가격수준이 형성되게 된다.

Ⅳ. 개별적 · 구체적 가격의 형성(8)

1. 개별적 · 구체적 가격의 개념

개별적 · 구체적 가격이란 가격수준의 제약 하에서 개별 부동산의 가격이 개별 물건마다 상이하게 형성된 가격을 말한다. 즉, 개별 부동산의 가격이라고 할 수 있다.

2. 개별적 · 구체적 가격의 형성원리

1) 부동산의 개별성

부동산의 개별성이란 이 세상에 동일한 특성을 가진 복수의 부동산은 없다는 특성으로 이러한 개별성은 부동산의 가치형성요인을 개별화시키고 부동산의 수익과 가격도 개별화시킨다.

2) 개별요인

부동산은 개별성을 지니고 있기 때문에 가치형성요인은 개별 부동산차원에서 파악되어야 한다. 즉, 개별요인이란 해당 부동산차원에서 파악되는 가치형성요인으로서 부동산의 개별적 특성을 반영하여 가치를 개별화 · 구체화시키는 요인을 말한다.

3) 개별적 · 구체적 가격의 형성

부동산은 해당 부동산이 속해 있는 지역의 표준적 이용과 가격수준의 제약하에서 개개 부동산의 개별요인에 따라 최유효이용과 개별적 · 구체적인 가격이 형성된다.

Ⅴ. 결(3)

부동산의 가격수준은 동일한 지역 내에 소재한 개별 부동산의 개별적 · 구체적 가격에 영향을 미친다. 또한 일정한 지역에 속한 부동산의 개별적 · 구체적 가격이 집약화 · 평균화되어 가격수준을 형성하기도 한다. 이와 같이 가격수준과 개별적·구체적 가격은 피드백 관계를 맺고 있다. 따라서 감정평가 시 이러한 부동산가격의 형성원리에 대한 이해가 필요하다.

03 **다음 문제를 약술하시오.** 20점

1) 대체의 원칙과 기회비용의 원칙의 관계 10점

2) 구분지상권의 평가원리 10점

1 출제위원 채점평

(물음 1) 이미 선택한 것의 비용 또는 선택하지 않은 기회는 대체원칙의 영향을 받아 가격이 형성된다. 이미 평가된 물건에 대한 자본회수율은 선택적인 투자기회에서 자본회수율을 분석·비교함으로써 기회비용에 대한 추정을 할 수 있으며, 기회비용원칙의 기능을 투자기회의 경제성 판단에 활용할 수 있다. 그리고 기회비용 분석을 통한 대체의 원칙을 근거로 한 가격수준을 판단함에 있어 유익하다고 이해된다. 본 문제는 각각의 의의뿐만 아니라 대체의 원칙과 부동산평가기법의 관계와 사회·경제적 환경에서 중요성에 대한 검토와 기회비용에 관한 상실비용(효용)의 언급이 요구된다.

(물음 2) 구분지상권은 일종의 부분재산권으로 사용가치가 있으므로 이 가치를 평가하는 것이 핵심이다. 따라서 이 구분지상권의 경제가치의 형성에 관한 언급과 실제로 구분지상권이 발생하는 사례의 예시 등을 들어야 할 것이다. 평가방법은 구분지상권을 설정하여 나타난 사례가격, 전체 완전소유권의 이용에서 발생하는 수익에서 구분지상권에 의하여 이용을 제한받는 만큼의 수익을 차감하고, 이 수익을 자본환원하여 구할 수 있다. 그리고 설정형태가 많은 사례를 수집하여 구분지상권 가격에 대한 완전소유권 가격비율의 승수를 구분하여 GRM기법의 예와 같이 활용할 수 있다. 그리고 입체이용률 가격으로도 산정할 수 있다.

2 답안작성 가이드

(물음 1) 각 가격제원칙의 개념 서술에만 치중하면 안 되고 양자의 관계에 집중하여 서술하는 것이 득점에 유리할 것이다. 특히 가격제원칙은 부동산 가격형성과정에서 나타나는 법칙성을 의미하는 것으로 양자가 현실 부동산시장에서 왜 부각되고 있는지와 관련하여 그 배경이 되는 시장현실에 대한 언급을 해주면 좋을 것이다.

(물음 2) 구분지상권의 평가원리라는 물음에 대해 명확하게 어떤 것을 서술해야 할지를 확정해야 할 것이다. 구분지상권의 개념에는 너무 많은 배점을 할애하지 않도록 유의하고 평가원리는 다양한 내용 구성이 가능하다. 따라서 구분지상권의 시대적 요청, 가치형성과 구체적인 감정평가방법 등을 서술하면 된다.

3 목차

Ⅰ. 물음 1(10)

1. 개설
2. 대체의 원칙과 기회비용의 원칙
3. 양자의 관계
   1) 기회비용 원칙의 전제로서 대체의 원칙
   2) 외부측면의 가격제원칙
   3) 투자기회의 경제성 판단

Ⅱ. 물음 2(10)

1. 개설
2. 구분지상권의 개념과 예시
3. 구분지상권의 가치
4. 구분지상권의 감정평가방법

4 예시 답안

Ⅰ. 물음 1(10)

1. 개설

부동산 감정평가에서 가장 종합적으로 평가기법의 이론적 근거가 되고 경제원칙을 잘 설명하는 것이 대체의 원칙과 기회비용의 원칙이다. 이하 양자의 관계에 대하여 약술하고자 한다.

2. 대체의 원칙과 기회비용의 원칙

대체의 원칙이란 부동산의 가치는 대체관계에 있는 다른 부동산 또는 다른 재화의 영향을 받아서 결정된다는 원칙을 말한다. 기회비용의 원칙이란 부동산의 가치는 기회비용을 반영한 요구수익률의 영향을 받아 결정된다는 원칙을 말한다. 여기서 기회비용은 어떤 대안을 선택함으로써 선택하지 않은 다른 기회들 중 가장 큰 비용이다.

3. 양자의 관계

1) 기회비용 원칙의 전제로서 대체의 원칙

기회비용의 원칙은 기회 선택 상 대체관계에 있는 다른 투자대상과 비교하면서 어떤 투자대상을 선택하고 있으므로 대체의 원칙과 관계가 있다. 즉, 대체성이 있는 투자대안 중에서 선택이 이루어지므로 대체의 원칙은 기회비용의 원칙의 전제가 된다.

2) 외부측면의 가격제원칙

대체의 원칙과 기회비용의 원칙은 외부측면의 가격제원칙으로서 관계가 있다. 외부 측면의 가격제원칙은 부동산의 최유효이용 여부 및 그에 따른 부동산가격에 대한 외부적인 판단기준이 되는 원칙이다. 즉, 최유효이용 및 그에 따른 가격은 수요자와 공급자들 간의 경쟁의 결과로서 대체관계에 있는 다른 부동산의 영향과 기회비용이 반영되어 결정된다.

3) 투자기회의 경제성 판단

이미 선택한 것의 비용 또는 선택하지 않은 기회는 대체의 원칙의 영향을 받아 가격이 형성된다. 이미 평가된 물건에 대한 자본회수율은 선택적인 투자기회에서 자본회수율을 분석, 비교함으로써 기회비용에 대한 추정을 할 수 있으며 기회비용의 원칙의 기능을 투자기회의 경제성 판단에 활용할 수 있다. 그리고 기회비용의 분석을 통한 대체의 원칙을 근거로 한 가격수준을 판단함에 있어 유익하다.

Ⅱ. 물음 2(10)

1. 개설

구분지상권 제도가 활용되기 시작한 것은 경제사회의 발달에 따라 토지공간의 수요가 폭발적으로 증가하고 토지공간의 입체적 이용으로 창조적 확장이 불가피하게 되면서 이 제도가 도입되었다. 이하 구분지상권의 평가원리에 대하여 약술하고자 한다.

2. 구분지상권의 개념과 예시

구분지상권이란 건물 및 그 밖의 공작물을 소유하기 위하여 다른 사람이 소유한 토지의 지상이나 지하의 공간에 대하여 상하의 범위를 정해 그 공간을 사용할 수 있는 권리이다.

이러한 구분지상권은 일반지상권과 달리 어떤 구분된 층만을 대상으로 하며 그 예로는 지하철, 송전선로, 지하상가 등의 구분지상권이 있다.

3. 구분지상권의 가치

구분지상권은 평면적, 입체적 공간의 분할에 의한 해당 권리설정부분의 경제적 가치와 설정부분의 효용을 유지하기 위하여 다른 공간이용을 제한하는 것에 상응하는 경제적 가치로 구성된다. 따라서 입체이용률과 입체이용율의 개념을 적용함으로써 그 가치의 평가가 가능하다.

4. 구분지상권의 감정평가방법

최유효이용상태하의 입체이용률을 기초로 해당 구분지상권 설정에 따른 입체이용저해율을 산정하고 이를 시장가치에 곱하여 구분지상권의 가격을 구하는 방법, 다수 설정사례를 수집하여 일정시점에 있어 토지 정상가격에 대한 설정대가의 비율을 판정하고 이를 해당 구분지상권 설정지의 시장가치에 곱하여 얻어진 금액으로 평가하는 방법 등이 있다.

Chapter 35

1990년 제1회 기출문제

01 부동산의 특성이 부동산가격과 부동산시장에 작용하는 관계를 설명하고, 그에 따른 부동산 감정평가의 필요성에 대하여 논하시오. 50점

02 시산가격의 조정이 우리나라 현실에 잘 맞지 않는 논거를 약술하시오. 30점

03 토지의 입체이용률에 대하여 약술하시오. 10점

04 부동산 감정평가의 기능에 대하여 약술하시오. 10점

해설 및 예시 답안

01 **부동산의 특성이 부동산가격과 부동산시장에 작용하는 관계를 설명하고, 그에 따른 부동산 감정평가의 필요성에 대하여 논하시오.** 50점

1 출제위원 채점평

본 문제는 부동산 특성의 내용이나 설명을 묻는 것이 아니라, '작용관계'나 '작용현상'과 같은 특성이 공급과 수요에 어떠한 작용과 기능을 해서 시장이 운행·운용된 결과로 나타난 부동산 활동현상과 가격현상을 묻고자 했던 것이다. 그 누구나 알고 있는 예들은 일물일가법칙의 불발생(不發生), 임장활동의 요구, 가격의 일원론, 다원론, 공급·수요의 본질적 의미와 내용, 스태그플레이션(Stagflation) 현상, 인플레이션헤지(Inflation-Hedge), 중개활동의 요구 등등 전부 열거할 수가 없다. 이렇게 특성의 내용만을 잔뜩 작성해 놓은 경우가 많아 채점하는 데 정말 혼이 났다. 글씨는 또 왜 그렇게 개발새발인고……. 그러나 글씨 때문에 평가 절하된 일은 절대 없었으니 오해 없기 바란다.

2 답안작성 가이드

전문가에 의한 감정평가는 부동산이라는 재화가 일반재화와는 다른 자연적, 인문적 특성을 가지고 있어 일반인이 균형가격을 쉽게 파악할 수 없기 때문에 필요하다. 본 문제는 이와 같은 논리를 문제화한 것으로 감정평가에 대한 가장 기본적인 이해도를 묻고 있다.

즉, 부동산의 자연적, 인문적 특성이 부동산가격과 부동산시장의 고유한 특징을 야기하고, 이러한 작용관계(무엇이 무엇에 영향을 주다, 변화를 주다)로 인해 부동산 감정평가가 필요하다는 것을 논하라는 문제이다. 다만, 부동산의 특성, 부동산가격의 특징, 부동산시장의 특징을 단순 열거할 것이 아니라 물음의 순서에 따라 3가지 논점을 매끄럽게 연계시켜 논리를 펼치는 것이 중요하다. 특히 '그에 따른' 이라는 문구가 '작용하는 관계'를 지칭하는 것이어서 부동산 감정평가의 필요성은 앞서 설명한 '작용하는 관계'를 기준으로 목차를 구성할 필요가 있다.

3 목차

Ⅰ. 서(5)

Ⅱ. **부동산의 특성(10)**

1. 자연적 특성
   1) 고정성과 부증성
   2) 영속성과 개별성

2. 인문적 특성
   1) 용도의 다양성과 병합·분할의 가능성
   2) 사회적·경제적·행정적 위치의 가변성

Ⅲ. 부동산의 특성이 부동산가격에 작용하는 관계(10)

1. 가격과 임대료의 구분
2. 소유권·기타 권리·이익 가격의 형성
3. 장기적 고려하에 가격의 형성
4. (단기)수요자 중심 가격의 형성
5. 개별적 가격의 형성

Ⅳ. 부동산의 특성이 부동산시장에 작용하는 관계(10)

1. 시장의 국지성
2. 거래의 비공개성
3. 시장의 비조직성
4. 수급조절의 어려움
5. 시장의 불완전성

Ⅴ. 부동산 감정평가의 필요성(10)

1. 부동산가격에 따른 감정평가의 필요성
   1) 부동산가격형성의 복잡성과 변동성
   2) 가격형성의 기초
2. 부동산시장에 따른 감정평가의 필요성
   1) 부동산거래의 특수성
   2) 합리적 시장의 결여

Ⅵ. 결(5)

---

4 예시 답안

Ⅰ. 서(5)

민법 제99조 제1항에 의하여 부동산은 토지 및 그 정착물을 말한다. 특히 부동산(토지)은 자연적, 인문적 특성이 있으며 이러한 특성으로 인하여 부동산시장과 부동산가격이 일반재화와는 다르게 나타난다. 따라서 일반인이 아닌 전문가에 의한 감정평가의 필요성이 제기되며 부동산에 대한 공정하고 객관적인 감정평가액의 제시는 국민경제에 지대한 영향을 미치게 되므로 유의하여야 한다. 이하 부동산의 특성이 부동산시장과 부동산가격에 작용하는 관계를 설명하고 그에 따른 감정평가의 필요성에 대하여 논하고자 한다.

Ⅱ. 부동산의 특성(10)

1. 자연적 특성

1) 고정성과 부증성

고정성이란 토지는 물리적인 측면에서 그 지리적 위치가 고정되어 있다는 특성으로서 토지의 가장 본질적인 특성이다. 부증성이란 토지는 노동이나 자본을 추가적으로 투입하더라도 그 절대량을 늘리는 것이 불가능하여 재생산 개념이 해당되지 않는다는 특성을 말한다.

2) 영속성과 개별성

영속성이란 토지는 물리적인 측면에서 볼 때 시간의 경과나 이용 등에 의해 마모되거나 소멸되지 않는다는 특성을 말한다. 개별성이란 지구상에 물리적으로 동일한 복수의 토지는 존재하지 않는다는 특성을 말한다.

2. 인문적 특성

1) 용도의 다양성과 병합·분할의 가능성

용도의 다양성이란 토지가 여러 가지 용도에 제공되어 이용될 수 있다는 특성이다. 병합·분할의 가능성이란 이용목적에 따라 인위적으로 병합하거나 분할하여 사용할 수 있다는 특성으로 토지의 효과적인 병합·분할과 최유효이용은 불가분의 관계에 있다.

2) 사회적·경제적·행정적 위치의 가변성

토지는 인문적 환경의 영향에 의해 사회적·경제적·행정적 위치가 시간의 흐름에 따라 변한다는 특성을 말한다. 즉, 인문적인 측면에서 토지는 결코 부동, 불변이 아니라는 것으로 이러한 가변성이 부동산가격에 큰 영향을 미치게 되는 것이다.

Ⅲ. 부동산의 특성이 부동산가격에 작용하는 관계(10)

1. 가격과 임대료의 구분

부동산은 영속성, 고가성, 병합·분할의 가능성으로 인하여 시간적, 금액적 차원에서의 분할을 통해 임대차의 대상이 될 수 있다. 따라서 부동산가격은 교환의 대가인 가격과 용익의 대가인 임대료로 구분할 수 있으며, 이러한 가격과 임대료는 원본과 과실의 관계에 있다.

2. 소유권·기타 권리·이익 가격의 형성

부동산은 고정성으로 인하여 그 자체가 순환하지 못하고 추상화시킨 권리의 형태로 순환하게 된다. 따라서 부동산가격은 그 부동산에 기반한 소유권·기타 권리·이익의 가격이며 두 개 이상의 권리, 이익이 동일 부동산에 존재하는 경우에는 병합, 분할의 가능성에 따라 각각의 권리, 이익마다 가격이 형성된다.

3. 장기적 고려하에 가격의 형성

부동산은 영속성으로 인하여 존속기간이 장기적인 측면이 있다. 따라서 부동산가격은 과거, 현재, 미래라고 하는 시계열적 측면에서 장기적인 고려하에 형성된다.

4. (단기)수요자 중심 가격의 형성

부동산은 고정성, 부증성, 개별성 등으로 인하여 공급에 한계와 제약이 많다. 따라서 부동산가격은 단기적으로 주로 수요요인에 의하여 형성되는 경우가 많다.

5. 개별적 가격의 형성

부동산은 개별성으로 인하여 일물일가의 법칙이 적용되지 않고 각각의 부동산마다 개별적으로 부동산가격이 형성된다. 특히 시장참여자의 개별적 동기나 특수한 사정이 개입되는 경우가 많다.

Ⅳ. 부동산의 특성이 부동산시장에 작용하는 관계(10)

1. 시장의 국지성

부동산은 고정성으로 인하여 지역별 또는 지역사회별로 형성되고 경쟁이 이루어진다. 따라서 부동산시장은 지역에 따라 여러 개의 부분시장으로 나누어지는 국지성을 갖는다.

2. 거래의 비공개성

부동산은 개별성으로 인하여 부동산거래가 고도로 사적인 경향을 띠게 된다. 따라서 부동산시장은 불완전경쟁시장이 되기 쉽고 정보와 수집이 어려우며 정보탐색비용이 많이 든다.

3. 시장의 비조직성

부동산은 지역성, 개별성 등으로 인하여 지역, 유형에 따라 거래가격이나 내용이 다르다. 따라서 부동산시장은 지역별, 유형별로 조직화하기가 어렵다.

4. 수급조절의 어려움

부동산은 고정성, 부증성, 개별성 등으로 인하여 시장상황이 변한다고 하더라도 수요와 공급조절이 어렵다. 따라서 부동산시장은 그 특성상 수급조절의 어려움이 있다. 이는 단기적으로 부동산시장의 공급은 고정되어 있으며 수요가 증가하더라도 새로운 건축물을 완성하기에는 일정한 시간이 소요되기 때문이다. 따라서 초과수요와 초과공급이 반복적으로 나타나고 가격의 왜곡이 발생할 가능성이 높다.

5. 시장의 불완전성

부동산의 특성으로 인한 부동산시장의 가장 근본적이고 핵심적인 특징은 시장이 불완전하다는 것이다. 앞의 내용은 결국 시장의 불완전성을 부분적으로 설명하고 있는 것에 지나지 않는다. 즉, 부동산의 고정성, 부증성, 영속성 등은 시장의 자유조절 기능을 저하시켜 시장을 불완전하게 만든다.

Ⅴ. 부동산 감정평가의 필요성(10)

1. 부동산가격에 따른 감정평가의 필요성

1) 부동산가격형성의 복잡성과 변동성

부동산가격은 자연적 요인, 사회적 요인, 경제적 요인, 행정적 요인 등 복잡하고 다양한 가치형성요인에 의해 가격이 형성된다. 또한 이러한 요인들이 시시각각 변해감에 따라 부동산가격은 항상 변동의 과정에 있게 된다. 따라서 일반인들은 파악하기 힘든 복잡하고 변화무쌍한 가격형성과정을 파악하기 위하여 감정평가가 필요하다.

2) 가격형성의 기초

부동산가격은 시장에서의 수요와 공급의 논리에 의한 적정가격의 성립이 어렵고 이는 가격의 본질적인 기능인 시장참가자의 행동지표로서의 기능을 수행할 수 없게 만든다. 따라서 이러한 기능이 제대로 발휘될 수 있도록 하고 새로운 수요와 공급에 의한 가격형성의 기초가 될 수 있도록 하기 위하여 감정평가가 필요하다.

2. 부동산시장에 따른 감정평가의 필요성

1) 부동산거래의 특수성

부동산시장은 거래당사자 간 사정의 개입이 쉽게 이루어지고 거래에 있어 특수한 관계가 형성되기 쉬우며 정보가 비공개되는 경우가 많다. 따라서 이를 정확하게 파악하기 위하여 감정평가가 필요하다.

2) 합리적 시장의 결여

부동산시장은 일반재화시장과는 다른 여러 가지 특징으로 인하여 보편적이고 합리적인 시장이 결여되어 가격형성메커니즘이 제대로 작동하기 어렵다. 따라서 합리적인 시장을 바탕으로 한 적정가격을 판단하여 시장기능을 보완하기 위하여 감정평가가 필요하다.

Ⅵ. 결(5)

일반재화와 다른 부동산의 특성은 부동산가격을 불균형가격으로, 부동산시장을 불완전경쟁시장으로 만든다. 따라서 공정하고 객관성이 있는 부동산가격을 파악하기 위해서는 부동산의 고유한 특성 그리고 이러한 특성이 부동산시장과 부동산가격에 작용하는 관계를 정확하게 조사·판단할 수 있는 전문가에 의한 감정평가활동이 필요하다. 특히 감정평가법인 등은 공정한 감정평가를 도모함으로써 국민의 재산권을 보호하고 국가경제 발전에 기여하여야 한다.

02 시산가격의 조정이 우리나라 현실에 잘 맞지 않는 논거를 약술하시오. 30점

1 출제위원 채점평

본 문제는 우리나라의 현실에서 특히 지가의 급등상황을 이해하고 부동산가격의 삼면성, 평가방식의 적용관계, 그리고 그 특징 및 등가성관계(문제)를 논하고, 비준가격과 이익가격의 괴리, 그 근거 등을 이해하고 있는가를 묻고 있다. 특히 우리나라 현실에 맞지 않는 논거로서 등가성 이론과 지가상승 관계, 비준가격과 적산가격의 괴리가 생기는 이유, 비준가격과 수익가격의 괴리가 큰 이유 등을 지가 상승이 임대료 상승을 상회한다든지, 건축물의 내용연수 증가로 인해 순수익이 상승하여 환원율이 저하된다든지, 순수익의 파악 및 환원율 포착의 곤란성, 고도경제성장과 인플레이션하의 지가고 등과 관련하여 설명하면 좋을 듯하다.

2 답안작성 가이드

본 문제가 출제된 1990년도는 (현행)｢감정평가에 관한 규칙｣과 규정 내용이 달랐고 부동산시장에서도 지가 급변 현상이 나타나고 있었다. 따라서 이러한 당시 시대적 배경을 고려하여 문제의 취지상 시산가격의 조정이 우리나라 현실에 맞지 않는다는 주장을 뒷받침할 수 있는 다양한 논거를 제시하는 것이 중요하다.

※ 본 해설에서는 당시 시대적 상황과 법·제도 규정, 출제위원의 채점평을 고려하여 답안을 작성하였으며 과거와 달리 (현행)｢감정평가에 관한 규칙｣에서는 감정평가방법의 적용 및 시산가액의 조정과 관련하여 제12조에서 명시적으로 규정을 하고 있다.

3 목차

Ⅰ. 서(3)

Ⅱ. 부동산가격의 3면성과 감정평가방식의 적용관계(8)

1. 부동산가격의 3면성
2. 감정평가 3방식
3. 부동산가격의 3면 등가성
4. 시산가격 조정의 요구

Ⅲ. 시산가격의 조정이 우리나라 현실에 잘 맞지 않는 논거(16)

1. 비준가격과 적산가격의 괴리
2. 비준가격과 수익가격의 괴리
   1) 지가고 현상에 따른 한계
   2) 순수익의 파악과 자본환원율 포착의 곤란성
3. 대상부동산의 성격에 따른 한계
4. 감정평가목적에 따른 한계
5. 법령에 따른 한계
6. 시산가격 조정의 명시적 규정 부재

Ⅳ. 결(3)

4 예시 답안

Ⅰ. 서(3)

감정평가는 부동산가격의 3면성에 근거한 감정평가 3방식에 의해 이루어진다. 그리고 감정평가 3방식에 의하여 구하여진 금액을 시산가격이라고 한다. 한편 부동산시장은 불완전경쟁시장으로 3면 등가의 법칙이 적용되지 않기 때문에 각각의 시산가격은 적용된 감정평가방식의 특징에 따라 상이하게 나타나고 시산가격의 조정이 필요하다. 그러나 시산가격의 조정이 우리나라의 현실에 잘 맞지 않는바 논거를 약술하고자 한다.

Ⅱ. 부동산가격의 3면성과 감정평가방식의 적용관계(8)

1. 부동산가격의 3면성

부동산가격은 대상 부동산이 ① 어느 정도의 수익이나 효용을 얻을 수 있는가(수익성), ② 어느 정도의 비용이 투입되어야 만들 수 있는가(비용성), ③ 어느 정도의 가격으로 시장에서 거래될 수 있는가(시장성) 등 세 가지 방향에서 바라볼 수 있다.

2. 감정평가 3방식

일반경제재의 가격은 수요와 공급의 균형에 의하여 결정되고 부동산도 하나의 경제재이다. 따라서 부동산가격에 대하여 접근하는 방식은 ① 수요측면의 접근인 수익방식, ② 공급측면의 접근인 원가방식, ③ 균형측면의 접근인 비교방식으로 나누어 볼 수 있다(감칙 제11조).

3. 부동산가격의 3면 등가성

Marshall은 새로 개발된 토지가격을 원가방식, 비교방식, 수익방식에 의하여 산정할 경우 3가지 가격은 등가의 결과로 도출될 것이라고 의견을 밝혔다. 또한 부동산시장에서 이 원칙이 적용되는 이론은 완전경쟁시장 등의 특수한 가정을 전제로 한 것으로 원가(비용), 가격 및 시장, 수익가격이 등가가 된다고 하였다.

4. 시산가격 조정의 요구

각 평가방식은 서로 다른 사고를 기초로 하고 있어 적용한계와 적용대상의 구분이 있고 특정방식을 적용할 경우 주관이 많이 개입될 소지가 있어 시산가격의 조정이 요구된다. 또한 Marshall의 3면 등가성은 완전경쟁시장 하에서 성립한다고 하였으나 부동산시장은 불완전하고 가치형성요인이 항상 변화의 과정 속에 있는 동적시장으로서 현실적으로 각 방식에 의한 시산가격이 일치할 수 없기 때문에 조정이 요구된다.

Ⅲ. 시산가격의 조정이 우리나라 현실에 잘 맞지 않는 논거(16)

1. 비준가격과 적산가격의 괴리

원가방식은 원가적 측면에서 접근하는 방식이지만 과거의 가격을 참작하여 파악하는 방법이다. 반면, 비교방식은 시장측면에서 접근하는 방식이지만 현재의 가격을 참작하는 방법이다. 따라서 고도 경제 성장하에서는 지가 폭등으로 인한 현재의 가격을 참작하는 비준가격이 과거의 가격을 참작하는 적산가격과 괴리될 수밖에 없다.

2. 비준가격과 수익가격의 괴리

1) 지가고 현상에 따른 한계

부동산의 운용수익은 낮더라도 지가 상승 기대감으로 인하여 거래가격이 높아져 비준가격이 수익가격에 비하여 높은 현상이 나타나고 있다. 따라서 시산가격의 조정 시 비준가격과 수익가격을 합리적으로 조정하기 어렵다.

2) 순수익의 파악과 자본환원율 포착의 곤란성

특히 수익방식을 적용하기 위한 임대료, 자본환원율 등의 수익자료가 부족한 상황이다. 물론 자료가 지속적으로 축적되고는 있으나 여전히 특정 용도의 부동산에 편중되어 있어 수익방식을 적용하기에는 한계가 있다.

3. 대상부동산의 성격에 따른 한계

대상 부동산의 성격에 따라 2가지 이상의 방식을 적용하는 것이 불합리한 경우가 있을 수 있다. 예를 들어 주거용 아파트를 감정평가할 때 토지가격과 건물가격을 합산하는 원가방식을 적용하는 것은 현실시장에서의 거래가격과 괴리될 가능성이 높다.

4. 감정평가목적에 따른 한계

부동산의 평가에 있어서 감정평가목적에 따라 적절한 방식이 다를 수 있다. 예를 들어 보험금 지급을 위한 보험목적 평가를 한다면 적산가격의 인정 가능성은 높을 것이나 비준가격, 수익가격의 인정 가능성은 낮을 것이다. 이러한 경우 시산가격의 조정을 통하여 양 가격을 조정하는 것이 적절하지 않을 수 있다.

5. 법령에 따른 한계

보상평가는 법정평가라고 하여 관련 법률에서 규정하고 있는 방식을 적용해야 한다. 예를 들어 토지를 감정평가할 때 토지보상법 제70조에 따라 표준지공시지가를 기준으로 하여 적정가격으로 보상하도록 규정하고 있다.

6. 시산가격 조정의 명시적 규정 부재

당시 감칙 제8조에서는 평가방법의 선정 및 적용과 평가가액의 결정 및 표시에 대해서만 규정하고 있으며 그 외에 어떤 규정에서도 시산가격의 조정을 명시적으로 규정하고 있지 않다.

※ (구) 「감정평가에 관한 규칙」

제8조(평가절차)

감정평가업자는 다음 각 호의 순서에 따라 평가를 하여야 한다. 다만, 합리적 또는 능률적인 평가를 위하여 필요한 때에는 순서를 조정하여 평가할 수 있다.

1. 기본적 사항의 확정
2. 처리계획의 수립
3. 대상 물건의 확인
4. 자료수집 및 정리
5. 자료검토 및 가격형성요인의 분석
6. 평가방법의 선정 및 적용
7. 평가가액의 결정 및 표시

제10조(평가방법의 적용)

① 평가는 대상 물건의 성격 또는 평가조건에 따라 이 규칙에 의한 평가방법 중 가장 적정한 방법에 따라야 한다.

② 이 규칙에 의한 평가방법을 따를 경우 평가가격이 심히 부적정하게 될 염려가 있는 때에는 보다 적정하다고 판단되는 다른 평가방법에 의하여 평가할 수 있다. 이 경우 그 이유나 처리방법을 감정평가서에 기재하여야 한다.

Ⅳ. 결(3)

시산가격 조정의 이론적, 실무적 필요성에도 불구하고 자료의 미비, 규정의 부재, 부동산시장환경 등으로 우리나라 현실에 잘 맞지 않는 상황이다. 그러나 감정평가의 대상과 수요가 다양해지고 복잡해지면서 감정평가방식들의 병용과 시산가격 조정의 중요성은 더욱 강조되고 있으며 이는 국제적인 추세로 자리 잡고 있다. 따라서 전문성의 함양과 신뢰성의 회복을 위해 시산가격의 조정이 실질적으로 이루어질 수 있도록 적극적인 논의가 이루어져야 한다. 또한 감칙에도 시산가격 조정의 절차와 방법에 관한 근거를 명확하게 규정할 필요가 있다.

03 토지의 입체이용률에 대하여 약술하시오. 10점

1 출제위원 채점평

[문제 3]은 최유효이용과 수익체증체감, 공법적 저해율에 따른 입체적 가격의 현상관계, 분포 등을 이해하며, 구분소유권, 구분지상권, 일조권 등의 시대적 인식에 대한 언급을 원했다.

2 답안작성 가이드

입체이용률이 대두된 시대적 배경(도시토지에 대한 수요의 폭발로 고밀도화, 고층화, 입체화가 추세였다. 따라서 구분지상권, 구분소유권 등과 같은 권리의 가치추계에 대한 논의가 있었던 시기였다)을 제시하고 입체이용률의 개념 등을 명확하게 설명할 수 있어야 한다.

3 목차

Ⅰ. 개설(1)

Ⅱ. 토지의 입체이용률(8)

1. 토지와 입체이용률의 개념
2. 입체이용률과 입체이용저해율
3. 입체이용률의 근거
4. 건물의 한계효용계층

Ⅲ. 감정평가 시 유의사항(1)

4 예시 답안

Ⅰ. 개설(1)

부동산의 부증성으로 인하여 대도시의 토지이용에 있어서 평면공간의 효율적 이용이 불가피하게 되었다. 이하 토지의 입체이용률에 대하여 약술하고자 한다.

Ⅱ. 토지의 입체이용률(8)

1. 토지와 입체이용률의 개념

토지란 소유권의 대상이 되는 땅으로서 지하·공중 등 정당한 이익이 있는 범위 내에서 그 상하를 포함한다. 한편 입체이용률이란 지표부근의 공간이용가치를 기준으로 하여 지상공간 및 지하부분을 지표면과 평행으로 적당한 높이와 깊이로 구분하여 얻은 지상 및 지하 각 부분의 이용가치 비율을 말한다.

2. 입체이용률과 입체이용저해율

토지의 공간 또는 지하 일부를 사용할 경우에 이들 권리를 행사함으로써 대상 획지의 입체이용률은 상당한 정도로 제한되는데 그 제한에 따라 대상 획지의 이용이 방해되는 정도에 대응하는 비율을 입체이용저해율이라고 한다.

3. 입체이용률의 근거

토지의 이용을 입체적으로 고려할 때 지표면 부근의 이용가치가 가장 높고 이 지표면을 기준으로 공중, 지하 공간으로 연장됨에 따라 그 이용가치가 감소된다고 보며 각 부분의 이용은 최유효이용이어야 한다. 즉, 최유효이용의 원칙과 수익체증·체감의 원칙이 근거가 된다.

4. 건물의 한계효용계층

건물의 한계효용계층이란 토지의 이용을 입체적으로 판단할 때 적용되는 토지 공간 입체이용률의 원리가 건물의 고층화를 통해서 나타나는 현상이다. 주로 경제적 측면에서 볼 때 건물의 고층화에 따른 적정층수를 말한다.

Ⅲ. 감정평가 시 유의사항(1)

토지의 입체이용률은 구분지상권, 구분소유권 등과 관련한 감정평가에서 활용될 수 있다. 다만, 감정평가 시 토지의 최유효이용에 따라 상대적 공간이용가치가 달라질 수 있고 지역별, 용도별로 그 구체적 이용가치비율이 다양하게 결정될 수 있음에 유의하여야 한다.

04 부동산 감정평가의 기능에 대하여 약술하시오. 10점

1 출제위원 채점평

[문제 4]는 점수를 주기 위한 문제였다라 한다면 어불성설일까? [문제 1]의 필요성과 [문제 4]의 기능성은 그 논리의 전개가 다르다. 정책적 기능과 일반경제 및 사회적 기능을 이해하고 부동산 감정평가가 부동산시장 보조라는 것을 인식하고 있을 것이라고 믿었다.

2 답안작성 가이드

감정평가의 기능에 대하여 설명하고(여기서 '기능'이란 감정평가사가 어떠한 역할을 하는가와 같은 의미라고 볼 수 있음) 정책적 기능과 일반경제, 사회적 기능을 구분하여 설명하여야 한다. 특히 균형적인 배점과 압축적인 답안 작성에 대한 능력을 요하는 문제이다.

3 목차

Ⅰ. 개설(1)

Ⅱ. 정책적 기능(4.5)

1. 국토의 효율적 이용·관리와 적정가격 형성의 유도
2. 합리적인 손실보상과 과세표준

Ⅲ. 일반경제, 사회적 기능(4.5)

1. 자원의 효율적 배분과 거래질서 확립·유지
2. 부동산투자 의사결정 시 판단기준 제시와 파라미터적 기능

---

4 예시 답안

Ⅰ. 개설(1)

감정평가의 기능이란 감정평가가 어떠한 역할을 수행할 수 있는가에 관한 논의이다. 감정평가는 효율적인 부동산정책의 수립과 집행을 가능하게 하고 불완전한 부동산시장의 결함을 보완하는 기능을 하는바 약술하고자 한다.

Ⅱ. 정책적 기능(4.5)

1. 국토의 효율적 이용·관리와 적정가격 형성의 유도

부동산은 희소한 자원이므로 효율적으로 이용되고 관리되어야 하는데 감정평가하는 과정에서 최유효이용의 분석을 통하여 이를 지원한다. 또한 감정평가를 통해 비정상적인 가격 형성을 억제하고 적정가격 형성을 유도한다.

2. 합리적인 손실보상과 과세표준

공익사업의 수행 시 합리적인 정당보상액의 산정으로 국민의 재산권 보호에 기여한다. 또한 부동산 공시가격을 결정하여 부동산 재산권에 대한 적정한 세금을 부과할 수 있도록 하며 과세기준인 개별공시지가, 개별주택가격의 검증업무를 수행한다.

Ⅲ. 일반경제, 사회적 기능(4.5)

1. 자원의 효율적 배분과 거래질서 확립·유지

합리적 시장을 상정한 균형가격을 파악하여 적정가격을 제시함으로써 부동산 자원의 효율적인 배분이 이루어질 수 있도록 지원하는 기능을 수행한다. 또한 부동산의 공정하고 객관적인 가격을 제시하여 줌으로써 매매, 임대차 등 다양한 거래활동을 합리적이고 능률적으로 수행하도록 하여 거래질서 확립·유지에 기여한다.

2. 부동산투자 의사결정 시 판단기준 제시와 파라미터적 기능

감정평가의 결과는 새로운 사업의 타당성분석 시 기준으로 유용하게 활용되고 부동산의 거래나 투자결정 등 다양한 의사결정에 판단기준으로서의 역할을 수행한다. 또한 부동산시장에서 하나의 행동지표로서의 기능을 수행하여 종국적으로는 수요와 공급이 서로 같아지도록 유도한다.

합격까지 박문각

감정평가이론

부록

진도별 기출문제 분석표

부록 진도별 기출문제 분석표

<table>
<tr><th colspan="3">분류</th><th>출제
빈도</th><th>출제문제</th></tr>
<tr><td rowspan="8">총론</td><td rowspan="3">부동산의 기초</td><td rowspan="2">부동산의 특성</td><td rowspan="2">2회</td><td>[문제 1]
부동산의 특성이 부동산가격과 부동산시장에 작용하는 관계를 설명하고, 그에 따른 부동산 감정평가의 필연성에 대하여 논하시오. 50점
☞ 기출 1회</td></tr>
<tr><td>[문제 2]
토지는 지리적 위치의 고정성으로 인하여 강한 개별성을 갖는다. 이와 관련한 부동산가격원칙과 파생적 특징을 설명하시오. 10점
☞ 기출 9회</td></tr>
<tr><td>부동산의 분류</td><td>1회</td><td>[문제 1]
부동산 감정평가에서 부동산의 종류는 종별과 유형의 복합개념이다. 이와 관련하여 다음 사항을 논하시오. 30점
1) 부동산의 종별 및 유형의 개념과 분류목적 10점
2) 종별 및 유형에 따른 가치형성요인의 분석 10점
3) 종별 및 유형에 따른 감정평가 시 유의하여야 할 사항 10점
☞ 기출 17회</td></tr>
<tr><td rowspan="4">부동산 가치, 가격론</td><td rowspan="3">부동산가치와 가격</td><td rowspan="3">3회</td><td>[문제 1]
Marshall의 가치이론을 논하고 3방식과의 관련성을 논급하시오. 40점
☞ 기출 5회</td></tr>
<tr><td>[문제 2]
부동산 감정평가의 3방식을 이용하여 시산가액을 도출하기 위해서는 여러 단계가 필요하다. 다음에 대하여 설명하시오. 40점
4) 부동산가격의 경제적 특성에 대하여 설명하시오. 10점
☞ 기출 15회</td></tr>
<tr><td>[문제 3]
부동산가격에 관한 다음 물음에 답하시오. 30점
1) 부동산가격의 본질에 대하여 설명하시오. 5점
2) 부동산가격의 특징 및 가격형성원리에 대해 설명하시오. 10점
3) 부동산가격과 가격시점 간의 관계에 대해 설명하시오. 10점
☞ 기출 21회</td></tr>
<tr><td>시장가치, 적정가격 등</td><td>6회</td><td>[문제 1]
시장가치와 부동산 가격공시법상 규정한 적정가격의 개념을 비교하여 논하시오. 30점
☞ 기출 6회</td></tr>
</table>

			[문제 2] 다음의 용어에 대하여 약술하시오. 20점 2) 최빈매매가능가격 5점 ☞ 기출 10회
			[문제 3] 「부동산 가격공시에 관한 법률」의 표준지공시지가를 기준으로 평가한 보상평가가격과 적정가격, 실거래가격과의 관계를 설명하시오. 10점 ☞ 기출 19회
			[문제 4] 부동산가격에 관한 다음 물음에 답하시오. 30점 4) 특정가격과 한정가격의 개념을 설명하시오. 5점 ☞ 기출 21회
			[문제 5] 시장가치(Market Value)에 관한 다음의 물음에 답하시오. 40점 1) 시장가치 개념의 변천과정을 설명하시오. 20점 2) 최근 시장가치 정의의 통계학적 의미를 최종평가가치의 표현방법과 관련하여 설명하시오. 20점 ☞ 기출 23회
			[문제 6] 시장가치에 대하여 다음의 물음에 답하시오. 30점 1) ‘성립될 가능성이 가장 많은 가격(the most probable price)’이라는 시장가치의 정의가 있다. 이에 대해 설명하시오. 10점 2) 부동산거래에 있어 ‘최고가격(highest price)’과 ‘성립될 가능성이 가장 많은 가격’을 비교·설명하시오. 10점 3) 가치이론과 가치추계이론의 관계에 대해 각 학파의 주장내용과 이에 관련된 감정평가방법별 특징을 설명하시오. 10점 ☞ 기출 30회
	가치 다원론	7회	[문제 1] 감정평가목적 등에 따라 부동산가격이 달라질 수 있는지에 대하여 국내 및 외국의 부동산가격 다원화에 대한 견해 등을 중심으로 논하시오. 20점 ☞ 기출 13회
			[문제 2] 감정평가에 있어 시장가치, 투자가치, 계속기업가치 및 담보가치에 대하여 각각의 개념을 설명하고, 각 가치개념간의 차이점을 비교한 후, 이를 가치다원론의 관점에서 논하시오. 30점 ☞ 기출 17회

			[문제 3] 지상권이 설정된 토지가 시장에서 거래되고 있다. 이와 관련된 다음 물음에 답하시오. 40점 3) 감정평가목적에 따라 감정평가액의 차이가 발생할 수 있는 이유를 감정평가의 기능과 관련하여 논하시오. 15점 ☞ 기출 20회
			[문제 4] 감정평가사 甲은 乙주식회사가 소유한 △△동 1번지 소재 업무용 빌딩과 △△동 1-1번지 나지상태의 토지에 대하여 재무보고목적의 감정평가를 진행하려 한다. 다음 물음에 답하시오. 30점 1) 본 건 감정평가의 기준가치는 무엇인지 그 개념에 관해 설명하고, 시장가치기준 원칙과의 관계에 관해 설명하시오. 10점 ☞ 기출 27회
			[문제 5] 최근 토지의 공정가치 평가가 회계에 관한 감정에 해당하는지 여부에 대한 논란이 있었다. 이와 관련하여 다음 물음에 답하시오. 20점 2) 공정가치(fair value), 시장가치(market value) 및 회계상 가치(book value)를 비교·설명하시오. 15점 ☞ 기출 29회
			[문제 6] 「감정평가에 관한 규칙」에서 감정평가 시 시장가치기준을 원칙으로 하되, 예외적인 경우 '시장가치 외의 가치'를 인정하고 있다. 그러나 현행 「감정평가에 관한 규칙」에서는 '시장가치 외의 가치'에 대한 유형 등의 구체적인 설명이 없어 이를 보완할 필요성이 있다. 감정평가 시 적용할 수 있는 구체적인 '시장가치 외의 가치'에 대해 설명하시오. 20점 ☞ 기출 30회
			[문제 7] 감정평가와 관련한 다음 물음에 답하시오. 30점 1) 기준가치의 중요성에 대하여 설명하고, 택지비 목적의 감정평가서에 기재할 기준가치에 대하여 논하시오. 15점 ☞ 기출 34회
부동산 가격의 발생 및 형성	부동산 가격의 발생요인	3회	[문제 1] 부동산가격의 발생원인을 일반재화의 가격과 비교하여 논하시오. 40점 ☞ 기출 6회
			[문제 2] 부동산가격의 발생요인을 분석하여 특히 상대적 희소성의 역할관계를 논술하시오. 40점 ☞ 기출 8회

		[문제 3] 다음을 설명하고, 각각의 상호관련성에 대하여 논하시오. 40점 1) 부동산가치 발생요인과 부동산가격 결정요인 10점 ☞ 기출 29회
부동산 가격의 형성요인	5회	[문제 1] 부동산가격형성의 일반요인은 자연적, 사회적, 경제적, 행정적 제요인으로 구분할 수 있다. 부동산가격형성의 행정적 요인 중 부동산거래규제의 내용에 대하여 설명하고, 거래규제가 감정평가에 미치는 영향에 대하여 설명하시오. 20점 ☞ 기출 17회
		[문제 2] 부동산의 가격은 여러 가격형성요인의 상호작용에 의하여 영향을 받는바, 가격형성요인에 관한 다음의 물음에 답하시오. 40점 1) 다른 조건이 일정할 경우 출생률 저하, 핵가족화가 주거용 부동산시장에 미치는 영향을 설명하고, 주거용 부동산 감정평가 시 유의사항에 대하여 논하시오. 30점 2) 기후변화에 대한 관심이 높아지는바, 기후변화가 부동산가격형성요인에 미칠 영향에 대하여 약술하시오. 10점 ☞ 기출 21회
		[문제 3] 부동산 보유세율의 상승이 부동산시장에 미치는 영향을 설명하시오. 10점 ☞ 기출 26회
		[문제 4] 한국은행 기준금리가 지속적으로 인하되었다. 금리인하가 부동산시장에 미치는 영향에 관해 설명하시오. 10점 ☞ 기출 27회
		[문제 5] 최근 부동산시장에서 경제적, 행정적 환경변화가 나타나고 있다. 다음 물음에 답하시오. 40점 1) 부동산시장을 공간시장(space market)과 자산시장(asset market)으로 구분할 때 두 시장의 관계를 설명하고, 부동산시장의 다른 조건이 동일할 때 시중은행 주택담보대출 이자율의 상승이 주택시장의 공간시장과 자산시장에 미치는 영향을 설명하시오. 20점 2) 양도소득세의 상승이 부동산시장에 미치는 영향에 대해 설명하시오. 10점 ☞ 기출 32회

	부동산 가격의 형성과정	2회	[문제 1] 부동산가격의 형성원리를 설명하라. 30점 ☞ 기출 2회
			[문제 2] 부동산의 가치는 여러 가지 요인에 의해 영향을 받기 때문에 감정평가사는 대상 부동산의 개별적 특성뿐만 아니라 정부의 정책과 부동산시장 변화에 대해서도 이해할 필요가 있는바, 다음 물음에 답하시오. 40점 2) 최근 수익형 부동산에 대한 관심이 확산되고 있는데 수익형 부동산의 특징과 그 가격형성원리에 대해 설명하시오. 15점 ☞ 기출 22회
부동산 가격제 원칙		6회	[문제 1] 다음 문제를 약술하시오. 20점 1) 대체의 원칙과 기회비용의 원칙의 관계 10점 ☞ 기출 2회
			[문제 2] 다음 사항을 약술하시오. 40점 3) 감정평가에서 최유효이용의 원칙이 강조되는 이론적 근거 10점 4) 예측의 원칙 10점 ☞ 기출 5회
			[문제 3] 부동산가격원칙 중 최유효이용의 원칙과 연관되는 원칙을 기술하시오. 20점 ☞ 기출 8회
			[문제 4] 대체의 원칙이 감정평가과정에서 중요한 지침이 되는 이유를 부동산의 자연적 특성의 하나인 개별성과 관련하여 설명하고 이 원칙이 협의의 가격을 구하는 감정평가 3방식에서 어떻게 활용되는지 기술하시오. 20점 ☞ 기출 12회
			[문제 5] 감정평가사 김 氏는 K 은행으로부터 대상 부동산에 대한 담보감정평가를 의뢰받았다. 감정평가사 김 氏는 현장조사 및 자료분석을 통하여 아래와 같은 자료를 수집하였다. 아래 대상 부동산의 시장분석자료를 근거로 감정평가사 김 氏가 K 은행 대출담당자에게 담보가격의 결정에 대한 이론적 근거에 대해 부동산가격제원칙을 중심으로 기술하시오. 10점

<table>
<tr>
<td></td>
<td></td>
<td></td>
<td>〈대상 부동산〉
– 서울시 ○○구 ○○동 XXX-X번지 AA빌라 3층 301호 100평형
– 대상 부동산 분양 예정가 : 10억원
〈현장조사 및 자료 분석 내용〉
– 분양성 검토 : 대형 평형으로 인해 인근지역 내에서 분양성 악화가 우려됨
– 인근지역의 표준적 이용상황 : 40 ~ 50평형
– 인근지역의 담보평가가격 : 3.5 ~ 4.5억원
– 거래가능가격(표준적 이용상황기준) : 평형당 1,000만원
☞ 기출 16회</td>
</tr>
<tr>
<td></td>
<td></td>
<td></td>
<td>[문제 6]
최근 부동산시장 환경변화로 부동산 감정평가에서 고려할 사항이 늘고 있다. 감정평가 원리 및 방식에 대한 다음 물음에 답하시오. 40점
3) 공익사업을 위해 수용될 지구에 포함되어 장기 미사용 중이던 토지가 해당 공익사업의 중단으로 지구지정이 해제되었을 때, 해당 토지 및 주변부 토지에서 초래될 수 있는 경제적 손실을 부동산평가원리에 근거하여 설명하시오. 15점
☞ 기출 25회</td>
</tr>
<tr>
<td rowspan="4">부동산
시장론</td>
<td rowspan="4"></td>
<td rowspan="4">4회</td>
<td>[문제 1]
다음의 용어에 대하여 약술하시오. 15점
2) 복합불황(複合不況) 5점
☞ 기출 11회</td>
</tr>
<tr>
<td>[문제 2]
정부가 부동산시장에 개입하는 이유에 대하여 설명하시오. 10점
☞ 기출 15회</td>
</tr>
<tr>
<td>[문제 3]
부동산가격지수와 관련하여, 다음을 설명하시오. 20점
1) 부동산가격지수의 필요성과 기능을 설명하시오. 10점
2) 부동산가격지수를 산정하는 데 사용되는 대표적인 계량모형인 특성가격모형(Hedonic Price Model)과 반복매매모형(Repeat Sale Model)의 원리와 각각의 장·단점을 설명하시오. 10점
☞ 기출 19회</td>
</tr>
<tr>
<td>[문제 4]
다음을 설명하고, 각각의 상호관련성에 대하여 논하시오. 40점
2) 부동산가격 결정과정(메커니즘)과 부동산가치의 3면성 10점
☞ 기출 29회</td>
</tr>
<tr>
<td>경기변동
분석</td>
<td></td>
<td>3회</td>
<td>[문제 1]
부동산 경기변동의 제 국면에서 거래사례비교법을 채택할 경우의 유의점에 관하여 설명하시오. 20점
☞ 기출 4회</td>
</tr>
</table>

			[문제 2] 부동산 경기변동으로 인한 부동산시장의 동향을 분석하고, 부동산 감정평가의 유의점을 기술하시오. 20점 ☞ 기출 8회
			[문제 3] 최근 부동산시장에서 경제적, 행정적 환경변화가 나타나고 있다. 다음 물음에 답하시오. 40점 3) 3방식에 따른 감정평가를 할 때 부동산 경기변동에 따른 유의사항에 대해 설명하시오. 10점 ☞ 기출 32회
지역분석 및 개별분석		9회	[문제 1] 지역분석 및 개별분석의 필요성과 그 상호관계를 설명하시오. 10점 ☞ 기출 4회
			[문제 2] 표준적 이용의 의의 및 특성을 최유효이용과 대비하여 설명하고 상호관계를 논하시오. 20점 ☞ 기출 6회
			[문제 3] 부동산가격형성에 있어 개별적 제 요인 분석의 목적을 기술하시오. 10점 ☞ 기출 8회
			[문제 4] 감정평가에 있어 지역분석의 의의 및 필요성을 설명하고, 개별분석과의 상관관계를 기술하시오. 20점 ☞ 기출 11회
			[문제 5] 다음 사항을 약술하시오. 40점 4) 인근지역의 Age-Cycle의 단계별 부동산 감정평가 시 유의점 10점 ☞ 기출 12회
			[문제 6] 부동산 감정평가의 3방식을 이용하여 시산가액을 도출하기 위해서는 여러 단계가 필요하다. 다음에 대하여 설명하시오. 40점 1) 부동산가격의 구체화, 개별화 단계에 대하여 설명하시오. 10점 2) 부동산가격수준의 단계와 내용에 대하여 설명하시오. 10점 3) 부동산 감정평가를 위하여 구분하는 지역을 구체적으로 열거하고 대체성, 경쟁성, 접근성과 관련 설명하시오. 10점 ☞ 기출 15회
			[문제 7] 인근지역의 개념, 요건 및 경계와 범위를 설명하시오. 10점 ☞ 기출 16회

			[문제 8] 지역분석과 개별분석을 통하여 부동산가격이 부동산시장에서 구체화되는 과정을 설명하시오. 20점 ☞ 기출 18회
			[문제 9] 다음의 제시된 자료를 참고하여 물음에 답하시오. 30점 인구 1,000만의 대도시인 A시와 약 40분 거리에 있는 인구 30만 규모의 기성도시인 B도시를 연결하는 전철이 개통되었다. 전철의 개통은 B도시의 광역접근성 개선효과를 가져와 부동산시장 및 부동산가격에 변화를 줄 것으로 예상된다. 1) B도시에 새롭게 신설된 전철역세권의 지역분석에 대하여 설명하시오. 15점 ☞ 기출 29회
시장분석		7회	[문제 1] 다음 사항을 약술하시오. 10점 1) 부동산의 시장흡수율(absorption rate) 5점 ☞ 기출 9회
			[문제 2] 자본시장에서 시장이자율의 상승이 부동산시장에 미치는 영향을 장·단기별로 구분하여 설명하시오. 20점 ☞ 기출 10회
			[문제 3] 감정평가에 있어서 시장분석과 시장성분석의 목적과 내용을 설명하시오. 10점 ☞ 기출 10회
			[문제 4] 부동산평가를 위한 시장분석(market analysis)과 시장성분석(marketability analysis), 그리고 생산성분석(productivity analysis)에 대한 다음 질문에 답하시오(여기서의 생산성은 인간의 필요, 주거경제활동, 공급만족 및 쾌적성을 충족시킬 수 있는 서비스를 제공하는 부동산의 역량을 의미한다). 40점 1) 부동산시장분석과 시장성분석을 비교 설명하시오. 20점 2) 부동산의 생산성을 도시성장 및 발전과 연계하여 설명하시오. 20점 ☞ 기출 14회
			[문제 5] 저금리기조가 지속되는 과정에서 주택시장에 나타날 수 있는 시장변화에 대하여 설명하시오. 10점 ☞ 기출 20회

			[문제 6] 시장분석과 지역분석에 관하여 다음 물음에 답하시오. 30점 1) 시장분석의 의의 및 필요성을 설명하고, 시장분석 6단계를 단계별로 설명하시오. 20점 2) 부동산 감정평가에서 행하는 지역분석을 설명하고, 시장분석과의 관계를 설명하시오. 10점 ☞ 기출 24회
			[문제 7] 다음의 제시된 자료를 참고하여 물음에 답하시오. 30점 인구 1,000만의 대도시인 A시와 약 40분 거리에 있는 인구 30만 규모의 기성도시인 B도시를 연결하는 전철이 개통되었다. 전철의 개통은 B도시의 광역접근성 개선효과를 가져와 부동산시장 및 부동산가격에 변화를 줄 것으로 예상된다. 2) 전철개통으로 인한 접근성의 개선이 B도시의 유형별 부동산시장에 미치는 긍정적 효과·부정적 효과에 대하여 설명하시오. 15점 ☞ 기출 29회
최유효 이용분석		8회	[문제 1] 다음 사항을 약술하시오. 30점 2) 부동산의 최유효이용의 의의에 있어 특수상황을 설명하시오. 10점 ☞ 기출 3회
			[문제 2] 최근 노후공동주택의 재건축이 사회문제로 대두되고 있는 가운데 재건축의 용적률이 핵심쟁점이 되고 있다. “토지가치의 극대화”라는 최유효이용의 관점에서 재건축의 용적률이 이론적으로 어떻게 결정되는지를 설명하고, 현실적인 용적률 규제와 주택가격의 상승이 이러한 이론적 적정용적률에 미치는 영향을 설명하시오. 20점 ☞ 기출 13회
			[문제 3] 다음을 약술하시오. 20점 1) 건부감가의 판단기준과 산출방법 ☞ 기출 13회
			[문제 4] 다음 사항을 약술하시오. 30점 3) 건부증가와 건부감가의 성립논리 10점 ☞ 기출 18회
			[문제 5] 최유효이용에 관한 다음의 물음에 답하시오. 10점 1) 최유효이용 판단 시 유의사항을 설명하시오. 5점 2) 최유효이용의 장애요인을 설명하시오. 5점 ☞ 기출 22회

			[문제 6] 부동산 감정평가에서 최유효이용에 대한 다음 물음에 답하시오. 40점 1) 부동산 감정평가에서 최유효이용의 개념과 성립요건을 설명하시오. 5점 2) 부동산가격 판단 시 최유효이용을 전제로 판단해야 하는 이유를 설명하시오. 10점 3) 최유효이용의 원칙과 다른 원칙들간의 상호관련성을 설명하시오. 10점 4) 부동산시장이 침체국면일 때 최유효이용의 판단 시 유의사항을 설명하시오. 15점 ☞ 기출 24회
			[문제 7] 제시된 자료를 참고하여 다음 물음에 답하시오. 40점 감정평가사 甲은 감정평가사 乙이 작성한 일반상업지역 내 업무용 부동산(대지면적 : 3,000m², 건물 : 30년 경과된 철근 콘크리트조 6층)에 대한 감정평가서를 심사하고 있다. 동 감정평가서에 따르면, 인근지역은 일반적으로 대지면적 200m²~500m² 내외 2층 규모의 상업용으로 이용되고 있으며, 최근 본 건 부동산 인근에 본 건과 대지면적이 유사한 토지에 20층 규모의 주거 및 상업복합용도 부동산이 신축되어 입주(점) 중에 있는 것으로 조사되어 있다. 검토결과 원가방식(면적 400m² 상업용 나대지의 최근 매매사례 단가를 적용한 토지가치에 물리적 감가수정만을 행한 건물가치 합산)에 의한 시산가치가 수익방식(현재 본 건 계약임대료기준)에 의한 시산가치보다 높게 산출되어 있다. 1) 심사 감정평가사 甲은 감정평가사 乙에게 추가적으로 최유효이용 분석을 요청하였는바, 최유효이용 판단기준을 설명하고 구체적인 최유효이용 분석방법을 설명하시오. 20점 2) 최유효이용에 대한 두 가지 분석유형(방법)에 따른 결과가 다르다면, 그 이유와 그것이 의미하는 바를 설명하시오. 10점 3) 원가방식에 의한 시산가치가 수익방식에 의한 시산가치보다 높게 산출된 것이 타당한 것인지 감정평가원리(원칙)를 기준으로 설명하고, 올바른 원가방식 적용방법에 관하여 설명하시오. 10점 ☞ 기출 28회
			[문제 8] 초과토지(excess land)와 잉여토지(surplus land)의 개념을 쓰고, 판정 시 유의사항에 대하여 설명하시오. 10점 ☞ 기출 33회
감정평가의 기초	감정평가의 개념, 필요성,	7회	[문제 1] 부동산 감정평가의 기능에 대하여 약술하시오. 10점 ☞ 기출 1회

		기능		[문제 2] 부동산감정평가제도의 기능과 감정평가사의 직업윤리에 관하여 설명하시오. 10점 ☞ 기출 7회
				[문제 3] 공동주택 분양가상한제를 설명하고, 이 제도와 관련된 감정평가사의 역할에 대하여 논하시오. 20점 ☞ 기출 20회
				[문제 4] 국토교통부의 부동산 실거래가 자료축적의 의의와 한계극복을 위한 감정평가사의 역할에 대해서 설명하시오. 10점 ☞ 기출 23회
				[문제 5] 최근 토지의 공정가치 평가가 회계에 관한 감정에 해당하는지 여부에 대한 논란이 있었다. 이와 관련하여 다음 물음에 답하시오. 20점 1) 감정평가의 개념과 회계에 관한 감정의 개념 차이를 설명하시오. 5점 ☞ 기출 29회
				[문제 6] 감정평가의 공정성과 감정평가행위의 독립 필요성을 감정평가 이론에 근거하여 설명하시오. 10점 ☞ 기출 29회
				[문제 7] 감정평가와 관련한 다음의 물음에 답하시오. 40점 1) 감정평가의 개념을 구체적으로 설명하고, 감정평가의 개념에 근거하여 기준가치 확정과 복수(複數) 감정평가의 필요성에 관하여 각각 논하시오. 20점 2) 시장가치와 시장가격(거래가격)의 개념을 비교하여 설명하고, 다양한 제도를 통해 시장가격(거래가격)을 수집·분석할 수 있음에도 불구하고 감정평가가 필요한 이유에 관하여 논하시오. 20점 ☞ 기출 31회
		직업윤리	2회	[문제 1] 감정평가사의 직업윤리가 요구되는 이론적, 법률적 근거를 설명하고, 「공익사업을 위한 토지 등의 취득 및 보상에 관한 법률(이하 토지보상법)」 제68조 제2항의 토지소유자 추천제와 관련하여 동업자 간 지켜야 할 직업윤리의 중요성에 대해 논하시오. 30점 1) 직업윤리가 강조되는 이론적 근거 2) 직업윤리가 강조되는 법률적 근거 3) 공인·전문인으로서의 직업윤리 4) 토지소유자 추천제의 의의 및 지켜야 할 직업윤리 ☞ 기출 16회

		[문제 2] 감정평가법인등은 감정평가관계법규 및 감정평가 실무기준에서 정하는 감정평가의 절차 및 윤리규정을 준수하여 업무를 행하여야 한다. 다음 물음에 답하시오. 30점 2) 감정평가 실무기준상 감정평가법인등의 윤리를 기본윤리와 업무윤리로 구분하고, 각각의 세부내용에 대해 설명하시오. 20점 ☞ 기출 32회
감정평가의 분류	5회	[문제 1] 부동산 감정평가는 기준에 따라 다양하게 분류될 수 있다. 다음에 대하여 설명하시오. 20점 1) 부동산 감정평가를 체계적으로 분류하는 목적을 설명하시오. 5점 2) 일괄감정평가, 구분감정평가, 부분감정평가 각각에 대하여 사례를 들어 설명하시오. 15점 ☞ 기출 15회
		[문제 2] 다음 사항을 약술하시오. 30점 1) 공적평가에서 복수평가의 필요성 10점 ☞ 기출 18회
		[문제 3] 일괄평가방법과 관련하여, 다음을 논하시오. 40점 1) 토지・건물 일괄평가에 관한 이론적 근거와 평가방법을 논하시오. 10점 2) 일괄평가된 가격을 필요에 의해 토지, 건물가격으로 각각 구분할 경우 합리적인 배분기준을 논하시오. 10점 ☞ 기출 19회
		[문제 4] A법인은 토지 200m² 및 위 지상에 건축된 연면적 100m² 1층 업무용 건물(집합건물이 아님)을 소유하고 있다. 건물은 101호 및 102호로 구획되어 있으며, 101호는 A법인이 사무실로 사용하고 있고 102호는 B에게 임대하고 있다. 다음 물음에 답하시오. 40점 1) A법인이 소유한 위 부동산(토지 및 건물)을 감정평가할 경우 감정평가규칙에 따른 원칙적인 감정평가방법 및 근거, 해당 방법의 적절성을 논하시오. 15점 2) 임차인 C가 101호를 전세로 임차하기로 하였다. C는 전세금액 및 전세권 설정에 참고하기 위하여 101호 건물 50m²만을 감정평가 의뢰하였다. 본 건 평가의 타당성에 관해 설명하시오. 10점 4) 해당 토지의 용적률은 50%이나 주변 토지의 용적률은 100%이다. A법인이 용적률 100%를 조건으로 하는 감정평가를 의뢰하였다. 조건부평가에 관해 설명하고 본 건의 평가 가능 여부를 검토하시오. 10점 ☞ 기출 26회

		[문제 5] 「감정평가에 관한 규칙」에는 현황기준 원칙과 그 예외를 규정하고 있다. 예외규정의 내용을 설명하고, 사례를 3개 제시하시오. 10점 ☞ 기출 31회
		[문제 6] 감정평가와 관련된 다음 자료를 참고하여 물음에 답하시오. 30점 ① 본 건은 토지와 건물로 구성된 부동산으로 「집합건물의 소유 및 관리에 관한 법률」 시행 이전에 소유권이전등기가 되어, 현재 '건물'은 각 호수별로 등기가 되어 있고, '토지'의 경우도 별도로 등기가 되어 있음 ② 본건 부동산은 1층(101호, 102호, 103호, 104호, 105호)과 2층(201호, 202호, 203호, 204호, 205호)이 각각 5개호로 구성된 상가로, 현재 건물소유자는 교회A(101호~204호)와 개인 B[205호(교회로 임대됨)]임 ③ 상가 전체가 교회로 이용 중이며, 이 중 202호, 203호, 204호는 교회의 부속시설로 소예배실, 성경공부방, 교회휴게실로 이용 중이고, 용도상 불가분의 관계가 있을 수 있음 ④ 202호는 5년 전에, 203호는 3년 전에, 204호는 1년 전에 교회 앞으로 각각 소유권이전등기가 되었고, 건물과 함께 토지 역시 일정 지분이 동시에 교회 앞으로 소유권이전등기됨 ⑤ 건물은 각 호 별로 구조상 독립성과 이용상 독립성이 유지되고 있음 ⑥ 토지는 각 호 별 면적에 비례하여 적정한 지분으로 각 건물소유자들이 공유하고 있음 ⑦ 평가대상 물건은 202호, 203호, 204호이며, 평가목적은 시가참고용임 1) 감정평가사 甲은 평가 대상물건을 개별로 감정평가하기로 결정하였다. 주어진 자료에 근거하여 감정평가사 甲이 개별평가로 결정한 이유를 설명하시오. 10점 2) 반면, 감정평가사 乙은 평가 대상물건을 일괄로 감정평가하기로 결정하였다. 주어진 자료에 근거하여 감정평가사 乙이 일괄평가로 결정한 이유를 설명하시오. 10점 3) 개별평가와 일괄평가의 관점에서 대상물건에 부합하는 평가방법을 설명하시오. 10점 ☞ 기출 35회
감정평가의 업무영역	3회	[문제 1] 감정평가서의 정확성을 점검하고 부실감정평가 등의 도덕적 위험을 예방하기 위하여 평가검토(Appraisal review)가 필요할 수 있다. 평가검토에 대해 설명하시오. 15점 ☞ 기출 25회
		[문제 2] '감정평가심사'와 '감정평가검토'에 대해 비교 · 설명하시오. 10점 ☞ 기출 32회

			[문제 3] 감정평가와 관련한 다음 물음에 답하시오. 30점 2) 감정평가사 甲은 한국감정평가사협회가 설치·운영하는 감정평가심사위원회의 심사위원으로서 택지비 목적의 감정평가서를 심사하고 있다. 감정평가서에 기재된 공시지가기준법상 그 밖의 요인 보정에 관한 내용은 다음의 표와 같으며, 甲은 심사결과 감정평가서의 보완이 필요하다고 판단하고 있다. 甲의 입장에서 공시지가기준법상 그 밖의 요인 보정에 있어 '지역요인 비교 내용의 적정성'에 대하여 세부 심사의견을 기술하시오. 15점 ☞ 기출 34회
			[문제 4] 탁상자문과 관련한 다음 물음에 답하시오. 20점 1) 탁상자문의 개념 및 방식에 대하여 설명하시오. 10점 2) 탁상자문과 정식 감정평가와의 차이를 설명하시오. 10점 ☞ 기출 35회
지대 지가론 및 입지론	지대 지가론	4회	[문제 1] 부동산학의 입장에서 지대(차액지대·Ricardian rent)론, Rent(Quasi rent·Paretian rent·준rent)론 등을 재조명하여 그 발전연혁과 내용을 밝히면서, 과연 현실의 부동산가격이 상기 이론으로 완전히 설명되는가를 설명하고, 실제의 부동산거래 시 왜 부동산 감정평가 활동이 요구되는가를 상기의 지대론, Rent론 등과 비교하면서 그 논리적 근거를 제시하시오. 50점 ☞ 기출 2회
			[문제 2] 도시지역에서 Topeka 현상을 설명하시오. 10점 ☞ 기출 8회
			[문제 3] 위치지대의 발생 원리와 이에 영향을 주는 요인들을 설명하시오. 10점 ☞ 기출 10회
			[문제 4] 농경지 지대이론 중 차액지대설과 절대지대설을 각각 설명하고, 그 차이점을 기술하시오. 10점 ☞ 기출 11회
	입지론	3회	[문제 1] 다음의 용어에 대하여 약술하시오. 15점 1) Reilly의 소매인력의 법칙(Law of Retail Gravitation) 5점 ☞ 기출 11회
			[문제 2] 상업용 부동산의 입지결정요인에 대하여 설명하시오. 10점 ☞ 기출 15회

				[문제 3] 상권분석에서 일반적으로 사용되는 허프(Huff)모형의 원리와 실무 적용상의 장·단점을 설명하시오. 10점 ☞ 기출 19회
각론	감정평가 3방식 및 시산가액의 조정	감정평가 3방식	6회	[문제 1] 감정평가는 비교방식, 원가방식, 수익방식 중에서 대상 물건의 성격 또는 평가조건에 따라 적정한 평가방식을 선택하여 결정하여야 한다. 이 경우 다음 사항에 관하여 논하시오. 40점 1) 각 평가방식의 이론적 근거를 설명하고 이를 토대로 각 방식을 적용한 토지의 평가방식을 약술하시오. 20점 ☞ 기출 4회
				[문제 2] 부동산의 가치는 여러 가지 요인에 의해 영향을 받기 때문에 감정평가사는 대상 부동산의 개별적 특성뿐만 아니라 정부의 정책과 부동산시장 변화에 대해서도 이해할 필요가 있는바, 다음 물음에 답하시오. 40점 3) 수익형 부동산의 평가방법에 대해 설명하시오. 10점 ☞ 기출 22회
				[문제 3] 부동산 감정평가 시 다양한 평가방법이 있고 정확한 가격 평가를 위해서는 경제적 상황의 변화도 고려해야 할 필요가 있다. 다음의 물음에 답하시오. 30점 2) 최근의 세계경제 위기가 국내 부동산시장에 미치는 영향을 기술하고, 이러한 영향 하에서 부동산 감정평가를 할 경우 비교방식, 원가방식, 수익방식별로 유의점을 논하시오. 20점 ☞ 기출 22회
				[문제 4] 토지가 국공유화되어 있는 국가에서 토지의 장기사용권이 거래되는 경우, 토지의 장기사용권 가치산정방법을 감정평가 3방식을 이용해 설명하시오. 20점 ☞ 기출 26회
				[문제 5] 최근 부동산시장 환경변화로 부동산 감정평가에서 고려할 사항이 늘고 있다. 감정평가 원리 및 방식에 대한 다음 물음에 답하시오. 40점 1) 리모델링된 부동산에 대해 감정평가 3방식을 적용하여 감정평가할 때 유의할 사항을 설명하시오. 10점 ☞ 기출 25회
				[문제 6] 다음을 설명하고, 각각의 상호관련성에 대하여 논하시오. 40점 3) 부동산가치의 3면성과 감정평가 3방식 6방법 20점 ☞ 기출 29회

<table>
<tr><td rowspan="4"></td><td rowspan="4">시산가액의 조정</td><td rowspan="4">4회</td><td>[문제 1]
시산가액의 조정이 우리나라 현실에 맞지 않는 논거를 약술하시오. 30점
☞ 기출 1회</td></tr>
<tr><td>[문제 2]
감정평가는 비교방식, 원가방식, 수익방식 중에서 대상 물건의 성격 또는 평가조건에 따라 적정한 평가방식을 선택하여 결정하여야 한다. 이 경우 다음 사항에 관하여 논하시오. 40점
2) 3가지 평가방식을 병용하는 경우 각 시산가액을 조정하는 방법과 시산가액 조정 시 유의사항을 기술하시오. 20점
☞ 기출 4회</td></tr>
<tr><td>[문제 3]
근린형 쇼핑센터 내 구분점포(「집합건물의 소유 및 관리에 관한 법률」에 의한 상가건물의 구분소유 부분)의 시장가치를 감정평가하려 한다. 인근에 경쟁적인 초대형 쇼핑센터가 입지하여, 대상점포가 소재한 근린형 쇼핑센터의 고객흡인력이 급격히 감소하고 상권이 위축되어 구분점포 거래가 감소하게 된 시장동향을 고려하여 다음 물음에 답하시오. 35점
2) 적용된 각 감정평가방법에 의한 시산가액 간에 괴리가 발생되었을 경우 시산가액 조정의 의미, 기준 및 재검토할 사항에 대하여 설명하시오. 10점
☞ 기출 25회</td></tr>
<tr><td>[문제 4]
시산가액 조정에 관한 다음 물음에 답하시오. 30점
1) 시산가액 조정의 법적 근거에 관하여 설명하시오. 5점
2) 시산가액 조정의 전제와 「감정평가에 관한 규칙」상 물건별 감정평가방법의 규정방식과의 관련성을 논하시오. 15점
3) 시산가액 조정과정에서 도출된 감정평가액을 표시하는 이론적 방법에 관하여 설명하시오. 10점
☞ 기출 28회</td></tr>
<tr><td rowspan="2">감정평가 절차</td><td rowspan="2"></td><td rowspan="2">2회</td><td>[문제 1]
다음 사항을 약술하시오. 40점
2) 감정평가 시 기준시점의 필요성 10점
☞ 기출 12회</td></tr>
<tr><td>[문제 2]
감정평가법인등은 감정평가관계법규 및 감정평가 실무기준에서 정하는 감정평가의 절차 및 윤리규정을 준수하여 업무를 행하여야 한다. 다음 물음에 답하시오. 30점
1) 감정평가 실무기준상 감정평가의 절차를 설명하시오. 10점
☞ 기출 32회</td></tr>
</table>

<table>
<tr><td rowspan="6">비교방식</td><td rowspan="6"></td><td rowspan="6">6회</td><td>[문제 1]
우리나라 토지평가방법과 거래사례비교법과의 관계를 설명하시오. 30점
☞ 기출 3회</td></tr>
<tr><td>[문제 2]
토지시장에서 발생하는 불합리한 거래사례는 감정평가 시 이를 적정하게 보정하여야 한다. 현실적으로 보정을 요하는 요인은 어떠한 것이 있으며 이에 대한 의의와 그 보정의 타당성 여부를 논하시오. 20점
☞ 기출 12회</td></tr>
<tr><td>[문제 3]
「감정평가 및 감정평가사에 관한 법률」 제3조 제1항에는 '토지를 감정평가하는 경우에는 그 토지와 이용가치가 비슷하다고 인정되는 표준지공시지가를 기준으로 하여야 한다'라고 규정되어 있으나 표준지공시지가와 정상거래가격과의 차이가 있는 경우 기타요인으로 보정하고 있다. 기타요인 보정의 개념을 기술하고, 관련법규 및 판례 등을 중심으로 그 타당성을 설명하시오. 20점
☞ 기출 16회</td></tr>
<tr><td>[문제 4]
감정평가이론상 토지평가 방법에는 감정평가 3방식이 있으나, 감정평가 관련 법령은 토지의 경우 표준지공시지가를 기준으로 평가하도록 규정하고 있다. 다음의 물음에 답하시오. 20점
1) 토지평가 시 감정평가 3방식을 적용하여 평가한 가격과 표준지공시지가를 기준으로 평가한 가격과의 관계를 설명하시오. 10점
2) 표준지공시지가가 시장가치를 반영하지 못하는 경우, 표준지공시지가를 기준으로 해야 하는 감정평가에서 발생가능한 문제와 대책을 기술하시오. 10점
☞ 기출 24회</td></tr>
<tr><td>[문제 5]
감정평가사 甲은 乙주식회사가 소유한 △△동 1번지 소재 업무용 빌딩과 △△동 1-1번지 나지상태의 토지에 대하여 재무보고목적의 감정평가를 진행하려 한다. 다음 물음에 답하시오. 30점
3) △△동 1-1번지 토지에 대하여 공시지가기준법을 적용하여 시점수정, 지역요인 및 개별요인의 비교 과정을 거쳐 산정된 가액이 기준가치에 도달하지 못하였다고 가정할 경우 공시지가기준법에 따라 甲이 실무적으로 보정할 수 있는 방법에 관해 설명하시오. 5점
☞ 기출 27회</td></tr>
<tr><td>[문제 6]
다세대주택을 거래사례비교법으로 감정평가하기 위하여 거래사례를 수집하는 경우 거래사례의 요건과 각 요건별 고려사항에 대하여 약술하시오. 10점
☞ 기출 34회</td></tr>
</table>

원가방식		**5회**	[문제 1] 복성식평가법에 관하여 다음 사항을 설명하시오. 20점 1) 다음 공식의 차이점 가. $D_n = C(1-R)\frac{n}{N}$ 나. $D_n = C(1-R)\frac{N-n'}{N}$ 다. $D_n = C(1-R)\frac{n}{n+n'}$ 2) 발생감가의 의의와 구하는 방법 3) 회복 불가능한 기능적 감가의 감가액을 구하는 방법 4) 중고주택의 감정평가상 현실적 모순점 ☞ **기출 7회**
			[문제 2] 복성식평가법에 있어서 감가수정의 방법은 내용연수를 표준으로 하는 방법과 관찰감가법이 있다. 이러한 감가수정을 하는 이론적 근거를 관련 원칙을 들어 서술하고, 두 방법의 장단점과 실무상 양자를 병용하는 이유를 설명하시오. 20점 ☞ **기출 9회**
			[문제 3] 다음 사항을 약술하시오. 40점 1) 경제적 감가수정 10점 ☞ **기출 12회**
			[문제 4] 건물의 치유 불가능한 기능적 감가의 개념과 사례를 기술하고, 이 경우 감정평가 시 고려해야 할 사항에 대하여 설명하시오. 10점 ☞ **기출 17회**
			[문제 5] 감정평가목적에 따라 감정평가금액의 격차가 큰 경우가 있다. 다음 물음에 답하시오. 30점 2) 주거용 건물을 신축하기 위해 건축허가를 득하여 도로를 개설하고 입목을 벌채 중인 임야를 평가하고자 한다. 개발 중인 토지의 평가방식에는 공제방식과 가산방식이 있다. 공제방식은 개발 후 대지가격에서 개발에 소요되는 제반비용을 공제하는 방식이고, 가산방식은 소지가격에 개발에 소요되는 비용을 가산하여 평가하는 방식이다. 두 가지 방식에 따른 감정평가금액의 격차가 클 경우 보상평가, 경매평가, 담보평가에서 각각 어떻게 평가하는 것이 더 적절한지 설명하시오. 10점 ☞ **기출 26회**
			[문제 6] 원가법에 대한 다음 물음에 답하시오. 40점 1) 비용성의 원리에 기초한 원가법은 비용과 가치간의 상관관계를 파악하는 것으로 가치의 본질을 원가의 집합으로 보고 있다. 이

			에 맞춰 재조달원가를 정의하고, 재생산원가 측면에서 재조달원가의 구성요소 및 산정방법에 대하여 설명하시오. 15점 2) 평가목적의 감가수정과 회계목적의 감가상각을 비교하여 설명하시오. 10점 3) 건물은 취득 또는 준공으로부터 시간의 경과나 사용 등에 따라 경제적 가치와 유용성이 감소된다. 이에 대한 감가요인을 설명하시오. 15점 ☞ 기출 35회
수익방식		12회	[문제 1] 부동산 감정평가의 수익환원에 관하여 다음 사항을 약술하시오. 40점 1) 자본(수익)환원이론의 발전과정 2) 수익가액과 가격원칙과의 관계 3) 자본환원이율의 구조이론 4) 동태적 부동산시장에서의 자본환원이율의 결정방법을 논하고 감정평가실무기준에 관한 언급 ☞ 기출 3회
			[문제 2] 다음은 감정평가에서 많이 활용되는 기본적 산식을 열거한 것이다. 각 산식에 나타난 계수의 명칭과 의미 그리고 용도 또는 적용례를 설명하시오. 각 5점 V : 현재가치 F : 미래가치 r : 이자율 n : 기간 a : 적립액 (1) $V = F \cdot \frac{1}{(1+r)^n}$ (2) $a = V \cdot \frac{r(1+r)^n}{(1+r)^n - 1}$ (3) $F = V \cdot (1+r)^n$ (4) $F = a \cdot \frac{(1+r)^n - 1}{r}$ (5) $V = a \cdot \frac{(1+r)^n - 1}{r(1+r)^n}$ (6) $a = F \cdot \frac{r}{(1+r)^n - 1}$ ☞ 기출 4회
			[문제 3] 최근 부동산시장이 개방되면서 상업용 부동산의 가치평가방법이 수익방식으로 변화하는 추세이다. 자본환원이론의 발전과정을 설명하고, 저당지분환원법(저당 - 자기자본방법 : mortgage - equity capitalization)의 본질과 장점 및 문제점을 논술하시오. 30점 ☞ 기출 9회
			[문제 4] 수익환원법을 적용함에 있어서 순수환원이율에 추가되는 투자위험도의 유형과 반영방법에 대하여 설명하시오. 10점 ☞ 기출 10회

[문제 5]

다음 사항을 약술하시오. 40점

3) 자본회수율과 자본회수방법 10점

☞ 기출 12회

[문제 6]

최근 상업용 부동산의 가치평가에서 수익방식의 적용이 중시되고 있는바 수익방식에 대한 다음사항을 설명하시오. 40점

1) 수익방식의 성립근거와 유용성
2) 환원율과 할인율의 차이점 및 양자의 관계
3) 할인현금흐름분석법(DCF)의 적용 시 재매도가격의 개념 및 구체적 산정방법
4) 수익방식을 적용하기 위한 조사자료 항목을 열거하고 우리나라에서의 수익방식 적용의 문제점

☞ 기출 13회

[문제 7]

수익성 부동산의 가치는 할인된 현금흐름(discounted cash flow)과 순운영소득(net operating income)을 이용하여 구할 수 있고, 이 가치들은 대부기관의 담보가치 결정 기준이 된다. 다음 물음에 답하시오. 20점

1) 두 평가방법으로 구한 부동산의 담보가치를 비교하여 설명하시오. 10점
2) 담보가치의 결정에서 고려해야 할 사항들에 대하여 설명하시오. 10점

☞ 기출 14회

[문제 8]

다음 사항을 약술하시오. 30점

2) 동적 DCF분석법과 정적 DCF분석법의 비교 10점

☞ 기출 18회

[문제 9]

최근 수익성 부동산의 임대차시장에서는 보증부월세가 주된 임대차계약 형태로 자리 잡고 있다. 이 수익성 부동산을 수익환원법으로 평가하고자 할 때, 다음 물음에 답하시오. 30점

1) 이 수익성 부동산의 평가절차에 대해서 설명하시오. 10점
2) 보증금의 처리방법과 문제점에 대해서 논하시오. 20점

☞ 기출 23회

[문제 10]

감정평가사 甲은 乙주식회사가 소유한 △△동 1번지 소재 업무용 빌딩과 △△동 1-1번지 나지상태의 토지에 대하여 재무보고목적의 감정평가를 진행하려 한다. 다음 물음에 답하시오. 30점

2) 甲은 △△동 1번지 소재 업무용 빌딩에 대하여 할인현금흐름분석법(discounted cash flow method)을 적용하려 한다. 이 때 적용할 할인율(discount rate)과 최종환원율(terminal capitalization

			rate)을 설명하고, 업무용 부동산시장의 경기변동과 관련하여 양자의 관계를 설명하시오. 15점 ☞ 기출 27회
			[문제 11] 소득접근법에서 자본환원율을 결정하는 방법이다. 다음 물음에 답하시오. 30점 1) 투자결합법(brand of investment method)의 2가지 유형을 구분하여 쓰고, 엘우드(Ellwood)법을 비교 설명하시오. 20점 2) 자본환원율(capitalization rate)의 조정이 필요한 이유와 조정방법을 설명하시오. 10점 ☞ 기출 33회
			[문제 12] 수익환원법에는 직접환원법과 할인현금흐름분석법(DCF법)이 있다. 다음 물음에 답하시오. 40점 1) 직접환원법과 할인현금흐름분석법의 개념 및 가정에 대하여 비교·설명하시오. 15점 2) 직접환원법과 할인현금흐름분석법의 투하자본 회수의 인식 및 처리방법에 대하여 비교·설명하시오. 15점 3) 할인현금흐름분석법의 한계에 대하여 설명하고, 이를 극복하는 측면에서 확률적 할인현금흐름분석법에 대하여 설명하시오. 10점 ☞ 기출 34회
기타 평가방식		6회	[문제 1] 다음 사항을 약술하시오. 30점 3) 감정평가방법에 있어 통계적 평가방법의 의의와 활용상의 문제점을 설명하시오. 10점 ☞ 기출 3회
			[문제 2] 계량적 부동산평가기법인 회귀분석법(regression analysis)의 개념, 결정계수 및 유의수준에 관하여 각각 약술하시오. 10점 ☞ 기출 9회
			[문제 3] 시장가격이 없는 부동산 혹은 재화의 가치를 감정평가하는 방법에 대하여 설명하시오. 20점 ☞ 기출 15회
			[문제 4] 개별 부동산을 평가함에 있어 통계적 평가방법에 의한 가격이 전통적인 감정평가 3방식에 의한 가격보다 시장가치와의 차이가 크게 나타날 가능성이 있다. 그 이유를 설명하시오. 30점 ☞ 기출 18회

			[문제 5] 부동산 감정평가 시 다양한 평가방법이 있고 정확한 가격 평가를 위해서는 경제적 상황의 변화도 고려해야 할 필요가 있다. 다음의 물음에 답하시오. 30점 1) 감정평가에 사용될 수 있는 계량적(정량적)방법인 특성가격함수모형(Hedonic Price Model)에 대해 설명하고, 감정평가사의 주관적 평가와 비교하여 그 장·단점을 논하시오. 10점 ☞ 기출 22회
			[문제 6] 다음 사항을 설명하시오. 20점 1) 실물옵션 10점 ☞ 기출 23회
임대료 평가		3회	[문제 1] 다음 사항을 약술하시오. 30점 1) 계속임대료의 각 평가방법에 대한 특질과 그 문제점을 설명하시오. 10점 ☞ 기출 3회
			[문제 2] 다음 용어를 간략하게 설명하시오. 10점 1) 임대료의 기준시점 2) 임대료의 실현시점 3) 임대료의 산정기간 4) 임대료의 지불시기 ☞ 기출 6회
			[문제 3] 최근 부동산시장에서 임대료의 감정평가가 점차 중요시되고 있다. 이에 있어 다음 사항을 논하시오. 40점 1) 가격과 임대료의 관계 2) 신규임대료와 계속임대료의 평가방법과 유의점 3) 부가사용료와 공익비의 차이점과 이들의 실질임대료 산정 시 처리방법 4) 임대료의 시산가액 조정 시 유의점 ☞ 기출 7회
유형별 평가 (물건별 평가)		25회	[문제 1] 토지의 입체이용률에 대하여 약술하시오. 10점 ☞ 기출 1회
			[문제 2] 다음 문제를 약술하시오. 20점 2) 구분지상권의 평가원리 10점 ☞ 기출 2회

[문제 3]

공장의 감정평가방법을 서술하시오. 20점

☞ 기출 5회

[문제 4]

다음 사항을 약술하시오. 40점

2) 소지가격 10점

☞ 기출 5회

[문제 5]

구분소유부동산의 감정평가에 대하여 다음 사항을 설명하시오. 20점

1) 구분소유권의 특징, 성립요건과 대지권

2) 구분소유부동산의 평가방법

☞ 기출 7회

[문제 6]

공중권의 이용방법과 평가방법에 관하여 설명하시오. 10점

☞ 기출 7회

[문제 7]

기업평가에 있어 영업권 가치와 지적재산권 가치를 설명하고, 이와 관련된 발생수익의 원천 및 평가방법을 서술하시오. 20점

☞ 기출 9회

[문제 8]

다음 사항을 약술하시오. 10점

2) 가행연수(稼行年數)의 의의와 산정방법 5점

☞ 기출 9회

[문제 9]

다음의 용어에 대하여 약술하시오. 20점

1) 한계심도 5점

☞ 기출 10회

[문제 10]

「감정평가에 관한 규칙」 제25조(소음 등으로 인한 대상 물건의 가치하락분에 대한 평가)에 환경오염이 발생한 경우의 평가에 대한 기준을 제시하고 있다. 토양오염이 부동산의 가치에 미치는 영향과 평가 시 유의사항에 대하여 설명하시오. 20점

☞ 기출 16회

[문제 11]

다음 사항을 약술하시오. 10점

1) 비상장주식의 평가 5점

☞ 기출 17회

[문제 12]

향후 전자제품을 개발 · 생산 · 판매하기 위하여 설립된 비상장 영리법인인 A기업은 설립 후 자본금 전액을 기술개발에 지출하여 해당 금액을 무형자산으로 계상하였다(다른 자산 부채는 없음). 해당 기업의 주식가치를 평가하고자 한다. 적합한 평가방법 및 근거를 구체적으로 설명하고 장 · 단점을 설명하시오. 20점

☞ 기출 19회

[문제 13]

일단지(一團地) 평가에 관한 다음 물음에 답하시오. 20점

1) 일단지의 개념과 판단 시 고려할 사항에 대하여 설명하시오. 10점

2) 일단지 평가가 해당 토지가격에 미치는 영향을 설명하고, 일단지 평가의 사례 3가지를 서술하시오. 10점

☞ 기출 20회

[문제 14]

비상장법인 A주식회사는 특허권을 가지고 전자제품을 제조 · 판매하는 공장과 임대업에 사용하는 업무용 빌딩을 소유하고 있다. A주식회사는 2009년 전자제품부문에서 50억원, 임대업에서 20억원의 당기순이익을 얻었다. A 주식회사의 주식을 평가하고자 한다. 30점

1) 본건 평가와 관련하여 감정평가에 관한 규칙이 인정하는 2가지 방법 및 그 장 · 단점을 논하라. 15점

2) 감정평가에 관한 규칙에서 규정하고 있지 않은 주식평가방법(양 방법을 혼합한 방법 포함)들을 예시하고, 평가이론의 관점에서 동 규칙 외의 방법에 의한 평가의 타당성을 논하시오. 15점

☞ 기출 21회

[문제 15]

부동산업을 법인형태로 영위하는 경우, 해당 법인의 주식가치 평가방법을 설명하시오. 10점

☞ 기출 24회

[문제 16]

최근 부동산시장 환경변화로 부동산 감정평가에서 고려할 사항이 늘고 있다. 감정평가 원리 및 방식에 대한 다음 물음에 답하시오. 40점

2) 토양오염이 의심되는 토지에 대한 감정평가안건의 처리방법을 설명하시오. 15점

☞ 기출 25회

[문제 17]

근린형 쇼핑센터 내 구분점포(「집합건물의 소유 및 관리에 관한 법률」에 의한 상가건물의 구분소유 부분)의 시장가치를 감정평가하려 한다. 인근에 경쟁적인 초대형 쇼핑센터가 입지하여, 대상점포

가 소재한 근린형 쇼핑센터의 고객흡인력이 급격히 감소하고 상권이 위축되어 구분점포 거래가 감소하게 된 시장동향을 고려하여 다음 물음에 답하시오. 35점

1) 대상 구분점포의 감정평가에 거래사례비교법을 적용할 경우 감정평가방법의 개요, 적용상 한계 및 수집된 거래사례의 거래조건보정(Transactional adjustments)에 대하여 설명하고, 그 밖에 적용 가능한 다른 감정평가방법의 개요 및 적용 시 유의할 사항에 대하여 설명하시오. 25점

☞ 기출 25회

[문제 18]

정부에서 추진 중인 상가권리금 보호방안이 제도화될 경우 권리금 감정평가업무에 변화가 나타날 것으로 예상된다. 이에 관한 상가권리금에 대해 설명하시오. 10점

☞ 기출 25회

[문제 19]

지식정보사회로의 이행 등에 따라 기업가치 중 무형자산의 비중(Portion)이 상대적으로 증가하고 있다. 「감정평가실무기준」에 규정하고 있는 계속기업가치(going concern value)의 감정평가와 관련하여 다음 물음에 답하시오. 40점

1) 기업가치의 구성요소를 설명하고, 기업가치의 감정평가 시 유의사항을 설명하시오. 10점

2) 기업가치의 감정평가에 관한 이론적 배경과 감정평가방법을 설명하고, 각 감정평가방법 적용 시 유의사항 및 장단점을 설명하시오. 20점

3) 기업가치의 감정평가에 있어서 시산가액 조정에 대하여 설명하고, 조정된 기업가치에 대한 구성요소별 배분방법에 관해 설명하시오. 10점

☞ 기출 27회

[문제 20]

사회가 발전하면서 부동산의 가치가 주위의 여러 요인에 따라 변동하게 되었는바, 소음・환경오염 등으로 인한 토지 등의 가치하락분에 대한 감정평가와 관련하여 다음 물음에 답하시오. 20점

1) 가치하락분 산정의 일반적인 원리와 가치하락분의 제외요인 및 포함요인에 관해 설명하고, 부동산가격제원칙과의 연관성에 관해 논하시오. 15점

2) 스티그마(STIGMA) 효과의 개념 및 특징에 관해 설명하시오. 5점

☞ 기출 27회

[문제 21]

영업권과 상가권리금을 비교 설명하시오. 10점

☞ 기출 28회

[문제 22]

공기업 A는 소지를 신규취득하고 직접 조성비용을 투입하여 택지를 조성한 후, 선분양방식에 의해 주택공급을 진행하려고 하였다. 그러나 「주택 공급에 관한 규칙」의 변경에 따라 후분양방식으로 주택을 공급하려고 한다. 다음의 물음에 답하시오. 40점

1) 선분양방식으로 진행하려는 시점에서 A사가 조성한 택지의 감정평가방법을 설명하시오. 10점
2) 상기 개발사업을 후분양방식으로 진행하면서 택지에 대한 감정평가를 실시한다고 할 경우, 최유효이용의 관점에서 감정평가방법을 제안하시오. 10점
3) '예상되는 분양대금에서 개발비용을 공제하여 대상획지의 가치를 평가'하는 방법에서 분양대금의 현재가치 산정과 개발비용의 현재가치 산정 시 고려할 점을 설명하시오. 20점

☞ 기출 30회

[문제 23]

광평수(廣坪數) 토지란 해당 토지가 속해 있는 시장지역에서 일반적으로 사용하는 표준적 규모보다 훨씬 더 크다고 인식되는 토지로서, 최근에 대단위 아파트 단지개발 및 복합용도개발 등으로 인해 광평수 토지에 대한 감정평가가 증가하고 있다. 이와 관련한 다음 물음에 답하시오. 20점

1) 광평수 토지면적이 해당 토지의 가치에 미치는 영향을 감가(減價)와 증가(增價)로 나누어 설명하시오. 10점
2) 광평수 토지의 최유효이용이 단독이용(single use)인 경우 감정평가방법에 대해 설명하시오. 10점

☞ 기출 32회

[문제 24]

최근 지식재산권에 대한 관심이 높아지면서 지식재산권에 대한 감정평가 수요도 증가하고 있다. 지식재산권 감정평가와 관련하여 다음 물음에 답하시오. 40점

1) 감정평가 실무기준상 지식재산권의 개념 및 종류, 가격자료에 대해 설명하시오. 10점
2) 감정평가 3방식의 성립근거와 각 방식 간의 관계에 대해 설명하시오. 10점
3) 감정평가 실무기준상 감정평가 3방식에 따른 지식재산권의 평가방법을 설명하고, 각 방식 적용 시 유의사항에 대해 설명하시오. 20점

☞ 기출 33회

[문제 25]

다음 자료를 참고하여 물음에 답하시오. 20점

<table>
<tr><td></td><td></td><td></td><td>법원감정인인 감정평가사 甲은 손해배상(기) 사건에서 원고가 주장하는 손해액을 구하고 있다.
본 사건 부동산 (제2종일반주거지역 〈건폐율 60%, 용적률 200%〉) 매매 당시 매수자인 원고는 부지 내에 차량 2대의 주차가 가능하다는 피고의 주장을 믿고 소유권이전을 완료하였으나, 부지 내의 공간(공지) 부족으로 현실적으로는 주차가 불가능함을 알게 되었다.
현장조사 결과 당시 대상 건물(연와조)의 외벽과 인접부동산 담장 사이에 공간이 일부 있으나 협소하여 주차가 불가능한 것으로 나타났다.
기준시점 현재 대상 건물은 용적률 110%로 신축 후 50년이 경과하였으나 5년 전 단독주택에서 근린생활시설(사무소)로 용도변경 허가를 받은 후 수선을 하여 경제적 잔존내용연수는 10년인 것으로 판단되었다.
대상 부동산의 인근지역은 기존주택지역에서 소규모 사무실로 변화하는 특성을 보이고 있고 현재 건물의 용도(이용상황)에 비추어 차량 2대의 주차공간 확보가 최유효이용에 해당한다고 조사되었다.
1) 이 사안에서 시장자료(market data)를 통하여 손해액을 구하기 위한 감정평가방법과 해당 감정평가방법의 유용성 및 한계점에 대하여 설명하시오. 10점
2) 만일 물음 1)에서 시장자료(market data)를 구할 수 없는 경우, 적용 가능한 다른 감정평가방법들에 대하여 설명하고 이러한 접근방식을 따르는 경우 손해액의 상한은 어떻게 판단하는 것이 합리적인지 설명하시오. 10점
☞ 기출 33회</td></tr>
<tr><td></td><td></td><td></td><td>[문제 26]
최근 투자의사결정과 관련된 판단기준 중 지속가능한 성장을 판단하는 종합적 개념으로서 ESG가 있으며, 부동산가치의 평가에도 영향을 미치고 있다. ESG는 환경요인(Environment), 사회요인(Social) 및 지배구조(Govermance)의 약칭이다. ESG의 각각에 해당하는 구성요소를 설명하고, 친환경 인증을 받은 건축물의 감정평가 시 고려해야 할 내용을 설명하시오. 10점
☞ 기출 35회</td></tr>
<tr><td rowspan="2">목적별 평가</td><td rowspan="2">담보, 경매, 보상</td><td rowspan="2">7회</td><td>[문제 1]
다음 사항을 약술하시오. 40점
1) 담보가격과 처분가격 10점
☞ 기출 5회</td></tr>
<tr><td>[문제 2]
지상권이 설정된 토지가 시장에서 거래되고 있다. 이와 관련된 다음 물음에 답하시오. 40점
1) 위 토지의 담보평가 시 유의할 점과 감가(減價) 또는 증가(增價) 요인을 설명하시오. 15점
2) 위 토지의 보상평가 시 검토되어야 할 주요 사항을 설명하시오. 10점
☞ 기출 20회</td></tr>
</table>

[문제 3]

부동산의 가치는 여러 가지 요인에 의해 영향을 받기 때문에 감정평가사는 대상 부동산의 개별적 특성뿐만 아니라 정부의 정책과 부동산시장 변화에 대해서도 이해할 필요가 있는바, 다음 물음에 답하시오. 40점

1) 최근 전력난을 완화하기 위한 초고압 송전선로 설치가 빈번하게 발생하고 있으며 이를 둘러싼 이해관계자의 갈등도 증폭되고 있는데, 이와 관련한 선하지의 보상평가방법과 송전선로 설치에 따른 '보상되지 않는 손실'에 대해 설명하시오. 15점

☞ 기출 22회

[문제 4]

A법인은 토지 200m² 및 위 지상에 건축된 연면적 100m² 1층 업무용 건물(집합건물이 아님)을 소유하고 있다. 건물은 101호 및 102호로 구획되어 있으며, 101호는 A법인이 사무실로 사용하고 있고 102호는 B에게 임대하고 있다. 다음 물음에 답하시오. 40점

3) A법인은 토지에 저당권을 설정한 이후 건물을 신축하였으나 건물에 대해서는 저당권을 설정하지 않았다. A법인이 이자지급을 연체하자 저당권자가 본 건 토지의 임의경매를 신청하였다. 이 경우 토지의 감정평가방법에 관해 설명하시오. 5점

☞ 기출 26회

[문제 5]

감정평가목적에 따라 감정평가금액의 격차가 큰 경우가 있다. 다음 물음에 답하시오. 30점

1) 보상평가, 경매평가, 담보평가의 목적별 평가방법을 약술하고, 동일한 물건이 감정평가목적에 따라 감정평가금액의 격차가 큰 사례 5가지를 제시하고 그 이유를 설명하시오. 20점

☞ 기출 26회

[문제 6]

토지소유자 甲은 공익사업에 토지가 편입되어 보상액 통지를 받았다. 보상액이 낮다고 느낀 甲은 보상액 산정의 기준이 된 감정평가서 내용에 의문이 있어, 보상감정평가를 수행한 감정평가사 乙에게 다음과 같은 질의를 하였다. 이에 관하여 감정평가사 乙의 입장에서 답변을 논하시오. 30점

1) 감정평가서에는 공시지가기준법을 주방식으로 적용하여 대상 토지를 감정평가하였다고 기재되어 있다. 甲은 대상 토지의 개별공시지가가 비교표준지 공시지가보다 높음에도 불구하고 개별공시지가를 기준으로 감정평가하지 않은 이유에 관하여 질의하였다. 15점

				2) 甲은 비교표준지 공시지가가 시장가격(거래가격)과 비교하여 낮은 수준임을 자료로 제시하면서, 거래사례비교법을 주방식으로 적용하지 않은 이유에 관하여 질의하였다. 15점 ☞ 기출 31회
				[문제 7] 담보평가와 관련한 다음 물음에 답하시오. 20점 1) 담보평가를 수행함에 있어 감정평가의 기능과 관련하여 감징평가의 공정성과 독립성이 필요한 이유를 설명하고, 감정평가의 공정성과 독립성을 확보할 수 있는 수단 3개를 제시하시오. 10점 2) 감정평가법인이 담보목적의 감정평가서를 심사함에 있어 심사하는 감정평가사의 역할에 대하여 설명하시오. 10점 ☞ 기출 34회
		도시정비	5회	[문제 1] 공동주택 재건축사업의 시행 시 미동의자에 대한 매도청구 및 시가(時價)의 개념에 대해 약술하시오. 10점 ☞ 기출 16회
				[문제 2] 정비사업은 도시환경을 개선하고 주거생활의 질을 높이는 것이 목적인데 그 중 주택재개발사업은 정비기반시설이 열악하고 노후·불량 건축물이 밀집한 지역의 주거환경을 개선하기 위한 사업이다. 이에 관한 감정평가사의 역할이 중요한바, 다음 물음에 답하시오. 20점 1) 주택재개발사업의 추진 단계별 목적에 따른 감정평가업무를 분류하고 설명하시오. 10점 2) 종전자산(종전의 토지 또는 건축물)과 종후자산(분양예정인 대지 또는 건축물의 추산액)과의 관계를 설명하시오. 10점 ☞ 기출 22회
				[문제 3] 다음 사항을 설명하시오. 20점 2) 재건축정비사업에 있어서 매도청구소송목적의 감정평가 10점 ☞ 기출 23회
				[문제 4] 정비사업의 관리처분계획을 수립하기 위한 종후자산 감정평가에 대한 다음 물음에 답하시오. 20점 1) 종후자산 감정평가의 기준가치에 관하여 설명하시오. 10점 2) 종후자산 감정평가의 성격을 감정평가방식과 관련하여 설명하시오. 10점 ☞ 기출 28회

			[문제 5] A 토지는 OO재개발사업구역에 소재하고 있다. A 토지에 대하여 재개발사업의 절차상 종전자산의 감정평가를 하는 경우와 손실보상(현금청산)을 위한 감정평가를 하는 경우에 다음의 물음에 답하시오. 20점 1) 각각의 감정평가에 있어 기준시점, 감정평가액의 성격 및 감정평가액 결정 시 고려할 점에 관하여 설명하시오. 10점 2) 각각의 감정평가에 있어 재개발사업으로 인한 개발이익의 반영 여부에 관하여 설명하시오. 10점 ☞ 기출 31회
	재무보고	1회	[문제 1] 감정평가사 甲은 乙주식회사가 소유한 △△동 1번지 소재 업무용 빌딩과 △△동 1-1번지 나지상태의 토지에 대하여 재무보고목적의 감정평가를 진행하려 한다. 다음 물음에 답하시오. 30점 1) 본 건 감정평가의 기준가치는 무엇인지 그 개념에 관해 설명하고, 시장가치기준 원칙과의 관계에 관해 설명하시오. 10점 ☞ 기출 27회
부동산학 (투자, 금융, 정책 개발 등), 부동산 가격공시 제도		15회	[문제 1] 부동산유동화를 위하여 다양한 부동산증권화 방안들이 논의되고 있다. 이와 관련하여 부동산증권화의 도입배경, 원리 및 평가기법을 논하시오. 30점 ☞ 기출 10회
			[문제 2] 다음의 용어에 대하여 약술하시오. 20점 3) 자본자산가격모형(CAPM) 5점 4) 수익지수법 5점 ☞ 기출 10회
			[문제 3] 감정평가와 부동산컨설팅과의 관계를 설명하고 이와 관련하여 토지 유효활용을 위한 등가교환방식의 개념과 평가 시 유의사항을 논하시오. 30점 ☞ 기출 11회
			[문제 4] 부동산 감정평가활동상 부동산의 권리분석이 중요시되고 있다. 이에 있어 부동산 권리분석의 성격과 권리분석의 대상 및 부동산 거래사고의 유형을 기술하시오. 15점 ☞ 기출 11회
			[문제 5] 포트폴리오이론의 개념을 설명하고, 포트폴리오 위험과 구성 자산 수와의 상관관계를 기술하시오. 10점 ☞ 기출 11회

[문제 6] 다음의 용어에 대하여 약술하시오. 15점

3) 주택여과현상(住宅濾過現象) 5점

☞ 기출 11회

[문제 7]

최근 부동산투자회사법(일명 REITs법)이 시행되었다. 부동산투자회사제도의 의의와 제도 도입이 부동산시장에 미칠 영향에 관하여 논하시오. 20점

☞ 기출 12회

[문제 8]

다음을 약술하시오. 20점

2) 용어 설명

① Project Financing

② Sensitivity Analysis

☞ 기출 13회

[문제 9]

부동산투자에서는 부채금융(debt loan)을 이용하여 지분에 대한 수익률을 변동시킬 수 있다. 다음 질문에 답하시오. 20점

1) 지분에 대한 수익률(rate on equity or equity yield rate)과 자본에 대한 수익률(rate of return on capital)의 상관관계에 대하여 설명하시오. 10점

2) 정의 지렛대효과(positive or plus leverage effect)가 나타나는 경우와 부의 지렛대효과(negative or minus leverage effect)가 나타나는 경우를 비교하여 설명하고, 중립적 지렛대효과(neutral leverage effect)는 어떤 경우에 발생하는가를 설명하시오. 10점

☞ 기출 14회

[문제 10]

다음 질문에 답하시오. 20점

1) 부동산투자, 개발에서의 위험(risk)과 불확실성(uncertainty)에 대하여 설명하고, 이를 검증 혹은 고려할 수 있는 방법에 대하여 설명하시오. 10점

2) 내부수익률(Internal Rate of Return)의 장단점에 대하여 설명하시오. 10점

☞ 기출 14회

[문제 11]

다음 사항을 약술하시오. 10점

2) 사모주식투자펀드(PEF : Private Equity Fund) 5점

☞ 기출 17회

[문제 12]

「부동산 가격공시에 관한 법률」에 의한 표준지공시지가와 표준주택가격의 같은 점과 다른 점을 설명하시오. 20점

☞ 기출 18회

			[문제 13] 일괄평가방법과 관련하여, 다음을 논하시오. 40점 3) 표준주택가격의 평가와 관련하여, (1) 현행 법령상 표준주택가격의 조사평가기준을 설명하시오. 10점 (2) 표준주택가격의 일괄평가 시 평가 3방식 적용의 타당성을 논하시오. 10점 ☞ 기출 19회
			[문제 14] 비주거용 부동산가격공시제도의 도입 필요성에 대하여 설명하시오. 10점 ☞ 기출 20회
			[문제 15] 부동산 가격공시와 관련한 '조사・평가'와 '조사・산정'에 대해 비교・설명하시오. 10점 ☞ 기출 30회

박문각
감정평가사

지오
감정평가이론

2차 | 기출문제집

제8판 인쇄 2024. 11. 20. | **제8판 발행** 2024. 11. 25. | **편저자** 지오
발행인 박 용 | **발행처** (주)박문각출판 | **등록** 2015년 4월 29일 제2019-000137호
주소 06654 서울시 서초구 효령로 283 서경 B/D 4층 | **팩스** (02)584-2927
전화 교재 문의 (02)6466-7202

저자와의
협의하에
인지생략

정가 40,000원
ISBN 979-11-7262-259-6